现代教练员
科学训练理论与实践

国家体育总局科教司 编

人民体育出版社

《现代教练员科学训练理论与实践》编委会

主　任： 蒋志学

副主任： 李维波　尹飞飞

成　员：（按姓氏笔画排序）

　　　　　王安利　冯连世　冯美云　何珍文　张　霞

　　　　　张力为　李方祥　李春雷　李晨峰　陈小平

　　　　　罗冬梅　罗建彬　范英华　胡亦海　钟秉枢

　　　　　袁守龙　隆胜军　谢燕歌

《现代教练员科学训练理论与实践》编写组

组　　长：钟秉枢

成　　员：（按姓氏笔画排序）

王安利	王新宅	冯连世	冯美云	刘克军
安江红	朱　晗	毕晓婷	何珍文	张　漓
张力为	张忠秋	李方祥	李春雷	李珂珂
汪黎明	迟立忠	邱俊强	陈小平	周敬滨
罗冬梅	娄志堃	胡亦海	贺　忱	钟秉枢
徐　刚	徐守森	袁守龙	高　奉	程　遥
解　强	路瑛丽	裴怡然	魏宏文	

序

当今世界体坛运动技术水平迅猛发展，我国竞技体育如何进一步解放思想、转变观念、不断创新，推动我国竞技体育发展由以物质要素为主的粗放型模式，向以技术创新要素为主的集约型模式转变，是未来我国体育发展的必由之路。运动训练是一项复杂的系统工程，是一个保持和提高运动成绩的特殊的教育过程，教练员是运动训练创新的主导和核心，是运动员取得优异成绩的关键。"科教兴体"是体育事业发展的重大战略，国家体育总局高度重视教练员的培训工作，把教练员队伍建设作为重要内容列入《体育事业发展"十二五"规划》《全国体育人才发展规划》，不断加强岗位入职培训和能力提升培训，提升教练员的能力和水平，以适应体育强国建设的需要。教练员训练理念的变革、训练方法的创新，需要深厚的理论知识的积淀，需要不断地加强培训。教材建设对于提高教练员的训练水平和人才培养质量至关重要。近年来，总局科教司组织各运动项目管理中心编写了《田径》《武术》《举重》《射击射箭》等教练员岗位培训专项教材，为培养大批优秀的初级、中级、高级、国家级教练员发挥了重要支撑作用。为进一步提高教练员岗位培训质量，提高教练员执教能力，科教司组织编写了这本《现代教练员科学训练理论与实践》，该书总结了北京奥运周期和伦敦奥运周期的成功经验，汇聚了国内运动训练、运动营养、运动医学、运动伤病防治等各方面专家，以专题的形式，将现代最新的科学训练理念、理论、技术和方法在全国范围内进行推广、普及，切实提高教练员的执教水平。该书的编写和出版秉承了"实用、先进、有效"的原则，贯彻到内容的选择、专题负责人的遴选、编写工作的组织、编写规范等各方面。人民体育出版社从教材编写之初即参加教材编写工作，为本书的顺利出版和提升教材质量提供了保障。

希望此次的编写经验推广到今后的专项教材的编写工作之中，促进教练员岗位培训教材建设，为教练员岗位培训发挥更大作用。同时，科教司将不断完善教练员岗位培训体系，加强制度建设，细化教学要求，完善教学机制，实施分级教学，使教练员的培训工作更加规范、更具实效，为提高我国竞技体育的科学训练水平作出积极的贡献。

2015 年 7 月

前 言

教练员是运动训练过程的掌控者，是竞技体育训练的核心。教练员的综合能力强弱关系到运动队成绩好坏和运动员未来发展，同时对我国从体育大国迈向体育强国起着重要的推动作用。定期对教练员进行岗位培训，向他们介绍最新的科学训练理念是全面提升教练员综合能力的重要途径。

2008年北京奥运会备战周期以来，我国的竞技体育事业取得了飞跃式的发展，涌现出大批扎根运动训练一线的专家，积累了丰富的科研成果。从2009年起，国家体育总局科教司在教练员岗位培训中以专题讲座的形式加入了介绍科学选材、运动训练、生理生化、体能康复、营养补充等方面最新研究成果的课程，得到了广大教练员的一致好评。2012年底，针对目前教练员岗位培训中存在的一些问题，国家体育总局科教司萌生了请专家将这些专题讲座的内容进行系统归纳整理、补充完善进而形成一本适合所有项目教练员阅读的通识性教练员岗位培训教材的想法，并于2012年11月成立了教材编写工作领导小组和教材编写委员会。希望通过教材的编写将现代最新的科学训练理念、理论、技术和方法在全国范围内进行推广、普及，切实提高教练员的执教水平，从而提高我国竞技体育的科学训练水平。

编委会成立以后，在国家体育总局科教司的统一领导下，我们组织了编写准备会、提纲研讨会、初稿统稿会、修改稿统稿会和定稿会。会议气氛民主、开放，专家们互相审读了书稿，针对书稿中存在的问题严格要求、畅所欲言、相互切磋，保证了教材的权威性、针对性、实用性和科学性。人民体育出版社全程参与了教材的编写工作，责任编辑认真负责地审读了每一稿教材，多次与作者沟通，提出了许多专业性的意见。

经过国家体育总局科教司、编委会全体专家、编写团队和人民体育出版社、教练员学院两年多的共同努力，数易其稿，终于完成了这本《现代教练员科学训练理论与实践》。本教材共分为十二章（每章为一个独立的专题），其中第一章教练员职业素养及管理由钟秉枢负责编写，第二章运动训练基础由陈小平负责编写，第三章运动训练计划制定与实施由胡亦海负责编写，第四章体能训练理论与手段由李春雷负责编写，第五章心理训练与心理调节由张力为负责编写，第六章青少年运动员科学选材由罗冬梅负责编写，第七章运动训练的生理生化监控由冯连世负责编写，第八章运动伤病防治由李方祥负责编写，第九章运动损伤康复与预防的功能锻炼由王安利负责编写，第十章运动膳食与营养调控由冯美云负责编写，第十一章兴奋剂的风险与防范由何珍文负责编写，第十二章程序化竞技参赛设计与实践由袁守龙负责编写，全书由钟秉枢担任主编并统稿。

本教材在编写过程中始终坚持实事求是、从实际出发的原则；坚持以提高教练员执教能力为重点的目标；坚持贯彻系统性与针对性、理论性与实践性、基础性与应用性相结合，突出针对性、实践性和应用性的原则。力求在总结过去教练员培训研究成果的基础上，进一步推陈出新，丰富完善，编写出具有创新性、实用性、前沿性、时代性、鲜活性的适应现代教练员的知识更新教材，为教练员构建科学的知识结构，提高教练员自主研发和创新能力创造条件，为建立我国科学的教练员岗位培训体系奠定基础。但由于编者水平有限，囿于目前研究尚待深入，难免存在不妥之处，敬请指正，以便再版时修订。

编委会

2015 年 7 月

目 录

第一章 教练员职业素养与管理 (1)

第一节 对教练员的认识 (1)
一、教练员的作用与职责 (1)
 (一) 欧盟的认识 (1)
 (二) 美国的认识 (2)
 (三) 国际体育教练体系的认识 (2)
 (四) 我国的认识 (2)
二、教练员的角色与变化 (3)
 (一) 教练员扮演的角色 (3)
 (二) 教练员对运动员的影响 (5)
 (三) 教练员角色的变化 (6)

第二节 教练员的知识、能力与素质 (7)
一、教练员的知识结构 (7)
 (一) 专业知识 (7)
 (二) 人际知识 (8)
 (三) 个人内省知识 (9)
二、教练员的能力结构 (9)
 (一) 战略思维能力 (9)
 (二) 环境适应能力 (10)
 (三) 训练比赛指导能力 (10)
 (四) 赛场应变能力 (11)
 (五) 学习总结能力 (11)
 (六) 关系处理能力 (12)
三、教练员的素质结构 (12)
 (一) 思想道德素质 (13)
 (二) 文化素质 (13)
 (三) 业务素质 (13)
 (四) 身心素质 (14)

第三节 教练员的执教理念与执教目标 (14)
一、执教理念与意义 (14)

（一）为什么需要执教理念？ ………………………………………… (14)
　　（二）什么是执教理念？ ……………………………………………… (15)
　二、执教目标与功能 ……………………………………………………… (16)
　三、执教目标的设定 ……………………………………………………… (18)
　　（一）获胜的目标 ……………………………………………………… (18)
　　（二）成长的目标 ……………………………………………………… (19)
　　（三）执教目标的自我评价 …………………………………………… (21)
　四、执教理念的建立 ……………………………………………………… (22)
　　（一）更好地了解自己 ………………………………………………… (23)
　　（二）设定个人执教目标 ……………………………………………… (24)
第四节　教练员领导力的提升 ……………………………………………… (26)
　一、教练员执教行为特征 ………………………………………………… (26)
　　（一）面对面的领导 …………………………………………………… (26)
　　（二）关注人 …………………………………………………………… (26)
　　（三）管理的全才 ……………………………………………………… (26)
　二、领导力与领导行为 …………………………………………………… (26)
　　（一）领导与领导力 …………………………………………………… (26)
　　（二）领导权力的来源 ………………………………………………… (27)
　　（三）领导行为 ………………………………………………………… (28)
　三、执教风格 ……………………………………………………………… (29)
　　（一）命令式——家长型 ……………………………………………… (30)
　　（二）合作式——民主型 ……………………………………………… (31)
　　（三）放任式——随意型 ……………………………………………… (33)
　四、执教中的情景领导 …………………………………………………… (33)
　五、教练员领导力提高的五步骤 ………………………………………… (35)
　　（一）清晰的愿景 ……………………………………………………… (35)
　　（二）敏感环境变化 …………………………………………………… (36)
　　（三）敏感成员需求 …………………………………………………… (36)
　　（四）敢于冒险 ………………………………………………………… (37)
　　（五）打破常规 ………………………………………………………… (38)

第二章　运动训练基础概论 ………………………………………………… (40)
第一节　运动训练理论与方法发展概述 …………………………………… (40)
　一、训练恢复——竞技能力提高的前提与依据 ………………………… (41)
　二、"板块"训练——对周期训练理论的丰富与发展 ………………… (43)
　三、有氧能力训练模式——耐力训练理论的进展 ……………………… (45)
　四、"动作就是竞技"——训练理念的突破 …………………………… (47)

第二节　运动训练的神经-肌肉与能量代谢基础 …………………………………… (48)
一、神经-肌肉的训练适应 …………………………………………………………… (48)
（一）肌纤维类型及其训练的适应 ………………………………………………… (48)
（二）肌肉收缩的神经支配与训练适应 …………………………………………… (51)
（三）肌纤维增粗（肌肉肥大）及其训练适应 …………………………………… (53)
（四）肌肉工作方式与训练的适应 ………………………………………………… (54)
二、运动能量代谢的训练适应 ……………………………………………………… (56)
（一）运动过程中的能量供应类型及其关系 ……………………………………… (56)
（二）不同专项的能量代谢特征及其训练适应 …………………………………… (58)
（三）不同能量代谢的横向动态结构关系 ………………………………………… (59)
（四）有氧与无氧能力的纵向动态变化关系 ……………………………………… (62)

第三节　竞技能力的形成与竞技状态的调控 ………………………………………… (63)
一、竞技能力的形成与发展 ………………………………………………………… (63)
（一）竞技能力的构成要素 ………………………………………………………… (63)
（二）竞技能力形成的模型 ………………………………………………………… (65)
（三）竞技能力形成与发展过程中应注意的问题 ………………………………… (67)
二、赛前竞技状态的调控 …………………………………………………………… (69)
（一）赛前减量的生理学基础 ……………………………………………………… (69)
（二）赛前训练的主要结构 ………………………………………………………… (70)
（三）赛前训练理论对训练实践的指导意义与作用 ……………………………… (72)

第三章　运动训练计划制定与实施 …………………………………………………… (78)

第一节　训练计划制定意义与依据 …………………………………………………… (78)
一、训练计划制定意义 ……………………………………………………………… (78)
二、训练计划制定依据 ……………………………………………………………… (79)

第二节　训练工程与参赛工程要素 …………………………………………………… (80)
一、训练工程基本结构 ……………………………………………………………… (80)
（一）训练工程结构层次 …………………………………………………………… (80)
（二）训练工程结构要素 …………………………………………………………… (81)
二、参赛工程基本结构 ……………………………………………………………… (84)
（一）参赛工程结构层次 …………………………………………………………… (84)
（二）参赛工程结构要素 …………………………………………………………… (85)

第三节　训练过程分期与计划制定 …………………………………………………… (89)
一、运动训练过程划分 ……………………………………………………………… (89)
（一）不同训练时期特点 …………………………………………………………… (89)
（二）不同训练计划特点 …………………………………………………………… (90)
二、运动训练计划制定 ……………………………………………………………… (95)

（一）训练计划制定内容……………………………………（95）
　　（二）训练计划制定格式……………………………………（102）
第四节　训练计划质量与实施方法……………………………………（108）
　一、训练计划质量要点………………………………………………（108）
　　（一）计划设计质量要点……………………………………（108）
　　（二）计划实施质量要点……………………………………（110）
　二、计划实施方法要点………………………………………………（112）
　　（一）计划实施控制方法……………………………………（112）
　　（二）计划实施操作方法……………………………………（115）

第四章　体能训练理论与手段……………………………………（125）

第一节　理解体能………………………………………………………（125）
　一、体能的定义与分类………………………………………………（125）
　　（一）体能定义………………………………………………（125）
　　（二）体能分类………………………………………………（126）
　二、体能训练影响因素………………………………………………（127）
　　（一）竞赛规则………………………………………………（127）
　　（二）竞技能力构成要素的主导性及体能构成要素的主导性认识
　　　　………………………………………………………………（127）
　　（三）能量代谢系统…………………………………………（128）
　　（四）技能……………………………………………………（128）
　　（五）运动员个体特征………………………………………（128）
　　（六）场地、器械、时间等…………………………………（128）
　三、体能训练的原则…………………………………………………（128）
　　（一）安全性…………………………………………………（128）
　　（二）专项化…………………………………………………（129）
　　（三）个性化…………………………………………………（129）
　　（四）功能性…………………………………………………（129）
　　（五）基于地面的运动………………………………………（130）
　　（六）爆发力为主……………………………………………（130）
　　（七）动作训练………………………………………………（130）
　　（八）超负荷…………………………………………………（130）
　　（九）循序渐进………………………………………………（131）
　四、体能测试与评价…………………………………………………（131）
　　（一）体能测试评价定义……………………………………（131）
　　（二）体能测试顺序…………………………………………（131）
　　（三）体能测试评价基本内容………………………………（131）

（四）体能测试注意的问题 ……………………………………………………（138）
第二节　训练体能 ……………………………………………………………………（139）
　一、力量训练 ………………………………………………………………………（139）
　　（一）力量的定义与分类 …………………………………………………………（139）
　　（二）力量训练的方法与手段 ……………………………………………………（142）
　二、速度训练 ………………………………………………………………………（149）
　　（一）速度的定义与分类 …………………………………………………………（149）
　　（二）速度训练的方法与手段 ……………………………………………………（150）
　三、耐力训练 ………………………………………………………………………（154）
　　（一）耐力的定义与分类 …………………………………………………………（155）
　　（二）有氧耐力训练的方法和手段 ………………………………………………（155）

第五章　心理训练与心理调节 …………………………………………………………（161）
第一节　基本心理技能训练 …………………………………………………………（162）
　一、放松训练 ………………………………………………………………………（162）
　　（一）什么是放松训练 ……………………………………………………………（162）
　　（二）放松训练的作用 ……………………………………………………………（162）
　　（三）放松训练的程序 ……………………………………………………………（163）
　　（四）放松技能的应用 ……………………………………………………………（164）
　二、表象训练 ………………………………………………………………………（164）
　　（一）什么是表象训练 ……………………………………………………………（164）
　　（二）表象训练的作用 ……………………………………………………………（164）
　　（三）表象训练的程序 ……………………………………………………………（165）
　　（四）表象训练的条件 ……………………………………………………………（166）
　　（五）表象训练的应用 ……………………………………………………………（167）
　三、注意控制训练 …………………………………………………………………（167）
　　（一）运动中的注意特点 …………………………………………………………（168）
　　（二）注意训练的方法与程序 ……………………………………………………（168）
　　（三）注意技能的应用 ……………………………………………………………（170）
　四、自我谈话训练 …………………………………………………………………（171）
　　（一）自我谈话是如何发生作用的 ………………………………………………（171）
　　（二）自我谈话的作用 ……………………………………………………………（171）
　　（三）改善自我谈话的技术 ………………………………………………………（172）
　五、逆境应对训练 …………………………………………………………………（173）
　　（一）什么是逆境应对训练 ………………………………………………………（173）
　　（二）逆境应对训练的程序 ………………………………………………………（173）
　　（三）逆境应对训练的应用 ………………………………………………………（176）

　　　　（四）教练员在逆境应对训练中的作用…………………………………（176）
　第二节　比赛心理调节方法……………………………………………………（177）
　　一、自信提升……………………………………………………………………（177）
　　　　（一）注意可控因素…………………………………………………………（177）
　　　　（二）想象成功情景…………………………………………………………（178）
　　　　（三）积极语言暗示…………………………………………………………（178）
　　　　（四）挑战消极思维…………………………………………………………（178）
　　　　（五）回顾世界纪录…………………………………………………………（179）
　　　　（六）夸大外部动作…………………………………………………………（179）
　　　　（七）比较尺短寸长…………………………………………………………（179）
　　　　（八）创设原有环境…………………………………………………………（180）
　　二、比赛心理定向………………………………………………………………（181）
　　　　（一）什么是比赛心理定向…………………………………………………（181）
　　　　（二）参加比赛的角色定位…………………………………………………（181）
　　三、参赛目标设定………………………………………………………………（183）
　　　　（一）如何设定参赛目标……………………………………………………（183）
　　　　（二）参赛目标分类…………………………………………………………（184）
　　　　（三）目标设定过程中需要注意的问题……………………………………（185）
　　　　（四）参赛目标设定的基本要求……………………………………………（185）
　　四、参赛心理预案………………………………………………………………（187）
　　　　（一）什么是参赛心理预案…………………………………………………（187）
　　　　（二）参赛心理预案的作用…………………………………………………（187）
　　　　（三）参赛心理预案的内容…………………………………………………（187）
　　　　（四）参赛心理预案的应用…………………………………………………（188）
　第三节　青少年心理特征及心理调节…………………………………………（190）
　　一、埃里克森的心理发展阶段理论及其应用提示……………………………（190）
　　二、年龄段划分的青少年心理特征及教练员应注意的问题…………………（191）
　　　　（一）学前期：运动启蒙阶段………………………………………………（191）
　　　　（二）学龄期：业余训练阶段………………………………………………（191）
　　　　（三）青春期：专业训练阶段………………………………………………（192）
　　　　（四）成人早期：成才/退役阶段…………………………………………（193）
　第四节　教练员的心理调节……………………………………………………（193）
　　一、训练过程中的心理调节……………………………………………………（193）
　　　　（一）赏识教育与惩罚教育…………………………………………………（194）
　　　　（二）学习与求助……………………………………………………………（194）
　　　　（三）寻找合理的情绪宣泄渠道……………………………………………（195）
　　二、比赛过程中的心理调节……………………………………………………（195）

（一）赛前的心理调节 …………………………………………………… (195)
　　（二）赛中的心理调节 …………………………………………………… (195)
　三、教练员的心理疲劳与运动员的心理疲劳 ………………………………… (196)

第六章　青少年运动员选材 …………………………………………………… (199)

第一节　人体生长发育规律与选材 ……………………………………… (200)
　一、运动员年龄的区分和与选材的关系 ……………………………………… (200)
　　（一）运动员年龄的区分 ………………………………………………… (200)
　　（二）运动员的年龄与选材的关系 ……………………………………… (201)
　二、人体生长发育的基本规律 ………………………………………………… (202)
　　（一）生长发育的阶段性与连续性 ……………………………………… (202)
　　（二）生长发育速度的不均衡性与差异性 ……………………………… (202)
　　（三）生长发育的非等比性 ……………………………………………… (203)
　　（四）生长发育的程序性 ………………………………………………… (204)
　　（五）各器官系统生长模式的时间顺序性与统一协调 ………………… (205)
　　（六）生长发育的性别差异 ……………………………………………… (206)
　三、人体生长发育规律在选材中的应用 ……………………………………… (206)
　　（一）青少年运动员身体发育的可变性与选材 ………………………… (206)
　　（二）青少年运动员的生长轨迹与选材 ………………………………… (207)

第二节　运动能力的遗传特点与选材 …………………………………… (208)
　一、运动能力的遗传特征与选材 ……………………………………………… (208)
　　（一）运动能力的连续性特征 …………………………………………… (208)
　　（二）运动能力的相关性特征 …………………………………………… (208)
　　（三）运动能力的阶段性特征 …………………………………………… (209)
　二、运动能力的相关基因与选材 ……………………………………………… (209)
　三、青少年运动员身体先天异常的及早发现 ………………………………… (211)

第三节　青少年身体发育特点与选材 …………………………………… (211)
　一、青春发育期概述 …………………………………………………………… (212)
　　（一）青春期的概念与分期 ……………………………………………… (212)
　　（二）青春期的生长特征 ………………………………………………… (212)
　二、青少年发育类型与发育程度的鉴别 ……………………………………… (213)
　　（一）发育类型的区分 …………………………………………………… (213)
　　（二）青春期发育程度的鉴别 …………………………………………… (213)
　　（三）不同发育类型生长发育的特征 …………………………………… (215)
　　（四）青少年的发育类型与成才率的关系 ……………………………… (216)
　三、青少年身体发育和运动能力发展的规律与趋势 ………………………… (218)
　　（一）身体形态 …………………………………………………………… (218)

（二）身体机能 ………………………………………………………………… (219)
　　（三）身体素质 ………………………………………………………………… (221)
　四、青少年心理发育特点与选材 ………………………………………………… (230)
　　（一）青春期少年的心理发展特点 …………………………………………… (230)
　　（二）青少年运动员心理选材 ………………………………………………… (232)
　五、青少年运动员选材的案例分析 ……………………………………………… (232)
　六、青少年运动员选材中需要关注的问题 ……………………………………… (234)
　　（一）现代青少年运动员专项运动能力发展规律的捕捉 …………………… (234)
　　（二）青少年运动员力量素质的可训练性 …………………………………… (235)
　　（三）青少年运动员运动能力的稳定性 ……………………………………… (236)

第七章　运动训练的生理生化监控 …………………………………………… (240)

　第一节　运动训练生理生化监控的原理 ………………………………………… (240)
　一、概述 ……………………………………………………………………………… (240)
　二、生理生化监控的理论基础 …………………………………………………… (243)
　　（一）运动时人体的能量供应 ………………………………………………… (243)
　　（二）无氧运动的供能特点 …………………………………………………… (245)
　　（三）有氧运动的供能特点 …………………………………………………… (248)
　第二节　训练监控的生理生化指标与方法 ……………………………………… (250)
　一、运动训练监控的指标 ………………………………………………………… (250)
　二、训练负荷监控的指标与方法 ………………………………………………… (253)
　　（一）训练负荷强度监控的指标与方法 ……………………………………… (254)
　　（二）训练负荷量监控的指标与方法 ………………………………………… (259)
　三、运动员身体机能状态监控的指标与方法 …………………………………… (261)
　　（一）身体机能的监控 ………………………………………………………… (261)
　　（二）机能状态的监控与过度训练的防治 …………………………………… (263)
　　（三）赛前身体机能的监控 …………………………………………………… (264)
　四、训练方法监控的指标与方法 ………………………………………………… (265)
　五、专项运动能力的监控 ………………………………………………………… (268)
　第三节　生理生化监控的实施 …………………………………………………… (271)
　一、实施训练监控的基本原则 …………………………………………………… (271)
　二、训练监控的实施步骤 ………………………………………………………… (272)
　　（一）明确训练目的和监控目的 ……………………………………………… (272)
　　（二）选择相应的监控方法和手段 …………………………………………… (273)
　　（三）生理生化监控的具体实施 ……………………………………………… (273)
　　（四）提出训练意见和建议 …………………………………………………… (274)

第八章　运动伤病防治 ……………………………………………… (276)

第一节　运动员训练中的致伤因素与预防原则 …………………… (276)
一、运动损伤的概念 ……………………………………………… (276)
二、运动损伤的分类 ……………………………………………… (277)
三、运动损伤的发病规律与致伤原因 …………………………… (277)
四、运动损伤的主要致伤因素 …………………………………… (278)
五、运动损伤的预防措施 ………………………………………… (280)

第二节　运动员体检 …………………………………………………… (283)
一、运动员体检的必要性 ………………………………………… (283)
二、动态体检筛检运动员疾病的作用 …………………………… (283)
三、运动风险评估 ………………………………………………… (284)
　　（一）运动风险因素 ………………………………………… (284)
　　（二）运动员体检的作用 …………………………………… (284)
　　（三）心肺运动试验 ………………………………………… (285)
四、运动员健康体检中应注意避免的问题 ……………………… (286)

第三节　急性运动损伤的救治 ………………………………………… (287)
一、急性运动损伤治疗的原则与基本措施 ……………………… (287)
二、急性运动损伤的早期治疗方法 ……………………………… (288)
　　（一）出血和止血 …………………………………………… (288)
　　（二）肌肉拉伤 ……………………………………………… (289)
　　（三）关节、韧带扭伤 ……………………………………… (289)
　　（四）关节脱位的临时急救 ………………………………… (289)
　　（五）骨折 …………………………………………………… (290)

第四节　常见运动损伤的预防与治疗 ………………………………… (291)
一、脊柱常见运动损伤的预防与治疗 …………………………… (291)
　　（一）颈肩背筋膜炎 ………………………………………… (291)
　　（二）颈椎病 ………………………………………………… (292)
　　（三）腰椎间盘突出症 ……………………………………… (292)
　　（四）腰椎峡部裂与脊椎滑脱 ……………………………… (292)
　　（五）其他类型的下腰痛 …………………………………… (293)
　　（六）小结 …………………………………………………… (293)
二、肩肘部常见运动损伤的预防与治疗 ………………………… (293)
　　（一）肩关节脱位 …………………………………………… (294)
　　（二）肩袖损伤与撞击综合征 ……………………………… (294)
　　（三）肱二头肌长头肌腱炎 ………………………………… (294)
　　（四）肘关节骨性关节炎与游离体 ………………………… (295)

（五）网球肘、高尔夫球肘 ……………………………………………… (295)
　　　（六）尺神经损伤 ………………………………………………………… (295)
　　　（七）小结 ………………………………………………………………… (296)
　三、腕部常见运动损伤的预防与治疗 ……………………………………… (296)
　　　（一）腕舟状骨骨折 ……………………………………………………… (297)
　　　（二）腕管综合征 ………………………………………………………… (298)
　　　（三）腕三角纤维软骨损伤 ……………………………………………… (298)
　　　（四）小结 ………………………………………………………………… (299)
　四、髋关节常见运动损伤的预防与治疗 …………………………………… (299)
　　　（一）股骨头缺血性坏死 ………………………………………………… (299)
　　　（二）髋关节撞击综合征（FAI） ……………………………………… (300)
　　　（三）弹响髋 ……………………………………………………………… (300)
　　　（四）大转子下滑囊炎 …………………………………………………… (301)
　　　（五）小结 ………………………………………………………………… (301)
　五、膝关节常见运动损伤的预防与治疗 …………………………………… (301)
　　　（一）前交叉韧带损伤 …………………………………………………… (302)
　　　（二）后交叉与多发韧带损伤 …………………………………………… (303)
　　　（三）半月板损伤 ………………………………………………………… (303)
　　　（四）膝关节周围肌肉肌腱劳损 ………………………………………… (304)
　　　（五）小结 ………………………………………………………………… (305)
　六、踝关节常见运动损伤的预防与治疗 …………………………………… (305)
　　　（一）踝关节不稳与周围韧带损伤 ……………………………………… (305)
　　　（二）踝关节撞击征 ……………………………………………………… (306)
　　　（三）踝关节骨折 ………………………………………………………… (306)
　　　（四）小结 ………………………………………………………………… (307)
　第五节　运动性疾病的防治 ………………………………………………… (307)
　一、肌肉痉挛预防与处理 …………………………………………………… (307)
　　　（一）痉挛的定义 ………………………………………………………… (307)
　　　（二）肌肉痉挛的原因及发病机制 ……………………………………… (308)
　　　（三）肌肉痉挛的处理 …………………………………………………… (308)
　　　（四）预防抽筋的方法 …………………………………………………… (308)
　二、运动中猝死 ……………………………………………………………… (309)
　　　（一）病因及发病机制 …………………………………………………… (309)
　　　（二）运动性猝死的机制 ………………………………………………… (309)
　　　（三）运动性猝死的预防 ………………………………………………… (309)
　　　（四）心脏猝死事件现场急救 …………………………………………… (310)
　三、运动性腹痛的处理与预防 ……………………………………………… (311)

（一）运动性腹痛概述 ………………………………………………………… (311)
　　（二）运动性腹痛的发作原因 …………………………………………………… (311)
　　（三）运动性腹痛应急处理 ……………………………………………………… (312)
　　（四）运动性腹痛的处理 ………………………………………………………… (312)
　　（五）预防 ………………………………………………………………………… (313)
　四、运动性胃肠道综合征 …………………………………………………………… (313)
　　（一）发病原因 …………………………………………………………………… (314)
　　（二）发病机制和原因 …………………………………………………………… (314)
　　（三）主要症状 …………………………………………………………………… (314)
　　（四）诊断 ………………………………………………………………………… (314)
　　（五）鉴别诊断 …………………………………………………………………… (315)
　　（六）现场处理及预后 …………………………………………………………… (315)
　　（七）治疗 ………………………………………………………………………… (315)
　　（八）预防 ………………………………………………………………………… (315)
　五、运动性晕厥的预防和处理 ……………………………………………………… (316)
　　（一）病因与分类 ………………………………………………………………… (316)
　　（二）急诊晕厥的诊断步骤 ……………………………………………………… (316)
　　（三）晕厥预防 …………………………………………………………………… (316)
　　（四）晕厥处理 …………………………………………………………………… (317)
第六节　特殊人群运动伤病的防治 …………………………………………………… (317)
　一、女性运动员特殊伤病的防治 …………………………………………………… (317)
　　（一）女性运动员身体发育及运动能力特点 …………………………………… (317)
　　（二）女性运动员月经周期的医学问题 ………………………………………… (318)
　　（三）女性运动员运动中的卫生问题 …………………………………………… (319)
　二、青少年运动员特殊伤病的防治 ………………………………………………… (320)
　　（一）青少年运动员生长发育特点和体育卫生 ………………………………… (320)
　　（二）青少年运动员早期专项训练的医学问题 ………………………………… (320)
　　（三）青少年运动员运动训练的医务监督 ……………………………………… (321)

第九章　运动损伤康复与预防的功能锻炼 …………………………………… (322)

第一节　运动损伤的机制 ……………………………………………………………… (322)
　一、运动损伤机制 …………………………………………………………………… (323)
　二、人体动作系统的科学基础与康复功能锻炼原理 ……………………………… (325)
　　（一）姿势异常导致工作效率下降和损伤的原理 ……………………………… (325)
　　（二）姿势、动作障碍、肌肉平衡与损伤风险 ………………………………… (326)
第二节　损伤康复和预防的功能锻炼流程 …………………………………………… (330)
　一、姿势、动作与肌肉评估 ………………………………………………………… (330)

  （一）静态姿势评估 …………………………………………… (330)
  （二）动作评估 ………………………………………………… (332)
  （三）肌肉评估 ………………………………………………… (335)
 二、康复功能锻炼流程 ………………………………………………… (336)
  （一）肌肉紧张的处理 ………………………………………… (336)
  （二）肌肉力量的恢复 ………………………………………… (338)
  （三）本体感觉与整合训练 …………………………………… (340)
第三节 常见损伤的康复与预防性功能锻炼 ……………………………… (341)
 一、肩部损伤的康复与预防性功能锻炼 ……………………………… (341)
  （一）牵拉练习 ………………………………………………… (341)
  （二）力量练习 ………………………………………………… (343)
 二、膝关节损伤的康复与预防性功能锻炼 …………………………… (346)
 三、腰部损伤的康复与预防性功能锻炼 ……………………………… (346)
 四、足与踝损伤的康复与预防性功能锻炼 …………………………… (347)
 五、肌肉拉伤 …………………………………………………………… (347)
第四节 重返运动场前的恢复训练 ……………………………………… (347)
 一、重返运动场的条件与评估 ………………………………………… (348)
 二、重返运动场的训练方法 …………………………………………… (348)
  （一）肩部损伤重返运动场的训练 …………………………… (350)
  （二）下肢损伤重返运动场的训练 …………………………… (351)
  （三）腰部损伤重返运动场的训练 …………………………… (352)
第五节 运动疲劳的恢复 …………………………………………………… (352)
 一、疲劳程度的判断 …………………………………………………… (352)
  （一）观察法 …………………………………………………… (353)
  （二）动作技能分析法 ………………………………………… (353)
  （三）生理机能检查法 ………………………………………… (353)
 二、消除疲劳的方法手段 ……………………………………………… (353)
  （一）加强运动员与教练员之间的交流 ……………………… (353)
  （二）贯彻最佳训练负荷的原则 ……………………………… (353)
  （三）整理活动 ………………………………………………… (354)
  （四）水疗 ……………………………………………………… (354)
  （五）按摩 ……………………………………………………… (355)
  （六）理疗 ……………………………………………………… (356)
  （七）负氧离子吸入疗法 ……………………………………… (356)
  （八）吸氧 ……………………………………………………… (356)
  （九）针灸 ……………………………………………………… (356)
  （十）音乐疗法 ………………………………………………… (356)

（十一）气功 …………………………………………………………… (357)
　　　（十二）倒挂疗法 ………………………………………………………… (357)

第十章　运动膳食与营养调控 ……………………………………………… (359)
第一节　运动员合理营养的基础知识 …………………………………… (359)
　　一、运动员合理营养 …………………………………………………… (359)
　　　（一）合理营养的意义 …………………………………………………… (359)
　　　（二）合理营养的目标 …………………………………………………… (360)
　　二、运动员合理膳食 …………………………………………………… (360)
　　　（一）合理膳食的特点 …………………………………………………… (360)
　　　（二）合理膳食指南 ……………………………………………………… (360)
　　　（三）膳食不合理及其所致的营养问题 ………………………………… (361)
　　　（四）科学用餐的建议 …………………………………………………… (361)
　　三、运动员营养补充 …………………………………………………… (361)
　　　（一）运动营养品的概念 ………………………………………………… (361)
　　　（二）运动营养品的特点 ………………………………………………… (362)
　　　（三）运动营养品的分类 ………………………………………………… (362)
　　　（四）营养补充的时效性 ………………………………………………… (362)
　　四、膳食与营养补充的关系 …………………………………………… (363)
　　　（一）树立正确的营养观念 ……………………………………………… (363)
　　　（二）建立合理的营养补充理念 ………………………………………… (363)
第二节　运动员体能的营养调控 ………………………………………… (364)
　　一、体能的营养基础 …………………………………………………… (364)
　　　（一）爆发力与高能磷酸化合物供能 …………………………………… (364)
　　　（二）速度耐力与糖无氧代谢供能 ……………………………………… (364)
　　　（三）耐力运动与有氧代谢供能 ………………………………………… (364)
　　二、糖营养与体能储备 ………………………………………………… (365)
　　　（一）糖营养是体能的基础 ……………………………………………… (365)
　　　（二）糖营养与一日三餐及加餐 ………………………………………… (366)
　　　（三）运动前提高糖储备的营养调控 …………………………………… (367)
　　　（四）运动中维持良好血糖水平的营养调控 …………………………… (367)
　　　（五）运动后促进糖原恢复的营养调控 ………………………………… (367)
　　三、蛋白质营养与肌肉力量 …………………………………………… (369)
　　　（一）运动员的蛋白质营养 ……………………………………………… (369)
　　　（二）促进肌肉力量的营养调控 ………………………………………… (369)
　　　（三）蛋白质营养补充常见问题及其纠正 ……………………………… (370)
第三节　抗疲劳、促恢复的营养调控 …………………………………… (370)

一、体液酸化的营养调控 ··· (370)
　（一）运动员体液酸化问题 ··· (370)
　（二）消除乳酸的运动措施 ··· (371)
　（三）消除乳酸的营养调控 ··· (371)
二、大量出汗的营养调控 ··· (372)
　（一）不同程度脱水对运动能力的影响 ··· (372)
　（二）运动员脱水程度的评价 ·· (372)
　（三）补液的营养调控 ··· (373)
三、抗氧化的营养调控 ·· (374)
　（一）自由基对身体机能的影响 ··· (374)
　（二）抗氧化类营养的分类及主要功能 ··· (375)
　（三）抗氧化的营养措施 ·· (375)
四、运动性低血红蛋白的营养调控 ··· (376)
　（一）运动性低血红蛋白的产生原因 ·· (376)
　（二）运动性低血红蛋白的评价方法 ·· (377)
　（三）改善运动性低血红蛋白的营养调控 ·· (378)
五、促进肌肉恢复的营养调控 ··· (380)
　（一）降低血清 CK 的营养调控 ·· (380)
　（二）降低血尿素的营养调控 ·· (381)
六、改善免疫力的营养调控 ·· (382)
　（一）运动性免疫机能下降的原因 ··· (382)
　（二）运动性免疫机能下降的监测指标 ··· (382)
　（三）改善免疫机能的营养调控 ··· (383)
七、改善中枢神经疲劳的营养调控 ··· (384)
　（一）运动性中枢神经疲劳的产生原因 ··· (384)
　（二）运动性中枢神经疲劳的监测 ··· (384)
　（三）改善中枢神经机能的营养调控 ·· (385)

第四节　运动员体重管理的营养调控 ·· (385)
一、运动员合理减控体重 ··· (385)
　（一）体成分与减控体重的目标 ··· (386)
　（二）运动员降体重常用手段的营养分析 ··· (387)
　（三）运动员减控体重过程的营养调控 ··· (387)
二、运动员合理增加体重 ··· (389)
　（一）运动员增加体重的基本原则 ··· (389)
　（二）运动员增加体重常用手段的营养分析 ·· (389)
　（三）运动员增加体重过程的营养调控 ··· (390)

第十一章　兴奋剂风险与防范 (393)

第一节　兴奋剂问题概述 (393)

一、兴奋剂的基本概念 (394)
　（一）对兴奋剂的界定 (394)
　（二）禁用物质与方法 (395)

二、兴奋剂的危害 (396)
　（一）兴奋剂对运动员身心的危害 (396)
　（二）兴奋剂对体育的危害 (399)
　（三）兴奋剂对社会的危害 (401)

三、国际反兴奋剂斗争 (402)
　（一）兴奋剂问题依然严峻 (402)
　（二）反兴奋剂规则不断完善 (403)
　（三）反兴奋剂手段逐步拓展 (404)

四、我国的反兴奋剂工作 (405)

第二节　运动训练与兴奋剂风险 (407)

一、运动训练中的兴奋剂风险 (408)
　（一）故意使用兴奋剂的风险 (408)
　（二）错误使用药品、营养品的风险 (408)
　（三）食用受污染食品的风险 (409)
　（四）其他风险 (410)

二、兴奋剂违规法律责任 (410)
　（一）对运动员的处罚 (411)
　（二）对运动员辅助人员的处罚 (411)
　（三）对运动员注册单位或代表单位的处罚 (411)

三、教练员反兴奋剂责任与义务 (411)
　（一）树立正确的反兴奋剂理念 (411)
　（二）教练员在反兴奋剂工作中的角色定位 (413)
　（三）反兴奋剂对教练员职业素质的要求 (414)
　（四）教练员的反兴奋剂义务 (414)

第三节　防范兴奋剂风险基本方法 (416)

一、加强对运动员的教育 (416)
　（一）教育内容 (416)
　（二）可使用的教育材料 (417)
　（三）宣传教育活动 (417)

二、积极配合兴奋剂检查 (418)
　（一）兴奋剂检查的分类 (418)

（二）兴奋剂检查的基本程序 ……………………………………………… (419)
　　（三）实施兴奋剂检查的机构 ……………………………………………… (420)
三、按规定申报运动员行踪信息 ………………………………………………… (421)
　　（一）申报范围 ……………………………………………………………… (421)
　　（二）申报要求 ……………………………………………………………… (421)
　　（三）申报方法 ……………………………………………………………… (422)
　　（四）申报错误及处罚 ……………………………………………………… (422)
四、正确使用药品和营养品 ……………………………………………………… (423)
　　（一）慎用营养品 …………………………………………………………… (423)
　　（二）安全用药 ……………………………………………………………… (423)
五、在日常生活中防范兴奋剂 …………………………………………………… (424)
　　（一）防止发生食源性兴奋剂问题 ………………………………………… (424)
　　（二）防止陷害 ……………………………………………………………… (425)
　　（三）远离毒品 ……………………………………………………………… (425)

第十二章　程序化竞技参赛设计与实践 …………………………………… (426)

第一节　参赛目标定位与准备 …………………………………………… (426)
一、竞技运动参赛目标概念 ……………………………………………………… (426)
二、竞技参赛目标主要功能 ……………………………………………………… (427)
　　（一）激励功能 ……………………………………………………………… (427)
　　（二）导向功能 ……………………………………………………………… (427)
　　（三）聚合功能 ……………………………………………………………… (428)
三、制定参赛目标基本方法 ……………………………………………………… (428)
　　（一）历史分析法 …………………………………………………………… (428)
　　（二）能力评估法 …………………………………………………………… (428)
　　（三）目标驱动法 …………………………………………………………… (428)
　　（四）标杆超越法 …………………………………………………………… (429)
四、制定参赛目标注意事项 ……………………………………………………… (429)
　　（一）制定目标要明确赛事性质 …………………………………………… (429)
　　（二）制定参赛目标要科学评判 …………………………………………… (429)
　　（三）制定参赛目标要双向交流 …………………………………………… (430)
　　（四）制定目标要重视区别对待 …………………………………………… (430)

第二节　赛前训练安排 …………………………………………………… (430)
一、赛前训练促进运动员最佳竞技状态形成 …………………………………… (430)
二、赛前训练内容主要特点和系统安排 ………………………………………… (431)
　　（一）内容要有针对性 ……………………………………………………… (431)

（二）赛前训练突出重点运动员 …………………………………………（431）
　　　（三）赛前训练要突出有效训练强度 …………………………………（432）
　　　（四）赛前训练要重视运动员心智动员 ………………………………（432）
　　三、赛前训练理论和减量安排 ……………………………………………（434）
　　　（一）赛前训练基本理论 ………………………………………………（434）
　　　（二）赛前减量训练 ……………………………………………………（435）
　　　（三）最佳减量训练时间和分类 ………………………………………（436）
　　　（四）减量训练方式及效果 ……………………………………………（437）
　第三节　程序化参赛方案设计与实践 ……………………………………（439）
　　一、程序化参赛的基本内涵 ………………………………………………（439）
　　二、程序化参赛的历史探索 ………………………………………………（440）
　　三、程序化参赛的主要作用 ………………………………………………（441）
　　　（一）形成团队参赛心理优势 …………………………………………（441）
　　　（二）使复杂参赛过程程序化 …………………………………………（442）
　　　（三）参赛准备过程井然有序 …………………………………………（442）
　　　（四）确保比赛能力正常发挥 …………………………………………（442）
　　四、程序化参赛设计的原则 ………………………………………………（442）
　　五、程序化参赛方案的内容 ………………………………………………（442）
　　　（一）比赛时间、地点 …………………………………………………（443）
　　　（二）目标与任务 ………………………………………………………（443）
　　　（三）指导思想 …………………………………………………………（443）
　　　（四）参赛原则 …………………………………………………………（443）
　　　（五）赛前实力分析 ……………………………………………………（443）
　　　（六）参赛工作主要措施 ………………………………………………（443）
　　　（七）参赛组织指挥 ……………………………………………………（444）
　第四节　竞技运动参赛环境与适应 ………………………………………（451）
　　一、现代竞技运动参赛环境 ………………………………………………（452）
　　二、竞技参赛环境适应能力 ………………………………………………（452）
　　　（一）自我控制能力 ……………………………………………………（452）
　　　（二）抗干扰能力 ………………………………………………………（453）
　　　（三）应变能力 …………………………………………………………（453）
　　　（四）有效利用竞赛环境的能力 ………………………………………（454）
　　三、竞技风险参赛基本理论 ………………………………………………（454）
　　　（一）风险概念内涵 ……………………………………………………（454）
　　　（二）风险管理原则 ……………………………………………………（454）
　　　（三）参赛风险分类 ……………………………………………………（455）

17

（四）规避风险的标准化流程 …………………………………………（456）
　第五节　教练员的临场指挥与应变 ……………………………………（457）
　　一、教练员临场指挥的特点 ……………………………………………（457）
　　　（一）快速性与瞬时性 ………………………………………………（457）
　　　（二）概率性 …………………………………………………………（457）
　　　（三）定性与模糊性 …………………………………………………（457）
　　二、教练员临场指挥的能力 ……………………………………………（458）
　　　（一）抗负荷能力 ……………………………………………………（458）
　　　（二）对全局的综合评判能力 ………………………………………（458）
　　　（三）语言表达能力 …………………………………………………（458）
　　三、影响临场指挥效果因素 ……………………………………………（458）
　　　（一）威信与知人善任 ………………………………………………（459）
　　　（二）充分的赛前准备 ………………………………………………（459）
　　　（三）遵循和善于运用规则 …………………………………………（459）
　　四、传递指挥信息若干途径 ……………………………………………（460）
　　　（一）语言 ……………………………………………………………（460）
　　　（二）表情与动作 ……………………………………………………（460）
　　　（三）暂停与换人 ……………………………………………………（461）

第一章 教练员职业素养与管理

钟秉枢（首都体育学院）

> **内容提要：**
> 本章以运动训练和体育比赛中人的发展为对象，借助于执教过程中的典型案例，分析中外不同执教理念以及执教理念对运动员训练比赛的影响，分析教练员的作用与职责、知识与能力，介绍提高教练员领导力的方法与艺术。主要内容包括对教练员的认识、教练员的知识能力与素质、教练员的执教理念与执教目标、教练员领导力的提升。通过本章的学习，将使教练员对自己的职责与使命有更加清晰的认识，对执教理念与领导行为有更多的体验，从而有助于学习型教练团队的建立。

第一节 对教练员的认识

一、教练员的作用与职责

训练和参赛就好比制作一部电影或一出戏剧，教练员既是编剧，又是导演，他不仅要亲自挑选竞技场上的"演员"，还要加以悉心的训练与培养，组织和引导运动员一步步地攀登竞技运动的高峰，完成自己的"作品"。各国对教练员的作用与职责都有着严格的界定。

（一）欧盟的认识

欧洲教练理事会制定的欧洲体育教练体系（European Sport Coaching Framework）对欧盟体育教练员的作用和职责是这样认识的：

（1）教练员是一项高水平、有能力、有规范的职业，并拥有完整体系以成功培养不同水平的运动员。

（2）教练员应像关心如何使运动员成绩最优化一样关心运动员的身心发展。

（3）教练员应当尊重运动项目中每一位参与者的权利、尊严和价值，无论其性别、种族、宗教或政治身份如何，均应予以平等对待。

（4）教练员应以开放、合作的方式工作，与其他相关责任人一起致力提升运动员的福利和成绩。

（5）教练员应当发展并维持高水平的训练，他们在训练课上的行为，每时每刻都反映出其科学知识和专业执教水平。

（6）教练员每一层次的执教都须应用科学训练原则。

（7）教练员在从初级资格水平到最终资格水平的发展过程中，须逐渐增进其责任和职业能力。

（二）美国的认识

美国全国体育运动协会和美国全国教练教育鉴定委员会审定的美国运动教育计划（American Sport Education Program）对美国体育教练员的作用和职责是这样认识的：

（1）教练员不仅需要精通本运动项目的技、战术技能，而且要懂得如何把这些技能传授给运动员。

（2）教练员不仅要教给运动员运动技能，而且要教给运动员顺利走向社会需要的技能。

（3）教练员不仅要引导运动员学习技术、战术和生活技能，还要指导运动员把这些技能和谐地呈现出来。

（4）教练员是一名教师，但又不仅是一名教师。与教师不同，教练员的教学技能在每次比赛中都受到他人评价。

（5）教练员是一名领导者，对运动员有着绝对的权力，对自己服务对象的生活有着巨大影响。

（三）国际体育教练体系的认识

国际教练教育委员会制定的国际体育教练体系（International Sport Coaching Framework）对欧盟体育教练员的作用和职责是这样认识的：

（1）教练员的基本功能包括创造愿景和战略、适应环境变化、指导训练和比赛、对场内外情况做出判断和反应、反馈和学习、建立关系与影响。

（2）教练员的功能分类为战略、执行、分析、决策、反馈、管理、教育、影响。

（四）我国的认识

（1）在我国，对于教练员的岗位职责，原人事部和国家体委1994年颁布的《体育教练员职务等级标准》第二章第四条做了明确的规定：体育教练员的基本职责是完成训练教学任务，提高运动技术水平；全面关心运动员的成长，做好运动队的管理工作；参加规定的进修、学习。同时高等级教练员须承担对低等级教练员的业务指导、培训和辅导基层训练工作。

（2）对于教练员的责任，时任国家体育总局副局长的李富荣2000年在全国教练员培训工作会议上的讲话明确提出："从我国体育事业发展的历程看，教练员是竞技体育人才建设的关键，他们在运动训练过程中起主导作用，教练员不仅担负着提高运动技术水平、攀登世界竞技体育高峰的任务，更重要的是我们的教练员也是一个教育者，他们担负着教育运动员、培养他们成人的重大责任。他们必须为人师表，率先垂范。"

（3）对于教练员的作用，国家体育总局刘鹏局长2008年在深入学习实践科学发展观动员会上的讲话中指出，"教练员是竞技体育训练中的关键因素"。2010年在国家体育总局教练员学院成立大会上，刘鹏局长进一步强调："体育强国和人才强国战略需要一大批具有国际视野、战略思维和创新能力的高素质、高水平教练员。教练员既是训练的设计者、组织者和实践者，又是运动员的教育者、指导者，是竞技体育最重要的人力资源。"

二、教练员的角色与变化

（一）教练员扮演的角色

教练员的职责和作用规定了教练员在运动队中扮演着多重角色，而不仅仅是单一的帮助运动员训练。

1. 采购员

教练员要亲自"采购"最适合需要的运动员，看准了就把他们选进来进行训练。奥运体操冠军陈一冰的启蒙教练赵奇这样论及教练员采购的重要性："教练不是无所不能的，手里的运动员，首先必须是块好材料，再经过后期的刻苦努力，才能最终成就一匹千里马。"

2. 设计员

对"采购"回来的运动员，教练员要根据其特点和全队比赛的需要设计其发展方向。射击世界冠军获得者束庆傲的经历就是一个典型的例子："1979年我进入南京军区成为射击队员，教练员要求采用击发规律打法，刚开始我对打法也不清楚，教练员怎么教我就怎么练，3个月训练成绩越打越差。针对我个人性格特点，教练员改变了我的打法，成绩上升很快，最终站上冠军领奖台。"

3. 指导员

教练员要对运动员的训练和比赛进行指导，察言观色，及时发现运动员出现的问题，从技术、思想、道德等几个方面花大力气去教、去导，不仅要教技术，还要教做人。

4. 教师

教练员要像教师那样给运动员传道、授业、解惑，给运动员传授新的知识和思想。原国家体育总局副局长李富荣曾严肃地告诫教练员："教练员是老师，运动员都在看着你，你有没有威信，说的东西运动员听不听，他尊重不尊重你，就是看你自己做得怎么样。凡是要求运动员做到的，教练必须要先做到。不能只对运动员马列主义，而对自己自由主义，这样的教练业务水平再高，也不会得到运动员的尊重和信服。老师是人类灵魂的工程师，这个提法用在教练身上也恰如其分。"（李富荣，2002）

5. 导师

教练员和运动员朝夕相处，其一言一行都在潜移默化地影响着运动员，是运动员人生的向导。速滑世界冠军获得者叶乔波这样回忆她的教练："我的一个教练，时时觉得胸疼，但因为要带训练，也没有去治，直到比赛结束了才去检查，结果一检查是乳腺癌晚期。医生为了挽留她的生命，将乳腺全部切掉了，还把两个肋骨也切除了。然而，病房中的教练一直担心新的训练季节到来后我们的训练，在手术一个半月以后就返回训练场。这样的教练那种精神是非常非常感动人的，也深深感动了我。这些事情对我影响很大。"

6. 训导员

教练员要对运动员的表现进行奖赏和惩罚。达拉斯牛仔队教练对队员说："我将始终如一地对待你们每个人，因为我会区别对待你们每个人。一个人越努力，表现越好，越能达到我的要求，我就会对他越放手。出于同样原因，如果一个人不苦干，或不是一个好球员，他就待不久。"

7. 管理员

教练员要全面负责运动员日常生活的管理和组织。前中国乒乓球女队主教练张燮林是这样管理他的队员的："凡是运动员来向我请假，我99%都会同意，但要讲真话；还有1%不同意，就是不准在外面过夜，这个关要把住，不管是谁。"

8. 外交家

教练员要同新闻媒体、观众和外界保持良好的接触，妥善处理来自新闻媒体、观众和外界的压力。国家跳水队领队周继红是这样希望媒体的："我相信她（郭晶晶）对自己的要求非常高，没有达到自己的期望值，她心里也不好过。我希望，媒体多谅解运动员，多换位思考，为她着想。"

9. 朋友

教练员应该与运动员成为朋友。教练员只有与运动员建立良好的关系，以朋友身份对队员提出建议，给予帮助，传授自身的比赛经验，才能更好把握运动员的所思、所想。原国家游泳队教练张雄是这样处理和他的队员林莉的关系的："林莉在结婚以前她所得的比赛奖金都是交给我管理的，在她结婚时我如数奉还。她很信任我，我也信任她。总之我们之间一直保持着亦师亦友的良好关系。"

10. 学生

教练员还要把自己当作学生，善于倾听运动员的意见，时刻反省自己，不断自我完善。原国家田径队总教练黄健就是这样做的："我有许多教练员和运动员朋友，研究他们的训练经验使我获益不少。我从来不怕'丢面子'或失去威信，与运动员和教练员们的随便而灵活地交谈使我受益不浅，了解到许多新东西。我们非常需要来自其他运动员的激励和启示。"

11. 科研人员

教练员要不断地对自己和他人、对己队和他队的训练和比赛进行分析、评估并做出结论。执教法国女排的中国教练员小白对此深有感触："中国教练员在训练场上的时间多于法国教练员，法国教练员在训练场外用于专业的精力和时间多于中国国内教练员。法国教练员训练之余必须查资料、看录像、观看其他队的比赛、分析数据，以数据来指导训练。"

12. 推销员

教练员要善于将自己培养的运动员推荐到国内外更高水平的运动队，推销到国内外赛场和再就业的岗位。正如前国际奥委会主席雅克·罗格所言："我们要为运动员们结束运动生涯时顺利走向社会创造条件。"

综上所述，教练员承担的工作比人们想象中的要繁重得多。在多角色模式下，要协调好各种角色行为不是那么容易的事情。由此，教练员在角色及角色行为转换的过程中对角色的认知要准确，对角色行为对象与角色行为情景的把握要准确，尽量避免角色之间的冲突，提高角色的互补性。

（二）教练员对运动员的影响

如同环境对人的成长有着巨大的影响一样，教练员在运动训练过程中的行为也潜移默化地影响着运动员的成长。

如果带有批评指责地训练运动员，运动员就学会指责；

如果带有敌意地训练运动员，运动员就学会勾心斗角；

如果带有嘲讽地训练运动员，运动员就学会憎恨；

如果带有羞辱地训练运动员，运动员就学会感到有罪；

如果带有宽容地训练运动员，运动员就学会耐心；

如果带有鼓励地训练运动员，运动员就学会自信；

如果带有称赞地训练运动员，运动员就学会感激；

如果公正地训练运动员，运动员就学会正义；

如果言行一致地训练运动员，运动员就学会信任；

如果尊重地训练运动员，运动员就学会自尊。

那些取得了优异执教成绩的教练员，往往比常人更懂得如何灵活地运用种种沟通技巧，在最恰当的时间、用最恰当的教练方式影响及培养自己的运动员。

【案例 1-1】王濛磕头谢师

北京时间 2010 年 2 月 18 日，王濛在温哥华冬奥会短道速滑女子 500 米决赛中，成功卫冕。滑过终点后，王濛的庆祝动作让世界为之震撼，她双膝跪地两次磕头，其中一次给中国短道速滑队主教练李琰行了磕头大礼，另一次则表达了对队友和冬季运动管理中心领导的感谢。谢师礼背后是教练员对运动员影响的感人故事。

2007 年长春亚冬会，刚接手中国短道速滑队没多久的李琰率队征战，中国冰刀头号明星王濛赛后罕见地公开指责李琰，说自己不适合在李琰执教下训练。此时的李琰坚持自己的原则，不因为在队里没人敢惹王濛就在训练中有任何迁就。冬季运动管理中心根据规定，将王濛开除出国家队。

开除绝对主力王濛的中国短道速滑队在 2007 年短道世锦赛没有夺得一枚金牌，李琰的执教能力受到质疑。但李琰坚持认为自己的思路是正确的，"当时，我看到的不是王濛的优点，而都是王濛在技术上的缺点，我想自己能给她带来什么，如何能让她提升实力，同时我要带出一支队伍，而不是一个王濛。"她依然按照自己的方式训练中国队。

当王濛重新归队后，李琰表现得非常大度，更把队长之职交给她，让她感到大家是同在一条船上的人。李琰还当着全队的面对王濛说："像你这样爆发力好的选手，不需要一直这么磨，什么时候你觉得训练强度够了，就可以不滑。"这让王濛心头一热，觉得特有面子，反而训练更加刻苦，自觉性明显增强。

李琰就是这样用对事不对人的做法，凭借先进的执教手段，让王濛彻底服了，主动与李琰冰释前嫌，并在温哥华冬奥会夺得女子 500 米金牌之后，现场跪谢师恩。

从这个案例中，我们看到了一名优秀教练员对运动员的宽容、鼓励、尊重、公正和言行一致，我们也看到了一名优秀教练员在执教过程中闪耀的智慧之光。

（三）教练员角色的变化

从非运动员到运动员，从普通运动员到优秀运动员，从运动员退役到再就业到新的岗位，运动员经历了由依赖到独立的过程。在这个过程中，教练员的角色不断发生着变化，由最初的是一束光，到献出一束光，再到反射一束光，最后到站在光圈之外（图 1-1）。只有理解了这种角色变化，教练员才能更好地把握自己在运动员成长过程中可能发挥的作用，并根据运动员的成长调整自己的心态。

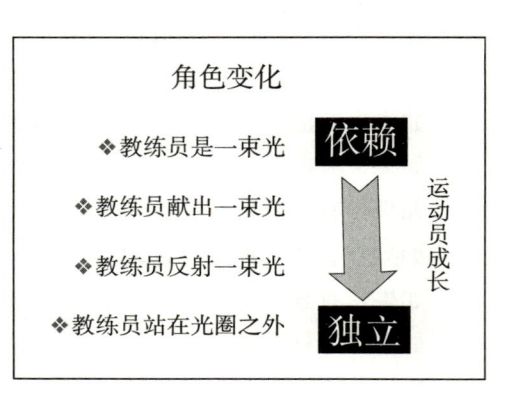

角色变化

❖ 教练员是一束光
❖ 教练员献出一束光
❖ 教练员反射一束光
❖ 教练员站在光圈之外

依赖 → 独立（运动员成长）

图 1-1

第二节 教练员的知识、能力与素质

一、教练员的知识结构

知识是人的各种素质形成的基础，是进行创造性劳动所必需的。由于训练活动在本质上是教练员对运动员进行长期的生物学、心理学和社会学改造过程，因此，教练员的劳动是创造性的脑力和体能、技能相结合的复杂劳动。因而，教练员的知识结构，对于教练员综合素质的提升有着非常重要的作用。

钟秉枢等2003年对我国有关单位领导、专家、学者、教练员的调查后，将60%以上专家认可的教练员必须掌握的学科知识分为哲理知识、基础知识、专业知识和工具知识4大类（钟秉枢，2003）。李继辉2008年对我国田径教练员知识结构进行研究后认为，田径教练员知识结构由专项经验、运动训练基础理论知识、运动医疗保健知识、工具性科学知识、哲学和思维科学知识5大类构成（李继辉，2008）。国际教练教育委员会制定的国际教练体系则将教练员的知识结构分为专业知识、人际知识、个人内省知识3大类（图1-2）。综合3种分类，考虑到我国由体育大国向体育强国迈进过程中必须转变体育增长方式，本文采用国际教练体系对教练员知识结构的分类。

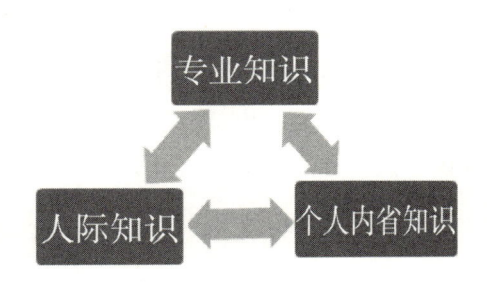

图1-2　教练员知识结构

（一）专业知识

专业知识是与教练员职业紧密相关，完成教练员职责和任务应该具备的，与运动训练和参赛直接相关的相对稳定的系统化的知识，包括运动专项的知识、运动员的知识、运动科学知识以及工具知识等（表1-1）。

表1-1　教练员所需专业知识

运动专项知识	项目基本规律 项目发展特征 项目制胜因素 技术和战术 项目管理 比赛规则 设施设备
运动员知识	专项运动员的能力及其发展阶段 运动员动机

续表 1-1

运动科学知识	解剖学、生理学 医学、营养学 生物力学、生物化学 急救、损伤预防 反兴奋剂 哲学、教育学 心理学、社会学 生活方式 体育产业
工具知识	语言（口头、书面、写作、阅读） 外语 计算机 基础数学 现代技术

（二）人际知识

人际知识是与教练员职业紧密相关，完成教练员职责和任务应该具备的、与人际关系处理相关的相对稳定的系统化知识，包括处理社会关系知识、处理运动队关系知识、执教方法知识等（表 1-2）。

表 1-2　教练员所需人际知识

社会关系知识	宏观和微观教练文化 伦理和运动员福利 父母和家人 同伴教练 官员、裁判、经纪人 俱乐部、学校、协会 政府 媒体
运动队关系知识	沟通 共情与同情 积极倾听和提问 特定情境下适宜的行为举止 运动员和运动队管理 运动员和运动队教育
执教方法知识	学习理论和方法 训练理论与方法 计划、组织和宣传 创造积极的学习气氛 研究、评价和反馈 示范和讲解 指导和改进

（三）个人内省知识

个人内省知识是与教练员职业紧密相关、完成教练员职责和任务应该具备的、与教练员个人成长相关的相对稳定的系统化的知识，包括执教理念、终身学习等（表1-3）。

表1-3　教练员所需个人内省知识

执教理念	认同 价值 信念 领导方式
终身学习	学习能力 自制力和责任感 理智 自我反射 批判思维和综合能力 创新和新知

二、教练员的能力结构

能力是指顺利完成某一活动所必需的主观条件。教练员的经历不同，经验不同，知识水平不同，在完成训练和比赛活动中表现出来的能力也就有所不同。教练员的能力不同，其成就也就不同，能力越大，成就就会越大。

钟秉枢等2003年就高水平教练员应具备的能力对我国有关单位领导、专家、学者、教练的调查得出，高水平教练员应具备的能力依次是：选材能力、制定计划能力、组织实施能力、教育管理能力、获得社会支持能力、情报掌握能力、科研能力、组织竞赛和裁判能力。李继辉2008年对我国田径教练员能力结构的研究认为，田径教练员能力结构由专项训练能力、比赛指挥能力、科学研究能力、队伍管理能力和社会交往能力5项一级指标构成。国际体育教练体系则将教练员的能力结构分为战略思维能力、环境适应能力、训练比赛指导能力、赛场应变能力、学习反馈能力、关系处理能力6种能力构成。综合3种分类，考虑到我国教练员能力培养必须与国际接轨，本文采用国际教练体系对教练员能力结构进行分类。

（一）战略思维能力

战略思维能力是教练员对运动队建设中带全局性、决定运动队发展全局的重大事情进行愿景创新和战略规划的思想方法和工作能力，包括把握全局、预测需求、确定愿景、形成任务、提出方针、制定措施、反馈调整、创新战略的能力（表1-4）。

表 1-4　不同等级教练员所需教练员战略思维能力

能力	初级教练员	中级教练员	高级教练员	国家级教练员
把握全局	*	**	***	****
预测需求	*	**	***	****
确定愿景		*	***	****
形成任务		**	***	****
提出方针		*	***	****
制定措施	*	**	***	****
反馈调整	*	**	***	****
创新战略		*	***	****

（二）环境适应能力

环境适应能力是教练员为满足运动队发展的需要而与环境发生调节作用的能力。在计划经济时代，运动队的一切都是由"组织"决定的，教练员环境适应能力的大小一般不会对教练员的发展产生多大影响。但市场经济条件下，教练员的环境适应能力往往决定着一支运动队的前途和命运。教练员的环境适应能力包括制定行动计划、组织保障、选拔队员、选拔员工、配置相关资源的能力等（表1-5）。

表 1-5　不同等级教练员所需环境适应能力

能力	初级教练员	中级教练员	高级教练员	国家级教练员
制定行动计划		*	***	****
组织保障	*	***	***	****
选拔队员	*	**	***	****
选拔员工	*	**	***	****
配置相关资源	*	**	***	****

（三）训练比赛指导能力

训练比赛指导能力是教练员指导训练和比赛的能力，包括训练方法设计、动作示范讲解、运动创伤预防、运动疲劳消除、训练积极性调动、比赛选择与安排、比赛能力提高、比赛作风培养、比赛情绪调控等能力（表1-6）。

表 1-6　不同等级教练员所需训练比赛指导能力

能力	初级教练员	中级教练员	高级教练员	国家级教练员
训练方法设计		*	**	****
动作示范讲解	*	**	***	****
运动创伤预防	*	**	***	****
运动疲劳消除	*	**	***	****
训练积极性调动	*	**	***	****
比赛选择与安排		*	**	****
比赛能力提高	*	**	***	****
比赛作风培养	*	**	***	****
比赛情绪调控	*	**	***	****

(四) 赛场应变能力

赛场应变能力是教练员面对赛场内外意外事件等压力，迅速地做出判断与反应，并寻求合适的方法，使事件得以妥善解决的能力，通俗地说就是赛场内外应对变化的能力，包括观察与发现问题、调整与解决问题、果断决策、突发事件应对、记录和评价等能力（表 1-7）。

表 1-7　不同等级教练员所需赛场应变能力

能力	初级教练员	中级教练员	高级教练员	国家级教练员
观察与发现问题	*	**	****	****
调整与解决问题		*	***	****
果断决策	*	**	****	****
突发事件应对	*	**	****	****
记录和评价	*	**	****	****

(五) 学习总结能力

学习总结能力是教练员不断自我完善、反馈与学习的能力，包括赛后总结、科学研究与评价、自我反思和自我监督、终身学习、职业发展、创新的能力（表 1-8）。

表 1-8　不同等级教练员所需的学习总结能力

能力	初级教练员	中级教练员	高级教练员	国家级教练员
赛后总结	*	**	***	****
科学研究与评价		*	**	****
自我反思和自我监督	*	**	***	****
终身学习	*	**	***	****
职业发展	*	**	***	****
创新		*	**	****

(六) 关系处理能力

关系处理能力是教练员觉察他人情绪意向、有效理解他人和善于同他人交际的能力，亦即社会交往的能力，包括领导和影响、团队管理、沟通与交流、说服教育能力等（表 1-9）。

表 1-9　不同等级教练员所需关系处理能力

能力	初级教练员	中级教练员	高级教练员	国家级教练员
领导和影响		*	***	****
团队管理		**	****	****
沟通与交流	*	**	***	****
说服教育		*	***	****

三、教练员的素质结构

素质是在人的先天生理基础上经过后天教育和社会环境的影响，由知识内化而形成的相对稳定的心理品质，有3层含义：

首先，作为心理品质，这里所讲的"素质"有别于人的生理素质，不是先天的、生来就有的，它是通过教育和社会环境的影响逐步形成和发展的，是可以培养、造就和提高的。

其次，素质是知识内化和升华的结果，单纯具有知识不等于具备一定的素质，知识只是素质形成或提高的基础。没有知识做基础，素质的养成和提高便不具有必然性和目标性，但只具有丰富的知识并不等于具有较高的素质。

第三，素质是一种相对稳定的心理品质，由于它是知识积淀、内化的结果，因而它具有理性的特征，同时它又是潜在的，是通过外在形态（人的言行）来体现的，因此，素质相对持久地影响和左右着人对待外界和自身的态度。

从运动训练的角度来看，教练员的素质结构应包括思想道德素质、文化素质、业务素质、身体心理素质。其中思想道德素质是根本，文化素质是基础，业务素质是关键，身心素质是保障。

（一）思想道德素质

众所周知，竞技体育人才培养是有规律性、有周期性的，而且一般周期还比较长，一天两天，一年两年可能都看不到成果。教练工作非常艰苦，工作量大，从早上开始带运动员出操一直到晚上熄灯，没有节假日，常常还会遇到挫折。运动员大赛之前出点儿伤病，几年的心血就可能付之东流。拿不到奖牌，教练员就可能没有工作业绩。由此，教练员必须有为祖国体育事业献身的精神，具有把国家利益、运动员的权利和需要置于个人利益之上的思想道德素质，能对党和国家的体育方针政策有正确的认识和理解，明确社会主义市场经济条件下的竞技体育功能，具有坚定的政治信仰，热爱祖国，热爱人民，热爱教练工作，具有终身为社会主义体育事业服务和献身的良好道德品质。它包括：

忠，在公共场合和私生活中都维护国家尊严和职业尊严；
孝，在与所有人员相处中应当严谨公正、体贴关心；
诚，对待自己、对待同事和运动员要正直诚实，实事求是；
信，有工作责任感，不仅对运动员，而且对同事负责；
礼，遵守法律、规则和各项规章制度，文明礼貌待人；
义，热爱体育运动，献身体育事业，全力以赴把自己该做的事做好；
廉，在工作中力求高标准要求自己，以身作则，为人师表；
耻，以运动员的权利与尊严得不到应有的尊重与保障为耻。

（二）文化素质

教练员的文化素质是指教练员所具有的文化修养和知识容量与结构和体系。良好的文化素质是形成良好的思想道德素质和业务素质的重要基础，它体现一个人的文化涵养，有利于教练员开阔视野、活跃思维、升华人格、陶冶精神，为他们的发展和更好地从事运动训练提供广博的文化底蕴。教练员文化素质的好坏，关系到能否培养出高智能的高水平的运动员。黄莉 2003 年的研究表明，教练员普遍文化素质不高已制约了中国竞技体育向更高层次上发展（黄莉，2003）。教练员中普遍存在的有文凭无文化水平的现象值得我们警惕。

（三）业务素质

由于训练活动在本质上是教练员对运动员进行长期的生物学、心理学和社会学改造的过程，因此，教练员的劳动是创造性的脑力和体能、技能相结合的复杂劳动。因而，教练员的业务素质，对于运动训练的成功有着非常重要的作用。而业务素质的外在表现是教练员具有的业务能力。值得注意的是，训练是科学与艺术的结合。运动训练在任何情况下都是科学，这表现在运动训练都是有规律可循的，有一套科学的训练理论、方法和工具。运动训练的艺术性表现在运动训练、比赛的实践性和创造性上。高水平的运动训练，训练的艺术性更为重要，它要求教练员在特定的环境和条件下，创造性地运用运动训练的理论，恰到好处地把握训练，有效激励队员的训练热情，调整好周期安排，理顺队内队际关系等，这些训练艺术是高水平教练员应力争把握的，也是教练员业务素质的一项重要内容。

(四) 身心素质

运动训练过程是一个长期的、动态变化的过程，其间会经常遇到挫折、困难、挑战、压力；运动训练是一种富有挑战性、创造性的活动，教练员经常面对训练场和竞赛场上发生的各种突发事件和意外事件，这些都对教练员的心理和行为产生影响。由此，良好的身心素质是教练员其他素质得以发挥的保障。它包括：

具有健康的体魄，能够精力旺盛地投入工作；

具有敏捷的观察能力，善于发现问题；

具有丰富的想象力和思维能力，能够及时找出解决问题的有效办法；

善于控制自己的情绪，能客观、理智、沉着、冷静、迅速而恰当地处理问题；

有坚强的意志、坚韧不拔的精神，勇于面对各种挫折和挑战，经得起困难和失败的考验，充满信心，坚持不懈。

第三节　教练员的执教理念与执教目标

一、执教理念与意义

(一) 为什么需要执教理念？

理念是人们的意识活动，往往如水中月、镜中花，看得见，摸不着。但下面的故事说明了为什么需要理念。

【案例1-2】失去自己的驴子

从前有一位老人、一个孩子和一头毛驴，走在进城的路上。一开始的时候孩子骑着毛驴。行进在路上他们遇到一些人，这些人说，孩子骑驴而让老人走路，真没有孝心。听了批评，老人和孩子换了一下，孩子走路，老人骑驴。后来他们遇到了更多的人，指责老人让这么小的孩子走路，真没有爱心。听了指责，老人和孩子都不骑驴了，都走路。很快，他们遇到了更多的人，嘲笑他们有驴不骑反而走路，真傻。老人和孩子想，可能批评是对的，因此他们两人都骑驴。很快他们就遇到了另一群人，指责说，给这么小的可怜牲畜加上这么大的负担，真没有同情心。老人和孩子想，批评是对的。他们于是抬着毛驴走。当他们过桥时，未能抓住毛驴，驴子落入河中淹死了。

"失去自己的驴子"这个故事，反映的就是缺乏理念的结局：如果试图取悦每个人，将最终失去自己的驴子。

在体育比赛中，竞争双方的较量、比赛环境的多变，导致比赛经常出现戏剧性的变化，教练员面临许多困难决策和两难选择。而关于项目特点、制胜规律、训练原则、比赛风格、行为规范、队伍前景、短期与长期目标，以及训练和比赛等会有各种各样的理论和说法，这些理论和说法具有很大的不确定性。没有良好的理念，就会缺乏方向，很容易屈从于外部的压力。这里，教练员具有的理念比其所具有的体育知识更能使其免于"失去自己的驴子"。只有持有一种理念才会消除各种不确定性，在众多的理论与说法之中找到适合自己的东西。只有建立良好的理念，才有助于教练员在困难的情景中做出决策并更加成功地执教。

如果教练员能像获取运动技术知识一样，为建立自己的理念而拿出同样的时间，那么，就等于他在变幻莫测的执教过程中为自己建立了一个判断与抉择事物的坐标系，从而就能在有限的时间内实现更大收益，成为一个更高效的教练员。

（二）什么是执教理念？

理念是人们的意识活动，是人们对所从事工作的一种基本信念，所具备的明确的基本认识，是人们取得事业成功的最基本条件。

执教理念就是教练员在执教过程中建立的理念，它是指教练员对运动训练本质及其影响运动训练的多种因素的理解，是教练员对运动队"目标""使命"以及"训练方法"等所具有的明确的基本认识，是指导运动训练的"思想"，包括主要目标和有助于达到目标的信念和原则。这些信念和原则帮助教练员处理无数的训练和比赛问题，伴随着教练员的成长而形成和发展，受到教练员经验的影响而日臻完善。

理念又往往是独到而不受他人和环境左右的。许多著名教练员都以其独特的执教理念而为人称道，他们不会计较别人是否同意他们独特的执教理念，他们坚定自己的理念而往往获得他人意想不到的成功。我国著名田径教练员黄健就对自己的执教理念有过这样的精彩描述：

【案例1-3】黄健的执教理念

"我一直很喜爱运动员，从不允许自己用粗暴的态度或'铁'的专制手段来对待学生，我和学生的关系建立在相互信任和尊重的基础上。我一生中从未骂过自己的学生，我厌恶'棍棒纪律'，就是在运动员犯了错误时，我也不允许自己对学生不尊重、粗暴命令、嘲讽谩骂，更不能动手打人。多年的实践告诉我，单纯的行政手段是什么也达不到的，爱抚和温柔常常比'棍棒'和谩骂更有效。我的主要原则是：全身心地热爱自己的学生，在工作中才能获得创造性的快乐。"（黄健，2000）。

就是这位被许多人认为太"软"的教练员，遵循全身心的热爱学生的原则，当与学生的关系出现了哪怕是很小的冷淡时，他都会感到十分苦恼，总是竭尽全力维护与运动员的良好关系以及小组中的良好气氛。当他的工作出现失误时，他总是把难为情和自尊心放在一边，当面向运动员承认自己的错误。这样做的结果是，运动员并没有因此看不起他，相反，他的威信提高了，多次被国际田联和亚洲田联评为"最佳教练员"，培养出女子跳高世界纪录创造者郑凤荣、男子跳高世界纪录创造者倪志钦，以及女子跳高亚洲纪录创造者郑达真、杨文琴等一批优秀运动员。

从黄健教练的执教理念中我们可以看到，他的理念强调的是教育和行为，而不是单纯地取胜。按黄健自己的话说，就是"最重要的，是要让运动员确实感到他在你的训练下进步了。我所说的进步不仅仅是比赛和训练成绩的提高，还包括运动员的理论水平和人格修养方面的提高"。

黄健教练的执教理念代表了他毕生执教智慧的积淀，也是诠释什么是成功执教理念的最佳范本之一。

二、执教目标与功能

执教目标是教练员在执教实践中的预定任务、指标和预期效果的统一，可以进行数量、质量、时间和空间等层面的具体结构解析。简单说，执教目标就是教练员在一定时期内所要达到的预期的具体成果。

执教目标对于执教进程具有定性与定向、规范与控制、励志与激发、评价与检测等方面的重大功能，即它能明确训练发展方向、提示训练计划要点、提供训练比赛经验方法和确定训练比赛评价基础等等。可见，执教目标能够为训练比赛指明方向，支配执教实践活动，指导教练员训练计划的编制，具有激励作用、凝聚效果，是对教练员执教工作进行考核的依据（图1-3）。

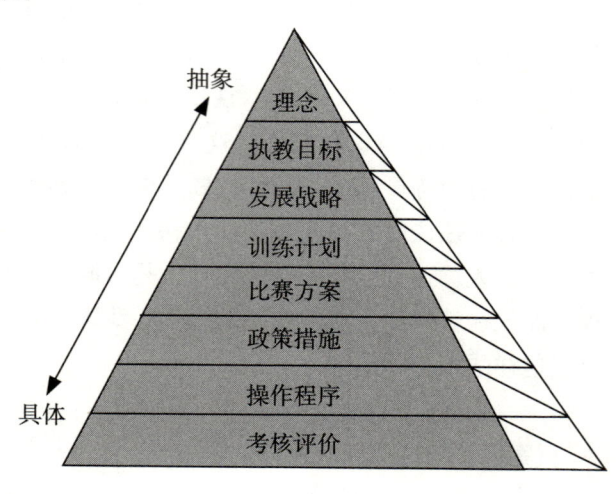

图1-3 执教目标的功能

执教目标的上述功能在训练和比赛时间中随处可见。

【案例1-4】丹尼尔试训

有一个叫丹尼尔的外援来试训,这名队员的个人能力很强,身体棒,挺玩命。下雨天,别人带不动球,他能带起来,在试训时,他进了几个球。很多人认为他的进球说明他有实力。但他的打法完全是一种个人行为,靠着自己,他不讲配合,而且技术也比较粗糙。

作为教练,你把他留下来,还是让他离开?

【案例1-5】波林解聘乔丹

2002年,乔丹在奇才队效力,他披挂上阵出现在球场上的商业效应,无与伦比,让任何人都感到心动。他让奇才队主场连续82场爆满,球队从门票和相关产品中赚得盆盈钵满。但球场热烈的气氛并没能促进球队成绩的提高,乔丹的作用越来越限于震慑对手,而不是掌握胜局。乔丹的光芒让很多年轻人感到无出头之日的沮丧,整支球队开始出现不满的骚动。

作为教练员,你怎么办?是留下乔丹,还是起用新人?

在案例1-4中,金志扬教练选择了放弃,没有留下这名队员,因为他认为这名外援不能帮助球队实现目标。球队是一个追求目标的有机整体,如果个体无法服从整体目标需要,即使再优秀,他也不是球队需要的。

在案例1-5中,奇才队老板波林宣布乔丹离队。波林早已预料到,失去乔丹就意味着损失金钱——新赛季的票房收入肯定会下降,但因为走出"飞人"的阴影,球队的气氛将开始好转,年轻人在训练中将更加投入。"健康的气氛无疑是最重要的。"这是波林向乔丹说"再见"的根本原因。

【案例1-6】永远争第一

1995年,金志扬接替唐鹏举出任国安队主教练。由于前一年联赛成绩不佳,只获得第八名,国安俱乐部在召开董事会讨论当年名次目标时,有人保守地提出,目标应定为保六争三。当时的董事长王军则说不要提什么名次,国安的目标就是要争第一,得不了第一,也要有时刻争第一的想法。王军的这一番话在金志扬的重新诠释下成为了国安队的旗帜和精神。"永远争第一"就这样成了北京国安队的口号。当时有人嘲笑这支队伍不知天高地厚。但金志扬教练说:"'永远争第一'不是一项具体的任务,它代表的是一种积极向上、拼搏进取的精神。如果没有争第一的想法,怎么会有争第一的行动?"结果,在目标的激励下,1995年的联赛,国安就拿到了第二名的好成绩。循着"永远争第一"的目标,国安队几经周折,终于在2009年登上了中超联赛冠军的宝座,夺得16年来的第一个冠军。

类似困难的情境会被每位教练员遇上。这时，教练员不得不做出的决定不仅会影响队员，还会影响整个球队。而教练员采取什么决策很大程度上取决于他的执教目标，它是执教理念的基本部分。作为教练，你有没有想过自己作为一名教练的目标是什么？如果说你把获胜作为目标的话，真的是你说的这样容易吗？你是否还想达到其他目标？你个人想从执教中得到什么？

三、执教目标的设定

执教目标不仅仅是获胜目标，它还往往是一种成长目标。金牌与荣誉固然是眼手可及的诱惑，但卓越的教练员绝不满足于此。

1994年人事部、国家体委颁布实施的《体育教练员职务等级标准》明确规定，"体育教练员的基本职责是完成训练教学任务，提高运动技术水平；全面关心运动员的成长，做好运动队的管理工作"。由此职责，我们可以将教练员执教目标大体分为在比赛中获胜和帮助运动员成长两类。运动员的成长包括，在身体上，通过运动训练，增强体质，形成良好的健康习惯，提高运动技术水平；在心理上，通过运动训练，磨炼意志品质，学会控制自己情绪的学习，发展自我价值观；在社会性上，通过竞争情境中合作的学习，建立恰当的行为标准。

上述目标当中，对教练员而言哪些是重要的？是取胜？是帮助运动员成长？可能有的教练员认为这两个方面都重要。但它们同等重要吗？如果必须从它们之中选择，作为教练员，你会选哪个？在追求胜利时，教练员往往必须决定是否要损害运动员的幸福或长期发展。那么你的首选会是什么？

（一）获胜的目标

1994年人事部、国家体委颁布并至今仍在执行的《体育教练员职务等级标准》中，明确规定了各级教练员的任职条件。现以优秀运动队国家级教练员的任职条件为例：

"具有体育院、系本科以上学历，并经过国家级教练研讨班学习，担任高级教练工作五年以上；有两篇发表过的高水平论文，或具有国际水平的反映本项目训练成果的学术文章，或多次进行国际国内讲学和学术交流；掌握一门外语，能阅读和翻译本专业外文技术资料，进行技术交流；训练两年以上的运动员或培训两年以上的运动员输送后四年内取得下列运动成绩之一：

（1）奥运会前三名。

（2）奥运会四至六名并世界锦标赛或世界杯赛前两名。

（3）世界锦标赛或世界杯赛三人次冠军。

（4）亚运会二人次冠军并亚洲锦标赛或亚洲杯赛二人次冠军。

（5）向国家队输送三名以上运动员或有三名以上运动员代表国家参加亚运会、世界锦标赛、世界杯或奥运会比赛，并取得五次全国最高水平比赛冠军或二人次亚运会

（亚运会比赛项目亚洲锦标赛或亚洲杯赛）冠军。

（6）集体项目奥运会前十名。

（7）集体项目世界锦标赛或世界杯赛两次前两名。

（8）集体项目亚运会冠军并亚洲锦标赛或亚洲杯赛冠军。

（9）集体项目向国家队输送五名以上运动员或有五名以上运动员代表国家参加亚运会、世界锦标赛、世界杯或奥运会比赛，并取得亚运会（亚运会比赛项目亚洲锦标赛或亚洲杯赛）冠军或两次全国最高水平比赛冠军。

从上述国家对教练员的任职条件标准我们可以看到，教练员所带运动员在比赛中所取得的成绩，是检验教练员工作成果的重要标准。换言之，教练员的工作成果，需要通过运动员的比赛并在比赛中表现出优异的运动成绩才能得到社会的认可，才能体现出现实的价值。这是教练员获得社会地位、声望、物质和精神利益的主要表达方式。获取了优异的运动成绩，教练员才能够利用成绩资本获得政治、经济、文化等方面的各种价值取向（钟秉枢，2007），如得到和运动员相当报酬丰厚的奖金等。一旦成绩不理想，就可能被解聘，即便不被解聘，也会影响其待遇。

不仅任职条件与运动成绩直接相关，地方体育行政部门和管理部门、训练单位和教练员接受年度考核与周期考核时，所用到的最直接、最鲜明的指标，正是相关运动员参加上一级比赛，特别是综合性运动会中所取得的成绩。由于这些成绩常常与单位和教练员的切身利益，如奖金、住房、职称、晋升等密切相关，这在客观上就要求教练员必须培养出具有竞争力的运动员，亦即意味着教练员不得不把获胜放在重要的位置。

我国体操运动员莫慧兰的获奖感言，证实了获胜目标在我国运动员和教练员心目中的位置："中国运动员（获得）冠军跟亚军的区别真的有着天壤之别，拿到冠军就一日千里鸡犬升天，所以在中国运动员和教练员心里真的只有一个目标，那就是冠军，一旦这个冠军拿到之后改变的不是一点两点收入，而是大家的身份可以发生翻天覆地的变化，五子立即可以登科。"

国家体育总局副局长蔡振华对单纯获胜的观念提出了尖锐的批评，"有些出了世界冠军的省市，其运动员从小却不怎么上学，这种拔苗助长、过早投入专业训练的做法将会给运动员造成身心的创伤，导致过早地夭折，或者伤痛缠身、文化欠缺……这是对社会的不负责任……"（李远飞）。

（二）成长的目标

在美国，《年轻运动员权利法案》（Bill of Rights for Young Athletes）的理念基础和美国运动教育计划（American Sport Education Program）的座右铭是：运动员第一，获胜第二。它的意思是：教练员做出每项决定和展示每种行动时，首先要判断是否对运动员最好，其次才是提高运动员或球队的获胜机会。他们认为，归根结底，重要的不是赢得多少比赛，而是有多少年轻人在教练员的帮助下变成生活的胜者。

欧盟教练理事会对教练员的有效执教提出了如下定义：教练员灵活运用体育相关

知识、人际关系知识和人内省相关知识，在运动员成长的不同阶段，都能发展运动员的能力、自信、沟通和品格。在这里，能力、自信、沟通、品格是教练员帮助运动员的最重要的产出。

不论是美国的"运动员第一，获胜第二"，还是欧盟的"发展运动员的能力、自信、沟通和品格"，并不意味着获胜不重要。任何比赛直接的短期目标都是获胜。在比赛规则允许的前提下努力争取胜利，应该是每一位运动员和教练员的目标。成长目标所强调的是，带来运动快乐的不是目标本身，而是达到目标的梦想，是对胜利的追求，是在追求胜利过程中帮助运动员身体、心理和社会的发展。这就需要教练员把运动员的成长作为执教的首要目标，进而在为实现这一长期目标而奋斗的过程中，达到次要的和短期的目标，即获胜。在北京奥运会、残奥会总结表彰大会上，胡锦涛总书记就号召全社会，特别是体育界，"要关心运动员的长远利益和全面发展"（胡锦涛，2008）。

下面我们来看两个案例。

【案例 1-7】张宁：打羽毛球是人生的乐趣

张宁，我国著名的羽毛球运动员，16岁进国家队，19岁尤伯杯亚军主力，21岁奥运女单银牌、世界杯女单冠军，23岁大奖赛总决赛女单冠军，26岁世锦赛女单第三，28岁世锦赛冠军，29岁奥运会女单金牌，30岁世锦赛女单亚军，31岁尤伯杯冠军、世锦赛女单亚军，2008年33岁再获奥运会女单金牌。当人们问她为何能坚持这么长时间时，她回答道，"人在成长中才会发现很多自己以前从不知道的事情。我不到今天这个年纪、不经历过这么多成功与失败，是难以体会到羽毛球现在给我带来的这种快乐。我发现，我现在打羽毛球是一种人生乐趣，在这种乐趣中，你只有割舍不了的情感，而不会考虑其他。""作为运动员，固然对金牌、对冠军有强烈的渴望，但我认为，一个运动员的运动生涯不能仅仅就是为了去拿金牌和冠军。只是，能有这样的理解也是一种感悟的过程。""我觉得一个人越是在享受乐趣的心态下工作，心情越是轻松，成绩就会越好，压力就越小。通过我给年轻队员一个启示，那就是在比赛场上是没有年龄限制的，只要你有信念，去争取，就会得到成功，享受到乐趣。"（慈鑫，2005）

由张宁对记者的回答，我们看到了张宁对获胜的追求，以及在追求获胜过程中的成长。

【案例 1-8】痛失金牌与赢得奖牌

2008年8月14日，奥运会女子佩剑团体决赛，中国队以44比45的比分，最后一剑惜败乌克兰队屈居亚军。中国佩剑姑娘们抱头痛哭。中国媒体、运动队的领导连声叹息"中国姑娘痛失金牌"。但此时，中国佩剑队的法籍教练鲍埃尔拍着姑娘们的肩头，大声说道："姑娘们，你们获得了奥运会银牌，得了亚军，是个巨大成就，应该高兴呀。"

同样一件事情，两种不同的评价，值得我们深思。

由此我们应该看到，作为教练员，需要把握和弄清的是，由于赢得比赛胜利的回报迅速，反响巨大，因此努力争取在比赛中获胜成为竞技体育的重要目标，但它绝不是最重要的目标。帮助运动员的健康成长和发展比获胜更为重要，即所谓的"教书育人"和"夺标育人"。只有将夺标与育人相结合，以长远观点看胜负，才能培养出敢于追求卓越，勇于冒着失败的风险去学习和创造，能够体验到体育快乐，与赞扬和批评共同成长的运动员。因此，作为一名追求卓越的教练员，应该经常问一问自己，我能不能一直坚持那些长期目标？不仅在训练时，而且在比赛白热化时；不仅当获胜时，而且当失败时；不仅当领导支持时，而且当领导给予压力要求获胜时，都能持之以恒，不偏不倚地实践我的执教目标，从而赢得从业的荣誉和尊重。

（三）执教目标的自我评价

执教目标会限定教练员以何种方式看待自己的教练角色，进而会限定自己的许多教练行为。完成下列问卷（表1-10），有助于教练员在获胜、帮助运动员成长等目标中做出自我评价。

表1-10　执教目标问卷表

你的执教目标		
最好的教练员是那些……		
a. 对运动员提供帮助，并对运动员的成长感兴趣的人		
b. 传授运动员获胜所需技能的人		
如果有一篇报道要写我，我希望这样写……		
a. 是一位对运动员成长做出贡献的教练员		
b. 是一位胜利的教练员		
作为一名教练员，我强调……		
a. 传授运动员未来生活中可以使用的技能		
b. 获胜		
总分		
	成长	获胜

自测步骤：

(1) 阅读每条表述及其后的两种选择。

(2) 确定两种选择中你认为哪个更重要，在该选项旁边的白框内填写数字2。

(3) 然后确定哪一选项对你不重要，在相应的白框内填写1。

(4) 每一栏分数相加，结果填于总分框中。

（5）在某些情况下，你可能认为所有两种选项都是重要的，但请标明两者中哪一个更为重要，哪一个更不重要。力求尽可能诚实地回答每一问题。

问卷中，每项总分应该在 3~6 之间。哪项总分越高，表明越强调哪项的结果。第一栏表明对运动员成长重视，第二栏表明认为获胜很重要。

多数教练员的得分表明，在决定如何执教时，教练员可能会认为获胜最重要，再也没有比获胜更重要的事情了。因此，为了获胜，赛场上我们不断见到有的教练员只用最好的运动员打比赛，而减少给予年轻运动员上场的机会；或者见到教练员命令受伤的运动员坚持比赛，而不顾激烈的比赛对其身体造成的伤害；或者见到关键争胜比赛中教练员向失误的运动员大喊大叫，这表明，对这些教练员来说，获胜比运动员的成长更重要。而这一切，恰恰是因为，在社会中，获胜很容易被赋予太多的价值。2012 年 9 月 16 日，我国著名羽毛球教练员李永波在接受中央电视台的专访中清晰地告诉了观众这太多的价值："金牌看起来不大，领奖那一刻也很短，但它带来的东西太大了。甚至说，你能想象金牌有多大，它就能有多大。金牌带来的东西太多太多了。首先金牌带来对整个工作的肯定，其次它更重要的是说明了你所制定的训练体系、管理体系等等一切是合理的，后人会沿着这条路不断地去发展。如果你拿不到这块金牌就会带来对你所有工作的质疑，你自己会怀疑，运动员会怀疑，外界会怀疑，同行也会怀疑，人就怕犹豫，总感觉对与不对就会找不到正确的方向。"（李永波，2012）可见，对教练员来说，获胜似乎是获得认同，使自身利益最大化的唯一途径，但是，这种判断显然是不正确的。

四、执教理念的建立

任仲平在新中国成立 60 周年之际，对建国以来我国的观念性突破有着这样精彩的论述："历史的长河静观时往往风平浪静，只有蓦然回首，才能体会它的波澜壮阔。在我国，从以阶级斗争为纲到以经济建设为中心，从高度集中的计划经济体制到充满活力的社会主义市场经济体制，从封闭半封闭到全方位开放，从物质文明到精神文明、政治文明、生态文明，从'四个现代化'的宏伟蓝图到以人为本、全面协调可持续发展……这些看似简单的词语之变，蕴藏着多少振聋发聩的观念突破，包含着多少惊心动魄的历史转折，凝聚着多少前无古人的伟大创新。它以一个政党巨大的政治勇气和理论勇气，改变了社会主义中国的发展轨迹，改变了十几亿中国人民的命运。"（任仲平，2009）

这段话，揭示的正是观念突破在国家变革、社会进步中的重要意义。如果将社会发展的历史规律引入教练员执业的微观领域，寓意不言自明，即要想成为优秀的教练员，必须突破旧观念的束缚，打破思想的牢笼，建立起符合成功规律（绝非单纯取胜）的优秀教练员的执教理念。

其实，无论是生活还是执教，我们每个人都有着自己的理念。理念在我们的意识中可能已很好形成，也可能还形成得不好。对理念我们可能主动意识到它的存在，也可能仅是一种无意识的感觉。当教练员在许多训练问题上做选择的时候，教练员的执教理念便受到了检验。一旦做出选择，教练员就会根据自己的原则来评价选择的后果。有利的评价强化你的原则；不利的评价，尤其是重复的不利评价，可能表明你需要寻求不同的原则。

理念不能从任何一种渠道获得，它来自一个人所有的经历。一个人的生活理念通常会影响到他的执教理念。建立有益的理念包含两个主要任务：更好地了解自己和设定个人执教的目标。

（一）更好地了解自己

作为一名教练员，执教成功与否与自己对自己的认知有着密切联系。因此，对于了解自己和使自己生存的能力，决定了能否将当前无效的行为方式转换为有效方式，自我意识便是其中的第一步。如果你希望帮助运动员了解他们自己，就必须首先了解自己。只有你目标明确并积极投入时，运动员才可能做出相应一致的反应。

国家男举总教练陈文斌说过这样一段话："职责，是一个人对待事业的起码底线，也是每个职业人的基本素质。面对神圣的职责，我常常想起一句名言，'与其诅咒黑暗，不如点燃一支蜡烛'。我这样想，也努力这样做，并以此激励年轻运动员。"对自己所肩负教练员职责具有的清晰认识，使陈文斌全力投入教练工作，他所执教的中国男子举重队在北京奥运会上夺得了4枚金牌，伦敦奥运会上夺得2金2银。

年轻的运动员往往追随英雄榜样，他们崇拜教练员，并将其诸多优秀的品格和特质同化为自己的追求和向往。作为一名教练员必须意识到，通过自己的品格和理念所展示的东西，其重要性可能远大于自己所教授的东西。

我国著名运动员叶乔波这样提到她的教练和老师对她成长的影响："我10岁到12岁在体校的时候，一位老师儿子发烧，因为当时工作很忙，忙得脱不开身，就没太管，烧两三天，到四十度了，再去治已经治不过来了，后来烧成白血病，没几天就死掉了。这是体校一位老师的儿子，就这么一个儿子。这些是我一生都忘不掉也忘不了的事情。你看一位老师都付出这么大，我还能在乎什么呢？也许是我这些经历所造成的我现在的模样。我是觉得这些事情对我影响很大。"（董进霞，1995）

由此可见，运动员的终生行为可能更依赖于教练员所树立的榜样。一位教练员有没有威信，说的东西运动员听不听，他尊重不尊重你，就是看你自己做得怎么样。凡是要求运动员做到的，教练员必须首先做到。因为，运动员更可能变得像你这样而不是你希望的那样。教练员只有清楚自己的个人价值，才能更好地帮助运动员解决冲突和疑惑，才能为运动员提供持续积极的指导。

通过反思自己的信念和设想，通过寻求别人的反馈——他们怎样看你，他们怎样待你，可以增强教练员的自我意识。

准确地认识自己需要内省或客观审视自己的能力。没有人能完全客观地做到这一点，但有些人比其他人能够更为准确地认识自己。表1-11列举了对执教工作至关重要的一些角色和特点，教练员自己可以试着对3种情况进行评分，看三者之间有无差异，如果有，找一找为什么会存在差异？对这些差异，你会做些什么？这样的分析有助于教练员审视自己，了解自己。

表1-11 了解你自己

评分等级：	-3 -2	-1 0	+1 +2 +3
	消极	中立	积极
了解自己，是……	理想自我（你希望成为什么样）	公开自我（你认为他人怎样看你）	真实自我（你感觉自己是什么样）
成功的			
诚实的			
焦虑的			
善解人意的			
盛气凌人的			
忠诚的			
谦卑的			
需要被认可			
受尊重的			
倔强的			
强力的			

（据《执教成功之道》，北京体育大学出版社，2007.5.）

通过对自己的审视和自我意识的建立，教练员可以建立指导行动的原则，发展自己的执教理念。

（二）设定个人执教目标

为什么要当教练？这样的问题教练员们一定问过自己。但换一种问法，作为一名教练员，你希望在执教中得到什么？这样的问题，教练员们恐怕就很少仔细考虑了。教练员在建立执教理念时，需要考虑的不仅是执教目标，还需考虑个人目标。为什么要成为一名教练员？是希望通过运动训练培养青少年，夺标育人？是为了对体育运动的热爱？是为了享受运动训练和比赛带来的快乐？是利用自己的运动特长，更好谋生？是为了更多的社会联系和扬名？是为了旅行和周游世界？如此等等，所有这些目标和许多其他目标，都是教练员执教合理的个人原因。每个人做任何工作都需要达到一些自己的目标，教练员也不例外。在为了运动员、为了获胜、为了祖国、为了集体这些利他性目标之外，在执教中教练员有自己的个人目标也是完全适当的，只要在达到这些目标时，没有损害运动员的利益和集体的利益。

为了帮助教练员检查自己的个人目标，表 1-12 中列出了一些执教的个人原因。

自测步骤：

表 1-12　执教的个人原因

原因	重要性		
	毫不重要	有些重要	非常重要
1. 为了参与我所喜欢的运动			
2. 为了谋生			
3. 为了培养运动员全面成长和发展			
4. 为了拥有权力			
5. 为了与我喜欢的人在一起			
6. 为了向体育和社会做出一些回报			
7. 为了扬名			
8. 为了自我享受			
9. 为了展示我在该项运动中的知识与技能			
10. 为了实现我当运动员时的梦想			
11. 为了旅行和能周游世界			
12.			
13.			
14.			
15.			

（1）先阅读表中列出的所有原因。

（2）然后，在空白处填入你所持有的表中未列的其他原因。

（3）评估每种原因对你有多么重要，在相应的空格处画钩。

通过填写此表，教练员可以检查一下，自己执教的个人原因和帮助运动员成长的目标之间是否存在冲突，以便避免将扬名或权力等个人目标凌驾于运动员的利益之上，避免追求自己的个人目标而损害到运动员的利益。作为教练员，必须了解比赛目标、运动员成长目标以及个人目标之间的差别；必须努力争取赢得每一场比赛，但又不是单纯地为了取胜。只有在不妨害运动员利益的情况下，才能努力争取达到自己的个人目标。

第四节　教练员领导力的提升

一、教练员执教行为特征

教练员执教过程就是教练员与运动员之间领导与被领导的过程。我们每天都处于领导与被领导之中。但是，与我们脑海中的固有概念不同，教练执教行为不仅是吆喝、不仅是授权、不仅是管理，教练员执教行为有着自身的特征。

（一）面对面的领导

教练员的执教就是教练员把具有不同背景、天赋、经历和兴趣的运动员聚合在一起，率领和鼓励他们承担责任、持续创造成绩、达到目标。在这一过程中，教练员对运动员进行着面对面的领导，把运动员当作全方位的合作伙伴和贡献者。

（二）关注人

通常当我们问一位教练员是教什么的时候，得到的回答会是"教篮球""教体操"等等。基于这样的回答，教练员考虑的往往是运动项目的制胜规律，忽略了是人在打篮球，是人在练体操。教练员既然是面对面的领导，其执教就不能只关注运动项目的发展，只是懂得技术或者设计完美的比赛计划，他更需要关注人。只有当教练员将"教篮球""教体操"，变为"教人打篮球""教人练体操"时，观念才能发生变化，才能将人放在第一位，才能带领运动员取得优异成绩。

（三）管理的全才

教练员不是按章工作的劳动力，不是按照既定的设计与规定进行工作的纯粹的执行者，而要根据运动员的特点，根据运动项目的特征，根据比赛的特定需求来制定自己的任务、方法与进度，每一个人都必须具有创造性及探索欲，而不只是简单地执行上级制定的计划。教练员不仅需要在各自不同的岗位上埋头工作，更需要通过团队合作，参与深层次的互动完成工作。教练员，尤其是主教练，不能只做某方面的专家，而要融合团队教练的专业技术，贡献自己的想法，成为运动队管理的全才。

二、领导力与领导行为

（一）领导与领导力

传统观念认为，所谓领导，是指上级组织赋予领导者一定职位与权力，领导者通过运用这些法定权力,带领下属完成组织任务,实现组织目标,其核心是强调领导者的权力因素。现代管理理论,特别是组织行为学理论则赋予领导一种全新概念,认为领导是指激励、引导和影响个人或组织,在一定条件下,实现组织目标的行动过程,强调责任和激励,强调领导力是存在于领导者和被领导者之间一种互动的积极影响力。诚如法国国家手球队教练 Claude Onesta 所言:"对于教练来说,权力不是重要的,重要的是合作。以往教练是领导、带头人,现在则是引导者,为队员提供到达高水平的各种工具。"

对于领导力的高低,老子《道德经》第十七章有这样的定义:"太上,不知有之;其次,亲而誉之;其次,畏之;其次,侮之。信不足焉,有不信焉。悠兮,其贵言。功成事遂,百姓皆谓'我自然'。"翻译过来就是:最好的统治者,人民并不知道他的存在;其次的统治者,人民亲近他并且称赞他;再次的统治者,人民畏惧他;更次的统治者,人民轻蔑他。统治者的诚信不足,人民才不相信他,最好的统治者是多么悠闲。他很少发号施令,事情办成功了,老百姓说"我们自己做到的"。也就是说,最好的领导人是能让每一个团队成员,都能完全发挥自己的潜力。

(二) 领导权力的来源

根据社会心理学家法兰西(John French)和雷温(Bertram Raven)等人1959年的研究,领导权力有5种来源:法定性权力、奖赏性权力、惩罚性权力、感召性权力、专长性权力(图1-4)(French, 1959)。

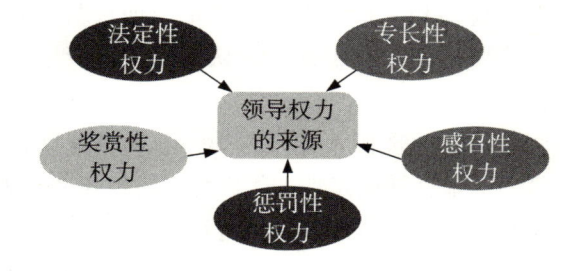

图 1-4 领导权力的来源

法定性权力是指一个人在正式层级组织中由于占据某一职位所相应得到的一种权力,由个人在组织中的职位决定,这种权力具有命令权和指挥权。一旦有了正式的任命,就具有了法定性的权力。法定性权力它会影响到人们对于职位权力的接收和认可,没有这种法定作为基础,往往就会名不正言不顺。

奖赏性权力是一种通过报酬、晋升、工作表彰、提供满意的工作环境、安排他人做更感兴趣的工作等奖赏手段对他人施加的一种权力,是个人控制着对方所重视的资源而对其施加影响的能力。领导可以通过奖励的方式来吸引下属,让下属重视自己,从而愿意服从领导者的指挥。

惩罚性权力是一种通过恐吓、威胁等生理上或安全上的压力控制手段对他人施加的一种权力,如肉体上的制裁、精神上的磨难等,是通过强制性的处罚或剥夺而影响他人的能力。也就是说,作为下属如果不服从领导,领导就可以进行惩罚、处分、批评。

感召性权力是指一个人所拥有的独特智谋或个人品质对他人产生的一种独特影响力，由于领导者拥有的个性、品德、作风而引起人们自愿地追随和服从，它能够使他人产生一种深刻的倾慕和认同心理。拥有这种权力的人往往被称为具有领袖魅力的人，他们的一举一动都可能会对他人产生很大的影响力，特别是对其上级、同事及下级的工作会产生直接的影响。

专长性权力又可称为知识的权力，是指通过个人专长、特殊技能或知识获取的一种影响力，是人在某一领域所特有的专长而影响他人的能力。随着知识经济的到来，专长性越来越成为组织中一种有效权力。当组织中的工作变得更加专门化、知识化、复杂化之后，管理部门越来越需要更多职能专家来实现其组织目标。

从权力的来源我们可以看到，从被任命起，教练员就具有了发出指令和指挥的授权，有了奖赏和惩罚运动员的授权，但这并不能使教练员成为好的领导者。因为当教练员使用法定性、奖赏性以及惩罚性权力时，它带给运动员的都是一些短期性的变化。运动员可能会因为教练员对他进行的奖赏或威胁，而尽力克服困难去完成训练和比赛任务。但这样的力量是短暂的。一位优秀的教练员，好的领导者，其领导力应是一种感召性和专长性的影响力。只有当运动员和团队其他成员认可你的授权时，你才能成为团队真正的领导者；只有赢得团队的尊重，才能拥有达到卓越所需的权力。这就是榜样和专长的力量，这是一种长期性的变化。一旦运动员因为信任教练员，就愿意服从其领导，这样的认可意味着产生了某种长期的内在变化，其效果也将更加深远。

总之，现代领导行为的一个突出特点，就是领导作用的发挥正在由刚性转向柔性，由显性转向隐性。柔性化、隐性化领导力的实施需要教练员提供方向、建立团队文化、灌输价值观、激励对目标的追求、解决冲突、善于沟通；需要教练员通过自身人格魅力、道德素养、智力能力、业务专长和领导艺术来展示才能；需要通过教练员的智慧、乐观、进取、正直、公平、宽容、爱心等个性人品来施加影响；需要通过教练员明确的投入、无私的奉献来赢得信誉。通过这条途径实施的隐性领导是一种"不知有之"的领导，优秀的教练员在其领导行为中，可以为团队带来明确的愿景，并顺利将这种愿景转化为现实。

（三）领导行为

教练员通过自己的活动对运动员施加影响、实现某种目标的过程中所表现出来的各种行为，称为领导行为（张力为，2000）。教练员的有效领导有助于提高运动员和运动队的成就动机状态，因为在运动训练过程中，运动员依赖教练员的专门知识和技术，努力训练，并适时得到来自教练的鼓励、赞美和恰当的支持，从而实现其个人目标，满足内在的成就动机。

高景平2006年对广东省船艇训练基地赛艇队、皮划艇队、激流回旋队、帆船队及帆板队5个队的220名运动员进行了研究，揭示了不同年龄阶段、不同训练年限、不同运动成绩运动员对教练员领导行为的偏好，以及不同年龄、不同执教年限教练员对领导行为的偏爱。

【案例 1-9】教练员领导行为研究（高景平，2006）

不同年龄和不同训练年限的运动员所感觉到的和所喜爱的教练员领导行为不同：年龄越大的运动员更多地感觉到教练员的民主行为、社会支持行为以及奖赏行为，随着年龄增加运动员更少喜欢教练员采取专制行为；运动员随着训练年限的增加，较少感觉到训练与指导行为、民主行为以及社会支持。

不同年龄和不同执教年限的教练员所采取的领导行为不同：年龄较大的教练员采取的专制行为相对较少，而给予运动员的积极性反馈较多；执教年限越长的教练员，给予运动员的社会支持行为越多，给予运动员的民主行为和积极性反馈行为也相对较多；执教时间短的教练员采取的专制行为相对较多。

不同成绩组间运动员对教练员民主行为、社会支持行为以及积极性反馈行为的满足感差异显著：运动员成绩越好，对教练员民主行为、社会支持行为以及积极性反馈行为的满意程度越高。

从上述分析我们可以看到，教练员、运动员、运动成绩（环境）的变化，使得教练员的领导行为也应随之变化。运动员的能力表现（活动绩效）和心理上的满足感（满意程度）与教练员的 3 种领导行为特征有很大关系：一是情境要求教练员必须做的领导行为，二是教练员实际的领导行为，三是运动员偏爱的领导行为（图 1-5）。由 1-5 图可见，影响教练员领导行为的先决条件有：情境特征（所处环境的特点、运动队的目标、运动队的成绩、组织结构、项目特点、社会规范、文化价值等）、领导者特征（领导者的个性、能力和经验等）、运动员的特征（成就需要、认知结构和活动能力等）。当教练员的实际行为和情境所要求的行为相符合，同时又是运动员所偏爱的行为时，其结果是团队成绩就会越好，运动员满意度就会越高（Chelladurai，1993）。

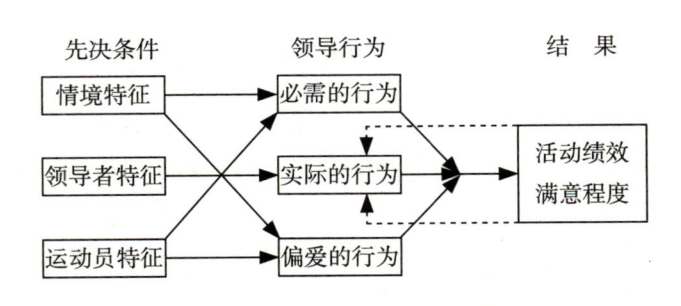

图 1-5 多维领导模式（依 Chelladurai，1993）

三、执教风格

执教风格指的是教练员面对执教对象时所呈现出的特点，包括如何处理执教关系并以何种方式实现执教目标。表 1-13 是常见的 3 种教练员执教风格。

表 1-13 教练员的执教风格

类型	执教风格		
	命令式——家长型	合作式——民主型	放任式——随意型
理念	以取胜为中心	以运动员为中心	一切都无所谓
目标	完成任务	提高运动员社交本领并完成任务	无既定目标
决策	一切决定由教练员做	在教练员指导下和运动员参与下做	由运动员做
和运动员关系	从属于教练员	独立于教练员	不明确
沟通方式	做指示	询问、听意见、做指示	只听不说
如何评价成败	由教练员评价	在教练员帮助下由运动员自我评价	不明确
运动员的发展	对运动员不太信任	教练员对运动员表示信任	不明确
鼓励作用	非本质的鼓励	本质和实实在在的鼓励	不予鼓励
训练组织	呆板的	灵活的	没有组织

从表 1-13 可见，不同类型执教风格的教练员在理念、目标、决策、教练员和运动员的关系、交流风格、成败评价、运动员发展、教练员鼓励作用、训练组织等方面的处理是不同的。这就像握着一块湿肥皂，如果抓得太紧，它会从你手中挤出（命令式——家长型风格，好比是暴风骤雨型）；如果抓得不够紧，它就会滑脱（放任式——随意型风格，和风细雨型）；抓好它需要的是稳固而柔和的压力（合作式——民主型风格，春风化雨型）。

（一）命令式——家长型

命令式——家长型风格可视为"暴风骤雨"型。这种风格的教练员在执教中以取胜为中心，以完成任务为目标，自己做出所有的决策、指示、评价。运动员的角色是对教练员的命令做出反应，从属于教练员。运动员的成绩归功于教练员。沟通方式是教练员做指示，富有挑衅性，经常附带威胁性的身体语言，命令运动员做任何事情。他们只顾自己说，几乎不听他人说，常常打断他人的话、冲他人大吼以及攻击他人。

事实上，好的运动队需要强有力的组织管理，民主参与不可能高效运转，运动队不可能投票决定需要制定的每个决策。因此，只要获胜是教练员的主要目标，是运动员的主要动机，那么，命令式——家长型风格会很有效。但随着运动员的成长，运动员越来越多地要求参与决策，要求与教练员共同讨论问题，不再只是单纯地比赛，而需要享受体育。命令式——家长型风格的执教可能压制运动员的动机，阻碍运动员的成长，降低了与运动员发展有关的运动员的自我满足，难以使运动员产生最佳表现，最终将疏远极富天赋的运动员。

【案例 1-10】孙英杰离开自己的教练员

"体罚在我们队里就是训练的一部分。我们毕竟都是孩子，他是教练。队里像个大家庭，家长教训孩子难道不正常吗？这都是我们小时候的想法。但现在我都快30了，我开始有自己的思想，自己对人生的看法。这么多年我们在改变，他却一点没变，他还在用他过去的方法训练和改造我们，这样不行。我离开他不是忘恩负义，仅仅是希望改变，难道改变就是堕落？我有权选择自己想要的生活。"（陈鹏、孙英杰，2006）

教练员采取命令式——家长型领导风格有不同的原因：

有些是因为在他们当运动员时，自己的教练员采用的就是这种模式。

有些是因为它帮助教练员掩盖了自身能力的不足。只要教练员不允许运动员发问，他们就不需要解释自己为什么用这种方法执教，那么他们的不足就不会被运动员发现。

有些是因为这些教练员认为，教练员有知识有经验，教练员的角色就是告诉运动员做什么；运动员的角色就是去听，去吸收，去服从。

（二）合作式——民主型

合作式——民主型风格可视为"春风化雨"型。这种风格的教练员，以运动员为中心，以提高运动员社交本领并完成任务为目标，包括通过体育运动帮助运动员身体、心理和社会性的成长，帮助运动员学习决策，帮助运动员变得独立。他们善于倾听，设法理解他人的想法，提倡双向沟通；他们在运动员参与下做出决定，与运动员共同决策，对运动员进行实实在在的鼓励；他们提供框架与规范，帮助运动员学习设定自己的目标，并为这些目标而努力奋斗。运动员独立于教练员，在教练员的帮助下对训练比赛成效进行自我评价。

率领中国女排获得三连冠的我国著名教练员袁伟民就被人们誉为合作式——民主型教练员的典范。他说："一个聪明的教练员应该多多益善地从运动员身上吸取养料。这一点我想得很通。我带队，在管理上更多强调'集中'，但是技术上，我主张必须民主，畅所欲言，允许有保留看法。我们经常组织队员对训练计划和技术问题进行讨论。在怎么用人的问题上，总是尽量广泛征求意见。还请老队员当'小教练'讲技术课，做示范，带课训练新队员。"（袁伟民，1988）

众所周知，作为运动员只具备运动技能是远远不够的，要取得优异运动成绩，还必须能够处理压力，迅速适应变化的情境，以长远观点看待比赛，展示纪律、保持专注，具有牺牲精神、奉献精神。而合作式——民主型教练，由于信任运动员，增强了与运动员的沟通和激励，对运动员自我意识的形成、自我满足的实现具有积极效应，在日常训练中无形地帮助运动员培养了这些品质。

合作式——民主型风格的挑战在于，在指导运动员和让运动员自己指导自己之间，如何取得恰当的平衡？在什么时候发出命令和给予指导？又在什么时候让运动员自己做出决策和承担责任？需要多少规范才能为运动员创造最佳的发展氛围？由于选择很少会绝对正确或错误，因此这种风格要求教练员具有更多的技巧。

德国著名足球教练奥特马尔·希茨菲尔德统率拜仁慕尼黑队和多特蒙德队，多次赢得国内联赛冠军，德国杯、欧洲冠军联赛冠军，欧洲冠军杯。从他获得成功背后的黄金教练法则，可以加深对合作式——民主型执教风格的理解。

【案例1-11】希茨菲尔德的黄金教练法则（希茨菲尔德，2001）

1. 表达尊重

我培养队员学会表达尊重，要尊重自己的队友，也要尊重为球队开车的司机。这包括一些细小之处，比如在谈话时要看着对方的眼睛。尊重是产生集体精神的基础，而一个团队只有所有人齐心协力才能取得成功。

2. 信任你的队员

如果球员感受不到教练员的信任，他就会犯错误。在多特蒙德队时我坚持信任里德尔，他在对尤文图斯的冠军杯决赛中以两粒进球回报了我。本赛季在库福尔犯错误后我仍坚持使用他，结果他在最后冲刺阶段成为后防的保障。

3. 注重性格

我不能从随大流的人中造就球队的领军人物。我只能把天生的禀赋朝着正确的方向引导。一个球员是否有性格，是否有一种胜利者的气质，我在球场上一眼就能够看出。做轻蔑手势、个性张扬的球员在我这里不会失去任何东西。

4. 保持距离

即使在取得这么多成功之后，我仍然不和任何球员用"你"相互称呼。在庆祝胜利时，我也从不喝得太多。否则，你很快就会说一些蠢话。我是他们的上级。对此我必须一直保持清醒的认识。

5. 从错误中学习

人们必须从每一个消极的经历中吸取积极的东西。我们从1999年对曼联队的失败中学会必须战斗到最后一刻。正因如此，我们才赢得了2000年和2001年的联赛冠军。

6. 保护你的球星

卡恩、埃芬博格和埃尔博是我的"领导球员"。由于表现出色，球队接受了他们的这种角色。而我也会从外部强化他们的这种作用。比如，我称埃芬博格是世界上最好的中场球员之一。

7. 绝不要说谎

作为教练员，你如果丧失了可信性，那么也就完了。你必须让球员相信你能够说话算数。

8. 相信你的感觉

在比赛之前我完全靠理性工作，演练各种可能的阵型和攻防体系，准备在各种不同比赛情况下的人员调整。但在比赛时我相信我临场的感觉，我的直觉。我把齐格勒和圣克鲁兹换上场时都是这样。

9. 决不能表现出软弱

我必须总是表现出果敢和坚决。无论我当时的心情有多么紧张,我都必须如此。当我的球队在汉堡0:1落后的时候,如果我不能给予他们坚定的支持和信念,谁又能够呢?

10. 智胜压力

要是脑袋里总是想着800万拜仁球迷的期待,你根本无法安心工作。因此我把自己的工作客观化,把它看成是经济界中一项工作:我只需要完成自己的任务,其他事情与我无关。如果压力太大,我的直觉可能就不灵了。

11. 避免让球员相互妒嫉

如果用上亿马克的天价购买一名球员,那将完全打破拜仁队现有的工资结构。队员之间的妒嫉将耗尽团队精神。

12. 挑选一名优秀的助理教练

助理教练必须能够让你百分之百地信任。他不能太有野心,时刻想着把你取而代之。米夏埃尔·亨克是一个理想的人选。

13. 不要和妻子谈论足球

在家中我要让脑子"开小差"。我不和妻子谈论足球,除此之外我们还有许多更爱谈论的话题。

(三) 放任式——随意型

放任式——随意型风格可视为"和风细雨"型。采用这种风格的教练员,对一切都无所谓,他们宁愿制定尽可能少的决策,很少提供指导,只在绝对必要时才解决训练问题。与人沟通时,很少表达自己的观点,倾向于发表同意的意见。他们遇事不果断,说话软弱无力,常会使用一些"诸如也许、可能、但愿"等之类的词,缺乏判断和决定。采用这种风格的教练员往往缺乏提供指导的能力;或是过于懒惰,不能满足执教责任的要求;又或是没有竖立正确的执教理念。采用这种风格执教的教练员,不具备真正的执教能力,实际上无疑是丢弃了作为一名教练员的职责。

四、执教中的情景领导

一名优秀的教练员,往往不仅知道得心应手地运用"春风化雨",通过合作、民主,实现执教效果,也知道何时对执教对象适当地来一些"暴风骤雨",下达命令,实现家长化的管理,以及"和风细雨"、恰到好处地放任和随意。这一切取决于身处何种情景,这就是执教中情景领导所要表达的重点。

在训练和比赛实践中,不同类型执教风格的教练员都有取得成功的案例。然而,要做好教练工作,教练员采用的执教风格应与运动员的成长阶段相一致,教练员的领导行为应随着运动员的变化和情景的变化而变换。

著名的排球教练员袁伟民在他的《我的执教之道》一书中形象生动地描述了教练员领导行为随运动员的变化而发生的变化。

【案例 1-12】袁伟民教学关系三部曲

刚开始带这支女排队伍时，我们觉得自己是教练，似乎又是个保姆。运动员年轻、活泼，求知欲旺，上进心强，但幼稚、单纯，分析能力差，除了打球外，别的事懂得甚少。我们要教技术，带作风，管生活，还要教他们怎么做人。这个时候，教与学之间的关系，依赖性比较大，我们说得多，她们听得多。我们怎么教，她们就怎么做。有点类似中、小学的师生关系。这个时期，关系倒也好相处，能要求得下去。一开始搞严了，所以，后来也能严得下。

教学关系的第二阶段是：随着运动员渐渐长大，有了一定的本事，技术掌握了，思想得到了锤炼，各方面都得到进步，基本上已能管住自己。由于成绩的取得，使教与学之间增加信赖感，友谊加深，平等色彩增浓。这时候的教学关系，就如大学里的师生关系，处理好这一阶段的关系不容易，因为运动员似好管又不好管。如果这一阶段关系处理好，下一阶段就好带了。

教学关系的第三阶段是：随着运动员技术、思想的日趋成熟，取得了显著成绩，她们在胜负的考验中，积累了经验，形成了自己独立的思考，独立的见解。这时候，教练员带她们训练，可以更多地采取点一点，加强辅导的办法，重视教学相长，发扬民主，帮助老运动员把自己在实践中积累的经验，运用到再提高上来。这时的教学关系，仿佛教授带研究生的关系。

当运动员进入成熟期后，教练员应该当一个高级指导。像教授带研究生那样，采取以辅导为主的教学方法。要尽量多发挥运动员的主观能动性，培养她们的独立作战能力，而这种能力，正是能否创造好成绩所必不可少的。多听取队员的意见，帮助她们总结实践中的体会，研究她们的见解，鼓励她们自己拿出作战方案，采纳她们的建议。

袁伟民教学关系"三部曲"来自于他的实践体会，但这种体会背后蕴含的是领导方式与下属成熟之间的关系（图1-6）。

图1-6的上部为领导者的行为，其中纵坐标为领导者的支持性行为，横坐标为管理者的指导性行为。图的下部为被领导者的行为。从图中可见，如果我们将被领导者——运动员的成长过程从发展前到发达后分为 R_1、R_2、R_3 和 R_4 4个阶段，则领导者——教练员相对应的管理方式区域为 S_1、S_2、S_3 和 S_4。对初进队的队员，教练员应该是给予高指导、低支持，提供明

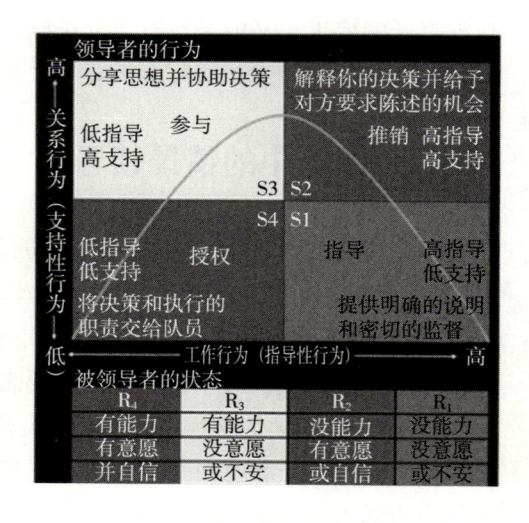

图1-6 领导方式和下属成熟之间的关系

确的说明和密切的监督，让他干啥就干啥；对在运动队训练一段时间，初步走向成熟的运动员，应该是高指导、高支持，在指导运动员按照教练员要求去做的同时，支持运动员动脑筋提出自己的意见和建议，即解释你的决策并给予对方要求陈述的机会；对开始取得优异运动成绩的队员，应该是低指导、高支持，多让运动员发挥自己的主观能动性，让运动员分享你的思想并协助决策；对已经成名的队员则应是低指导、低支持，让运动员懂得尊重教练员，遵守相关规定和要求，完成自己的职责和使命。

袁伟民的教学关系"三部曲"形象地诠释了领导方式与下属成熟之间的关系。尊崇情景变化，改变领导行为，教练员-运动员关系就能和好得到处理；反之，不顾情景变化，一味强调教练员的权威不可动摇，教练员-运动员的关系就可能出现障碍。案例1-13是一位花样滑冰全国冠军的自述，我们可以从中清楚地看到这种关系障碍所带来的严重不良后果。

【案例1-13】一位花样滑冰全国冠军的自述

我小的时候是一个比较听话的队员，教练要求我怎么做我就怎么做，没有任何的怨言。因为我知道教练是为了我好，而且我自身也希望自己能取得优异的成绩。可是长大以后教练对我的要求和思想方面的教育，对我说话的语气仍然没有改变。我的教练的想法就是他是教练，他要求我怎么做我就得怎么做，不能有任何的怨言，不能提出任何的疑问，他的话永远都是对的。大了以后，我对教练的说话态度觉得很不舒服，而且对他的训练安排提出了建议。可是他不但没有考虑我的想法，反而罚了我。

就这样，我的逆反心理越来越强烈。慢慢地我开始训练不认真，出去玩。教练越不让我干什么我就越干什么。我的成绩本来可以更好的，就是教练把我的信心弄没了，自己对自己没有了要求，对训练没有了希望，最后没有在国际上取得优异的成绩。

由上述案例可见，今天的教练员不仅是竞技场上的严师，而且应该根据运动员不同的发展阶段处理好与运动员的关系，成为运动员的良师益友。那种普遍适用、一成不变、最佳的领导方式或行为是不存在的。同一领导方式或行为适用各种情况的普遍适应观点，必须让位于随机制宜，权宜应变，根据情况运用不同的领导方式或行为。

五、教练员领导力提高的五步骤

（一）清晰的愿景

愿景就是教练员对运动队和运动员长远发展和终极目标的规划和描述。拳王阿里曾说："冠军不是在体育馆里造出来的。冠军来自他们深层的东西——希望、梦想和愿景。"缺乏愿景指引的团队会在风险和挑战面前畏缩不前，他们对自己所从事的事业不可能拥有坚定的、持久的信心，也不可能在复杂的情况下，从大局、从长远出发，果断决策，从容应对。为运动队制定明确的、振奋人心的、可实现的愿景，设定清晰明确的目的、目标，对于运动队的长远发展十分重要。处于成长和发展阶段的青少年运动员，可能会将更多精力放在训练、比赛、出成绩等方面，但教练员不能轻视愿景对于凝聚人心和指引方向的重要性。对于已经取得一定成绩的优秀运动员，是否拥有一个美好的愿景，是该运动员能否从优秀迈向卓越的重中之重。

【案例1-14】体操教练王国庆论愿景

"李宁公司的口号'一切皆有可能！'最能诠释李宁在体操赛场和经商战场上的奋斗历程。我常常引用这句名言来激励和鞭策杨威和黄旭。一个人只要有理想、有目标、有愿景，一切皆有可能！年龄不是问题，能力不是问题，任何困难都能克服！只要有愿景。反之，即使年龄不大，只要丧失理想、缺乏愿景的激励，年龄再轻、能力再强、条件再好，也不可能取得成功！

当他们在2008年北京奥运会再次登上体操男子团体冠军的领奖台，实现心中的愿景之后，欣喜激动之余，常常感叹：原来我能行！而自己的潜力要远远超出自己的想象。作为教练员的我也深有感触，没想到年近30岁的运动员还有如此大的潜力，还有那么好的状态，那么强的能力！"

（二）敏感环境变化

在运动训练和竞技比赛中，影响胜败的因素太多了，对同一问题，人们往往具有不同的意见、看法和观点。面对复杂的决策，教练员要敏感环境变化。在认知和解决问题时，要学会对复杂现象的梳理、把握，不是只有"对"与"错"；在对问题做出决策回应时，要学会多种方法，包括策略的对比、替代、选择，不是只有"可"与"否"；对于纷争、冲突的解决，要学会对话、交流、沟通、协商、谈判、斡旋、调停，不是只有争斗后的"胜"与"败"；要学会接受别人和自己的不同，接纳和尊重不同的观点。

（三）敏感成员需求

作为教练员，要懂得团队成员往往通过你的外貌、言行、作为，或仅仅通过一些不起眼的小事，来判断你和你带的球队。就像美国前总统乔治·华盛顿所言："做的像个领导。领导力和外表之间具有关联。"由此，教练员必须做得职业一些，通过沟通，让团队成员更好地理解你的想法，了解该想法的目的，以及该想法对训练比赛的积极作用，让团队成员更好地理解你的想法后按照对应的思路去做事。而敏感团队成员的需求，多站在成员的立场去想，多关心成员训练之外的事，对于心与心之间的沟通显得尤为重要，它可以拉近与成员之间的距离，化解一些尴尬或矛盾，更好地协作处理训练中遇到的问题，避免教练员未能敏感地注意到运动员的需求而造成的不幸。

【案例 1-15】教练的眼神

我的教练是一位非常严格的教练，我在训练中害怕因为一个球的失误而被他骂。所以，我至今为止养成了一个习惯，就是每打一个球都会去看一眼教练，不管是打好了的球还是失误的。我经常会在教练的眼睛里见到他对我的不信任，导致我自己无时无刻都在怀疑自己的能力与技术。

有一段时间我见到他对我充满信心的眼神和表情。说实话，那时候什么运动成绩、选拔比赛，我都抛到脑后，我努力打好每一个球，就是想见到教练信任我的眼神和教练见我打出一个漂亮的好球时脸上的笑容。对于我来说这比什么都重要。我每天都会给自己定一个目标，但大多数还是为了见到教练对我充满信任的笑容。那段日子里，我每天都有一种强烈的成就感。

2005 年的全国比赛上，我又一次见到他那怀疑的眼神。在关键的比赛场次中，他不断地鼓励我，让我不要有压力。然而，我从他的眼神里见到的全部都是欺骗。其实，他对我一点信心都没有。就一直带着不自信、怀疑自己能力和技术水平的心理，被选入了参加东亚运动会。

在集训的日子里，我用尽所有的努力只想去换他那脸上真诚的笑容，最后，他还是没有改变一直以来对我有着怀疑的心理。

我不想再这样地训练下去了，我已经没有任何信心和动力再去训练了。最终，我选择了放弃，结束了我的网球生涯。教练至今也不知道我为什么会选择放弃，或许，他永远也不会知道。

（四）敢于冒险

在运动训练和比赛中，教练员每时每刻都面临着选择。面对自己有限的时间、信息、权力、经费，面对运动员有限的青春、运动寿命、最佳竞技状态，教练员只能理清思路，加快速度，敢于冒险，做出决策。而所谓的"最佳决策"，常常是举棋不定、犹豫不决，轻则贻误战机、被动挨打，重则损兵折将、功亏一篑。美国著名橄榄球教练员文斯·蓝巴蒂（Vince Lambardi）说过："团队的力量来自领导者的力量。伟大的尝试，即便失败也是辉煌的。"原中国女排袁伟民教练就用非凡的决断力，冒险智取了一场比赛的胜利。

【案例 1-16】袁伟民智斗日本女排

1983 年亚洲锦标赛中国女排输给日本队。1984 年日本邀我队访日，袁伟民没答应，担心万一输一场就容易把队员的信心打掉。我们又邀日本队到中国，日本也不愿出来，怕万一输了以后把她们刚刚建立起来的信心破坏掉。但两队都想在奥运会前打一场。日本队想巩固胜利，中国队想打出信心。这时苏联组织女排邀请赛，中日女排都去了。第一轮中日女排交锋争夺桂冠，日本电视台实况转播。日本队也有再胜中国队一场的架势。但结果中国女排回敬了日本女排一个 3:0，夺得了"里加杯"。第二轮移师列宁格勒中日两队再争冠军。袁伟民分析，日本队明天一定要死拼，我队已夺回心理上的优势，摸了对手的底细，目的已达到。为此，袁伟民说服队员，采取了一个大胆而有风险的决策：不上主力队员。如果我们输了，队员信心不会受影响；日本队即便赢了，心里也不踏实。因为我们没上主力。

决赛那天日本电视台仍向国内转播实况，日本队在准备活动中十分兴奋，大有决一死战的架势。当裁判哨声一响，双方队员一站位，日本队一看我队阵容全都愣住了，场上队员直往场下看，场下教练好像想换下主力，但慢了一点，比赛打响了。中国队3∶1以非主力阵容赢了日本队，挫了日本队的锐气，打出了信心，打出了心理优势。

(五) 打破常规

作为教练员，面对复杂多变的训练和比赛情况，需要做出的决策，往往是没有一定套路的非程序性决策。要做出这样的决策，必须突破思维障碍，克服思维方式上的封闭性和趋同性，打开思维空间，立体思维。正如埃及前总统萨达特说的："不能改变思维的人，永远也没有能力改变现实，也就永远不会有什么进步。"

我国皮划艇项目在很长一段时间里成绩都不突出。国家皮划艇队领队刘爱杰带领他的团队首先分析了该项目长期落后的深层次原因：缺乏执行力，永远有可以找到的借口；缺乏科学精神，没有勇气解剖自己；缺乏科学方法，没有能力解剖自己；缺乏资源整合，影响整体功能最大化；思维定式束缚，没有构建科学训练思想体系。分析原因之后，他们提出了对应的革新举措：提出超常规思维，跨越式发展指导思想；思想上否定自己、否定传统，不断创新；组建学习型、进取型、创新型教练团队；实践中科学发展、统筹训练、三从一大；训练上从多人艇、高桨频、短距离、大强度到有氧能力、个体能力和每一桨能力。以上这些革新举措的实施，使得中国皮划艇运动成绩有了突飞猛进的提高，在2004年雅典奥运会上，皮划艇项目在男子双人划艇500米决赛中取得金牌，使得中国体育在奥运会水上项目中实现了金牌"零"的突破。

参考文献

［1］李富荣. 谈如何努力成为一名优秀教练员［N］. 中国体育报，2002-11-29（1）.

［2］黄健. 挑战高度——一个教练的回忆［M］. 北京：同心出版社，2000：37.

［3］钟秉枢，等. 面向竞技体育主战场加强运动训练专业的建设［J］. 北京体育大学学报，2003（3）.

［4］李继辉. 我国田径教练员素质结构与岗位培训体系研究［M］. 北京体育大学博士论文，2008.

［5］黄莉. 教练员科学文化素质的现状与发展对策研究［J］. 武汉体育学院学报，2003（1）.

［6］钟秉枢. 成绩资本和地位获得（第二版）［M］. 北京：北京体育大学出版社，2007：56.

［7］李远飞. 国球开掘教育金矿［N］. 北京晚报，2009-03-02（8）.

［8］胡锦涛. 在北京奥运会、残奥会总结表彰大会上的讲话［N］. 人民日报，2008-09-29（1）.

［9］慈鑫. 张宁：乐在其中让我忘记年龄［N］. 中国青年报，2005-05-13（7）.

［10］李永波. 通过央视回应奥运消极比赛［N］. 新浪体育，2012-09-16.

［11］任仲平. 走向复兴的中国道理［N］. 人民日报，2009-09-29（1）.

［12］董进霞. 对叶乔波的访谈［N］. 1995.

［13］雷纳·马滕斯. 执教成功之道［M］. 钟秉枢，等. 译. 北京：北京体育大学出版社，2007：132.

［14］French, John R.P. and Bertram Raven. "Bases of Social Power"［M］//Ed. Dorwin Cartwright. Studies in Social Power.? Ann Arbor: University of Michigan, 1959.

［15］张力为，任未多. 体育运动心理学研究进展［M］. 北京：高等教育出版社，2000：500.

［16］高景平. 教练员领导行为研究［J］. 广东运动技术学院，2006.

［17］Chelladurai P.Handbook of research on sport psychology［M］. New York: Macmillan, 1993：647, 671.

［18］陈鹏. 孙英杰：王德显否认让我最伤心圈内体罚司空见惯［N］. 新华网，2006-10-14.

［19］袁伟民. 我的执教之道［M］. 北京：人民体育出版社，1988：63.

［20］希茨菲尔德. 我的黄金教练法则［N］. 图片报，2001.

第二章　运动训练基础概论

陈小平（宁波大学体育学院）

> **内容提要：**
> 自 20 世纪初竞技运动进入科学化训练阶段以来，大量新的训练理论和方法不断被应用于训练实践。重视训练与恢复的平衡、"板块"周期训练对传统周期训练理论的丰富与发展、"两极化"对"乳酸阈"耐力训练模式的冲击以及"动作就是竞技"理念的兴起，是当代训练理论与方法的重要进展和趋势。以神经－肌肉和能量代谢系统为主的运动生物学知识是运动训练科学化水平快速发展的基础，竞技能力的形成与竞技状态的调控是最大限度挖掘潜能，冲击极限和创造优异成绩的关键。

第一节　运动训练理论与方法发展概述

在古代奥运会时期，竞技运动基本处于原始状态的训练水平，直到 20 世纪初竞技训练都基本可以用"自然"两个字来概括，其训练方法和手段简单，训练的负荷也很小，训练实践基本还没有科学理论的支撑。

20 世纪初到中期的 50 年，是竞技运动进入科学化训练发展的重要时期。在此期间，训练的科学化首先发生在训练方法的改进方面，最典型的是瑞典的"法特莱克训练（Fartlek Training）"和德国的"间歇训练（Interval Training）"[1]，它们不仅有力地推动了田径项目的科学化训练进程，而且迅速拓展到其他体能类项目，至今仍然是很多运动项目耐力训练的重要方法。

20 世纪 50 年代之后，竞技运动训练科学化的发展，开始转向以训练负荷和竞技能力的长期形成为主要内容的"软科学"研究。超量恢复和周期训练等一批指导运动员竞技能力和竞技状态形成的训练理论相继问世，对竞技运动训练科学化水平的提高产生了重要推动作用。

20 世纪 80 年代之后，竞技运动训练进入到一个对以往训练理论和方法进行梳理和总结的阶段。体育商业化所带来的一系列新问题，诸如赛事规模的大幅度增加和已达到极致的大运动量训练，将世界竞技运动训练推到了一个必须思变的转折点。人们开始审视和反思以往的训练，如何适应多赛事的态势，如何突破大运动量的瓶颈，如何在频繁参赛的情况下，既可以避免或减少大运动量所带来的运动损伤和过度训练风险，又能够继续提高竞技运动能力，成为摆在当时竞技运动训练面前的重大研究课题。一些曾经对训练起过重要指导作用的理论与方法，由于已不能适应训练实践的需求而必须进行修正和发展，一些融合了新理念和新技术的现代先进训练思想及方法应该及时地补充进来。在此背景下，"应激适应""板块周期训练""力量分期训练"和"反应力量"等理论和方法，相继在竞技运动训练领域亮相，成为竞技运动训练水平可持续发展的主要动力。

进入 21 世纪之后，竞技体育职业化的蓬勃发展极大地刺激了训练理论和方法的变革与创新。以欧美为龙头的职业体育重新定位了竞技体育在社会发展中的角色与功能，"训练与恢复"的关系、"板块训练"对传统周期训练理论的丰富与发展、"两极化"耐力训练模式的提出以及"竞技就是动作"的回归，成为当代世界训练理论和实践的热点问题。

一、训练恢复——竞技能力提高的前提与依据

从宏观上看，运动训练对运动员的影响和作用具有 3 种可能，即提高、保持和降低运动水平。在长期的训练过程中，教练员和运动员都期待着前两种结果，提高或保持运动能力，而不希望看到运动能力的下降。但是，良好的愿望并不能改变一个事实，运动能力有可能在错误的训练下出现降低。如果运动员长期受到高负荷的刺激而又得不到有效的恢复，就会导致运动水平的下降，严重时还可能引起神经性疲劳，即被称作"过度训练"的运动性疲劳疾病。

随着职业体育的兴起和快速发展，也随着以奥运项目为代表的竞技体育赛事的大幅度增多，运动员的连续参赛能力与运动损伤和过度训练风险之间的矛盾也日益突出。有研究认为，有 70% 的损伤是由于过度训练造成的，而并非比赛，以往美国职业运动员的平均运动寿命只有 3.5 年[2]。显然，不考虑运动员的健康和以缩短运动寿命为代价的急功近利的训练模式，已经不能适应当代竞技体育的发展。

疲劳与恢复是机体适应过程的两个重要阶段，在训练负荷的作用下机体的运动能力出现下降（疲劳），在训练之后该疲劳逐渐恢复，机体在这个"疲劳—恢复"的反复交替过程中逐渐对训练负荷产生适应，运动能力因此得到提高。长期以来，竞技运动训练领域对训练负荷一直表现出极大的关注，但对机体的恢复却未给予足够的重视。人们错误地认为，训练负荷是人为制定的，可以通过量和强度进行操控；而恢复是机体自然的过程，它主要取决于负荷的大小（疲劳程度），无须进行专门的控制。在这种理念的指导下，在对训练负荷的设计和安排时很少考虑恢复的问题，缺少恢复因素的负荷很容易失去限制，训练量或强度极易超过生理的极限，引发过度训练和运动损伤。

在训练实践中，恢复不仅是指训练课后的休息，而且包括所有训练负荷的组、次之间和比赛过程中的间歇，这些"间歇"不仅缓解了机体的疲劳，而且更重要的是在相当程度上直接或间接地影响着训练（比赛）刺激对运动员机体的效应，是运动员获

得最佳适应和达到优异成绩的重要影响因素。当前世界运动训练领域，尤其是那些对运动员身体素质要求高的运动项目，对训练和比赛过程中的"恢复"高度重视。人们认识到，训练刺激下机能能力的暂时下降其最终目的是引起身体运动器官和系统的适应，而这种急性或长期的适应必须有恢复过程的参与，能力是在身体恢复的过程中得到发展的，那些能够恢复的负荷才会给运动员带来正面的积极性适应。因此，在当代运动训练中，恢复已不再是以往处于次要地位的消极、被动和从属的问题，而成为与训练具有同等作用的训练内容。

高度重视训练和比赛中的恢复问题，主要表现在以下几个方面：

在总体上，运动训练的负荷设计与实施必须以机体的能量储备为依据，为运动员设计的负荷量不能超出能量储备的极限。例如，一般来说，运动员的糖储备总量为450 g左右，那么设计的训练课负荷在糖原的消耗上就不能超过这个极限。超过能量储备的负荷不仅不能有效提高运动员的能力水平，会造成运动损伤和过度训练，而且容易导致训练量或强度的下降，以此代偿或改变供能物质（例如由糖改为脂肪供能），影响训练的精确性和系统性。

机体不同的器官和系统对同样的负荷会产生不同的"应激反应"，不同组织的恢复在速度和幅度上存在着很大的差别。图 2-1 是肌肉和肌腱结缔组织在同一负荷刺激下的适应差异[3]，在同一负荷刺激下，肌细胞的疲劳速度和幅度均明显大于结缔组织，在刺激取消后恢复阶段，肌细胞的恢复速度和幅度也同样明显不同于结缔组织。也就是说，如果我们在训练中不了解这一规律，只单纯考虑肌肉的恢复，在肌肉恢复后就开始下一轮新的刺激，那么就很可能造成结缔组织长时间处于疲劳的状态，肌肉与结缔组织的力量出现大的"剪刀差"，造成运动员肌腱和韧带等结缔组织的损伤。同时，机体内不同的能量物质恢复的速度也存在很大的差异。图 2-2 显示了不同能量物质在同一负荷下的恢复速度和幅度，我们根据能量的恢复速度和幅度将训练消耗的能量物质分为快速和慢速合成两个类型，例如糖原可以在较短的时间内得到恢复，而线粒体却需要较长的恢复时间[4]。需要注意的是，即使是糖原的恢复也存在不同的时间，例如在良好的补充条件下血糖的恢复时间为 20~30min，肝糖原为 24h，参与运动主要肌肉的肌糖原为 2~7 天[5]。

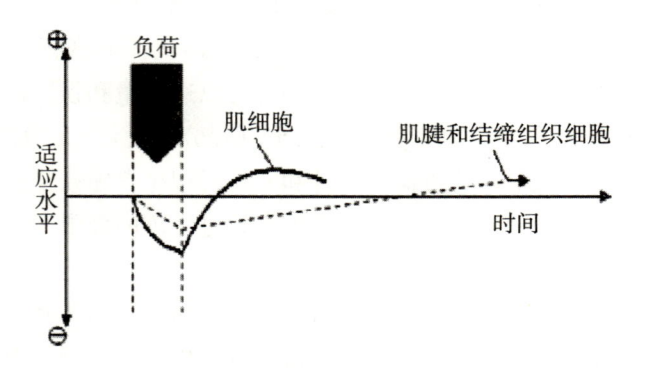

图 2-1　相同负荷刺激下肌肉和肌腱结缔组织细胞适应时间的差异（根据 Geiger，1992）

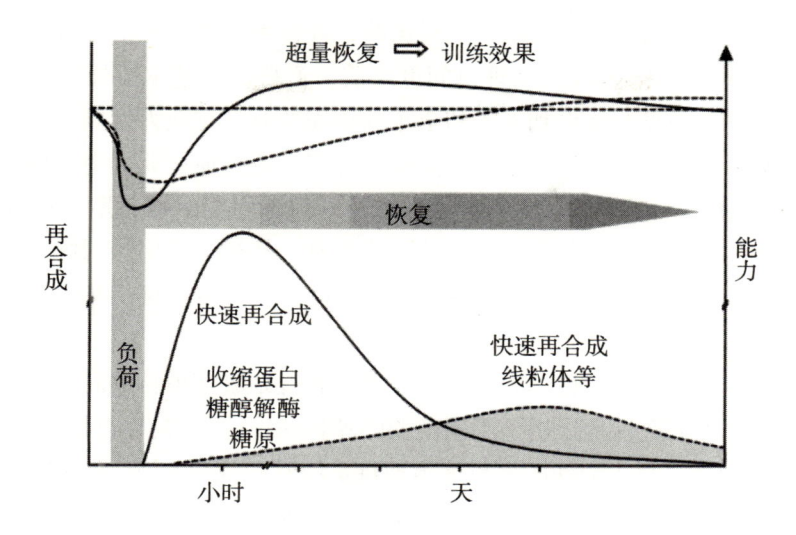

图 2-2　同一负荷下不同能量物质的恢复（根据 Liesen，1983）

　　恢复不仅仅是指训练或比赛后的恢复，而且也包含着训练或比赛过程中的恢复，人与机械在恢复上的最大不同点就在于人体可以在运动的过程中不断地进行恢复。这对于那些长距离耐力项目，特别是那些以间歇运动为特点的运动项目（网球、篮球和足球等等）尤其重要，运动员不仅要具有充足的能量储备，而且还要具备出色的场上快速恢复能力。例如，网球运动员在长达 1～5 小时的比赛中[6,7,8]，运动员的运动/间歇比例为 1∶3～1∶5，也就是说，机体的一些可以快速得到恢复的能量物质，例如肌肉中的磷酸肌酸（PC）储备，可以在短暂的间歇中不断得到恢复。大量世界优秀选手之所以能够在大龄阶段仍然有足够的体能与年轻运动员激烈竞争，不仅在于精湛的技术和丰富的经验，而且也在于出色的恢复能力。

　　因此，在当代运动训练中，恢复的重要性已经得到广泛的认同，有效的负荷刺激必须建立在可以恢复的前提基础之上，训练负荷在设计阶段就必须考虑到恢复。恢复已经成为运动员，尤其是高水平运动员训练的一个有机组成部分，在很大程度上也是运动员的一种"能力"，这种能力与其他能力一样需要给予专门的重视和训练。同时，对恢复问题的高度关注也给运动训练提出了更高的要求，教练员不仅要考虑负荷刺激的设计，而且还要注意刺激后机体的疲劳以及疲劳的消除。在这种情况下，教练员需要具有更全面的理论基础，需要了解那些与恢复有关的生物学知识，需要探索和研究间歇（interval）、恢复（recovery）和停训（detraining）等一系列与训练密切相关而以往又经常不注意的问题。

二、"板块"训练——对周期训练理论的丰富与发展

　　对运动员的训练进行长期计划和安排的一个标志性成果，是 1964 年苏联马特维耶夫（Matveyev）的周期训练理论。该训练理论是在对田径径赛、游泳和举重项目的

大量苏联运动员长期训练研究的基础上提出的，被誉为运动训练由盲目到科学、由无序到规律的"分水岭"[9]。在周期理论问世之前，竞技训练基本还处于混乱和无序的状态，很多教练员还没有认识到多年和全年训练周期对竞技能力形成、保持和消退的影响作用，也无法做到使运动员的最佳竞技状态定时定点地在大赛中表现出来。周期训练理论对运动训练的主要贡献是给已有的不同训练周期（准备期、比赛期和恢复期）注入了实际内容，提出了两个对运动训练具有"杠杆"作用的训练原则：不同训练时期负荷量与强度的不同比例关系和不同训练时期一般身体训练与专项训练的不同安排。

在20世纪80年代，一批苏联的田径、游泳和皮划艇等项目的高水平教练员，在其训练实践中首先创造性地运用了不同类型的"板块训练"，其中包括曾包揽1988年奥运会男子链球金、银、铜牌的世界著名教练员邦达丘克（A. Bondarchuk），世界著名游泳运动员波波夫（A. Popov）的教练员托瑞斯基（G. Touretski），曾培养出奥运会金牌选手并创造1500m自由泳世界纪录的萨鲁伊科夫（V. Saluikov）等多名优秀运动员的考施琴（I.Koshkin）和多次在奥运会和一系列世界大赛取得佳绩的苏联皮划艇主教练卡维尔因（V. Kaverin）等人。他们根据各自运动项目的特点，设计和实施了与苏联学者马特维耶夫周期训练模式不同的训练计划，并都取得了一系列大赛的成功。

苏联学者维尔霍山斯基（Verchoschanskij）在这些成功经验的基础上，从理论上对这些训练进行了总结，于20世纪80年代中期撰文提出了"板块"训练周期理论[10]。之后，苏联学者伊苏林（V. Issurin）又在维尔霍山斯基的基础上，对板块训练做了进一步的深入研究，出版了《板块周期——运动训练的创新突破》一书[11]，使之成为一个完整和系统的理论。

"板块"周期训练理论的创新点，是在不提高，甚至降低整体训练负荷的前提下，利用"刺激-疲劳-适应"的能力提高机制，并充分考虑到不同能力之间内在的机理关联，建立了以提高专项能力为目标的集中专门训练负荷模式。伊苏林将"板块"定义为"一种以高度集中的专门性负荷构成的训练周期"。1993年德国训练学学者马廷（D. Martin）等人将"板块"训练解释为：在一个相对长的训练期间（15～27周），根据不同能力之间的相互作用与影响以及机体对不同能力的适应特点，安排不同的重点负荷板块。每一个板块由4～6周的重点训练负荷构成，例如技术、力量、耐力等[12]。

"板块"训练理论的出现是对周期训练理论的补充和发展，它从3个方面改进或弥补了传统的周期训练理论：

（1）提出了"高度集中训练负荷"的原则，即只选择1～2项素质或能力构成专门的训练板块，集中进行训练。这种训练在没有增加，甚至减少训练负荷量的情况下，增加了运动员机体的刺激水平，提高了训练的效率。

（2）充分认识到生物学理论和知识对运动训练的基础支持作用，没有仅从表象上而是从各需要发展的素质和能力的内在机制以及它们之间相互的潜在影响和作用上设计训练方式，提出了不同能力"依次序列发展"的训练原则。该原则主要考虑到不同运动能力之间存在的抵触和冲突，例如有氧耐力和无氧耐力、耐力和力量等能力间的不兼容现象，依次发展各种不同的能力，以此获得训练的最大效益。

(3) 提出了"训练延迟效应"的概念，以及形成训练延迟效应的影响因素，给出了不同能力延迟效应的持续时间和最大限度利用的方法与途径。

"板块"周期训练是在传统的周期训练理论之后问世的一个新理论，近年来该理论引起我国训练理论和实践界同仁的广泛关注，集结了赞同、疑惑和否定等各种不同的观点和意见，需要进行认真的研究。值得注意的是，"板块"周期训练并不是一个对所有运动员、所有项目和所有训练过程都起作用的训练模式，它的适用人群主要为高水平运动员，适用项目主要为多赛事的速度、力量和耐力性运动项目，适用时间主要在重大比赛前的训练阶段。

三、有氧能力训练模式——耐力训练理论的进展

长期以来，运用什么样的训练强度能够有效提高运动员的耐力水平一直是一个具有较大争议的问题。在生理学上，我们通常运用最大摄氧量、心率和血乳酸作为衡量和评价运动员训练强度的指标，并据此将训练强度分为血乳酸 2mmol／L 以下、2~4mmol／L 和 4mmol／L 以上 3 个区域。

在耐力训练上，运动训练界目前存在 3 种不同的观点（图 2-3）：一是强调运用有氧-无氧阈强度（血乳酸值 2~4mmol／L）的训练模式，被称为"乳酸阈模式（Lactate Threshold Training Model）"；二是强调避开有氧-无氧阈区域，将大部分训练强度集中在低强度区域（血乳酸<2mmol／L），同时少部分训练集中在无氧阈值以上的训练，被称作"两极化模式（Polarized Training Model）"；三是强调训练强度由下至上有比例地逐渐减少，被称作"金字塔模式（Pyramid Training Model）"。

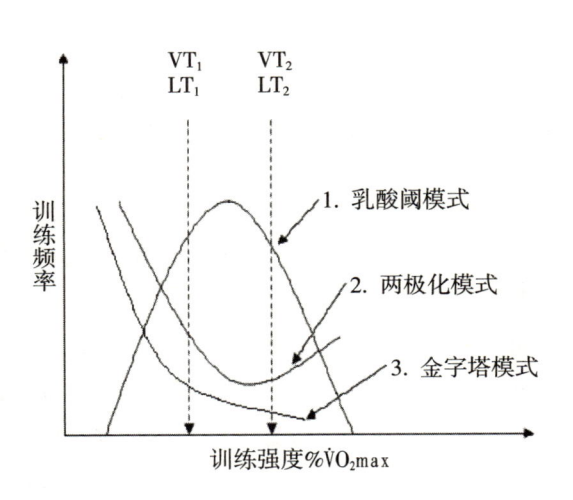

图 2-3 不同的有氧训练模式

"乳酸阈模式"最早由德国的 Kindermann 等人提出（Kindermann et al., 1979）[13]，他的小组对人体运动时能量代谢从有氧到无氧的转化过程进行了研究，认为该过程开始于以血乳酸第一次突增为标志的"有氧阈"，结束于达到相应的最大乳酸稳定状态的"无氧阈"。他们的实验表明，未经过训练的受试者在进行了 2~3 个月、每周 4~5 天、训练强度维持在乳酸适应区间，特别是无氧阈值附近的训练之后，耐力水平出现显著提高。其原因在于，该训练强度可以明显地刺激最大摄氧量、乳酸阈或通气阈，以此提高人体运动的耐力水平。

"两极化模式"是一些研究人员在20世纪90年代提出的,其中具有代表性的研究来自于优秀赛艇运动员的训练[14,15]、优秀自行车运动员的训练和优秀马拉松运动员的训练[16,17]。他们的研究发现,这些世界级高水平运动员在进行耐力训练时,通常采用低于乳酸阈的强度(约占总训练时间或训练总距离的75%),或明显高于乳酸阈的强度(15%~20%),而很少采用乳酸阈强度(约5%)。他们认为,对于训练有素的运动员来说,以乳酸阈强度进行训练可能会产生交感神经过度负荷,同时在获得能力上并不是最佳的刺激。高水平耐力项目运动员的训练应该以低强度和多样化的训练为主,同时配合以少量的高强度(高于有氧-无氧区域)训练,这样可能会确保对相关基因的高度诱导,增加机体线粒体(以及其他相关组织等)蛋白质的合成,同时还能提高能量的供给并减少对机体的刺激压力。

"金字塔模式"是Hartmann等人提出的耐力训练模式[18]。他们认为,在长期训练过程中,耐力训练的强度应该保持"金字塔"式的走势,最高强度的无氧训练比例应控制在年训练总量的5%~10%,有氧-无氧阈以上强度的训练最好不超过10%,其余80%应该是有氧-无氧阈以下的中、低强度的训练。优秀运动员与普通人和青少年运动员在运动能力储备上具有很大的差别,未经训练者的肌细胞中线粒体数量为3%左右,而经过长期专门训练的马拉松运动员的线粒体占到12%以上,是普通人的3~4倍。从物质代谢的角度分析,大强度的训练会破坏肌细胞中的线粒体,优秀马拉松运动员比赛后肌肉的线粒体可以损失6%左右,这种损耗对运动员耐力水平的影响是非常大的,而又由于优秀运动员的线粒体数量已经达到相当高的水平,大负荷运动造成的损耗并不能带来相应的"超量恢复"效应,所以频繁的大负荷训练,尤其是大强度训练很可能给高水平运动员带来负面的作用。另一方面,就目前的研究来看,75%的训练课的强度在65%VO_2max,对于那些训练有素的、具有较高最大摄氧量(70~80mlkg-1min-1)的运动员来说,这种"低"强度仍然可以产生工作肌肉中氧气的高利用率。假设肌肉的活动量一样,那么以65%最大摄氧量强度进行训练的优秀运动员,其工作肌肉中的氧气利用率和那些未经训练的人以最大摄氧量或接近最大摄氧量进行运动时肌肉的氧气利用率基本相等。因此,耐力训练的"金字塔模式"和"两极化模式"在目前世界大多数耐力项目的训练中占据主导地位。

这种以大量有氧训练为基础,少量突出强度训练为重点的负荷节奏对高水平运动员的训练尤为重要[19]。此时,运动员的竞技能力已经达到很高的水平,参与运动的器官和系统功能接近人体的极限,受伤的几率较青少年选手大幅度增加,预防损伤已经成为该训练阶段的重要任务。通过大量的有氧训练维持了一般基础能力水平,同时也提高了大强度训练的质量,更重要的是保证了机体机能能力的恢复,减少了大强度训练造成的对肌细胞的损坏,使运动员在整个训练过程中处于一种良性适应状态。许多体能类项目的世界级选手之所以能够保持长久的运动寿命,与这样的训练指导思想有很大关系。

训练强度空间的拉大不仅对那些以有氧供能为主的长距离运动项目(如铁人三项、马拉松跑和冬季两项等)具有重要的影响,而且对许多以有氧-无氧或无氧乳酸代谢为主的短、中距离耐力项目（如短距离场地自行车、短距离速滑和短距离游泳等项目）也具有不可忽视的参考价值。相对于长距离项目，中、短距离项目更应该重视负荷量和强度比例的安排，注意培养运动员的有氧基础，从有氧耐力、速度耐力和速度各种不同的强度级别打造运动员的专项耐力。

四、"动作就是竞技"——训练理念的突破

高度重视运动员的运动寿命，在提高竞技能力的同时尽可能预防和避免运动损伤，是当代竞技运动训练发展的一个突出特点。在这一背景下，世界竞技运动训练领域开始重视被称作"功能动作（functional movement）"的训练，将"动作质量"提升到关乎竞技能力优劣的高度[20]。

"动作就是竞技"不仅仅是一句话，而是对竞技运动训练具有革命性意义的一种训练思想。该思想将复杂的专项技术还原为其最小的基本单位"动作"，认为无论多复杂的专项技术都是由若干个相对独立的"动作"构成的，运动技术的本质是一个竞技项目在规则许可下所特有的动作序列，精湛的技术应该建立在标准和正确的"动作"基础之上。因此，"动作"是技术的本源，"动作姿态"是技术能力最基本的体现。

长期以来，人们一直将"快速、准确和经济"作为竞技运动训练质量的三大要素，而这三大要素都可以被一个"动作"所集中体现。如果运动员的每一个动作都是快速、准确和经济的，那么就可以认为由这些单个动作所组成的"动作链"在很大程度上也是高质量的；反之，如果每一个单一动作都是缓慢、不精确和不经济的，那么整个动作序列也必然存在大量的缺陷。所以，动作是精湛运动技术形成的源头，是优异身体素质得以发挥的平台。动作的质量是完整专项技术优劣的基础，动作的质量决定了整个运动过程的动力和消耗，动作的质量可以提高运动效率并减少受伤风险。

"动作"的训练已经形成了一个系统，对"动作"的强调与重视不仅仅停留在以往的专项技术动作范畴，而且扩展到对训练过程中（包括准备活动和整理活动）各个练习手段的精细化设计和实施上，使大量的以往被忽视或难以把握的一般训练手段，在肌肉的募集、协作和控制以及能量供应等方面更加符合力学、生理学、专项特点和运动员个体条件的需求，以此提升一般能力发展的目的性和针对性，使其更易于与专项能力形成契合，提高机体运动的效率和经济性。在理念上，动作的训练非常强调稳定与非稳定的关系，主动肌、辅助肌和拮抗肌的互动关系，肌肉力量的传递与整合和多维运动的控制与整体效率。在实践中，改变了传统的以"杠铃负重"为主要手段的训练，将大量原来只运用于康复领域的训练方法加以改造和发展，直接应用于竞技训练，形成了一套将损伤预防、康复与竞技能力提高紧密结合的肌肉功能训练方法。同时，对"动作"的检测与评定也得到了同样的重视，被称作"动作功能筛查（Functional Movement Screen 简称 FMS）"的检测标准[21]，用以诊断和评价运动员在完成动作时肌肉的稳定、平衡、对称和控制等问题。

对"动作"的重视并不仅限于技术的范畴，"动作"的正确与否还密切关系到运

动员的损伤问题。错误的动作不仅会造成运动员动力的泄漏，而且还会引发肌肉、软组织和骨骼的损伤，进而影响训练的正常进行乃至缩短运动寿命。所以，对"动作"的重视应该作为贯穿运动员整个训练生涯的一项重要任务，在青少年的训练中就应该强调形成正确的动作姿态，在成年运动员的训练中仍然要注重动作质量的继续提高。

第二节　运动训练的神经-肌肉与能量代谢基础

竞技运动训练的终极目标就是最大限度地挖掘运动员的运动潜能，冲击人类的运动极限，创造优异的成绩。在这一目标下，训练的实质实际上就是通过施加各种训练负荷，使运动员的机体在结构和机能两个方面出现符合专项需求的适应性改变。同时，运动员的训练还是一个运动技能的传授和学习过程，无论是教练员的"教"还是运动员的"学"都必然涉及到诸多教育学的原则、规律和方法。因此，运动训练的这些特点决定了它带有突出的自然科学和社会科学属性，生物学和教育学理论基础是训练理论中不可或缺的重要组成部分。

一、神经-肌肉的训练适应

肌肉在运动神经支配下的收缩是人体运动的起点和终点。在人体运动过程中，运动幅度的大小、速度的快慢和时间的长短均与肌肉的参与程度、神经的支配能力和能量的供应水平密切相关。因此，神经-肌肉是人体运动的直接动力来源，是运动员取得优异成绩的基础条件。

（一）肌纤维类型及其训练的适应

人体的横纹肌主要由红肌（慢肌）和白肌（快肌）构成。红、白肌纤维在结构和功能上有很大的差别。

慢肌纤维（slow twitch fibers）多位于肢体（例如比目鱼肌）等部位，主要参与机体的支撑性运动。它们受传递速度较慢、小的 α 脊神经元的支配，可以低的兴奋频率（10~20Fz/s）长时间地收缩。这种主要以有氧供能为特点的肌纤维相对细小，并拥有丰富的毛细血管、肌红蛋白、线粒体和有氧酶。

快肌纤维（fast twitch fibers）多位于关节（例如肱三头肌）等部位，主要参与机体的快速运动。它们受传递速度较快的、大的 α 脊神经元的支配，具有高的神经兴奋冲动频率（平均约40Fz/s）。快肌纤维较粗，收缩的速度较快，爆发出较大的力量。但是，快肌纤维的肌红蛋白、毛细血管和线粒体较少，运动时能量的供应以无氧为主，所以收缩持续的时间较短。快肌纤维还可以根据其结构和功能进一步分为 FII-b、FII-a 和 FII-c 3种类型。

因此，从目前的运动生理学角度，一般将人类骨骼肌肌纤维分为两类4种不同的类型：

(1) 类型Ⅰ：收缩速度慢，抗疲劳性强，肌糖原储备少，线粒体含量多，具有强有氧氧化能力，被称为慢收缩氧化肌纤维（slow twitch oxidative fibers）。

(2) 类型Ⅱ-c：在结构和功能上既有快肌也有慢肌的特性，是处于慢肌和快肌之间的中间型肌纤维（intermediate fibers），在人类的骨骼肌中数量很少（约占肌肉的2%）。

(3) 类型Ⅱ-a：具有较高抗疲劳能力的快肌纤维，含有较多的肌糖原和有氧氧化酶，也被称为快收缩氧化-糖酵解肌纤维（fast twitch oxidative fibers）。

(4) 类型Ⅱ-b：收缩速度快，易疲劳，拥有丰富的肌糖原储备，线粒体的含量少，也被称为快收缩糖酵解肌纤维（fast twitch glycolytic fibers）。

在生理学上，一般将一个运动神经细胞以及由它延伸出来的运动神经所支配的肌纤维称作一个运动单位（图2-4）。与肌纤维一样，运动单位也可以在结构和功能上分为大（快）和小（慢）两个主要类型。快肌单位又可以分为3个亚类型，所以运动单位同样可以分为两类和4种不同的类型：慢收缩型、快收缩中间型、快收缩耐疲劳型和快收缩易疲劳型。表2-1显示了不同类型肌纤维的不同结构和功能。

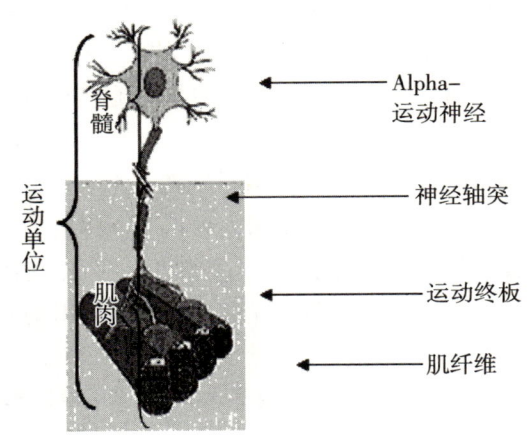

图2-4 运动单位示意图
（根据 Edington 等，1976）

表2-1 不同类型肌纤维的结构与功能（根据 Tidow / Wiemann 1993）

特征	慢肌（Ⅰ）	快肌（Ⅱc / Ⅱa）	快肌（Ⅱb）
神经节直径	ca.30 μm	40～60 μm	～70 μm
兴奋阈	低	中	高
神经直径	ca.9 μm	10～15 μm	ca.20 μm
轴突传导速度	30～40 m/s	40～90 m/s	70～120 m/s
兴奋频率	<30 Imp/s	Ca.90 Imp/s	Ca.150 Imp/s
神经支配关系（轴突/肌纤维）	1/10～1/500	1/100～1/700	Ca.1/1000
肌纤维横断面积	200～400 μm²	2000-6000 μm²	2000～10000 μm²
兴奋传导速度	Ca.2.5 m/s	3-5 m/s	Ca.5.5 m/s
肌纤维单收缩力量	70 mg	80～90 mg	100 mg
肌纤维强直收缩力量	Ca.140 mg	Ca.400 mg	Ca.700 mg
收缩疲劳性	低	中	高
收缩时间（单收缩）	Ca.100 ms	50～90 ms	Ca.40 ms
收缩时间（爆发式收缩）	Ca.150 ms	80～140 ms	Ca.70 ms
力量/运动单位	2～13 gr.	5～50 gr.	30～150 gr.

肌纤维的不同类型以及相应的不同运动单位，主要从3个方面对运动训练产生影响：

第一，大部分研究结果认为，肌纤维的类型主要由遗传决定，力量和速度类项目运动员的快肌纤维比例明显高于耐力性项目，而慢肌纤维的比例则相反。根据Costill的研究，举重等力量速度型项目运动员的白肌纤维比例为60%~70%，而公路自行车等耐力性项目运动员的红肌比例占65%~85%[22]。肌纤维的这一遗传特性表明，运动员的早期选材是长期运动训练一个极为重要的组成部分，科学地选材可以使力量训练取得事半功倍的效果。

第二，肌纤维的横断面可以通过有针对性的训练得到选择性增长，如果红、白肌纤维比例的初始状态为1:1的话，通过相应的训练可以使两种肌纤维的面积比例成为9:1，也就是说，快肌或慢肌能够通过相应的训练得到优先发展。Pieper等人的研究结果表明[23]，不同类型运动项目运动员慢肌的比例表现出显著性的差异，耐力类项目运动员的慢肌比例明显高于速度和力量类项目，速度和力量类项目运动员的快肌纤维横断面积均大于耐力项目，而耐力类项目的慢肌横断面则超过了肌肉相对强壮的速度类项目（表2-2）。这说明，不同的肌纤维可以在后天的训练中得到不同的发展，力量训练方法和负荷在其运用上必须考虑到人体骨骼肌的这一生理特性。

表2-2 不同类型运动项目快、慢肌纤维的面积和比例（根据Pieper等1981）

运动项目	测试人数	慢肌（μm^2）	快肌（μm^2）	慢肌比例（%）
速度类	N = 50	6500	7600	51
力量类	N = 96	7000	8600	53
耐力类	N = 124	6700	7100	72

第三，通过训练可以使不同类型肌纤维的功能出现转换。已有研究证明，通过耐力训练，可以使快肌FFII-b型转为FFII-a型，FFII-a型进而转向慢肌纤维SFI型，一个白肌占优势的运动员通过系统的耐力训练可以成为一个优秀的耐力项目选手。根据Howald的研究[24]，在实验室的研究中，可以通过神经支配的变换，使快肌与慢肌出现相互转换，例如由传导速度快的神经元支配慢肌，或者使用电刺激的模拟刺激（图2-5）。但是在训练实践中，这种双向的改变基本不会出现，通过耐力训练可以使快肌纤维向慢肌纤维转变，而通过力量训练或间歇训练只能够使中间型肌纤维（FII-c）的慢肌特性相应减小，快肌纤维的特性得到加强，由此改变肌肉的收缩特性。这种改变在时间上是缓慢的，在程度上是有限的。也有人认为，慢肌不能向快肌转变的主要原因在于，机体在训练之后的大部分时间里处于以红肌运动为主的低强度日常工作状态，慢肌纤维在短暂高强度刺激下表现出的快肌特性很容易因此而消逝。所以，

从目前的研究成果来看，在正常训练条件下，肌纤维类型的转变是不可逆的，只能从快肌向慢肌转变，而不能或很少由慢肌转变为快肌[25]。

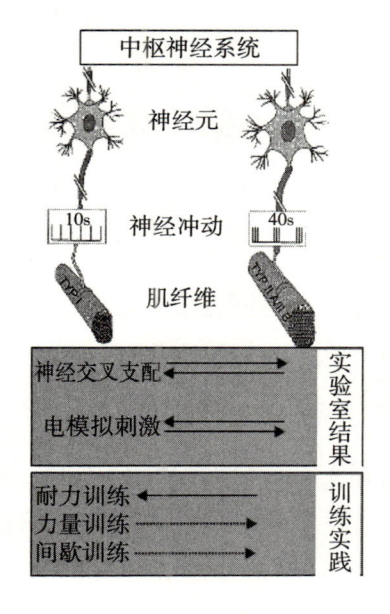

图 2-5 肌纤维类型的转换
（根据 Howald, 1985）

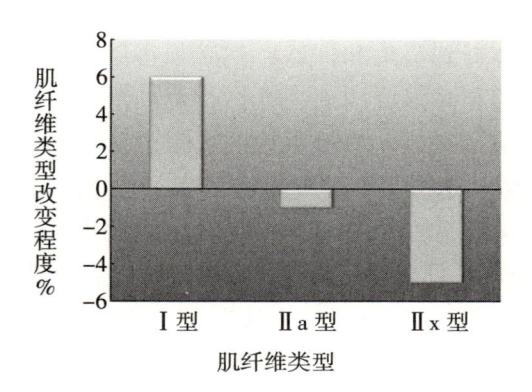

图 2-6 耐力训练对骨骼肌纤维类型的影响
（根据 Short 等，2005）

不同的训练还可以导致快肌纤维内不同亚类型肌纤维的改变。根据 Staron 等人的研究[26]，经过 7 周运用大阻力负荷发展肌肉横断面的力量训练，快肌纤维中的 II-b 型纤维出现大幅度减少，在 13~20 周后，II-b 型肌纤维几乎完全消失，取而代之的是 II-a 和 II-c 肌纤维。在经过几周的休息之后，又通过快速力量的训练使 IIb 型肌纤维重新得到恢复。图 2-6 是耐力训练对肌纤维类型影响的实验结果，对受试者 16 周的耐力训练（50%~60%最大摄氧量强度，3~4 天/周）后，慢肌（I 型）增长了 6%，快肌氧化型（IIa）略微下降，快肌糖酵解型（IIx，即原来的 IIb）下降了 5%，说明低强度的耐力训练促使了快肌向慢肌的转变[27]。

（二）肌肉收缩的神经支配与训练适应

运动神经对肌肉收缩的支配作用主要体现在 3 个方面：

第一，募集作用。机体的运动需要肌肉收缩产生的力量，而运动神经的首要作用就是将参与运动的运动单位动员（募集）起来。不同运动单位的动员都遵从 Henneman 的"募集定律"[28]，即运动单位从小到大的募集顺序。由图 2-7 可见，小的负荷（≤45%最大力量）时，绝大部分参与运动的是慢收缩氧化肌纤维（MHCI），随着负荷的增加，快收缩氧化-糖酵解肌纤维（MHC IIa）和快收缩糖酵解肌纤维（MHC IIb）也开始被动员起来，直到约 95%的运动单位都被募集[29]。

51

肌肉的募集定律对力量训练实践具有极其重要的意义。据此可以推断出，训练负荷（强度）在由低到高的增长过程中，对不同运动单位的影响和作用。低负荷和慢速度的训练只能动员慢运动单位（MHC I 型），而快肌单位（MHC II 型）的动员则需要通过大强度的负荷刺激，若想将所有运动单位都得到募集和训练，就必须运用大负荷和高强度的训练方法，例如最大力量或次最大力量负荷的抗阻力量训练或快速力量和爆发力的训练。另外，募集能力本身是可训练的，系统的力

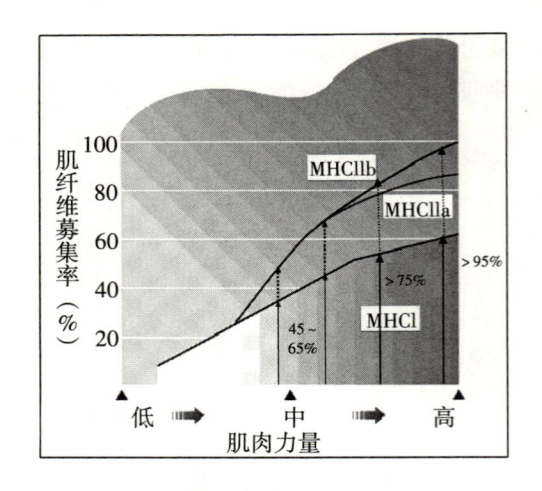

图 2-7 不同类型肌纤维募集示意图
（根据 Wilmore / Costill 1999 改编）

量训练可以改善运动神经对肌肉的支配能力，在数量和速度两个方面提高人体肌肉的动员水平。Ehlenz 等人认为[30]，不同的训练会从肌肉收缩力值的大小和力值上升的速度两个方面影响肌肉的收缩能力，在力量训练中可能出现 3 种不同的训练结果：

（1）肌肉收缩的力值和速度同时出现增长；
（2）肌肉收缩的力值出现增长，而速度不变，甚至下降；
（3）肌肉收缩的速度得到增长，而力值没有明显增加。

这说明，不同的力量训练方法能够使肌肉的力量能力（最大力量或快速力量）得到指向性的发展。

第二，提高运动单位的兴奋性。当参与运动的运动单位被动员起来之后，还需要进一步提高已被动员运动单位的兴奋性。肌肉收缩速度的改变首先取决于运动单位的募集数量。有研究认为[31]，当肌肉以 20% 的最大力量收缩时，可以动员约 40% 参与运动肌肉的运动单位；当肌肉力量达到最大力量的 50% 时，大约所有应该参与运动的运动单位就已经被动员起来。此后，肌肉收缩力量的进一步提高主要通过提高运动单位的兴奋冲动频率，而不能或很少通过运动单位的募集。图 2-8 显示了不同神经冲动频率对力量动员速度的影响作用，高频率的神经冲动可以使肌肉力量的募集速度加快，能够在短时间内尽快达到最大力量。这表明，运动神经对肌肉力量的大小具有不可替代的重要作用。

第三，肌内和肌外的协调。运动神经不仅可以提高运动单位的兴奋冲

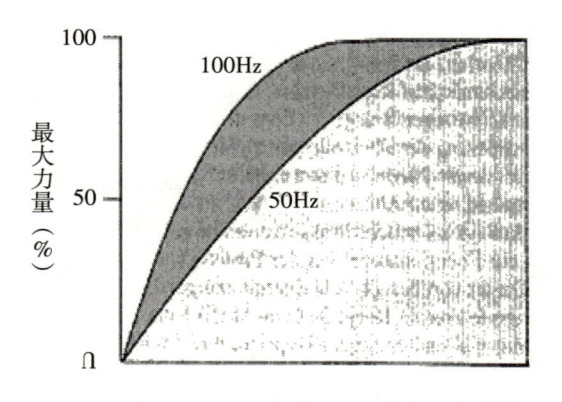

图 2-8 不同神经冲动频率对力量募集速度的影响（根据 Sale，1994）

频率，而且还可以协调一块肌肉内不同运动单位之间（肌内）和不同肌肉之间（肌外）的收缩活动。研究证明[32]，2~3周的力量训练可以使最大力量在肌肉横断面积不发生变化的情况下得到明显的提高，此时肌肉力量的增长主要归因于肌内和肌外协调能力的改善（图2-9）。在20~30次训练课之后（每两天1次力量训练），肌肉力量的发展出现了平台，肌肉协调对肌肉力量增长的影响逐步减弱，此后最大力量的继续提高将取决于肌肉横断面积的增长。

肌肉协调，是指参与运动的一块肌肉内不同运动单位的协作配合。一块肌肉中所有的运动单位都得到了充分调动，形成了一个高度一致的兴奋冲动组合。这对于青少年运动员尤其重要，处于这一年龄段的运动员应该将此作为

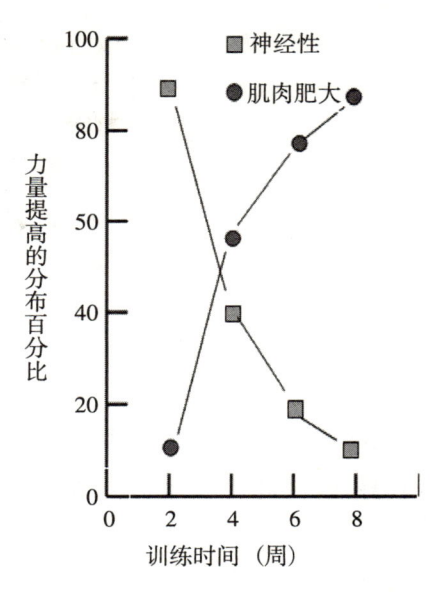

图2-9 力量训练对运动神经和肌肉肥大的影响（根据William等1996）

提高最大力量的主要途径。肌外协调，是指不同肌肉之间的收缩在时间上的优化配合，参与运动的主动肌、协同肌和拮抗肌按不同的程度被动员起来，一般认为，主动肌必须最大程度地动员起来，协同肌和拮抗肌则需要"适度"地动员，尤其是通过训练降低肌肉对大强度刺激表现出的抑制作用，使整个参与运动的肌肉形成一个协调的肌肉用力"链"，最大化地提高肌肉收缩的效率。协同肌适度动员的作用是辅助主动肌的发力，而拮抗肌的适度收缩可以帮助加固关节，为主动肌的收缩创造条件。主动肌、辅助肌和拮抗肌在肌肉收缩过程中所扮演的不同角色，充分显示出在一个有目的的运动中不同肌肉之间的协调配合，尤其是辅助肌和拮抗肌所表现出的"适度"收缩中就包含了大量的调整和控制机制，凸显出神经支配对肌肉收缩的主导作用。

（三）肌纤维增粗（肌肉肥大）及其训练适应

肌肉力量的提高主要取决于遗传和后天训练两方面的原因。从目前的研究结果看，后天的训练主要是通过增加肌肉横断面积和改善神经支配能力两个途径提高肌肉的力量水平，大部分研究结果仍然支持肌肉横断面的增长主要是肌纤维的增粗，而非肌纤维数量的增加。力量训练可以有效提高肌肉的横断面积，其依据主要是"能量枯竭理论"和"机制修复理论"。

能量枯竭理论认为，当肌肉收缩直至疲劳时，肌肉收缩的能量供应中止，由此而影响到蛋白质的合成。此时，人体的蛋白质代谢过程由于能量的枯竭而启动了一个应激机制，加大了蛋白质的合成，由此而使肌纤维的横断面积得到增粗。

机制修复理论认为，肌肉在高强度训练下，肌纤维受到破坏（肌小节损坏），训练后肌肉需要对损坏的肌小节进行修复，由此而增加了肌肉的横断面积。

肌肉横断面的增粗具有选择性的特点，这种选择性主要表现在两个方面：

不同的训练方法和手段可以使不同的肌纤维出现优先适应性变化，例如耐力项目运动员可以优先发展红肌纤维，而力量、速度项目运动员肌肉横断面积的增长主要归因于快肌纤维的增粗。

从功能上说，肌肉组织可以被分为收缩与非收缩两个部分，肌纤维是收缩部分，而肌浆、肌膜等是非收缩部分，通过不同的训练可以使肌肉的收缩部分或非收缩部分得到优先的发展，例如举重运动员主要通过肌纤维的增粗来提高肌肉的力量水平，而健美运动员则不仅发展肌肉的收缩部分，而且同时也要发展肌肉的非收缩部分，其目标是使整个肌肉的体积得到增加。

尽管肌肉横断面积的增长可以提高肌肉收缩的力量，但是肌纤维增粗的同时也会给肌肉的收缩带来一些负面的作用，而这些负面作用又往往容易被人们所忽视。肌肉横断面积的增大并不能自然带来肌肉收缩速度的加快，相反，甚至会由于肌肉拉伸范围的减小而影响肌肉的收缩速度。一些研究已经证明[33]，随着肌纤维的增粗，位于肌腱的腱梭本体传感器（Golgitendon organ）出现提前兴奋，引发运动神经元的抑制，限制肌肉的收缩幅度和强度。因此，在增加肌肉横断面积的同时，还应该同步加强肌肉柔韧性的训练，从而避免或减小肌肉肥大所带来的负面影响。应该认识到，肌肉横断面积的增长只是提高肌肉力量的一个途径，而不是最终目标，单纯追求肌肉的最大力量并不能真正解决专项力量的问题，更与专项运动水平无补，这一点对于那些以反应力量或爆发力为核心能力的项目尤为重要。

（四）肌肉工作方式与训练的适应

了解肌肉的不同收缩方式是进行肌肉力量训练的重要前提条件。肌肉收缩的各种方式，在一定程度上，不仅能够折射出不同肌肉的运动能力，而且可以显示出不同的肌纤维募集、神经支配和能量供应的特点。这些隐藏在肌肉收缩方式背后的机理，是制定训练计划和选择训练方法的重要基础和依据。

从运动训练的角度，肌肉的收缩可以分为4种方式：

（1）向心收缩：肌纤维的张力不变，长度改变。

（2）离心收缩：当负荷超过了肌肉所能承受的限度，肌纤维在收缩的情况下被拉长。

（3）等长收缩：肌纤维的长度不变，张力改变。

（4）离心-向心收缩：肌纤维先做离心拉长，然后立即做向心收缩。

图2-10是肌肉不同收缩方式的示意

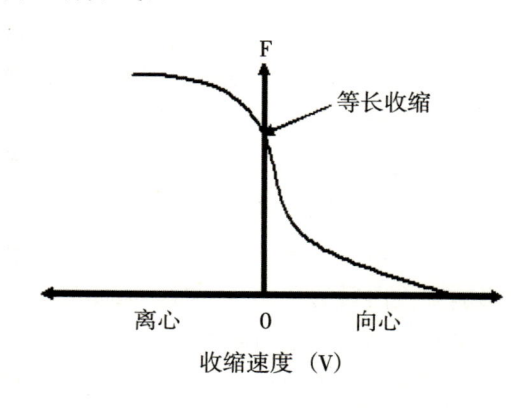

图2-10 肌肉收缩方式示意图

图。由图中可见，当肌肉收缩力量大于阻力时，肌肉的收缩为向心收缩；当肌肉的力量与阻力相等时，肌肉做等长收缩；当阻力大于肌肉收缩力量时，肌肉开始做离心收缩；当肌肉先做离心，然后立即做向心收缩时，肌肉的收缩称作离心–向心收缩。

肌肉不同的收缩方式产生的力量和消耗的能量是不同的。由表2-3可见，向心收缩产生的肌力小，且耗能多，而离心–向心的组合收缩产生的肌力大，且耗能少，这是由于肌肉离心阶段的被动拉长产生的弹性能量和运动神经的反馈式调节，增大了肌肉的收缩力量[1]。

表2-3 肌肉不同收缩方式的肌力和耗能

收缩方式	肌肉长度	工作类型
向心	缩短	主动
等长	不变	静力
离心	拉长	被动
离心–向心	拉长—缩短	被动—主动

肌力 小 → 大　耗能 多 → 少

肌肉收缩力与收缩速度的关系是指导运动训练的一个重要基础原则，了解负荷与收缩速度的关系对训练实践具有重要意义。至今为止，对该关系最具权威性的解释仍然是Hill的力–收缩速度的双曲线理论（图2-11）。该理论对运动训练具有以下几方面的指导作用：

没有外来阻力时，肌肉的收缩速度最快；随着外来阻力的增大，肌肉收缩速度呈双曲线状下降；外来阻力与肌肉力量等同时，肌肉收缩的速度为零。其原因在于，阻力越小，参与工作的肌纤维数量越少，肌肉内肌动蛋白和肌球蛋白单位时间内的搭桥数量越少，少的搭桥数量加快了搭桥的速度。与此相反，阻力越大，参与工作的肌纤维数量越多，肌肉内肌动蛋白和肌球蛋白单位时间内的搭桥数量越多，产生的力量越大，但收缩的速度越慢。由此可见，在力量训练中，负荷的重量与运动的速度也同样具有类似的关系，大重量的负重能够动员多的运动单位参与运动，但肌肉的收缩速度不可能很快；轻负重或不负重的力量训练可以加快肌肉的收缩速度，但参与工作的运动单位较少。

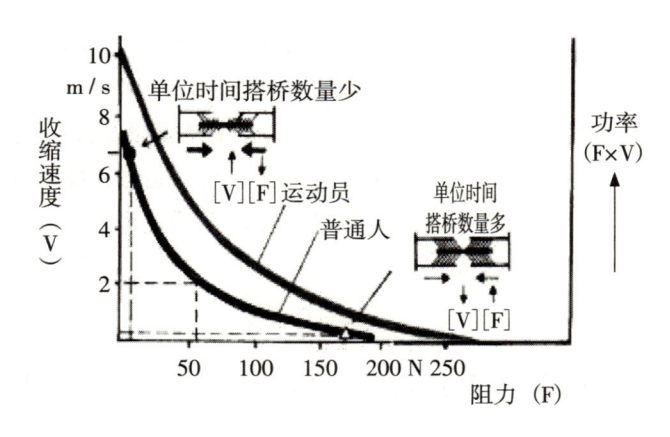

图2-11 肌肉收缩力–速度关系
（根据De-Marées, 1994）

肌肉收缩力与收缩速度为双曲线关系，从肌肉做功的角度分析，肌肉的最大功率应该出现在该曲线的1/3处。但是，由于该结论是实验室条件下对单块肌肉研究的结果，而竞技运动实践中的肌肉活动不仅是多块肌肉参与活动，而且是在参与活动的肌肉具有主动肌、协同肌和拮抗肌等不同作用的条件下实现的，所以该研究结果对运动实践只具有参考意义。根据 Komi 的研究[34]，力量最大功率应该出现在最大力量的 30%~60% 之处。Martin 等人提出了"最大力量能力阈"的概念[35]，认为肌肉收缩的最大功率应该出现在最大力量的 50%~60% 的区域，也就是说，在这个区域内肌肉产生的力与速度的关系形成了最大的功率。对中国优秀速度滑冰运动员的研究也表明，肌肉最大阈值男子为 61.49%，女子为 59.06%[36]。

运动员与普通人的肌肉收缩力与速度的关系是一样的，只是运动员的整体水平较普通人高。这说明，肌肉收缩力与速度的关系可以通过训练得到改变，其双曲线可以整体右移。

二、运动能量代谢的训练适应

人体运动不仅需要神经-肌肉的参与，而且需要能量物质的支持，机体的能量代谢水平是运动员提高运动能力和取得优异成绩的重要因素。人体的能量代谢系统可以通过训练得到改善，这种改善不仅表现在能量物质储备量的增加，而且更重要地表现在能量物质储备形式、运行速度和使用经济性的改善。

能量代谢系统机能的提高应该符合专项的需求。各个运动项目的专项比赛负荷和竞赛规则不同，对能量供应的需求存在很大差异，运动员必须通过长期的和有针对性的训练，形成符合专项需求的能量代谢能力，即专项耐力。

能量代谢系统机能的提高应该考虑运动员不同的个体条件。运动员的身体条件，包括先天和后天的条件，均对能量代谢系统的训练适应构成重要影响，应在训练中予以重视。

（一）运动过程中的能量供应类型及其关系

表 2-4 是体重为 70kg 男性机体内的碳水化合物、脂肪和蛋白质 3 种能量物质的含量。由表中可见，运动员的能量物质储备，尤其是碳水化合物的储备量，明显

表 2-4 70kg 男性的能量物质储备（根据 Neumann 等，2005）

能量物质		普通人（g）	运动员（g）
碳水化合物	肝糖原	80	120
	肌糖原	250	400
	血糖	15	18
脂肪	皮下脂肪	8000	6000
	肌肉脂肪	50	200~300
蛋白质	氨基酸	100	110
	结构蛋白（肌肉）	6000	7000

高于普通人。但是，运动员的能量物质储备量也是有限的，应作为设计训练负荷的重要依据。

有氧和无氧供能是人体运动能量代谢的两种主要形式。有氧供能，是指体内的能量物质（如碳水化合物和脂肪酸等）在氧的作用下分解产生的能量供应肌肉收缩；无氧供能，是指利用体内磷酸原和糖原的无氧分解产生的能量供应肌肉收缩；磷酸原与糖酵解供能都不需要氧的参与，但前者不产生乳酸，后者产生乳酸，所以磷酸原供能又称为无氧无乳酸供能，糖酵解供能又称为无氧乳酸供能。因此，一般来说，人体肌肉运动的能量供应来自于3个途径，即磷酸原（ATP和CP）供能、糖酵解供能和有氧代谢供能。

人体的能量物质储备是有限的，不同能量物质的供能持续时间和单位时间内的供能速度不同。由图2-12可见，在能量由ADP生成ATP的过程中，不同的能量物质单位时间内生成的ATP不同，磷酸原的生成速率最高，血糖和肌糖原次之，肝糖原和脂肪酸的生成速率较低。其原因在于，每分子葡萄糖无氧酵解只产生2分子的ATP，而在有氧代谢中同样是每分子的葡萄糖则可以产生36分子的ATP，在ATP的生成总量上有氧是无氧的18倍。同时，这些能量物质的供能速度也存在很大差异，磷酸原的速度最快，无氧糖酵解的速度次之，有氧供能的速度较慢。

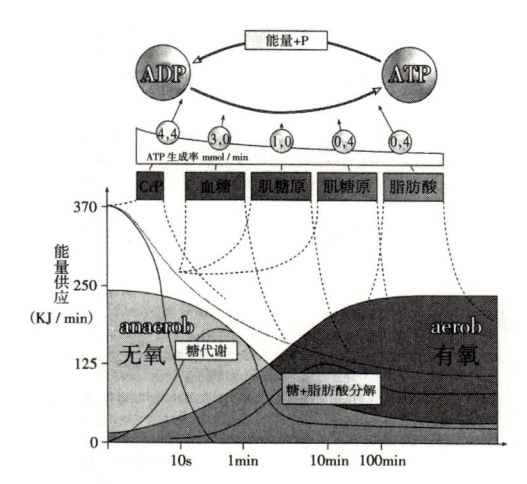

图2-12 运动时的能量供应示意图
（根据Badtke，1995）

人体运动时的3个能量供应系统具有各自不同的特点。由表2-5可见[37]，一般来说，无氧供能的速度快、单位时间供能多，但维持时间短；而有氧供能具有速度慢、单位时间供能少，但维持时间长的特点。

表2-5 不同能量代谢方式的特点（根据Zintl 1997）

供能方式	能量物质	合成CP/公斤肌肉	供能持续时间	最大供能速度
无氧无乳酸	ATP	约6mmol	2~3s	
	CP	20~30mmol	5~7s	1.6~3.0μmol/g.s
无氧乳酸	糖	约270mmol	45~90s	1.0μmol/g.s
有氧	糖	约3000mmol	45~90min	0.50μmol/g.s
	脂肪	约5000mmol	>1h	0.24μmol/g.s

57

有氧和无氧能力的训练对机体耐力水平的影响可以追寻到人体快肌和慢肌纤维对不同训练负荷的适应机制。研究表明[38]，不同类型运动项目运动员快、慢肌的比例和横断面积存在显著性的差异，耐力类项目运动员的慢肌明显高于速度和力量类项目，速度和力量类项目运动员的快肌均大于耐力项目，而耐力类项目的慢肌则超过了肌肉相对强壮的速度类项目（见表2-2）。这种快、慢肌纤维比例的差异，一方面来自于先天的遗传，另一方面则取决于后天的训练。不同专项的运动员正是通过这种长期的训练有选择性地优先发展那些与专项密切相关的肌纤维，并且有针对性地使肌纤维的功能向有利于提高专项成绩的方向转变。

同样，有氧和无氧的训练也会导致其他一些与耐力密切相关物质的变化。例如，长距离耐力运动员的有氧酶在数量和活性上明显高于中、短距离选手，而在无氧糖酵解酶的含量和活性上，中、短距离运动员则高于长距离选手[39]。

（二）不同专项的能量代谢特征及其训练适应

有氧和无氧耐力在训练中的负荷比例主要取决于专项运动的代谢特征。各个运动项目，尤其是既需要有氧能力又需要无氧能力的中距离运动项目，在总体上都有一个基于能量代谢的专项特征。表2-6是田径耐力项目的分类，这种分类的依据主要是在不同运动距离（时间）肌肉运动的不同能量供应。能量供应方式（途径）的选择取决于运动的强度和持续时间，肌肉在不同时间内的满负荷运动决定了能量供应的主渠道。

表2-6 田径耐力项目分类（根据Neumann等，2001）

	短程耐力 35s～2min	中程耐力 >2～10min	长程耐力1 >10～30min	长程耐力2 >30～90min	长程耐力3 >90～360min
专项	400～800m	1000～3000m	5000～10000m	12～25km	42.2～80km
心率（次/min）	190～205	190～205	180～195	175～190	120～180
最大吸氧量（%）	95～100	97～100	88～96	85～93	60～85
血乳酸（mmol/l）	18～25	16～22	8～14	8～12	1～3
供能 有氧（%） 无氧（%）	47～60 53～40	70～80 30～20	75～80 25～20	85～90 15～10	97～99 3～1
耗能（kcal/min）	59	45	34～38	24～27	18～23

不同专项比赛的强度（时间）和条件是决定有氧和无氧供能比例的主要依据。但是，至今为止在该问题上仍然存在多种不同的版本和争议[40,41]。在不同项目的有氧与无氧供能比例上，随着研究的深入也出现了变化。在21世纪70年代，人们认为田径800m项目是有氧与无氧比例的"分水岭"[42]，即有氧与无氧各占50%。而近年的研究结果将此结果变为400m，以400m为界，距离越短的项目无氧供能比例越高，距离越长的项目有氧比例越高[43]。另一个显著变化是能量供应比例划分的进一步细

化，将无氧无乳酸（ATP-CP）供能从无氧供能中分离出来，明确了 ATP-CP 系统同样参与肌肉持续性工作的能量代谢活动，减少了糖原无氧酵解供能的比例，有氧供能成为该项目供能比例最高的部分（表 2-7）。ATP-CP 系统与无氧乳酸系统的分离对中距离耐力项目的训练具有重要意义，在训练中一部分原来属于发展无氧乳酸能力的负荷转变为提高 ATP-CP 系统的训练，明确界定了速度与速度耐力训练的区别，使训练更加符合 800m 跑的专项特点，为科学地控制耐力训练负荷提供了依据。

表 2-7 田径 800m 跑不同能量供应比例的演变

作者	ATP-CP 供能（%）	无氧乳酸供能（%）	有氧供能（%）
Suslow（1971）	—	55	45
Neumann（1984）	—	40	60
Matthews（1990）	5	38	57
Janssen（2003）	5	30	65
Hartmann（2004）	10	30	60

将机体所拥有的能量充分地运用于专项运动，是所有以时间为尺度的项目（例如田径的径赛项目和游泳）的共同要求，形成符合专项特点的有氧和无氧耐力比例关系，是各个耐力项目运动员充分利用自身能量潜能，达到个体最佳专项成绩的重要基本条件。因此，在耐力训练中，不能脱离专项来谈有氧或无氧的发展，不符合专项需求的有氧或无氧能力，即使达到高水平也不可能给运动员带来与之相对应的专项成绩，例如 800m 运动员即使具备了马拉松选手的高水平有氧能力也不可能取得优异的专项成绩。由此可见，专项耐力水平提高的关键，首先在于使运动员形成符合专项需求的不同能量比例，其次才是在该比例框架下有氧和无氧能力的提高和发展。当然，这种专项的能量代谢特征，实际上只是为各个不同项目的耐力训练建立了一个框架式目标，教练员和运动员可以据此设计相应的耐力发展计划，并且该计划应该是长期、宏观和阶段性的。在训练中，不应机械地理解和执行这一代谢特征，更不能将其作为指导耐力训练的唯一依据。同时，还需要将专项的代谢特点与有氧和无氧能力的形成过程区分开来，有氧或无氧能力可以通过多种方式和渠道形成。一方面，有氧能力的提高可以在整体上补充和支持无氧乳酸的代谢，进而达到提高无氧耐力的目的；另一方面，有氧能力也可以通过无氧阈强度的训练得到提高。

（三）不同能量代谢的横向动态结构关系

不同能量的供能比例是构成各个运动项目专项耐力的主要因素，该比例往往也作为专项耐力训练的依据。但是，在训练实践中仅了解和认识有氧和无氧在专项比赛过程中的总体比例并不能完全满足训练的需要，这种比例只能给出有氧和无氧在项目中的宏观和静态的状态，而人体的有氧和无氧能力却呈现出一种动态的相互支持和制约关系。

图 2-13 是赛艇专项模拟比赛过程中不同阶段的有氧和无氧供能比例以及不同生化指标的变化[44]。在 6min 的专项比赛过程中，运动员在加速、转换、途中和冲刺阶段的有氧和无氧供能比例在不断发生着变化。船艇起航加速时需要由静止快速进入高速划行，ATP-CP 的供能首先被动员运用到起航和加速划中。但是，由于人体 ATP-CP 的储备很少（只能维持大约 10s 的全力运动），其能量不能满足继续高速运动的需求，而此时有氧供能还未充分动员起来，所以肌肉的无氧糖酵解供能比例快速攀升，在起航后约 40s 时血乳酸生成率达到全程的最高点（约占总量的 40%），到 90s 左右达到全程的 70%~80%，该阶段是整个专项比赛过程中最大的无氧供能部分。随着运动员进入途中划，有氧供能的比例出现明显增加，并逐渐占据能量供应的主体。由此可见，在赛艇专项比赛的过程中，有氧和无氧供能是一种动态变化的关系，在全程各个阶段，有氧和无氧供能的比例随着肌肉运动强度的变化而变化。

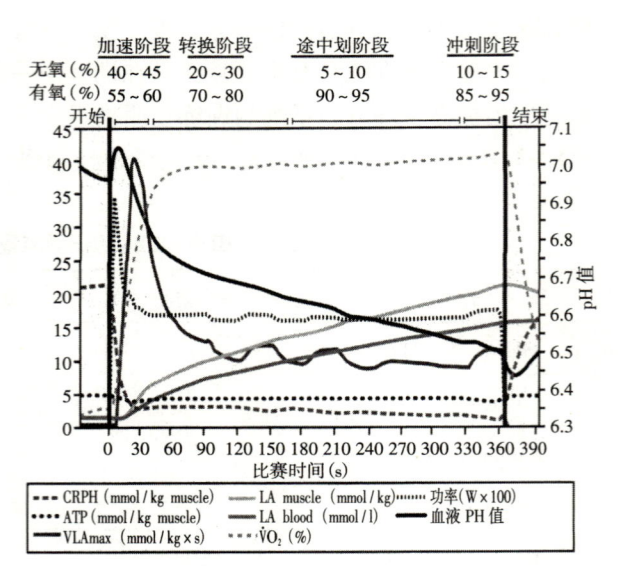

图 2-13 赛艇专项过程中不同阶段的供能比例
（根据 Volker 等，2004）

有氧与无氧供能在专项过程中的动态变化关系，不仅进一步给出了专项的运动特征，而且对运动训练具有重要的指导作用：

不仅在总体上给出了赛艇专项的 3 种能量供应比例，而且给出了比赛各个阶段的不同能量比例关系。从中可以得到 3 个能量供应系统在运动开始时同时开始工作，但在各个阶段扮演着不同的角色。ATP-CP 的储备决定了运动员的起航能力，无氧供能的最大比例发生在起航后的加速阶段，而有氧供能在全程的各个阶段，特别是在占全程主体的转换和途中划阶段，显示出主导的作用。

从能量代谢的角度细化了专项能力的构成，进一步明确了专项能力训练过程中应该着重注意的问题。例如，血乳酸生成率的曲线说明，赛艇无氧糖酵解能力主要表现在赛段的前程，而且还可以进一步分为无氧乳酸能力的动员、高峰和保持阶段，这些阶段可以视为 3 种不同的无氧乳酸能力，在训练中应采取不同的方法和手段加以训练。

在实践上，为训练方法和手段的运用提供了依据。教练员和运动员可以根据有氧和无氧在专项运动过程中不同段落的动态变化设计不同的训练方法，使训练更具针对性。例如，如果要提高运动员的糖酵解乳酸的动员能力，赛艇运动员就应该以60s之内不同距离的高强度划作为训练的主要手段，如果在此基础上进一步发展运动员最大乳酸稳定状态的持续能力，则应该适当延长训练的距离。

不同能量代谢系统在专项运动过程中的互动关系，在很大程度上也可以反映出专项运动的强度特点。需要注意的是，该特点并不等同于专项比赛的"平均强度"。平均比赛强度一般是指运动员在某一专项比赛中竭尽全力的"强度"，该强度随着比赛距离或时间的不同而变化。比赛强度具有3个与训练强度不同的特点：

比赛强度基本反映了一个运动员的整体运动能力，它是在运动员的身心经过充分准备后才可以达到的运动水平。比赛强度出现的频率很少，它的出现与运动员的参赛数量密切相关；

比赛强度是一个动态变化过程，具有极强的项目特点，例如赛艇可以根据强度的变化分为加速、途中和冲刺等不同阶段，而另外一些非周期性项目，例如网球、足球和篮球等项目，运动强度的变化更为复杂，一个平均强度不可能客观和全面地反映专项强度过程，如果将其作为训练的主要依据则很可能恰恰违背了专项强度的特点，使训练走向反面；

比赛强度带有鲜明的个体特点，不同运动员在速度和耐力、在有氧和无氧耐力等方面具有不同的特点，有些运动员的比赛前程优于后程，而有些运动员喜欢后程发力制胜，这些特点导致了比赛不同阶段的差异，同样的平均强度结果可以有不同的专项运动过程。

比赛强度实际上是一个各种能力交融、受多因素影响，并且是短暂实现的"竞技状态"。比赛强度一方面集中反映了运动项目的总体特征，是运动训练追求的目标，但在另一方面又不是运动训练的全部内容。人体运动时3个供能系统同时工作，只是根据项目的不同而出现不同的比例，因而在训练中不能将该强度作为训练的唯一标准，而应该根据专项的需求（有氧和无氧的比例）、训练的阶段（准备期、比赛期和恢复期）和运动员的个体情况（速度和耐力、有氧和无氧），分别运用不同的强度发展不同的耐力子能力，最终形成比赛所需要的耐力。同时，训练强度在纵向上可以分为多个不同的强度级别，如果以心率为标准的话，可以形成从安静心率到最大心率的强度范围，有氧和无氧只是该范围内大的强度区间，在这些区间内仍然存在不同的强度点（图2-14）。因此，在训练中不仅要注意各强度区间的训练，而且也要重视每个强度区间内不同强度点的训练，在训练结构上既突出有氧和无氧等不同强度分级"质"的结点，又注意各强度级别内"量"的分布。

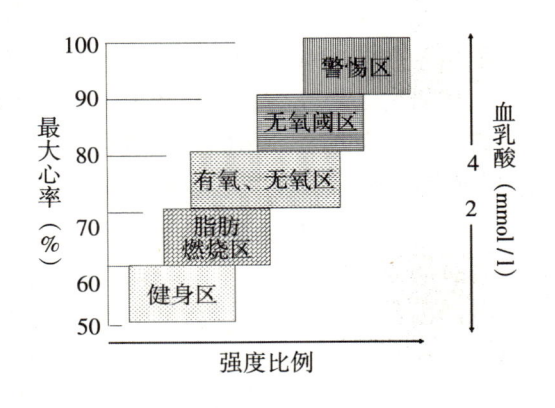

图2-14 不同训练强度分级示意图

(四) 有氧与无氧能力的纵向动态变化关系

有氧与无氧能力的关系不仅表现在横向的耐力组合方面，而且还表现在纵向的长期训练方面。从运动训练的生理适应角度分析，运动员有氧和无氧能力的彼此关系与不同类型肌纤维对训练负荷产生的不同适应有关。有研究结果表明，有氧或无氧训练对肌肉的影响并不是单一的，一方面会出现彼此相互支撑的情况，例如有氧能力的提高会推迟无氧糖酵解供能开始的时间，高于有氧的强度（例如无氧阈值强度），也可以有助于有氧能力的提高。但是，另一方面它们还会出现相互制约的关系，有氧或无氧的训练可以导致整个肌肉系统的特性向有氧或无氧能力的方向发展，一种能力提高的同时会削弱或制约另外一种能力的发展。根据 Henriksson 等人的研究[45]，在 3 周有氧耐力刺激下，兔胫骨前肌的有氧氧化酶

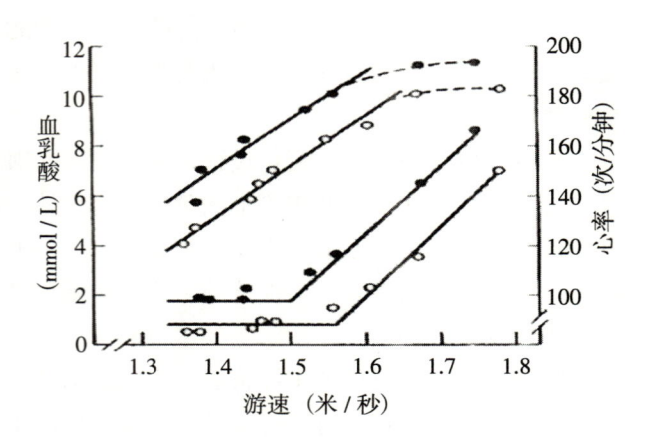

图 2-15 游泳运动员有氧和无氧训练后血乳酸和心率的变化（根据 Gullstrand，1988）

的活性得到明显提高，而与无氧能力密切相关的糖酵解酶出现下降。Staron 等人的研究也表明[46]，经过 7 周运用大阻力负荷发展肌肉横断面的力量训练，快肌纤维中的 II-b 型纤维出现大幅度减少，在 13～20 周后，II-b 型肌纤维几乎完全消失，取而代之的是 II-a 和 II-c 肌纤维。在经过几周的休息之后，又通过快速力量的训练使 IIb 型肌纤维重新得到恢复。有氧与无氧的这种动态变化关系也表现在运动员的训练过程中。图 2-15 是游泳运动员有氧和无氧训练后的血乳酸和心率曲线变化[47]，该运动员在一段时间的有氧训练之后形成的血乳酸和心率曲线在 3 周的减量并增加强度的训练后，出现了显著变化，血乳酸和心率曲线均出现明显的左移。这表明，赛前的无氧训练提高了运动员的无氧能力，但有氧能力却同时出现了下降。

上述研究结果表明，有氧和无氧能力的动态变化关系会影响到运动员长期纵向的训练。在准备期，大量的低强度训练发展了有氧能力，但无氧能力却由于缺乏有针对性的训练而大量丢失，有氧和无氧训练的失衡不可能形成符合专项需求的专项耐力，也不可能为即将来临的比赛做好体能的准备。在竞赛期，由于训练量与训练强度角色的大幅度换位，低比例的有氧训练导致在准备期已经获得的有氧能力得不到持续的保持和发展，高比例的无氧训练反过来对有氧能力又造成负面的影响，运动员的有氧能力因此而出现大幅度下降。同时，又由于准备期缺乏无氧的训练，机体对突然到来的大强度训练没有做好充分的准备，加之缺乏有氧能力的支持，所以

无氧训练也不可能达到预期的效果。

第三节　竞技能力的形成与竞技状态的调控

运动训练是一个系统工程。训练的系统性主要体现在横向和纵向两个方面：在横向上需要根据人体的生物学特性把握不同能力之间的关系，追求最佳的整体训练效果；在纵向上需要根据人体生长发育特点和专项要求有目的地控制不同能力的发展，使各种能力水平适时达到最大化。

一名世界水平优秀运动员的成长，一般都需要经过 10~15 年的系统训练。在这个过程中，不仅需要合理地选择和运用各种训练的方法和手段，而且更重要的是将这些方法和手段科学地组合在一起，使之形成一个连续有序的"刺激链"，适时和适量地投放到长期的训练过程中。

一、竞技能力的形成与发展

竞技能力（performance capability），是指运动员在充分动员身体所有能力储备，竭尽全力在某一运动专项上所能够达到的最大能力，该能力主要取决于运动员个体的竞技潜能（天赋和训练）、精神抗压能力（运动能力在各种环境下的表现）和恢复能力[48]。

（一）竞技能力的构成要素

竞技能力是运动员参加比赛和取得优异成绩的必备条件，是运动训练的终极目标，也是制定多年训练计划的基础和依据。图 2-16 是竞技能力的基本结构，它将竞技能力在横向上分为 3 种形式，分别是竞技表现、竞技前提条件和运动实施策略：竞技表现是指运动员在赛场的具体运动行为，从运动生物学的角度来看，就是机体在中枢神经的支配下，通过肌肉的收缩和能量的供应，所表现出来的肢体运动，出色的竞技表现需要优异身体条件的支持；竞技前提条件列出了与各种竞技能力表现相对应的素质因素，这些因素一部分来自于先天遗传，一部分需要后天的科学训练；运动实施策略是竞技能力的内在结构，它将竞技能力的实施过程归纳为运动行为调节（中枢神经活动）、运动调节（运动神经-肌肉活动）、能量储备与转换（各种身体素质能力的表现）和机械能的利用与转换（身体和肢体的运动），实际上给出了对竞技能力最具影响的 4 种要素——行为能力、协调-技术、身体素质和体质形态，这 4 种要素及其表现形式相对独立并各成体系，但驱动它们活动的内在机制（即实施策略）却彼此相互影响，构成了一个竞技能力形成与发展的驱动系统。

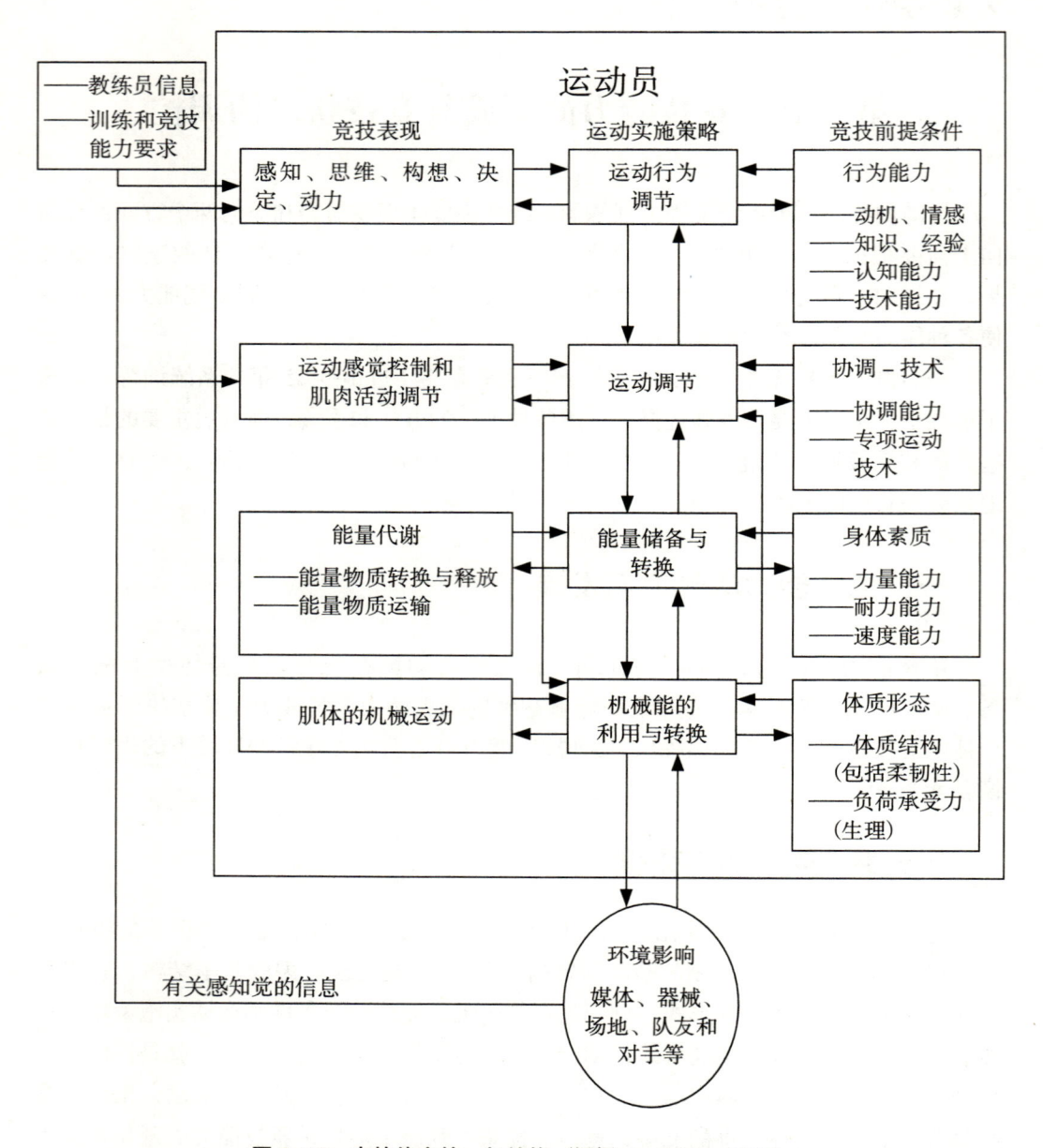

图 2-16　竞技能力的一般结构（根据 Gundlach，1980）

由图 2-16 可见，竞技能力的结构特征主要建立在生物学的基础之上，应该从肌肉收缩、神经支配和能量代谢的角度解释竞技能力的形成与发展，运动训练的目标是提高运动员的竞技能力水平，该目标只能通过改造机体的生物学结构和功能得以实现。

不同运动项目具有不同的专项竞技能力结构。图 2-17 是赛艇运动员的竞技能力结构，从中可见，赛艇竞技能力的核心是划船能力，该能力由 5 个方面因素构成：素质能力、技术、战术、心理和环境。在这 5 个因素中，起关键作用的是身体素质和技术，它们各自的水平以及之间的协作和配合对划船能力具有重要影响。同时，不同的身体素质对赛艇运动员划船能力的影响不同，它们依次为耐力、力量、速度和灵活性，所以一般也认为，赛艇是一个以耐力为主的体能类运动项目。

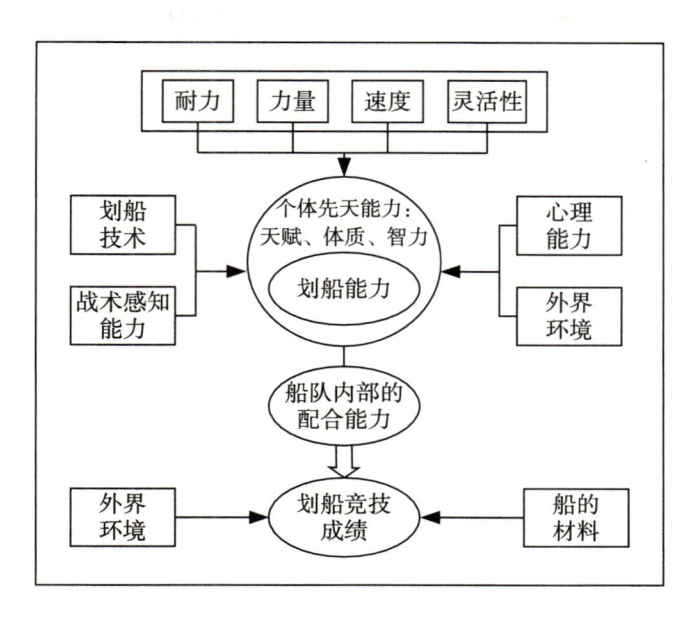

图 2-17 赛艇运动员竞技能力的结构（根据 Hartmann 2005）

（二）竞技能力形成的模型

无论是竞技能力还是竞技状态，都需要运用各种训练方法和手段进行控制和调整。运动员专项运动能力的提高必须经过长期、系统和科学的训练，已经具备了高水平竞技能力的选手，还必须让这种能力定时定点在大赛中表现出来。在竞技能力的培养和竞技状态的形成过程中，既要注意专项的需求和运动员的个体条件，又要考虑各种能力之间错综复杂的关系；既要注重竞技能力的提高，又要防止运动损伤和过度训练的发生；既要对运动员施加训练的负荷，又要把握刺激与恢复的关系。因此，对该过程的检测、评价和控制，已经成为培养运动员高水平竞技能力和最佳竞技状态的唯一途径，也是当代竞技运动训练科学研究的一个备受关注的热点问题。

竞技能力发展、控制和调节的机理，可以追朔到苏联雅科夫列夫（Yakovlev, 1975）的"超量恢复"模型[49]。1972 年苏联列宁格勒体科所的雅科夫列夫根据人体负荷后肌糖原储备出现的"下降、恢复和超量恢复"的特性，提出了运用"超量恢复"解释运动训练对人体机能能力的影响作用，即将运动训练对人体机能能力产生影响作用的机制归结为"超量恢复"。他认为，训练负荷就是打破机体已经形成的"内环境平衡（Homoeostasis）"，运动能力的提高就是通过"超量恢复"的机理在高的层次上建立新的"平衡"[50]。1975 年他又撰文对苏联运动生物化学的起源、发展和研究现状做了深入分析与总结，对训练过程中机体内环境的破坏与重建机理问题进行了较大篇幅的论述，进一步提出通过增加训练的负荷量和强度使机体（特别是肌肉系统）出现"超量恢复"，进而达到改善机能能力的训练效果[51]。1977年在他的专著中首次完整地提出了"超量恢复"的学说，并将其作为解释运动训练效果的理论基石（图2-18）[52]。超量恢复模型以肌糖原的超量恢复特性为基础，提出了运动能力的"刺激-疲劳-恢复"曲线，所以也称作机能能力发展的单因素模型。

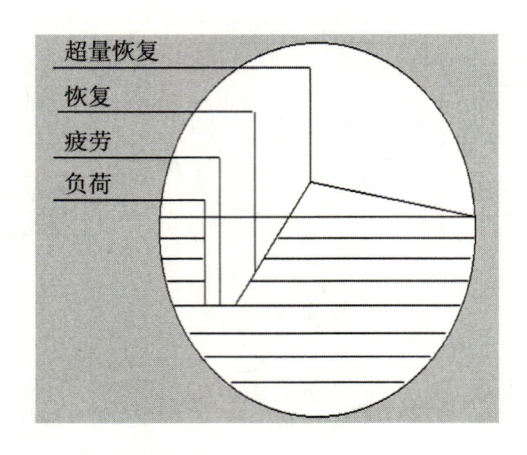

图2-18　超量恢复模型（根据Yakovlev 1977）

加拿大人拜尼斯特（Banister，1982）的"疲劳-适应"模型（图2-19）进一步发展了传统的超量恢复模型[53]。疲劳-适应模型（也称作机能能力发展双因素模型）认为，人体在负荷的刺激下会同时出现机体疲劳和适应两种反应，这两种反应会根据负荷的变化而变化，二者之间存在某种关系，在高负荷训练的情况下疲劳曲线高于适应曲线，随着负荷的下降适应曲线会逐渐与疲劳曲线交汇，其交汇点被认为是运动员

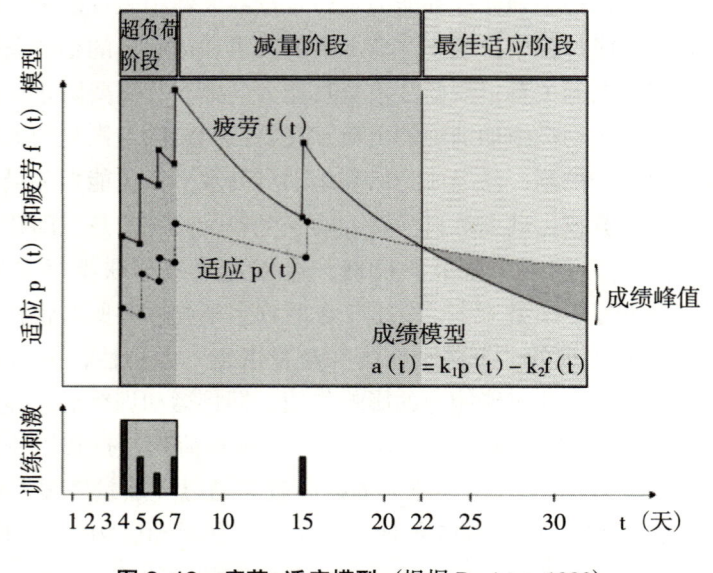

成绩模型
$a(t) = k_1 p(t) - k_2 f(t)$

图2-19　疲劳-适应模型（根据Banister 1982）

出现最佳竞技状态的临界点，重大比赛应该在该临界点之后，即最佳竞状态区域出现。疲劳-适应双因素模型不仅描述了竞技能力长期发展的基本规律，而且给出了在一定负荷刺激下疲劳与适应的关系，人们可以通过实验找到二者之间的关系，使运动训练负荷过程的定量诊断和控制成为可能。

（三）竞技能力形成与发展过程中应注意的问题

1. 训练量与训练强度的关系

训练量和训练强度是构成训练负荷的两个要素，是决定机体刺激程度并贯穿整个训练过程的"杠杆"，对训练质量和竞技能力的提升具有关键作用。

从运动生物学的角度来看，训练量和强度的关系对神经-肌肉系统和能量代谢系统的训练适应具有重要影响作用。量大强度低的训练优先发展慢肌和有氧能力，量小强度高的训练优先发展快肌和无氧能力。各个运动项目，尤其是那些对力量和耐力需求高的运动项目，应该根据各自项目的专项特征，科学地选择和确定训练量与强度的比例，使运动员形成符合专项需求的竞技能力。

训练量与强度对于不同的训练对象和不同的训练时期均显示出不同的关系。对于青少年运动员来说，不仅整个训练负荷要低于成年运动员，而且在强度上也要与成年选手有区别，例如最大力量和无氧糖酵解耐力的训练，不能过早和过多地出现在少年儿童的训练当中。在周期训练中，训练量与强度的关系应根据周期的划分进行变换，一般情况下，在准备期以量的积累为主，而随着比赛期的临近训练强度逐渐成为训练的重点。

在训练中，应辩证地把握训练量与强度的关系。在一定条件下，一些低强度的训练也可以支持高强度的运动，例如优异的有氧能力可以通过有氧代谢的快速动员而降低肌肉乳酸的堆积速度，大量核心部位小肌肉（群）的稳定、平衡和协调训练能够通过改善辅助肌和拮抗肌的功能达到提高动作速度的目的；而一些高强度的训练也同样可以有助于慢肌功能和无氧代谢能力的提高，例如经典的以 4mmol/L 血乳酸强度发展有氧能力的训练。

训练量与强度的关系是运动训练的一个极其复杂的问题，需要进行科学的检测、诊断和评价。在训练过程中，专项成绩是检测和评价竞技能力水平的重要指标，但不是唯一指标，还应该进一步检测构成该成绩背后的不同能力要素。

2. 技术与素质训练的关系

人类的任何一种有目的竞技运动都需要专门的运动技术和相应的身体素质，运动技术是一名运动员或一个运动项目有目的地完成某一运动目标或任务所特有的动作序列，而身体素质则是完成这个动作序列所需要的能力。运动技术与身体素质是一种既相对独立，又彼此影响，还互为基础的关系。

技术与素质是一个交织融合在一起的整体，是一个问题的两个方面，在训练中必须给予同等重视。身体素质能力是运动的基本前提条件，没有良好的力量、速度、耐力和柔韧素质的支持，不仅不可能取得优异的专项成绩，而且也不可能形成精湛的专项技术。同样，如果不具备出色的专项技术，优秀的素质能力就不可能充分应用到专项当中，也不可能取得优异的成绩。

技术与素质在形成的速度上也表现出不同。一般来说，运动技术的形成需要长时间的磨炼和打造，一旦形成了稳定的技术模式（或称为"动力定型"）就很难改变，甚至终身难以改变。身体素质却具有突出的自然形成规律，尽管人为的训练很难从根本上改变素质能力的储备和发展规律，但是可以在相对短的时间内快速提高身体的运动能力或某一种运动素质（例如力量或耐力素质），尤其是当运动员进入成年之后，各项身体能力的自然发展速度都已达到个体的最高水平，此时可以通过科学的训练尽可能快速地挖掘运动员所具备的素质潜能。

在青少年训练中，应倡导"先技术，后素质"的训练指导思想。Israel的研究认为[54]，在运动员个体能力发展的过程中，协调能力与身体素质能力的发展根本不存在时间上的一致性，协调能力的发展一般应早于身体能力的发展。优先发展协调能力，在青少年时期就形成正确和扎实的专项技术，已成为当代诸多世界级优秀选手成功的共同经验。在运动员的整个运动生涯中，协调能力和运动技术应该早于身体素质的发展，其原因就在于二者自身具有不同的发展规律。在青少年训练阶段，身体的各个器官系统正处于生长发育过程当中，此时的运动训练，特别是训练的负荷，必须充分考虑运动器官和系统的自然发育规律，例如力量的发展需要考虑到骨骼、关节和肌肉的发育，耐力的训练一定要了解心血管系统的发育特点。在青少年训练时期被视为专项运动技术基础的协调能力正处于最佳的发展阶段，另外一些与运动技术密切相关的能力，例如柔韧性等，也处于最好的发展时机，此时应该充分利用人体的这种发育特点和规律，将训练的重点放在协调和柔韧等与技术密切相关的能力上。因此，身体素质的"适度"发展是青少年体能训练的一个重要原则。青少年专项竞技能力的构成中应突出协调和技术的成分，而不是素质能力。对于青少年运动员来说，其运动成绩应当充分建立在协调和技术的基础之上，而在身体素质，尤其是最大力量和无氧糖酵解等能力上为成年阶段的训练预留出大的发展空间。身体素质能力的过早和过度开发违背了人体的生长发育规律，破坏了训练的系统性原则，导致运动员的早衰或无法进一步提高运动成绩的结果。

3. 不同能力训练的兼容问题

自Hickson（1980）提出了力量与耐力的同期训练问题之后[55]，不同能力训练的兼容问题开始引起世界竞技运动训练领域的广泛关注。在运动训练的长期计划和实施中，不仅应考虑各种不同能力和技术的分别增长，而且还要考虑若干能力训练效果之间的对抗与冲突，以期最大限度地规避或控制各种能力之间的"损耗"，提高训练的效率和质量。

不同能力训练的兼容是指不同能力训练效果之间的关系，它可能是兼容关系，也可能是不兼容关系。以往的训练大多只关注某一种能力在负荷刺激下的适应变化，例如有氧训练负荷和有氧能力增长之间的关系，而很少考虑不同能力在负荷刺激下适应变化之间的关系，例如有氧和无氧能力增长之间的关系。然而，有氧和无氧能力是一个此消彼长的"矛盾体"，有氧训练在提高有氧能力的同时会对无氧能力造成负面的影响，无氧糖酵解的训练也会影响甚至削弱有氧能力的提高。

从运动生物学的角度来看，人体很多运动能力之间，例如力量与耐力、力量与柔韧、有氧与无氧以及体能与技术，存在着不和谐或冲突的状况。在训练中，应深入了解各种能力在训练负荷下的适应机制，分析各种能力增长过程中可能对其他能力造成的负面干扰，建立若干相关的训练原则。

"板块"训练理论在该问题上做了有益的尝试。是同时发展多种运动能力与技术，还是依次发展多种能力与技术？这是周期训练模式和"板块"周期训练模式之间主要的不同点。"板块"周期训练理论认为，在同一时间或阶段同时发展多种运动能力和技术是传统训练存在的主要问题，该问题造成了"过大的训练负荷，不利于机体的恢复"、"多重且分散的训练目标，降低了训练刺激的指向性和深度"和"同时发展多种能力，造成了能量代谢和神经-肌肉等生物学机制层面上的抵触和冲突"。

二、赛前竞技状态的调控

赛前竞技状态是指运动员在赛前所表现出的专项运动能力，它除了受到身体素质、技术和战术等因素的影响之外，还受到医学（健康状况和运动损伤）和心理（注意和期待）等因素的影响[56]。赛前竞技状态可以通过相对短时间的训练形成，是一个运动员已具备竞技能力的暂时表现。对于每一个运动员来说，运动训练的主要目标就在于培养尽可能高的竞技能力，并且能够将其在比赛中充分表现出来，形成最佳的竞技状态。

（一）赛前减量的生理学基础

赛前减量训练（Taper）是指在不损失训练适应积累的前提下消除由训练引起的机体疲劳[57]。从该定义上看，赛前训练有两项主要任务：一是通过赛前训练将运动员从长期训练而造成的疲劳状态中解脱出来，即消除机体的运动疲劳；二是尽可能避免因赛前减量而造成运动能力水平的下降，即保持机体的运动能力。这两项任务看上去似乎并不难以解决，但如果要想将它们同步实现则会面临很大的困难，其原因就在于赛前训练所追求的两个"最"字，即最好的疲劳消除和最小的能力消退，二者本身就是一对矛盾。运动员在短期内消除疲劳的唯一有效方法是减少训练量，而训练量的减少又势必导致运动能力的下降，因此，赛前训练的实质就是疲劳消除与能力消退之间的博弈。在赛前训练中，不充分地减量尽管可以维持或减少能力下降的风险，但却不能确保疲劳的消除，而过度的减量虽然保证了疲劳的消除但却会造成能力的丢失。

如何把握赛前训练过程中疲劳消除与能力下降二者之间的关系，是赛前训练成功与否的关键，也是赛前训练理论与实践研究的核心问题。

赛前训练的生理学基础可以追溯到20世纪80年代加拿大人拜尼斯特（Banister）的"疲劳-适应"模型（也被称作机能能力发展双因素模型）[58]。该模型将赛前训练分为超负荷阶段、减量阶段和最佳适应阶段，描述了在负荷刺激下人体的疲劳与适应两种反应在3个阶段中的不同走势。在进入减量阶段之前，"超量训练"的目的是进一步增大机体的疲劳程度，以期在随后的减量阶段获得更大的"超量恢复"效应。根据穆基卡（Mujika）的研究[59]，该超负荷阶段的持续时间为1周左右，负荷量一般是平时正常负荷的120%，即超过平时最大负荷的20%。减量阶段一般持续2周左右，随着训练负荷的减少，机体疲劳与适应水平均会出现下降，但疲劳曲线的下降速度和幅度均大于适应水平曲线的下降，在减量阶段结束时疲劳曲线与适应曲线出现交叉点，此时疲劳消除的速度超过了适应水平的下降，赛前训练进入"最佳适应阶段"。从理论上说，运动员参加的重大比赛应该出现在这个阶段，如果比赛出现在该阶段之前，那么就意味着运动员的疲劳还没有得到充分的恢复，带着疲劳参赛肯定不可能取得优异的成绩；如果比赛出现在该阶段之后，那么运动员的能力（即适应水平）则会由于低负荷或停训时间的过长而大幅度下降，也不可能表现出最佳水平。"最佳适应阶段"同样也是一个区间，运动员的疲劳消除与能力消退在此区间内仍处于动态变化过程，运动成绩峰值取决于这两个变量之间的差值，该差值在该阶段内由小逐渐增加，运动员的最高竞技水平应出现在其最大差值的时刻。

训练的痕迹效应（residual effect）是赛前训练的另一个生理学基础。痕迹效应，是指在训练停止后，由系统训练引起的身体变化在超出一定时间后的延续效应[60]。该概念最早是由美国著名游泳教练和学者康希尔曼（Counsilman J.）等人提出，后被原苏联维尔霍山斯基（Verkhoshanksky Y.）和伊苏林（Issurin V.）等人提出的"板块周期训练理论"作为重要的理论基础。该理论认为，各种运动能力在中断训练后还会保持一段时间，该时间的长短主要取决于能力种类的不同（例如有氧能力、无氧能力、力量能力和速度能力等等）。在"疲劳-适应"模型中提到的人体"适应能力"，实际上是一种由各种能力共同构成的综合运动能力，它只在理论和宏观上描述了疲劳与适应的关系，而还不能作为真正指导赛前训练的具体依据。因此，在赛前减量训练中，还必须考虑不同能力的"痕迹效应"，其目标就是使那些对某一运动项目最具影响能力的训练"痕迹"保持到"最佳适应阶段"，同时还要根据不同能力训练"痕迹"的长短，妥善处理它们之间的关系，运用不同的手段使这些痕迹效应长短不一的能力在同一时间内都达到其最佳的状态。

（二）赛前训练的主要结构

赛前训练是运动训练的一个重要阶段，它主要由比赛目标设定、赛前训练时间、赛前减量模式和赛前训练的监控等内容构成。

1. **比赛目标的设定**

制定一个客观的比赛目标是确保赛前训练成功的重要前提。比赛的预定目标应该是运动员竭尽全力可以达到的成绩，制定该成绩的依据除了要考虑比赛的重要性、竞争对手的水平和运动员的身体状态等常规因素外，还应该重点考虑赛前训练对运动成绩的影响作用。根据目前的理论和实践研究[61]，游泳、跑步、自行车、赛艇和铁人三项优秀运动员的专项成绩可以通过赛前训练增长 0.5%～6.0%。有人对 99 名参加悉尼奥运会游泳比赛运动员 3 周赛前训练的研究表明[62]，比赛成绩平均增长 2.18%±1.50%，其中 91 名提高了成绩（最高为 6.02%），8 名下降（最低为 -1.14%）。这些研究成果为比赛目标的制定建立了参考依据，教练员和运动员可以个人的最好成绩为基数，设定合理的比赛目标。

2. **赛前训练的持续时间**

目前，还没有一个有关赛前最佳训练时间的权威研究成果，一些研究成果得出的结论一般在 2～4 周。有人对赛艇运动员的赛前训练进行了研究[63]，赛前减量的时间应根据运动员的训练水平进行设定（表 2-8），每周训练时间为 6～10 小时的运动员（相当于中国的业余训练水平）为 7 天，每周训练时间为 10～15 小时的运动员（相当于中国的省、市体校水平）为 14 天，每周训练时间大于 15 小时的运动员（相当于中国的省、市专业队以上水平）为 21～30 天。

表 2-8　赛艇运动员赛前减量模式（根据 Nolte 等，2004）

运动员水平（小时/周）	减量时间（天）	第 1 周	第 2 周	第 3 周
6～10	7	减少 70%	——	——
10～15	14	减少 45%	减少 70%	——
>15	21～30	减少 30%	减少 50%	减少 70%

从大量研究成果中可以得出以下有关赛前训练持续时间的主要结论：

水平越高的运动员，赛前减量的时间越早，每周减量的幅度也越小；

专项能力的构成特点是决定赛前减量时间长短的重要因素之一，例如以速度和爆发力为主要特点的项目，赛前训练持续的时间一般短于以耐力为主要特点的运动项目；

运动员个体恢复能力和适应消退速度是决定赛前训练时间长短的重要因素；

目前还没有研究证明男、女运动员赛前训练时间的差别。

3. **赛前减量的主要模式**

根据穆基卡（Mujika）等人的研究[64]，赛前减量的模式主要有两种类型和 4 种方式（图 2-20）。两种类型为渐进减量型和非渐进减量型，4 种方式为台阶式减量、线性减量、曲线快速减量和曲线慢速减量。对不同的减量方式的研究认为[65]，非渐进性减量（阶梯式减量）主要应用于那些训练负荷大、疲劳程度高的运动项目，例如公路自行车项目。还有一些研究认为，渐进式减量较非渐进式减量的效果好。但是，从总体来看，目前还没有统一和明确的结论认为哪种方式是赛前训练减量的最佳模式，各种减量方式都在应用于各个运动项目的赛前训练中，教练员和运动员应该根据项目的特点和运动员的个体情况选择适合于自己的减量方式。

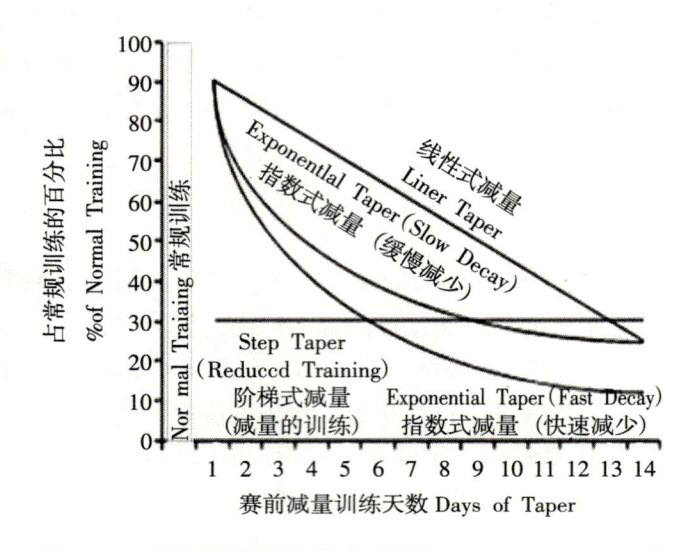

图 2-20　赛前减量类型和模式（根据 Mujika / Padilla，2003）

4. 赛前训练的监控

研究已经证明，赛前训练是一个可以进行诊断、调整和控制的过程。可以从生理和心理两个方面对赛前训练的效果进行监控，一个设计良好和实施出色的赛前训练可以使运动员出现以下特征：

内分泌：睾酮升高，皮质醇降低，睾酮／皮质醇比率增加。
心血管：红细胞增加，细胞容积增加，血红蛋白增加。
生化：CK 降低，次最大负荷血乳酸降低。
技术：运动经济性提高（次最大负荷耗氧量减少）。
素质：力量、耐力、速度和柔韧性提高。
心理：心境、活力、动机和睡眠改善。

（三）赛前训练理论对训练实践的指导意义与作用

通过对近年赛前训练研究成果的分析与总结，以下结论和规律对运动训练实践具有重要指导意义和作用。

（1）尽管赛前训练受到若干因素的影响，但该训练是一个与训练负荷和机体生理、心理水平密切相关的可以进行科学控制的过程。把握好减量与疲劳消除之间和减量与适应能力下降之间的关系，是赛前训练的关键。

（2）科学的检测和诊断是运动员赛前训练成功的保障，该测试主要包括运动能力测试、机能水平测试和心理状态测试3个方面。赛前训练的主要任务是形成最佳的"竞技状态"，该状态是一个以训练负荷为杠杆的生理和心理的调控问题，可以应用各种科学的手段进行检测、分析和评定。

（3）赛前训练模式应该形成于平常的训练，教练员和运动员应该将赛前训练作为平日训练的一项内容进行演练和研究，建立运动员训练负荷与疲劳程度之间的关系模型，实现对赛前竞技状态的预测和控制。

（4）赛前减量训练应尽可能保持训练的强度。为了避免体能消退的风险，赛前调整过程中必须保持训练的强度或强度高峰。其主要原因在于：首先，训练强度是维持有氧功率、调动无氧激素、维持速度和力量感觉的关键因素；其次，主要受中枢神经支配的速度和爆发力素质的训练"痕迹效应"很短暂，只能维持5天（±2天）的时间，如果在赛前训练中大幅度减小训练强度，则不宜于速度和爆发力能力的保持。

（5）赛前减量训练应减少训练的负荷量。赛前准备期负荷的减少应该以牺牲训练的负荷量为代价，相当一部分世界高水平运动员通常将训练负荷量降到原训练量的41%~60%。

（6）赛前减量训练应保持或降低训练的频率。在赛前减量期间，尽管运用减量前训练频率的30%~50%就可以保持运动员的体能和运动水平，但是，对于那些对技术要求高的运动项目来说，训练频率的降低也许会加大"运动感觉"下降的风险。

参考文献

[1] 陈小平. 当代运动训练热点问题研究：理论与实践亟待解决的问题 [M]. 北京：北京体育大学出版社，2005.

[2] Nick Winkelman. 当代运动训练理论热点问题及对我国训练实践的启示——2011杭州国际运动训练理论与实践创新论坛评述 [J]. 体育科学，2012（2）：3-13.

[3] Geiger A. überlastungsschäden im Sport [M]. Stuttgart-New York, 1992: 189-190.

[4] Liesen H. Training konditioneller Fähigkeiten in der Vorbereitungsperiode [J]. Fußballtraining, 1983, 1（3）: 11-14.

[5] Neumann G., Prützner A., Berbalk A. Optimiertes Ausdauer Training [M]. Aachen: Meyer & Meyer Verlag, 2001: 167.

[6] Kovacs M S. Applied physiology of tennis performance [J]. Br. J. Sports Med., 2006, 40: 381-386.

[7] Fernandez J., Mendes-Villanueva A., Pluim B M. Intensity of tennis match

play [J]. Br J Sports Med, 2006 (40): 387-391.

[8] Hornery D J., Farrow D., Mujika I. Young W. Fatigue in Tennis: Mechanisms of Fatigue and Effect on Performance [J]. Sports Med, 2007, 37 (3): 199-212.

[9] Matveevl. P. Das Problem der Periodisierung des sportlichen Trainings [M]. Moskau, 1964.

[10] Verchoshanskij J.V. Effektiv trainieren. Berlin (DDR), 1988.

[11] Issurin V. Block Periodization, Breakthrough in Sport Training [M]. Ultimate Athlete Concepts, 2008.

[12] Martind Carl K., Lehnertz K. Handbuch Trainingslehre [M]. Schorndorf: Verlag Karl Hofmann, 1993: 242-246.

[13] Kindermann W., Simon G., Keul J. The significance of the aerobic-anaerobic determination of work load intensities during endurance training [J]. Eur J Appl Physiol 1979, 42:25-34.

[14] Steinacker JM. Physiological aspects of training in rowing [J]. Int J Sports Med. 1993, 14 (1): 3-10.

[15] Steinacker JM., Lormes W., Lehmann M., Altenburg D. Training of rowers before world championships [J]. Med Sci Sports Exerc. 1998, 30: 1158-1163.

[16] Schumacker YO., Mueller P. The 4000 m team pursuit cycling world record: theoretical and practical aspects [J]. Med Sci Sports Exerc. 2002, 34: 1029-1036.

[17] Billat VL., Demarle A., Slawinski J., Paiva M., Koralsztein JP. Physical and training characteristics of top-class marathon runners [J]. Med Sci Sports Exerc. 2001, 33: 2089-2097.

[18] Hartmann U., Mader A. Die Neue Entwicklungstendenz für Ausdauer Training [J]. 2001, unpublished.

[19] 陈小平. 我国耐力训练存在的主要问题——对训练强度失衡的反思 [J]. 武汉体育学院学报, 2008, 42 (4): 9-15.

[20] Verstegen M. Williams P. Core performance essentials: the revolutionary nutrition and exercise plan adapted for everyday use [M]. 2006, JOXY LLC.

[21] Cray Cook. Movement Functional Movement Systems: Screening, Assessment and Corrective Strategies [M]. 2010, E, Grayson Cook.

[22] Costill D L, Daniels J., Evans W., Fink W., Krahenbuhl G., Salin B.Skeletal Muscle Enzymes and fiber Composition in Male and Female Track Athletes [J]. J Appl Physiol. 1976, 40: 149-154.

[23] Pieper K S., Scharschmidt F. Das biologische Funktionsmodell der kondition-

ellen Fähigkeiten von Hochleistungssportlern [M]. Habil. Schrift, Universität Leipzig.

[24] Howald. Morphologische und funktionelle Veränderungen der Muskelfaser durch Training [M]. In Bührle M. (Hrsg.), Grundlagen des Maximal- und Schnellkrafttrainings. Schorndorf Hofmann, 1985: 35-52.

[25] De Marées H. Sportphysiologie [M]. Köln: Sport und Buch Strauβ, 1996, 82-90.

[26] Staron R A, et al. Strength and skeletal muscle adaptions heavy-resistance-traininged woman after detraining ans retraining [J]. J Appl Physiol, 1991, 2: 631-640.

[27] Short K. et al. 2005. Changes in myosin heavy chain mRNA and protein expression in human skeletal muscle with age and endurance training [J]. J Appl phy 99:95-102

[28] Henneman E. Relation between size of neurons and their susceptibility to discharge [J]. Science, 1957,126: 1345-1346.

[29] Wilmore & Costill. Physiology of sport and exercise [M]. Human Kinetics, Champaign II. 1999.

[30] Ehlenz H., Grosser M., Zimmermann E. Krafttraining Grundlagen, Methoden, übungen,Leistungssteuerung, Trainingsprogramme [M]. BLV Verlagsgesellschaft mbH München Wien Zürich, 2003: 43-44.

[31] De Marées H. Sportphysiologie [M]. Köln: Sport und Buch Strauβ, 1996, 88.

[32] William D., Frank I., Victor L. Exercise Physiology: Energy, Nutrition, and Human Performance [M]. Williams & Wilkins, 1996.

[33] Ehlenz H., Grosser M., Zimmermann E. Krafttraining Grundlagen, Methoden, übungen,Leistungssteuerung, Trainingsprogramme [M]. BLV Verlagsgesellsch-aft mbH München Wien Zürich, 2003: 34-35.

[34] Komi P V. Factoren der Muskelkraft und Prinzipien des Krafttrainings [J]. Leistungssport, 1976, 5: 1-3.

[35] Martin D., Carl K., Lehnertz K. Handbuch Trainingslehre [M]. Schorndorf: Verlag Karl Hofmann, 1993: 15-19.

[36] 陈小平, 严力, 季林红, 等. 对我国优秀短距离速滑运动员力量耐力的研究——运用"最大力量能力阈"评价力量耐力水平的试验 [J]. 体育科学, 2005, 12: 46-48.

[37] Zintl F. Ausdauertraining. Grundlagen, Methoden, Trainingssteuerung [M]. München, 1997.

[38] Pieper K.-S., Scharschmidt F. Das biologische Funktionsmodell der konditi-onellen Fähigkeiten von Hochleistungssportlern [Z]. Habil. Schrift, Universität Leipzig.

[39] Neumann G., Prützner A., Berbalk A. Optimiertes Ausdauer Training [M]. Aachen: Meyer & Meyer Verlag, 2001, 91-94.

[40] Keul.J. Kohlenhydrate zur Leistungsbeeinflussung in der Sportmedizin [J]. Natr. Metabol., 1975, 18（1）: 157.

[41] Neumann G. Physiologische Grundlagen der Ausdauerentwicklung [J]. Medizin und Sport, 1984, 24（6）: 174-178.

[42] ASTRAND P. O. and K. RODAHL. Textbook of Work Physiology [M]. New York: McGraw-Hill, 1970.

[43] Hartmann U. 当代运动训练理论热点问题及对我国训练实践的启示——2011 杭州国际运动训练理论与实践创新论坛评述 [J]. 体育科学，2012（2）: 3-13.

[44] Hartmann U., Mader A. Rowing physiology. In Nolte V.（ed.）Rowing faster-Training·Rigging·Technique·Racing [M]. Human kinetics, 2004: 20.

[45] Henriksson J., Chi M.M.-Y., Hintz C.S. et al. Chronic stimulation of mammalian muscle: changes in enzymes of six metabolic pathways [J]. American Journal of Physiology, 1986, 251:614-632.

[46] Staron R.A. et al. Strength and skeletal muscle adaptions heavy-resistance-trainged woman after detraining ans retraining [J]. J. Appl.Physiol., 1991, 2: 631-640.

[47] Gullstrand L. Swimming. In Forsberg A.&Saltin B.（eds）Konditionsträning [M]. Idrottens forskningsräd, Sveriges Riksidrottsförbund, 280-291.

[48] Röthig, P.; Becker, H.; Carl, K.; Kayser, D.; Prohl, R. Sportwissenschaftliches Lexikon [M]. Schorndorf: Karl Hofmann, 1992：278.

[49] Jakowlew N.N. Sportbiochemie [M]. Barth,Leipzig 1977.

[50] Jakowlew N.N. Die Bedeutung der Homöostasestörung für die Effektivität des Trainingsprozessez [J]. Medizin und Sport 12（1972）: 367.

[51] Jakovlev N.N. Biochemistry of sport in the Soviet Union: beginning, development, and present status [J]. Medicine and science in sports, 4（7）: 237-247, 1975.

[52] Jakowlew N.N. Sportbiochemie [M]. Barth,Leipzig 1977.

[53] Banister E.W. Modeling Elite Athletic Performance [J]. In Macdougall J.D., Wenger H.W., Green H.J.（Eds）, Physiological Testing of Elite Athletes [M]. Human Kinetics, 1982, 403-425.

[54] Israel S. Die Bewegungskoordination frühzeitig ausbilden [J]. Die Lehre der Leichtathletik. 1977: 989.

[55] Hickson RC. Interference of strength development by simultaneously training for strength and endurance [J]. Eur J Appl Physiol 1980, 45: 255-63

[56] Röthig, P.; Becker, H.; Carl, K.; Kayser, D.; Prohl, R. Sportwissenschaftliches Lexikon [M]. Schorndorf: Karl Hofmann, 1992: 284.

[57] Neary J.P., Martin T.P., Burnham R., Quinney H.A. The effects of a reduced exercise duration taper programme on performance and muscle enzymes of endurance cyclists [J]. European J. of Appl. Physiology, 1992, 65:30–36.

[58] Banister E.W. Modeling Elite Athletic Performance [J]. In Macdougall J.D., Wenger H.W., Green H.J. (Eds), Physiological Testing of Elite Athletes [M]. Human Kinetics, 1982: 403–425.

[59] Mujika I., Tapering and peaking for optimal performance [M]. Human Kinetics, 2009.

[60] Issurin V. Block Periodization, Breakthrough in Sport Training [M]. Ultimate Athlete Concepts, 2008.

[61] Mujika I. Tapering and Peaking for Optimal Performance [M]. Human Kinetics, 2009: 89–90.

[62] Mujika I, Padilla S, Pyne D, Swimming performance changes during the final 3 weeks of training leading to the Sydney 2000 Olympic Games [J]. Int. J. Sports Med., 2002, 23: 582–587.

[63] Nolte V. (Editor): Rowing Faster – training, rigging, technique, racing [M]. Human Kinetics, 2004.

[64] Mujika I, Padilla S, Scientific bases for precompetition tapering strategies [J]. Med. & Sci. in Sports and Exercise, 2003, 35: 1182–1187.

[65] Bosquet L, Montpetit J, Arvisais D, et al. Effects of tapering on performance: A meta-analysis [J]. Med. & Scie. in Sports and Exercise, 2007, 39: 1358–1365.

第三章　运动训练计划制定与实施

胡亦海（武汉体育学院）
袁守龙（国家体育总局竞技体育司）
刘克军（广东省体育局）

> **内容提要：**
> 竞技运动的训练过程是一个复杂系统工程。运动训练计划是推动竞技运动科学发展的思想构架、理论设计和行动纲领。本章主要介绍计划制定的基本依据，计划设计的内容要点，计划制定的基本内容、主要格式、质量要求和实施方法。同时，基于训练工程的视域，专门介绍了竞技运动训练工程、参赛工程的结构体系和层次要素，旨在为教练员提供计划设计、制定与实施的思考要点，以便科学规划和有效驾驭运动训练与参赛过程。

第一节　训练计划制定意义与依据

一、训练计划制定意义

训练计划制定的意义之一是构建训练过程模型。训练计划是基于空间和时间两个角度，将多重嵌套的训练过程有机地联系为一个既相互独立又互为衔接的整体，使不同的训练目标、任务、内容、方法、手段、负荷等内容与不同时间跨度的训练过程溶入一个直观且系统的网络设计之中，从而可使教练员能够科学地形成运动训练过程的工程进度模型和竞技成绩模型。

训练计划制定的意义之二是提出科学训练纲领。训练计划是通过设想和现实两种视域，将理论设想与现场实际有机结合。由于训练计划是训练实施的行动纲领，因此训练计划制定质量是提高训练过程质量的前提。科学的训练计划有助于使训练实施结果科学地逼近训练计划目标，有助于正确认识运动训练过程中的经验与教训，有助于科学地推进运动训练的进程。

训练计划制定的意义之三是提供训练监控依据。训练计划是依据目的和目标两类任务，将整个运动训练过程分期规划后，通过逐步细化不同训练阶段、不同训练目的、不同阶段目标之后给予偶联。因此，实现最终训练目的的训练过程指标系统是现代运动训练计划的核心内容。正是由于训练计划过程目标或指标系统的存在，从而为训练过程的科学监控提供了依据。

二、训练计划制定依据

运动训练计划制定依据之一是竞技训练工程结构。竞技训练工程结构主要由训练工程结构和参赛工程结构综合构成。训练工程结构主要由训练过程规划、训练过程实施、训练过程监控 3 大环节构成；参赛工程结构主要由赛前竞技策划、赛中竞技实战和赛后竞技评价 3 大环节构成。从工程角度分析，优异运动成绩的创造就是竞技训练工程的竣工标志。因此，竞技训练工程结构是通过科学制定训练过程规划蓝图、提高训练过程实施质量、强化训练过程监控功能、缜密策划赛前竞技谋略、充分彰显竞技实战水平和认真做好赛后竞技评价 6 大环节的流程推进训练工作。训练工程是通过认真规划、科学实施和有效监控的过程中得以完善；参赛工程是通过参赛策划、大赛历练和赛后评估等环节的过程实现优异运动成绩的取得。因此，竞技运动训练过程始终应当置于过程有规划、实施有依据、全程有监控的工程构建模式当中。

运动训练计划制定依据之二是训练过程分期理论。现代竞技运动优异成绩的获取和优秀运动员的成长历程表明，运动训练过程是一个内容复杂、周期较长的系统工程。从时间跨度的序列角度看，整个训练过程可以分解为单元训练（课）、日训练、周训练、阶段训练、周期训练、年训练、多年训练等不同时间跨度的训练过程，其中，前一个过程都嵌套在后一个过程之中，后一个过程都是若干前一过程的有机串联。通常，根据优秀运动员不同时期的成长特点和训练目的，可以将整个训练过程分为兴趣启蒙、专项初级、专项提高、创造优异成绩、保持运动寿命 5 个训练时期。当然，不同训练时期都由多年训练过程组成。由于不同时期的运动专项特征和训练目的各不相同，各个训练时期的训练任务、内容、重点亦是不同。由此可见，正确地认识和科学地掌握竞技运动训练分期理论，是制定不同类型训练计划的重要依据。

运动训练计划制定依据之三是竞技状态形成机理。竞技状态是指运动员适时获取理想成绩的最佳状态。竞技状态表现的显著特征就是竞技能力的和谐和优异成绩的突破。竞技能力是由机能、素质、技术、战术、心理、智力等重要要素构成，它既是竞技状态形成的基础条件，又是运动训练主要内容；竞技状态是竞技能力的和谐体现，是运动竞赛的表现形态。一般认为，竞技状态形成机理主要是由超量补偿原理和重大赛事制度决定。正因如此，竞技状态是呈周期变化，即竞技状态从获得到保持再到消退这一过程都是周而复始循环往复地螺旋式提升。由于运动超量补偿效果取决于负荷与恢复的作用，重大赛事制度的安排取决于赛程和规则的设计，因此，竞技能力的发展进程和竞技状态的出现时机与训练计划科学设计和科学实施休戚相关。由此可见，正确认识和掌握竞技状态的形成机理，是制定不同类型训练计划的重要原理。

第二节 训练工程与参赛工程要素

竞技运动是由运动训练和竞技参赛两个核心部分组成。其中，运动训练是培养高水平竞技人才的系统工程，竞技参赛则是创造优异运动成绩的系统工程。两者的结构体系不仅形成了竞技运动的双核结构，而且共同组成竞技运动系统工程的主体。毋庸置疑，运动训练和竞技参赛各自具有相对独立的工程结构，但是两者互为依托的依存脉络和结构要素，则应成为运动训练计划制定的思考要点。

一、训练工程基本结构

（一）训练工程结构层次

训练工程结构具有鲜明的结构性和关联性特征。如图 3-1 所示，训练工程实际上是由训练过程规划、训练过程实施和训练过程监控 3 个互为独立、互为依托的支柱

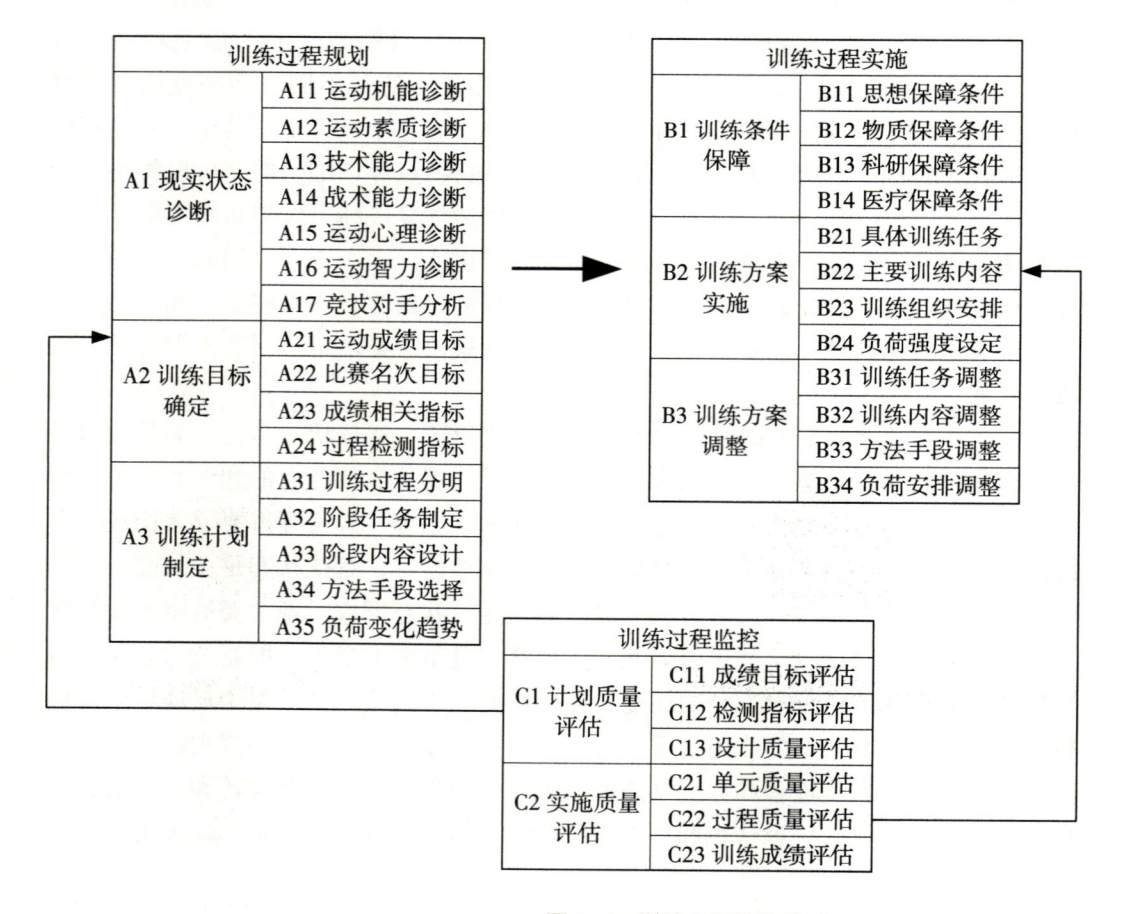

训练过程规划		训练过程实施	
A1 现实状态诊断	A11 运动机能诊断	B1 训练条件保障	B11 思想保障条件
	A12 运动素质诊断		B12 物质保障条件
	A13 技术能力诊断		B13 科研保障条件
	A14 战术能力诊断		B14 医疗保障条件
	A15 运动心理诊断	B2 训练方案实施	B21 具体训练任务
	A16 运动智力诊断		B22 主要训练内容
	A17 竞技对手分析		B23 训练组织安排
A2 训练目标确定	A21 运动成绩目标		B24 负荷强度设定
	A22 比赛名次目标	B3 训练方案调整	B31 训练任务调整
	A23 成绩相关指标		B32 训练内容调整
	A24 过程检测指标		B33 方法手段调整
A3 训练计划制定	A31 训练过程分明		B34 负荷安排调整
	A32 阶段任务制定		
	A33 阶段内容设计		
	A34 方法手段选择		
	A35 负荷变化趋势		

训练过程监控	
C1 计划质量评估	C11 成绩目标评估
	C12 检测指标评估
	C13 设计质量评估
C2 实施质量评估	C21 单元质量评估
	C22 过程质量评估
	C23 训练成绩评估

图 3-1　训练工程结构关系

体系组成。其中，训练工程中的训练过程规划工作不仅引导训练过程的科学实施，而且必须受到训练过程监控的检验；训练过程的实施不仅必须依托训练过程的规划，而且同样受到训练过程监控的监督；训练过程的监控必须依据训练过程规划的指标，全面检查训练过程的实施效果。可见，具有结构性和关联性特征的训练工程具有相对内部封闭的特点。当然，训练工程结构具有显著的层次性和功能性特征。运动过程规划是由现实状态诊断、训练目标确定、训练计划制定3个二级层次要素组成；训练过程实施则由训练条件保障、训练方案实施和训练方案调整3个二级层次要素组成；训练过程监控则由计划质量评估和实施质量评估两个二级层次要素组成。由此可见，训练工程结构还具有多层次和多因素特征。

（二）训练工程结构要素

将图 3-1 平面展示后我们不难发现：训练工程基本要素主要反映在工程结构的三级层次要素上（表 3-1）。当然，按照工程理论分析，训练工程结构的层次可以不断细分直至专项运动训练结构的层次体系。表 3-1 所示的训练工程结构中的各个层次要素主要是计划制定的基本思考要点。

表 3-1　训练工程结构及其要素

一级层次要素	二级层次要素	三级层次要素
A 训练过程规划	A1 现实状态诊断	A11 运动机能诊断
		A12 运动素质诊断
		A13 技术能力诊断
		A14 战术能力诊断
		A15 运动心理诊断
		A16 运动智力诊断
		A17 竞技对手分析
	A2 训练目标确定	A21 运动成绩目标
		A22 比赛名次目标
		A23 成绩相关指标
		A24 过程检测指标
	A3 训练计划制定	A31 训练过程分期
		A32 阶段任务制定
		A33 阶段内容设计
		A34 方法手段选择
		A35 负荷变化趋势
B 训练过程实施	B1 训练条件保障	B11 思想保障条件
		B12 物质保障条件
		B13 科研保障条件
		B14 医疗保障条件

续表 3-1

一级层次要素	二级层次要素	三级层次要素
	B2 训练方案实施	B21 具体训练任务
		B22 主要训练内容
		B23 训练组织安排
		B24 负荷强度设定
	B3 训练方案调整	B31 训练任务调整
		B32 训练内容调整
		B33 方法手段调整
		B34 负荷安排调整
C 训练过程监控	C1 计划质量评估	C11 成绩目标评估
		C12 检测指标评估
		C13 设计质量评估
	C2 实施质量评估	C21 单元质量评估
		C22 过程质量评估
		C23 训练成绩评估

(引自胡亦海. 竞技运动特征研究 [M]. 北京：人民体育出版社，2013.)

1. 现实状态诊断

现实状态诊断包括本方队员的竞技能力诊断和对手竞技能力分析。本方队员竞技能力的诊断主要是机能、素质、技术、战术、心理和智力的诊断；对手竞技能力的分析主要是对其重大赛事表现特点的分析。科学的竞技能力诊断结果可为训练目标的科学定位提供合理依据，可使训练过程得到科学监控，可使遴选的训练手段更为有效。因此，竞技能力诊断的特征通常表现为诊断要素的全面性、诊断过程的定期性和诊断结果的准确性。

2. 训练目标确定

训练目标确定是指依据运动员的现实状态，确定未来一段时期应达到的比赛成绩及其相关指标和过程发展指标。训练目标构成要素主要是由 4 种目标或指标组成。其中，运动成绩目标是指训练奋斗目标；比赛成绩相关指标是指与比赛成绩高度相关的竞技能力指标；训练过程发展指标（检测指标）是指各个阶段的竞技能力发展指标。因此，训练目标确定的特征通常表现为训练目标的明确性、运动成绩的关联性和训练过程的指标性。

3. 训练计划制定

训练计划制定是指依据运动训练过程总体或阶段目标而对运动训练过程的设计。一般地说，训练计划内容主要是由训练目标、过程分期、阶段任务、训练内容、训练手段、检查指标、负荷安排和基本措施等要素组成。制定格式主要是文字和图表格式（国际上较多采用表格式）。这种格式的特点是能鲜明体现工程设计的时空关系。因此，训练计划制定的特征通常表现为训练过程的规划性、训练进程的纲领性和训练要素的偶联性。

4. 训练条件保障

训练条件保障是指为落实训练计划而提供的条件支持。其中，思想条件保障要素是贯彻训练计划、落实训练方案的前提条件。物质条件保障是指训练场馆与设备保障、运动员的日常生活保障以及从业待遇保障等条件；科研条件保障是指科技团队组织、科学服务设备、科技服务效果保障；医疗条件保障是指身心康复和饮食营养保障。因此，训练条件保障的特征通常表现为思想教育的主动性、物质条件的基础性和科研医疗的服务性。

5. 训练方案实施

训练方案实施主要是指训练进程和任务的落实过程。其主要要素是具体训练任务、具体训练内容、具体训练手段、具体负荷承载、具体组织方法等要素。通常体现在训练课教案的严格实施。重点体现在训练任务的具体落实、训练内容的实施节奏、训练过程的有序衔接、训练手段的具体应用、训练负荷的有效承载和训练课次的有机链接等。因此，训练方案实施的特征通常表现为训练组织的合理性、训练手段的针对性和训练负荷的有效性。

6. 训练方案调整

训练方案调整是因应实践变化而采取的一种应对举措。实践中训练方案调整分为计划性调整和现场性调整。计划性调整是指根据训练进程实际状况进行的预见性调整；现场性调整是指根据训练现场实际情况进行的临时性调整。通常，两者的应用是通过调整训练任务、内容、方法、手段和负荷方式，促使训练效果符合训练最终目的。因此，训练方案调整的特征通常表现为过程调整的必要性、手段调整的针对性和负荷调整的有效性。

7. 计划质量评估

计划质量评估是训练计划设计质量评估的简称，训练计划质量监控对于提高计划制定质量意义重大。通常计划质量评估要点是设计清晰程度、运动成绩目标、状态诊断分析、分期内容手段、检查指标设置、负荷状态趋势、训练措施要求等。其中，核心评估指标是由现实状态诊断、重点训练内容、检查指标设置、负荷安排性质等要素组成。因此，计划质量评估的特征通常表现为训练内容的清晰性、检测指标的关联性和负荷安排的计划性。

8. 实施质量评估

实施质量评估是训练实施过程质量评估的简称,可分单元质量评估、过程质量评估、成绩质量评估。单元质量评估主要是指训练课质量评估,评估要素是组织、手段、负荷、效果等内容;过程质量评估主要是指阶段训练质量评估,评估要点是竞技能力、达标效果等;成绩质量评估主要是指检查赛前成绩及其相关指标发展程度。因此,训练实施质量评估的特征通常表现为单元评估的常态性、过程监控的定期性和监控指标的专项性。

二、参赛工程基本结构

(一)参赛工程结构层次

参赛工程结构具有鲜明的结构性和程序性特征。如图3-2所示,参赛工程实际上是由赛前竞技策划、赛中竞技实战和赛后竞技评价3个互为独立、有机衔接的支柱体系构成。其中,赛前竞技策划不仅是训练计划的重要组成部分,而且也是竞技参赛

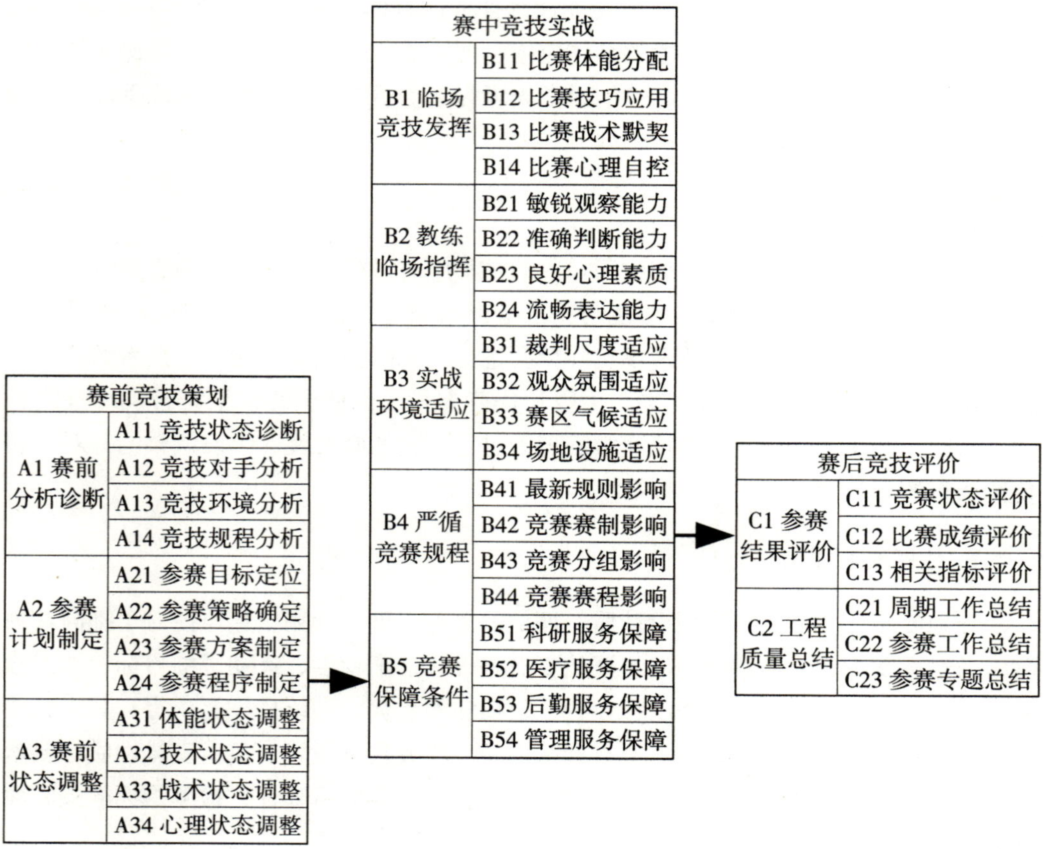

赛前竞技策划		赛中竞技实战		赛后竞技评价	
A1 赛前分析诊断	A11 竞技状态诊断	B1 临场竞技发挥	B11 比赛体能分配	C1 参赛结果评价	C11 竞技状态评价
	A12 竞技对手分析		B12 比赛技巧应用		C12 比赛成绩评价
	A13 竞技环境分析		B13 比赛战术默契		C13 相关指标评价
	A14 竞技规程分析		B14 比赛心理自控	C2 工程质量总结	C21 周期工作总结
A2 参赛计划制定	A21 参赛目标定位	B2 教练临场指挥	B21 敏锐观察能力		C22 参赛工作总结
	A22 参赛策略确定		B22 准确判断能力		C23 参赛专题总结
	A23 参赛方案制定		B23 良好心理素质		
	A24 参赛程序制定		B24 流畅表达能力		
A3 赛前状态调整	A31 体能状态调整	B3 实战环境适应	B31 裁判尺度适应		
	A32 技术状态调整		B32 观众氛围适应		
	A33 战术状态调整		B33 赛区气候适应		
	A34 心理状态调整		B34 场地设施适应		
		B4 严循竞赛规程	B41 最新规则影响		
			B42 竞赛赛制影响		
			B43 竞赛分组影响		
			B44 竞赛赛程影响		
		B5 竞赛保障条件	B51 科研服务保障		
			B52 医疗服务保障		
			B53 后勤服务保障		
			B54 管理服务保障		

图3-2 参赛工程结构关系

准备的理论指南；赛中竞技实战则是竞技运动表现的直观形态和运动训练成果的表现形式；赛后竞技评价不仅是训练效果和竞技表现的评估工作，而且也是后期训练工程的设计与实施的理论依据。可见，具有结构性和关联性特征的参赛工程具有相对外部开放的特点。参赛工程结构同样具有显著的层次性和功能性特征。赛前竞技策划是由赛前分析诊断、参赛计划制定、赛前状态调整3个二级层次要素组成；赛中竞技实战是由临场竞技发挥、教练临场指挥、实战环境适应、严循竞赛规程、竞赛保障条件5个二级层次要素组成；赛后竞技评价是由参赛结果评价和工程质量总结两个二级层次要素组成。由此可见，参赛工程结构也具有多层次和多因素特征。

（二）参赛工程结构要素

参赛工程的基本要素主要反映在工程结构的三级层次要素上（表3-2）。当然，按照工程理论分析，参赛工程结构的层次可以不断细分直至专项运动参赛结构的层次体系。表3-2所示的参赛工程结构及其要素应是计划制定的思考要点。

表 3-2　参赛工程结构及其要素

一级层次要素	二级层次要素	三级层次要素
A 赛前竞技策划	A1 赛前分析诊断	A11 竞技状态诊断
		A12 竞技对手分析
		A13 竞技环境分析
		A14 竞赛规程分析
	A2 参赛计划制定	A21 参赛目标定位
		A22 参赛策略确定
		A23 参赛方案制定
		A24 参赛程序制定
	A3 赛前状态调整	A31 体能状态调整
		A32 技术状态调整
		A33 战术状态调整
		A34 心智状态调整
B 赛中竞技实战	B1 临场竞技发挥	B11 比赛体能分配
		B12 比赛技巧应用
		B13 比赛战术默契
		B14 比赛心理自控
	B2 教练临场指挥	B21 敏锐观察能力
		B22 准确判断能力
		B23 良好心理素质
		B24 流畅表达能力

续表 3-2

一级层次要素	二级层次要素	三级层次要素
	B3 实战环境适应	B31 裁判尺度适应
		B32 观众氛围适应
		B33 赛区气候适应
		B34 场地设施适应
	B4 严循竞赛规程	B41 最新规则影响
		B42 竞赛赛制影响
		B43 竞赛分组影响
		B43 竞赛赛程影响
	B5 竞赛保障条件	B51 科研服务保障
		B52 医疗服务保障
		B53 后勤服务保障
		B54 管理服务保障
C 赛后竞技评价	C1 参赛结果评价	C11 竞赛状态评价
		C12 比赛成绩评价
		C13 相关指标评价
	C2 工程质量总结	C21 周期工作总结
		C22 参赛工作总结
		C23 参赛专题总结

（引自胡亦海. 竞技运动特征研究 [M]. 北京：人民体育出版社，2013.）

1. 赛前分析诊断

赛前分析诊断是指重大赛事之前对现状的分析。通常特指赛前对参赛队伍、主要对手和竞赛环境等赛场态势的分析与判断。主要内容包括竞技状态诊断、竞技对手分析、竞技环境分析、竞赛规程分析等。其中，竞技状态诊断主要包括体能诊断、技能诊断和心智诊断。参赛环境分析主要包括场馆设施、气候条件、风土人情、观众态度、裁判倾向的分析，并进行实景模拟的训练准备。竞赛规程分析主要是对比赛日程分析，以便通过调整赛前的训练时间使之符合赛程特点。由此可见，赛前训练准备的特征应该表现为竞技状态的表现性、竞技环境的适应性和竞技赛程的模拟性。

2. 参赛计划制定

参赛计划制定是指重大赛事之前的部署安排。参赛计划制定的要素主要包括参赛目标定位、参赛策略确定、参赛方案制定和参赛程序制定。其中，参赛目标定位是指根据参赛任务、对手水平和队员现状，合理预设比赛成绩。参赛方案制定是围绕重大赛事，通过模拟检验后加以完善的参赛计划文本文件。参赛程序制定是参赛计划的重要附件。参赛程序的制定是以程序形式，规范参赛人员进入赛区、赛日、赛间的日常作息，赛前准备与赛间休整、情报收集的行为流程。由此可见，参赛计划制定的特征应该表现为参赛方略的谋划性、参赛方案的论证性和参赛计划的周密性。

3. 赛前状态调整

赛前状态调整是指重大赛事之前，为形成和保持竞技状态而进行的专门性训练活动。研究表明，或因专项性质或因训练时期或因参赛级别不同，不同的运动专项的赛前竞技状态构成要素具有不同的影响权重。研究证明，赛前竞技状态出现的时机至关重要，竞技状态过早出现容易导致赛间衰减，竞技状态过晚出现容易导致错过峰机。因此，重大赛事之前的赛前状态调控的目的，就是促使竞技状态满足赛程的需要，赛前状态的调整是训练工程转入参赛工程的重要枢纽。由此可见，赛前状态调整的特征应该表现为赛前训练的实战性、赛前负荷的整体性和赛前状态的适宜性。

4. 临场竞技发挥

临场竞技发挥是指运动员实际参赛过程中竞技状态的表现状况。临场竞技发挥主要反映在比赛体能分配、比赛技巧应用、比赛战术默契和比赛心理自控等方面。其中，比赛体能分配的艺术往往反映运动员的比赛谋略和经验。比赛技巧应用是运动技术达到技巧化和艺术化境地的重要标志。比赛战术默契的表现形态为战术意图清晰、战术形式巧妙、战术配合默契、战术效果理想。比赛心理自控的突出表现是顺境居安思危，逆境顽强拼搏，善于排除干扰，心态外扬内敛。由此可见，选手竞技发挥的特征应该表现为运动技巧的娴熟性、战术配合的默契性和心理自控的适时性。

5. 教练临场指挥

教练临场指挥是指在比赛规则允许下，临场针对运动员的比赛表现所进行的指导。教练员临场指挥能力是一项艺术性极高的能力。教练临场指挥要素主要包括教练员敏锐的观察能力、准确的判断能力、良好的心理素质、流畅的表达能力等。其中，准确的判断能力主要反映教练员的逻辑分析能力、敏捷思维能力；良好的心理素质主要反映教练员抵抗不良心理干预能力和鼓舞拼搏斗志能力；流畅的表达能力主要反映教练员临场简明、准确、及时地传递指挥信息的能力。由此可见，教练临场指挥的特征应该表现为阅读比赛的准确性、指导谋略的时效性和指挥比赛的艺术性。

6. 实战环境适应

实战环境适应是指运动员和教练员对实战环境的顺应。一般地说，比赛环境与赛前分析存有一定差距。通常，实战环境适应要素包括裁判尺度适应、观众氛围适应、赛区气候适应、场地设施适应等因素。其中，裁判尺度和观众氛围是影响实战环境的重要因素。因此，运动员需要应对不同裁判的执法特点和不同观众氛围的心理倾向，以求最大程度地减少裁判执法不公或观众氛围不良的负面影响。另外，赛区气候时差、赛区场馆设施因素也会影响竞技水平正常发挥。由此可见，实战环境适应的特征应该表现为竞赛环境的复杂性、实战环境的适应性和适应环境的及时性。

7. 严循竞赛规程

严循竞赛规程是指严格遵守竞赛组委会的竞赛规定。竞赛规程内容通常包括竞赛名称、竞赛目的、竞赛资格、竞赛时间、竞赛地点、举办单位或承办单位、竞赛办法、竞赛规则、录取名次与奖励、报名和报到、食宿安排、裁判、仲裁、注意事项或未尽事宜以及本规程解释权的归属单位等。一般地说，运动竞赛规程的主要要件是竞赛规则、竞赛赛制、竞赛分组和竞赛赛程等重要要素。其中，竞赛规则往往蕴含竞技运动的制胜规律，竞赛赛制往往隐含着胜负博弈机遇。由此可见，适应竞赛规程的特征应该表现为竞赛规则的熟知性、竞赛赛制的熟悉性和竞赛赛程的熟识性。

8. 竞赛保障条件

竞赛保障条件是指为运动员参赛过程中提供参赛科技服务、医疗服务、后勤服务和管理服务条件的总称。因此，竞赛保障条件的构成要素包括科研服务保障、医疗服务保障、后勤服务保障和管理服务条件。其中，科技服务内容是为教练员临场指挥提供决策依据。医疗服务保障是指为参赛队员提供预防性或康复性的医疗防治服务。后勤服务保障则是为了起到"兵马未动粮草先行"的作用。当然，上述这些服务要素必须依托管理服务、服从管理服务的协调指挥方可实现。由此可见，竞赛保障条件的主要特征表现为科医服务的实时性、后勤服务的先导性和管理服务的协调性。

9. 参赛结果评价

参赛结果评价包括赛区的单场赛事或整个赛事的参赛结果评价。参赛结果评价的要素包括参赛状况评价、比赛成绩评价、相关指标评价。其中，参赛状况评价是指对运动员参赛过程（单场赛事或全程赛事）的竞技状态进行全面的检查与评价。相关指标评价是指对运动员取得比赛成绩所对应的相关指标的评价。显然，参赛结果评价有助于探寻胜败的成因，有助于发现影响参赛结果的根源。参赛结果评价是参赛工程的自控系统，是重大赛事不断获取优异成绩的重要手段。由此可见，参赛结果评价的特征应该表现为评价内容的多样性、评价结果的多用性和评价功能的多元性。

10. 工程质量总结

工程质量总结是指重大赛事结束后对整个竞技训练工程或参赛工程的计划、实施和结果所进行的质量工作总结。工程质量总结是探寻专项运动制胜规律的主要手段，是提高参赛效益的重要途径，是提炼参赛经验精华的认知环节。工程质量总结主要包括周期工作总结、参赛工作总结、参赛专题总结。其中，周期工作总结主要是对整个周期的训练工程质量和参赛工程质量进行全面总结。参赛工作总结是指赛后对整个竞技参赛过程进行全面总结。参赛专题总结是指赛后对参赛过程中的主要内容进行专题性的总结。参赛专题总结的内容可以分类进行。由此可见，工程质量总结的主要特征表现为周期总结的全面性、参赛总结的细致性和专题总结的针对性。

第三节　训练过程分期与计划制定

完整的运动训练过程通常必须历经 5 个不同的训练时期。运动员进入专项训练时期之后必须历经系统训练的多年训练过程。多年训练过程实际上是由不同训练阶段组成，因此，各个训练阶段的训练计划特点亦是不同的。

一、运动训练过程划分

（一）不同训练时期特点

运动训练过程划分是指将整个运动训练过程，根据优秀运动员竞技能力提高的规律和不同时期训练目标的需要，合理地分解成不同的训练时期。从系统工程建设的角度来看，可将优秀运动员从启蒙基础训练阶段直至保持运动寿命阶段分解成相应的工程建设工期。由此可见，全部训练过程划分既是遵循竞技能力发展规律和满足不同训练时期目标要求的需要，又是整个竞技训练工程科学推进的工期安排。两者内部的过程分期与工期划分具有高度的相似性和类比性。参见图 3-3。

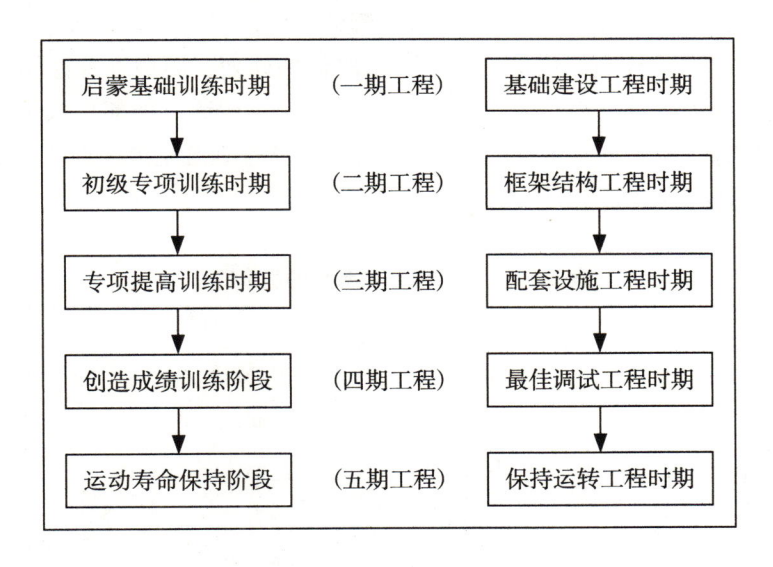

训练时期	工程工期	工程时期
启蒙基础训练时期	（一期工程）	基础建设工程时期
初级专项训练时期	（二期工程）	框架结构工程时期
专项提高训练时期	（三期工程）	配套设施工程时期
创造成绩训练阶段	（四期工程）	最佳调试工程时期
运动寿命保持阶段	（五期工程）	保持运转工程时期

图 3-3　训练过程分期与工程工期划分

通常，优秀运动员创造优异运动成绩的成长时期特点是 1 年入门、3 年成形、5 年成材、8 年成器。由此可见，优秀运动员成长历程的各个时期多数情况下都需历经多年的训练过程。全部训练过程的划分主要依据竞技能力提高规律、各个时期训练任务和各个阶段的时间跨度 3 个要素。相对而言，竞技训练工程工期的划分不仅需要依据上述 3 个要素，而且需要根据工程结构的内部要素布局各个工期的内容和进度。对于进入专项提高训练时期以后的优秀运动员，教练员普遍更加重视多年训练过程的划分。为了科学地控制训练进程，教练员将多年训练过程进一步分解成不同训练时期，如图 3-4 所示。多年训练过程实际上是由若干个年度训练过程组成；年度训练过程是由若干个训练周期组成；训练周期是由若干个训练阶段组成；每个训练阶段是由若干个训练小周组成；每个训练小周则由若干个训练课组成。由此组成了系统的训练过程。

步骤	过程	分解
1	多年训练过程 →	若干年度训练过程
2	年度训练过程 →	若干周期训练过程
3	周期训练过程 →	3 种不同阶段训练
4	一个阶段训练 →	若干小周训练过程
5	小周训练过程 →	若干最小训练单元

注：最小训练单元是指训练课

图 3-4　多年运动训练过程的分解

（二）不同训练计划特点

正是由于训练过程的分期和多年训练过程的细化，现代运动训练计划相应地可以分为单元训练（课）计划、周训练计划、阶段训练计划、周期训练计划、年训练计划、多年训练计划 6 种计划（表 3-3）。其中，前一种训练计划都是依据后一种训练计划的任务和时间划分而定。例如：一个阶段的训练计划既是周期训练计划的组成部分，也是小周训练计划制定的依据。

表 3-3　不同类型训练计划的基本特点

计划特点	计划种类	计划功能	时间跨度
远景、稳定、框架 ＼＼＼＼ 现实、多变、具体	多年计划	远景目标规划	2~8 年以上
	年度计划	中期目标规划	1~3 个周期
	周期计划	近期目标规划	3~6 个月
	阶段计划	较为详细设计	1~3 个月
	周计划	确定内容重点	7 天左右
	单元计划	具体训练方案	1~3 小时

由表 3-3 可见，6 种训练计划的特点并不相同。一般认为，多年训练计划、年度训练计划和周期训练计划的特点相对具有框架、稳定和远景性的特点。阶段训练计划、小周训练计划，特别是单元训练计划（训练课教案）则具有现实、具体和多变性特点。应该说不同时期的训练计划具有不同的内容、功能与目的。认识和掌握这些训

练计划的各自主要内容、功能与目的,是现代教练员科学驾驭各个训练过程的关键。

1. 多年训练计划特点

多年训练计划是指教练员根据多年训练过程或奥运（全运）周期的时间跨度,对这一训练过程所做的科学规划。通常,围绕奥运会或全运会目标的4年训练计划又可称为奥运周期或全运周期计划。多年训练计划具有鲜明的框架式、远景式、稳定式的特点。多年训练计划通常可分为全程性和区间性两类。其中,全程性多年训练计划是指对启蒙阶段伊始直到运动寿命结束的整个过程所做出的训练规划；区间性多年训练计划是指对两年以上的某一特定训练过程所做出的训练规划；多年训练计划的主要栏目有总体任务与目标、队员基本情况、全程阶段划分、各个年度目标、各年训练任务、全程负荷趋势等。其中,年度目标和分期任务是主要设计要点。表3-4摘自陈亚林的《国家女子网球队奥运备战训练安排特征分析》一文有关国家女网北京奥运周期多年训练计划中的部分内容。

表3-4 国家女网北京奥运周期多年训练计划（节选）

年度划分	第一年度 2004.11 – 2005.10	第二年度 2005.11 – 2006.12	第三年度 2007.1 – 2007.10	第四年度 2007.11 – 2008.8
排名目标	双打2人力进25 单打2人力进50	双打2人力进20 单打2人进位40	双打2人力进10 单打2人进位30	力争取得4单两双奥运参赛资格
成绩目标	四大公开赛： 力争单打1人进入前16名 力争双打1对进入前8名	力争在多哈亚运会夺取1~2枚金牌	四大公开赛： 力争单打1人进入前8名。1~2人进入前16名。力争双打1对进入前4名	奥运赛事： 力争双打进入前四。单打实现历史突破
主要任务	完成新一轮国家队的组建工作；调试和考察双打配对组合；科学选赛,提高参赛成功率和单双打排名；努力形成攻坚团队	围绕亚运会任务,提高参赛成功率和目的性；提高参加大赛抗压能力和自调能力；加强亚运选手情报收集和反馈；赛前与男队合作强化系统训练	确定奥运攻坚队员主攻方向；明确双打重点攻坚配对队员；强化选手参赛获胜轮次要求；参加国际职业联赛,积累比赛经验；重点收集主要对手情报,强化针对性训练	根据奥运规则制定应对措施；科学选赛、提升排名、满额入围；加强科技服务,研究主要对手技术、战术打法,并模拟比赛；赛前周密策划,精心组织,强化科医保障,确保万无一失

（摘自国家女网北京奥运周期多年训练计划并改制）

2. 年度训练计划特点

年度训练计划是多年训练计划的组成部分,也是多年训练计划细化的计划文本,同时也是周期训练计划制定的依据。年度计划又称全年训练计划。它是对运动队或某一运动员年度训练过程所做出的科学规划。主要用于专项提高训练阶段、创造成绩训练阶段和保持运动寿命阶段的过程设计。由于竞技水平的提高、商业赛事的安排、竞赛制度的改革,优秀选手年度训练计划的制定方式逐渐开始由单、双周期向多周期结构特点演变。其主要栏目有年度训练目标、队员状态分析、训练过程划分、各个阶段任务、过程检查指标、运动负荷趋势、基本措施要求。其中，训练目标、过程分期、阶段任务、检查指标、负荷趋势是主要设计要点。表3-5摘自黄玉斌《中国男子体操队备战北京奥运会策略研究》一文有关国家男子体操队参加北京奥运周期参赛年度训练计划中的部分内容。

表3-5 国家男子体操队年度训练计划（节选）

月份	10	11	12	1	2	3	4	5	6	7	8	9
赛事					奥运选拔赛☆				奥运决赛★			
时期	准备期								竞赛期			
分期	第一阶段			第二阶段			第三阶段		竞赛前期		竞赛后期	
周数	12			12			8		8		5	
重点任务	发展难度提高A分 改进成套动作编排 发展专项运动体能 解决"掉"的问题 抓好自由体操训练 单杠弱势项目训练			提高专项能力耐力 强化成套质量训练 巩固高难新的动作 加入链接成套训练 抓好下法质量训练 减少扣分提高质效			成套训练为主 实战训练为主 稳定质量为主 适度参赛检验		成套实战训练 强化首套成功 精雕细刻动作 提高动作艺术 参加赛前赛事 提高抗压能力		保持强度训练 保持成套训练 保持质量训练 强化首套质量 确保稳定训练 适度心理训练	
比赛测验	2007年12月28日 难新技术动作测验						内部比赛测验 奥运会选拔赛		国内、国际 相关的赛事		准备奥运参赛 各项事宜	

注：☆、★表示赛事时间（摘自国家男子体操队北京奥运周期奥运年度训练计划并改制）

3. 周期训练计划特点

周期训练计划往往蕴藏在年度训练计划之中，如有必要可以单列一份周期训练计划。年度训练过程中，通常根据年度重大赛事数量规定训练周期的数量。所谓训练周期，是指根据运动员竞技状态的形成和发展规律以及重大比赛日程，合理安排训练工作的一种形式。由于竞技状态的表现总是周期性地呈现形成、稳定、衰退变化特点，因此，任何训练周期的过程必须划分3个阶段，即准备、竞赛、过渡阶段，又称准备期、竞赛期、过渡期。即便是年度训练过程的多周期计划也应反映这种特点。通常，周期训练计划的主要栏目有周期名次目标、队员状态分析、周期阶段划分、周期训练内容、主要训练方法、过程检查指标、负荷变化趋势、基本措施要求等。其中，周期目标、周期划分、阶段任务、训练内容和检测指标是主要设计要点。周期训练计划的内容特点，可以参考表3-5。

4. 阶段训练计划特点

阶段训练计划是指对某一周期中某一特定训练阶段所做出的规划。通常，阶段训练计划的时间跨度为0.5~3个月。当然，针对不同季节或重大赛事之前所做的计划，也可称之阶段训练计划。阶段训练计划可分为衔接型和临时型两种类型，前者是系统训练过程的一个有机组成部分的计划，往往具有系统性、连续性特点；后者仅作短期临时集训的计划，往往具有临时性、独立性特点。阶段训练计划的主要栏目有阶段训练任务、队员状态分析、阶段过程划分、阶段训练内容、主要训练手段、阶段检查指标、负荷变化趋势、基本措施要求等。应该说，阶段训练是多年训练计划、年度训练计划和周期训练计划的细化，内容较为具体。为了能够深刻认识阶段训练计划的特点，现将2012年伦敦奥运会47kg级女子跆拳道金牌获得者吴静钰的冬季训练计划摘录如下（其他内容暂略。见表3-6）。

表3-6 吴静钰的冬季训练计划（节选）
2011.12.1–2012.3.15

训练目的	强化技、战术训练，增强专项体能，强化创新技、战术并形成实战能力					
成绩目标	奥运测试赛夺金					
指导思想	根据"体能出众、技术全面、战术多样、特长突出、心理过硬、作风顽强"的项目特点，按照"快、全、连、变、高"的项目制胜要求，遵循"塑造精神、改造技术、不断创新、强化对抗"的指导思想来实施训练，充分把握Daedo电子护具的得分规律，以核心运动员为主体，以实战对抗为核心，重点培养核心运动员的时机创造与捕捉能力、距离和重心控制能力以及专项技战术应用能力					
主要对手特点	台湾的杨淑君：属于2号种子选手。左腿在前：开式前腿双飞进攻，换势后腿横踢进攻有连续，反击有后踢和横踢反击。右腿在前：开式后腿调动抢攻、前腿双飞攻、后踢迎击；两边技术相对平衡有连续 西班牙选手：布丽希达的左腿在前：开式步法比较活；调动、晃动，以右后腿（横踢进攻、下劈抢攻）攻击为主，但有明显的前滑，换架如对手进攻右腿、前横踢高位迎击，进攻是单击，反击有连续 与吴静钰打时显然针对性比较强：1. 在吴静钰想进攻刚启动时，用下劈抢攻。2. 调动前滑吴静钰后撤，对手使用长距离右后腿横踢进攻 克罗地亚选手：鲁齐娅·扎妮娜维奇的击头技术是她的主要得分技术。右腿在前：开式1. 左腿反击；2. 换闭式左前腿垫步抢攻；3. 近距离左右连击、左右单腿连击；4. 开式：右后腿抢但得分能力不强 摩洛哥选手：萨娜习惯左腿在前，以右后腿进攻为主，踢击的距离很长，近距离有连击、反击边撤边打。右腿在前时，上步下劈、左腿有后踢是其反击主要得分技术。右后腿长距离进攻和反击；左腿垫步下劈进攻					
阶段划分	准备期Ⅰ				准备期Ⅱ	
	第一阶段	第二阶段	第三阶段	第四阶段	第五阶段	第六阶段
周次	3	3	3	3	3	3.5
天数	20	19	18	3	20	24
训练任务	必须增强专项运动体能；研究创新实用技术动作；提高进攻和防守的能力；掌握创造机会、把握时机能力	增强专项体能，加强强对抗能力，强化进攻实战能力及进攻反击的平衡；重点培养其击头时和击头后针对不同技术的反击要有防范措施	组建训练营，请高手交流对抗；提高单击、连续等多种技术应用及其节奏的变化能力	调整机体，使机体得以充分恢复，以便转入下一阶段的强化训练	增强专项体能，加强强对抗及应对能力；重点培养其对时机、距离以及合理应对技术储备的能力	转训期掌握决赛场地的环境资料，了解与掌握奥运资格选手信息，锻炼运动员国际赛事的适应性，进入奥运模式

（摘自王志杰教练关于吴静钰备战伦敦奥运的冬训计划及其论证录音报告，高平博士整理）

5. 小周训练计划特点

小周训练计划是训练计划中重要的计划种类。小周种类计划是指对时间跨度为 7 天左右的小周期训练过程所做出的规划，又称周训练计划。周训练计划的特点是训练任务具体、训练内容清晰、训练方法明确、负荷指标定量，并具有重复性和节奏性特征，因此，周训练计划制定得科学与否，是落实年度训练计划、周期训练计划和阶段训练计划任务的关键。通常，小周训练计划的主要栏目由训练任务、内容、方法、手段、负荷指标等具体内容组成。其过程划分是以课为基本单位，循环链为基本结构。制定周训练计划的主要依据是阶段计划、现实状况、周训练类型以及拟定解决的重点问题。为了了解周计划制定特点，现将孙海平教练制定的有关刘翔一周训练的计划案例作为范例。这是刘翔受伤复出后于 2010 年第 16 届亚运会以 13.09 秒夺得 110 米栏金牌时，前 10 周中的一份周训练计划，如表 3-7 所示。由此表可见该周计划主要以提高负荷强度为主。

表 3-7　刘翔参加 2010 年第 16 届亚运会赛前 10 周中的 1 周训练计划（节选）

周一	上午：文化学习。基地统一安排
	下午：综合专门练习。主要安排全面力量、速度和技术练习
周二	上午：专项训练。着重提高专项节奏和专项速度。主要采用 7.50 米的栏间距。6~8 组
	下午：休息
周三	上午：速度能力。采用 150 米多组跑。总量 800~1000 米
	下午：专门力量。各部位肌群对抗练习。要求动作速度或力量、强度
周四	调整练习。一般安排轻松的球类或一般性练习
周五	上午：专项长短栏练习。先进行 9.20~9.25 米的 6 个长间距栏的练习。尽量按标准栏距的速度、力量和节奏完成。用难于专项的练习练能力。接着，用 8.8 米的栏距练快节奏，以便提高动作速度和神经调控能力。必要时，采用加大难度、加长距离或栏架数量提高专项能力
	下午：休息
周六	上午：速度练习。100 米及其以下距离的速度训练。主要强度训练。总量为 800~1000 米
	下午：大力量训练。一般采用杠铃训练
周日	休息

（摘自孙海平教练的 2010 年度的周训练计划）

由表 3-7 可见，孙海平教练该周训练指导思想是在保证刘翔康复的同时，通过凝练内容和手段、强化强度和质量、提高专项运动能力、确保机体恢复的途径，力争取得训练效益。后来亚运会成绩证明，这样的小周训练思想非常正确。

二、运动训练计划制定

(一) 训练计划制定内容

训练计划的制定内容往往因训练计划的类型不同而有所增减或详略。但是掌握训练计划的基本内容,对于分类制定不同类型的训练计划具有普遍意义的指导作用。一般地说,训练计划制定的内容主要由 10 个方面组成,即训练计划名称、训练目标、现实状况、过程分期、训练内容、训练方法、检测项目、运动负荷、措施要求和责任签标。现以年度训练计划和阶段训练计划为例,详细介绍各个项目的具体内容。

1. 训练计划名称栏目

训练计划具体名称是训练计划的题目,应包括单位、运动员性别、运动级别、运动项目名称、训练计划使用的时间。

2. 训练的任务与目标

训练计划中的训练任务与目标是训练计划中的主要项目。此栏内容可阐述该阶段的训练指导思想。训练任务多为定性、抽象和多元性地撰写,训练目标则应定量、具体和多样性地体现。训练任务是训练目标确定的指南,训练目标是训练任务落实的指标。训练任务和训练目标是训练指导思想奋斗的具体体现。通常,训练目标分为 3 类,即比赛成绩目标、成绩相关指标和训练过程指标。其中,成绩相关指标主要是指与比赛成绩目标密切相关的竞技能力指标。通常,优异运动成绩的获得都有与之相应的相关指标作为创造优异成绩的基础和保证。换言之,只有运动成绩相关指标达到既定要求,运动成绩目标才有可能实现;训练过程指标是指训练过程影响运动成绩提高的高度相关指标,训练过程指标通常表现为二维特征,即内容维和时序维指标。指标的表达是定量化的数字。训练过程指标通常为与运动成绩递增高度相关的机能指标、素质指标、技术指标、战术指标和心智指标等。

3. 现实状态基本诊断

现实状态基本诊断是教练员对本队和对手现实情况分析的结论,是教练员科学制定训练目标(比赛成绩目标与比赛名次目标)和阶段训练任务的依据。一般来说,现实状态诊断的内容主要为机能、素质、技术、战术、心理、智力等竞技能力要素。

4. 运动训练过程分期

运动训练过程的阶段划分是竞技训练工程科学实施所需,是竞技能力和竞技状态科学形成所需,是运动竞赛周期安排的工作所定,是训练周期阶段划分特点所定。不同类型的过程分期具有不同特点。例如：全年训练计划的过程分期主要依据训练周期的数量而定。训练周期的数量则由重大赛事的数量决定。通常，全年训练计划可以分为单周期、双周期和多周期年度训练计划。其过程分期模式如表3-8、表3-9和表3-10所示。

单训练周期安排的依据，是全年仅有一次重大比赛任务。一般认为，全年为单个训练周期的准备期占6~7个月，竞赛期占3~4个月，过渡期约为10天或半个月。全年训练周期的安排参见表3-8。

表3-8 全年单训练周期安排模式

月份	11	12	1	2	3	4	5	6	7	8	9	10
赛事									★★			
地点							上海					
分期	准备期								竞赛期			过渡
阶段	基本准备阶段				专项准备阶段				赛期准备	比赛		调整
周次	1	3	5	7	9	11	13				50	52

注：★★表示重大赛事时间（依胡亦海. 竞技运动训练理论与方法. [M]. 武汉：湖北人民出版社，2005.）

双训练周期安排的依据，是全年至少有两次重大比赛任务。一般认为，全年为双训练周期的准备期占2~3个月，竞赛期占1~2个月，过渡期为7天或10天左右。全年训练周期的安排参见表3-9。

表3-9 全年双训练周期安排模式

月份	11	12	1	2	3	4	5	6	7	8	9	10
赛事					☆					★★		
地点				武汉					广州			
周期	周期Ⅰ							周期Ⅱ				
分期	准备期				竞赛期		过渡	准备期		竞赛期		过渡
阶段	基本准备		专项准备		赛前、比赛			基本	专项	赛前、比赛		
周次	1	3	5	7	9	11	13				50	52

注：☆表示赛事时间（依胡亦海. 竞技运动训练理论与方法. [M]. 武汉：湖北人民出版社，2005.）

多训练周期安排的依据，是全年至少有3次或3次以上的重大比赛或商业性比赛任务。一般认为，全年为多训练周期的准备期、竞赛期与过渡期的时间安排，视重大比赛次数的数目和训练周期的个数而定。重大比赛次数的数目和训练周期的个数越多，每个训练周期中的准备期、竞赛期与过渡期的时间越短。全年多训练周期的安排参见表3-10。

表 3-10　全年多训练周期安排模式

月份	11	12	1	2	3	4	5	6	7	8	9	10
赛事				★			★			★		
地点	海口					北京				广州		
周期	周期Ⅰ					周期Ⅱ				周期Ⅲ		
分期	准备		竞赛		过渡	准备	竞赛	过渡	准备	竞赛	过渡	
阶段	Ⅰ Ⅱ		Ⅰ Ⅱ			Ⅰ Ⅱ	Ⅰ Ⅱ		Ⅰ Ⅱ	Ⅰ Ⅱ		
周次	1	3	5	7	9	11	13				50	52

注：★表示赛事时间（依胡亦海．竞技运动训练理论与方法．[M]．武汉：湖北人民出版社，2005．)

5. 运动训练具体内容

训练计划中的训练内容主要是指各阶段应该训练的具体内容，主要是指竞技能力构成因素中的各项具体内容。运动训练的基本训练内容主要是机能训练内容、素质训练内容、技术训练内容、战术训练内容、心理训练内容、智力训练内容及其构成因素。毋庸置疑，各个专项的训练内容具有特殊的专项特征。但是，专项训练内容的遴选必须根据下列训练内容及其类别逐一深入地解析，以便在全面训练基础之上，体现专项训练的内容特征。这里主要介绍的是训练计划设计时注意的训练内容体系。

（1）运动机能训练内容体系

运动机能训练内容如图 3-5 所示。

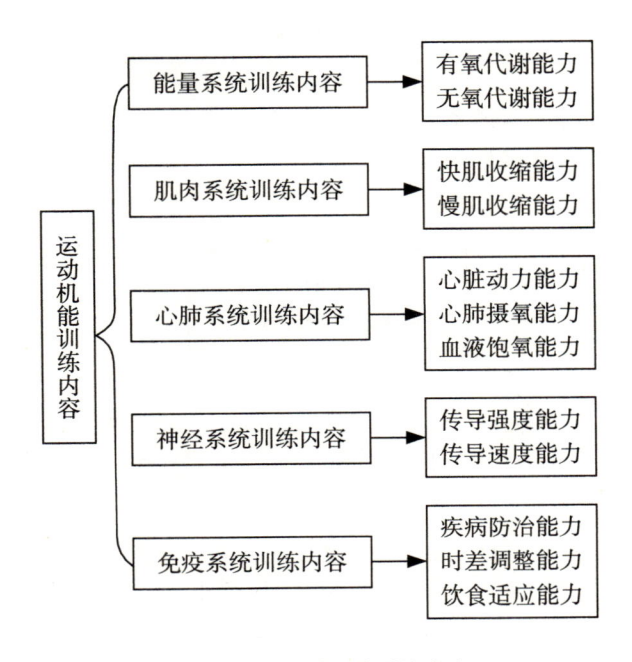

图 3-5　运动机能训练内容

运动机能训练内容：
- 能量系统训练内容 → 有氧代谢能力 / 无氧代谢能力
- 肌肉系统训练内容 → 快肌收缩能力 / 慢肌收缩能力
- 心肺系统训练内容 → 心脏动力能力 / 心肺摄氧能力 / 血液饱氧能力
- 神经系统训练内容 → 传导强度能力 / 传导速度能力
- 免疫系统训练内容 → 疾病防治能力 / 时差调整能力 / 饮食适应能力

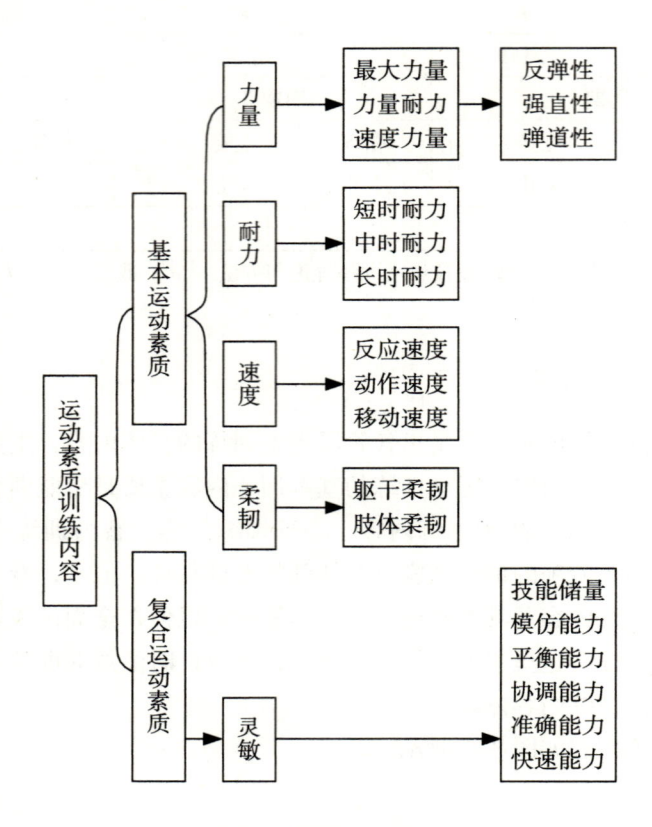

(2) 运动素质训练内容体系

运动素质训练内容体系如图3-6所示。

图 3-6 运动素质训练内容

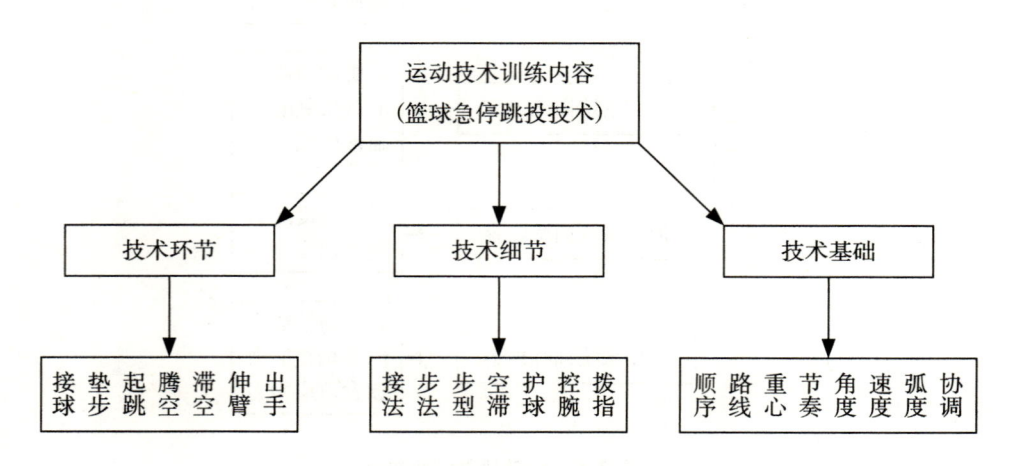

(3) 运动技术训练内容体系

运动技术训练内容体系如图3-7所示。

图 3-7 运动技术训练内容

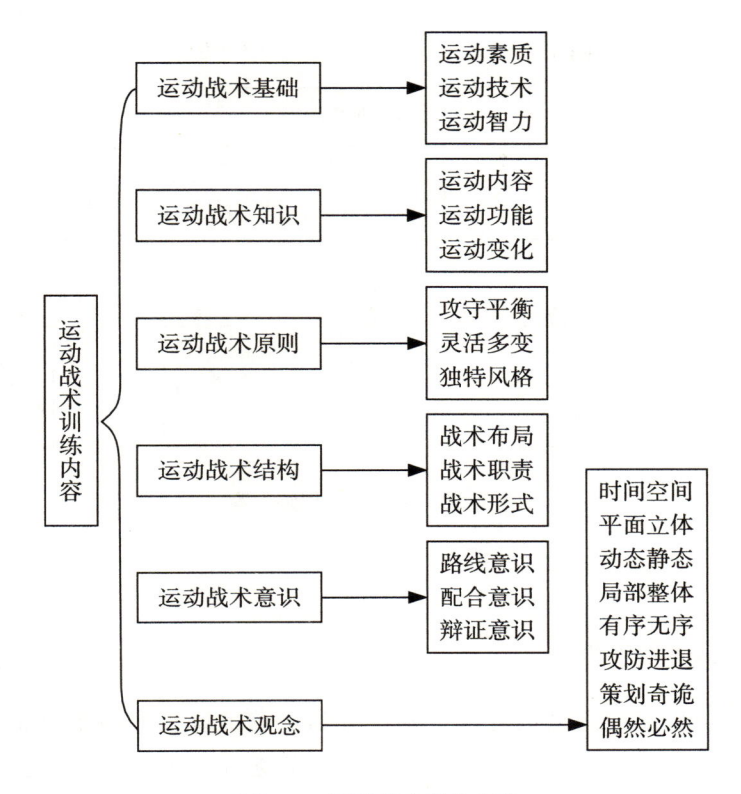

（4）运动战术训练内容体系

运动战术训练内容体系如图 3-8 所示。

```
                    ┌─ 运动战术基础 ──→ 运动素质/运动技术/运动智力
                    │
                    ├─ 运动战术知识 ──→ 运动内容/运动功能/运动变化
                    │
运动战术训练内容 ───┤─ 运动战术原则 ──→ 攻守平衡/灵活多变/独特风格
                    │
                    ├─ 运动战术结构 ──→ 战术布局/战术职责/战术形式
                    │
                    ├─ 运动战术意识 ──→ 路线意识/配合意识/辩证意识
                    │
                    └─ 运动战术观念 ──→ 时间空间/平面立体/动态静态/局部整体/有序无序/攻防进退/策划奇诡/偶然必然
```

图 3-8 运动战术训练内容

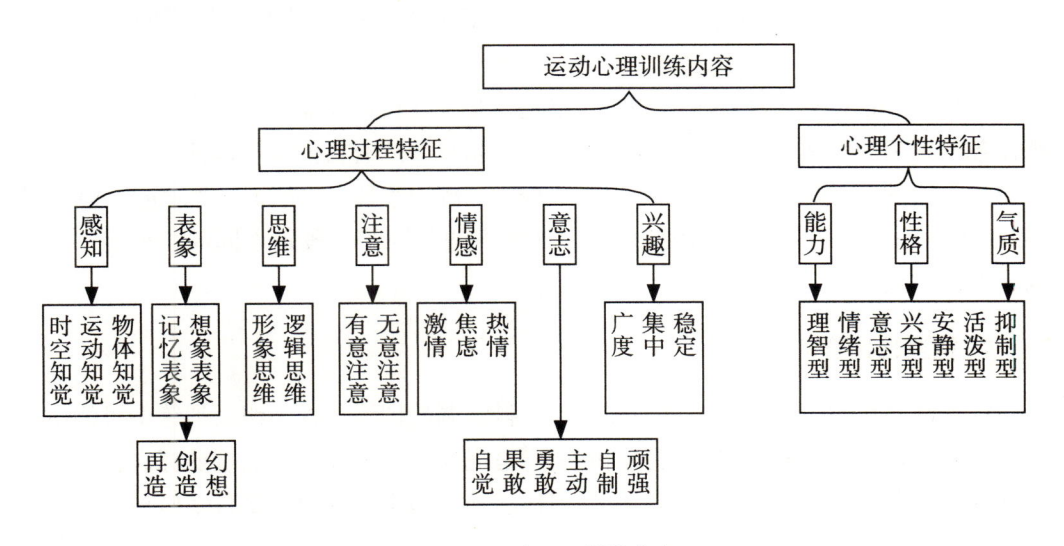

（5）运动心理训练内容体系

运动心理训练内容体系如图 3-9 所示。

```
                         运动心理训练内容
                    ┌──────────┴──────────┐
               心理过程特征              心理个性特征
    ┌──┬──┬──┬──┬──┬──┐         ┌────┬────┬────┐
   感知 表象 思维 注意 情感 意志 兴趣    能力  性格  气质
    │   │   │   │   │   │   │      │    │    │
  时空 运动 物体 记忆 想象 再创幻 形象逻辑 有无意注 激焦热 自果勇主自顽 广集稳 理情意兴安活抑
  知觉 知觉 知觉 表象 表象 造造想 思维思维 意意注 情虑情 觉敢敢动制强 度中定 智绪志奋静泼制
                                              型型型型型型型
```

图 3-9 运动心理训练内容

(6) 运动智力训练内容体系

运动智力训练内容体系如图 3-10 所示。

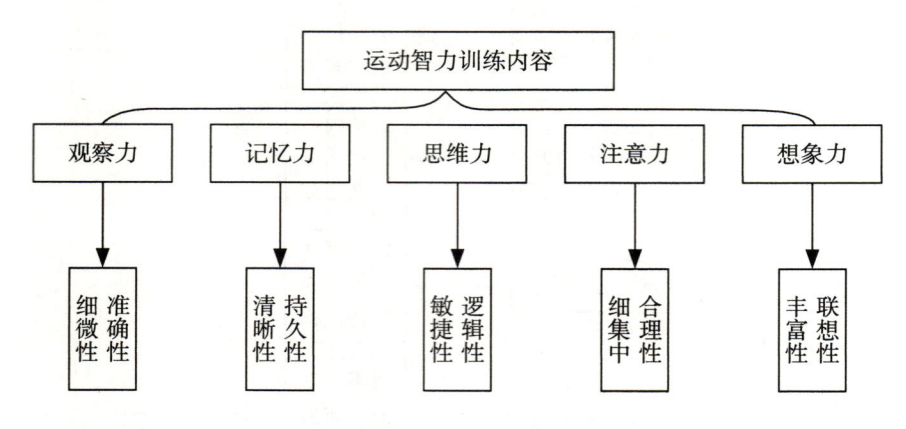

图 3-10 运动智力训练内容

6. 运动训练方法手段

训练方法是指现代运动训练的过程中，为贯彻训练工作的指导思想，完成训练任务，达到提高专项运动成绩的目的而采用的途径和办法的总称。训练方法可根据不同的分类标准划分为多种类型。其中，适用于训练过程的控制性训练方法有模式训练法、程序训练法、微机辅助训练法等；适用于体能或技能训练内容的操作性训练方法有重复训练法、间歇训练法、持续训练法、变换训练法、循环训练法、比赛训练法等。当然，也有针对不同具体训练内容而采用的专门性的训练方法，如运动心理训练的音乐调整法、语言暗示法等；运动智力训练的正误对比法、引进植移法等。

训练手段是指在运动训练过程中，以提高某一竞技运动能力、完成某一具体的训练任务所采用的身体练习。运动训练手段通常是具体的有目的的身体活动方式，是运动训练方法的一种具体体现。训练手段又称为"练习手段"。例如："立定五级蛙跳""后蹬跑"等就是训练手段。由此可见，训练方法与训练手段是不同的。训练手段隶属于训练方法。

7. 检查性比赛的测验

检查性比赛测验是为了检查训练效果，科学调控训练过程，纠正训练中可能出现的偏态而设置的。设置检查性比赛测验一栏是现代运动训练计划的重要标志，也是竞技训练工程科学设计的主要特征，更是现代运动训练实施过程需要科学监控的主要依据。因此，应该格外重视检查性比赛的测验设计和工作。检查性比赛的测验主要是指采用比赛的方式测验运动员的各种竞技能力指标或竞技状态指标，这些指标可以是单因素或多因素的，但是它们必须与专项运动成绩及其发展指标高度相关。表 3-11 是指与 100 米女子蛙泳运动成绩高度相关的过程指标体系。通常，训练计划目标中的过程指标就是检查性比赛测验需要检查的达标指标。按照竞技能力类别的划分，这些测验指标可以是体能类、技能类或心智类的指标。值得特别强调的是检查项目、检查时间和检查方法等十分重要。

表 3-11　阶段训练计划中检查性项目和指标的设计模型

周次		1	2	3	4	5	6	7	8	9	10	11	12	13	14	15	16	17	18	19	20
检查性项目	X1	4.700							4.666							4.632					
	X2		224.29							225.66								227.03				
	X3			21.41							22.22								23.03			
	X4				18.88							18.62								18.36		
	X5					64.18							64.49								64.80	
	X6	28.88							29.31							29.74						
	X7		32.82							33.20								33.58				
	X8			42.71									42.51						42.31			
	X9				39.16							38.96								38.70		
	X10					172.64							173.33								174.02	

（依胡亦海．竞技运动训练理论与方法 [M]．武汉：湖北人民出版社，2005．）

8. 运动负荷安排说明

运动负荷的安排是训练计划中的重要一栏。依据现代运动项目的特点，阶段以上时间跨度的训练计划，负荷指标通常采用外部负荷指标。运动负荷的安排应体现出指定的训练阶段的运动强度与运动量度的搭配关系。阶段以上的训练计划的负荷安排通常采用强度曲线、量度曲线以及竞技状态曲线 3 条曲线表达。主要说明负荷安排的趋势，如图 3-11 所示。

101

队员姓名	训练目标																
周期划分	准备期																
阶段划分	第一阶段									第二阶段							
月份	12				1					2				3			
周次	1	2	3	4	5	6	7	8	9	10	11	12	13	14	15	16	17

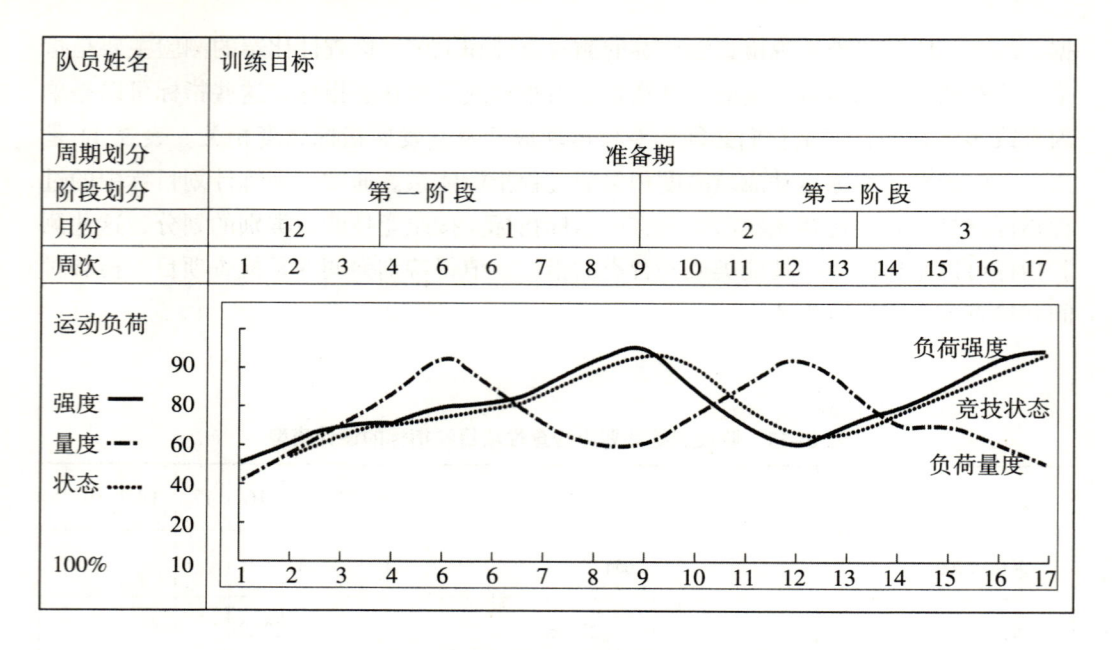

图 3-11　冬训阶段训练计划中的负荷与状态的递进示意图

9. 运动训练措施要求

训练计划中的基本措施与要求一栏的内容，是实现本计划的必不可少的保证条件之一。通常，该栏内容应包括：对训练设施的要求，对训练经费的要求，对外出比赛地点及次数的要求，对运动员思想、作风、纪律的要求，对教练员诸方面的要求，对教练员的分工和医务监督的要求，对比赛对手情报收集的要求等。同时，还应考虑意外事故发生的应变措施。

10. 训练计划责任签标

训练计划责任签标是指当一份训练计划经有关各方面的人员（教练员、科研人员、领队等）参与制定后，需交主管部门的负责人或专家组（教练员委员会）审议。一旦审议通过，应在训练计划的责任签标栏中签署本人姓名，以示负责。显然，训练计划的签标一栏的存在，可使主教练员、领队、主管部门的负责人增添责任感，使其更加深刻认识认真制定一份科学的训练计划的重要性，更懂得在落实训练计划的过程中所应负的具体责任，从而便于更好地落实训练任务。

（二）训练计划制定格式

多年、年度、周期、阶段、小周训练计划的格式主要分为文字和表格式两种。这里主要介绍的是表格式的训练计划样板。

【格式范例1】

年度训练计划设计范例之一

运动员姓名		训练目标					
		成绩	测试/标准	体能准备	技术准备	战术准备	心理准备

日期	月份	1月	2月	3月	4月	5月	6月	7月	8月	9月	10月	11月	12月	1月
	周	18 25	1 8 15 22	1 8 15 22 29	5 12 19 26	3 10 17 24 31	7 14 21 28	5 12 19 26	2 9 16 23 30	6 13 20 27	4 11 18 25	1 8 15 22 29	6 13 20 27	4 11
比赛安排	国内			X X X			X X			X X X				
	国际								■			■		
	地点													

周期	训练阶段	准备期1		比赛期1		准备期2		比赛期2		准备期3		比赛期3	T
	子阶段	一般准备阶段	专项耐力	赛前训练阶段	比赛	一般准备阶段	专项准备阶段	赛前训练阶段	T	一般准备阶段	专项准备阶段	比赛	T
	肌力	解剖适应	最大肌力	最大爆发力		最大肌力	最大爆发力		T	最大肌力	最大爆发力		解剖适应
	耐力	有氧	无氧	耐力		有氧	耐力		有氧	有氧	耐力		有氧
	速度												
	技术		提高	模拟比赛		提高	模拟比赛				模拟比赛		
	心理	意志训练/视觉化训练	意象视觉化训练			压力管理	视觉化练习		压力管理		视觉化练习		放松
	营养	平衡	蛋白	碳水化合物		平衡	蛋白	碳水化合物		平衡	蛋白	碳水化合物	平衡
	大周期	1	2	3	4	5	6	7	8	9	10	11	12	13	14	15
	小周期	1 2 3 4 5 6 7 8 9 10 11 12 13 14 15	16 17 18 19 20 21 22 23 24 25 26 27 28 29 30	31 32 33	34 35 36 37 38 39 40 41 42 43 44 45 46 47 48 49 50 51 52

高峰指数	4	4	3	2	4	3	2	4	3	4	3	2	2	1	5
测试日期															
医疗监控制日期															
准备形式	俱乐部														
	训练营														
	休息														

(引自 Tudor O.Bompa, 等. Periodization: Theory and Methodology Of Training-5th Edition [M]. 李少丹, 等, 译. 北京: 北京体育大学出版社, 2011.)

【格式范例2】

年度训练计划设计范例之二
跳高运动员个人训练年度计划

运动员姓名	训练目标					
	成绩	测试/标准	体能准备	技术准备	战术准备	心理准备

日期	月份	11月	12月	1月	2月	3月	4月	5月	6月	7月	8月	9月	10月
	周	4 11 18 25	2 9 16 23 30	6 13 20 27	3 10 17 24	2 9 16 23 30	6 13 20 27	4 11 18 25	1 8 15 22 29	6 13 20 27	3 10 17 24 31	7 14 21 28	5 12 19 26
比赛安排	国内				X X	◢		X X		X	X	■	■
	国际												
	地点												

周期	训练阶段	准备期1		比赛期1		过渡	准备期2			比赛期2			过渡
	子阶段	一般准备阶段	专项准备阶段	比赛期1	过渡	一般准备阶段	专项准备阶段		比赛期1			过渡	
	大周期	1	2	3	4	5	6	7	8	9	10	11	12	13
	小周期	1 2 3 4	5 6 7 8 9 10	11 12 13	14 15 16 17 18 19	20 21 22 23	24 25 26 27	28 29 30	31 32 33 34 35	36 37 38 39	40 41 42 43	44 45	46 47 48 49 50 51 52

训练	目标	解剖适应	最大爆发力	最大力量技术	最大技术爆发力	解剖适应	最大力量技术	最大技术爆发力	技术爆发力	技术爆发力	一般体能准备
	强度	M	M	M	H	L	M	M	H	H	H M	L
成绩目标					2.06			2.06	2.08	2.1		

准备方式												
训练方式	跳跃 600		15	30	35	60		40	50	100	150	100	20
	技术训练 800		25	70	50	85		60	60	130	200	101	21
	负重训练 (kg/m)												
	蹲腿训练 342000	22000	30000	60000	30000	60000	20000	50000	20000	30000	20000		
	1/2 蹲跳 90000	3000	6000	12000	10000	15000	5000	15000	5000	6000	7000	5000	
	举重 266000	15000	20000	45000	20000	40000	15000	50000	14000	14000	15000	7000	
	踝关节稳定性 1094	4000	7220	15000	10000	16220	8000	20000	6500	8000	10500	4000	
	履步跳 35000		2,200	3800	3200	3400	1850	5000	2400	4200	5200	3600	850
	卧推 3340		280	480	36	360		500	800	560			
	健身房练习 1280		160	200	140	200	2	140	260	180			
	瑞士球训练 4660	260	300	1400	600		200	1,600	300				
测试标准	30米助跑 3.3 秒	3.7		3.5		3.4		3.5	3.4		3.3	3.3	
	立定跳高 62cm	54		58		60		60	60		62		
	立定五级跳 15.20	14.00			14.80			14.80			15.20		
	蹲腿力量 260kg	200	220		240	260		230	250		260		
	举重训练 90ke	65	70			75		90					
	屈背 70cm	60		65				68			70		

注：H = 高强度负荷，M = 中强度负荷，L = 低强度负荷

(引自 Tudor O.Bompa，等. Periodization：Theory and Methodology Of Training-5th Edition [M]. 李少丹，等，译. 北京：北京体育大学出版社，2011.)

【格式范例 3】

年度训练计划设计范例之三
体操运动员年度训练计划

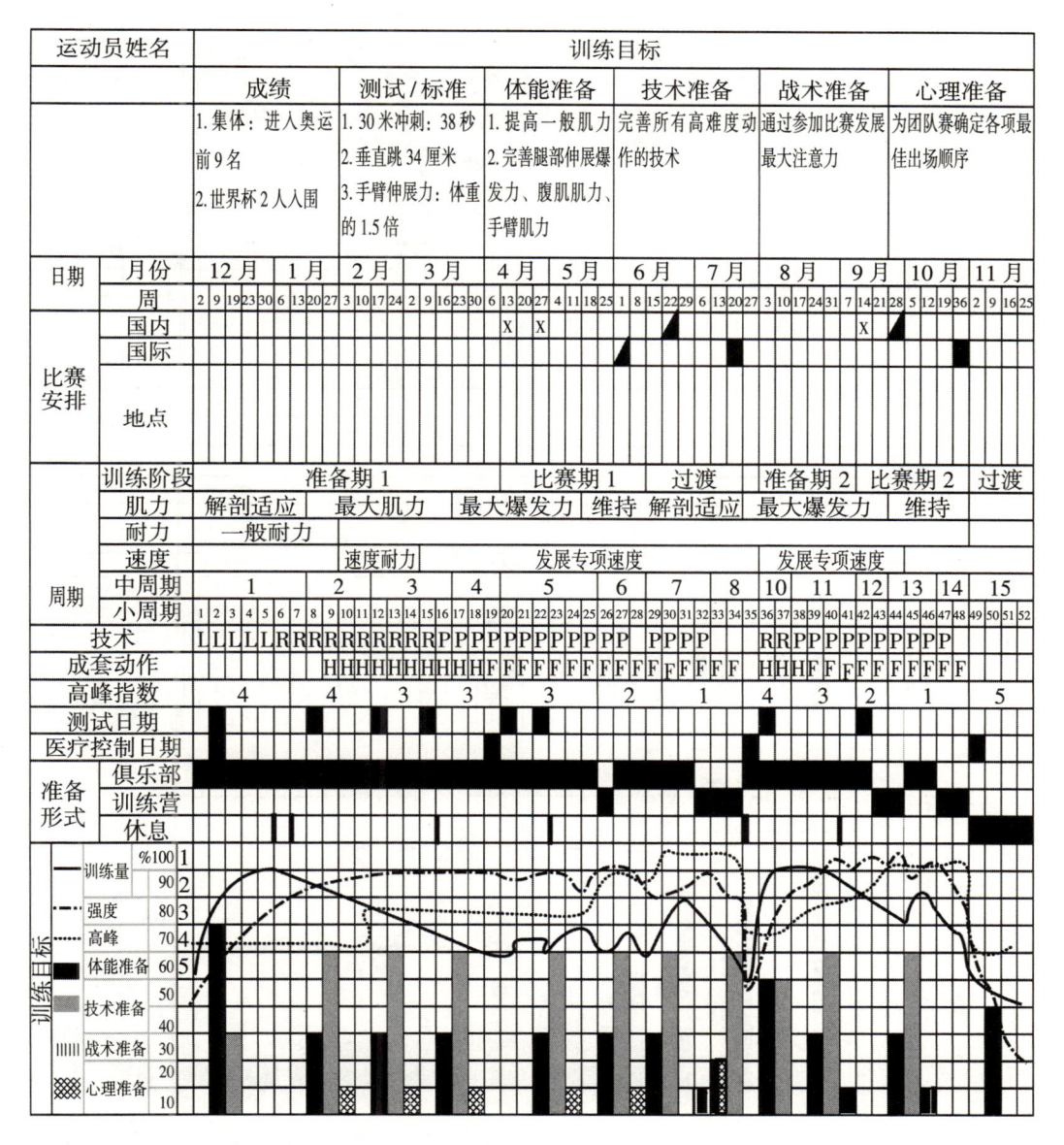

运动员姓名	训练目标					
	成绩	测试/标准	体能准备	技术准备	战术准备	心理准备
	1. 集体：进入奥运前9名 2. 世界杯2人入围	1. 30米冲刺：38秒 2. 垂直跳34厘米 3. 手臂伸展力：体重的1.5倍	1. 提高一般肌力 2. 完善腿部伸展爆发力、腹肌肌力、手臂肌力	完善所有高难度动作的技术	通过参加比赛发展最大注意力	为团队赛确定各项最佳出场顺序

日期	月份	12月	1月	2月	3月	4月	5月	6月	7月	8月	9月	10月	11月

注：L = 学习，R = 重复为技能自动化，P = 完善、提高，H = 半套动作，F = 全套动作

（引自 Tudor O.Bompa，等. Periodization: Theory and Methodology Of Training-5th Edition [M]. 李少丹，等，译. 北京：北京体育大学出版社，2011.）

【格式范例4】

年度训练计划设计范例之四
排球运动年度训练计划

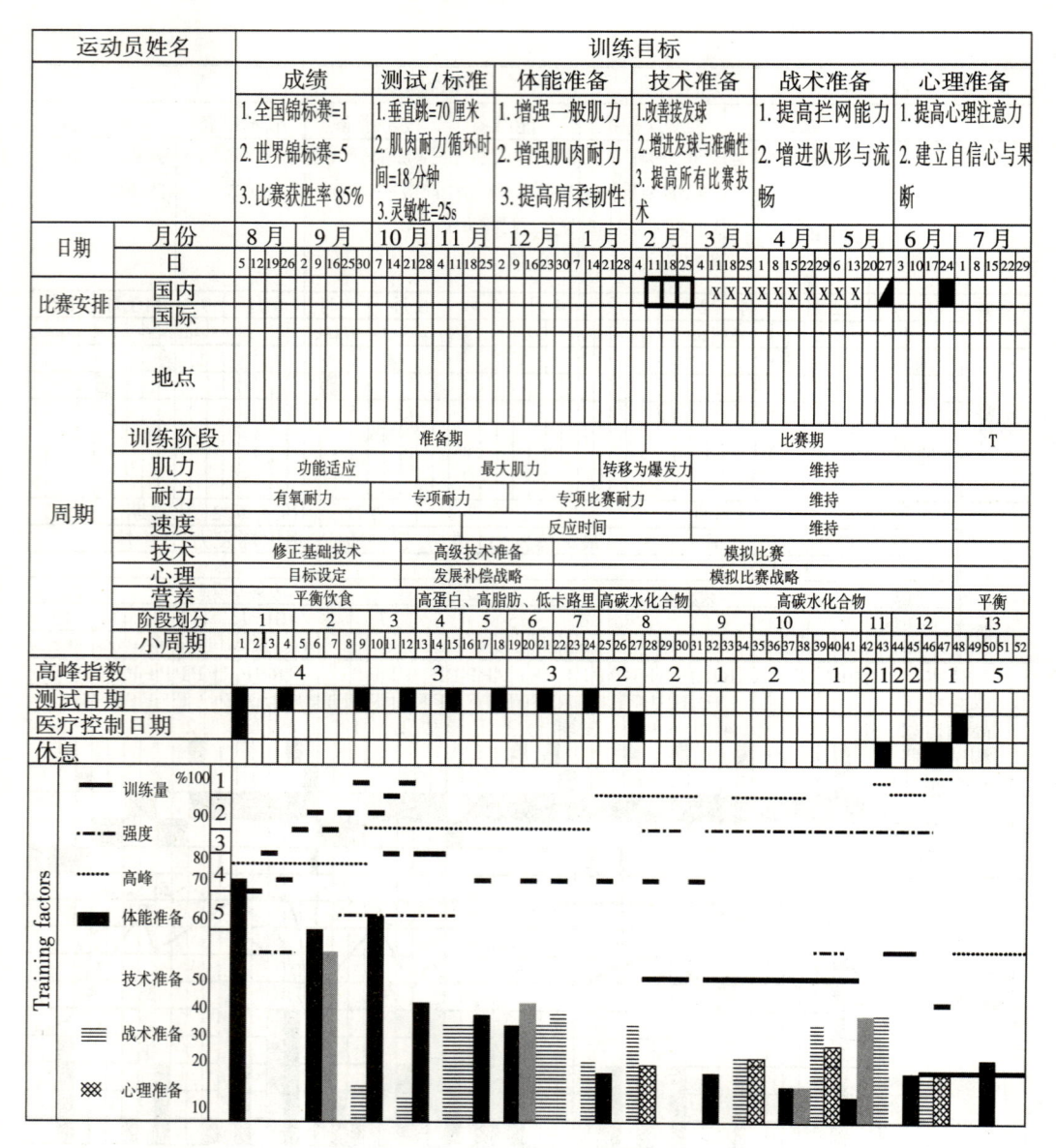

运动员姓名		训练目标					
		成绩	测试/标准	体能准备	技术准备	战术准备	心理准备
		1.全国锦标赛=1 2.世界锦标赛=5 3.比赛获胜率85%	1.垂直跳=70厘米 2.肌肉耐力循环时间=18分钟 3.灵敏性=25s	1.增强一般肌力 2.增强肌肉耐力 3.提高肩柔韧性	1.改善接发球 2.增进发球与准确性 3.提高所有比赛技术	1.提高拦网能力 2.增进队形与流畅	1.提高心理注意力 2.建立自信心与果断

日期 / 月份：8月　9月　10月　11月　12月　1月　2月　3月　4月　5月　6月　7月

比赛安排：国内 / 国际

训练阶段：准备期 / 比赛期 / T

周期：
- 肌力：功能适应 — 最大肌力 — 转移为爆发力 — 维持
- 耐力：有氧耐力 — 专项耐力 — 专项比赛耐力 — 维持
- 速度：反应时间 — 维持
- 技术：修正基础技术 — 高级技术准备 — 模拟比赛
- 心理：目标设定 — 发展补偿战略 — 模拟比赛战略
- 营养：平衡饮食 — 高蛋白、高脂肪、低卡路里 — 高碳水化合物 — 高碳水化合物 — 平衡

阶段划分：1～13
小周期：1～52
高峰指数：4　3　3　2　2　1　2　1　2　1　2　2　1　5

测试日期 / 医疗控制日期 / 休息

Training factors：训练量、强度、高峰、体能准备、技术准备、战术准备、心理准备

（引自 Tudor O.Bompa，等. Periodization: Theory and Methodology Of Training-5th Edition [M]. 李少丹，等，译. 北京：北京体育大学出版社，2011.）

【格式范例 5】

阶段训练计划基本格式

训练目标：		
指导思想：		
现实状态：		

阶段划分	第一阶段	第二阶段
体能训练内容 　　　　手段		
技能训练内容 　　　　手段		
心智训练内容 　　　　手段		

月份	一	二	三
周次	1　2　3　4　5	6　7　8　9	10　11　12　13　14

检查性指标	X1			
	X2			
	X3			
	X4			
	X5			
	X6			

| 生理监控项目 | | | |
| 医务检查项目 | | | |

负荷　100%
　　　 90
强度 ——　80
量度 ---- 　60
状态 ……　40
　　　 20
　　　 10

负荷强度
竞技状态
负荷量度

基本措施：

教练员：

小周训练计划的基本格式（略）
单元训练教案的基本格式（略）

第四节　训练计划质量与实施方法

科学制定与实施训练计划的目的是为了提高训练质量。因此，训练计划制定和训练计划实施的质量直接影响运动训练的质量。本节仅从训练计划质量要点和计划实施方法要点两个角度，集中讨论训练计划设计与实施的质量要点、实施过程方法应用的基本要点。

一、训练计划质量要点

（一）计划设计质量要点

工程设计的目的之一就是提高工程施工的质量。因此，提高训练工程质量的首要条件就是必须提高计划设计质量水平。表3-12是训练计划设计质量的评价模板，从中可见，训练计划设计质量的要点是计划整体设计、目标任务确定、现实状态分析、内容手段遴选、检查指标设置、运动负荷设计、训练措施制定等。现逐一说明如下。

表3-12　训练计划设计质量要点

评定要点	要点内涵
计划整体设计	系统布局严谨；指导思想明确；项目体系规范；内容搭配均衡
目标任务确定	目标定位适宜；任务全面具体；整体个体兼容；重点难点明确
现实状态分析	对手信息准确；现实状况全面；诊断分析可靠；具有动态预测
内容手段遴选	过程分期合理；内容手段对应；阶段重点突出；过程衔接连贯
检查指标设置	项目高度相关；过程指标可靠；检测方法可行；检测时间合理
运动负荷设计	负荷性质准确；结构设计适宜；整体动态清晰；状态变化合理
训练措施制定	训练措施全面；人员分工明确；过程步骤清楚；内容要求具体

（依胡亦海. 竞技运动训练理论与方法 [M]. 武汉：湖北人民出版社，2005.）

1. 计划整体设计

计划整体设计是教练员训练思想、方案的集中体现，应体现出竞技训练工程设计的整体思想、基本框架、内容系统和实施路径；整个计划结构布局严谨；各个阶段训练的指导思想明确；训练计划所应包含的训练任务明确和训练内容齐全；有关训练目标和内容的指标体系完整；各个训练内容、方法与时间进度的搭配均衡。

2. 目标任务确定

训练目标任务确定是训练计划制定依据，也是计划质量监控依据。因此，应该体现出训练目标定位适宜、训练任务全面具体、整体个体训练兼容、训练重点难点明确的特点。必须准确定量说明训练目标，具体定性提出训练任务。同时，必须仔细论证计划中有关比赛成绩目标、成绩相关指标和过程训练指标三者之间的相关性和可靠性。

3. 现实状态诊断

现实状态基本情况是训练计划制定的基础，它是训练任务和训练内容制定的重要依据之一。现实状态诊断得准确与否，直接影响着训练计划制定的质量。因此，教练员、科研人员应该通过论证过程，共同确诊各类对手和本队现实状况，并对对手变化趋势做出预测，科学地做到诊断信息准确、诊断分析可靠、数据内容翔实、基本结论准确。

4. 内容手段遴选

训练内容、训练方法、训练手段在不同训练过程中的合理配置十分重要，不同的阶段具有不同的训练内容、方法、手段。换言之，训练内容、训练方法、训练手段是随着过程进度适时变动。内容、方法、手段是不同训练过程的空间内容。高质量训练计划应该能够体现过程分期合理、任务衔接连贯、内容手段对应、阶段重点突出的特点。

5. 检查指标设置

检查指标设置既是竞技训练工程思想赋予训练计划设计的强制性要求，也是训练实施过程的训练指标，同时更是监控训练过程的监控依据。这一指标体系的设置对于教练员的设计能力具有检验意义。教练员应该力争做到检查项目与运动成绩高度相关、训练过程相关指标科学可靠、检测方法比较实用方便可行、检测时间设置较为合理。

6. 运动负荷设计

阶段以上训练计划的负荷安排，通常需要采用强度曲线、量度曲线以及竞技状态曲线 3 条曲线表达训练过程中的负荷安排趋势。一般认为，阶段以上训练计划可采用曲线表述负荷安排，小周训练计划、单元训练课教案可采用数值方式准确表达负荷安排，科学体现负荷性质准确、负荷因素适宜、过程动态清晰、状态变化合理的特点。

7. 训练措施制定

基于科学、合理、经济角度，提出对训练设施、训练经费、比赛地点、比赛次数的要求，以及有关训练工作的措施要求和后勤工作保障条件，力争做到训练措施全面、人员分工明确、过程步骤清楚、内容要求具体。同时，需要检查训练计划责任签标的签字。

（二）计划实施质量要点

实践中，设计和制定高质量的训练计划是确保训练质量的首要条件，更重要的是必须提高训练计划的实施质量。因此，必须通过训练过程计划实施的质量评定，强化训练实施质量水平的提高。一般认为，训练计划实施质量评定可分3种类型，即阶段训练质量评定、小周训练质量评定、单元训练质量评定。

1. 阶段训练质量要点

阶段训练质量评定工作十分重要，其目的是检查阶段以上时间跨度训练效果，找出现实问题，提出改进措施，完善后续计划，为提高训练质量提供科学依据。阶段训练质量评定，主要反映内容的全面性和时间的衔接性特点。质量评定的次数，主要取决于年度训练计划、周期训练计划、运动项目性质和监控技术条件的特点。阶段质量的评定要点如表3-13所示。

表3-13　训练计划实施质量要点

评定要点	要点内涵
实施计划整体	严格执行计划；适时变更计划；注意衔接计划；合理调整过程
执行目标任务	适度调整定位；较好完成质量；落实训练重点；解决训练难点
诊断分析状态	定期收集信息；适时整理分析；逐渐确定重点；积极寻找对策
落实分期内容	关注时空均衡；过程内容连贯；过程结构统一；过程控制严格
测试检查指标	检查进程规范；检查手段正确；及时反馈结果；不断完善计划
合理安排负荷	适度控制总量；合理调整负荷；注意状态变化；提高竞技状态
贯彻措施要求	措施运用得力；计划要求到位；分工任务落实；计划进程有序

（依胡亦海．竞技运动训练理论与方法［M］．武汉：湖北人民出版社，2005.）

阶段训练质量评定的测试工作十分重要，它是质量监控工作的基础，必须注意测试条件的相同性。运动实践中，只有采用与专项运动性质高度相关并须通过承担最大负荷或最大限度动员机体潜力的测试项目和方法，才能对运动员阶段训练水平做出客观评价。由此可见，阶段质量监控的监测项目和时间的选择十分重要。通常，在设计与制定多年、年度、周期和阶段训练计划时，就必须确定阶段训练质量监测的项目。实际上，在阶段训练计划以上时间跨度的训练计划中，所提出的检查性指标，特别是与运动成绩高度相关的各个阶段的阶段性检查指标，就是阶段训练质量评定的主要监测指标。实践证明，阶段性检查指标（阶段性质量监控的监测指标）选择、设置、测试并不是件容易的事情。正确地选择检查或监测指标与教练员的专业水平高度相关。

2. 小周训练质量要点

小周训练质量评定任务与阶段训练质量评定任务不同，这主要是不同类型的小周期训练任务不同所致。通常，小周训练质量评定的任务是：了解前两周训练负荷累积作用的效果；观察运动员机体恢复过程的状况；本周训练过程的基本安排；检查不同负荷性质的训练效果；确定若干训练课后疲劳累积程度。一般而言，小周训练质量效果的检查通常安排在小周期的首日或第二天，以便能够真实获得前一小周训练效果的客观信息。小周训练质量检测项目，多由阶段训练计划中规定的检测项目小周类型训练的任务而定。

根据训练进度的要求，小周质量评定内容主要是竞技能力的某一方面因素或某一方面的训练内容。一般地说，小周训练质量的评定要点是前周训练效应、前周负荷总量、队员疲劳程度、本周负荷等级、周内负荷节奏、周内负荷搭配、负荷结构要素、预计指标效果、某一竞技因素、训练方法功效、动作手段质量等等。通常，确定小周训练质量评定的监测项目应特别注意评定指标内容的关联性和连续性。特别指出，小周质量监测指标是阶段性以上训练计划中的检查性指标的重要组成部分。高水平运动员的训练，至少定期两周安排一次专门性的质量检测，以确保训练进程置于科学控制之下。

3. 单元训练质量要点

单元训练是指训练课的训练。正如前文所述，单元训练是运动训练的基本细胞和过程单位，因此单元训练质量直接影响着整个训练工程质量。可见单元训练质量的意义十分重大。如表3-14所示，单元训练质量的要点是训练准备、训练态度、训练过程、训练手段、训练负荷、训练效果。通常，单元训练质量的落实主要依靠教练员的"工艺"水平和训练质量监控工作的科学跟进。表3-14所示要点就是质量评定的基本内涵和要求。

表3-14 单元训练质量要点

一级	二级指标	评定要点内涵
训练准备	1. 教案编写 2. 课前准备	任务分解具体，结构重点突出，过程设计适宜，负荷安排合理 提前到场检查，合理安排器材，清晰布置任务，教案随身备查
训练态度	1. 教练态度 2. 队员态度	创造训练气氛，工作认真负责，态度热情耐心，过程管理严格 富有训练激情，思想积极主动，精神十分饱满，严格要求自己
训练过程	1. 课的结构 2. 训练组织	准备、基本、结束的结构清晰，内容实施有序，整理活动到位 组织调配合理，主导作用明显，主体地位突出，监控措施落实
训练手段	1. 动作过程 2. 动作难点 3. 动作重点	动作环节清楚，动作概念清晰，动作要领形象，动作过程规范 难点要素突出，难点措施得当 难点要素明显，动作形式恰当
训练负荷	1. 练习密度 2. 负荷强度 3. 心理负荷	根据项目性质和密度等级评判大、中、小密度练习适宜程度 根据项目性质和强度等级评判实际承受负荷强度的适宜程度 根据项目性质，检查内容、环境的设计是否有心理负荷的因素
训练效果	1. 任务质量 2. 内容质量	训练气氛浓郁，整体任务落实，思想任务到位，负荷任务保质 主要检查课的结构联系、组织过程、指导方式和内容调度质量

(依胡亦海. 竞技运动训练理论与方法 [M]. 武汉：湖北人民出版社，2005.)

训练准备由教案编写和课前准备两个评定要点组成。教案编写质量要求是：进度任务明确，训练要求具体，结构重点突出，方法手段合理，负荷设计合理，组织清晰明确，文字绘图简练。课前准备质量要求是：提前到场检查场地，注意安全消除隐患，自带教案以备查看；工作认真负责，态度热情耐心，精神十分饱满，训练要求严格是此方面的评估重点。

训练过程由课的结构、训练组织两个监控点组成。其中，课的结构又以准备部分的准备活动，基本部分的技术、战术、素质训练内容和结束部分的整理放松活动为主要监控点；训练组织则以组织形式、组织调配、主导作用，主体作用作为监控点；在诸多影响因素中，训练手段的选择与应用十分重要，它既是训练思想的具体体现，又是训练负荷的直接作用。因此，手段的动作规格、动作难点、动作重点应是手段效果的主要评定要点。

训练负荷是训练课质量评定的主要监控点。它主要由练习密度、负荷强度和心理负荷组成。其中，负荷强度和练习密度应结合专项特征、生理监控指标综合评定。技能类对抗性项群的课的练习密度通常按 50%～65% 为大强度练习密度；35%～45% 为中等强度密度；15%～30% 为小强度密度安排。训练效果以任务完成的质量和内容的实施质量作为监控指标。

值得强调的是，提高训练课的质量并坚持训练课的质量评定是运动队必须始终坚持、常抓不懈的训练工作。"必须抓好每堂课的训练质量"，这是许多培养过奥运冠军教练员们的亲身体验和共同体会。"三从一大"中的"从难、从严、从实战出发"，从某种意义讲，就是对训练质量评定要求的高度概括。"严格要求、严格管理"，就是对运动训练质量评定工作的重点要求。因此我们必须自觉、积极、主动贯彻质量第一的训练思想。

二、计划实施方法要点

毋庸赘述，前文从认识论角度，已经较为详细地讨论了有关训练计划实施过程的相关问题。下文主要从方法论角度集中地重点讨论计划实施过程主要控制方法和操作方法的应用要点。

（一）计划实施控制方法

1. 模式训练法的应用

模式训练法是一种依靠训练指标控制运动训练过程的训练控制方法，此训练法的基本功能是：可使教练员全面认识各项训练指标之间的内在关系，系统确定某一训练过程发展的训练目标，科学诊断现实状态与存在的问题，以便将运动训练过程置于系统的控制之下。

模式训练法的基本结构主要是由4种构件组成。其中，"训练模式"是训练过程目标发展的指标体系，"检查手段"是训练现实状态的信息采集工具，"评定标准"是甄别现实状态与训练模式间差异性质的鉴标体系，"训练手段"是根据训练模式要求所提出的练习方法。

训练模式的基本构件是由3个要素组成。其中"榜样对象"是指优秀选手，"相关因素"是指影响运动成绩提高的主要因素，"数学模型"则是反映主要因素与运动成绩关系的表达方式。

模式训练法的应用过程实际上是一种闭环式的过程，其具体应用过程如图3-12所示。

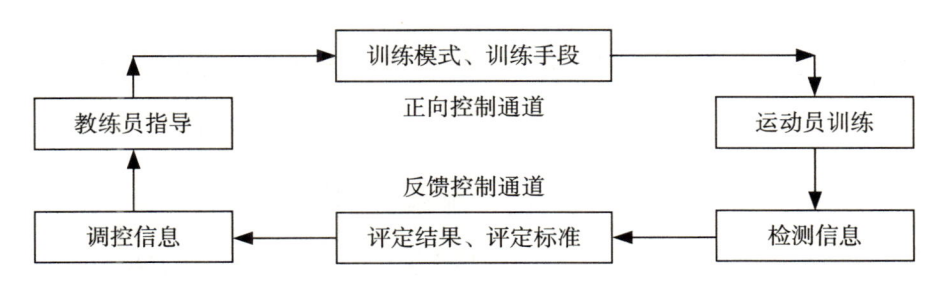

图3-12 模式训练法控制通道

模式训练法应用的精髓之处是：教练员通过正向控制通道，运用训练模式、训练手段控制运动员竞技能力的发展方向；通过反馈控制通道，运用评定标准、评定结果了解运动员现实情况，以便修正训练方案或根据训练模式目标提出新的训练方案。经过如此多次闭环式的控制过程，使运动员的训练结果科学地逐渐逼近训练模式指示的预定目标。

模式训练法基本特点是：

（1）信息化特点。模式训练法实施的整个过程是以训练模式的指标体系为控制依据，以评定标准的指标体系为监督、检查工具。整个训练过程的发展与变化均置于信息控制的状态之下。这种特点将更有助于及时纠正运动训练过程的偏态。

（2）定量化特点。模式训练法所依据的训练模式与评定标准均具有定量特点。整个训练过程的发展与变化均置于数字控制的状态之下。这种特点将更有助于定量控制运动训练的过程。

（3）循环性特点。模式训练法实际上是以训练过程为应用对象。由于任一训练过程均由设计、实施、监控3个有机环节组成，并重复循环于整个过程之中，因此，模式训练法的应用过程实质上反映了训练过程结构的特点。

2. 程序训练方法的应用

程序训练法是一种依靠具有逻辑系统的训练内容控制训练进程的训练控制方法。其基本功能主要是：可使教练员系统认识某一训练过程中有关训练内容的构成要素、内在关系、发展规律，以便将这一过程的各项训练内容的安排进度置于系统控制状态之下。

程序训练法的基本结构主要是由训练程序、检查手段、评定标准、训练手段4种构件组成。从结构角度上看，程序训练法与模式训练法最大的不同之处是控制运动训练过程的依据不同而已。模式训练法是以训练模式为控制依据，程序训练法则是以训练程序为控制依据。

训练程序基本构件是由训练内容、时间序列、联系方式3大要素组成。训练内容是指有关机能、素质、技术、战术、心理、智力等方面的具体训练内容；时间序列通常是指训练过程训练内容在时间上的有机排序与衔接；联系方式则是指单位时间训练内容的组合结构。

程序训练法的应用过程实际上是一种闭环式的控制过程。其应用过程如图3-13所示。

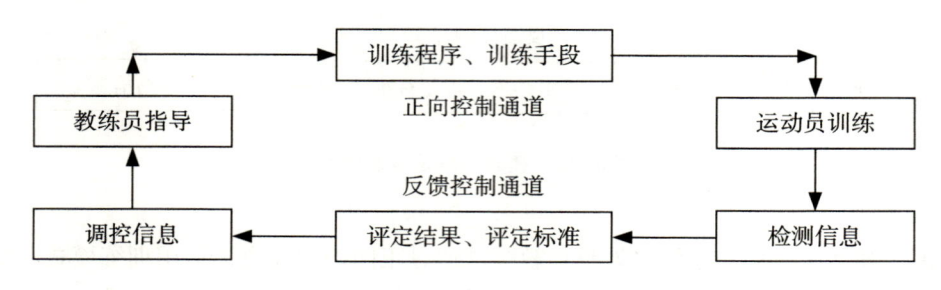

图3-13 程序训练法控制通道

程序训练法应用的精髓之处是：教练员通过正向控制通道，运用所建定的训练程序和所确立的训练手段控制运动员竞技能力的发展方向；通过反馈控制通道，运用所建立的评定标准和所确立的检测手段了解运动员的现实情况，以便修正训练方案。经过如此多次闭环式的控制过程，使运动员的训练结果通过科学的程序控制逼近训练程序预定目标。

程序训练法的基本特点是：

(1) 系统化特点。程序训练法实施的整个过程是以训练程序的内容体系为控制依据，以评定标准体系为监督、检查工具。整个训练过程的发展与变化均置于系统控制的状态之下。显然，程序训练法的这种特点将更有助于系统控制运动训练过程。

(2) 定性化特点。程序训练法所依据的训练程序具有鲜明的定性化特点。在运动训练的实践过程中，训练程序内容体系的定性特点往往便于教练员抓住训练过程中的主要矛盾。换言之，程序训练法的定性化特点有利于提出明确的训练方向。显然，程序训练法的这种特点将更有助于掌握并控制运动训练的过程。

(3) 程序化特点。由于训练内容规划在训练程序的过程之中，因此，训练过程中训练内容的变更实质上是在严格检查、评定、监督之下，按照训练内容内在关系的本质联系逐步系统训练。显然，程序训练法将更有助于科学控制运动训练的过程。

(二)计划实施操作方法

1. 重复训练法的应用

重复训练法是指多次重复同一练习,两次(组)练习之间安排相对充分休息的练习方法。通过同一动作或同组动作的多次重复,经过不断强化运动条件反射的过程,有利于运动员掌握和巩固技术动作;通过相对稳定的负荷强度的多次刺激,可使机体尽快产生较高的适应性机制,有利于运动员科学发展和提高身体素质。构成重复训练法的主要因素有单次(组)练习的负荷量、负荷强度及每两次(组)练习之间的休息时间。休息方式通常采用肌肉按摩。依单次练习时间的长短,可将重复训练法分为短时间重复训练方法、中时间重复训练方法和长时间重复训练方法 3 种类型(表 3-15)。重复训练法的 3 个亚类具有不同的功能。因此选择和采用重复训练方法时,应根据运动训练目的和任务而决定。

表 3-15 重复训练法基本类型及其特点

基本类型	短时间重复训练	中时间重复训练	长时间重复训练
负荷时间	<6 秒	6~30 秒	30 秒~2 分钟
负荷强度	最大	次大	较大
间歇时间	相对充分	相对充分	相对充分
间歇方式	走步、按摩	抖动四肢、按摩、深呼吸	抖动四肢、按摩、深呼吸
供能形式	磷酸盐代谢系统为主供能	糖酵解为主的混合代谢供能	糖酵解为主的混合代谢供能

(依胡亦海. 竞技运动训练理论与方法 [M]. 武汉:湖北人民出版社,2005.)

短时间重复训练方法普遍适用于磷酸盐系统供能条件下的爆发力强、速度快的运动技术和运动素质的训练。例如:排球技术中单个扣球技术动作练习,足球技术中单个射门技术动作的练习或接与传、掷与接、接与射等技术动作的组合练习,拳击技术中各种直拳、勾拳的练习或组合练习等。此法的应用特点是:一次练习负荷时间短(约在 6 秒内),负荷强度最大,动作速度最快,间歇时间充分,单一动作或组合动作的各个环节前后稳定。间歇过程多采用肌肉按摩放松方式,以便能尽快促使机体恢复机能。重复次数和组数相对较少。此法可有效地提高负荷强度很高的单个技术关键动作熟练性、规范性和技巧性;可有效提高运动员的磷酸盐系统的储能和供能能力;可有效地提高运动员有关肌群的收缩速度和爆发力。

中时间重复训练方法普遍适用于磷酸盐系统和快速糖酵解供能条件下的运动技术、战术和素质的训练。如多种技、战术的串联技术练习;单个技术动作的变异组合练习、成套动作的固定组合练习和速度耐力、力量耐力训练等。此法应用特点是:一次练习的负荷时间通常为 6~30 秒钟;练习时负荷时间可略长于主项比赛时间或负荷距离可略长于主项比赛距离;负荷强度较大(负荷心率应在 180 次/分以上),并与负荷时间呈现负相关性；间歇时间应当充分。间歇方式应采用慢跑深呼吸以及按摩放松方式进行，以便能尽快清除体内乳酸。此法可有效提高速度、速度耐力和力量耐力，可有效提高对抗性运动项群中各种技术串联和衔接技术的熟练性、稳定性以及机体的耐乳酸能力。

长时间重复训练方法主要适用于磷酸盐系统和慢速糖酵解供能条件下的运动技术、战术、素质的训练。如技能主导类运动项群多种技战术的串联练习、一次负荷持续时间为30秒~2分钟的各种运动素质的练习等。此法的应用特点是：一次练习过程的负荷时间通常在30秒~2分钟；采用此法的战术训练必须具有磷酸盐系统和慢速糖酵解混合供能的强度。因此，必须精心组织战术训练，一次练习完毕后间歇时间应当充分。此法可有效提高运动员的磷酸盐系统和慢速糖酵解的混合代谢的能力，可有效提高磷酸盐系统和慢速糖酵解混合供能状态下的速度和力量耐力，以及各种技术应用的熟练性和稳定性。实践中，此法与间歇、持续和变换训练方法的有机结合，可以更好地提高训练效果。

2. 间歇训练法的应用

间歇训练法是指对练习过程组间间歇时间做出严格规定，使机体处于不完全恢复状态下反复进行训练的练习方法。实践证明，通过严格的间歇训练过程，可使运动员的心脏功能得到明显的增强；通过调节运动负荷的强度，可使机体各机能产生与有关运动项目相匹配的适应性变化；通过不同类型的间歇训练，可使糖酵解代谢供能能力或磷酸盐与糖酵解混合代谢的供能能力，或糖酵解与有氧代谢混合供能能力得以有效的发展和提高；通过严格控制间歇时间，有利于运动员在激烈对抗和复杂困难的比赛环境中稳定、巩固技术动作；通过较高负荷心率的刺激，可促使机体抗乳酸能力得到提高，可以确保运动员在保持较高强度的情况下具有持续运动的能力。间歇训练法的基本类型主要分为3种（表3-16），即高强性间歇训练方法、强化性间歇训练方法和发展性间歇训练方法。

表3-16　间歇训练法基本类型及其特点

基本类型	高强性间歇训练	强化性间歇训练 A型	强化性间歇训练 B型	发展性间歇训练
负荷时间	<40秒	40~90秒	90~180秒	>5分钟
负荷强度	大	大	大	中
心率指标	190次	180次	170次	160次左右
间歇时间	很不充分	不充分	不充分	不充分
间歇方式	走、慢跑	走、慢跑	走、慢跑	走、慢跑
每次心率	120次	120次	120次	110次
供能形式	糖酵解供能为主的混合代谢供能	糖酵解供能为主的混合代谢供能	糖酵解供能为主的混合代谢供能	有氧代谢为主的混合代谢供能

（依胡亦海. 竞技运动训练理论与方法［M］. 武汉：湖北人民出版社，2005.）

高强性间歇训练方法是发展糖酵解供能系统供能能力、磷酸盐与糖酵解供能混合代谢系统供能能力的一种重要训练方法。此方法不仅适用于体能类速度耐力性或力量耐力性运动项群的素质、技术训练，而且适用于技能类对抗性运动项群中的身体训练和攻防技、战术训练，如球类运动的连续攻防技术、战术训练，格斗项群中各种格斗组合练习等。高强性间歇训练方法的应用特点是：一次练习的负荷时间较短，通常在20～40秒之内；负荷强度大，平均心率每分在190次左右；间歇的时间极不充分，以心率降至120次为开始下一次练习的确定依据；练习内容多为单个技术或组合技术。此法可有效提高此类系统供能条件下的速度耐力和力量耐力，糖酵解供能状态下的技、战术运用的稳定性和熟练性。

强化性间歇训练方法是发展糖酵解与有氧代谢系统混合供能能力以及心脏功能的一种重要训练方法。此方法适用于一切需要这种混合系统供能能力和良好心脏功能的运动项目的技术、战术及素质的训练。此方法适合技术串联练习或衔接技术练习，如排球扣球与传接球技术串联的练习，网球网前、底线攻防战术的组合练习，篮球局部攻防战术的配合练习和拳击各种格斗组合练习等。体能类中短距离项目也广泛运用此法训练。此法的应用特点是：一次练习的负荷时间为40～180秒；通常负荷强度心率控制在每分钟180或170次左右即可。间歇时间同上。其中，A型方法有利于提高以糖酵解供能为主的力量耐力素质；B型方法有利于提高无氧与有氧代谢混合供能下的力量耐力素质。

发展性间歇训练方法是发展有氧代谢系统供能能力、有氧代谢下的运动强度以及心脏功能的一种重要训练方法。发展性间歇训练方法适用于需要较高耐力素质的项群训练。技能主导类运动项群中也采用此法，如篮球、足球运动的"三对三"攻防转换练习，格斗项群中的体能训练和"一对二"格斗训练也可采用此法进行。此法的应用特点是：一次练习的负荷时间较长，负荷时间至少应在5分钟以上；平均负荷强度较低，负荷时心率指标控制在每分钟160次左右；间歇时间以心率降至110次左右为下组练习开始的依据。以有氧代谢系统供能为主。实践中，此法通常与强化性间歇训练和短时持续训练有机结合地应用。

3. 持续训练法的应用

持续训练法是指负荷强度较低、负荷时间较长、无间断连续进行训练的练习方法。练习时，平均心率应在每分钟130～170次之间。持续训练主要用于发展一般耐力素质，并有助于完善负荷强度不高但过程细腻的技术动作，可使机体运动机能在较长时间的负荷刺激下产生稳定的适应，内脏器官产生适应性的变化；可提高有氧代谢系统供能能力以及该供能状态下有氧运动的强度；可为进一步提高无氧代谢能力及无氧工作强度奠定坚实的基础。根据训练时持续时间的长短，持续训练法可分3种基本类型（表3-17），即短时间持续训练方法、中时间持续训练方法和长时间持续训练方法。实践中，技能对抗性项群采用此法的方式是以多球训练方式体现。当然，这种方式也用在重复和间歇训练法中。

表 3-17　持续训练法基本类型及其特点

基本类型	短时间持续训练	中时间持续训练	长时间持续训练
负荷时间	5~10分钟	10~30分钟	>30分钟
心率强度	170次左右/分	160次左右/分	150次左右/分
间歇时间	没有	没有	没有
动作结构	基本稳定	基本稳定	基本稳定
有氧强度	最大	次大	适中
供能形式	无氧、有氧代谢系统混合供能	无氧、有氧代谢系统混合供能	有氧代谢供能混合供能

(依胡亦海. 竞技运动训练理论与方法 [M]. 武汉：湖北人民出版社，2005.)

　　短时间持续训练方法广泛应用于体能主导类项目的运动素质训练之中，也适用于技能主导类运动项群中动作强度较高的素质、技术和战术的训练工作。如排球技术中传球、防守等组合技术的练习；篮球、足球技术中的接球、运球、传球、投篮（射门）等组合技术的攻防战术练习等。此法的应用特点是：一次持续练习负荷时间为5~10分钟；负荷强度相对较高，平均心率负荷指标控制在每分钟170次左右；练习动作的组合可以固定亦可变异；练习过程不可中断。此方法可有效提高运动员以有氧代谢为主的供能能力和该供能状态下所表现出来的速度耐力和力量耐力，可有效提高攻防战术的转换性、强度变换的节奏性、攻防技术的衔接性。此方法与间歇训练方法结合可提高以有氧供能为主的运动强度。

　　中时间持续训练方法普遍适用于技能主导类运动项群各个项目中多种技术的串联、攻防技术的局部对抗、整体配合战术或技术编排成套的技术或战术训练，以及体能主导类耐力性运动项群训练。中时间持续训练方法具有两种典型的练习形式，即匀速持续训练和变速持续训练。其中，匀速持续训练是一种以发展有氧代谢供能为主目的的方法，负荷强度心率指标平均为每分160次左右负荷强度变化较小，运动速度相对均匀，运动能量消耗较小；变速持续训练是一种以发展混合供能能力为目的的方法。负荷强度一般控制在心率为每分钟180~150次之间，负荷强度变化较大，运动速度变化较多，运动能量消耗相对较大。此法的应用特点是一次练习持续负荷时间至少应为10~30分钟。

　　长时间持续训练方法对于体能主导类耐力性运动项群具有直接训练的价值。实践中，长时间持续训练方法具有3种典型的变化形式，即匀速持续训练、变速持续训练和法特莱克训练。其中，长时间持续训练方法中的匀速持续训练、变速持续训练形式与中时间持续训练方法的主要不同之处是：负荷强度相对更低，负荷时间相对更长。法特莱克训练是一种以发展有氧代谢系统为主、适当发展有氧与无氧代谢系统混合供能能力为己任的耐力训练方法。此方法的应用特点是：运动路线不固定，负荷时间较长；运动速度的快、慢变化不具有明显的节奏性，但具有明显的随意性；运动过程始终不断，练习过程负荷强度呈现高、低交错，心率指标为每分钟160~130次之间；心理的感受相对轻松。

4. 变换训练法的应用

变换训练法是指一种对运动负荷、练习内容、练习形式及其条件实施变换，以提高运动员积极性、趣味性、适应性及应变能力的训练方法。变换训练法是根据运动项目实际比赛过程的复杂性、对抗程度的激烈性、运动技术的变异性、运动战术的变化性、运动能力的多样性、中枢神经系统的灵活性等一般特性而提出的。通过变换训练，可使机体产生与有关运动项目相匹配的适应性变化，可使运动员不同运动素质、运动技术和运动战术得到系统的训练和协调的发展，从而有助于提高比赛时承受不同运动负荷的能力，有助于提高运动战术应变能力、技术串联和衔接技术能力。一般来说，变换训练方法可分为 3 种典型方法（表 3-18），即负荷变换训练方法、内容变换训练方法和形式变换训练方法。

表 3-18　变换训练法基本类型及其特点

基本类型	负荷变换训练	内容变换训练	形式变换训练
负荷强度	变化最大	可变或不变	可变可不变
动作结构	相对固定	变换	固定或变换
供能形式	可在多种代谢形式之间变换	以某种代谢形式供能为主	以某种代谢形式供能为主

（依胡亦海. 竞技运动训练理论与方法 [M]. 武汉：湖北人民出版社，2005.）

负荷变换训练方法是一种功能独特的重要训练方法，不仅适用于身体训练，也适用于技、战术训练。实践中，负荷的变换主要体现在负荷强度或负荷量的变换上。由于负荷强度与负荷量的变化具有 4 种不同的搭配形式，因此负荷变换的训练方式可以表现多种多样。此法的应用特点是：降低负荷强度，可利于学习和掌握运动技术；提高负荷强度及密度，可使机体适应比赛的需要。此方法可通过变换练习动作的负荷强度、练习次数、练习时间、练习质量、间歇时间、间歇方式及练习组数等变量方式，促使运动素质、能量代谢系统的发展与提高，能够满足专项运动的需要；可有效地促使机体适应比赛强度的变化特点，使运动员机体产生与实际比赛相符的生理适应能力以及与之相配的运动能力。

内容变换训练方法是技能主导类运动项群中广泛应用的一种重要训练方法。内容变换训练方法主要适用于对抗性项群各种技术串联和衔接技术的练习。此方法也适用于难美性运动项目的技术动作的组合练习。此法的应用特点是：练习内容的动作结构可为变异组合或固定组合；技术串联或衔接技术的训练负荷性质多为无氧代谢为主；练习内容的变换顺序符合比赛规律；练习动作的用力程度符合专项要求。科学地采用内容变换训练方法，可使训练内容的变换节奏适应专项运动技术和战术变化的基本规律；可使训练内容的变化种类适合运动技术、战术应用的要求；可使练习内容之间的变换符合实际比赛变化的需要，进而提高运动员比赛的应变能力。此法若与间歇训练方法结合效果更好。

形式变换训练方法的运用主要反映在场地、线路、落点和方位等条件或环境的变换上。例如：隔网类运动项群中的发球练习，在负荷、动作大体一致的情况下，可以发出各种不同直线、斜线、前排、后排的球；同场类运动项群中侧身带球技术的运用，在交叉换位的战术配合时，可以形成"掩护"或"反掩护"的不同战术形式。又如：训练场所的变换，往往促使运动员对不同空间及环境的比赛场地产生适应。此法的应用特点是：通过变换训练环境、变换训练气氛、变换训练路径、变换训练时间和变换练习形式进行训练。再如，通过变换训练形式，可使各种不同技术有机串联和衔接起来从而形成战术；变换训练环境，可使运动员产生新的强烈刺激，激发较高的训练情绪，产生强烈的表现欲望。

5. 循环训练法的应用

循环训练法是指根据训练的具体任务，将若干练习手段设置为相应的若干个练习站（点），运动员按照既定顺序和路线，依次完成每站（点）练习任务的训练方法。运用循环训练法可有效激发训练情绪、累积负荷"痕迹"、交替刺激不同体位。循环训练法结构因素有每站练习内容、每站运动负荷、练习站安排顺序、练习站之间间歇、每遍循环的间歇、练习的站数与循环练习的组数。实践中，循环训练法中所说的"站"是练习点，如果一个循环内的站数中有若干个练习点是以一种无间歇方式衔接，那么这几个练习点的集合可称为练习"段"。依训练中各组练习之间间歇的负荷特征，可将循环训练法的基本类型分为 3 种（表 3-19），即循环重复方法、循环间歇方法和循环持续训练方法。

表 3-19 循环训练法基本类型及其特点

基本类型	循环重复训练	循环间歇训练	循环持续训练
循环过程	间歇且充分	间歇不充分	基本无间歇
负荷强度	最大	次大	较小
负荷性质	速度、爆发力	速度耐力、力量耐力	耐力
供能形式	以磷酸原代谢系统供能为主	以糖酵解代谢系统供能为主	以有氧代谢系统供能为主

（依胡亦海. 竞技运动训练理论与方法 [M]. 武汉：湖北人民出版社，2005.）

三种循环训练法的组织形式共有 3 类，即流水式、轮换式和分配式。其中，流水式循环训练的做法是：建立若干练习站（点）后，运动员按一定的顺序，一站接一站地周而复始地进行单个练习。这种组织形式可以有效地全面发展多种运动能力，并可使机体各个部位以及内脏器官得到训练。轮换式循环训练的做法是：将运动员分成若干组，各组运动员在同一时间内在各自的练习站中练习，然后按规定要求，依次轮换练习站。这种组织形式可以有效地集中发展某一运动机能和机体的某一部位，使身体局部产生深刻反应。分配式循环训练的做法是：设立较多的练习站，然后根据运动员具体情况指定每名运动员在特定的若干练习站内进行训练。由此可见，循环训练法的关键要素是组织形式的安排。

循环重复训练方法是指按照重复训练法的要求，对各站之间和各组循环之间的间歇时间不做特殊规定，以使机体得以基本恢复，并全力进行每站或每组循环练习的方法。此法既可用于技术训练，也可用于素质训练。例如：在篮球运动训练中可将曲线折跑、跑动接球、运球过杆、急停跳投和冲抢篮板球等练习作为练习站实施循环重复训练，或者将各个练习站两两结合并成几个有机相连的练习"段"实施循环训练。此法的应用特点是：可将各种练习设置为若干个练习站，练习动作要熟练规范，练习顺序要符合比赛特点，间歇时间较为充分。两轮循环间的间歇时间较长。此法应用目的是：提高高强度下的技术规范性、熟练性和攻防过程中的对抗性；提高速度、爆发力及运动技术有机结合能力。

循环间歇训练方法是指按照间歇训练法的要求，对各站和各组之间的间歇时间做出特殊规定，以使机体处于不完全恢复的状态下进行练习的方法。此法常用于发展运动员体能，亦用于协调发展技术、战术、素质和机能之间有机联系的训练。例如：可将排球扣球、拦网及防守等作为练习站实施循环重复训练，如将4号位强攻、3号位快攻、2号位背飞以及2号位拦网、3号位拦网、4号位拦网设定6个练习站，实施循环间歇训练。此法的应用特点是：将各种练习设置为若干个练习站，各练习站的负荷时间至少20秒以上，站与站之间的间歇较不充分；循环组之间间歇可以充分，亦可不充分。此方法应用目的是有效提高糖酵解系统供能的能力及该供能状态下的速度耐力和力量耐力。

循环持续训练方法是指按照持续训练法的要求，各站和各组之间不安排间歇时间，用较长时间进行连续练习的方法。例如：将隔网项目中的扣球（杀、吊）、拦（截）、传（挡、推、防）等技术练习设定成练习站并编排成技术串联；将同场对抗性项目中的运球、传球、接球、投篮（射门）或跑动、接球、投篮（射门）或跑动、策应、传球、投篮（射门）等练习内容设定为练习站并编排成技术串联。此法的应用特点是：各练习站有机联系，各个练习的平均负荷强度相对较低，各组循环内各站之间无明显中断，一次循环持续时间应在5分钟以上；负荷强度高低搭配，循环组数相对较多；组织方式可采用流水式或轮换式。此方法可提高运动员攻防对抗的转换能力、有氧代谢能力和抗疲劳的能力。

6. 比赛训练法的应用

比赛训练法是指在近似、模拟或真实、严格的比赛条件下，按照比赛的规则和方式，以提高训练质量为目的的训练方法。比赛训练法是根据人类先天的竞争和表现意识、竞技能力形成过程的基本规律和适应原理、现代竞技运动的比赛规则等因素而提出的一种训练方法。运用比赛训练法可有助于提高各种竞技能力和比赛的适应能力，有助于形成竞技状态和适度的应激状态。比赛训练方法来源于游戏训练方法，但是训练的要求又高于游戏。比赛训练方法构成要素的核心元素是比赛的氛围和使用的规则。此法的应用目的，是激发运动员的心理能量，从而提高训练质量。依比赛性质的真实程度可将比赛训练法分为4种（表3-20），即教学性比赛方法、检查性比赛方法、模拟性比赛方法和适应性比赛方法。

表3-20 比赛训练法基本类型及其特点

基本类型	教学性比赛	检查性比赛	模拟性比赛	适应性比赛
比赛规则	正式规则或自定规则	正式规则或自定规则	正式规则	正式规则
比赛环境	相对封闭	封闭或开放	封闭或开放	开放
比赛过程	可人为中断	不可中断	不可中断	不可中断
比赛对手	队友或对手	对手	队友或对手	对手
比赛裁判	临时指定	正式指定	临时或正式指定	正式指定

（依胡亦海．竞技运动训练理论与方法［M］．武汉：湖北人民出版社，2005．并改制）

教学性比赛方法是指在训练条件下，根据教学的规律或原理、专项比赛的基本规则或部分规则，进行专项练习的训练方法。例如，运动队内部之间的对抗性教学比赛，不同运动队之间的邀请性教学比赛，不同训练程度运动员之间的让先性教学比赛，部分基本技术、战术的对抗性教学比赛等，都可视为教学性比赛训练方法的应用。此法的应用特点是：可采用部分比赛规则进行局部配合的训练；比赛环境相对封闭，便于集中精力训练；比赛过程可以人为中断以便指导训练；运动员的心理压力小，利于正常发挥技术水平；可激发运动员训练激情和负荷强度；提高技术串联和衔接技术的熟练程度；强化局部或整体配合的密切程度；激励运动员产生强烈竞争意识，从而更好地挖掘运动潜力。

检查性比赛方法是指在模拟或真实的比赛条件下，严格按照比赛规则，对赛前训练过程的训练质量进行检验的训练方法。检查性比赛训练方法适用的范围很广，包括专项运动成绩、主要影响因素、运动负荷能力、运动技术质量及训练水平检查性比赛等。由于检查性比赛是在比赛或类似比赛的条件下进行训练质量的检查，因此重大赛事之前便于发现问题和解决问题。所以，有经验的教练员经常采用此法训练。检查性比赛方法的应用特点是：可采用正式比赛规则的全部或部分的规则；比赛环境可以封闭或开放；运动员的心理压力较大；可以设置检查设备进行赛况监控。检查性比赛方法主要应用于检验训练质量，寻找薄弱环节，分析失利因素，提出解决方案，提供改进训练工作的反馈信息。

模拟性比赛方法指在训练的条件下，模拟真实比赛的环境和对手，并严格按照比赛规则进行比赛的训练方法。模拟比赛环境中的不良因素对于提高运动员的竞技能力是至关重要的。比赛环境中的不良因素，诸如比赛噪音、观众起哄、裁判偏袒、对手干扰、组织紊乱、赛程变更、气候变化等等，都可能影响运动水平的正常发挥。因此，有意识地在训练过程中采用此法，可以有效地提高运动员排除不良因素干扰的能力，从而有利于运动员逐步形成心定、心静、心细的竞技心理，为重大比赛中运动技术的正常发挥奠定心理基础。此法的应用特点是：比赛环境类似真实比赛环境，按照比赛规则严格进行，模拟对手类似比赛对手，具有实战特征。模拟性比赛方法可以增强运动员心理抗压能力，可以检验训练指导思想的正确性，可以加强训练的针对性，可以提高真实比赛的预见性。

适应性比赛训练方法是指在真实比赛条件下，力求尽快适应重大比赛环境的训练方法。适应性比赛训练方法与模拟性比赛训练方法的不同在于，前者在正式比赛的环境下进行，后者则在人为模拟比赛环境下进行。适应性比赛训练方法的应用形式较多，如重大比赛前的系列邀请赛、访问赛、对抗赛以及表演赛等都是适应性比赛训练方法的运用形式。一般地说，适应性比赛前应有一套完整的赛前准备、赛中实施及赛间调整的方案。此方法的应用特点是：通过真实的比赛环境，与真实的对手或类似真实的对手进行比赛，可以提前发现影响重大赛事成绩的关键问题，可以促进各项竞技能力因素实现高质量匹配，可以促使运动员产生旺盛的竞争欲望，可以促成与重大比赛相适应的最佳竞技状态。

主要参考文献

[1] 胡亦海. 竞技运动训练理论与方法 [M]. 武汉：湖北人民出版社，2005.

[2] 袁守龙. 北京奥运会周期训练理论与实践创新趋势 [J]. 体育科学，2011，(4).

[3] 列·巴·马特维也夫. 竞技运动理论 [M]. 姚颂平，译. 哈尔滨：黑龙江科学技术出版社，2004.

[4] 谢敏豪，等. 运动员基础训练的人体科学原理 [M]. 北京：北京体育大学出版社，2004.

[5] Tudor O.Bompa，等. Periodization: Theory and Methodology Of Training-5th Edition [M]. 李少丹，等，译. 北京：北京体育大学出版社，2011.

[6] Tudor O.Bompa. Periodization: Theory and Methodology Of Training-4th Edition [M]. 蔡崇滨，等，译. 台北：艺轩图书出版社，2001.

[7] 田麦久. 项群训练理论 [M]. 北京：人民体育出版社，1998.

[8] Katsuhiko Ogata. 现代控制工程 [M]. 卢伯英，译. 5版. 北京：电子工业出版社，2011.

[9] 胡亦海. 对抗项目竞技能力层次要素特征的比较研究 [J]. 武汉体育学院学报，2009 (2).

[10] 胡亦海. 对抗项群亚类项目竞技能力要素特征的比较研究 [J]. 天津体育学院学报，2009 (2).

[11] 胡亦海. 运动竞赛结构特征的研究 [J]. 北京体育大学学报，2009 (5).

[12] 王瑞元. 运动生理学 [M]. 北京：人民体育出版社，2002.

[13] 王清. 我国优秀运动员竞技能力状态诊断和监测系统的研究与建立 [M]. 北京：人民体育出版社，2004.

[14] 杨桦. 竞技体育与奥运备战重要问题的研究［M］. 北京：北京体育大学出版社，2006.

[15] Bonald B. Woods. Social Issues in Sport［M］. Pubished by Human Kinetics Publishers Inc. 2007.

[16] Joan N. Vickers. Perception, Cognition, and Decision［M］. Pubished by Human Kinetics Publishers Inc. 2007.

[17] Hu Yiha. Construction of quantitative model for sport training quality monitor［C］. International Conference on Intelligent System Design and Engineering Application, ISDEA 2010, v 1, p 465–468.

[18] Hu Yihai. The physical capacity training module research of Chinese elite male boxer［C］. 2010 International Conference on System Science, Engineering Design and Manufacturing Informatization, ICSEM 2010, v 1, p 148–150.

[19] Hu Yihai.Structural characteristics of sports competitions［C］. 2009 Second ISECS International Colloquium on Computing, Communication, Control, and Management, CCCM 2009, v 1, p 461–465.

[20] Gao Ping, Hu Yihai. Research on the structural characteristics of sports training system［C］. 2010 International Conference on System Science, Engineering Design and Manufacturing Informatization, ICSEM 2010, v 1, p 145–147.

第四章 体能训练理论与手段

李春雷（北京体育大学）
魏宏文（北京体育大学）

内容提要：

随着竞技体育发展得日趋成熟，各种动作技术所组成的战术体系已基本完善，运动员要在运动比赛中取得优异的成绩，越来越依赖体能的支撑，没有高效的体能，运动员竞技能力的提高和维持就很难保证，体能训练在运动训练中越来越占有非常重要的地位。体能训练是一门科学，也是一门艺术，在当今国际体能训练领域，体能训练已经发展成为一门完善的、成熟的、系统性、科学的训练体系，体能训练科学与实践的脱节是制约我国体能训练可持续发展的瓶颈之一。本章第一节首先介绍了体能的相关概念，包括体能的定义与分类、体能训练的影响因素、体能训练的原则以及体能测试与评价，通过本节的介绍，使学员可以了解体能的内涵，依据体能训练的基本原则，对运动员的体能进行科学的诊断与评价；第二节主要从力量、速度和耐力三个方面进行了详细的介绍，通过这部分的学习，使学员能够了解力量、速度和耐力训练原理，并根据实际工作需求自行设计针对性的体能训练方法和手段。

第一节 理解体能

体能很重要，但体能是什么、如何分类、受哪些因素影响等等都是我们首先要了解的内容。本节主要介绍了体能的相关概念、体能的分类、进行体能训练设计时必须考虑的因素及体能训练的主要原则。

一、体能的定义与分类

（一）体能定义

自 20 世纪 90 年代以来，我国各竞技运动项目都陆续开始强调"体能"。但是在实际工作过程中，不论内容上还是形式上、方法和手段上千差万别，在对体能的认识上也是见仁见智。在国内，体能概念经历了一个不断深化和演变的过程。

1992年版的《教练员训练指南》指出，运动素质又称体能。

1996年版的全国体育院校通用教材《体育理论》认为，体能是体质的一部分，是指人体各器官系统的机能在肌肉运动中表现出来的能力，包括身体素质和身体基本活动能力。

体育院校通用教材《运动训练学》中认为，运动员体能指运动员机体的基本运动能力，是运动员竞技能力的重要构成部分。运动员的体能发展水平是由其身体形态、身体机能及运动素质构成的。

我国香港、澳门、台湾等地区较多地将体能称之为"体适能"。

1964年国际运动医学委员会成立了"国际体能测试标准化委员会"，并制定了6大体能测试内容（身体资源调查、运动经历调查、医学检查与测验、生理学测验、体格和身体组织测验、运动能力测验），界定了构成体能的10大因素：防卫能力、肌力能力、肌爆发力、柔韧性、速度、敏捷性、协调性、平衡性、技巧性和心肺耐力。拉森（Larson）将体能定义为"从生活方面而言，体能是积极适应生活的身体能力、工作能力或抵抗疾病的能力；以结构而言，体能包括形态、机能、运动等适应能力。"

美国在1978年成立了体能协会（NSCA－National Strength & Conditioning Association），根据其名称可以看出美国对体能的理解：体能是力量和调节方面的能力，主要包括Strength（力量）和Conditioning（能量代谢）能力两部分，而Conditioning部分还包括速度、灵敏性、高强度耐力、有氧耐力和平衡等。

我们认为，体适能一般指健康体能，是人们满足一般生活和工作需要的身体能力；竞技体能是指在满足一般生活和工作需要以外，主要是为了提高运动技术、战术水平，适应全过程比赛需求并创造优异运动成绩和表现所必需的各种身体能力的综合。这些能力包括有机体的身体形态、身体机能、身体健康、功能动作质量、身体素质和心理素质，竞技体能又分为一般体能和专项体能。竞技体能训练就是通过合理、科学并符合道德的系统安排，挖掘运动员运动潜能，改善运动表现，预防伤病，延长运动寿命，以保障其参加并完成全过程比赛的准备过程。

（二）体能分类

2000年《运动训练学》指出：运动员的体能训练可分为一般体能训练和专项体能训练。

美国体能协会（NSCA）把体能分成健康体能和竞技体能两部分：

健康体能是满足一般生活和工作需要的身体能力；

竞技体能是指在满足一般生活和工作需要以外，主要为了提高运动技、战术水平，适应全过程比赛需求并创造优异运动成绩和表现所必需的各种身体能力的综合。这些能力包括有机体的身体形态、身体机能、身体健康、功能动作质量和身体素质。竞技体能又分为一般和专项体能。竞技体能训练就是通过合理、科学并符合道德的系统安排，挖掘运动员运动的潜能，改善运动表现，预防伤病，延长运动寿命，以保障其参加并完成全过程比赛的准备过程。

二、体能训练影响因素

运动员的体能发展受多种因素的影响。先天性的体能通过遗传效应而获得，后天性的体能则主要经由有效的体能训练而得到提高。

运动员体能水平除了体能自身因素外，还受到其他制约因素的影响。

(一) 竞赛规则

竞赛规则对体能训练有着明确的规定性。例如，规则中对场地、器械、比赛时间等的规定，为体能训练提供重要的参考价值。特别是很多项目频繁地修订比赛规则，体能教练员必须紧跟项目规则变化，否则在体能训练中就容易出现偏差。

(二) 竞技能力构成要素的主导性及体能构成要素的主导性认识

体能在不同项目中的作用是不同的，相关构成要素之间相互依存、相互影响（图4-1）。

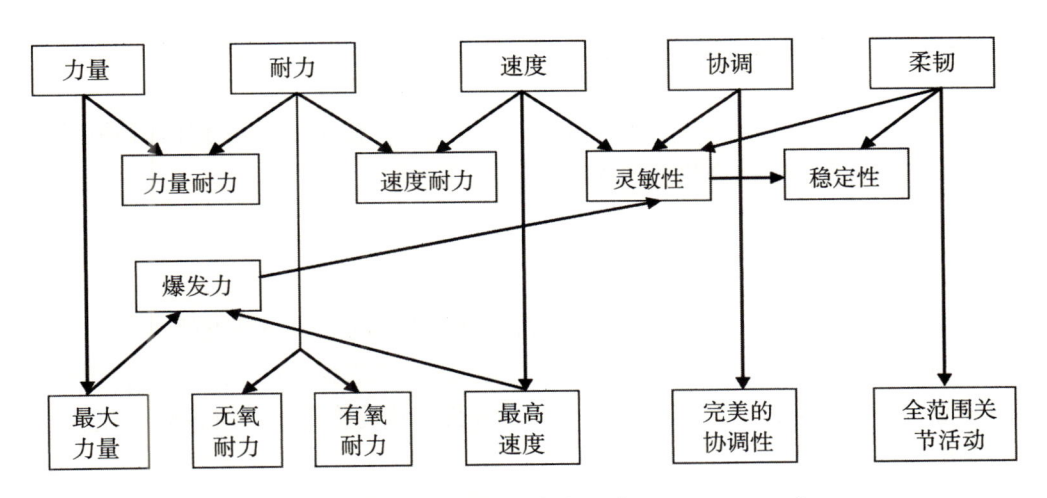

图 4-1　体能构成要素之依存关系（Tudor O.Bompa）

体能在不同的项目中作用不同（图4-2），有的起到重要所用，有的则是主导作用。因此，对于体能不同构成要素在某一项目中作用的认识是体能训练的一个重要的依据。认识不清体能训练就会失去针对性，影响体能训练的质量。例如，短跑项目偏重于速度力量，而铅球项目则侧重于力量速度。

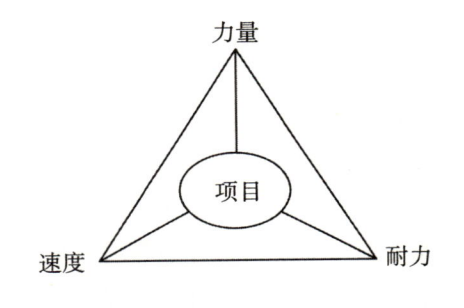

图 4-2　项目对素质能力需求（李春雷）

（三）能量代谢系统

不同运动对机体的三大供能系统存在着差异。例如短跑以磷酸原供能系统为主导，中长跑以糖酵解供能系统为主导，马拉松等长距离项目以有氧供能系统为主导，还有一些运动项目对三大供能系统都有较高的要求。正是运动项目对机体供能系统的特殊需求，因而在很大程度上影响着体能教练员对体能训练方法的设计与选择。

（四）技能

运动技术的完成对体能有着特殊的需求。在完成一项技术时，虽然有其依靠的主要的素质，但是完成高质量的技术，依靠的往往是多素质的综合效应。反过来说，任何体能都要通过一种或多种技能来展示，例如运动员仅依靠力量和速度素质也可以让百米成绩到达一个比较高的水平，但如果短跑专项技术粗糙，百米成绩更上一层楼无疑会非常困难。因此，体能训练要充分考虑技术的特征。

另外，不同的战术对体能需求存在差异。因此，体能训练必须充分考虑战术要素，有针对性地开展体能训练。

（五）运动员个体特征

运动员体能水平、项目的差异及时期阶段的不同，使得体能训练计划必须因地制宜，区别对待，制定出个性化的训练计划。

（六）场地、器械、时间等

体能训练是在场地、器械以及温度、湿度环境等训练条件下开展的。训练工具越丰富，训练出来的"产品"就越精致。教练员要充分考虑这些训练条件，熟悉场地和器材特点，根据现有的工具、环境、时间等条件，优化自己的训练内容、流程、方法，突出训练时间效率。

三、体能训练的原则

（一）安全性

体能训练的目的之一就是为了挖掘运动员的潜能，因此，体能训练就存在潜在的受伤风险。虽然受伤的风险是不可能完全排除的，但体能教练员可以有效地管理控制风险，规避受伤风险是体能训练首先要考虑的要素。在体能训练前、训练中以及训练后都要时刻做好风险评估和应对预案，安全内容主要包括对运动员身体健康档案的管理、体能训练器材的维护和保养、体能训练场地设备的摆放、体能训练流程的合理化程度、正确的技术动作指导与保护，以及第一时间提供帮助的正确程序等。

（二）专项化

项目不同所需要的体能有所不同，运动员的训练就是专项化适应，最纯粹的运动形式就是训练的运动本身。体能训练必须与项目结合，只有与专项中的技、战术有机结合才能更好地发挥体能的作用。若要训练有效，训练程序必须在动作功能及代谢需求方面与正在接受训练的运动本身相一致。训练的动作与专项动作愈相近，正向迁移性就愈高。例如，篮球的防守动作就和过顶深蹲很像，杠铃背蹲练习可能更接近篮球专项防守动作，而排球拦网动作和前蹲动作很类似，因此，杠铃前蹲练习则更贴近专项动作。

（三）个性化

训练必须个性化，即便是双胞胎，其性格、形态、素质的差异也很大，更别说团队项目不同位置的队员了。一个队伍一个计划，康复队员、无伤队员一个计划已不能适应现代体能训练的发展趋势。

（四）功能性

功能性训练的概念以往运用在康复领域，是物理治疗师模拟术后或伤后病人所做的康复性练习，而逐渐发展形成的一个训练体系，逐步向竞技体育渗透。功能训练有别于传统的力量训练，它更加关注人体动作模式的精准及神经肌肉系统的整合。运用在竞技体育上，则是为了强化其运动所需具备的功能。从这个意义上讲，假如这项运动需要下肢爆发力，那么增强式训练就可算作该运动的功能性训练。但目前关于功能性训练的理解存在一定的分歧，其主流观点认为功能性训练应该涉及以下3个方面。

1. 多个关节联合运动（运动链）

单一的身体部位在体育运动过程中可以独立地工作的情况是没有的，都是依靠身体协同地运作（肌肉、关节、韧带等以综合的方式）来完成复杂的运动。跑、跳、滑冰、搂抱、投掷、翻转等所有动作都是需要适时恰当的神经肌肉模式的多个联合行动。因此，综合的运动应该是受过训练的最大化的功能性运动，不是个别的肌肉的活动。

2. 多个平面运动（多维度）

体育运动中的运动发生在3个平面，即冠状面（前后）、水平面（上下）和矢状面（左右）。训练应包括满足这样的多平面的运动模式。器械训练一般是肌肉在单个平面的运动，只有那些具有多纬度的力量训练手段可以在三维立体空间中得以应用。例如土耳其举壶铃练习手段。体能训练中的力量训练，除了必须关注阻力的大小和快慢外，还应关注运动的灵活性。

3. 核心柱力量

核心柱指肩关节、躯干和髋关节之间的联合体，它是上下肢运动的支点，是躯体发力的源泉，也是躯体最易泄露能量的区域，该区域力量的大小直接影响动作效率和力量传输效果。

（五）基于地面的运动

大多数体育运动项目要求从地面发力起动。一个运动员对地面施加的作用力越大，他移动得就会越快、越高，他就会使运动更有效。因此，体能训练应选择并提高这种能力。深蹲和奥林匹克举重运动（高翻、抓举、挺举）被公认为是最佳的增加运动爆发力输出的手段。增强式力量（Plyometrics）和专项运动敏捷性训练也是非常重要的。

（六）爆发力为主

在大部分体育运动项目中，迅速生成力的能力至关重要。功率产生的大小跟阻力和速度相关。相同的负重不同的速度完成产生完全不同的输出功率，即便是很大的负重在缓慢的速度下完成也不会产生很大的输出功率。

（七）动作训练

虽然体育项目繁多，但所有体育项目都是由有节奏的动作构成。体能训练本身就是一个动作练习的过程，从动作准备到各种抗阻练习，从速度耐力的训练到脊柱肌肉力量和再生恢复性训练，无不渗透着动作的参与。因此，竞技训练必须关注良好的动作。过去的体能训练侧重于单关节的肌肉训练，"如果我们训练肌肉，我们会忘记动作，如果我们训练动作，我们永远不会忘记肌肉"。现代体能训练更加重视高效的动作，只要按照基本的动作模式要求去设计训练内容，就可以保证在训练动作的同时也训练了该练的肌肉。良好的动作不仅可以提高能量和动力输出效率，而且可以减少身体的动作代偿，控制伤病发生几率。

（八）超负荷

所谓超负荷就是给运动员设计的运动负荷要超过运动员已经适应的负荷，否则再好的训练方案也难以达到理想的训练效果。如在抗阻训练中甚至采用超100%的最大能力抗阻训练、在速度训练中也要利用助力以突破原有最大速度下的动力定型、在跳跃训练中采用跳深练习手段时适度地增加高度等，都是采用超负荷强度的方式刺激机体。应该强调的是超负荷练习必须注意防止过度训练和运动损伤的发生。

(九) 循序渐进

训练负荷不能一味地增大，而是要有次序地、有节奏地增加，特别是要根据运动员的状态，系统地、渐进性地增加运动负荷。

四、体能测试与评价

体能训练一般分为 5 个步骤，即测试、评价、制定目标和制定计划并实施、反馈并修订训练计划。任何体能训练的过程都是需要通过这 5 个步骤并贯穿训练始末。其中，评价是体能训练中不可或缺的一个重要环节，没有评价的训练是盲目的训练。体能训练的评价特别强调评价的有效性、客观性和可靠性。

(一) 体能测试评价定义

体能测试评价指对运动员身体运动能力进行全面的检测与评定。

运动员的体能训练是一个复杂的长期过程，会受到多方面的影响，教练员在制订训练计划和确定练习手段前，必须对运动员的当前竞技状态和体能水平做出监控和评价，同时这一工作应该具有动态延续性。

(二) 体能测试顺序

(1) 安静时的测试（心率、血压、身高、体重、体成分）。
(2) 非疲劳性测试（柔韧性、FMS-功能动作质量筛查、纵跳摸高）。
(3) 灵敏测试（T 测试、Pro-Agility 测试、5-10-5 测试、星形跑测试）。
(4) 最大爆发力与最大力量测试（3RM 高翻、1-3RM 卧推、1-3RM 深蹲等）。
(5) 速度测试（10 米加速跑、30 米和 40 米冲刺跑）。
(6) 局部肌肉耐力测试（1 分钟仰卧起坐、俯卧撑）。
(7) 无氧能力测试（25 码 6 次折返跑、400 码跑）。
(8) 有氧能力测试（12 分钟跑、BEEP-TEST 等）。

(三) 体能测试评价基本内容

体能测试和评估主要涉及以下几个方面：年龄、体重、体脂、功能动作质量（FMS）、身体素质（力量、速度、灵敏、耐力等）。

1. 身体形态测试

运动员形态学的外部特征主要包括长度、宽度、围度、体重、体脂以及重量等几个方面，形态学指标，在一定程度上反映体能训练水平的高低。

2. 功能动作质量筛查（FMS- Functional Movement Screen）

FMS 是由 Gray Cook 等设计的一种功能评价方法，通过这种评价可以找到运动员的非对称性和限制性环节，发现肢体弱链，然后通过针对性跟进手段加以矫正，以达到预防运动损伤、改善运动表现的目的。

（1）运动员能力金字塔结构模型：运动员能力金字塔结构模型图（Gray Cook，图 4-3）

```
        技能 skill
    能力表现 performance
   动作质量 movement
```

图 4-3　运动员能力金字塔结构模型图

①动作质量（movement）。可以通过动作幅度、身体控制、平衡和一般稳定性来反映，一般理解为最基本的灵活性和稳定性。

②能力表现（performance）。数量的大小，可以通过总功率、速度、耐力等来反映。

③技能（skill）。可以通过运动的专项形式来反映。

过去，我们一般比较关注运动员的技、战术及体能指标等数量上的数据，而忽略了功能动作质量，造成运动员能力金字塔本末倒置，其后果就是伤病不断。

（2）FMS 评价动作体系：FMS 由 7 个基本动作和 3 个补充性动作构成。在运动员测试中，每个动作做 3 次，3 次里取最高分。做动作时，要缓慢进行。每个动作测试前要有个清晰的示范和指出关键点，描述完让运动员自己做，避免过度指导和纠正。最后如果对测试结果出现困惑或者拿不定主意确定具体分数时，取最低分。

FMS 评分分为 4 个等级，从 0 分到 3 分，3 分为最高分。

0 分：测试中任何部位出现疼痛。

1 分：受试者无法完成整个动作或无法保持起始姿态。

2 分：受试者能够完成整个动作，但完成的质量不高。

3 分：受试者能高质量地完成动作。

①过顶深蹲测试（图 4-4）

图 4-4 过顶深蹲评分图

②单腿跨栏架（图 4-5）

图 4-5 单腿跨栏架评分图

133

③直线弓步蹲起（图4-6）

图4-6 直线弓步评分图

④肩关节灵活性（图4-7）

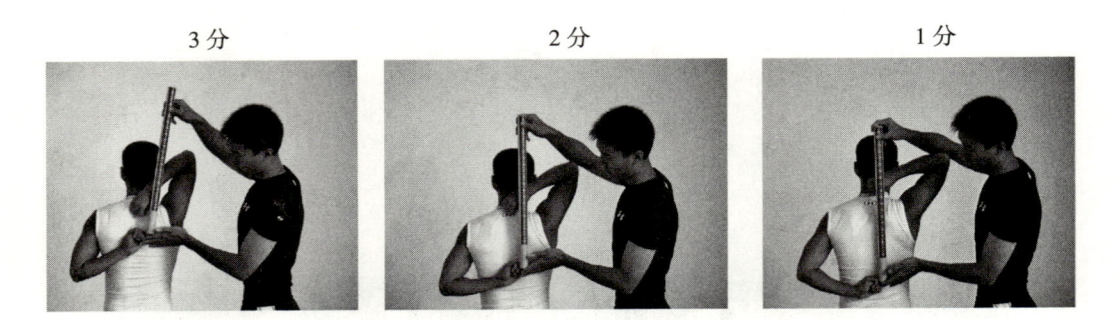

图4-7 肩关节灵活性评分图

在测试过程，如果发现肩部有疼痛，则要进行肩关节补充性测试（图4-8）。

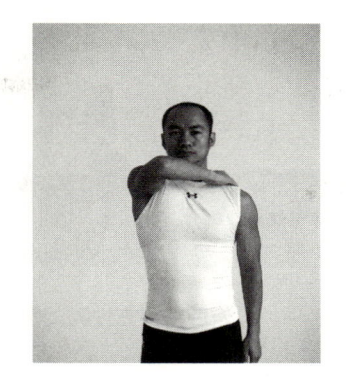

图4-8 肩关节补充测试图

⑤仰卧直腿主动上抬（图4-9）

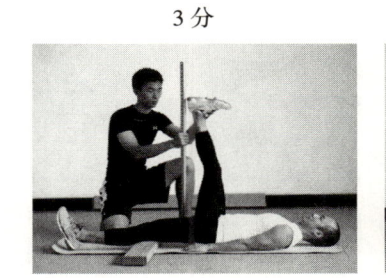

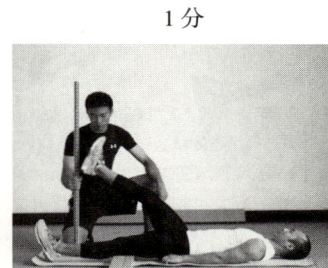

3分　　　　　2分　　　　　1分

图4-9 仰卧直膝抬腿评分图

⑥躯干稳定性俯卧撑（图4-10）

3分　　　　　2分　　　　　1分

图4-10 躯干稳定性测试评分图

在测试过程，如果发现腰部有疼痛感，则要进行补充性测试（图 4-11）。

图 4-11　俯卧撑补充性测试图

⑦旋转稳定性（图 4-12）

3分　　　　　　　　2分　　　　　　　　1分

图 4-12　旋转稳定性评分图

在测试过程，如果发现背部有疼痛，则要进行补充性测试（图 4-13）。

图 4-13　旋转稳定性补充性测试

运动链系统故障使受测者在运动时动作效率不高，一般情况下，当 FMS 筛查分数低于 14 分时，该运动员不具备基础的运动能力，即使他的技术或战术比较优秀，也表明他在训练的过程中发生运动损伤的几率很大，很难完全挖掘自身的潜能。在很多情况下，肌肉柔韧性和力量的不平衡性，以及损伤史等问题是很难发现的，但这些问题通过 FMS 测试就比较容易确认。

（3）功能动作质量筛查表（表 4-1）

表 4-1　FMS 功能动作质量筛查表（依据 Gray Cook）

姓名：				
测试内容	初始分数		最后得分	备注
过顶深蹲				
跨栏架	左			
	右			
直线弓步	左			
	右			
肩关节灵活性	左			
	右			
补充测试	左	+ / −		
	右	+ / −		
主动直膝抬腿	左			
	右			
躯干稳定性俯卧撑				
补充测试	+ / −			
旋转稳定性	左			
	右			
补充测试	+ / −			
总分				

（4）FMS 筛查纠正的一般规则

①首先评估并处理筛查中出现的 0 分，并要及时得到专业医学治疗。

②其次确定灵活性问题，因为没有灵活性，稳定性也难以表现出来。

③再次是不对称、不平衡问题，不平衡往往导致损伤发生。遵循不平衡优先原则，先解决左右出现 1、3 分的项目，再解决左右 2、3 分不对称的项目，最后解决左右均为 1（1、1）或 2（2、2）分的问题。

④最后，功能动作模式重建。

⑤满分（21 分）不是最终目标，FMS 筛查的目标是消除所有的不对称，并使每一项得分最少达到 2 分以上。

3. 身体素质测试（表4-2）

表4-2 身体素质测试指标名称

身体素质指标	测试名称
柔韧性	所有柔韧性测试
有氧耐力	多级折返跑测试（BEEP TEST）；COOPER12分钟跑
无氧耐力	往返多次冲刺跑（300码即274.32米折返跑）
力量	俯卧撑测试 握力测试 不负重双臂屈伸的最多次数 不负重引体向上的最多次数 （与体重成比例的）3RM蹲起或卧推
上肢爆发力	过顶掷实心球 跪姿双手胸前推实心球 跪姿左、右体侧掷实心球
下肢爆发力	原地纵跳摸高（摆臂、不摆臂） 原地纵跳摸高（静蹲跳、下蹲跳） 左、右单腿垂直跳，左、右单腿跨跳 3步助跑垂直跳 立定跳远/立定单腿跳远/立定三级跳远等
全身爆发力 速度	高翻、抓举 前抛实心球、后抛实心球 5米加速跑、10米加速跑、30米加速跑 10或20米行进间跑
灵敏性与协调性	1. "T"形移动测试、"Pro-agility"移动测试 2. 20码即18.288米折返跑测试 3. "星"字形移动测试、规定灵敏性测试 4. 六边形跳测试

（李春雷）

（四）体能测试注意的问题

1. 有效性。有效性是指一个测试结果在多大程度上反映测试的指标。例如，我们想测量下肢爆发力的大小，选择立定跳远或纵跳比较有效。如果用30米跑测验测下肢的爆发力，就不如立定跳远或纵跳的有效性高。

2. 可靠性。可靠性是评估测试稳定性和良好性的指标。一个运动员在身体能力没有变化的情况下，进行两次同样的测试，如果测试的可靠性好，那么结果应该一样。为提高可靠性就必须注意以下问题：准备活动、测试顺序、测试要求、测试环境等。

3. 客观性。客观性是指不同测试者对同一受试者进行测量，测量结果的一致性程度。
4. 健康和安全因素。
5. 测试者的挑选和培训。
6. 记录表格。
7. 测试方案——测试计划。
8. 测试约束：测试组合和多次测试要给予充足的恢复时间。
9. 测试顺序。
10. 运动员对测试的准备。

第二节　训练体能

力量、速度和耐力几乎是所有体育项目的制胜要素，在运动员身体满足了基本的稳定性和灵活性功能性要求以后，重点发展力量、速度和耐力自然就成为体能训练的核心内容，本节主要介绍力量、速度和耐力训练的原理与方法。受篇幅所限，柔韧、灵敏、协调、平衡等能力训练文中未做介绍。另外，需要提醒的是，功能动作质量筛查及针对性纠正性功能训练应贯穿在体能训练的始终，以避免过度追求挖掘身体潜能极限而造成运动损伤。

一、力量训练

（一）力量的定义与分类

力量素质是竞技运动中的主要素质之一，是很多竞技运动项目取得优异成绩的基础。

1. **力量的定义**

全国体育院校统编教材《运动训练学》2000 版中关于力量的定义，是指人体神经肌肉系统在工作时克服或对抗阻力的能力。

2. **力量分类**

力量素质的分类主要有如下几种：

（1）根据与专项的关系，可以分为基础力量和专项力量。基础力量是指身体各部位肌肉在完成基本动作时，对抗和克服负荷的能力。基本动作是指肌肉的一般收缩和伸展动作，而非特定的专项动作；专项力量是指在参与肌群的动作模式、关节活动角度以及供能方式等方面都严格符合专项动作特点的力量。

(2) 根据力量与体重的关系，可以分为绝对力量和相对力量。绝对力量是指在不考虑体重的条件下，所表现出来的最大力量；相对力量是指运动员单位体重所具有的最大力量。相对力量=最大力量/体重。应该注意的是相对力量值的单位是 F/M，因此，严格来讲相对力量不是力量。相对力量是单位体重力量的大小，在一定程度上反映肌肉质量的好坏。在克服自身体重的位移性运动项目中和分级别的运动项目中，相对力量具有十分重要的意义。

(3) 根据力量表现的形式可以分为最大力量、快速力量和力量耐力。最大力量是指人体肌肉最大随意收缩时表现出来的最大能力，它的增加是基于"神经肌肉控制"和"肌肉横断面"两者共同作用的结果。在抗阻训练开始阶段力量的增加主要是因为"肌肉神经控制"作用增强的结果。一旦神经肌肉系统募集运动神经元的能力达到饱和，则身体便通过增加肌纤维的横断面积以提高肌肉力量。最大力量对于不同项目的作用取决于所对抗的阻力的大小，对抗阻力越大，最大力量的作用就越明显。另外，值得注意的是跳高、排球等项目，由于对体重的苛刻要求，所以最大力量提高时，不能使肌纤维的围度过大。

快速力量是运动员在特定的负荷条件下所表现出来的最大动作速度（通常在150毫秒左右）。它取决于肌肉的收缩速度和最大力量。快速力量包括起动力量、制动力量、爆发力和反应力量。起动力量指运动员由静止状态（预备或起始姿态）下发力的能力，也可定性为肌肉在50毫秒内达到最大力值的能力。初始力提高率在体育运动中非常重要（图4-14），可以最佳化地完成动作，如拳击、击剑、空手道等项目。力量提升率（RFD rate of force development）取决于运动单位的动员、激活频率和肌纤维的收缩特征。如果克服的阻力很小，则主要是初始力提高率起作用（射门）；如果阻力加大（铅球），则需要最大力提高率起作用；如果负荷非常高（举重），则最大力量起决定作用。

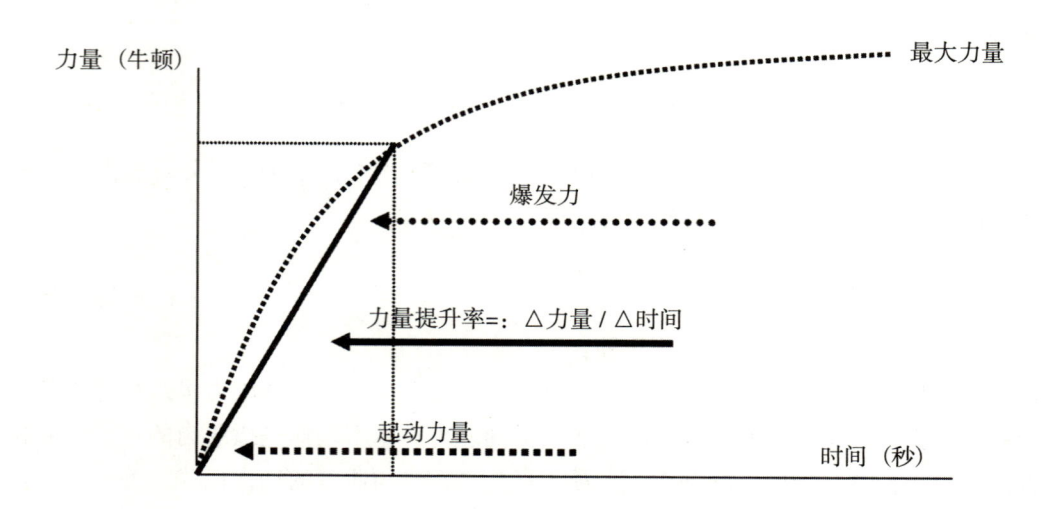

图 4-14　力量提升率（G. Gregory Haff）

爆发力是指动员以尽可能多的运动单位同步工作，使已经开始张力增加的肌肉产生最大加速度收缩，将起动力量进一发展至最大化，表现最大瞬间爆发功率的能力。爆发力往往通过最大力提高率（MRFD）来反映，可以用最大力提高率（MRFD）来代替，描述的是神经肌肉系统产生高速运动的能力。在力量-时间曲线中，爆发力就是力的最大增长值（见图4-14）。

然而，在物理学中爆发力被定义为"单位时间内的做功"，功率等于施加于物体的力乘以力作用方向的速度，也可以是物体速度和物体移动方向的力的乘积。功的单位是焦耳，功率的单位是瓦特。

其公式为：功率=力量×速度

也可以写成：功率=力×距离/时间

最大功率一般在30%~50%的最大阻力下产生（图4-15）。

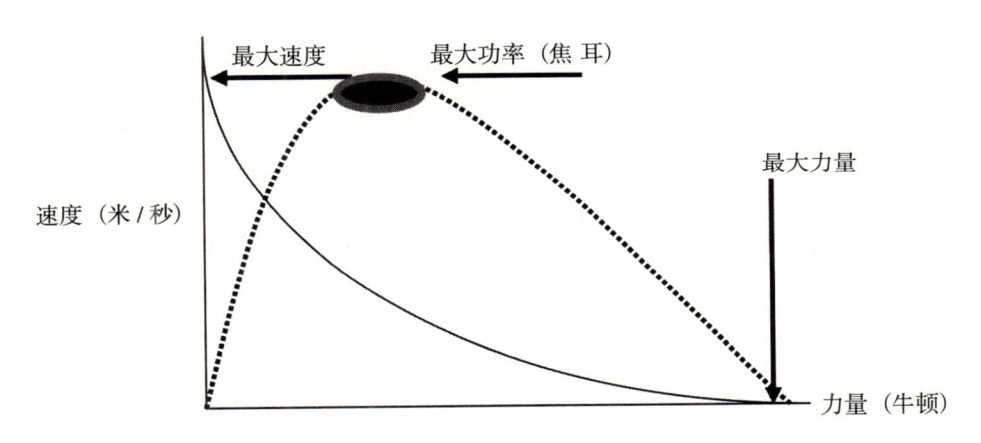

图4-15 速度、力量、功率关系图（G. Gregory Haff）

在动作速度很高的情况下发出很大的力量是不可能的。人体要想表现出最大力量，一般需要0.5秒以上的时间，而在绝大多数运动项目的比赛中几乎没有机会去展示最大力量，例如短跑和跳跃项目的支撑时间都小于0.02秒，由此就会产生实际表现的力量与巨大力量之间的差值，这个差值就叫"爆发力不足"。

制动力量是指在迅速改变运动方向的过程中，肌肉克服阻力，产生最大负加速度的能力，即以较高的加速度朝相反的方向运动的能力。制动力量取决于肌肉的退让与超等长工作能力。

反应力量是指肌肉在由离心拉长到向心式收缩时，利用肌肉的弹性能量的储存与释放、神经反射性的调节所爆发出的力量。反应力量主要受肌肉弹性势能的利用率、运动神经的控制的影响。反应力量有的研究者也称弹性力量或增强式力量。

力量耐力是指运动员在静力性工作中长时间保持相应强度的肌紧张，或在动力、工作中多次完成相应强度的肌收缩的能力。力量耐力水平通过抗疲劳的能力或长时间对抗外部阻力的情况下维持更多的动作重复次数或长时间用力时体现的。前者称为静力性力量耐力，后者称为动力性力量耐力。动力性力量耐力又包括最大力量耐力（重复表现最大力量的能力）、快速力量耐力（重复快速表现大力量的能力）以及长时间力量耐力（多次重复表现一定力量的能力）。

（4）根据肌肉收缩的形式，可以将力量划分为静力性力量和动力性力量。静力性力量是指肌肉作等长收缩，肌体不产生明显的位移。如体操中的支撑、悬垂和平衡动作。动力性力量是指肌纤维紧张持续时间短，收缩和放松不断交替，经常改变拉力角度、方向及骨杠杆位置运动产生的力量。动力性力量又分为向心（克制收缩）力量和离心（退让收缩）力量。竞技体育运动中，一些动作并不是单独的向心或离心运动，人们把肌肉的离心和向心收缩的结合的收缩称为超等长（拉长–缩短循环）运动，这种复合运动产生的力量叫做增强式力量。还有一种动力性运动被称为等动收缩，它是指肌肉在整个关节运动范围内，以恒定的速度进行收缩，并在关节的整个运动范围内，都能产生同样大的张力，该运动产生的力量叫做等速力量。

（5）据肢体的位置，可以分为核心柱力量、四肢力量。核心柱包括肩关节、躯干和髋关节，此区域的抗组练习就是核心柱力量练习，而上下肢的抗组练习就是四肢力量练习。

（6）根据功能性，可分为结构性力量和功能性力量。结构性力量指脊柱负重的抗组练习，例如强调脊柱直接负重（背蹲）或间接负重（高翻、纵跳）的核心（主要）练习可叫做结构性力量练习。而功能性力量是一个新兴的概念，目前还没有一个统一的说法。NSCA 认为，与专项需求相结合的练习就是功能性练习。举个例子，一个要跟人家比赛卧推的人，对他来说他的功能性训练方式就是卧推。现在流行的观点认为，功能性训练更加强调多关节、多平面、融合本体感觉的训练，以达到能量在人体运动动力链中的高效传递、动作模式稳定与整个运动过程能量使用的经济性。一般不负重和轻负重的训练是完成这种类型训练任务的必要手段。

（二）力量训练的方法与手段

随着现代体能训练理论的不断发展，动力性力量训练已成为竞技运动中发展运动员力量最主要和最基本的形式。

设计力量训练必须考虑几个要素，即负荷强度、组数、每组重复次数以及间歇时间。

1. 力量训练强度的评定与设计

（1）力量训练强度 RM（repetition maximum）。运动训练的强度和负荷是训练的关键，在力量训练内中，"RM"被规定为能够重复试举一定次数的负荷重量，如"6~12RM"所表达的就是"最多能重复或连续试举 6~12 次的重量"。如用 100 公斤进行卧推练习，当竭尽全力最多只能连续推举 5 次时，那么这 100 公斤就是该动作

5RM 的重量。

负荷强度，指完成某一练习时身体的用力程度。在力量练习中，练习重量一般就被视为代表负荷强度的主要指标，实践中就把练习重量看成负荷强度。

一般而言，1RM 每减少 2.5%，重复次数就能多增加 1 次（表 4-3）。

表 4-3　重复次数与强度 RM 比例关系%（NSCA 教材 2011 年第 3 版）

%1RM	100	95	93	90	87	85	83	80	77	75	70	67	65
次数	1	2	3	4	5	6	7	8	9	10	11	12	15

（表头合并单元格：1RM 百分比）

（2）1RM 直接测定。首先要考虑到运动员的运动技能，要谨记的是此方法适用于做过抗阻训练的有经验的运动员，而且一般只适合于基础的核心练习。

1RM 测试注意事项：

——每次试举间充分休息（2~4 分钟）

——第二次尝试时减小负荷

——理想的情况是在 5 次测试之内找到 1RM

1RM 测试方案：

①指导运动员以小负荷（轻松做起 5~10 次的负荷）进行热身。

②热身后间歇 1 分钟。

③增加负荷，使运动员能完成 3~5 次重复，增加方式为（热身性试举）：上体测试 4~9 千克或 5%~10%；下肢测试 14~18 千克或 10%~20%。

④休息 2 分钟。

⑤增加负荷，使运动员能完成 2~3 次重复，增加负荷方式同③。

⑥2~4 分钟休息。

⑦按照③增加负荷。

⑧令运动员进行 1RM 试举。

⑨如果运动员成功，则休息 2~4 分钟，再由⑦开始重复；如果运动员试举失败，则休息 2~4 分钟，按如下方式减小负荷：上体测试，2~4 千克或 2.5%~5%；下肢测试，7~9 千克。然后回到⑧。

继续增加或减小负荷，直到运动员可以以完好的技术完成一次重复的最大重量测试。最好在 5 次测试之内找到 1RM。

（3）多 RM 测试，估算 RM。

另外，还可以通过估算公式来推算自己的 RM。例如：如果你能举起 40 千克的重量，则先在表 4-4 第一列找到 40 千克，然后横向找到它与 5RM 的交叉点，该交叉点对应的数值是 46，那么 46 千克就是你的 1RM。

表 4-4　1RM 估算表

公斤/磅	1	2	3	4	5	6	7	8	9	10
5	5	5	5	6	6	6	6	6	6	7
7.5	8	8	8	8	9	9	9	9	10	10
10	10	11	11	11	11	12	12	13	13	13
12.5	13	13	14	14	14	15	15	16	16	17
15	15	16	16	17	17	18	18	19	19	20
17.5	18	18	19	19	20	21	21	22	23	23
20	20	21	22	22	23	24	4	25	26	27
22.5	23	24	24	25	26	27	27	28	29	30
25	25	26	27	28	29	30	30	31	32	33
27.5	28	29	30	31	31	32	33	34	35	37
30	30	32	32	33	34	35	36	38	39	40
32.5	33	34	35	36	37	38	39	41	42	43
35	35	37	38	39	40	41	42	44	45	47
37.5	38	39	41	42	43	44	45	47	48	50
40	40	42	43	44	46	47	48	50	52	53
42.5	43	45	46	47	48	50	51	53	55	57
45	45	47	49	50	51	53	54	56	58	60

（4）RM 力量强度目标（表 4-5）

表 4-5　力量训练强度目标区域（NSCA 教材 2011 年第三版）

RM	≤2	3	4	5	6	7	8	9	10	11	12	13	14	15	16	17	18	19	≥20
训练目标	肌力						肌力					肌力								
	*爆发力			爆发力						爆发力										
	肌肉肥大					肌肉肥大					肌肉肥大					肌肉肥大			
	肌肉耐力			肌肉耐力							肌肉耐力								

表 4-5 中的黑体字部分就是训练目标的主要区域。需要说明是的，用 2~5RM 不是不可以增加肌肉耐力，而是发展肌肉最大力量更为有效，并且用 15RM 以上重复次数对发展肌肉耐力最有效。至于发展肌肉横断面，则使用 6~12RM 最见效果，所以表中用字体大小的变化来说明这一情况。

表 4-5 中 "*" 显示的爆发力练习的重复次数变化范围，与 % 1RM 和重复次数的关系是不一致的。一般来说，爆发力练习的负荷选用 80% 1RM，重复次数为 2~5 次。力量速度曲线说明产生的向心收缩力量越大，肌肉收缩的速度及相应的动作速度就越慢（反之亦然），而最大爆发力是在中等重量 30%~60% 最大重量练习时产生的。进行 1RM 的训练，动作速度会非常缓慢，可以产生最大力量，但输出功率却减少。

当强度从 1RM 降低到 90% 1RM 时，输出功率反有 5%~10%的增加。另外，在实际体育运动中，只有极少数项目需要 1 次发挥最大力量（例如举重），大部分项目，比测试 1RM 的动作速度要快，功率输出要高，因此，为改善最大爆发力而设计的抗组训练，负荷设定在 80% 1RM 最为有效。

为加强力量训练的专项性，对于 1 次用力的爆发性运动项目（如投掷、跳跃等）及多次用力的爆发性运动项目（如球类等）应有所区别。NSCA 建议 1 次用力项目采用 80%~90%的 1RM 重量，每组 1~2 次；多次用力的项目采用 75%~80%的重量，每组 3~5 次。这样安排可以让运动员留有余地，每组保证以最大的输出功率去完成练习，不至于使肌肉过度疲劳导致技术动作变形。

（5）%1RM 与重复次数的关系表的不足：

①重复次数只在做一组练习的情况下运用，当运动员做多组训练时，可能需要减轻负荷重量；

②主要基于卧推、背蹲、高翻或挺举；

③器械练习与自由重量练习的结果不同，给定% 1RM 器械完成次数较多；

④大、小肌群的结果不同，给定% 1RM 小肌群练习次数少于大肌群练习；

⑤≥75% 1RM 和重复次数≤10 次的负荷，结果最为准确；

⑥受过抗组训练的运动员，可能会做出更多的重复次数，尤其是下身的核心（主要）训练动作；

⑦不同项目之间不能比较 RM，耐力性项目一般高于爆发力项目。

2. 不同类型力量训练方法

根据力量训练时肌肉工作的类型，主要分为动力训练法和静力训练法两种。目前，这两种发展力量的方法已广泛运用。其规律是：举一定重量—增加次数和组数—增加重量—再增加次数和组数—再增加重量，如此循环往复，不断提高力量水平（表 4-6）。

表 4-6　力量训练分类表（2011 年 AP）

训练目标	次数	%1RM	组数	动作练习时间	间歇时间
最大力量	≤5	85%~100%	≤6~12	<20 秒	3~5 分钟
最大相对爆发力	≤5	45%~65%	≤5~10	爆发性	3~5 分钟
一般（功能）力量	6~8	79%~85%	4~8	20~40 秒	1~2 分钟
肌肉横断面	9~12	70%~80%	3~6	40~70 秒	<1 分钟
肌肉耐力	12+	≤70%	2~4	70 秒+	<30~45 秒
爆发力耐力	10~20+	30%~45%	2~4	爆发性	<60~90 秒

（1）发展最大力量的训练方法：最大力量的力值主要取决于肌肉的生理横断面面积和尽可能动员肌肉的更多运动单位参加用力的能力，以及不同肌群间的合作能力。

从改善肌肉内部的协调能力来看，应采用85%以上的负荷强度，但是还应该考虑到这种改善肌肉内部协调性的负荷，对肌肉间协调能力可能起不到积极的作用。所以，还应该安排一些带有一定技术要求的中等强度（40%～60%），或低于专项比赛动作强度的力量训练手段，以改善肌肉间的协调能力，发挥协同肌的有效作用，协调主动肌与对抗肌间的良好配合能力。

①通过肌肉质量训练法：又称健身法。这种方法的训练效果主要是提高肌肉的质量，同时伴有少量的神经元的适应，因此，可明显提高肌肉的最大力量。其特点是多组多次重复最大负荷（60%～80%）。持续负荷是80%，3～5组8～10次的重复，组间休息3分钟。逐步增加负荷方法，按上述方式练习的组数和重复的次数逐步减少，通常练习到没有外力帮助下难以完成最后一次重复为止。这种情况须有保护者提供轻微的帮助完成。广泛施压训练方式的目的在于使肌组织广泛耗竭，而集中施压这种方法的目的是集中使快速收缩纤维耗竭（表4-7）。

表4-7 通过提高肌肉质量发展最大力量法

特点	负荷强度（%）	组数	每组重复的次数	每组间歇（分钟）
持续负荷	80	5~8	6~12	3
递增负荷	70、80、85、90	1、2、3、4	12、10、7、5	2
广泛施压	60~70	3~5	15~20	2
集中施压	85~95	3~5	8~5	3

（帕沃·V·科米，体育运动中的力量与快速力量）

②离心力量训练法：这种方法一般采用超过最大向心收缩力量负荷的150%强度进行训练，训练时达到用力极限。适当的离心力量训练对向心收缩力量是一个有益的补充，有利于改善力量练习中出现的力量增长停滞的现象，但离心性力量练习更容易引起延迟性肌肉酸痛，在训练后必须进行放松。另外，由于离心性力量练习的负荷，超过向心练习的极限，因而需要特殊的仪器设备和必要的保护（表4-8）。

表4-8 离心力量训练法

负荷强度	<80%	80%	100%	110%	120%	130%	140%
组数	1	1~2	1~2	1~2	2	2	1
次数	2	3	3	2	2	2	1
完成速度	每组均为5~10秒							

（帕沃·V·科米，体育运动中的力量与快速力量）

③金字塔法：金字塔法是一种常见并行之有效的增长最大力量的训练方法。其优点是把增大肌肉体积与改善肌肉协调相结合，使机体有一个适应过程，防止外伤事故的发生，提高练习者的兴趣。

A. 典型金字塔法：典型金字塔的练习组合方式，是开始负荷为最大负荷的

85%×6 次，递增负荷至 90%×3~4 次，递增负荷为 95%×2~3 次，直至负荷至 100%×1 次（图 4-16）。

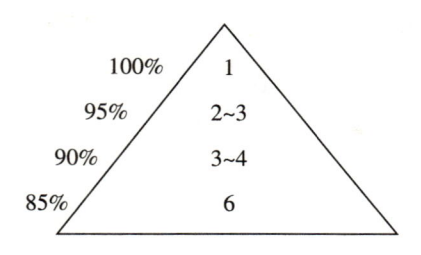

```
        100%      1
       95%       2~3
      90%       3~4
     85%         6
```

图 4-16　典型金字塔训练法（万德光，2003）

B. 窄金字塔法：其特点是非常突出强度，几乎每周、每天、每项都要求达到甚至超过本人当天最高水平，在计划规定的时间内，要求组数越多越好，组与组之间的间歇以能休息过来为准（表 4-9）。使用此方法训练时，中枢神经系统抑制降低。缺点是超过 90%RM 以上的训练不能持续 3 个星期以上，不然神经系统开始减弱，运动员的实力将开始降低。因此，每 1~3 周适当进行转换练习。

表 4-9　极限强度法力量训练的负荷特征

负荷强度	90%	95%	97.5%	100%	100%以上
组数	3	2	2	2	1~2
每组次数	3	2	2	1	1
每组间歇（分钟）	3	3	3	3	

（万德光，2003）

C. 双金字塔法：双金塔法是由两个金字塔组成，一个金字塔倒置在另一个金字塔的塔尖上。训练时先完成底座金字塔的内容，然后再完成上面金字塔的内容（图 4-17）。

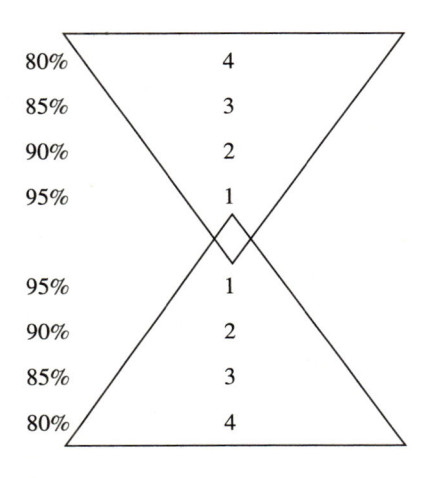

```
      80%    4
      85%    3
      90%    2
      95%    1

      95%    1
      90%    2
      85%    3
      80%    4
```

图 4-17　双金字塔训练模型（Gross and Neumeier1986）

除了上述常用的训练方法以外,还有等动训练、静力训练、振动训练、气动训练以及电刺激等方法都可以发展最大力量,可以结合自身实际情况以及项目特征有条件地选择和运用。

(2) 快速力量训练方法

快速力量取决于肌肉的收缩力量和收缩速度,只有使肌肉力量和肌肉速度两方面都提高,才能取得快速力量训练的最佳效果。

①负重练习法

A. 负荷重量:一般多采用本人最大负重的 40%～80% 的强度,这可兼顾力量和速度两方面的发展。练习中应要求运动员尽量体会最大用力和最大速度感。

B. 练习的次数和组数:一般每组重复 5～10 次,完成 3～6 组。练习组数的确定,应以运动员不降低完成动作的速度为限。如果动作速度明显下降,则应停止练习。组间间歇时间应充分而不过长,一般为 2～3 分钟。间歇时间过长,会导致中枢神经系统兴奋性下降,影响下一组练习。

②增强式训练法(plyometric 训练法)

A. 增强式训练的概念:plyometric 练习一般主要是采用各种形式和要求的克服自身体重的跳跃、移动练习,例如各种方式的台阶跳、跨步跳、纵跳、蛙跳和跳深等练习。

B. 强式训练的分级:此练习对力量、技术有一定的要求,障碍跳的高度要适宜,障碍物间的间距以不停顿能连续跳过下一个障碍物为准。练习中要注意保持动作的连贯性和爆发性用力的特征。可用双脚跳,也可用单脚跳。练习前要做好充分的准备活动,防止肌肉拉伤和踝关节扭伤。同时在练习中要贯彻以下原则:单次动作到多次的动作、单一反应到多反应的复杂动作、单方向到多方向、一个难度到多难度。

另外,轻负重、徒手的快速专项动作练习,把快速力量训练与专项技术训练相结合,也是发展快速力量素质的有效手段。

③综合训练法:综合训练法是抗阻练习和快速力量练习相结合的一种方法。先进行抗阻力量训练,然后接着进行快速力量训练。此方法将跳跃、杠铃、各种力量练习器械和跳深练习组合起来进行练习。组合练习的方案是多种多样的。在一次训练课中,一般应先进行负重和杠铃练习,然后再进行各种与转向动作相近的跳跃练习。

(3) 力量耐力训练方法

①强度:发展力量耐力的负荷强度一般多采用最大力量的 25%～55%,可采用持续训练法、间歇训练法和循环训练法。运用这 3 种方法发展力量耐力时,如果练习时间短(20～60s),达不到抗疲劳的负荷程度,就应该在疲劳尚未消除时进行下一组练习;如果练习时间长(2～10min),那么就应该使训练能充分恢复到训练前的水平。

②练习的重复次数与组数:只有做到足够的练习次数,才能改善血液循环和呼吸系统的机能,才能使用糖酵解系统产生的能量。因此,一般要达到极限的重复次数,坚持到再也不能为止。具体练习的重复次数要因负荷重量(强度)的不同而不同,以

20~100次的重复次数为宜。练习的组数根据训练水平而定，一般来说，组数不多，应在达到足够练习次数的前提下确定练习的组数。

③练习的持续时间：采用动力性练习的持续时间是由完成练习的重复次数所决定的，所以应尽量增加练习的重复时间，延长练习的持续时间。做静力性练习时，单个动作的持续时间一般是从 10~11s 到 20~30s，主要取决于负重量的大小和训练水平的高低。力量耐力练习的持续时间不完全是由个人所具有的最大力量决定。因此，对练习次数和坚持时间的确定，不应以本人所具有的最大力量为依据，而应主要考虑受训者的循环系统和呼吸系统机能水平。

④组间的间歇时间：组与组之间的间歇时间长短是由练习的持续时间和参加工作的肌肉多少而定。练习的持续时间短，如 20~40s，在完成几组练习之后，需要达到疲劳积累的目的，那就应在工作能力尚未完全恢复时进行下一组的训练；如练习的持续时间长，而机体疲劳已达到相当的程度，那么组间的休息时间就应长些。一般来说，当心率恢复到 110~120 次/分钟时，便可进行下一组训练。

二、速度训练

（一）速度的定义与分类

速度是指人体快速运动的能力，也指人体或人体某一部分快速移动、快速完成动作和快速做出运动反应的能力。它是人体重要的运动素质之一，对于运动员整体竞技能力的提高有着重要意义。

根据运动员在运动时速度表现特点的不同，速度可分为反应速度、动作速度（含动作频率）和周期性运动中的位移速度。（图 4-18）

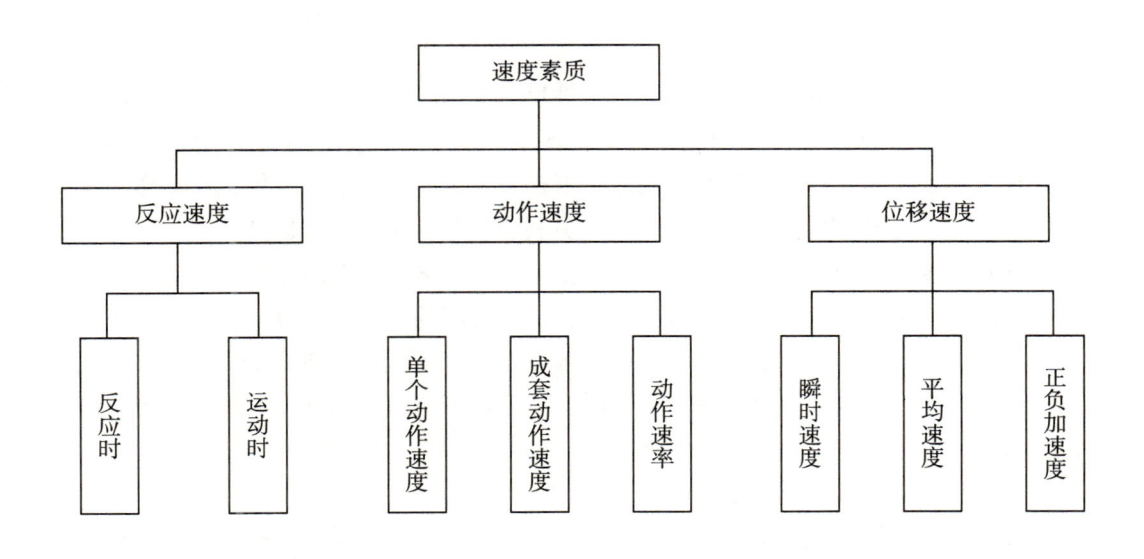

图 4-18 速度素质的表现形式（《身体素质训练法》1999 年）

反应速度是指人体对各种信号刺激（声、光、触等）快速应答的能力。动作速度是指人体完成单个和成套动作快慢的能力，动作速度又分为单个动作速度、成套动作速度和动作频率（或动作速率）3种。位移速度是指在周期性项目运动中，单位时间内机体快速移动的能力。

（二）速度训练的方法与手段

1. 反应速度训练

（1）反应速度训练要求：人体在运动中的反应被分为简单反应和选择性反应。对声音固定的单一刺激所产生的特定反应称为简单反应，这类反应主要表现在田径、游泳等竞赛的起跑和出发上。不过绝大多数运动场合的刺激信号是复杂多变的，必须根据不同刺激信号做出选择性反应。

（2）反应速度训练方法：

①简单反应时的重复训练。反应速度的训练应先从提高简单反应时开始。简单反应时是在简单、固定的信号刺激下人体本能的最快反应速度。练习时所使用的刺激信号尽可能固定单一，信号一旦发出，就让运动员迅速做出一个相应的动作，并且是越快越好。简单反应的重复练习对训练水平较低的初学者尤为重要。

②选用不同类型的刺激信号提高专项反应能力。由于竞赛项目的不同，所接受信号的感觉器官也不相同。如短跑、游泳、速滑等速度型项目是听觉反应，因此在训练中主要采用听觉信号来提高反应速度。球类、击剑、拳击等直接对抗性项目的运动员是视觉反应，训练中主要通过各种视觉信号的传递和给予对方的技、战术信息来提高运动员的应变能力。对于集体项目的选手，除视觉信号外，亦需给予一定的听觉信号进行综合性训练，使运动员能迅速接受同伴传来的信息，及时做出正确的判断，以便组成默契的战术配合。

③采用复杂多变的刺激信号提高选择性反应能力。在运动中经常使用的反应是选择性反应，提高选择性反应的刺激信号要多变、复杂。例如，连续发出各种不同信号，要求运动员迅速做出各种相应动作；根据发出信号要求运动员做相反动作，然后再随时变换信号和相应动作。反复练习可更利于复杂反应速度的提高。

④根据项目特点确定信号刺激训练的负荷量度。进行短距离竞技项目听发令做起动训练时，运动员应处于良好的机能状态，一般练习的次数不可过多，不要在疲劳状态下进行训练。对抗性项目的选手由于要在实战中不断做出各种不同的选择性反应，因此，训练中要分别在运动员体力充沛时、略感疲劳时以及非常疲劳时安排相应的刺激信号，使训练更实际。

（3）反应速度训练举例：

①移动信号源做单一信号的练习。如跆拳道选手根据教练靶位的移动而出击等。

②固定信号源做选择信号的练习。如羽毛球多球训练中，教练员发球，运动员做

出瞬间判断，接好不同的来球。

2. 动作速度训练

（1）动作速度影响因素：动作速度除了决定于信号在各环节中神经传递速度之外，还与神经系统对人体运动器官指挥能力关系的密切程度有关。如兴奋冲动强度大，加之传递速度快，协调性好，即指挥的能力强，动作速度必然快。此外，动作速度的快慢还与人体各器官系统的准备状态、快速力量与速度耐力水平以及动作熟练程度有关。

（2）动作速度训练要点：培养动作速度，必须通过技术的提高与其他能力的发展才能实现。在训练中则需要相应地采用不同手段提高运动员的动作速度，一般说大强度的重复训练法是提高运动员动作速度最主要的训练方法。

①选择专项动作，或对掌握、完善专项动作有积极作用的练习，采用高速完成动作的重复练习。

②选择已能熟练完成的动作进行练习。练习过程中不需要分散精力去注意怎样做动作，而是把精力高度集中到完成动作的速度与频率上。

③可采用助力法或预先加难法进行练习。在外力的帮助下，或在减少负荷重量的条件下，运动员能够以更快的速度完成动作，有助于良好的动力定型的形成；加大难度，加大阻力进行练习后，突然将阻力取消，或将难度恢复到正常水平，利用前面的练习对神经系统及运动系统在短时间内的后续作用（痕迹作用），亦可有效地提高动作速度。

④练习中速度不应下降，练习的次数或持续时间应以能保持最大动作速度为标准；重复练习时每两次练习之间间歇长短应以保证工作肌肉中消耗的 ATP 得到重新合成补充，同时神经系统以保持必要的兴奋程度为标准。

⑤练习前必须做好准备活动（预热）。

（3）发展动作速度手段举例：

①大强度的分解技术练习。如投掷运动员最后用力的快速徒手练习或持重物的投掷练习、网球运动员的快速挥重拍练习等。

②助力练习。利用外界助力帮助运动员提高完成动作的速度，如撑竿跳高运动员在最后起跳瞬间教练员助推练习。

③减少负荷练习。如投掷运动员用轻器械做投掷练习。

④预先加难练习。如篮球运动员用加重篮球做投篮动作训练。

3. 移动速度训练

（1）周期性竞赛项目的移动速度训练：

①周期性竞赛项目移动速度的决定因素。周期性竞赛项目的移动速度主要取决于全程的动作频率以及每一个动作周期在特定运动方向上的位移幅度。

②周期性竞赛项目移动速度训练方法：

A. 重复训练法

练习强度：移动速度属极限强度，应以高强度进行移动速度训练。一般强度控制在90%~95%，在此之前应安排一些中等或中上强度的练习。

练习量：要保证一定的训练时间，但是不宜太长。高强度的速度训练一般持续时间在20秒以内。次数和组数的确定应根据运动员最高速度出现的时间与保持的时间，以及克服疲劳和机体恢复能力来决定。一般说，极限负荷时间歇时间短，一组6~7次，重复5~6组；非极限负荷时间长，重复次数和组数减少。

间歇安排：训练间歇时间安排的原则是既要保持一定的兴奋，又要使运动员的氧债得到补偿，体内乳酸得到缓解。一般说，极限强度时的间歇时间为1~2分钟，组间间歇为2~5分钟；非极限强度时间长，因而间歇时间也要长些。

B. 变速训练法：变速训练法是指以快、慢速度交替进行训练的方法，是变换训练法的一种。变速训练的配合方案很多，一种是基本距离不变，快速和慢速相应改变。如在游泳项目中，基本距离为1000米，快速距离从25米逐渐增加到50米、75米等；慢速距离由75米逐渐减至50米、25米。另一种是快速和慢速距离不变，逐渐增加距离。第三种是三者都进行相应的改变。

C. 专项速度节奏训练法：专项速度节奏训练法是指以最高速度发挥与保持技术和速度节奏控制技术密切结合的一种训练方法。如在跳远项目中助跑速度训练越来越接近运动员的最高速度，可是，准确起跳技术对助跑速度又有一定的制约作用，因此，专项速度节奏训练就成为跳远运动员助跑速度训练的一种必然手段。

D. 快速力量训练法：见快速力量训练。

E. 助力速度训练（也称超最大速度训练法）：助力速度训练法是指利用器材或场地的情况进行最大速度练习，是有利于突破已有的速度上限的一种方法。如短跑中的下坡疾速跑等都是以打破已有的速度极限为目的的训练方法。

助力速度训练的目的是通过助力提高步长和步频。研究显示，每秒钟的步频和步长经过4~8周的助力训练得到提高。

助力速度训练的手段主要有下坡跑、牵引练习、高速电动跑台跑等练习。

（A）下坡跑：研究表明，在3°的斜坡上全力跑可使水平速度比平地跑的最大速度提高0.5米/秒。这个研究没有发现步频有任何增加，而只有步长的加大，所以它是使速度加快的唯一因素。更大的斜坡将会使运动员跑的步长更大，造成制动力加大，并破坏正确的短跑技术。

方法要点：选择50米的斜坡，倾斜角度在3°~7°。理想的条件是在20米平坦的地面上加速跑（加速获得接近最大的速度），接着做15米倾斜角度在3°~7°的下坡冲刺（产生比正常条件下更大的步长、步频和速度），最后接15米的平地冲刺（没有助力的情况下，保持较高的速度）。

（B）牵引练习：通过使用牵引装置使运动员的跑速超过在没有助力的情况下达到的速度，从而进行超最大速度跑的练习。在超最大速度跑中，步频加快，蹬地反作用力加大，肌肉内储存的弹性能增加，而且肌肉收缩的效率以及跑的技术都得到改善。

值得注意的是，超过最大速度106%的跑会使步长加大，这样又会造成第一步落地时制动的加大，从而使步频较低。

（C）高速电动跑台跑：这种超最大速度训练的效果主要体现在股后肌群力量的提高上。在进行这种高速跑道训练之后，可以发现伸髋肌和屈膝肌力量有明显的提高。

高速电动跑道训练的不足，是由于跑台地面水平向后快速运动而不是运动员推动自己的身体向前水平运动，这会影响运动员在正常跑道上跑时的运动学特征。

助力速度训练对教练员的提示：必须保证运动员被牵引的跑速不能太快，一旦运动员感觉由于速度过快而不能保持跑的正确技术，就应停止继续跑。我们可以做出结论：这种超最大速度跑的训练方法对加快步频有积极的作用。

超最大速度跑训练应作为一项全年进行的内容，如果与无助力和阻力速度训练方法结合起来进行，则会得到更大的益处。

与所有高强度训练方法一样，这种方法的运动量在开始时要小，要循序渐进，主要的训练重点是运动员要尽最大努力去跑，并且保持正确的短跑技术。

F. 阻力速度练习：这是一种通过加大跑动的阻力以提高下肢力量的速度训练方法，包括上坡跑、拖重物跑（轮胎、雪橇、降落伞等）、沙地跑、水中跑，以及穿重背心跑等方法。

任何想要加快跑速的运动员都必须在加速阶段克服身体的惯性。在这个过程中，积极参与作用的是髋关节（臀大肌和股后群肌）、膝关节（股四头肌）和踝关节（腓肠肌和比目鱼肌）有力的伸肌群。为了使加速跑阶段和高速跑阶段的水平速度达到最大限度，阻力训练的目标必须放在加大伸髋肌群的力量上面。

每种方法都是为了给主要的下肢肌群增加负荷。这些肌群力量的增大会使跑的步长加大，当与最佳的步频结合时，就会表现出更快的水平速度。

（A）上坡跑：在3°的斜坡上全速进行上坡跑时要努力加大步长，以加大伸髋肌承受的负荷，这样，当运动员在平地跑时，伸髋肌的能力会得到增强。

用大于3°的斜坡进行上坡跑训练对于发展伸髋肌的力量仍是有益的，但在发展短跑项目的专项技术方面则效果差一些。

要点：强度，高；角度，3°~7°。

要求：跑动时保持正确的身体姿势和技术动作，跑动距离30~50米。

注意的问题：速度降低10%；斜坡超过7°；要保持合理的技术。

（B）拖重物跑：拖雪橇、轮胎、降落伞或其他重物跑一定的距离是发展跑速的常用方法。这些方法的基本原理是增加动作的阻力，要求运动员加大肌肉收缩力量（特别是髋、膝、踝3个关节的伸肌群），以保持不断的快速跑。但是，使用降落伞的一个主要弊端，是在跑的过程中伞不是稳定地在运动员的正后方，而是左右晃动（在有风的情况下晃动更大），这使运动员很难以非常快的速度跑动，在跑的过程中还要努力保持平衡。这也许对集体项目（球类）的运动员有一定的用处，但如果只是为了提高跑速，这种方法的作用有限。

（C）沙地跑和水中跑：这两种环境对增加跑动中运动员受到的阻力是理想的，但它们都在加大步长（伸髋肌的利用）方面的作用有限。在这两种环境中跑时受到的阻力会使屈髋肌负担加大，而不是伸髋肌。在浅水中（20～30厘米深）跑时，运动员的注意力放在了将腿抬出水面上；在沙地上跑时，运动员利用下肢伸展力量的能力下降，而是通过缩短步长和加快屈髋速度来使步频加快，从而提高跑速。

（D）穿重背心跑：增加的负荷应对腿部伸肌力量的提高和跑的速度有积极的作用。穿重背心训练的一个积极作用，是增加了的体重使脚每次着地时产生的垂直力加大，这会增加肌肉完成牵拉－缩短周期（增强式力量）时承受的负荷，从而提高脚着地时肌肉的紧张度。这种训练将增进肌肉承受更大离心负荷的能力，在肌肉内储存更多的弹性能量，加大肌肉收缩产生的爆发力，使得跑时步长增加。

阻力速度训练对教练员的提示：如果要使阻力训练符合短跑项目的特性，那么在速度－力量性跳跃练习中施加的阻力必须是最小的（除了特别有力的运动员以外，通常运动员自身的体重就足够了）。在拖雪橇或轮胎的练习中，重量为10～25千克。经常进行这种阻力训练会使神经肌肉系统对快速动作速度产生适应性变化。

将以上所述阻力练习与最大力量训练结合进行将有助于力量向快速动作转化，从而提高运动员的爆发力水平。在整个训练年度中都要安排具有速度－力量特性的训练，而不是在力量和耐力训练之后才安排，这样才更合适。

如果将这些阻力训练与无助力或助力速度训练方法结合起来进行，教练员将能够最大限度地挖掘运动员的速度潜力，而速度又是大多数运动项目运动员所需要的重要素质。

（2）非周期性竞技项目移动速度的训练：非周期性竞技项目竞赛中，运动员移动速度的表现具有一次性或间断性或多元性及多向性的特征。投掷、跳跃、举重等项目选手的爆发式用力都是一次性的，而各种球类及体操、技巧等项目比赛中，运动员不断地在前、后、侧、上、下多种方向上产生位移。因此，在训练中就要根据不同项目的特点与需要安排应有的移动速度训练。

三、耐力训练

耐力素质作为体能的基本成分之一，在绝大多数运动项目中起着直接或间接作用，对于周期性耐力项目来说，耐力水平是决定径赛、游泳、自行车、滑雪比赛成绩的主要因素。对于球类运动项目来说，在持续较长时间的竞争中，耐力素质的好坏也决定着比赛结果的走向。对于速度、力量型的运动项目来说，虽然耐力素质对竞技成绩无直接影响，但为了保证训练强度、提高训练水平，以充沛的体能参加比赛，同样需要发展相应的耐力素质。

(一) 耐力的定义与分类

耐力是机体长时间抗疲劳的能力。

耐力素质的划分较为复杂,根据分类的方法、角度不同,耐力素质可划分成许多种类。

根据运动持续的时间,可把耐力素质分为短时间耐力、中等时间耐力和长时间耐力。

根据与专项的关系密切程度,耐力可分为一般耐力和专项耐力。

根据器官系统的机能,耐力素质能分为心血管耐力和肌肉耐力。

根据肌肉的工作方式,耐力素质还可分为静力性耐力和动力性耐力。

根据身心特点,耐力又可划分为生理耐力和心理耐力。

在上述耐力分类结果及大部分运动项目的耐力训练中,最具实际意义的是有氧耐力、无氧耐力、一般耐力和专项耐力。

无氧耐力训练可以参照前面的抗组训练、增强式训练、速度训练。这里主要介绍有氧耐力训练,即指长时间进行有氧供能能力的训练。

(二) 有氧耐力训练的方法和手段

只有在运动强度和运动量适宜,即在最大限度动用机体有氧代谢系统使其在最大应激状态下进行训练,才有可能有效地提高有氧运动能力。目前,发展有氧耐力的训练方法主要有持续训练法、间歇训练法和重复训练法。

1. 持续训练法 (Continuous Training)

持续训练法通常用于提高运动员基础耐力、$\dot{V}O_2max$ 和组织呼吸能力,但它缺乏专项性,长时间以较慢的速度进行训练,不能发展比赛所需的速度和节奏能力,而且运动员可能会出现过劳性损伤。

持续训练法的主要练习手段有长时间、慢速度的长距离训练、超长距离训练、有氧阈训练、高强度有氧训练、速度/节奏训练法和法特莱克训练法。

(1) 长时间、慢速度的长距离训练 (Long Slow Distance Training, LSD):LSD 的强度约相当于 70% $\dot{V}O_2max$ (或大约 80%HRmax),训练的距离超过比赛距离,或者训练时间至少持续 30min~2h。此训练法的强度和持续时间是典型的"聊天式训练"(Conversation Exercise),运动员可以边聊天边进行训练,而没有呼吸的急促感觉。

LSD 的生理学效应在于能够提高心血管与体温调节的功能、改善线粒体产生能量与骨骼肌的氧化能力、提高脂肪供能的利用率、促进肌肉代谢特征的适应性变化,以及肌纤维比例由 II 型纤维向 I 型纤维的转换。这些适应性变化可能会通过提高机体清除乳酸的能力来改善乳酸阈强度。

但是,长期采用 LSD 训练法,会引起运动肌肉代谢性质的变化,以及肌纤维类型从 IIx 型向 I 型的转变。此外，如果过度采用此训练方法，由于强度低于比赛，LSD 训练时没有刺激到肌纤维在比赛时的神经模式，训练所产生的适应性结果无法在比赛中发挥作用。

（2）超长距离训练法（Overdistance Training，OT）：其强度非常小，大约为乳酸阈的 65%～84%、55%～65%$\dot{V}O_2$max，或 60%～70%HRmax。通常运用于恢复性训练。此外，该训练方法也适用于 800～5000m 的中长跑运动员，通常以 2～5 倍的比赛距离进行练习。但是对马拉松运动员而言具有难度。

（3）有氧阈训练法（Aerobic Threshold Training）：有氧阈训练，其强度为 2mmol/L 血乳酸浓度，对应的心率约为 140bpm。有氧阈是一个能够持续运动好几个小时的强度，马拉松运动员的有氧阈强度数值大约相当于或略低于其马拉松比赛的全程平均速度。有氧阈强度以下的运动，主要以脂肪氧化供能为主（当然也有肌糖原参与一部分的供能），超过有氧阈强度，糖参与供能的比例逐渐增加；超过乳酸阈强度，全部的供能来自于糖的分解。有氧阈强度的训练有助于训练和比赛紧张的迅速消除，提高心脏和神经系统的供能。它往往是准备期（pre-season）的基本训练方法。

（4）高强度有氧训练法（High Intensity Aerobic Training，HIAT）：目前的研究表明，持续的高强度有氧训练是提高运动员 $\dot{V}O_2$max 和乳酸阈的卓越方式。以 80%～90%$\dot{V}O_2$max 强度进行训练，对最大有氧能力的提高最有效。

（5）速度/节奏训练法（Pace/Tempo Training）：此训练方法的强度和比赛强度相同或略高，相当于乳酸阈强度。因此这种方法也称为阈值训练（Threshold Training），或者有氧/无氧间歇训练（Aerobic/Anaerobic Training）。具体有两种训练方法，即稳定法和间歇法：

① 稳定速度/节奏训练法（Steady Pace/Tempo Training）：以相当于乳酸阈的强度持续运动 20～30min，训练的目的在于以专项强度进行训练，改善有氧代谢和无氧代谢的供能能力。

② 间歇性速度/节奏训练法（Intermittent Pace/Tempo Training）：也称节奏间歇训练（Tempo Intervals）、巡回间歇训练（Cruise Intervals）或阈值训练（Threshold Training）。这种训练方法的强度与稳定的阈值强度相同，但训练课包括一系列的在训练回合之间的简短间歇。需要注意的是，训练时强度不能超过预先设定的强度。如果训练过程中运动员感到该强度较容易完成，则通过增加训练距离来解决，而不是采用提高运动强度的方法。这种训练方法的首要目标在于发展比赛时的速度节奏感，以及促进身体各系统维持该节奏的能力。速度/节奏训练法对肌纤维的募集方式与比赛时相同。此方法的训练效果，是改善运动经济性和提高乳酸阈值。

（6）法特莱克训练法（Fartlek Training）：长期以来，法特莱克训练法是耐力训练的一个主要方法，运动方式在有一定强度的快跑和恢复性慢跑之间交替进行，包括多个在斜坡上的轻松跑（70% $\dot{V}O_2$max 强度）和短时间快速冲刺（85%～90%$\dot{V}O_2$max）。

法特莱克法的训练效益在于提高 $\dot{V}O_2$max 和乳酸阈，改善运动经济性和能量的利用率，而且它不会让运动员感到在田径场绕圈跑的枯燥无味，也可以避免在硬场地训练进行大强度训练会出现损伤的危险性。此外，越野跑时路面凹凸不平、因此能够以运动专项的方式发展跑步所需的踝关节和胫骨部位承受应力的能力。

法特莱克训练法也有一定的弊端，它难以规定训练时的具体心率和/或运动强度，组织形式过于松散，运动员是以"凭感觉和个人喜好"的方式进行训练。因此，法特莱克训练法的内容应该根据运动专项的特点进行设计。

2. 间歇训练法（Interval Training）

虽然持续训练法和法特莱克训练法能够很好地提高运动员的基础耐力，但对发展无氧代谢能力、提高$\dot{V}O_2max$和比赛速度能力不具有优势。而间歇训练法能够很好地解决这些问题。

对训练有素的高水平耐力运动员，提高其训练量的方法已经不能提高其成绩，只有采用高强度间歇训练（High-intensity Interval Training，HIT）才能够继续提高训练有素的高水平耐力运动员的比赛成绩。高强度有氧训练对提高运动员$\dot{V}O_2max$和乳酸阈的作用，显著好于中等强度和小强度的耐力训练。

间歇训练法要求多次力竭性的运动，合理有效的间歇训练能够提高单位时间内身体的整体工作能力。以间歇训练法进行有氧耐力的训练，训练方案需要考虑的因素有单次运动量、强度、间歇时间、重复次数和重复组数。

间歇训练法的强度接近$\dot{V}O_2max$，练习持续时间可短至30sec，也可以达3~5min。运动与间歇的比例（Work：Rest Ratio，WR：R）为1:1。在每次练习的间歇时间内，进行轻微的活动（如走动），次数和组数取决于训练的目的和体能水平。此训练方法的效益是能够以比赛的速度进行训练，增加$\dot{V}O_2max$和提高无氧代谢能力。间歇训练法要求运动员以接近$\dot{V}O_2max$的强度进行训练，对运动员刺激较大，应该慎重实施。而且，这种训练方法要求运动员事先具备坚实的有氧训练基础。

3. 重复训练法（Repetitions）

重复训练法相对间歇训练法而言休息相对充分。此训练法的益处在于提高运动速度、改善跑步经济性，以及提高机体对无氧代谢的耐受力，对有氧耐力比赛最后冲刺能力的提高也有帮助。

重复训练法的强度高于$\dot{V}O_2max$，单次运动时间为30~90sec，间歇时间大约是训练时间的4~6倍，即WR：R约为1:5，在间歇期内采取积极性的恢复措施进行轻微的活动，如慢跑、走等方式。由于训练高度依赖于无氧代谢，因此在连续训练课之间，需要长时间的恢复时间。

重复训练法的运动量可根据比赛距离而确定。中距离赛跑运动员进行重复训练法时，总的负荷量为比赛距离的2/3到1.5倍，例如，5000m跑选手每次课的总跑动距离为3300~7500m之间。长距离赛跑运动员以重复训练法进行训练时，单次跑动距离可以设定为比赛距离的1/10、1/5或1/3。间歇时间为5~20min。

从实用的角度出发，NSCA 总结了常用有氧耐力训练的方法，并推荐了其负荷结构，见表 4-10。

表 4-10　有氧耐力训练的类型及其特征

训练形式		训练频率（次/wk）*	运动时间	运动强度
持续训练法	LSD	1~2	长距离跑或超长距离跑，30min~2h	≈70%$\dot{V}O_2max$ 或 <80% HRmax
	速度/节奏训练	1~2	20~30min	乳酸阈强度，或运动速度稍高于比赛强度
	法特莱克训练	1	20~60min	介于 LSD 法的训练强度和速度/节奏训练法强度之间
间歇训练法		1~2	3~5min（WR：R=1：1）	接近 $\dot{V}O_2max$
重复训练法		1	30~90sec（WR：R=1：5）	高于 $\dot{V}O_2max$

*：该训练周的其他各天，训练内容由其他训练形式和休息/恢复日组成。　　　　（NSCA 培训教材）

主要参考文献

[1] National Strength and Conditioning Association, Thomas R.Baechle、Roger W. Earle. Essentials of strength training and conditioning [M]. Human Kinetics，2008.

[2] Tudor O.Bompa, Michael CCarrera. Periodization Training for sports [M]. HUMAN KINETICS，2005.

[3] Anthony Turner, The Science and Practice of Periodization：A Brief Review [J]. NSCA Journal，2011（2）：67-68.

[4] Mattthew J.Behrens, A Comparison of the Various Methods Used To Enhance Sprint Speed [J]. NSCA Journal，2011（4）：64-71.

[5] Gray Cook. Movement-Functional Movement systems [M]. Lotus Publishing，2011.

[6] Functional Movement Screening And Corrective Exercise System [M]. 2013 年 3 月 FMS 高级培训师培训教材.

[7] Daniel Hubbard.Is Unstable Surface Training Advisable for Healthy Adults? [J]. NSCA Journal，2010（6）：64-65.

[8] Juan Carlos Santana. Stability and Balance Training：Performance Training or Circus Acts？ [J]. NSCA Journal，2002（8）：75-76.

[9] Guillermo J. Noffal. Biomechanics of Power in Sport [J]. NSCA Journal，2012（6）：20-24.

[10] G. Gregory Haff. Training Principles for Power [J]. NSCA Journal, 2012 (6): 2-11.

[11] Michael H. Stone. Training Principles: Evaluation of Modes and Methods of Resistance Training [J]. NSCA Journal, 2000 (3): 65-76.

[12] Gray Cook. Functional Training for the Torso [J]. NSCA Journal, 1997 (4): 14-19.

[13] 全国体育院校成人教育协作组. 身体素质训练法 [M]. 人民体育出版社, 1999.

[14] 陆绍中, 李开刚. 有氧代谢能力与耐力项目训练中运动强度的选择 [J]. 体育学刊, 2002, 9 (6): 41-44.

[15] Scott Powers, Edward Howley. Exercise Physiology: Theory and Application to Fitness and Performance: Edition 7. McGraw-Hill Humanities, 2008.

[16] Saunders PU, Pyne DB, Telford RD, Hawley JA. Factors Affecting Running Economy in Trained Distance Runners [J]. Sports Med. 2004, 4 (7): 465-85.

[17] Larsen HB. Kenyan dominance in distance running [J]. Comp Biochem Physiol A Mol Integr Physiol. 2003, 136 (1): 161-70.

[18] Saunders PU, Pyne DB, Telford RD, Hawley JA. Factors Affecting Running Economy in Trained Distance Runners [J]. Sports Med. 2004, 4 (7): 65–85.

[19] Christopher George Berger. Understanding Substrate Metabolism During Exercise: The "Crossover Concept". Topics in Clinical Nutrition: 2004, 19 (2): 130-135.

[20] Peter Janssen. Lactate Threshold Training. Human Kinetics; 1 edition (May 31, 2001).

[21] Thomas R. Baechle, Roger W. Earle. Essentials of Strength & Conditioning-3rd Edition. National Strength and Conditioning ssociation, 2008.

[22] Helgerud J, Hoydal K, Wang E, Karlsen T, Berg P, Bjerkaas M. Aerobic high-intensity intervals improve $\dot{V}O_2max$ more than moderate training. Med Sci Sport Exerc, 2007, 39: 665-671.

[23] 冯连世. 运动训练的生理生化监控方法 [M]. 北京: 人民体育出版社, 2006.

[24] Mikulic, P, Vucetic, V, and Sentija, D. Strong relationship between heart rate deflection point and ventilatory threshold in trained rowers. J Strength Cond Res, 2011, 25 (2): 360-366.

[25] 肖国强. 心率阈值研究进展 [J]. 中国运动医学杂志, 2001, 21 (3): 305-308.

[26] Passelergue PA, Cormery B, Lac G, Léger LA. Utility of the Conconi's heart rate deflection to monitor the intensity of aerobic training. J Strength Cond Res. 2006, 20 (1): 88-94.

[27] 谢敏豪. 耐力训练监控与营养 [M]. 北京：北京体育大学出版社, 2007.

[28] Hoff J, A Gran, J Helgerud. Maximal strength training improve aerobic endurance performance. Scand J Med Sci Sports, 2002, 12 (5): 288-295.

[29] Kyle Brown. Periodization & Specificity. Resistance Training and Endurance Athletes. PTJ, Issue7.2, 2008.

[30] Effects of strength training on running economy. Int J Sports Med, 2009, 30: 27-32.

[31] Fleck SJ, WJ Kramer. Designing Resistance Training Programs: 3rd Edition. Champaign, IL: Human Kinetics, 7-8, 161. 2004.

[32] Aagaard P, Andersen JL, Bennekou M, Larsson B, Olesen J, Crameri R, Magnusson SP, M. Kjær. Effects of resistance training on endurance capacity, muscle morphology and fiber type composition in young top-level cyclists. Scand J Med Sci Sports, 2010.

# 第五章　心理训练与心理调节

张力为（北京体育大学）
张忠秋（国家体育总局科研所）
迟立忠（北京体育大学）
徐守森（首都体育学院）
毕晓婷（南京体育学院）

> **内容提要：**
> 心理训练是现代运动训练系统中不可缺少的一部分。本章第一节首先介绍了在运动训练中最常用的基本心理技能训练方法，包括放松训练、表象训练、注意控制、自我谈话以及逆境应对等；在此基础上，针对比赛中常见的心理问题，第二节从自信心、比赛心理定向、参赛目标设定及参赛心理预案4个方面介绍了比赛的心理调节方法；第三节中以埃里克森的心理发展阶段理论为依据，介绍了青少年的心理发展特点以及针对不同年龄阶段运动员的心理调节重点；最后一节从教练员的角度出发，探讨了赛前、赛中的心理调节方法及对心理疲劳的认识和应对措施。

什么是心理训练？狭义来讲，它是采用特殊手段使受训者学会调节和控制自己的心理状态并进而调节和控制自己行为的过程。广义来讲，它是有目的、有计划地对受训者的心理过程和个性心理施加影响的过程。

心理训练是现代运动训练系统不可缺少的一部分，是一个有着3级层次的教育体系或培养体系（张凯、张力为，2011。图5-1）：位于该体系底部的第一层次是技能定向的基础心理技能训练，目的在于使运动员掌握心理调节技术与方法，通过训练形成良好的心理行为习惯；位于该体系中间的第二层次是知识定向的运动心理学知识教育，旨在帮助运动员了解心理调节技术与方法背后所依据的运动心理学基本原理；位于该体系上部的第三层次是境界定向的文化教育，旨在通过对运动员进行有针对性的哲学、历史、文学、艺术4个方面的教育，使他们能够用正确的思想看待运动生涯和人生发展，用辩证的方法分析处理各种现实问题，在提升文化素养的同时，提升精神境界。运动员心理教育不能单纯强调调节技术和控制能力的训练，关键是要通过思想境界的提升和理想人格的塑造，充分发挥个人潜能，争取最佳运动成绩，并不断自我完善，完成终生发展的人生任务。

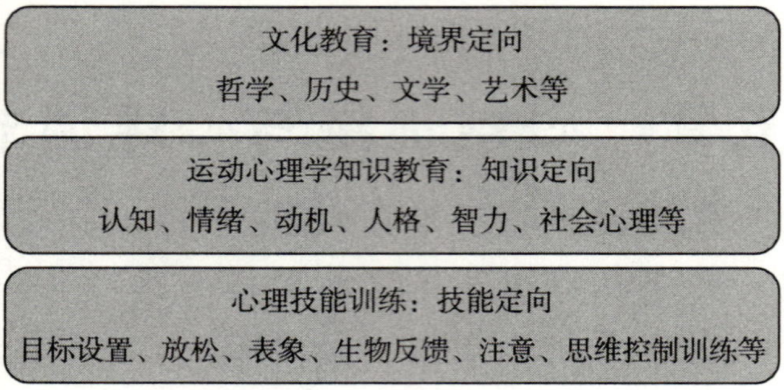

```
┌─────────────────────────────────┐
│   文化教育：境界定向              │
│   哲学、历史、文学、艺术等         │
└─────────────────────────────────┘
┌─────────────────────────────────┐
│   运动心理学知识教育：知识定向     │
│   认知、情绪、动机、人格、智力、社会心理等 │
└─────────────────────────────────┘
┌─────────────────────────────────┐
│   心理技能训练：技能定向          │
│   目标设置、放松、表象、生物反馈、注意、思维控制训练等 │
└─────────────────────────────────┘
```

图 5-1　中国运动员心理建设系统（引自张凯、张力为，2011，199 页）

第一节　基本心理技能训练

一、放松训练

（一）什么是放松训练

放松训练是以一定的暗示语集中注意，调节呼吸，使肌肉得到充分放松，从而调节中枢神经系统兴奋性的一种训练方法（张力为，2007）。目前使用较多的放松方法包括美国生理学家雅各布森（Jacobson，1938）首创的渐进性放松方法、德国精神病学家舒尔茨（Schultz & Luthe，1959）提出的自生放松方法，以及东方传统的一些放松方法，如中国的气功、印度的瑜伽和日本的坐禅等。虽然上述放松方法在训练形式、内容及程序上各有不同，但还是存在一些共同特点，即要求注意高度集中于暗示语，进行深沉的腹式呼吸，清晰知觉肌肉不同程度的紧张状态，并使全身肌肉彻底放松。

（二）放松训练的作用

在运动训练和竞赛中，运动员、教练员等经常会受到各种情绪问题的困扰，如过度紧张、焦虑、恐惧、愤怒等，并会伴随出现中枢神经系统的过度兴奋、过度抑制或中枢疲劳等生理变化。对此，放松训练可以帮助运动员、教练员通过掌握一些身心调节的方法，使其身心状态向有利于训练与比赛需要的方向转化。作为一种最常见、最基础的心理技能训练方法，放松练习主要有以下几方面的作用：

第一，降低中枢神经系统的兴奋性。

第二，降低由情绪紧张引起的过多能量消耗，使身心得到适当休息并加速疲劳的消除。

第三，为进行其他心理技能训练做好准备。

放松训练之所以具有上述作用，源于大脑与骨骼肌之间具有双向联系，即信号不仅从大脑传至肌肉，而且从肌肉传往大脑。肌肉活动积极，从肌肉向大脑传递的神经冲动就增多，大脑就更兴奋，热身准备活动就能起这种作用。反之，肌肉越放松，向大脑传递的冲动就越减少，大脑的兴奋性会降低，心理上的紧张感也会相应减少。

（三）放松训练的程序

自生放松训练是一种通过暗示语使身体各部位直接放松，最后达到全身放松的方法（张力为，2007）。

1. 准备姿势

要求训练对象在安静的环境中，保持舒适的身体姿势，静听带有暗示性的指导语，缓慢地逐个部位地体验肌肉松弛带来的沉重感和血管扩张带来的温暖感，并慢慢进入心理和生理的放松状态。

自生放松训练可采取坐式或躺式。坐式：舒适地坐在一张软椅上，胳膊和手放在椅子的扶手或自己的腿上，双腿和双脚采取舒适的姿势，脚尖略向外，闭上双眼。躺式：仰面躺下，头舒服地靠在枕头上，两臂微微弯曲，手心向下放在身体两旁，两腿放松，稍分开，脚尖略朝外，闭上双眼。

2. 放松练习

自生放松训练包括 6 种具体的练习方法：四肢沉重感练习；四肢温暖感练习；心脏调整练习；呼吸调节练习；腹部温暖感练习；前额温暖感练习。

下面是以沉重感练习为例的自生放松训练程序。常用的练习指导语如下：

①平静而缓慢地呼吸，我的呼吸很慢、很深。②我感到很安静。③我感到很放松。④我的双脚感到沉重和放松。⑤我的踝关节感到了沉重和放松，我的膝关节感到了沉重和放松，我的双脚、踝关节、膝关节、臀部全部感到了沉重和放松。⑥我的腹部、我身体的中间部分感到了沉重和放松。⑦我的双手感到了沉重和放松，我的手臂感到沉重和放松，我的双肩感到沉重和放松，我的双手、手臂、双肩全部感到沉重和放松。⑧我的脖子感到沉重和放松，我的下巴感到沉重和放松，我的额部感到沉重和放松，我的脖子、下巴和额部全部感到沉重和放松。⑨我整个身体都感到安静、沉重、舒适、放松。⑩我的呼吸越来越深，越来越慢。⑪我感到很放松。⑫我的双臂和双手是沉重和温暖的。⑬我感到十分安静。⑭我的全身是放松的，我的双手是温暖的、放松的。⑮轻松的暖流流进了我的双手，我的双手是温暖的、沉重的。⑯轻松的暖流流进了我的双臂，我的双臂是温暖的、沉重的。⑰轻松的暖流流进了我的双腿，我的双腿是温暖的、沉重的。⑱轻松的暖流流进了我的双脚，我

的双脚是温暖的、沉重的。⑲我的呼吸越来越深，越来越慢。⑳我的全身感到安宁、舒适和放松。㉑我的头脑是安静的，我感觉不到周围的一切。㉒我的思想已专注到身体的内部，我是安闲的。㉓我的身体深处、我的头脑深处是放松、舒适和平静的。㉔我是清醒的，但又处于舒适的、安静的、注意内部的状态。㉕我的头脑安详、平静，我的呼吸更慢、更深。㉖我感到一种内部的平静。㉗保持1分钟。㉘放松和沉静现在结束。深吸一口气，慢慢地睁开双眼，我感到生命和力量流通了我的双腿、臀部、腹部、胸部、双臂、双手、颈部、头部。这种力量使我感到轻松和充满活力。我恢复了活动。

练习时不要过分用力，只要全神贯注于这些词句和沉重的感觉就行了。如果想象不出这种沉重感，就在两次练习之间举个重东西，体会这种感觉，并对自己大声说："我的胳膊越来越沉重。"

（四）放松技能的应用

通过练习熟练掌握放松技术后，运动员可将其灵活地运用于训练与竞赛实践中去。放松技术通常可在以下几种情况下使用：

第一，表象训练之前。帮助运动员集中注意力，使生成的运动表象更为清晰、逼真、稳定。

第二，训练后或临睡前。有助于运动员消除疲劳，使身心得到充分放松。

第三，赛前过于紧张时。帮助运动员减少能量消耗，使唤醒水平处于适宜状态。

二、表象训练

（一）什么是表象训练

表象是过去感知过的事物的映像在头脑中的重现。运动表象是指在运动感知觉的基础上产生的、在头脑中重现出来的动作形象与体验，它反映动作在一定时间、空间和力量方面的特点。表象训练是指学习和掌握有效进行运动表象的方法、步骤，提高运动表象的准确性、清晰性、完整性和可控性水平的过程（李京诚，2012）。

（二）表象训练的作用

1. 加快运动技能的掌握

运动员头脑中建立了正确的运动表象后，只要在头脑中重现某个运动技能，或默念某个动作完成的方法、要领，就会在相应的神经-肌肉联系上产生微弱的活动。这种活动与完成动作的实际模式相同，这有利于动作技能的巩固，加深动作的记忆，加快动作的熟练，从而能促进运动技能的掌握。

2. 演练运动战术

无论个人项目还是集体项目，表象训练都可以帮助练习者加深对运动战术的理解，演练实战中运动战术。长跑选手可以根据竞争对手的体能、技术、心理等特点，通过表象演练确立相应的战术方法；篮球运动员可以通过表象演练，反复熟练本队抢得球后如何通过战术配合，组织最佳的反击。

3. 改善心理状态

通过表象成功完成动作的情境和体验，可以增强练习者信心；长跑时表象做数学题或驾驶汽车等，有助于转移注意，消除单调感；紧张时表象宁静、舒适的景象有助于减轻过高的应激，转变消极的心态。

（三）表象训练的程序

美国学者马腾斯（1992）提出，表象训练可按 4 个步骤进行，即表象能力测定、传授表象知识、基础表象训练和结合运动专项的表象训练。其中的基础表象训练是最为重要的一个步骤，它主要是围绕着如何提高感觉觉察能力、表象清晰性和表象控制性来进行的。

1. 基础表象训练

（1）感觉觉察能力训练：练习者能够看到、听到、触到的刺激越多，在意识中觉察得越细，存储得就会越巩固，就越可能在运动表象中清晰地体验到这些感觉。

（2）表象清晰性训练：表象清晰性练习的目的在于提高运动表象的鲜明生动性和真实性程度。因此，练习时必须利用所有的感觉经验，尽可能生动、真实地进行表象演练。表象的内容越逼真，体验越深刻，对实际操作的积极影响也就越大。常见的表象清晰性练习包括手掌练习、提桶练习、冰袋练习等。

（3）表象控制力训练：评价表象能力优劣的另一个标准是表象控制力，即变化、操纵、调节表象的能力。清晰但无法控制的表象，将会是一种障碍，它会使运动表象无法以正确的动作流畅地进行。如做投篮表象时，只要一拍球就"看"到球"粘"在地板上，弹回不到自己手里。常见的表型控制力练习包括比率练习、切块练习等。

2. 结合运动专项的表象训练

结合运动专项进行的表象训练应当根据运动表象脚本来进行。首先，针对某个运动技能及具体比赛环境撰写脚本；其次，运动员熟读脚本内容；然后，依据脚本进行表象训练。运动表象脚本的内容通常包括：①比赛中要完成的某一运动技能名称（如篮球的罚球，网球的发球等）；②比赛环境与形势描述；③动作过程描述（简要、准确、直观，环节清晰）；④可能产生的情绪与自我调控暗示语的描述。

每一次运动表象训练，都应包括3个步骤：①放松是为了使练习者的精神和躯体保持一定的敏感性和控制性，为动作表象训练奠定心理背景；②"活化"动员使运动员的唤醒水平得到提高，做好产生与运动实践相近的身心体验的准备；③在此基础上的表象训练，要创造出更加真实、生动的动作和情境体验。

对于初学者来说，表象训练时间不宜过长，内容不能过于复杂，应选择持续时间短、技术结构比较简单的动作，随着表象训练水平的提高再逐步延长表象训练时间和增加表象的难度。此外，在运动训练过程中，教练员必须牢固树立实际的动作技能训练第一、表象训练第二的思想。前者是掌握动作技能的基础，后者只能作为动作技能训练的辅助手段，绝不能以此取代动作技能训练。

(四) 表象训练的条件

1. 适宜的环境

一般以温度适中、无噪音、光线偏暗的地方作为初学者的练习场地较为理想。随着表象能力的发展，可以在表象训练过程中逐步引入一些无关刺激，以提高抵抗各种干扰的能力。待适应后可尝试在训练、比赛或其他复杂的环境下进行表象演练。

2. 放松的状态

放松是表象训练的一个重要组成部分，放松与表象相结合，能取得比单独进行表象训练更好的效果。运用放松技能调整练习者的身心状态，其实质是调控练习者的内部环境，为表象训练做好心理准备。

3. 集中的注意

表象训练时必须排除一切内外干扰，将注意力集中在对动作的体验上。表象训练要有一定时间限制，一般以5分钟左右为宜，可根据运动项目、个人训练水平和神经类型特征等具体情况灵活掌握。

4. 强烈的动机

只要向练习者系统地传授有关表象训练的理论知识，充分调动他们发展自己心理技能的积极性，采取科学的表象训练方法，强烈的练习动机是一定可以形成的。

5. 切实的期望

对表象训练应有一个正确的认识，在深信表象训练的积极作用，坚信通过长期系统的训练，表象能力可以得到不断提高的同时，对其效果的期望也应切合实际，不能过分夸大表象训练的作用。

（五）表象训练的应用

教练员可根据不同的动作技能、学习阶段、练习目的和不同的运动员设计相应的表象训练方法与程序，以提高表象训练的针对性和运用表象技能提高运动技能学习的效果。以原国家羽毛球队运动员夏煊泽为例，他就有赛前进行冥想（表象训练的另外一种称呼）的习惯（夏煊泽，2006）。

"早上训练完了，9点钟左右我回到房间，开始冥想。（这是我的一个习惯，每次比赛前，我都会一个人闭目冥想，把要打的比赛和对手在脑海中过一遍，想象会出现什么样的问题或困难，自己怎么去解决。完事后，我就再也不想羽毛球的事了，开始和队友打牌放松。）足足想了40分钟，想完了后我两个手心全都出汗了，人感觉很累，就像打完一场比赛似的。刚想没事了，突然又冒出一个念头：万一我落后怎么办？于是又回头再想，结果，在比赛中还真的就出现了这种情况。……但第二局我以6比12大比分落后，这恰恰和我冥想的过程对上了。所以，我并没乱，慢慢地把比分追上去，最终以15比12赢了。

"第三场对林丹，我在日本刚赢过他，也比较熟悉。但赛前还是冥想，也是手心出汗，结果赢得也比较轻松。

"第四场对乔纳森，这场对决可以说是我运动生涯中最精彩的一场球。因为那时候乔纳森的状态特别好……于是我花了很长时间做冥想，大概用了1个多小时，不仅手心出汗，而且身上的肌肉都有点儿发颤……我知道，他也累了。于是我就开始咬牙坚持，结果以15比10赢了。

"第五场对鲍春来也是很难打的比赛……小鲍比较喜欢打我的球，所以在赛前冥想时，我突然就萌生出一个念头：是不是应该变换一下以往的习惯打法……结果我这一变，他果然很不适应……后面显然他适应了，也稳定下来，开始反击追了不少分，但已经太迟了，最终还是我赢了。

"决赛对黄宗翰是我最紧张的一场球。……另外，我发现他在技术上有变化，以前他在网前不会勾对角，现在他有了这项技术。赛前冥想时，我特意想了黄宗翰的勾对角，我觉得自己一定要准备，但不要被他牵制。……当我眼看着球落地时，我一个感觉就是：哇！我赢了！一下跪在地上。"

三、注意控制训练

男子400米跑的世界纪录保持者、奥运会金牌获得者迈克尔·约翰逊（Michael Johnson）曾这样描述他在比赛过程中的专注状态：在竞赛场上我已经学会了如何斩断所有无关的思绪。我只是简单地专注于比赛。我把注意力集中在跑道、奔跑、弯道以及我必须做的事情上。现场的观众和其他的对手在我的眼前似乎都不存在，赛场上只有我和跑道。

比赛过程中经常会出现很多不可预料的干扰因素，比如对手的行为、观众的喧哗、裁判员的判罚以及环境因素（阳光、风和气温）等。这些因素都可能使运动员分心，从而不能专注于当前的动作和比赛，进而影响发挥。几乎所有的教练员和运动员都不会否认"专注"在比赛中的重要作用。

（一）运动中的注意特点

注意是心理活动或意识对一定信息的指向与集中（彭聃龄，2001）。运动员提到的"专注"也称为注意集中，是坚持全神贯注于一个确定目标，不受内外刺激干扰的能力。在体育运动中，注意有3个特点：选择性、强度和资源的有限性。

注意的选择性是说运动员在某一瞬间，只能优先选取需要加工的对象，而忽略其他的信息。注意的强度是指为了完成某个动作或比赛，除了选择特定的对象进行注意以外，还必须在一定时间内维持注意的紧张性。注意资源的有限性是指运动员的注意资源是有限的，一旦注意过多的信息，将会导致其中某项任务成绩下降或者所有的任务成绩均下降，运动员必须学会对注意资源的调整分配。

另外一方面，注意包含两个维度，即广度和指向：注意的广度又称为注意范围——能够注意到的刺激数量，从宽阔到狭窄有着各种不同的状态；注意的指向分为内部注意和外部注意，外部注意是指对周围刺激的注意，而内部注意是指对身体和心理活动的注意。注意的这两个维度在比赛场景中的分配特点可通过表5-1来表示：

表 5-1　注意范围和注意指向在比赛场景中的分配特点

注意范围	外部注意	内部注意
宽阔注意	用于快速把握比赛场景，如局间双方互换场地、发动快攻时	用于分析和计划，如针对实力很强的对手制定比赛计划，确定传球位置时
狭窄注意	用于将注意集中到外界的一到两个线索，如接、发球、射击瞄准时	用于赛前演练或控制情绪状态，如演练动作之前的呼吸放松时

（二）注意训练的方法与程序

既然专注在运动比赛中具有如此重要的作用，下面我们就对如何通过注意训练帮助运动员发展比赛中所需的注意技能，发挥注意的选择、维持、调节和控制作用，进而提高他们的运动表现等进行介绍。常用的注意训练方法和程序主要有以下几种。

1. 注意日志

提高运动员在练习和比赛中对自己注意水平的监控能力是实现积极改变的第一步。需要运动员坚持完成训练和比赛中关于注意的日志（表5-2），内容包括对注意的认识（情境：训练／比赛）、影响注意集中的因素；集中注意的技巧、坚持注意的效果等。

表 5-2　注意日志

日期	情境：训练／比赛	影响注意的因素	集中注意的技巧	坚持注意的效果	备注
2013-04-15					
2013-04-16					
2013-04-17					
2013-04-18					
2013-04-19					
2013-04-20					

2. 器材或者秒表练习

运动员可以使用身边的体育用品，例如力量训练器材。凝视训练器材，观察其颜色、构造、形状、标签等一些细节，也可以用手机、书包等手边的其他东西来做这种练习，培养注意集中的能力。如秒表练习程序：

①注视秒针的转动，先看 1 分钟，如 1 分钟内注意没有离开秒针，再延长到 2 分、3 分；

②等到确定注意不离开秒针的最长时间后，再重复训练 3~4 次，每次间隔时间 10~15 秒；

③如果能持续注视 5 分钟而不转移注意力，就是较好成绩；

④每天进行 3~5 次这样的练习，经过一段时间，注意力集中的能力便会提高。

3. 五星练习

①剪一块方形黑色硬纸板，边长 38 厘米；再剪一个白色五角星，20 厘米宽。将白色五角星贴在黑色纸板正中间，将纸板挂在墙上。

②闭上眼睛，坐在距墙 1 米远的地方，进入放松状态，在头脑中想象一个黑色屏幕。

③睁开眼睛，注意五角星的图案，凝视 2 分钟把眼睛移开，看着空白墙，这时墙上会出现一个五角星虚像，注视它直至消失。

④闭上眼睛，在头脑中重现这个虚像。

⑤这样不断地练习，注意力集中的能力便会逐渐提高。

4. 自我暗示训练

暗示的主要目的是为了引发特定的反应，使用这一方法的关键在于暗示语应简明扼要，并能够自动地引发理想的反应状态。通常把自我暗示分为两种，即积极正面的与消极负面的。积极的自我暗示可以提高激发水平，帮助运动员集中注意于当前的任务并阻止干扰的进入。运动员可以利用口头的或是动觉上的指导语来帮助集中注意力。

常用的暗示语有的是激励性的，如"我可以办到！""挺住！""放轻松！"等；有的是建设性的，如"挺住、上身立直！""膝盖弯曲！""盯着球！"等。对于每名运动员来讲，暗示语具有特定的含义。在为运动员进行咨询的过程中发现，心理专家为运动员选择的暗示语不如他们自己选择的效果好。

(三) 注意技能的应用

运动员在了解自身注意特点、影响注意的因素，并掌握了一些基本的提高注意技能的练习方法之后，将进入到注意技能的应用阶段，需要运动员学会在竞技体育情境中使用一些注意技能。

1. 技能过度学习

自动化操作在巅峰表现中有着十分重要的作用。为了实现高水平的操作，运动员报告说运动技能的过度学习有助于竞技环境下保持注意力的集中。在访谈中，运动员反复强调他们在比赛中操作的技能必须达到过度学习的程度，这样他们才能在任何干扰之下都保持对当前操作的专注状态。过度学习可以使你的注意力解放出来，同时关注操作环境中的其他方面，有助于技能操作的自动化。

2. 行为程序训练

具体的行为动作操作定式可以使注意力集中，并有助于运动员对即将到来的比赛做好心理上的准备。行为程序经常使动作不受意识的干扰而完全处于一种自动化的状态，增加了运动员在表现前和表现过程中不受外界和内部干扰的可能性。与其他方面一样，行为程序需要运动员根据自身能力和习惯做出个性化的调整。

3. 模拟训练

在比赛的情境中经常会出现很多平时训练中没有涉及但在实战中确实存在的干扰因素，所有这些潜在的干扰都可能影响运动员在比赛中的发挥。需要做的就是提前对这些比赛情境进行充分的准备并制定相关的策略，以备不时之需。

许多项目的运动员已经尝试在训练中加入干扰因素，例如播放赛场观众的喧哗声、故意误判等等。模拟训练另外一个优点就是，通过模拟比赛场景，使运动员对赛场中的各种情景比较熟悉，不至于因新异刺激的出现而感到不适，分散注意力。因此，模拟训练越接近真实情景越好。

4. 制定比赛计划

在大多数情况下，在教练员协助下运动员自己设计行动计划的详细方案，能更容易地将注意力集中在操作过程而不是那些他们不能控制的因素上。从注意力的观点来看，关键是要清楚自己大体要做的事情是什么，但同时还要为不同的情境和可能性做好充分的准备。由于运动员总是集中精力做一些具体的事情，无论赛场上发生什么事情，都能把注意力集中在比赛上。

5. 自觉回避干扰

许多运动员都有在比赛过程中环视场外的习惯，最终还会受到自己所看到事物的干扰。与思维一样，我们的视线也会从当前的任务转移到一些无关的线索和干扰上，比如观众、其他场地上正在进行比赛的运动员、对手的鬼脸、赛场上空飞过的飞机等等。视线控制可以帮助运动员把视线集中在比赛的相关信息上，比如球、拍、弦和毛巾等。

四、自我谈话训练

语言是思维的工具。因此，控制思维可以借助自我谈话进行。自我谈话是一项重要的心理技能。积极的自我谈话可以提高自尊、集中注意力和运动表现；相反，消极的自我谈话则会增加焦虑，破坏注意的集中，削弱自信。由于我们通常不能阻止自己的思想，所以关键的问题不是是否去想，而是什么时候想，如何去想，想些什么。

（一）自我谈话是如何发生作用的

人们普遍认为比赛本身或比赛结果决定着我们的身体和情感反应，这其实是一个误解。通过对结果的解释，我们可以调整和控制对结果的反应。例如，在拥有5个赛点的时候，反而输掉了比赛，你的反应是生气、失落、心烦意乱，这会导致你缺乏继续比赛和训练的动机，甚至会导致你憎恨和厌恶比赛和训练。因为你虽然尽了全力，但依然失去了重要的比赛。不过你完全可以换一个角度看问题，例如"我认识到必须集中注意力，如果我期望赢得今后比赛的胜利，我需要继续专注于我的训练"等等。其实，你应该相信你有能力赢得比赛，但是需要在训练中更加努力。

（二）自我谈话的作用

自我谈话是行动的线索或提示。自我谈话完全可以起到激发的作用。例如，如果步法或站位出了问题，就可以使用"快速""移动"等语言来提醒自己，更好地完成技术动作。其实，在训练中我们也经常听到教练员利用简短的话语来指导技术动作，运动员要做的就是将这些语言变成自己的话，并且在教练员不在现场指导时熟练自如地使用。

自我谈话有助于完成比赛和训练任务。尽管在比赛和训练的任何时刻，运动员始终做好准备是困难的，但是，一旦进入比赛，运动员就必须将自己保持在高度投入的竞技状态。运动员可以通过自我谈话，诸如"坚持"和"顶住"等，来帮助自己维持高水平的投入状态。

自我谈话有助于掌握和改善技术。精确简单的词语如"手腕用力"和"肘部伸直"等，都可以帮助运动员尽快掌握技术动作要点。自我谈话的持续时间要短，词语必须简单明确，因为过长时间和过长话语会导致思考过度，破坏动作的自动化过程，丧失动作的流畅性。

自我谈话有助于改掉坏的习惯。运动员从事网球训练和参加网球比赛时可能会养成一些不良习惯，例如不良的技术动作、不良的思维习惯、不良的解决问题的方法等等。自我谈话某种程度上有助于改变这些不良习惯。例如，如果反手击球时拍头总是过低，则可能是由于腕部肌肉放松造成的，这时运动员可以用"腕部用力"的自我谈话纠正这一不良习惯。

（三）改善自我谈话的技术

帮助运动员控制自我谈话的第一步是：更多地意识到自己对自己说了什么和在什么情况下说的。尽管网球运动员有些时候知道自己说的话不很恰当，但更多的情况是运动员并不清楚不同自我谈话出现的背景、环境和条件。自我监测可以帮助运动员更好地了解自我谈话与运动表现之间的关系。

自我监测。最好的自我监测方法是比赛或训练结束后尽快写训练日记或比赛日记。日记可以是文字，也可以是录音。通过写训练日记和比赛日记，运动员可以对比赛和训练时的思路和表现进行整理和回顾，这有助于发现引发分心和消极自我谈话的典型情境，比如发球双误、非受迫性失误、丢掉局点或赛点等关键比分、失去大比分领先优势等情境。一旦再次出现可能导致消极自我谈话和分心的情景时，运动员就可以采取措施来改善自己的自我谈话。

思维中断。对付消极思维和自我谈话的方法之一就是当这些事情已经发生但还没有影响到技、战术表现时中断这些行为。出现消极思维和自我谈话时，运动员可以使用"停"等词语或敲打自己的头部等方法提示自己中断它，并清理自己的想法。每个运动员都需要明确什么样的方法是最适合自己的。开始练习思维中断法时，最好先在训练中尝试，例如可以在自己出现消极思维时大声说"不要这样了"，或者使用"盯球！""战术！"等集中注意的提示。在训练中较好地掌握了思维中断法之后，就可以尝试在比赛中使用。也可以用表象训练来练习思维中断技术：想象一个典型的容易出现消极思维和自我谈话的情景，想象自己通过思维中断或关注比赛相关的事情来改变当时的状态。

变消极自我谈话为积极自我谈话。尽管运动员对于消极思维和自我谈话做出评估和判断是非常有益和容易的事情，但要真正做到这一点却要付出很大努力。与掌握网球技术动作一样，自我谈话技能也需要持久地练习。将消极自我谈话变成积极自我谈话是改变消极思维的有效方法之一。积极自我谈话可以帮助我们将注意集中于应该关注的事情上，还可以激发我们继续打好比赛的动机。可以帮助运动员将消极谈话列表写出，逐一分析，并将其改变为积极的提示（表5-3）。在意识到并能分析自己正在产生消极自我谈话时，可以深呼一口气并慢慢呼出，因为通常出现消极思维时也是面临较大压力和感到紧张的时候，这时需要放松并使用积极自我谈话来保持自己的积极状态。

表 5-3　网球运动员消极自我谈话与积极自我谈话的对比

消极自我谈话	积极自我谈话
你真笨，傻瓜！怎么打丢了这么简单的球	每个人都会犯错误，关注下一分
如果我输了其他人会怎么想	表现自己的水平，获胜和失败无所谓
我希望我不要再次窒息	放松，盯球
他抢了我的压线球，这分本应该是我的	再争执什么用都没有，如果我打得好，怎么都能赢
今天就算了，明天再努力	如果今天努力，明天训练就会容易些
这真是一个极臭的发球	放慢速度，利用比赛的节奏和时间
我从来没有赢过这样的比赛	关注每一分
我在有风的时候绝对打不好	场地两边都有风，这时正需要集中注意

（张大为）

五、逆境应对训练

（一）什么是逆境应对训练

逆境应对理论起源于对传统的理想竞技表现的批判。经典文献中，通常将理想竞技表现定义为在最佳心理状态基础上的完美表现。类似的"最佳"理论（包括倒 U 理论、心境剖面图理论、多维焦虑理论、流畅状态理论等）在实践中面临着操作上的困难：首先是如何找到最佳心理状态，其次是如何引发最佳心理状态，第三是如何保持最佳心理状态。

由此，在多年从事运动实践工作的经验基础上，有学者（姒刚彦，2006）对理想竞技表现进行了重新定义。新定义认为：理想竞技表现是指在竞赛中对各种逆境的成功应对。新定义指出，即便运动员不是处在最佳心理状态时，只要能合理应对逆境，有效补偿过失，调节自身，他/她仍有可能达至理想竞技表现。新定义的三大要素是逆境、应对、合理：逆境，是指阻碍运动员实现比赛目标的各种情境；应对，则是指克服或处理逆境的意识与方法；合理主要是指控制自身的不合理与充分利用对手的不合理。

（二）逆境应对训练的程序

逆境应对训练程序由4个阶段构成，阶段之间反馈互动，整个程序实施的时间长短也是灵活的（图 5-2，姒刚彦，2006）。

```
┌─────────────────────┐      ┌─────────────────────┐      ┌─────────────────────┐
│ 1. 确认与预见典型逆境 │      │ 2. 找出合适的应对方法 │ ⇐──  │ 应对策略            │
│ ● 具体的运动项目     │      │ ● 单一的应对方法和策略│      │ (1) 解决问题的应对策略│
│ (与项目特征有关的逆境)│ ───→ │ ● 综合的应对方法和策略│      │ (2) 解决情绪的应对策略│
│ ● 具体的比赛         │      │ ● 追求应对的合理性    │      │ (3) 回避应对策略     │
│ (与特定比赛有关的逆境)│      │                      │      │ (4) 阿Q式应对策略    │
│ ● 具体的人           │      │                      │      └─────────────────────┘
│ (与个人特点有关的逆境)│      │                      │      ┌─────────────────────┐
│                      │      │                      │ ⇐──  │ 应对技能            │
└─────────────────────┘      └─────────────────────┘      │ (1) 唤醒水平调节     │
                ↑                    ↑  │                  │ (2) 注意控制         │
                │                    │  │                  │ (3) 表象             │
                │                    │  ↓                  │ (4) 思维控制         │
┌─────────────────────┐      ┌─────────────────────┐      │ (5) 行为程序         │
│ 4. 评价训练效果      │      │ 3. 实施个人化的训练   │      └─────────────────────┘
│ ● 评价意识、态度、应用│      │ ● 评价个人应对能力    │
│ ● 评价行为改善程度    │ ───→ │ ● 强化意识，学习技能，形成习惯│
│ ● 评价合理性         │ ←─── │ ● 从训练过渡到比赛    │
│ ● 评价运动成绩       │      │ ● 大周期与小周期训练  │
└─────────────────────┘      └─────────────────────┘
```

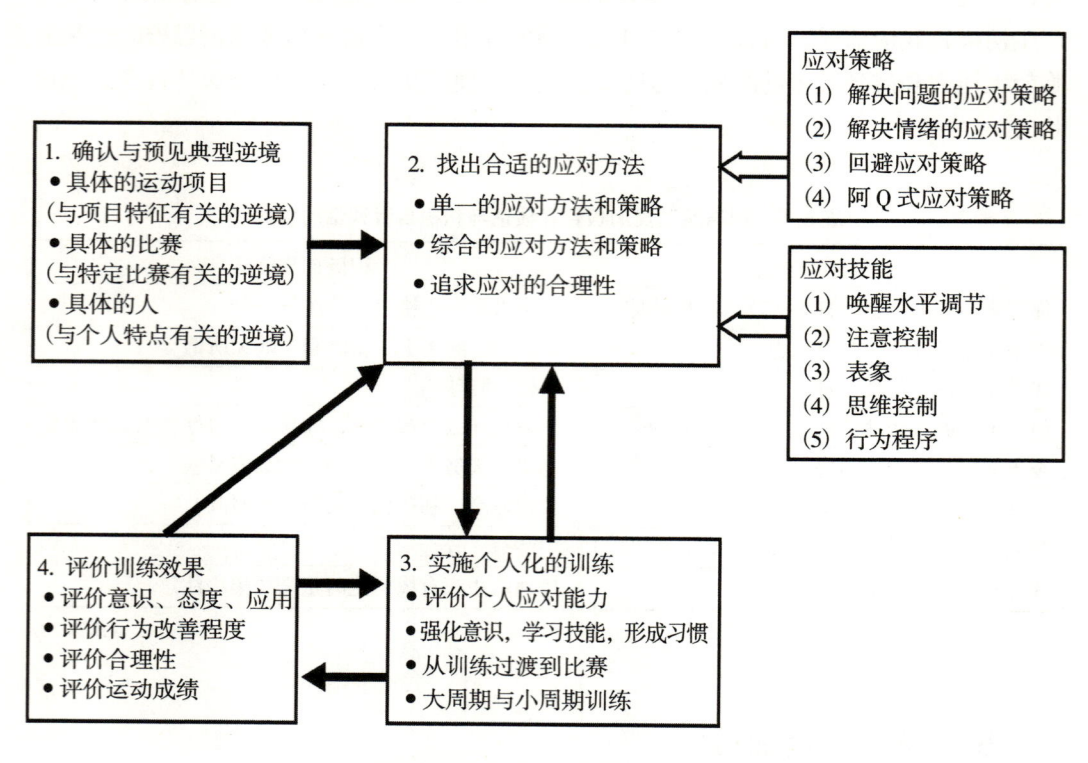

图 5-2　逆境应对训练程序示意（引自姒刚彦，2006）

阶段 1：确认与预见典型逆境

典型或关键逆境，是指在比赛中对一个运动员或运动队完成比赛目标形成主要威胁的逆境，可以从一种到多种不等。确认，是指从之前已经发生过的经验中提取、识别；预见，是指对尚未发生的情境进行分析与评估。

与运动项目特征有关的逆境：它可以是集体运动项目中所有队员共同面对的逆境，也可以是某一项目中运动员会遇到的典型逆境。实践工作中，通常会要求某一项目的每个运动员写出他/她在比赛中的典型逆境，从中可以发现与该项目特征有关的主要逆境。

与特定比赛有关的逆境：主要指与特定比赛的任务、压力有关的逆境，如有的运动员只要参加奥运会就发挥不出水平；有的运动员遇到特定的对手就发怵；有的运动员总是在最后一球、一剑、一枪、一跳时出现"晕场"。

与个人特点有关的逆境：主要指与某一运动员心理特征、技术特征有关的逆境。前者如一名足球运动员脾气暴躁，容易在比赛中失去自控；后者如一位乒乓球双打运动员对同伴某一方面技术不够信任时。

阶段 2：找出合适的应对方法

应对方法包括应对策略与应对技能。应对策略是指某一类性质相同的应对方法的集合。就高水平运动员而言，应对策略有4类：①解决问题的应对策略；②解决情绪的应对策略；③回避应对策略；④阿Q式应对策略。应对技能则是指具体用于应对逆境的心理技能。例如，姒刚彦过去20年实践工作中使用最多的应对技能有5种：①唤醒水平调节；②注意控制；③表象；④思维控制；⑤行为程序。

单一应对方法与综合应对方法。单一应对方法可能是一种技能，或一种策略。但多数情况下会采用综合的方法，即把不同的策略与技能组合在一起。为运动员寻找合适的应对方法是一个动态调整过程，有时开始选择的方法不一定有效，就需要做调整，也有可能要坚持相当一段时间的训练才能看到合适性。在实践中，运动员与教练员会有自己的方法，挖掘与整理运动员与教练员自己的方法在实践中特别有价值。

阶段3：实施个人化的训练

评价个人应对逆境能力：在开始个人化的训练时，需先对运动员的逆境应对能力进行评价。评价方式包括观察、访谈、问卷、教练员评估等。

强化意识、学习技能、形成习惯：意识主要是指"逆境是正常"的意识，即运动员一定要建立起新定义中什么是理想竞技表现的意识与观念；学习技能即对阶段2中确定的应对方法进行学习与训练，这期间可能会有反复与修订；形成习惯是个人化训练的最高境界，是对确定的逆境形成了自动化反应的解决或控制问题的思维与行为，对预见的甚至未预见的逆境产生积极的反应方式。

从训练过渡到比赛：是指把在静态学习场所学会的逆境应对能力逐渐过渡到动态的比赛中，通过比赛来反复检验、反复调整，直到形成习惯。

大周期与小周期训练：在传统的心理训练计划中，一般都认为至少要有相对长的时间（如3~6个月）来实施心理训练。姒刚彦认为，与运动训练学理论相一致，逆境应对训练亦可以分为大周期与小周期。这样的划分具有两方面的含义：其一，逆境应对训练与技术训练、体能训练一样，不是一劳永逸的，需要反复磨炼。其二，对于从未进行过心理训练的运动员来说，也有可能为解决某一特定逆境/困难采用小周期训练。

阶段4：评价训练效果

评价意识、态度、应用：意识当然是指有否建立在比赛合理应对逆境的观念；态度则是指运动员能否坚持这种观念，是否始终以此观念来评价自身的理想竞技表现；应用就是在他/她的态度之下的行为倾向，即在实践中贯彻观念。意识、态度、应用倾向的变化是逆境应对训练的底线效果，它是行为改善的基础。这一层面的效果评价主要通过观察、访谈、运动员陈述、教练员评估等。

逆境应对行为的改善程度：当典型或目标逆境出现时运动员应对行为或竞技表现的进步情况。

评价合理性：应把应对方法的合理性与运动员比赛中技、战术使用的合理性结合起来对逆境应对效果进行评价。所以，少不了教练员的参与。姒刚彦认为，应对方法应保持与技、战术使用一致，只要并非不合理，就可以大胆尝试。这也是一种创新过程，目标不是追求最合理，而是最能解决当下问题。

评价运动成绩：运动员在比赛中的成绩进步与否也应看作是对逆境应对训练效果检验的一项标准。作为应用服务，比赛结果好坏是终极检验标准，它可能由系列比赛组成，也可能只是一次大赛。

（三）逆境应对训练的应用

目前，逆境应对理论已经被运动心理工作者应用于多种运动项目。研究者（姒刚彦，2006）曾经提到一位跳水运动员的例子。一位跳水教练员在观察其弟子10m跳台训练时，突然在脑中联想到该运动员起跳后在空中身体打开过早的"惨"像，于是，下来与运动员讨论若真发生时有否可能弥补过失。当时行内人士普遍认为，若那种情况发生就是不能挽救的，因为，在那种情况下做补救动作是超出了人的正常能力的。该运动员虽然也持同样的看法，但在教练员的坚持下，抱着认为教练是"发疯"的念头，半信半疑地开始进行在那种情况下的补救训练。训练的艰难是超常规的。一段时间之后恰逢一次世界级赛事，该运动员在比赛中进行到10m跳台的最后一跳，起跳后至空中时，所有的行家都吃惊地站了起来，因为他身体打开过早，且还不是一般的过早。正在几乎所有人都认为他跳砸了时，该运动员用尽所有的能力去进行那"超常"的补救，已经偏离了正常的身体在全身肌肉的强烈作用下，像一根绷直的钢条，"歪打正着"地垂直进入水面，居然获得了一个最高分。该运动员从水中爬出来后就激动地直接冲向他的教练……（姒刚彦，2006，2008）

（四）教练员在逆境应对训练中的作用

与"最佳"理论指导下的传统心理训练模式相比，教练员在运动员的逆境应对训练过程中起着更为主动、重要的角色作用。首先，"应对逆境的能力愈强竞技表现愈理想"这一意识需要教练员在训练与比赛的实践中反复灌输给运动员；其次，赛前逆境应对方案的仔细准备、赛中逆境应对心态的调整、备用方案使用的提醒，以及赛后逆境应对能力的评价与指出下一步的训练方向等，都离不开教练员的指导与参与；最后，逆境应对的模拟训练或对逆境的预见需要教练员的创造性与智慧。

从追求最佳到强调应对，是不是把心理学境界从自我实现的高度下降到了只解决问题的层次？研究者（姒刚彦，2009）用一部商业著作《从优秀到卓越》（吉姆·柯林斯，2009）中作者极为推崇的"悖论"做出了回答："你不能把信念与原则搞混。信念是你一定会成功，而原则是你一定要面对现实中最残忍的事实，无论它们是什么"。

第二节　比赛心理调节方法

一、自信提升

（一）注意可控因素

在探讨自信这个问题时，可以先考虑这样的情景：为什么在公园遇到虎和在森林遇到虎会有完全不同的感受？为什么遇到强手和遇到弱手会有完全不同的感受？两者有什么共同点？

事实上，公园虎和森林虎的最大差别在于，前者关在笼子里，我们可以控制它，而后者不可以，因此，我们对前者没有恐惧；同样的，强手和弱手之间的差别，也是在于是否可以控制。控制感是自信心的主要来源之一。由此，我们可以采用可控因素指向法来提升自信，其具体操作步骤如下（表5-4）：

表5-4　比赛成绩影响因素的可控性

比赛成绩影响因素	可控程度
天气	1　2　3　4　5　6　7　8　9
准备活动	1　2　3　4　5　6　7　8　9
场地	1　2　3　4　5　6　7　8　9
裁判	1　2　3　4　5　6　7　8　9
饮食、营养	1　2　3　4　5　6　7　8　9
比赛器材	1　2　3　4　5　6　7　8　9
对手发挥	1　2　3　4　5　6　7　8　9
技术	1　2　3　4　5　6　7　8　9
观众	1　2　3　4　5　6　7　8　9
战术	1　2　3　4　5　6　7　8　9
体能	1　2　3　4　5　6　7　8　9
情绪	1　2　3　4　5　6　7　8　9
……	1　2　3　4　5　6　7　8　9

（1）写出影响比赛成绩的主要因素（如：裁判、睡眠、饮食、天气、发球……）。
（2）标出影响因素的可控程度（可在1—10中选择相应程度的数字）。
（3）计算各因素的平均可控性，比较自己与全队平均数的差别。
（4）将注意集中在可控因素上，忽略不可控因素。

(二) 想象成功情景

认真地想象一下你正在尝柠檬或者吃酸梅,就会感到流口水的冲动,这就是表象的作用。表象训练是运动员运用得最广泛的心理技能之一。下面介绍的成功情景想象法就是表象训练法的一种。

让运动员观看成功动作的录像为主,不成功的录像为辅,以便获得和保持积极、正确、成功的表象(如:观看从不同角度进行录影的成功发球动作后进行的表象);在训练间歇中,做正确、成功的运动表象,逐渐提高表象的清晰性、稳定性和可控性;在睡觉前做关键动作的表象 10 次,以将正确的动作形象固化在大脑中。通过这样的练习,运动员可以增强对表象的驾驭能力,更好地发挥表象训练效果。

进行表象训练时还应注意:平时训练进行细节和整体动作表象练习,比赛关键动作之前进行整体动作表象练习,以避免由于将注意过多集中于动作细节而影响了整体的流畅性。

(三) 积极语言暗示

在运动竞赛中,"别想输赢""别受伤""别紧张""别失误"这类消极想法是运动员不愿意面对的,但又经常会浮现在脑海中。面对消极想法,人们更多想到或首先采用的应对策略就是抑制策略,即"别去想什么"或"什么都别想"的应对策略,但这样做的效果如何呢?往往适得其反。这称作自我控制的逆效应。

心理学家进行过这样一个系列研究(Dugdale & Eklund,2002):他们让研究参与者观看了澳式足球运动员、教练员和裁判员的录像片段。研究一发现,要求研究参与者别去注意裁判员时,他们更多地看了裁判员,表现出逆效应;研究二发现,在抑制消极想法时,如果给研究参与者以任务相关线索词来重新集中注意,将消除逆效应。

由此,心理学家提出了自信训练的积极语言暗示法:请运动员在训练日记中罗列临赛前和比赛中经常运用的自我提示语,找出这些自我提示语中的消极成分,用积极提示语替换消极提示语,每天训练前默念积极提示语 3 次,以形成做积极语言暗示的习惯。使用这个方法的原则是:提示自己应该做什么,不要提示自己不该做什么。理由在于:第一,关键时刻不该做的事情太多,应该做的事可能就一两件,做对了就能取胜;第二,一般人很难做到"什么都不想"。

(四) 挑战消极思维

是控制、不许消极的念头出现更容易,还是消极的念头一出现,就加上一个"但是"和"积极想法"更容易?显然,后者更容易。"但是"是一个特殊的转折词,"但是"后面的内容往往比"但是"前面的内容更重要。正是基于这样的道理,心理学家提出了消极思维挑战法作为提高自信心的重要手段之一。具体做法是：

让运动员将自己的缺点、困难、不利因素，特别是垃圾观念一一列在一个表的左栏，在"但是"之后的右栏，写下转折性理由；养成习惯，一旦出现消极念头，就补上一个"但是"，并提出若干"但是"的理由。

例如：我的个子矮，但是，我比高个子灵活。

（五）回顾世界纪录

吉尼斯世界纪录总是使人惊讶：人们能够打破那么多局限，创造那么多奇迹。给运动员买几本吉尼斯世界纪录传阅，然后，组织讨论会，讨论如下问题：要想打破世界纪录，必须具备哪些条件（会有许多）？要想打破世界纪录，首先应该具备什么条件（心理的破冰船）？通过对世界纪录的回顾，可以启动榜样作用，帮助运动员理解：我们能做到的，往往比我们以为我们能做到的还要多得多。

（六）夸大外部动作

运动员可以利用很多外部动作来帮助自己提高自信心，具体包括：做事时，尽量反应迅速，动作敏捷；与别人交谈时，正视对方的眼睛；大声回答对方提问；适当做些大型手势；尽量多地保持微笑；握手时，要多用力，让对方感到你的力量；签名时，要将自己的名字写得大一些；发言时，声音要大，语速要慢，眼睛注意听众。

（七）比较尺短寸长

根据唯物辩证法，世界上所有事物均可一分为二，且具有对立统一的特性。例如，尺寸的长短虽然一目了然，但尺一定有弱点，寸也一定有优点。尺有何短？寸有何长？可以就这两个问题组织运动员讨论，使他们了解弱中有强、强中有弱的道理，在强手面前提高自信。具体做法如下：

（1）讨论会上首先要求每个队员在训练日记上尽可能多地写出尺的弱点和寸的长处。

（2）组织队员讨论尺的弱点和寸的长处，例如：

——量物时寸比尺更精细；

——寸比尺更容易携带；

——先有寸才有尺，得寸才能进尺；

——人们用"一寸光阴一寸金，寸金难买寸光阴"来形容时间的宝贵，却从不用尺描述；

（3）继续要求运动员在训练日记上至少写出 3 条自己的优势和对手的薄弱环节。

例如：

——对手是世界冠军，我第一次参加世界大赛，我比对手更少包袱；

——我的体力比对手好；

——我比对手更少媒体干扰。

（4）组织队员讨论和互相启发。

（八）创设原有环境

在新奇环境中人的自信更强，还是在原有环境中的自信更强？一般来说，由于不需要进行新的适应和调整，由于没有过多的不确定性，所以，人在原有环境中的自信更强。但大赛往往是在客场而不是在主场举行的，因此，面对新奇环境时，运动员的自信会受到不利影响。解决办法之一是在新奇的大环境中尽量创设原有的小环境，具体做法是：

（1）比赛时多看自己的队友、教练，多看中国的观众和熟悉的物品。

（2）比赛时，穿熟悉的旧装而不穿不熟悉的新装。

（3）在赛场住处摆放少量自己最经常用的东西，如小镜子、随身听、布娃娃等。

【案例5-1】我谁都不怕，但我相信谁都怕我

罗雪娟是世界泳坛的顶尖选手，雅典奥运会之前已经取得骄人的战绩，包括2001年世锦赛50米、100米蛙泳冠军，2003年世锦赛50米、100米蛙泳、4×100混合泳接力冠军。

2000年以来，女蛙竞争日趋激烈，琼斯和阿曼达几次改写世界纪录，布鲁克、柯克等也屡次创造佳绩。但罗雪娟始终认为："虽然每次我都胜得艰难，但我从未放弃。全世界可以不相信你，你却不能不相信自己！"

在雅典奥运会决赛之前，罗雪娟说除了决赛，预赛也好，半决赛也好，都不足以说明任何问题。"第一道又怎么样呢？第一道就不能拿金牌吗？看不见对手更好，我游我自己的。我战胜了自己，也就肯定战胜了她们。就这么简单。"决赛在凌晨拉开了序幕，罗雪娟从一入水就拼尽了全力，整个过程节奏好、力量足，以自我为中心，霸气十足，以至于在她旁边赛道的在半决赛中打破世界纪录的琼斯都没能控制住自己的节奏，罗雪娟的发挥足以令观者感到一种力量的激情四射和淋漓尽致地爆发。

罗雪娟最终以1:06.80的个人最好成绩夺冠，而半决赛上战胜过她的澳大利亚选手琼斯最终位列第三。

赛后一向笑容灿烂的罗雪娟喜极而泣，她激动地说："今晚的比赛是我两年多以来最艰难的一次，我是来卫冕的，心里压力其实很大，昨天的半决赛中更是了解到对手十分强大，我告诉自己一定要拼到底，现在我拿到了这枚金牌，我真的很激动。"

"我谁都不怕"，把玩着手里那块沉甸甸的金牌，罗雪娟说，"但我相信谁都怕我。琼斯怕、比尔德也怕，要不然，决赛的时候她们怎么会那么紧张？"她的陈述是如此不假思索而又不容置疑。"在决赛之前，你是不是也曾经——哪怕只是一瞬间——对自己产生过怀疑呢？"面对这样的问题，罗雪娟秀眉一挑："没有，从来没

有。我的自信从世锦赛击败琼斯夺冠之后就再也没有消退过。是的,我承认今年有一段时间我的状态不太好,训练成绩也始终在1:08.00左右徘徊,但我没有忘记自己最重要的目标是什么。我在赛后的新闻发布会上也说了,中国人懂得如何在最关键的时刻爆发。"

罗雪娟的上述问答,对自信做了最好的解释:自信就是在比较中发现对方的弱点和自己的长处,确认自己达到目标的现实可能性。

二、比赛心理定向

(一) 什么是比赛心理定向

比赛心理定向是指比赛开始前及比赛过程中,运动员的心理准备状态和注意的指向性。运动员比赛心理定向支配着其比赛行为表现,进而直接影响着比赛的发挥和比赛的结果。

(二) 参加比赛的角色定位

运动员参赛角色的定位直接左右其判断自我比赛表现正常与否,影响着运动员的自信心和比赛应变能力。所以说,运动员参赛角色的合理定位是对其比赛心理调节非常重要的指导要素。然而,在实践中,它常常被一些运动员和教练员在大赛前忽视了,他们中的一些人将许多精力投入到寄托自己侥幸心理的各种变相迷信活动中。

"摆正位置"是大赛前后常能听到的词。但我国运动员在各类重大比赛中因参赛位置摆得不正,由"夺"角色变"保"角色,自背包袱而饮恨的事例不胜枚举。"夺"之角色乃是低者向高者冲击,"保"之角色则是高者守位防失。这是两种完全不同作用效果的参赛角色。"夺"者与"保"者的角色常处于动态变换中,"夺"者往往是赛前战绩未在高处,或比赛过程中仍难分伯仲,此时的角色心态一般较为纯洁、集中,没有对比赛结果产生过高期望的压力,唯有冲击对手为目标和己任;进入比赛"保"之角色的运动员大多是赛前战绩占优或比赛过程中比分领先者,其心态则变得较为复杂、矛盾,运动员的注意力已从比赛过程更多地转向比赛结果,对比赛结果的期望值迅速升高。

运动员参赛角色的定位实质上是其对相应比赛结果与自我比赛行为努力目标的认知定位,其作用可以形象地比喻为运动员竞技潜能这一大容器为相应比赛开放程度的"闸口"。若持"夺"之角色,"闸口"会尽其所能地开放,表现出无限的竞技潜能;若持"保"之角色,"闸口"则只开放到一定条件的程度,竞技潜能不能充分释放,甚至会反向缩小、关闭。参赛角色定位对运动员作用的关键是使其对相应比赛的认知焦虑产生变化。认知焦虑是运动员对比赛应激刺激在认识上产生的紧张性反应。正如应激理论创始人塞里所讲:"关键不在于发生了什么,而在于你如何看待它,我们不能归咎于环境引起的应激,外界刺激有时并不是强加于有机体的,而是我们对环境事件的认识使其产生了作用效果。"由于重大比赛所具有的特殊刺激,运动员产生一定认知焦虑是正常的,且在一定程度上会起到兴奋激活作用。但是,当运动员对相应比赛的认知焦虑超出一定的"度",其作用则会完全相反,运动员的比赛表现会出现突然跳跃性下降,比赛场上表现为判若两人或两队的大波动状况,亦即我们平时所说的"晕场"现象。这就是运动员参赛角色定位的作用机制。因项目和人等因素差异,运动员因不同角色定位所产生的比赛波动程度和时间长短会有所不同。

我们总结国内外优秀运动员不同比赛表现,发现参赛角色合理定位还直接影响着整体竞技状态。那些定位于"夺"者,往往对即将来临的比赛抱有强烈的参赛欲望,有随时准备参赛竞争的信心准备;而那些定位于"保"者,从行为到意识都对即将来临的比赛报有"躲"态,他们对比赛信心不足,且从内心希望比赛赶快结束。这是完全不同的比赛心态,对运动员竞技潜能激发程度也就自然不同。

现在有些运动员和教练员在谈到抓运动员比赛心理因素时,总会以"艺高人胆大"为由予以淡化。的确,"艺高"是参加比赛的实力基础,是增强获胜概率的重要因素。但实践中我们主要关心的竞争对手大多是势均力敌或略有差距者,可以说彼此之间的"艺"大体相同,而"艺"的提高并非几日可得。因此,取胜的关键在于心理的发挥,即所谓"胆大艺更高"。只要建立正确的心理定向,确定合理的角色定位,运动员的比赛心理因素——"胆"的开发潜力是不可估量的。现为瑞士籍的体操选手李东华在几次重度受伤的情况下,不得不退出中国体操队。但他凭着正确心理定向和自信拼争的参赛角色定位,经过艰苦拼搏,终于代表所移居国家瑞士队连夺世界体操锦标赛和奥运会鞍马冠军,创造了连正常优秀运动员都难以想象的奇迹。这是运动员"胆大艺更高"的生动体现。其实,类似这种看似不可思议的事例不胜枚举,像法国自行车世界冠军隆戈在年满40岁且伤病很多的情况下还驰骋在异常艰苦的自行车赛场,雄风不减当年,等等。

【案例5-2】 以平常的心对待不平常的事

在2004年雅典奥运会男子10米气手枪比赛中,由于谭宗亮、徐丹表现失常没能进入最后的决赛,中国夺牌的希望便落在了射击六朝元老王义夫一人身上。王义夫在资格赛中以590环的成绩位居第二名,排在首位的是领先他1环的俄罗斯名将内斯特鲁耶夫,俄罗斯的伊萨科夫在资格赛后以584环位列第三名。由于第三名成绩与前两名的选手相差较多,所以此次比赛实际上就是内斯特鲁耶夫与王义夫之间的争夺。

比赛扣人心弦,王义夫第一发就追平了内斯特鲁耶夫的总成绩。不甘束手就擒的内斯特鲁耶夫随后连续打出10环以上的成绩,将总分反超。王义夫感觉到了对手绝非等闲之辈,发枪显得格外慎重。他几次将枪举起又放下,这大大迷惑了对手。面对如此老谋深算的"中国王",平素以心理素质良好见长的内斯特鲁耶夫心里开始发毛,随后的几次出枪有失水准,最终败在了王义夫枪下。

赛后采访时,记者问道:"你有没有想过如果输了怎么办?会有遗憾吗?"王义夫:"我们经常在反反复复交替中成长,我输得起就赢得起。当然,比赛或生活中总有遗憾，包括没有发挥好、没有处理好，觉得非常遗憾。没有拿到冠军也有遗憾的地方、冲突的地方，很多问题应该是辩证地去看待它。"记者："我注意到你发最后一枪的时候，把枪举起来瞄了一会儿，放下来之后很长的时间。"王义夫："当时竞争非常激烈，也非常紧张，深呼吸让我缓和了心态。稍微喝一点凉水也是调整心理，我平时也是这么做的，比赛当中我也是这么做的。因为在比赛中我们有几套方案来应对，如果出现这个问题我们应该怎么解决，如果出现其他问题我们怎么解决。"

"没有什么好想的"是比赛中良好心态之一，不计后果，不计得失，只专注于比赛。王义夫在雅典奥运会的表现很好地诠释了"什么是良好的比赛心理定向"。比赛必然会有一个结果，这个结果的表现形式通常是胜或负、成绩、名次等。运动员在参加比赛前，都会自觉或不自觉地对比赛有着某种心理定向。心理定向决定参赛状态。积极的心理定向是将注意放在当前的任务上，放在自我控制上，放在具体的技术、战术的实施等可控因素上（表5-5）。

表5-5 比赛中心理因素可控性的对比

	可控因素	不可控因素
对象	自己	他人
时间	当前（现在）	过去、未来
事件	动作过程	结果

王义夫久经沙场，经验丰富，心理承受力强，对比赛的心理定向和对成败的认识更加深刻。王义夫说："比赛得失我都能接受。如果我胜了，应该，因为我练了20多年了，技术和心理都有很好的基础；如果我输了，也应该，因为只有大家都有可能夺冠，这个项目才能存在。"他对胜败有很大的心理承受空间。同时，他通过以往比赛胜败历程，完全明确一个道理：以往的成绩只能说明过去，带着以往的光环去打，只会把自己引到狭路上去。他在第28届奥运会前，明确告诫自己："不能有老大自居心理"，"20多年的比赛经验告诉我，以平常心对待不平常事的深刻道理。"

运动员若想具备想赢不怕输的参赛动机，必须在胜负观念上彻底转变。想赢怕输与想赢不怕输只是一字之差，却是两种截然不同的价值观和思维方式。想赢怕输者目光短浅、患得患失，用功利观点看待成败；想赢不怕输者把追求成功看成是一个过程，他们关注的不仅是眼前利益，而更关注竞技体育对人的自我开发功能。因此，要想获得想赢不怕输的心理状态，必须看透成败的含义和它们之间的关系。

三、参赛目标设定

（一）如何设定参赛目标

目标设置理论最初是由美国心理学家洛克（E.A. Locke）提出来的，目标设置理论已经广泛应用于社会生活的各个领域，同样也适用于运动心理训练领域。研究表明：目标设置可以从以下方面影响运动员的心理：将注意和行为引向活动任务的重要方面；调动积极性，提高训练质量；促使运动员为完成目标而设计和执行新的策略；解除枯燥感，提高挑战欲和成就动机；在进步缓慢时，目标能够提高运动员的坚持性。值得注意的是，在运动训练中，成功的目标设置有助于增强运动员的自信心，激发运动员运动参与动机。相反，不合理的目标设置会降低运动员的自信水平，增加运动员的认知焦虑，并由此而减少努力程度。因此，在运动训练中，教练员和运动员掌握成功目标设置的策略与方法是非常必要的。

（二）参赛目标分类

1. 短期目标和长期目标

短期目标比长期目标更有效，这是因为短期目标可以帮助运动员有更多的机会评价成绩、改进方法；同时，可以提高运动员的自我效能和内部动机水平，增加成就感，从而更加努力地去完成最终目标。当人们达到了短期目标时，他们的自我效能也随之提高，这种自我效能的提高又提高了个人的内部动机和活动水平。然而，经验告诉我们，只设置短期目标，就无法实现活动本身的最终价值；只设置长期目标，就会使活动失去乐趣、降低动机水平，两者都不利于最终目标的实现。只有将短期目标与长期目标结合起来的设置方式才是比较理想的。

2. 困难目标与容易目标

困难的、具有挑战性的目标比适中或容易的目标能促使运动员更努力、更好地完成活动任务。当目标过于困难时，动机急剧下降。目标最好设置在没有通过自己的最大努力就"够"不着的地方，因为这种目标对运动员有很大的吸引力，促使其奋发努力。设置困难的、具有挑战性的目标并非易事，需要考虑运动员的实际能力和能力的自我知觉。高能力、高成就需要和高自我效能的运动员倾向于选择高的、具有挑战性的目标。相反，低能力、低成就和低自我效能的运动员倾向于选择容易的、几乎无挑战性的目标。

3. 行为目标和结果目标

行为目标实际上是指一个运动员要完成的技术动作的标准；结果目标是指运动员或教练员将注意力集中于最终是否能够获胜的结果上。一般来说，运动员对自己技术动作的控制要优于对比赛结果的控制，比赛结果只能部分地受运动员控制，它还与对手的水平、裁判员、场地设备、气候条件以及运气有关，这些是运动员不能控制的。再者，运动员确定了结果目标后，这一目标是不容调节的，一旦不能取胜，就会产生严重的挫折感，甚至对自己产生怀疑。相反，行为目标的阶段性比较明显，是可以调节的，如果运动员先前的目标未达到，他就可以适当地降低一些目标，这样不会对自己的心理产生消极的影响。

(三) 目标设定过程中需要注意的问题

第一，对训练水平不高的运动员要注重行为目标的设定，结果目标的设定不要太高。

第二，目标主要应该由运动员自己设定，对于没有或很少经验的运动员在设定目标时要同教练员共同协商。

第三，设定目标既要有挑战性又要有可实现性，最好设得运动员需要经过较大的努力才能够达到。

第四，尽量设定技术动作完成目标（达到标准的具体行为），这是帮助运动员获得自信心和价值感，不能考虑胜负，而应该采用实际技术完成目标替代取胜目标。

第五，目标设定要具体，不能含糊，可用语言加以描述，可用文字加以记录，能够帮助运动员形成明确而有效的行为。

第六，教练员必须给运动员提供其活动情况的反馈信息，目标设定与信息反馈相结合具有重要作用和良好效果。

(四) 参赛目标设定的基本要求

1. 参赛目标系统的自我调节

在实践中，我们制定的训练和比赛计划目标要有一个灵活的度，因为竞技体育训练和比赛都是动态的，要根据不同情况灵活安排训练。对此，首先要依运动员的训练状态和感觉情况进行目标调节。这包括不同阶段，一些训练课的目标设定、完成任务的要求，都要根据队员的实际状况来调节。不要固守原来的计划目标"不达目的，不罢休"。再有，要依据运动员严重伤病后的恢复情况制定相应心理调节目标。伤病对于运动员来讲在所难免，如果出现重大伤病后，运动员的心理承受能力发生了变化，这时候需要对训练计划做调整。另外，还要注意依据运动员的成就动机水平制定和调节目标，如果运动员有特别的训练和求胜欲望，那当然更好，但如果不是这样，我们应该在各方面给予针对性心理目标调节和动机调整。

2. 专项性训练和比赛难度设置与体验

在实际心理训练过程中，要学会利用尺寸效应，把比赛可能出现的难度、要求放大，并积极加强体验和适应。我们在比赛中发现的问题，一定要把它放大了在训练中去适应，必须在训练中解决，不能完全依靠比赛解决。有的人说奥运会发挥不好主要是参加的次数太少，但是没有几个人有多次参加奥运会的机会，所以我们不能完全以比赛经验作为发挥程度的理由。还是要在比赛中对自己和他人出现的问题在训练中去解决和适应，这些在日常训练中获得的心理适应能力储备将会转移到比赛心理发挥当中。除此之外，对训练和比赛中出现的问题还可以进行分解适应并合成体验。对实际比赛中出现的难点问题进行即时解决难度很大，但我们可以分解进行。

【案例5-3】稳中求胜，及时调整行为目标

2000年奥运会是胡佳第一次参加世界顶级赛事，这在他的心里深深地埋下了对于奥运冠军渴望的种子。胡佳是一个喜欢挑战的运动员，他给自己定下的策略就是"攻难度"。2004年雅典奥运会一年半前，胡佳开始练一个叫作5255B（向后转体两周半翻腾两周半屈体）的动作。这个难度系数达到3.8的动作，当时世界上只有他一个人能跳出100分以上的高分。

对于胡佳来说，奥运会冠军是他梦寐以求的结果，是不容撼动的。而5255B则是他向自己的结果目标迈进的一个行为目标。5255B如果跳出满分是112分，正常发挥的话，应该在100分左右，但是这样一个诱人动作的完成绝对不是一件容易的事情。这个超难度动作在雅典奥运会赛前10天被队里撤了下来，理由是希望胡佳以稳为主。

2004年8月29日，雅典奥运会男子10米跳台决战拉开帷幕。在前3跳中，田亮一路领先，而胡佳则发挥欠佳，排在第四名。第4跳发生了转折，407B，难度系数3.5，胡佳发挥非常好，入水水花很小，使胡佳跃居仅次于田亮的第2位。第5跳胡佳更是高水平发挥，现场裁判共打出4个10分，胡佳也借此成功超越田亮，排名升至首位。最后一跳，胡佳完美的动作彻底征服了裁判，7个裁判中5名裁判给出了10分，得到了100.98的高分。胡佳终于以自己出色的表现，将梦寐已久的奥运金牌挂在了自己胸前。

赛后，谈及赛前降低难度的决定，胡佳也承认，练了一年半的难度动作，最后没能在决赛中跳，多少有些遗憾。但是经过权衡，他明白了自己无法保证在5255B上得到高分，但在5253B上他却能够百分之百地发挥。而且跳高难度动作，顾虑和不安就会贯穿整个比赛，对发挥很不利。而降低难度后，自己就丝毫没有压力，所以最终成功了。

运动员参赛目标的设定是一门学问和艺术。正是由于胡佳上难度后动作完成质量一直不是很稳定，周继红领队以及钟少珍教练共同制定的降难度、求稳定、保质量的备战策略。为保证胡佳取得理想成绩这一结果目标，及时调整了他的行为目标，降低了动作难度，不仅减轻了他的参赛压力，也使他的信心得到了有效的提升。

从力争难度的屡次受挫，到降低难度心有遗憾，至稳中求胜圆梦雅典奥运，胡佳的冠军之路可谓是一波三折。而曲折背后，更清晰地折射出设定正确参赛目标的重要性，是运动员赛前有效备战、赛场出色发挥的重要前提。

四、参赛心理预案

(一) 什么是参赛心理预案

参赛心理预案,也叫比赛心理对策、比赛方案、比赛对策库等。作为赛前心理准备的重要内容,参赛心理预案是运动员根据比赛前和比赛中可能出现的各种情况,事先设计好相应的应对措施,好让运动员做到心中有数,有备无患。

研究者(丁雪琴,殷恒婵,卢敏,郑猛,许小冬,2009)提出,比赛对策库包括两个部分:第一部分,程序活动对策库,即面对比赛必然遇到的问题和必须进行的活动时所应采取的成套对策。主要内容包括:①比赛事件进程,如赛前3天、赛前1天、点名、入场、第一轮、第二轮等等;②想什么;③做什么。简单地说,程序活动对策库就是运动员写出的比赛关键事件点上想什么做什么的程序。第二部分,突发事件对策库,即面对可能遇到的突发应激事件时所采取的成套对策。主要格式:如果(发生了……情况),我会(采取……措施)。

(二) 参赛心理预案的作用

作为赛前心理准备中最具有可操作性的工作之一,比赛对策库的作用主要表现在(丁雪琴,2000):

(1) 有利于全面分析比赛形势和各方面的问题,以便使赛前准备更充分、细致。

(2) 有利于增强运动员的比赛信心,使他们做到心中有底,无论出现什么情况,即使意外事件,也能沉着冷静地按对策库的提示去处理。

(3) 有利于教练员和运动员之间的沟通。在对策库的制定过程中,教练员、运动员和心理老师(科研教练)等多方面共同思考、群策群力想办法,同时让教练员更了解运动员的想法,运动员更理解教练员的意图,这将有助于凝聚力的增强。

(4) 有助于运动员在比赛时的思维净化和集中注意力。因为赛前该想的都想到了,问题和对策也想好了,临赛时就能放心地把注意集中在比赛的技术、战术操作上了。

(三) 参赛心理预案的内容

1. 比较对手和自己的优劣势

尽可能多地列举对手在身体、技术、战术、心理上的优势和弱点,并与你自己的优势和弱点进行比较。在评价自己时,也要注意实事求是,按照真实情况评价自己的能力。

2. 提高睡眠质量

为了确保最佳表现,运动员需要充足的睡眠和休息。但通常情况下,大部分运动员在大赛之前很难睡好觉。有趣的是，中等程度的睡眠不足几乎很少影响运动表现。

3. 检查装备

虽然看起来装备是一件小事，但作为赛前常规的一部分，确定比赛时所需要的每样东西都放在球包里非常重要。

4. 科学饮食

进食平衡的高碳水化合物、低脂肪食谱，补充必需的蛋白质和维生素，摄入容易消化吸收的肉类食物，有规律地饮用水果饮料。

5. 做好伸展活动

伸展活动的作用包括：（1）降低受伤几率；（2）增加肌肉弹性，提高运动表现；（3）缓解过度紧张，消除焦虑情绪。

6. 进行积极的表象

运动员可以设计一份想象训练的笔记。在笔记里，应该包括上面列举的内容。例如，想象自己有节奏地发球、流畅地接发球、有效地控制比赛、干净利索地劈杀，巧妙地吊网等。

7. 做好热身活动

热身是比赛开始之前达到良好状态的最后机会，它能使你超过对手，并影响整个比赛。

（四）参赛心理预案的应用

理论上，比赛方案是运动心理科技服务的拳头产品，它概念清晰，理论扎实。实践中，很多运动队伍已经接受了这种服务形式，更多的队伍也有这种迫切的需求。由于它易于理解、易于接受，可操作性强，能与教练员、运动员进行互动等诸多特点，使其可以为运动心理学家介入运动队工作提供良好的媒介。尤其对很多刚刚敞开运动心理科研大门的队伍来说，比赛方案是一个很好的切入点。

有研究者（邓运龙，2005）曾经从哲学层次提出运动训练的专项化、实战化和个性化问题，比赛方案的制定与执行同样应该遵循这样的指导思想，否则容易让比赛方案形同虚设，停留在"传阅"水平，也容易让运动心理科技服务工作者陷入隔靴搔痒的尴尬境地。鉴于此，并且基于在中国羽毛球队的运动心理科技服务实践，有研究者（徐守森等，2013）提出，为了实现比赛方案的专项化，了解项目特点，了解队伍的语言特色和文化体系是重要基础；为了实现比赛方案的个性化，了解运动员成长经历、个性特点，发挥运动员的积极主动性是可行做法；为了实现比赛方案的实战化，将比赛方案的学习、应用和日常的技、战术训练相结合是重要途径。

此外，研究者（徐守森等，2013）还认为，比赛方案的条目数量是运动心理学工作者为运动队提供科技服务时经常思考的问题。比赛方案可以很简洁，只有几句话，甚至寥寥数字，也可以很复杂，可以是几张纸，甚至是一本书，但最根本的问题是比赛方案需要落到实处，需要得到队伍的接受，也就是说，比赛方案需要走进运动员的心里，需要落实到运动员的行动上。

【案例5-4】王义夫雅典奥运会参赛预案

我国著名射击运动员王义夫在2004年雅典奥运会前制定的比赛方案如表5-6所示（刘淑慧，2006）。在雅典奥运会取得男子10米气手枪金牌后接受记者采访时，王义夫充分肯定了比赛方案的重要性。

表5-6 王义夫雅典奥运会比赛可能遇到的问题与对策

维度	问题	积极思维与行为对策
比赛指导思想	强烈获胜欲望	欲望需要通过努力实现，要的是饱满的精神、坚定的信念、正确的指导思想
	想为自己的运动生涯画上圆满句号 对比赛胜败结果的思考难以释怀	20余年比赛告诉我：以平常心对待不平常事的深刻道理
	媒体舆论	专心于比赛准备，控制好比赛中的行为，回避媒体
	比赛氛围与压力	全身心地享受比赛带给自己的无限乐趣，感受比赛过程中的种种刺激，有压力才有动力
	环境与气候	无数的比赛经验告诉我：只要思想准备充分，有适当的方法与措施，一定能应付环境的挑战
赛前准备	有时有思想随意、动作准备粗的现象	从思想上认识到各国运动员的水平提高很快，不能有老大自居心理 动作上注意整体力量、把握力量的一致性
	有时有精力不够集中，容易出现注意力分散现象	可采取分段式练习，打20~40发停一停，将精力收一收再重新组合，继续下面的射击，也可临时以要求射击进行调整
	个别击发的处理存在侥幸心理	提醒自己：以单发为单位，把握好每一发
资格赛	试射表尺修正	注意观察风向，调整好动作的自然指向，多打几发密度，根据密度及动作状况修正表尺，最后几发以记分射要求打
	换记分后击发困难	精力集中到动作中去，打出10环的瞄区和动作感受，不勉强击发，不急于击发，沉住气不着急
	连续出9环或出远弹	主动停下来重新调整，静心稳神
	最后几发	处理要果断、不怕麻烦，不随意延长瞄准时间，坚持动作标准

续表 5-6

维度	问题	积极思维与行为对策
决赛	情绪更紧张	不把自己吓住，都是一样的人，一样的心情。动作按正常程序走，击发坚决果断
	击发动作要求高	不勉强发射，可以二次瞄准 心静力稳用第一稳定期完成击发 不追求小数点，在瞄区内协调击发就行
可能遇到的问题	气候、光线（地中海气候、风大、酷热、光线强）	每个参赛选手的条件一致，既是公平的，就要主动接受，主动处理
	开头不顺的被动局面	足够的思想准备，足够的耐心。保持清醒的思路、冷静的头脑，拿得起、放得下，一切从头来
	出现预报不出的弹着及远弹	从心态下手，思想干净，情绪平静 坚持自己的打法，可以一停二看三预习，也可离开射击位置与教练沟通，着实调整好心情及动作后再继续射击
	年龄因素	在国际比赛中大龄选手为数不少，我自认为仍然处于运动成绩的高峰期。但不盲目自信也不保守，真正做到从零开始 不与别人比，只跟自己比，挑战自我、战胜自我

第三节 青少年心理特征及心理调节

一、埃里克森的心理发展阶段理论及其应用提示

1950 年，美国心理学家埃里克森在他影响深远的著作《儿童与社会》一书中提出了人的心理发展阶段理论。他将正常人的一生分为 8 个发展阶段，从婴儿期到成人晚期，如表 5-7 所示。在每一个心理社会发展阶段中，每个人都面临新的发展任务，每个阶段都建筑在成功完成上阶段发展任务的基础之上。如果成功完成每个阶段的核心任务，保持向积极品质发展，就会逐渐实现健全的人格，否则就会发展出消极品质，出现情绪障碍，产生心理社会危机，形成不健全的人格。

表 5-7　埃里克森心理发展理论的 8 个发展阶段

年龄阶段	主要发展任务	
婴儿期：0~1.5 岁	获得基本信任感	克服基本不信任感
童年期：1.5~3 岁	获得自主感	避免怀疑感与羞耻感
学前期：3~6 岁	获得主动感	克服内疚感
学龄期：6~12 岁	获得勤奋感	避免自卑感
青春期：12~18 岁	获得同一感	克服同一性混乱
成人早期：18~24 岁	建立家庭生活并获得亲密感	避免孤独感
壮年期：25~65 岁	经由成家立业而获得创造感	避免自我专注
老年期：65~死亡	获得完美感	避免失望感

心理发展阶段理论的核心在于把人格的发展解释为不同阶段发展危机的解决，强调社会文化因素在自我意识形成与发展中的作用，并强调自我的自主性。

在训练中，教练员应当注意观察和了解运动员思想困惑的年龄发展特点，理解运动员获得勤奋感和同一性的必要和需要。尤其对于大多数处于学龄期、青春期的运动员，要通过鼓励、表扬等社会支持方式帮助他们避免可能产生的自卑感，通过提供各类榜样帮助他们克服可能产生的同一性混乱，帮助他们形成积极健康的人格。

二、年龄段划分的青少年心理特征及教练员应注意的问题

（一）学前期：运动启蒙阶段

根据埃里克森所划分的年龄阶段，许多运动员从学前期（3~6 岁）就开始参与运动训练。本阶段儿童表现出的主动探索行为如果受到鼓励，就会获得主动感，这为他们将来成为一个有责任感、有创造力的人奠定了基础；如果儿童的独创行为和想象力受到漠视甚至讥笑，就会逐渐失去自信心，习惯被安排，缺乏主动性。

因此，对启蒙阶段的青少年，教练员应当避免过早地进行专项化训练，鼓励孩子们积极探索，参加多种多样的体育运动并享受运动的乐趣；应当允许运动员有创新思维，及时肯定运动员的主动探索行为；通过丰富多样的方式方法，注重培养运动员对所从事项目和体育运动的兴趣，注重专项感觉的培养。

此外，本阶段的教练员应该格外注意与运动员父母的沟通，共同致力帮助孩子形成积极的人生态度与生活习惯，获得面对挑战的主动感，形成健康的人格。

（二）学龄期：业余训练阶段

多数运动员在学龄期（6~12 岁）进入省市各级业余体育学校开始半专业训练，部分成才年龄较早的项目，运动员在学龄期后期已经进入较高水平的职业训练（如跳

水、体操等)。与同年龄在学校正常上学的孩子相比，运动队的集体生活会训练运动员适应社会，并掌握以后生活所必需的知识和技能。本阶段，如果能顺利完成各项任务并获得积极反馈，运动员就会获得勤奋感，使他们在以后的独立生活和承担工作任务时充满信心，获得有"能力"的品质；反之，就会产生自卑。另外，埃里克森也指出："如果他（孩子）把工作当成唯一的任务，把做什么工作看成是唯一的价值标准，那么未来他就可能成为自己工作技能和老板们最驯服和最无思想的奴隶。"

因此，在本阶段教练员应注意：

（1）帮助运动员进行合理的目标设置，在建立长期目标的同时，多使用短期目标来对运动员进行评价和强化，帮助运动员获得"完成任务感"，提升他们的自信和能力感。

（2）在训练和生活管理中，多使用积极反馈来鼓励孩子，多使用个人的纵向比较，如"你今天的训练和昨天相比有很大进步"；尽量避免使用个体间的横向比较，如"你看人家王小虎的进步就是比你快！"。利用本年龄段儿童的模仿能力，通过自身的示范帮助运动员形成良好的生活习惯、训练习惯和思维习惯。

（3）开始向运动员传授一些基本的心理训练技巧，如简单的表象训练和放松技巧等，并鼓励运动员养成阅读和思考比赛的习惯。

（4）通过组织团体活动、建立团体规则、扮演领导角色等方式培养运动员的独立性和责任心。

（三）青春期：专业训练阶段

青春期（12~18岁）是人成长过程中一个重要的"角色混乱期"，也是多数竞技运动项目成才的关键期。这一时期青少年的主要任务是建立自我形象。一方面青少年本能冲动的高涨、成人感的陡生会带来逆反心理，另一方面是青少年面临新的社会要求和社会冲突，因而感到同一性的困扰和混乱。埃里克森把"同一性危机理论"用于解释青少年对社会不满和犯罪等社会问题。

对训练过程而言，本阶段的冲突理论也能部分地解释青少年运动员在训练过程中产生的对抗教练员、对抗规则等逆反行为的出现。面对青春期的运动员，教练员应该注意：

（1）采用多种方式引导运动员形成积极的自我形象，如通过名人传记、电影、小说等方式为其提供模仿对象，除了大量的体育明星故事可以作为好的引导材料外，南非总统曼德拉曲折的人生经历、电影《角斗士》中马克西莫斯的英雄气概、小说《悲惨世界》中冉阿让的蜕变等，都可以成为运动员形成积极自我形象的比照材料。

（2）教练员应和家长一起，在本阶段致力与运动员进行沟通，积极解决运动员对人生的困惑，并可以通过请老师授课等方式为运动员解惑，帮助运动员更好地应对角色混乱期的困惑，减少冲突行为的发生。

(3) 教练员应邀请运动员更多地参与运动训练的决策，如计划的制定、总结、生活管理等，帮助运动员在承担责任过程中获得同一感，形成积极的自我形象。

(4) 教练员应始终坚持使用积极的语言和行为反馈，在运动员出现对抗等行为时要理解其处于特殊的发展阶段，"晓之以理，动之以情"，尽量避免使用简单粗暴的方式解决问题，以免使得运动员的冲突期延长，心理健康成长受阻。

(四) 成人早期：成才/退役阶段

约半数运动员在进入成人早期后已经进入了稳定的成才阶段，部分项目优秀选手继续冲击高水平，一些成才早的项目运动员已经面临退役和人生未来道路的选择，因此本阶段教练员应注意：

(1) 本阶段的关键任务是"克服孤独感，建立亲密感"。恋爱关系的出现是本阶段发展的重要内容，也是青年运动员的必经阶段。教练员应对运动员的恋爱行为进行积极引导：一方面可以通过队规等方式进行合理约束，将恋爱行为引导在"发乎情，止乎礼"的阶段；另一方面帮助运动员理解亲密感的产生原因，通过人生目标教育等方式引导运动员正确地对待恋爱，互相帮助进步。如确须对恋爱行为进行较严格的约束，也应注意方式方法，避免刺激运动员产生逆反心理，影响训练和管理的初衷和效果。

(2) 对于仍有较长训练寿命的优秀选手，本阶段应鼓励其树立更远大的人生目标，面对同龄人可能的退役选择，通过分析情况、强调价值等方式引导运动员以积极的态度挑战自我、完善自我，向更高目标发起冲击。

(3) 对于进入退役阶段的运动员，要肯定运动员在多年训练过程中的努力，鼓励运动员参加职业指导等培训，帮助他们适应今后的人生发展任务。

(4) 本阶段运动员已经成人，具有独立的人格和思想，教练员在与其沟通的过程中，应注意站在平等的角度进行沟通，避免使用命令方式或包揽安排，应在管理允许的范围内予运动员以自主性。

第四节 教练员的心理调节

一、训练过程中的心理调节

教练员自身的心理调节主要包括"对人调节"和"对己调节"两方面，"对人调节"是指教练员通过调整自身的思想和行为来达到调节他人（主要是运动员）心理状态的目的，包括执教理念以及执教方式等；"对己调节"则是教练员自身应对训练、比赛和生活压力的思维和方法，包括教练员解决问题和情绪调节的方法等。

（一）赏识教育与惩罚教育

赏识教育与惩罚教育是训练中常见的两种基本执教理念，属于教练员的"对人调节"。

赏识教育在多年来的社会宣传过程中引发了一些理解的误区，常被认为是单纯的"表扬加鼓励"。实质上，赏识教育不仅是赏识一个人或者一个团队行为的结果，更是赏识行为的过程，以激发其兴趣和动机，并提升其自信心。赏识教育应贯穿在训练过程的每一刻，教练员不仅应通过赏识运动员的正确行为来帮助其建立自信心和自我效能感，也应该通过自我赏识来建立自身的执教自信心，以更积极的态度面对训练当中的困难和挑战。

惩罚教育有时也称"挫折教育"，在竞技训练中是不可回避的理念与方法，其主要作用是帮助运动员改变一些不良行为习惯。惩罚教育的优点在于常可以较快速地达到目的，合理地使用惩罚也能帮助运动员更好地形成应对挫折和失败的心理承受能力；但过多地使用惩罚教育会使运动员的兴趣下降，自信下降，经常被惩罚的运动员会因为缺乏对训练的控制感而导致主动承担任务的责任感下降，从长期来看得不偿失。

因此，教练员应该合理地使用赏识教育与惩罚教育，以赏识为主，必要时有针对性地使用惩罚教育。教练员应明确赏识与惩罚的目的是帮助运动员成长，因此所有的赏罚都应有所针对，对于奖惩的标准应尽量做到"公平、公正、公开"。

总的来说，教练员应该创造赏识的环境，用积极的语言指明运动员应当不断重复的行为和继续发展的方向；采用适当的惩戒与提醒，增强运动员的心理体验，纠正其不良行为。

（二）学习与求助

学习与求助都属于教练员的"对己调节"。

学习新的理念、知识、方法和手段对于教练员而言，既是提高业务能力的必需途径，也是一种重要的心理调节方法。通过继续教育和自修，教练员可以更好地了解业务，了解运动员，了解时代特征，不断获得解决新问题的能力，自信心和效能感都会得到提升，更好地实现与运动员的沟通和与社会的联系，获得积极的心理效益。

求助是指教练员向本领域内各个学科的专业人员寻求帮助。随着竞技体育的发展，教练员凭借一己之力带领运动员取得卓越成绩的难度越来越大，团队合作的形式为竞技水平的提高带来了新的可能性。教练员通过向体能训练、生理生化、运动心理、运动营养、运动康复等各个领域的专业人士寻求帮助，可以减少训练过程中的不确定因素，提高执教过程的控制感和自信心，也能通过更多样的形式帮助运动员更快进步，获得运动员的信任。

(三) 寻找合理的情绪宣泄渠道

教练员的工作承受着巨大的压力，不可避免地会引发许多消极的情绪，如果不能及时排解，不但会影响训练工作的开展，也会影响身体健康。因此，教练员应当学会寻找合理的情绪宣泄渠道，及时排解消极情绪，缓解心理压力。例如：

培养 1~2 项健康的业余爱好，如喝茶、钓鱼、阅读、听音乐等，每天或每周有规律地开展业余爱好活动，使自己在工作之余精神压力得以缓解；

外出比赛之余，如条件允许，可以带领运动员一起参观当地的风景名胜，缓解比赛压力带来的紧张情绪，更好地投入下个阶段的训练；

产生消极情绪后，要及时寻找知心朋友或心理辅导人员进行宣泄，寻找积极的问题解决途径。

二、比赛过程中的心理调节

(一) 赛前的心理调节

首先，赛前运动员会变得更加敏感，更加不由自主地倾向从教练员那里得到肯定的、明确的信息。教练员有多淡定，运动员就有多淡定。因此，教练员应注意自己的面部表情和说话语气。面部表情要放松，语气要慢而有力。

其次，运动员临赛前紧张水平提高时，注意范围会减小，注意转向会迟滞，无法记起和关注关键环节，因而出现"发蒙"现象。因此，教练员的临场指导应简短、有力，帮助运动员将注意集中在关键环节。

第三，运动员的焦虑、紧张情绪往往源自其"不知威胁将会在何时何地发生，以何种方式发生，应当以何种方式应对"。因此，教练员应努力帮助运动员减少不确定性，提高控制感，包括尽可能提前制定和告知运动员明确的活动时间表，使运动员清楚地知道什么时间做什么事，做到什么程度，以利于运动员自己进行时间安排和时间调整。减少等候通知的待命状态，减少临时通知情况，这些状态均会提高不确定性和不可控制感。

(二) 赛中的心理调节

在语言提示方面，关键时刻应注意提示运动员应该做什么，少说或不说不该做什么。注意控制逆效应，鼓励运动员相信自己，相信自己的训练基础，相信自己的自动化控制。

在环境营造方面，提醒运动员主动屏蔽媒体信息、媒体评论的干扰；强调可控因素，强调个人目标，强调准备过程，强调动作关键。

此外，当赛中运动员遇到一些小问题时，如饭菜不可口、时间不适应、旧伤发作、睡眠不佳等，提醒他们这是正常的，不苛求不指望所有事都完美如意，对手也会有这样或那样的问题，就看谁能泰然处之，淡定应对。遇到问题，降低情绪宣泄的强度和缩短情绪宣泄的时间，多考虑具体做什么以应对问题。

三、教练员的心理疲劳与运动员的心理疲劳

教练员和运动员是体育运动领域中关系紧密的两个特殊群体，由于他们独特的生活环境和工作情况，复杂的社会角色以及面临的巨大的社会压力，不可避免地会产生心理疲劳现象。

沈锡远、张力为（2013）采用质化研究和量化研究结合的方式对教练员心理疲劳及运动员心理疲劳的关系进行了探索，结果表明：教练员心理疲劳与运动员心理疲劳的3个维度中，情绪/体力耗竭的共变性较强，可能的原因是：教练员和运动员对长时间、高强度的大运动量的训练均会产生体力不支、精疲力竭的感受，这种感受更多受到生理刺激和生理反应的影响；但对训练比赛的成就感、价值感、自信心等，更多受到认知评价的影响，在这方面，教练员因其运动经历不同，教育程度不同，认知水平不同，使双方的成就感降低及对运动的负面评价的变化规律有一些差异。

由此可见，教练员与运动员关系紧密相连，两者的心理疲劳极可能会产生相互影响，然而在实际的训练备战中，运动心理学工作者通常将重心放在运动员心理疲劳本身的控制和干预上，而忽略了教练员心理疲劳对运动员心理疲劳的影响，也往往忽视了对教练员心理疲劳的调节。

为更好地调节教练员的心理疲劳，进而帮助运动员缓解心理疲劳，有如下建议：

（1）教练员应通过科学的制定训练计划，科学地把控训练安排，科学地使用训练手段，从根本上减少自身及运动员心理疲劳的诱发因素，减少心理疲劳的出现。

（2）教练员应对心理疲劳的表现、预防和控制心理疲劳的意义有科学的认识，在训练中自身及运动员出现心理疲劳的症状时及时有针对性地进行调节，以免产生严重后果。

（3）教练员可以采用多种方式缓解心理疲劳，包括适时变化训练节奏、内容、环境等；提高业余生活的丰富性；邀请运动员参与训练决策，提高其控制感；多使用积极的反馈帮助运动员建立自信心，积极应对训练中的困难，减少消极情绪的出现；为运动员提供多方面的社会支持等。

参考文献

[1] 邓运龙. 专项化、实战化和个性化训练的理论与实践［J］. 中国体育教练员，2005（1）：34-35.

［2］丁雪琴，殷恒婵，卢敏，等．中国体操队、举重队备战、参赛北京奥运会的心理训练［J］．天津体育学院学报，2009（24）：10-13．

［3］丁雪琴（2000）．如何制定比赛心理对策［M］//北京体育大学．中国体育代表团参加悉尼奥运会心理咨询手册．北京：国家体育总局科教司．2000：64-66．

［4］吉姆·柯林斯．从优秀到卓越［M］．北京：中信出版社，2009．

［5］李京诚．心理技能训练．运动心理学［M］．北京：北京体育大学出版社，2012．

［6］理查德·考克斯．运动心理学［M］．张力为，等，译．5版．北京：清华大学出版社，2003．

［7］刘淑慧．刘淑慧文集——射击比赛心理研究与应用［M］．北京：北京体育大学出版社，2006．

［8］彭聃龄．普通心理学［M］．北京：北京师范大学出版社，2001．

［9］钱铭怡．心理咨询与心理治疗［M］．北京：北京大学出版社，1994．

［10］沈锡远，张力为．教练员心理疲劳与运动员心理疲劳［M］//张力为，张连成．心理疲劳：竞技运动领域的研究与应用［M］．北京：北京体育大学出版社，2013．

［11］姒刚彦．追求"最佳"还是强调"应对"——对理想竞技表现的重新定义及心理训练范式变革［J］．体育科学，2006：26（10），43-48．

［12］姒刚彦．青少年运动员的逆境应对训练［J］．天津体育学院学报，2008：23（3）：185-186．

［13］夏煊泽．辉煌后的孤寂［J］．羽毛球：创刊号，2006：70-73．

［14］徐守森，程勇民，李京诚，等．如何实现比赛方案的专项化、个性化和实战化？——以中国羽毛球队备战伦敦奥运的心理准备为例［J］．中国运动医学杂志，2013，32（2）：168-173．

［15］张凯，张力为．道与术：中国文化对运动员心理咨询与心理训练的启示［J］．天津体育学院学报，2011，26（3）：196-199．

［16］张力为，毛志雄．运动心理学［M］．北京：高等教育出版社，2007．

［17］张力为．中国运动员奥运夺冠经典案例心理分析［M］．北京：北京体育大学出版社，2008．

［18］章淑慧．心理生理学［M］．长沙：湖南人民出版社，2006．

［19］Dugdale, J. R., & Eklund, R. C. (2002). Do not pay any attention to the umpires: Thought suppression and task-relevant focusing strategies. *Journal of Sport & Exercise Psychology*, 24, 306-319.

［20］Henschen, K (2005). Mental practice-skill oriented. In D. Hackfort J. Duda, & R. Lidor (Eds). *Handbook of research in applied sport and exercise psychology: International perspectives* (pp.19-36). Morgantown, WV: Fitness Information Technology.

[21] Jacobson, E. (1938) *Progressive relaxation.* Chicago: University of Chicago Press. Schultz, J. H., & Luthe, W. (1959). *Autogenic training: A psychophysiological approach to psychotherapy.* New York: Grune and Stratton.

[22] Zaichkowsky, L. D. & Fuchs, C. (1988). Biofeedback applications in exercise and athletic performance. *Exercise and Sport Science Reviews,* 16, 381-421.

第六章 青少年运动员选材

罗冬梅（北京体育大学）
徐　刚（北京体育大学）

> **内容提要：**
> 运动员选材是一个庞大的系统工程，但是其主体是青少年。每个青少年个体都有独特的发育特点和生长轨迹，同时他们的生长发育程度和发育类型又与运动能力密切相关。若能了解和掌握人体生长发育的基本规律及青少年运动能力的发育特点，同时熟知运动专项的具体特征，即可比较准确地预测该运动员的运动潜能，并有针对性地因才施训，促使青少年运动员的运动能力得到充分的发展。因此，本章将重点介绍生长发育的基本规律、青少年运动员运动能力的发育特点及其在选材中的应用。

运动员选材是竞技体育的开始，是挑选具有良好的运动天赋及竞技潜力的儿童少年或后备力量参加运动训练的起始性工作。选材时应注意考虑各个运动项目的特点，力求使用科学的测试和预测方法，把先天条件优越、适合从事某项运动的人才从小选拔出来，进行系统的培养，并且不断地监测其发展趋势，努力提高选材的成功率。因此，选材的核心内容是预测。没有预测，就没有选材。

运动员选材是应竞技体育运动的产生而产生的，也必然随竞技体育运动的发展而发展。因而无论是中国还是世界其他国家，运动员选材的发展一定都会经历自然选材阶段（主要以运动成绩作为选拔运动员的标准）、经验选材阶段（主要以教练员有目的的经验总结为依据），以及多学科综合选材阶段（主要以现代科学技术的发展为依托）3个阶段。在几十年的发展过程中，运动员选材逐步建立了自身的理论体系，形成了一门独立的学科。

在运动员选材中，运动能力是最为关键的。运动能力体现了该运动员能有效地参加训练和比赛所具有的本领，是运动员的体能、技能、智能和心理能力的综合体现。而当今世界各国竞技体育的竞争早已成为科学技术与经济实力的较量，这就使得现代运动员的选材必须综合运用现代自然科学的成果，特别是应用人类遗传学、现代医学与生物学、材料与工程科学，以及心理与行为科学等领域的新知识、新成就和新技术，充分挖掘运动员的运动潜能，在不断完善人类自身的同时提高运动能力。

然而，针对儿童青少年的选材，更应关注其运动能力的形成与发展过程。因此，生长发育规律、运动能力的发育特点，以及遗传对其运动能力发展的影响等即成为教练员进行青少年运动员选材时所必须具备的知识。

第一节 人体生长发育规律与选材

青少年是一个特殊的群体，其身体形态结构、机能，以及心理、个性特征等构成运动能力的重要因素均尚未发育成熟。因此，人体生长发育的基本规律是运动员科学选材的重要理论基础。在进行青少年运动员选材时，无论是研究工作者还是教练员，均应熟知青少年生长发育的基本规律。

一、运动员年龄的区分和与选材的关系

年龄是了解生长发育规律的前提，也是运动员选材时必须考虑的重要内容。对于运动员，不仅要了解其生活年龄，而且要关注其生物年龄、心理年龄和训练年龄，这样可有助于对运动员未来运动能力的发展趋势做出准确预测。

(一) 运动员年龄的区分

1. 生活年龄

出生后根据人生活时间的长短所确定的年龄称为生活年龄。它是采用物理学测量方法，即以地球、月球运行的周期性作为时间的尺度，以年、月、日作为单位来计算的。它能准确地反映个体生命存在的时间。生活年龄亦可称为日历年龄、实足年龄、历法年龄、时序年龄或时间年龄。

2. 生物年龄

按照人体的发育程度所制定的年龄称为生物年龄或发育年龄。它是采用生物学测量方法，即有机体在逐年成熟（发育）的过程中，各种细胞、组织、器官、系统以及整体，凡是能被辨认或测定、有一定演变过程、有一定最终成熟状态的结构或机能，都可以作为生物学测量的尺度。它能比较准确地反映个体的发育程度。

人体出生后达到成熟所需要的时间，是由遗传和环境因素共同决定的。同性别、同年龄的不同个体之间，其发育程度存在着个体差异。

3. 心理年龄或社会年龄

心理年龄是心理学发育指标，是根据标准化智力测验量表测得的智力水平，用来

表示心理发展的绝对水平，是年龄量表上度量的智力单位。把心理学年龄与时间年龄相对比就能看出智力绝对水平的高低。

由于社会心理因素所引起的人体的主观感受的年轻或衰老程度不属于心理学年龄范畴，故应称为主观感受年龄，即社会心理年龄，它更多地受社会和心理方面的影响。

4. 训练年龄

运动员从事某种专项时间的长短称为训练年龄。它是自从事某一专项竞技体育运动之始，直至测试日为止的一个时间段。它反映了个体参加运动训练的时间长短和运动能力发展过程的快慢。

除上述年龄外，还有一种受关注的年龄，即相对年龄。相对年龄是指有相同日历年龄组的个体之间在年龄上的差异，它是由贯穿在此年中个体不同的出生日所引起。如一年级的孩子是由学校活动年从选择日 9 月 1 日到下一年的 8 月 31 日构成，那么，出生在 9 月的孩子将和出生在下年 8 月份的孩子就有近 12 个月的差异，这样就会造成距选择日近比距选择日远的孩子在身体、认知以及学业或运动成绩等方面具有优势的现象。目前已经有很多学者在关注并研究相对年龄对运动员选材所造成的可能的影响及解决方法。

（二）运动员的年龄与选材的关系

选材是要从尚未接受训练或曾经接受过训练的人群中，挑选可能或即将成为优秀运动员的青少年进行更高层次的训练，其目的是希望这些"原材料"或"半成品"未来能够成为运动成绩优异的人才。

据资料报道，世界各国参加奥运会的运动员从开始参加专门的运动训练，到真正成为奥运选手需要 7~12 年的时间。由于竞技运动项目繁多且项目之间对体能、技能的要求差异较大，致使不同运动项目开始从事运动训练的年龄也不尽相同。要想选拔出他们当中的运动"天才"，就需要对他们的竞技的潜在能力有一个客观而准确的评价。儿童少年处在生长发育的快速发展阶段，不同个体年龄每相差 1 岁，其运动能力和智力水平等就会产生很大差异。因此，评价儿童青少年竞技能力的首要问题就是年龄问题。

在生活年龄相同的情况下，由于遗传和环境因素的相互作用，同性别、同年龄的不同个体的发育程度存在着较大的差异。如果仅用生活年龄建立选材的评价标准，则可出现较早发育的个体容易取得好的成绩，而正常发育和晚发育的个体有可能遭到淘汰的现象。因此，要想选拔出同性别、同年龄组中的佼佼者，最根本的方法是根据运动员的发育水平，即用生物年龄作为分龄标准来建立选材评价标准，这样就能很好地区分备选对象的运动潜能。在生物年龄相同的情况下，谁的运动能力强，谁的体能好，谁才是真正的运动"天才"。这也是我国青少年分龄赛中需检测骨龄的根本所在。

二、人体生长发育的基本规律

生长一般是指细胞繁殖、增大和细胞间质的不断增加,表现为各种组织、器官以及身体各部体积的增长与重量的增加;而发育则是指人体各种细胞、组织、器官形态结构的分化和功能的逐步完善的变化过程。生长和发育是个体成长过程中互相关联的两个方面。生长和发育过程的完成,正是人体由量变到质变过程的完善。二者是相辅相成,密不可分的,故常称其为生长发育。

生长发育的基本规律,是指儿童青少年生长发育的普遍方式。生长发育过程中,因受遗传与环境等多种因素的影响,生长发育有早有晚,生长速度有快有慢,个体差异较大。每个儿童青少年的生长发育都有自身的特殊性,但又遵循一些普遍规律。了解和掌握这些规律,不仅可评价个体生长发育状况,而且还可了解孩子的既往发育史,预测其未来生长方式和潜力,为儿童青少年的健康成长、学校体育的开展和竞技体育的运动员选材和科学训练提供指导。

(一) 生长发育的阶段性与连续性

生长发育是一个从量变到质变的长期连续的过程。由于在发育过程中身体和环境的变化特点不同,可将儿童少年的生长发育过程划分为如下发育阶段:

新生儿期,出生~28天;婴儿期,28天~1岁;幼儿期,2~6岁;童年期(学龄期),6~12岁;青春期,10~20岁(男12~20岁、女10~18岁);青年期,18~25岁(男20~25岁、女18~23岁)。

生长发育过程中的各个阶段顺序衔接,不能跳越。前一阶段发育为后一阶段奠定必要的基础;任何阶段的发育受到障碍,都将对后一阶段产生不良影响。

(二) 生长发育速度的不均衡性与差异性

在人体生长发育的整个生长期内,不同时期个体的生长速度是不均衡的,有的时期快,有的时期慢,因而生长发育速度曲线呈波浪式,并且各器官和系统又有其自身的规律性。例如人体身高的生长发育存在两个快速发育期和随之而来的相对慢速期,即出生1年前后(婴儿期)出现第一次生长发育高峰,此时的身高增长约为出生时的50%,体重约为出生时的两倍;此后增长速度急剧下降,保持一个相对平稳的增长速度。在青春期出现第二次发育高峰,身高、体重等均快速增长,随后增长速度又逐渐减缓,直至发育成熟。

上述生长发育速度的差异性表现在不同人的发育程度是不同的,因而其生活年龄、生物年龄以及心理年龄也会有所不同。还有一点值得注意,即不是人体所有器官系统的生长发育都存在两个高峰,提示年幼时生长发育状况可影响人的一生。

(三) 生长发育的非等比性

人体是一个统一的有机体，故人体各部分的生长发育一定有相应的比例关系。然而在发育过程的每一时期内，身体各部分的生长发育并不按比例进行。

身体各部分比例的变化：在生长发育的早期，头长占身高的比例最大。两个月的胎儿头长几乎占身高的1/2，新生儿约占1/4，以后头长的比例逐渐下降，成人的头长约占身高的1/8。从婴儿至成人的整个发育过程中，头增长1倍，躯干增长2倍，上肢增长3倍，下肢增长4倍。

身体各部分体积的变化：新生儿头和颈的体积占全身体积的30%，成年时下降到10%左右。躯干的比例较为恒定，占全身体积的45%~50%。上肢在出生时约占全身体积的10%，至成年时仍然维持这一比例。出生时占全身体积10%的下肢到成年时已达到30%（表6-1）。

表6-1　人体各部分体积占整体体积百分比的变化

年龄	头颈（%）	躯干（%）	上肢（%）	下肢（%）
0岁	30	45	10	15
2岁	50	50	10	20
6岁	15	50	10	25
成年	10	50	10	30

身体成分的变化：人体出生时，脑、肝、心及肾等主管各种生命活动的器官重量的总和约占新生儿体重的18%。虽然内脏器官的重量随着体重的增加而增加，但是其占体重的百分比则随着体重的增加而下降。5岁时为10%，10岁时为8.4%，成人仅占5%左右。

新生儿的脂肪含量约占体重的16%，第一年增加至22%，以后逐渐下降并保持在12%~15%。至青春期脂肪组织占体重比例才又上升，尤以女孩为显著，占24.6%，远远超过男孩，约为男孩的2倍。胎儿期肌肉组织发育较弱，出生后随婴儿躯体和四肢活动增加才逐渐发育。婴儿肌张力较高，1~2个月后肌张力才逐渐减退，肢体可自由伸屈放松。当小儿运动能力增强，会坐、爬、站、行、跑、跳后，肌肉组织发育加速，肌纤维增粗，肌肉活动能力和耐力增强。学龄期儿童肌肉更比婴幼儿粗壮，到青春期肌肉发育尤为加速，男孩比女孩更突出。9~10岁以后男孩肌肉约占体重的45.9%，女孩为44.2%，以后几年男孩超过50%，女孩则维持不变或略下降。

皮下脂肪和肌肉的发育与营养、运动有密切关系，故应保证少年儿童营养丰富，鼓励其多进行运动锻炼，如体操、球类、游泳等。运动促进肌肉发达，消耗体内脂肪，避免脂肪积累过多，可预防肥胖，使少儿变得灵活健壮。

(四) 生长发育的程序性

人体的生长发育有一定的程序性。在不同发育时期，是分别遵守头尾律和向心律的方式生长的。

1. 头尾律

在胎儿期和婴儿期，人体的生长发育首先从头部开始，然后逐渐延伸至尾（即下肢）部。婴儿有意识的动作发育，也是先从抬头、转头开始，然后发展到用手取物，进一步发展到躯干的转动与直坐，最后发展到下肢的活动及下肢与其他部位的协同动作。由于发育从头部开始，逐渐延伸至尾（下肢）部，故称为头尾律。

从生长速度看，胎儿期头颅生长最快，婴儿期躯干增长最快，2～6岁期间下肢增长幅度超过头颅和躯干，因此儿童身体比例不断变化，由胎儿两个月时特大的头颅（占全身4/8）、较长的躯干（3/8）、短小的下肢（1/8）发展到6岁时较为匀称的比例（头占1/8强、躯干占4/8弱、下肢占3/8）。

2. 向心律

人体直立行走以后，由于动力负荷和静力负荷发生了明显改变，致使儿童期、青春期生长发育的方式改变为下肢迅速发育，再向上至躯干与上肢，但头部却变化不大，此规律被称之为向心律。具体表现为：

下肢发育领先于躯干：即在7岁以后领先发育并较早结束的顺序是足长→小腿长→下肢长→坐高。

上肢发育领先于躯干：发育顺序为从手长→上肢长→坐高。

下肢发育领先于上肢：足长的发育领先于手长，下肢长的发育领先于上肢，其生长发育顺序大体上是足长→下肢长→手长→上肢长。

长度的发育领先于围度、宽度：各肢体围度发育的高峰期和结束期较长度发育推迟2～3年；骨盆宽的发育高峰期和结束期较下肢长推迟2～3年出现；坐高的发育略早于肩宽、胸围，其高峰期出现的时间与肩宽、胸围相同，但提早1年左右结束。

身高的发育领先于体重：身高、体重是人体的整体性指标。在整个生长发育的过程中，身高的发育明显地领先于体重，直到青春期的后期，体重达成年人的程度时才逐渐追上身高达成年人的程度。

总之，儿童期、青春期身体各部的形态发育顺序是：下肢先于上肢，四肢早于躯干，呈现自下而上、自肢体远端向中心躯干的规律性变化。以1985年我国学生体质调查的男性资料为例，身体各部生长达到稳定的年龄为：足长为16岁，小腿长为17岁，下肢长为20岁；手长为19岁，上肢长为21岁；坐高为22岁。身体各部分的围度、宽度的增长顺序与长度相同，但时间略迟。

（五）各器官系统生长模式的时间顺序性与统一协调

人体各器官和系统的生长发育各有其特点和规律，有些与整体的生长发育并行，也有一些与整体的生长发育不一致，表现出各自的发育特点。根据各器官和系统的生长发育情况，大致可归纳为一般型、神经型、淋巴型和生殖型4种类型的生长模式。

1. 一般型器官的特点

一般型器官包括运动系统、消化系统、呼吸系统、泌尿系统和心血管系统，这些系统的生长发育大致与身高、体重等整体指标的生长发育并行，即出生后第一年增长最快，以后稳步增长，到青春期出现第二次突增，然后增长趋势再度减慢，直到成熟。

值得注意的有两点：一是心血管系统。尽管青少儿心血管系统的生长发育与身高、体重同时进行，但是与成人相比，其心肌纤维短而细，心脏的重量、容积均不及成人，而且其血管的长度短，血管口径的增加落后于心脏容积的增加。因此，长时间地紧张练习、过多地闭气和静力性练习，会使心脏负担过重。如果心脏得不到很好的恢复，可导致心肌劳损。所以在运动训练中要合理安排运动负荷和练习密度。二是呼吸系统。与成人相比，青少儿呼吸道短而窄，呼吸黏膜薄而血管较多，肺泡的数量和肺泡壁的弹性纤维均较少，致使其吸氧能力低，肺泡容积小，这与青少儿时期代谢旺盛、需氧量相对较高的特点相矛盾。因而呼吸频率加快，特别是在运动时，呼吸频率增加尤甚，极易造成呼吸系统疲劳。所以，青少年儿童的运动训练应严格控制运动负荷量，运动的持续时间不宜过长。

2. 神经型器官的特点

神经型器官包括脑、脊髓和眼球等。它们的生长发育特点是，在出生前后迅速生长，很快接近成人的水平，并且在人的一生中只有一个生长发育高峰。

神经系统是人体发育最早、最快的器官。出生时脑重已达成人脑重的25%，而同时期体重仅为成人的5%左右；6岁时脑重约1200g，达成人脑重的90%。同时随着年龄的增长，神经系统的功能也在逐渐提高。6岁后神经兴奋性逐渐处于优势地位，至10~13岁时抑制过程逐渐加强，分化能力以及分析综合能力明显改善，能较快地建立各种条件反射。因此，动作的协调性也随着提高。

3. 淋巴型器官的特点

淋巴型器官包括胸腺、淋巴结、间质性淋巴组织等，它们在出生后头10年生长非常迅速，12岁左右约达成人的200%。在第二个10年期间，随着其他系统的逐渐成熟及免疫系统的完善，淋巴系统逐渐萎缩，到老年更加衰退。

4. 生殖型器官的特点

生殖型器官包括男女生殖内、外生殖器官。在童年时期，即出生后头 10 年内，生殖系统几乎没有发展；只是在第二次生长突增开始之后才迅速发育，并通过分泌性激素，促进机体全面发育和成熟。

青春期之前，男、女之间各方面差异较小。青春期开始后，由于生殖系统的迅速发育，男、女之间出现了明显的性别差异。因此，在体育锻炼时安排运动负荷量、运动项目、运动器械等方面必须考虑不同性别的特点。

（六）生长发育的性别差异

从青春期开始，男、女之间的生长发育出现了明显的差异。主要表现在以下几方面：

时间上的差异：女子青春期发育较男子早，各项发育指标的增长值和增长率曲线出现高峰的年龄女子比男子早 1～2 年，青春期发育的结束时间女子比男子早 2～3 年。

体格上的差异：男子多数指标生长发育曲线的波峰比女子高，波幅比女子宽，这就造成了男子体格比女子高大。

多数指标的发育曲线存在两个交叉：由于女子的快速增长期出现比男子较早，而男子在青春期的发育曲线的波峰比女子高，波幅比女子宽，所以多数指标的发育曲线出现两次交叉。以身高、体重为例，10～14 岁的女子身高、体重的平均数高于男子，形成发育曲线上的第一次交叉。14 岁左右男子的身高、体重又超过女子，形成发育曲线上的第二次交叉。此后，男子各项指标的数值一直高于女子，最终形成了成年男、女在身高、体重上的显著差异。

体型上的差异：青春期男子上体的围度、宽度增长得较快，女子则是下肢的围度、宽度增长得较快，所以，男子的上体粗宽、下肢细长，女子的上体窄细、下肢粗短。

三、人体生长发育规律在选材中的应用

预测是运动员选材的核心，尤其是青少年运动员选材中的重中之重。遵循生长发育的规律，捕捉每个青少年运动员独特的发育特点和生长轨迹就是准确地进行预测的前提。

（一）青少年运动员身体发育的可变性与选材

不同的运动项目，对运动员的体格发育有不同的要求。从选材到成才有 7～12 年的时间跨度，而这个阶段正是生长发育的重要阶段。由于生长发育过程是连续的，前一个阶段的发育将为后一个阶段奠定必要基础，中间不可跨越；同时人体各部分生长

又是非等比的，因此，在选材中对备选对象的评价，应充分考虑其未来的变化特征，不能把备选对象现期的体格状况作为未来的体格特征。此外，还应该考虑备选对象现有的运动能力特征哪些是可以通过后天的训练能弥补的代偿性特征，哪些是不能够经过后天训练弥补的非代偿性特征。只有这样，才能够比较准确地选拔出符合专项特征的后备人才。

【案例6-1】现有一名10岁男孩，在同年龄男孩中其身高属于中上等，目前的体型特征是头围大，颈部较短，躯干较短，四肢较长，小腿和前臂较长，体重中等偏上。其柔韧性较差，但力量和心肺功能较好。现有某举重队教练看中了他的运动能力，想把他作为举重运动员进行培养，但是担心由于其身高较高，四肢较长，未来的体型不符合举重运动员特征。根据生长发育规律可知，人体的生长为非等比性生长，出生以后孩子的生长遵循"向心律"，即身体由远侧端向近侧端完成生长。从其目前的体型特征来看属于早发育，这样的孩子未来有可能发育成长躯短腿型的体型。因此，本文建议应通过骨龄检测，判断其发育类型，并预测其未来体重和体型，以进一步判定其是否符合中小重量级举重运动员的要求。

（二）青少年运动员的生长轨迹与选材

评价生长发育状况最常用的指标是生长水平和生长速度。其中，生长水平是指儿童出生后至生长发育结束身体形态每年或每月所测得的实际数值，它可用于评定儿童少年出生以来的累计生长状况。而生长速度是指身体及其各部分某些指标在一定时期内的年增长值，一般用厘米/年或千克/年等表示。生长速度虽然不能反映儿童累计生长状况，却能客观而敏感地反映儿童少年近期生长状况。

个体生长发育的速度是由遗传和环境双重因素共同决定的。正常情况下，遗传基因决定个体在某一个年龄时刻所能达到的生长水平和生长速度。但是由于后天环境的不可预知性，有可能造成生长加快或减慢，这样就形成了每个个体的由遗传和环境共同制约的生长轨迹。运动选材中预测的核心基础就是找出个体的有待预测指标的遗传轨迹，并根据遗传轨迹去寻找各个年龄时刻个体发育过程中预计所能达到的生长水平和未来可能的生长速度。预测通常是建立在所有外环境均正常的基础之上的。然而由于影响生长发育的外界因素复杂且多变，因此，我们在预测中应不断地检测其生长水平和生长速度，及时修正某些不良因素对生长的干扰，以促进个体运动员发挥出良好的遗传潜能。

运动训练本身也是一种对运动员生长发育的一种干扰。教练员根据各自项目竞技能力构成的特征，对处于不断生长发育过程中的儿童青少年进行生长干预（即训练）。如果训练科学，运动员的竞技能力可以超越自我的遗传轨迹，达到更高的水平。需要指出的是，运动水平越高，偏离遗传轨迹也就越多，遗传对其制约力越大，成绩提高就越困难。如果训练科学性不强，则运动员的竞技能力可在自己遗传轨迹上产生微小波动，此时运动员竞技能力的高低主要依赖于运动员的遗传潜力的高低；若训练不科学，则可抑制运动员遗传潜力的挖掘。由此提示，应及时对运动训练的科学性进行评价，以便及时发现并纠正训练中存在的问题，促使运动员竞技能力沿遗传所规定的生长轨迹正常发展。

第二节　运动能力的遗传特点与选材

运动员科学选材的核心问题是对运动能力的预测，这就关系到运动能力的遗传问题。组成运动能力的性状（即指标）具有遗传的物质基础，并遵循人类遗传的基本规律和遗传方式，其中绝大多数性状具有显著的遗传度。因此，运动能力的遗传与变异是运动员科学选材的主要理论依据。

一、运动能力的遗传特征与选材

组成运动能力的性状，无论是形态性状、生理性状还是素质性状等，其绝大多数都是数量性状，属于由多个基因控制的多基因遗传。在向后代传递过程中，由于多对微效基因的累加效应、基因传递与表达方式以及环境等因素的影响，可使性状发生一定程度的变异。因此，组成运动能力的性状的遗传度变化范围亦较大。尽管如此，运动能力的遗传与变异仍具有连续性、相关性和阶段性特征。

（一）运动能力的连续性特征

在中国及世界许多国家中出现了体育世家现象，这种现象即为运动能力遗传的连续性特征。刘献武等提出在运动能力的遗传中，只要具有卓越运动才能的亲代不是极端个体，其子代不但有50%以上的人具有优越的运动才能，而且还可能出现超越亲代的个体，亲缘关系越远，这种可能性就越大。对于后一种可能性的存在毋庸置疑，但对于前一种则有学者提出异议。赖荣兴认为，由于基因性状表达的可能性（易显性）很高或很低的个体都很少，只有当这种可能性达到一定程度（阈值）时，性状才可能出现。具有多基因的某个性状（如反应速度）的易显性在第一级亲属（亲子、同胞）中超过阈值，性状出现率大于一般群体，为1%～10%，而非50%。由于人类的数量性状遗传特点不可能在一个家庭中表现出来，所以50%也只能是理论推测值，运动能力在后代中的表现程度尚须较为详细地谱系调查和遗传学机制研究。

（二）运动能力的相关性特征

控制运动能力的基因具有多效性，同时在向后代传递过程中又具有连锁性，从而使基因与性状纵横相关，它们之间既能相互促进，又可相互制约。在此方面国内外学者做了大量的研究，包括选用足长、头围等形态指标预测身高，体型与运动项目特点的关系，肌纤维类型、最大吸氧量等机能指标与运动素质的关系，以及皮纹、血型，甚至手指长比等指标与人体运动能力、适宜运动项目之间的关系等等。这些研究都充分体现了基因与性状的关联，但目前尚缺乏基因与性状之间关系的机制及综合性研究。

（三）运动能力的阶段性特征

遗传性状的发展变化具有时间规律。受染色体和基因控制的遗传性状是天生的，但绝不是一出生就立即表现出来。其基本原因为：（1）人类的遗传有显性和隐性之分，常出现隔代遗传的现象。（2）即便是显性遗传，往往也要发育到一定年龄阶段才会表现出它的遗传优势。（3）个体发育的特点，即开始发育年龄和持续时间有所不同。目前应用比较多的是运动能力发展的敏感期，即青春发育期。组成运动能力的各因素都有各自的"敏感发展期"或"最佳发展期"，这个时期遗传的作用程度下降，而环境的影响大大增加，因此对于运动员而言，此时期是通过训练大幅度提高运动能力的最好时期。

上述 3 个特征既相互联系、相互促进，又相互制约；同时三者不但是研究运动才能遗传的理论依据，而且也是遗传选材法的主要依据。

根据上述运动能力遗传的基本规律，在选材时常采用家谱研究选材法、追踪选材法、阶段选材法、相关选材法、遗传力选材法、双生选材法、皮纹选材法、染色体选材法和基因选材法等遗传选材方法。遗传选材的主要目的是筛选出具有优良运动能力潜质或基因的运动员，或者是筛选出对运动训练敏感、具有可训练性的运动员。此外，进行遗传选材时还要筛选出因遗传或先天原因而造成身体异常，但在训练期间未被发现的运动员，以避免造成严重后果。

二、运动能力的相关基因与选材

20 世纪 90 年代以来，随着分子遗传学和分子生物学理论与技术的飞速发展，尤其是 DNA 重组技术的广泛应用，研究人员可以在基因水平上寻找决定人类运动能力的基因，亦可在分子水平上探讨人体对长期训练的适应性变化，以便更加科学而准确地评估个体的运动状态及运动潜力，提高运动员的成才率。

优秀运动员的运动能力受环境因素和遗传因素的共同影响，而遗传因素对运动能力的影响在中高强度的运动中表现得更为明显。DNA 遗传标记是分子水平遗传变异的直接反映。随着生物科学的迅速发展，通过分子遗传学标记筛选优秀运动员为运动员选材研究提供了新的方向。由于遗传因素和环境因素都在运动能力这一复杂的表型发展过程中起着重要作用，因此，群体遗传学和流行病学研究方法对从宏观角度揭示影响运动能力的因素及不同因素间的相互作用起着重要作用。我国和美国、澳大利亚及日本等国家均已在政府的资助下进行大规模的运动员基因选材研究，获得了许多有关基因多态位点与杰出耐力素质关联的研究成果。

近年来，对于运动能力相关基因的研究，国内主要集中在爆发力或耐力特征明显的项目上，如短跑、举重、马拉松和竞走等项目，而国外对花样游泳、滑雪、赛艇以及曲棍球等项目也有相关的报道。其中，对ACE基因的I/D多态性的研究最为深入。有学者认为，该基因II纯和型在耐力型运动员中出现的频率较高，同时对训练敏感度较好，即在相同体能训练后，可更快、更好地提高运动能力；ACE基因是决定人体有氧耐力素质的关键因素，可能是通过影响人体的心肺功能来影响耐力素质；ACE I/D多态性可能与运动能力有关的心脏结构及机能及其对运动训练的敏感度相关联；ACE基因不仅仅只影响最大摄氧量，推测其还可能通过影响肌肉血管的微观结构而引起运动能力的提高。在运动能力相关基因研究最为深入的第二个基因是ACTN3基因，有学者认为该基因的XX纯和型与耐力型运动能力有关，而DD和RR纯合型与速度力量型运动能力有关；ACTN3基因R577X多态性存在种族差异，欧裔人群中RR基因型和R等位基因与速度力量素质显著关联，故此基因可作为速度力量型项目运动员基因选材的一个候选位点。

目前，研究发现与有氧能力可能相关的基因主要有ACE、AMPD1、CKMM、ADRA2A及mtDNA的D-loop和MTND5等；与肌肉力量有关的基因主要涉及ACTN3、GDF8、CNTF等。家系研究获得1p、2p、3q、4q、6p、8q、9q、11p、14q染色体区域可能有与运动能力相关的基因。

运动员基因选材的研究迄今为止在常染色体已发现140个以上基因位点或基因标记，在性染色体有6个基因标记，在mtDNA上有16个基因标记，这些基因均可能与运动能力有关。

然而，组成运动能力的绝大多数性状是数量性状，受多个基因控制。若仅研究单一基因的某个位点与其功能表型之间的关联，难以反映多个基因、多个位点的组合效应，从而使其研究成果无法应用于运动实践。因此，应该通过研究寻找更多的优势基因标记，并探讨最优化的基因标记的组合方法，将功能表型与基因型相结合，才有可能在优秀运动员选材体系中加进基因指标，以提高运动员选材工作的准确性。

还有一点值得注意，即组成运动能力的性状在受遗传因素的影响的同时，亦受环境因素的影响。因此，在青少年生长发育过程中，遗传决定了生长发育的可能性，而环境则决定了生长发育的现实性。良好的外界环境可以促使儿童少年发育到遗传所规定的上限，甚至超越亲代；相反，恶劣的环境则可严重抑制和阻碍儿童少年的生长发育。在众多环境因素中，营养和自然环境等因素对运动能力的发展固然重要，但是体育活动或运动训练对运动能力的开发和发展起着至关重要的作用。可见，运动能力发展中环境作用——科学训练的相关理论也是运动员科学选材的重要理论依据。

三、青少年运动员身体先天异常的及早发现

应用人类遗传学的基本原理进行选材时，除需关注决定运动能力高低的相关基因外，更应该采用遗传学经典的研究方法，如家谱调查法、双生子法以及染色体法等，来了解青少年运动员家族运动能力的遗传规律，预测其未来可能的发展趋势。同时，通过这些调查，还可及时地发现那些危及运动员生命的身体异常。

许多青少年由于遗传或先天发育问题而造成的身体结构异常问题，一方面可严重制约其运动能力的发展，另一方面这些异常可能在大强度的运动训练时会对身体造成损害，甚至丧失生命。我国男子排球运动员朱刚和美国女子排球运动员海曼皆因患有马凡氏综合征而猝死，此综合征属心血管疾病，它是运动员猝死的第一"杀手"。

马凡氏综合征是罕见的遗传性结缔组织缺陷性疾病。其骨骼畸形表现为肢体细长，长头，蜘蛛样指（趾）；常伴有脊柱侧弯、鸡胸或漏斗胸；个别人有扁平足，指距长于身高。对于已确诊患马凡氏综合征的运动员，应限制其参加紧张、剧烈的竞技性运动，特别是对那些经超声心动检查显示主动脉根部扩大的患者，应绝对禁止激烈运动。此外，肥厚性阻塞型心肌病和冠状动脉先天畸形亦是造成运动员猝死的原因。

据美国一家权威科研机构对1985—1995年全美猝死的158名运动员进行的统计学研究，其中134人死于心血管疾病。最让人担忧的是：这134名因心脏病而亡的运动员中，仅有4人曾被查出患有此方面的疾患，1人被确诊为心脏病。也就是说，在死亡降临之前，运动员一般无法知道自己身上隐藏有这个"杀手"。

余绍淼等（2009）在2000年2月至2006年3月调查了由浙江省各基层业余体校输送至省体校及省队各运动项目的男女青少年队员710人，其中患有隐性腰骶裂的队员为302名，最小年龄为14岁，最大为21岁。经过6年跟踪调查，这些队员在从事各个运动项目专项训练中，分别出现了不同程度的腰骶部酸痛、发僵、胀痛等症状，并出现一些继发性的病理变化，如造成椎管狭窄、压迫脊髓或神经根变性相互粘连等而出现了神经受损症状并影响正常训练。由于队员不能在正常训练时对腰部加大训练幅度及频率，从而限制了运动成绩的提高及专项高难度技术的优化，缩短了队员的运动生涯。

此外，在青少年中还可出现先天髋臼发育不良、特发性脊柱侧弯、寰枢椎半脱位和全身多发性韧带松弛等疾患，这些异常不仅制约了运动能力的发展，而且还可给青少年带来严重的健康问题。因此，在选拔青少年进行正规的运动训练之初，应该对他们进行严格的身体健康检查，尤其是对那些体型和某些运动能力异常突出的青少年运动员，更应该进行严格的医学检查。

第三节 青少年身体发育特点与选材

青少年运动员除了遵循上述规律进行生长发育外，他们的身体发育和运动能力的

发展突出地表现在青春期阶段，而且不同发育类型的青少年，在青春期阶段的发育特点差异较大。因此，本文将重点介绍青少年青春期身体发育特点和运动能力的发展规律，为青少年运动能力的预测提供理论依据和数据支持。

一、青春发育期概述

（一）青春期的概念与分期

1. 青春期的概念

青春期是指由儿童发育到成人的过渡时期，即自体格生长突增开始，至骨骼完全融合、躯体停止生长、性发育成熟而结束。这一时期人体在形态、功能、性征、内分泌以及心理与行为等方面都发生着巨大变化，主要表现在以下几个方面：体格生长加速，出现第二次生长突增；各内脏器官体积增大，功能日臻成熟；内分泌系统功能活跃，与生长发育有关的激素分泌明显增加；生殖系统发育骤然增快并迅速成熟，到青春晚期已具有生殖功能；第二性征迅速发育，使男女两性的形态差别更为明显；在形态与功能发育的同时，伴有心理发展的加快，也产生了相应的心理与行为变化，此时期易出现心理卫生问题。

青春期是决定个体体格、体质和智力水平的关键时期，应给予充分重视。

2. 青春期的年龄及分期

青春期的年龄范围一般定为生活年龄 10～20 岁，女孩子的青春期开始和结束年龄都比男孩子早 1～2 年。

根据不同阶段的主要发育表现，可将青春期分为前、中、后 3 期。

青春期前期（10~13 岁）：主要表现为生长突增，出现身高的突增高峰，性器官和第二性征开始发育。通常持续 2～3 年。

青春期中期（13~16 岁）：以性器官和第二性征的迅速发育为特征。随着生长的进行，身体出现明显的变化，男女两性第二性征的特征逐渐出现，直至出现月经初潮（女）或首次遗精（男）作为青春发育中期的结束。通常持续 3～4 年。

青春期后期（16~20 岁）：表现为体格生长速度明显减慢，但各项形态、机能指标仍有所增长，直至长骨骨干和骨骺完全融合，短骨、扁骨和不规则骨生长至成人形态；性器官及第二性征继续发育，直至达到成人水平；社会化过程加速。通常持续 2～3 年。

（二）青春期的生长特征

青春期发育的个体差异很大，可能会出现各种情况，但是仍然可以归纳出 5 种生长模式,现以身高为例加以说明。

第一种模式:青春期开始于同性别孩子青春期开始的平均年龄,成年身高位于同性别孩子的平均水平,即一般型。

第二种模式:青春期生长突增早于同性别孩子青春期开始的平均年龄,突增时身高高于同性别孩子的平均水平,由于他们的生长突增开始得早,因而结束年龄也早,导致他们生长突增持续的时间较短,身高生长总量较少,以致最终身高低于平均水平,即早熟型。

第三种模式:整个童年期及青春早期的生长都低于同龄人,但较晚的生长突增及较长的生长期,导致他们的成年身高达到平均水平甚至高于平均水平,即晚熟型。

第四种模式:由于受遗传影响,出生后身高高于同性别孩子平均水平,青春期开始于平均年龄,青春期后及整个生长结束后身高仍高于同性别孩子平均水平,为遗传性高身高。

第五种模式:由于受遗传影响,出生后身高低于同性别孩子平均水平,青春期开始于平均年龄,青春期后及整个生长结束后身高仍低于同性别孩子平均水平,为遗传性低身高。

二、青少年发育类型与发育程度的鉴别

(一) 发育类型的区分

1. 发育类型的概念

在先天遗传和后天环境共同作用下,每个个体儿童青少年所表现出来的整体的发育状态与同年龄、同性别群体儿童青少年发育平均水平之间的差别的分类,称为发育类型。

2. 发育类型的区分

通常以骨龄和生活年龄的差值来判断发育类型,即该差值≥1岁者,为早发育(早熟)型;该差值≤-1岁者,为晚发育(晚熟)型;该差值在±1岁之间者,为正常(一般)发育型。

(二) 青春期发育程度的鉴别

对青春期发育程度的鉴别,通常采用3种方法,即用骨龄评价发育程度、用第二性征出现顺序评价发育程度,以及用阴毛、睾丸、乳房分度法推测骨龄进而间接评价发育程度。在此3种方法中,用骨龄评价发育程度的方法最为常用,它与第二性征出现顺序联合鉴定的发育程度更为准确。

1. 青春期起始时间的确定方法

青春发育开始时间，男少年一般在 12~14 岁，女少年要比男少年早 1~2 年，一般在 10~12 岁。由于遗传、营养、环境和疾病等因素的影响，青春发育高潮期到来的时间存在着明显的个体差异。一般可根据手腕骨 X 线片指骨变化特征和性发育程度的标志来确定青春期的起始时间。

拇指内收肌籽骨出现。若用 G-P 图谱骨龄标准，男子骨龄为 13 岁，女子骨龄为 11 岁；用 CHN 图谱骨龄标准，对应的男子骨龄为 13 岁，女子为 10.5 岁，此时拇指内收肌籽骨出现。这一年是出生后身高生长高峰年，男子身高年突增可达 10~12cm，女子身高突增年可达 9~10cm，是青春期前期（即突增阶段）的标志。

中指（第Ⅲ指）远节指骨干骺愈合。若用 G-P 骨龄标准，男子骨龄为 15 岁，女子骨龄为 13.5 岁；用 CHN 图谱骨龄，男子骨龄为 14 岁，女子骨龄为 12.5 岁。若中指（第Ⅲ指）远节指骨干骺愈合，前后不超过 3 个月，女子会出现月经初潮，男子会出现首次遗精。这预示着青春期中期的结束，性发育基本成熟，身体内性激素水平会显著增高。

第二性征。采用男女少年阴毛、睾丸和乳房的分度作为反映性发育程度的标志，并以它为依据推导骨龄，从而鉴别发育程度。

综上，青春期开始时间的标志为：男少年的骨龄为 13 岁，女少年为 11 岁，并同时出现拇指籽骨骨化中心，乳房开始发育，第一次出现乳节。

根据上述标志出现的早晚，可将青春期开始发育的时间分为 3 种情况：

第一种，凡是男性在 10~11 岁、女性在 8~9 岁开始出现上述标志（或更早），一般认为是提早开始发育（早熟）。

第二种，凡是男性在 13~14 岁、女性在 11~12 岁开始出现上述标志，一般认为是正常时间开始发育（一般发育）。

第三种，凡是男性在 15~16 岁、女性在 13~14 岁（或更晚）开始出现上述标志，一般认为是推迟开始发育（晚熟）。

2. 青春期发育高潮持续时间的确定方法

从进入青春期发育高潮到发育趋于稳定，一般历时 4 年左右，但个体之间存在着明显的差别，这可从他们骨发育的变化特点反映出来。用 G-P 标准来评价我国儿童少年的青春发育高潮持续时间长短，亦可分为如下 3 种情况。

正常型：在 3 个生活年中跨过 4 个骨龄年，这是青春期发育高潮持续时间正常的表现。

缩短型：在两个或更少的生活年中跨过 4 个骨龄年，这是青春期发育高潮持续时间缩短的表现。

延长型：在 4 个生活年中跨过 4 个骨龄年（达到 G-P 标准）或更少的，这是青春期发育高潮持续时间延长的表现。

将青春期开始发育时间的早晚与发育高潮持续时间的长短这两个因素结合起来，可进一步将儿童少年分为如下 9 种不同的发育类型（表 6-2）。

表 6-2　儿童少年青春发育分型表

分型　　　　发育开始时间 青春期 高潮持续时间	提早开始发育 男：10~11 岁 女：8~9 岁	提早开始发育 男：13~14 岁 女：11~12 岁	推迟开始发育 男：15~16 岁 女：13~14 岁
缩短型（两个日历年龄跨过 4 个骨龄年）	提早开始发育 缩　短　型	正常开始发育 缩　短　型	推迟开始发育 缩　短　型
正常型（3 个日历年龄跨过 4 个骨龄年）	提早开始发育 正　常　型	正常开始发育 正　常　型	推迟开始发育 正　常　型
延长型（4 个日历年龄跨过 4 个骨龄年）	提早开始发育 延　长　型	正常开始发育 延　长　型	推迟开始发育 延　长　型

除此之外，还可以利用进入青春发育后期每年身高增长值（△H）的百分比来鉴别。如果将进入青春期第一年的身高增长值〔△H（1）〕设为 100%，此后连续观察第 2 年〔△H（2）〕与第 3 年〔△H（3）〕身高增长变化的百分比来鉴别。即：

若△H（2）/△H（1）= 30%，则为发育期高潮持续时间将缩短；

若△H（2）/△H（1）= 70%，则为发育期高潮持续时间正常；

若△H（2）/△H（1）= 90%，且△H（3）/△H（1）= 30%，则为发育期高潮持续时间将延长。

我国上述 9 种类型的青少年运动员中，其运动能力与表现存在着显著差异。

（三）不同发育类型生长发育的特征

对于早发育、正常发育和晚发育这 3 种不同发育类型儿童青少年，除了身高生长有明显区别外，其他生长指标（包括身体形态、机能和身体素质等）也存在着非常显著的差异。北京体育大学《儿童青少年生长发育追踪研究》课题组的研究结果也支持这一观点。具体表现在：

早发育型。青春前期之前，身体形态、机能、素质及运动能力、智力等各方面指标均高于同性别、同年龄的其他发育类型的儿童青少年，但青春期中期开始出现逆转，最后其各方面形态、机能、素质、运动能力等多数指标均低于正常发育儿童青少年。其最终发育特点表现为：身高较矮，体重较大，皮下脂肪较厚，躯干较长，四肢较短，手足宽、厚，头围大，颈部短，胸围大，肺活量大，呼吸差大，爆发力好，但耐力水平一般等特征。

晚发育型。青春期之前，身体形态、机能、素质、运动能力和智力均表现为低于同性别、同年龄的儿童青少年；进入青春期后，逐渐出现追赶增长现象，青春后期以后，朝相反的方向变化，表现为身高较高，体重较轻，皮下脂肪较少，瘦体重小，头围较小、颈长、躯干短、四肢长、手足细长，呼吸功能差，肌肉爆发力和耐力差，但柔韧性较好等特征。

正常发育型的生长发育特征介于早发育类型与晚发育类型之间。

(四) 青少年的发育类型与成才率的关系

不同运动项目的少年运动员具有不同的生长发育特征。在运动训练实际中，我们经常遇到"少年运动员发育早好还是发育晚好"的问题。要回答这个问题，首先要明确选材的目的是要选择将来能够成为优秀运动员的少年。少年将来的运动能力并不能单纯由成熟度来预测。成熟度是通过影响身体大小、体格及功能能力而对运动能力发生作用的，这种影响不体现在具体数值大小，而是体现在指标发育的速度。所以，在运动员选材中，必须根据少年运动员的形态、功能、运动能力，以及成熟度状况等各方面进行综合评价，其中应充分考虑发育成熟度的影响，并对其将来发育状况做出初步的估计，使选材更客观、更准确。

在运动员选材的各类专著与教材中，被多次引用的一组研究数据是上海体校运动员发育类型与输送率的关系（表6-3）。

表6-3 上海少体校男少年发育类型分布与输送百分率

发育类型	发育期长短	分布人数%	输送%	全国最优%
提早开始发育（早熟类型）	缩短	3.1	—	—
	正常	1.0	—	—
	延长	4.1	7.4	11.1
正常时间开始发育（一般发育类型）	缩短	31.6	14.8	11.1
	正常	26.6	18.5	11.1
	延长	28.6	51.9	66.7
推迟开始发育（晚熟类型）	缩短	3.1	3.7	—
	正常	2.0	3.7	—
	延长	—	—	—

（依曾凡辉等，1992年）

从表6-3中可以看出，正常时间开始发育的少年占绝大多数为86.8%，提早开始发育的少年仅占8.2%，而推迟开始发育的少年更少，仅占5.1%。

提早开始发育的缩短型，由于开始发育年龄早、起点低（形态、机能、素质等），发育期又短，提高与改造幅度小，故他们只能是儿童组的强者，很难成才，输送率为零。提早开始发育的正常型，其最后成才的命运与前者一样，也只能是小学的强者。而提早开始发育的延长型，虽然提早开始发育，但只要他们起点的形态、机能、素质水平高，加上发育期的延长弥补了提早发育的不足，可以最后成才，但这种类型的人比较少见。

在推迟开始发育的3种类型中，除缩短型取决于起点水平的高低外，其他两种类型，若无医生的医疗措施保证，则均难成才。他们虽然有瘦长的体型，但肌肉系统软弱无力，不具备运动员所需的爆发力，而这些表现正是由推迟开始发育所致，并且随着推迟程度的加深，这种现象变得更加明显，也更难逆转。

正常年龄开始发育的儿童少年，在少体校中占绝大多数。其中青春发育高潮缩短型，由于比一般少年提早成熟，运动能力提早得到表现，而成为中学期间的强者，少年组冠军，他们在少体校中比例最多，尤其在那些对身高没有特殊要求的项目和力量性项目里更为集中。在这类少年中，除那些形态、机能、素质和成绩起点特别高的个别少年，大多数人在最后成才时将遇到困难。成才率最高的是正常年龄开始发育的延长型，成才率达到66.7%，但他们的运动才能要到青春发育后期才能充分地表现。

由此可见，青春发育开始得早晚对成才的影响固然重要，但更重要的是一个运动员青春发育期高潮持续时间的长短。那些最后获得成功的运动员，大多数是在正常年龄开始发育，并且青春发育高潮持续时间延长，达到G-P骨龄标准，而推迟成熟的人。正是由于他们青春发育高潮持续时间延长，发育阶段的蓬勃长势所带来的运动能力的"自然增长"会更大，他们的潜在能力能得到最大表现，科学训练对他们运动能力的"诱发"与促进作用也更加明显，成才率也就会更高。这就是青春发育高潮持续时间延长的人成才率大大超过发育高潮持续时间短的人的原因。我们真正需要的"大器晚成"者，不是指那些推迟开始发育而又发育不出来的人。对这一点，在选材和训练时应特别予以注意。

此外，曾凡辉等（1992）对参加上个世纪80年代的全国优秀少年（16~17岁）田径达标赛的男（147名）、女（154名）共301名少年运动员的发育程度及其对最后成才的影响进行了追踪观察，其结果为：凡在16~17岁期间仍能达到G-P骨龄标准者，成才率高。因为他们最后成才的原因，除科学训练外，其发育高潮均比我国正常人长，发育阶段运动能力的自然增长幅度大，训练对他们潜在能力的影响也明显，所以成才率高。

此外，在训练和进一步筛选人才的过程中，应特别注意观察男、女少年在骨骼与身高增长变化上的两个转折点。用G-P骨龄标准来观察我国少年的骨发育水平时，男、女少年发育的共同特点是先慢后快。即在进入青春发育期后加速成熟明显比欧美少年快，发育高潮持续时间比欧美少年短，成熟时间明显比欧美少年早，特别是在女性进入青春发育高潮的第二年（12~13岁间）、男性进入青春发育高潮的第三年（15~16岁）时，我国儿童少年骨发育加速成熟非常明显，是发育加速的转折点。凡在这个年龄阶段，骨发育速度能达到或接近G-P骨龄标准，同时身高增长仍在5cm以上者，即可判为发育高潮持续延长的类型。在科学训练和选材的复选阶段，可通过骨龄变化细致观察，帮助我们准确地鉴别出"大器完成"者。

每一位教练员和科研工作者，如能学会与掌握发育程度的鉴别方法，并能预测发育高潮持续时间的长短,进行正确的发育分型,将对我国竞技体育青少年运动员及后备运动人才的选拔具有重要的作用。

三、青少年身体发育和运动能力发展的规律与趋势

10~20岁的青少年均可归属于青春期年龄范畴,而青春期是人的一生中生长发育最快、精力最为充沛的时期。进入青春期,在神经与内分泌系统的作用下,人体各个器官、系统的形态结构与机能以及身体素质均可发生显著的变化。由于大多数运动项目的选材初始时期都处于青春发育期内,所以只有了解和掌握此时期青少年身体发育特点和运动能力发展规律,才能更好地进行选材和预测。

(一)身体形态

青春期生长突增是青春期青少年形态发育最重要的特征,是青春期开始的重要标志。青春期生长突增后,男女青少年形态发生了很大变化,形成了男女不同的形态特征。虽然每个儿童青少年青春期突增开始的时间、持续的时间和结束的时间各不相同,但都遵循基本相同的生长模式。

1. 身高

生长突增的出现是男女儿童进入青春期的开始。突增起止的早晚、突增的幅度和突增的侧重部位等方面皆有明显的性别差异。突增开始的年龄,女孩为9~11岁,男孩通常晚两年,为11~13岁。突增的幅度也不一样,男孩每年可增长7~9cm,最多可达9~12cm,整个青春期平均增长28cm;女孩每年可增长5~7cm,最多可达9~10cm,整个青春期平均增长25cm。由于男孩青春期发育开始年龄比女孩晚两年左右,骨骼停止生长的时间也相应晚,加之突增幅度大,故到成年时男性的平均身高一般比女性高10cm左右。

若通过对个体儿童进行身高的追踪观察,可明显看到个体身高的生长高峰(Peak Height Velocity,PHV)。PHV所处的时间年龄称为身高生长高峰年龄(Peak Height Age,PHA),男性为13~15岁,女性为11~13岁。PHA已成为研究青春期发育各种征象的发育顺序的一项重要指标。

对于早熟、一般和晚熟3种发育类型的青少年,PHA出现的时间差异较大,其中早熟男孩为12.5岁,而晚熟男孩则可迟至16岁。

在体格生长过程中,由于四肢与躯干生长不同步,使身体各部位比例发生变化。身高突增阶段,因四肢长度较躯干增长快,使坐高/身高的比例开始缩小,至突增中期时降至最低点,青少年表现出腿长、躯干短的体型。在生长突增的后期,四肢长骨的生长速度减慢,而脊柱的生长相对较快,从而使坐高/身高比例逐渐增大,最后达到成人的正常比例。

2. 体重

体重是反映组成人体各个部分总重量的指标。由于容易受营养、疾病等环境因素的影响，其稳定性比身高差。体重的变化规律与身高相似，但突增高峰的出现不如身高显著，增长时间较长，波动幅度大。因其着重反映骨骼、肌肉、脂肪组织和内脏器官在量方面的变化，故即便是在青春期后体重仍可继续增长。

3. 体成分的变化

体成分最常用的区分方法是将构成人体的各种组织分为代谢活泼和代谢不活泼组织两部分。前者称为瘦体重，又称去脂体重，包括全身的骨骼、肌肉和各种内脏器官，以及神经与血管等；后者通指全身所有的脂肪组织。

青春发育期男女青少年的各种身体成分总量都在增加，但各成分增加的比例有明显的性别差异。男孩因为主要分泌雄激素，这种激素有显著促进肌肉组织发育的功能，加之男孩骨骼长而粗，故瘦体重不仅增加时间较女孩长，而且增长更迅速，20岁时接近最高值。女孩瘦体重的增长相对较缓慢，突增幅度较男孩平缓得多，18岁以后增长趋于停止。15岁时女孩的瘦体重平均为男孩的81%，但至20岁时已下降为同年龄男孩的68%左右。

青春早期男女孩的脂肪含量都有增加。由于雌激素有促进脂肪组织沉积的作用，所以女孩的体脂量在整个青春期都是持续增加的，尤以青春后期为明显。男孩则不然，进入青春期后，体脂常出现负增长（即体脂总量减小）现象，直到进入青春后期，甚至青年期才有脂肪的增加。男女脂肪量出现差异的主要原因是女性脂肪细胞内脂肪含量较高，其脂肪细胞数量与男性差别不大。

4. 围度和宽度

胸围、肩宽、盆宽、上臂围和小腿围等形态发育指标，也都有各自的突增阶段且有一定的性别差异。男孩肩宽的突增幅度大，女孩则以盆宽的突增更为明显。胸围的变化和肩宽类似。从总体上看，因为男孩生长期长，生长突增幅度大，所以多数指标发育水平大于女孩，最终形成了身材较高大、肌肉发达、上体宽的体格特征；而女孩则形成身材较矮、体脂丰满、下体宽的体格特征。

（二）身体机能

随着青春期形态的发育，青少年体内各系统器官也在长大，功能也日趋成熟。

1. 心肺功能

有研究表明，青少年心脏横径的增加与青春期全身生长同步。心脏的青春期突增量男女基本相同，心脏突增高峰与身高突增高峰一致。肺脏长度的增长略晚于心脏横径的增长。

在青春期，男女青少年心率随年龄增加而下降，血压和肺活量则随年龄增加而升高。青春期血压和肺活量也都存在突增高峰，但同身高突增相比，血压突增幅度较小，而肺活量突增幅度较大。

2. 造血功能

青春期骨髓的造血功能旺盛，血红蛋白和红细胞总数均有增加。男孩增加更为明显，如血红蛋白从青春期开始到青春期结束约增加12%，女孩则增加不明显。其原因可能主要有两方面：一是经临床观察和实验证实，雄激素具有明显刺激红细胞增生的作用；二是女性月经来潮的失血所致。青春期白细胞计数随年龄增长略有减少，在白细胞分类检查时，嗜中性粒细胞所占比例增大，这说明在青春期造血功能发育中，作为防御机制的淋巴细胞系统的作用开始下降，建立起以嗜中性粒细胞为主的防御机制。

3. 最大摄氧量

最大摄氧是指在极量运动下的有氧活动能力，是反映个体心肺功能和肌肉活动能力的综合性指标。在青春期发育过程中，男女青少年最大摄氧量都发生了变化。按体重计算的最大摄氧量相对值，男孩13岁前呈增长趋势，19岁前稳定于55ml/kg·min左右；女孩13岁以前比较稳定，约为45 ml/kg·min，13～19岁呈下降趋势。进入成年期，男女性皆缓慢下降。

青春期前男女差别不大，青春期开始后，男女青少年最大摄氧量均值都随年龄增大而上升，但男孩增长幅度更明显。到青春后期，男女孩的最大摄氧量达到一生中最高峰，此时女孩的最大摄氧量通常只有男孩平均值的65%～70%。

最大摄氧量的大小直接影响运动员的有氧耐力，并与运动成绩密切相关。它受遗传的影响较大，具有一定的稳定性。可从11～12岁的少年的最大摄氧量预测其未来的心肺功能和有氧耐力。

4. 神经系统

神经系统是人体发育最早最快的器官。脑发育在胎儿期和出生后1～2年最为重要。幼儿时期脑增长很快，儿童少年时期则相对较慢，但已经接近成人水平。

随着神经功能的逐渐完善，在不同发育阶段各有其功能上的特点。如3～6岁分化机能提高，条件反射形成，加快了动作技能的建立过程。8岁以后，皮质细胞的分化能力与成人没有很大区别。13～14岁时，皮质抑制调节机能达到一定程度，分析综合能力明显提高，能较快地建立各种条件反射。14～16岁分化机能提高。女孩分化抑制发展早于男孩。16～18岁，第二信号系统机能发展完善，且与第一信号系统的相互关系更加统一。

青少年时期，大脑皮质的神经细胞工作能力较低，易疲劳，工作持续时间短；但神经过程的灵活性高，神经细胞的物质代谢旺盛，合成作用快，脑疲劳消除较快，各种中枢和各器官的机能都易动员，这些构成了运动能力提高的物质基础。

（三）身体素质

青少年的各项身体素质均随年龄的增长而增长，但青春期身体素质的发育有明显阶段性。身体素质发育的一般规律为：男孩的快速增长发生在 7~15 岁；15~20 岁期间增长趋缓；20~25 岁为一生中最高峰，且发展平稳。女孩的快速增长期为 7~12 岁，但 13~16 岁阶段有相当部分女孩素质发展呈停滞状，少数女孩甚至下降；16~20 岁期间多数女孩可再次出现缓慢增长。12 岁前，男孩各项指标略高于女孩，13~18 岁期间男女差别才迅速扩大。

综合各方面的研究，我们认为：儿童少年在 10 岁以前，体重轻，关节的柔韧性好，是发展柔韧素质的良好时期。10~12 岁，神经系统具有较好的灵活性，肌肉在骨上的附着点距关节较近，是发展速度的有利时期。12~13 岁，性成熟期开始，骨骼、肌肉的增长加速，是发展力量素质的有利时期。14~15 岁，力量进一步增长，内脏器官功能提高，神经过程逐渐趋于均衡，是发展耐力素质的有利时期。

本文根据研究文献和作者长期研究积累的相关数据，归纳我国儿童青少年的力量、速度、耐力、柔韧以及灵敏等各项素质的发展敏感期（表6-4），并阐明在青春期及其前后发育期中的增长变化特点。

表 6-4 不同身体素质发展敏感期

身体素质		男（岁）	女（岁）
力量素质	绝对力量	12~15	10~12
	相对力量	10~14	10~14
	力量耐力	14~17	5~8、14~16
	爆发力	5~8、11~14	7~13
耐力素质	有氧耐力	10~17	9~14、16~17
	无氧耐力	10~20	9~18
速度素质		7~9、12~15	7~11
柔韧素质		6~8	6~8
灵敏素质		6~11	6~11

1. 力量素质

力量素质的分类方法较多，既可分为绝对力量和相对力量，亦可分为最大力量、快速力量和力量耐力。总体来说，青少年力量素质发展的敏感期为：男子 12~16 岁，女子 11~15 岁。在青春期发育早期，因肌肉是以纵向发育为主，肌肉长度增加明显，力量增加不明显；而在青春期中后期肌肉开始横向发育，肌纤维逐渐增粗，肌力亦逐渐增加。若此时进行科学的力量训练，肌力增加比较显著。

对于绝对力量（如握力和背力，图 6-1—6-4），男子：17 岁以前增长较快，12～15 岁是快速增长的突增期；18～25 岁缓慢增长；25 岁左右达到最高水平。女子：15 岁以前增长较快；10～12 岁是快速增长的突增期；16～20 岁缓慢增长；20 岁左右达到最高水平。在青春期期间，握力可增加：男子 25.1kg，女子 11.9kg。背力可增加：男子 62.7kg，女子 32.6kg。而对于相对力量，男女都在 10～14 岁快速增长，16～17 岁趋于稳定。

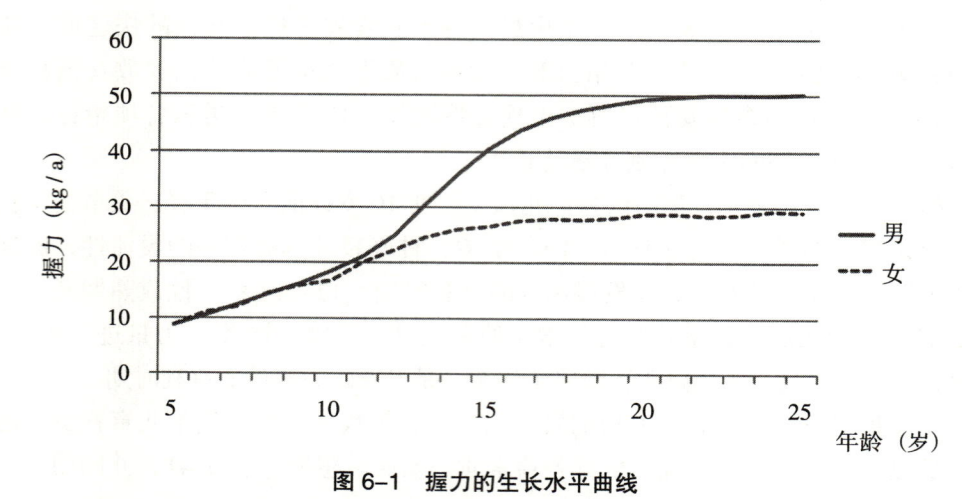

图 6-1 握力的生长水平曲线

注：①此图所表示的是随着年龄的增长，握力生长水平的变化情况，即在 5～20 岁男、女握力值均随年龄增长而增大；20～25 岁男、女握力值基本保持稳定，男子平均握力值稳定于 50kg 左右，女子平均握力值在 30kg 左右。5～9 岁期间男、女握力值无明显差异；10～20 岁男子握力值快速增加，而女子握力值增长缓慢，男女间差异变大。

②以下各指标的生长水平曲线图均可按此图的方式来解读。

图 6-2 握力的生长速度曲线

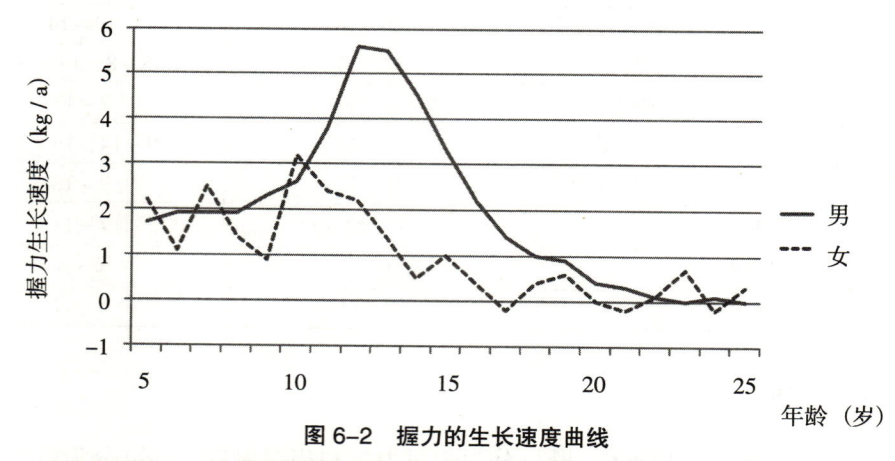

注：①此图所表示的是随着年龄的增长握力生长速度的变化情况，即 5～20 岁男、女握力生长速度值均为正，男子生长速度值高于女子；21～25 岁生长速度值均趋向于 0。男子握力生长速度在 5～8 岁基本保持不变，9～12 岁快速增加，12 岁时达最高值 5.6kg/a，之后生长速度逐渐下降；21～25 岁生长速度值趋向于 0。女子握力生长速度呈波浪式变化，5～10 岁呈增长趋势，10 岁时达最高值 3.2kg/a，之后生长速度呈下降趋势；21～25 岁生长速度值趋向于 0。

②以下各指标的生长水平曲线图均可按此图的方式来解读。

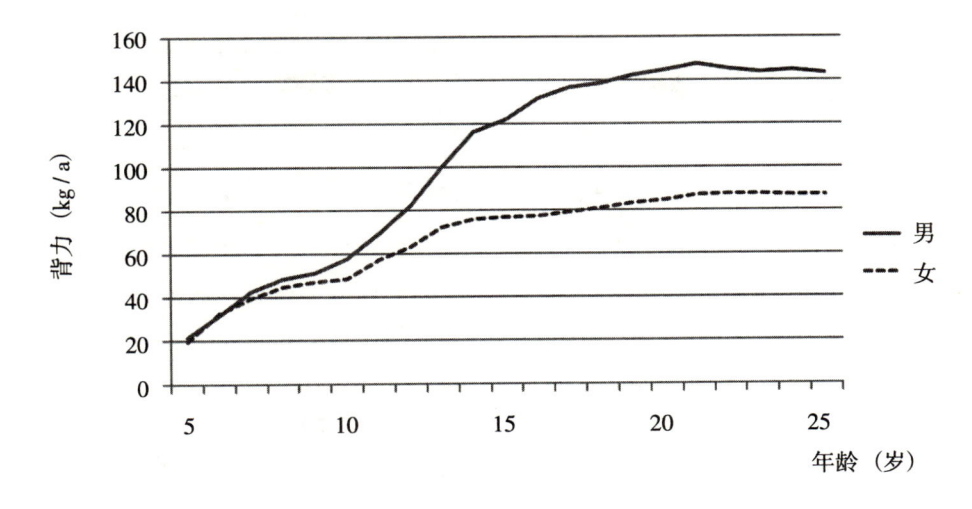

图 6-3 背力的生长水平曲线

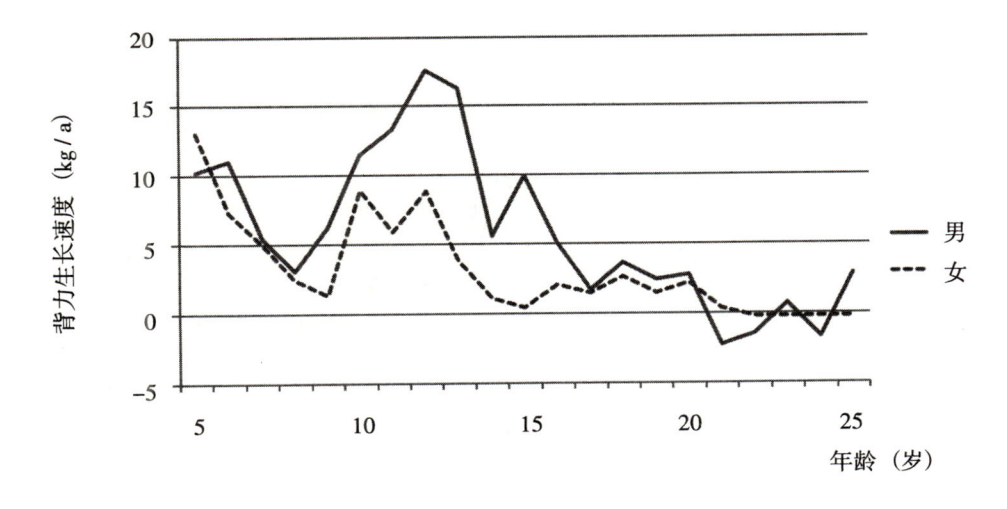

图 6-4 背力的生长速度曲线

对于力量耐力（如仰卧起坐），男子：18岁以前增长较快，14~17岁是快速增长的突增期；18~20岁缓慢增长；20岁左右达到最高水平；21岁后肌肉耐力水平缓慢下降。女子：5~8岁增长较快；14~16岁是快速增长的突增期；20岁左右达到最高水平。第一峰值出现在7岁；8~13岁增长缓慢；至15岁又出现一个峰值（图 6-5、6-6）。在青春期，仰卧起坐男子可增加11.9次/分，女子可增加7.6次/分。

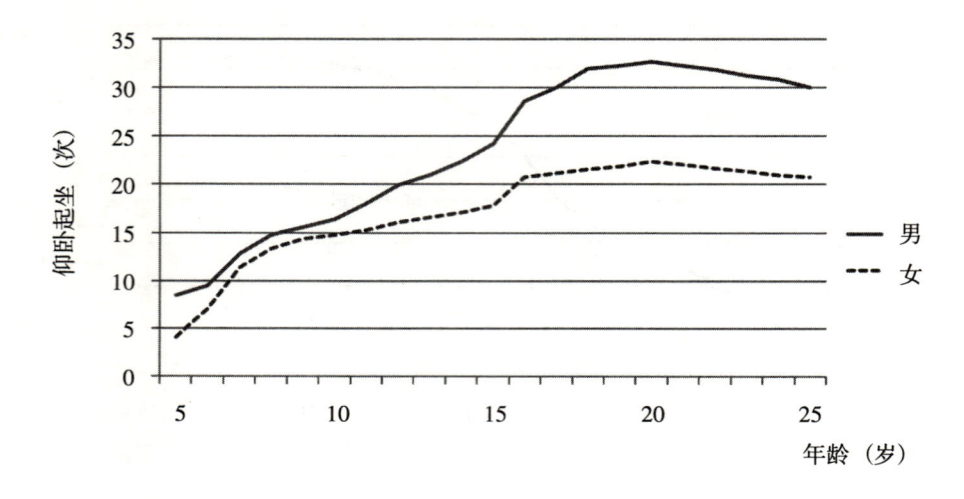

图 6-5 仰卧起坐的生长水平曲线

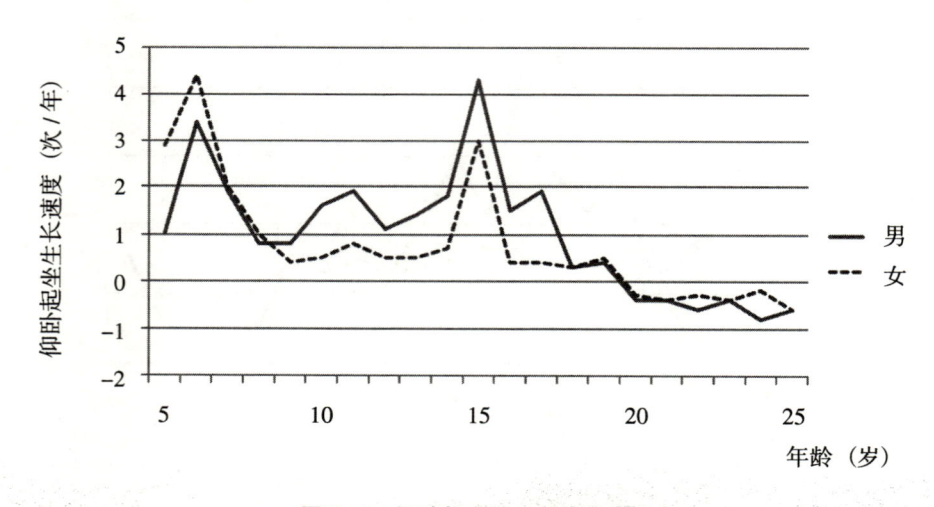

图 6-6 仰卧起坐的生长速度曲线

对于爆发力（如立定跳远和手球掷远，图 6-7—6-10），男子：立定跳远 17 岁以前增长较快，5~8 岁和 11~14 岁呈快速增长，17 岁时达到最高水平；手球掷远 20 岁以前增长较快，7~15 岁呈快速增长，21 岁时达到最高水平。女子：立定跳远 15 岁以前增长较快，7~13 岁呈快速增长，15 岁时达到最高水平；手球掷远 15 岁以前增长较快，7~12 岁呈快速增长，22 岁时达到最高水平。

在青春期，立定跳远：男子可增加 36cm，女子可增加 13cm。手球掷远：男子可增加 10.8cm，女子可增加 8.6cm。

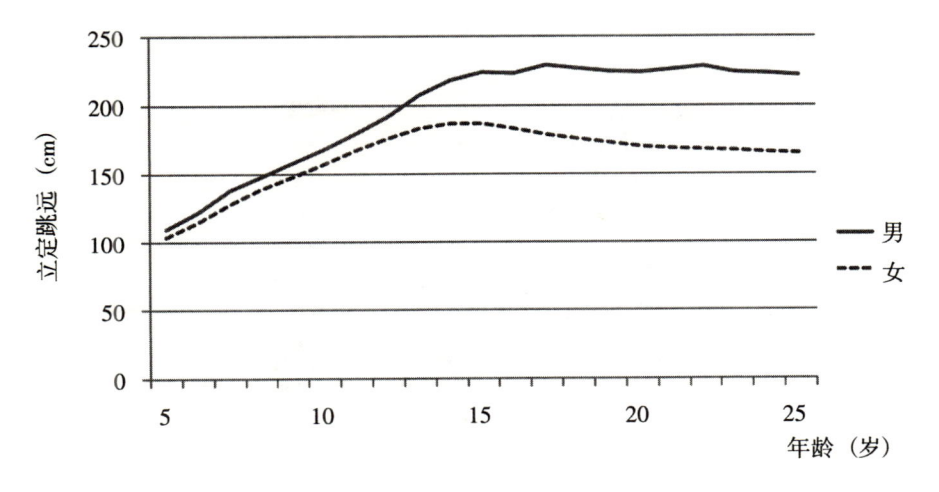

图 6-7 立定跳远的生长水平曲线

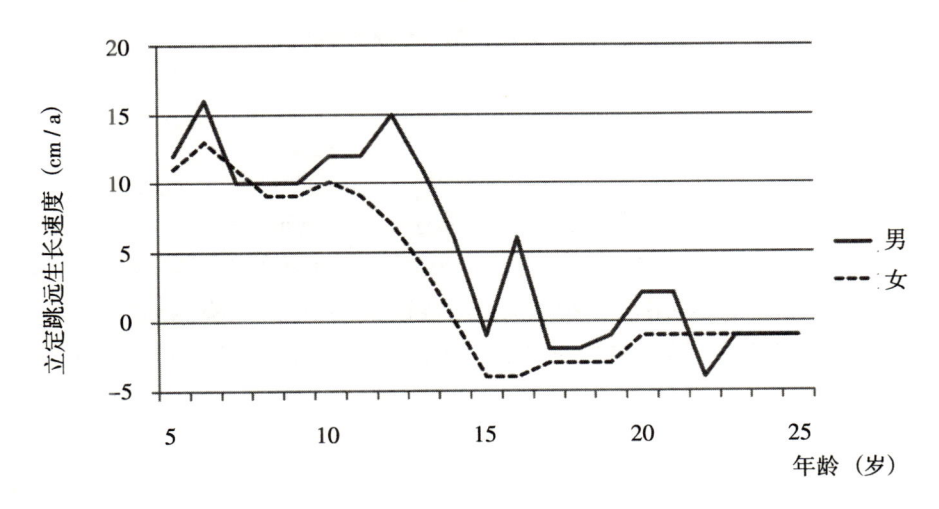

图 6-8 立定跳远的生长速度曲线

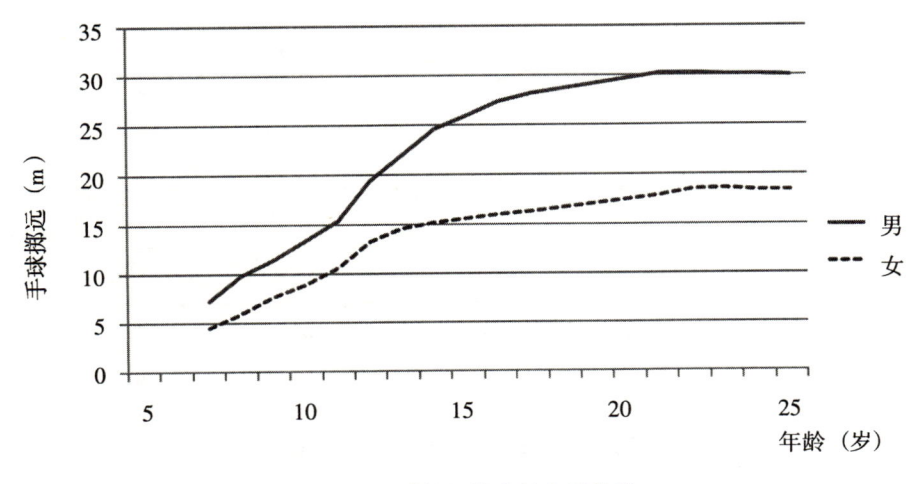

图 6-9 手球掷远的生长水平曲线

225

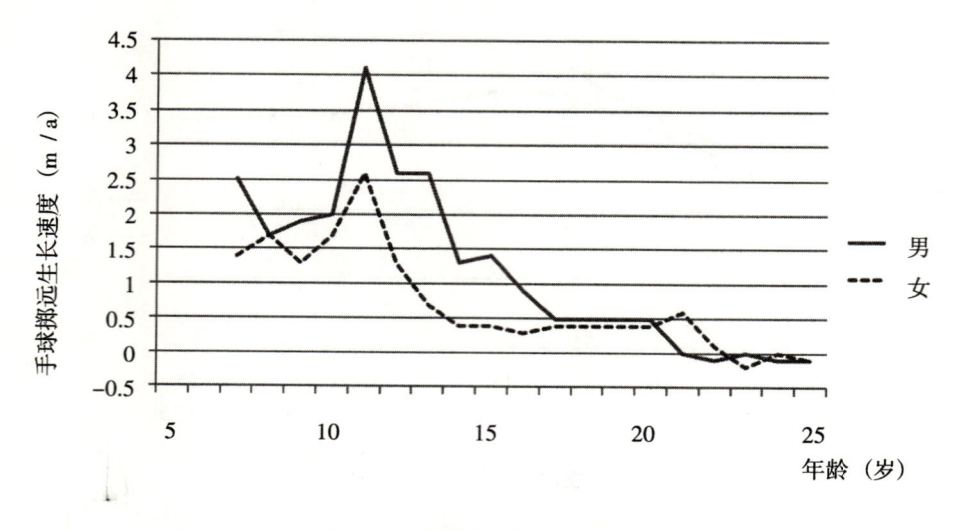

图 6-10 手球掷远的生长速度曲线

2. 速度素质

速度素质包括反应速度、动作速度和位移速度。以 50m 跑为例，男子：17 岁以前发展较快；7~9 岁、12~15 岁发展最快；20 岁左右达到最好成绩。女子：14 岁以前发展较快；7~11 岁发展最快；20 岁左右达到最好成绩。13 岁达到最高水平后至 20 岁发展处于停滞状态（图 6-11、6-12）。在青春期，50m 跑男子可提高 1.16s，女子可提高 0.6s。

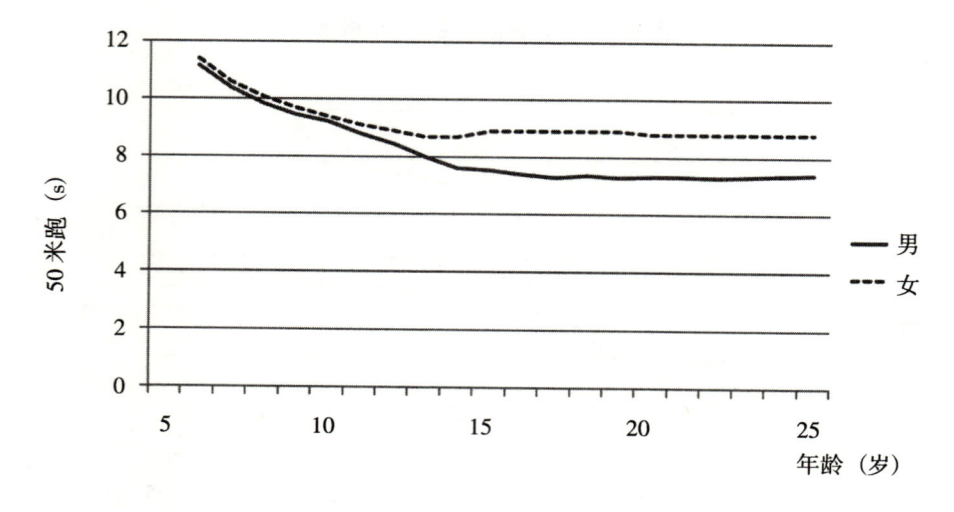

图 6-11 50 米跑的生长水平曲线

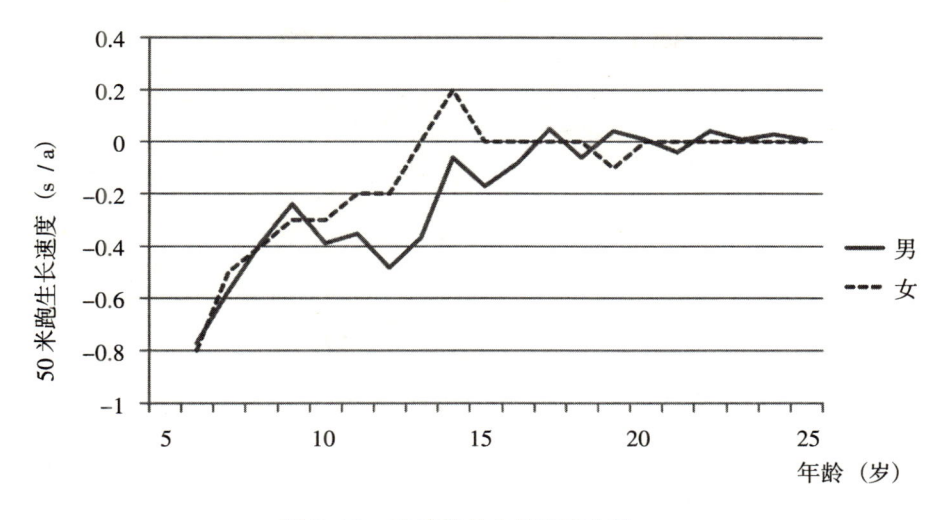

图 6-12　50 米跑的生长速度曲线

3. 耐力素质

耐力素质包括有氧耐力和无氧耐力，还可分为一般耐力和专项耐力。据报道，有氧耐力的发展敏感期是：男子 10～17 岁，女子 9～14 岁和 16～17 岁。而无氧耐力的发展敏感期是：男子 10～20 岁，女子 9～18 岁。报道还指出，在青春期早期应进行较小强度的有氧练习，以提高心肺功能，而对无氧耐力和专项耐力则应在青春期后期或青春期之后进行训练更为合理。

从 5 分钟跑距离的测试结果中可以看到：男子，7～15 岁增长较快，15 岁达最高值 1279m，16～25 岁随年龄增加而缓慢下降；女子，7～13 岁增长较快，13 岁达最高值 1062m，14～25 岁随年龄增加而缓慢下降（图 6-13、6-14）。在青春期，5 分钟跑距离男子可增加 54m，女子可增加 17m。

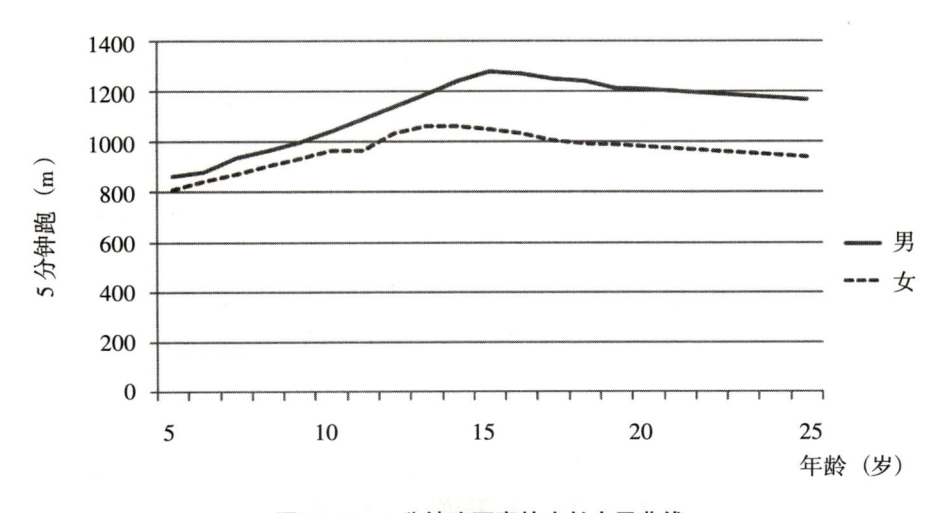

图 6-13　5 分钟跑距离的生长水平曲线

227

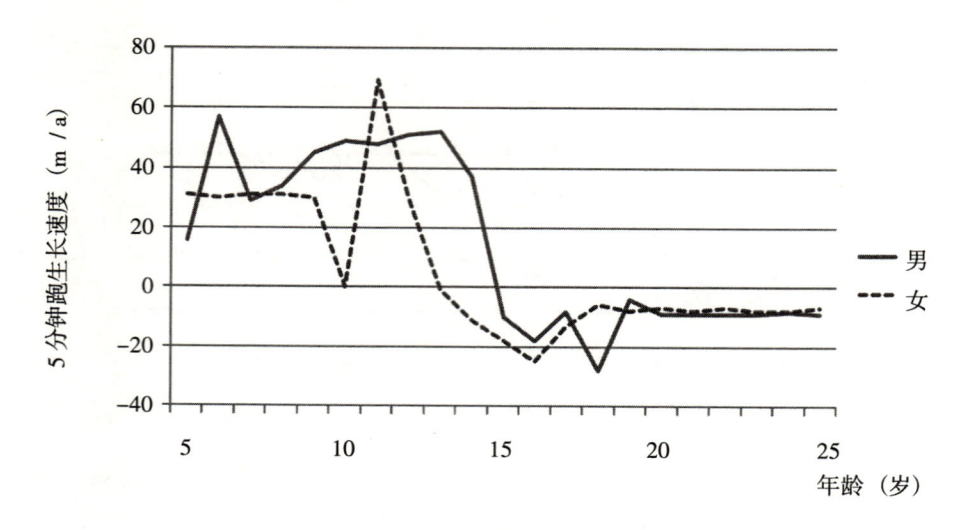

图 6-14　5 分钟跑距离的生长速度曲线

4. 柔韧素质

柔韧素质是由一个关节或几个关节的联合活动范围来表现的。四肢的柔韧性与身体的运动能力的关系相对较小，而躯干和髋部的柔韧性与运动能力关系密切。

儿童时期柔韧性最好，关节伸展度大，应给予足够的重视。11 岁左右，随着身体其他器官的发育，柔韧素质的发展速度减慢；至 18~20 岁左右趋于停止；此后缓慢下降。如立位体前屈，男女均在 6~8 岁时发展快速，此后比较平稳，且逐年缓慢下降（图 6-15）。在青春期，立位体前屈男子可增加 4.5cm，女子可增加 5.2cm。

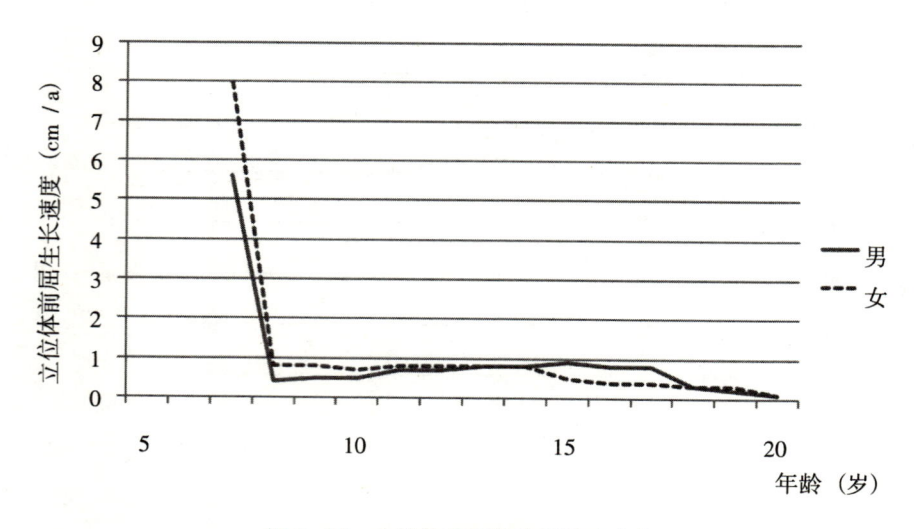

图 6-15　立位体前屈的生长速度曲线

5. 灵敏素质

灵敏素质是一种综合素质，它与人对空间定位和时间感觉的能力有关，亦与速度和力量素质有关。在 13～14 岁以前，通过训练来发展灵敏素质可取得较好的效果。以 10 米×4 往返跑为例，儿童时期发展较快，特别是 6～11 岁阶段发展最快（图 6-16、图 6-17）。男子在 17 岁、女子在 15 岁左右达到最高水平，此后缓慢下降。在青春期，10 米×4 往返跑男子可提高 0.6s，女子可提高 0.5s。

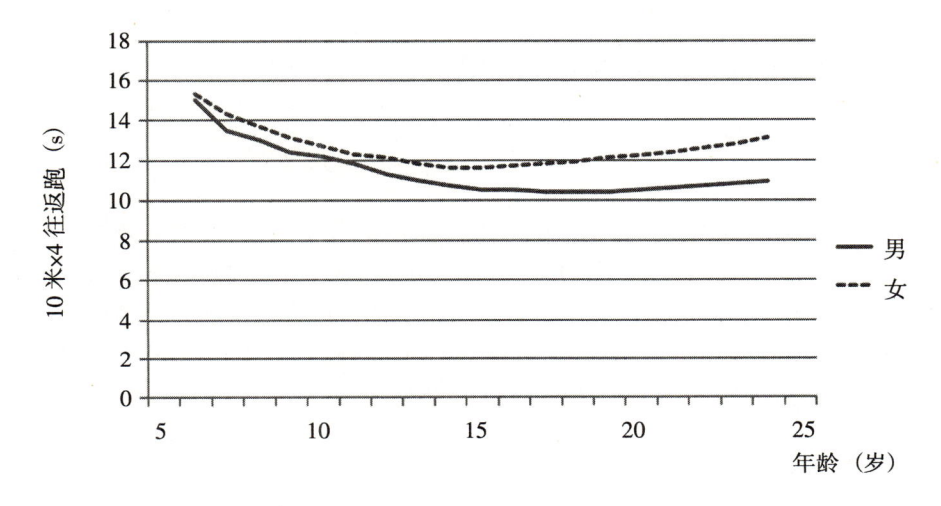

图 6-16　10 米×4 往返跑的生长水平曲线

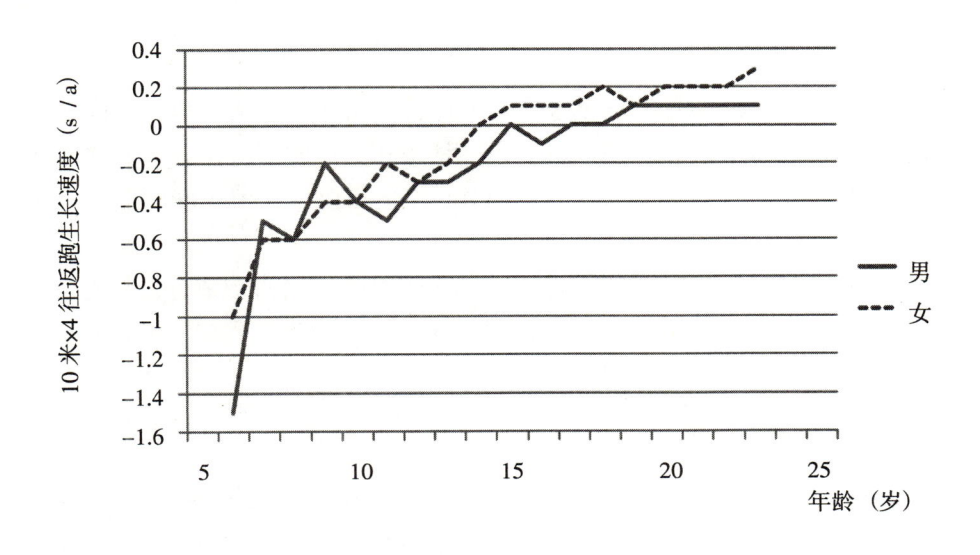

图 6-17　10 米×4 往返跑的生长速度曲线

四、青少年心理发育特点与选材

青少年期是个体从童年向成人过渡的时期，是半成熟、半幼稚的时期，是独立性和依存性并存交错的时期。生理上的急剧变化和学习活动的变化，使青少年的心理也发生了一次飞跃性的变化和发展。由于处于青春发育期的孩子具有一些其他人生时期所不具备的心理特点，故在对青少年进行心理选材之前，首先应充分了解青少年的心理发育特点，以便能够理解并客观评价青少年运动员的行为表现。

（一）青春期少年的心理发展特点

1. 自我意识的发展

自我意识指个体对自己的认识和评价。由于生理上的迅速成熟，少年开始意识到自己已长大成人，希望参加成人的活动，希望得到别人的尊重，并拥有与成人相同的权利。同时，少年强烈渴望认识和了解自己，试图按照自己的愿望塑造自己，但有时会脱离现实。少年很在乎别人对自己的看法，容易夸大自己的情绪感受。进入青春期的少年开始逐渐能够独立和全面地进行自我评价了。

2. 性意识的发展

性发育的逐渐成熟，促使少年的性意识急剧发展。他们开始意识到两性的差别，逐渐产生对异性的眷恋、向往和接近倾向，心潮澎湃，渴望接近对方，表面上却互相回避和疏远，因而常以极端或冒险的举动招引异性对自己的注意。

3. 认知的发展

青少年心理活动的随意性已显著增长，可长时间地集中精力学习，能把注意力集中和稳定在那些并无直接兴趣、较抽象、枯燥和困难的学习任务上，并能在复杂的学习活动中分配自己的注意力，随意调节自己的行为，学习态度则更加自愿、刻苦和主动。

抽象逻辑思维日益占有主要的地位，但是思维中的具体形象成分仍起着重要的作用。青少年思维的另一个特征是思维的独立性和批判性已有所发展，但是容易产生片面性和表面性等缺点，易出现反省思维。

4. 情绪的发展

青少年的情绪带有冲动性，易激动，不善于自制，行为不易预测，因而不少人认为少年是最令人操心的年龄，这与少年神经系统兴奋过程较强、抑制过程较弱有关。

青少年对待父母和教师的情感与小学生也有明显区别。强烈的独立意识常使青少年不愿听从父母或老师的要求，常处于一种与成人相抵触的情绪状态。然而实际上他们在内心并没有完全摆脱对父母的依赖，生活中还需要成人多方面的帮助与支持。

青少年的情绪还往往具有闭锁性，不愿向别人敞开心扉，有保留自己内心秘密的需求。

5. 社会性的发展

青少年期，同伴的影响已开始超过成人的影响。发展中共同遇到的问题使同伴间的联结加强了。同伴往往成了青少年直接学习模仿的榜样，或者是弥补自己某方面不足的慰藉。

青少年的友谊比较稳定，选择朋友往往以共同的兴趣、爱好，以相似的或互补的个性特征为基础。由于青少年缺乏辩证的观点，往往会把同伴的友谊看成高于一切，把小集团中的一些行为准则作为自己的准则。常为了所谓"义气"而庇护同伴，或为同伴打抱不平。

6. 个性的发展

在新的生活和教育条件下，少年的自我中心意识有了新的、进一步的发展。一是在身体急剧成熟的驱使下，产生了"独立感"和"成人感"，力求摆脱对成人的依赖，反抗成人的干涉，被称为儿童"心理性断乳"期或第二反抗期；二是开始将视线转向内部世界，仿佛刚刚发现"自我"也是一个广阔的世界。他们不仅关心自己的内部世界，也开始对别人的内心世界发生了兴趣。青少年对别人对自己的评价相当敏感。他们喜欢自己观察自己，常常以讲悄悄话、记日记等方式来倾吐内心的秘密和感受。

青少年的道德行为更加自觉，已能通过具体的事实概括出一般伦理性原则，并以此来指导自己的行为。

青少年有强烈的兴趣和求知欲，有时对他感兴趣的活动达到了废寝忘食的地步，同时艺术作品对正在成长中的个性形成影响很大。

从上述特点中可以看出，青少年的心理是在矛盾中发展起来的。其主要矛盾表现在：（1）性发育迅速成熟与性心理相对幼稚的矛盾；（2）自我意识迅猛增长与社会成熟相对迟缓的矛盾；（3）情感激荡要求释放与外部表露趋向内隐的矛盾。同时，也正是由于生理和社会方面的急剧变化，使青少年的心理发展具有迅速、不稳定以及不平衡的特点，致使这一时期成为心理障碍的多发时期。因此，正确认识青少年心理发展的特征，对于进行青少年心理教育与干预，维护青少年心理健康均具有重要意义。

(二) 青少年运动员心理选材

竞技体育中，由于技、战术水平日益接近，心理素质逐渐成为高水平运动员之间较量以夺取最后胜利的决定因素，而在心理素质中，运动员的意志品质更是占有主导位置。健康的心理状态、良好的情绪和情感特征、坚强的意志品质、注意稳定性好，以及思维敏捷和准确等，是绝大多数运动项目的优秀运动员必须具备的心理特征。

尽管人的心理现象比较复杂，而且受到诸多因素的影响而易发生变化，但是，由于心理能力与个性特征主要受到遗传物质的控制与制约，使得心理能力的发展，尤其是个性心理特征具有相对的稳定性，其变化也是有规律的。这些均为青少年运动员心理测评和预测提供了前提和可能。

目前，体育科学领域出版的多数《运动选材学》和《运动员科学选材》等教材或专著中，均详细介绍了有关运动员心理选材的指标及测试方法。此外，《奥运优秀运动员科学选材的研究》（编号：2001BA904B01）的研究成果《BTL-L-YZ 2.0 运动员意志品质量表》、WT运动员性格量表、华东师范大学发展心理学研究室根据Schuhfried公司Vienna Test System绘制的CRT瑞文测验－联合型图册测试量表、卡塔尔十六种人格因素，以及易耻感评价量表等，都是现代运动员心理选材常用的测评手段，在进行青少年运动员心理选材时均可参考使用。

五、青少年运动员选材的案例分析

根据上述青少年生长发育的规律和运动能力发展特点，本文通过如下两个少年运动员的选材过程的案例，来具体说明青少年运动员的选材特点。

【案例6-2】某运动队曾选入一名女孩进行短跑项目训练，其生活年龄为12.3岁，现在其60m成绩是8s；选材中还已知她在一年前校运会上的成绩是9s。根据速度素质的自然增长率进行分析可知：该女孩11.3岁时60m成绩是9s，比同年龄儿童均值（9.3s）高出0.3s；在一年内60m跑的成绩提高了1s，而同年龄儿童60m速度年增长均值为0.4s。这样，可以初步得出预测评价结果为：该女孩速度素质起点高、进步快、潜力大。因此应该在其入队训练后追踪观察至13岁（此年龄为可达速度高峰值的99.1%）。若此时成绩已达到较高的水平，同时还有较明显的上升趋势，那么她是很有潜力的"苗子"，将来很可能为优秀运动员。

入队试训时，拍摄该女孩骨龄片并测试其他选材指标，骨龄值为13.0岁。身高为162cm，体重45.6kg，父亲身高为173cm，母亲身高为166cm，预测遗传身高为170cm。对照13岁骨龄组选材评分表〔《运动员科学选材》曾凡辉等，1992）中儿童少年田径运动员选材标准〕，给出得分，具体如表6-5所示。

表 6-5 运动员选材指标的数值及评分

指标	数值	得分
体重/身高×1000（g/cm）	281.5	4.0
身高（cm）	162.0	4.0
下肢长A/身高×100（%）	57.1	6.0
[下肢长B–小腿长A]/小腿长A×100（%）	90.9	9.6
下肢长C/下肢长H×100（%）	78.35	6.4
踝围/跟腱长×100（%）	91.2	2.4
心功指数	6.5	3.2
肺活量/体重（ml/kg）	61.2	3.0
60米跑（s）	8	10
立定三级跳远（m）	6.9	8.0
步频	4.50	5.0
后抛铅球（m）	9.6	5.0
声反应（ms）	141	5.0
专项（100米）（s）	13	8.0

由上表可知，此女孩身体形态及素质指标与同龄人相比，均处于较好水平，适宜进行短跑训练。随后教练组对其进行了主观评定，发现其节奏性、协调性、灵活性优异，接受能力、智力水平也处于良好水平，跑的技术也自然、放松、合理，有较强的意志品质和较好的比赛和训练作风。

通过上述一系列测试与评定，可以判断此女孩运动能力发展的潜力很大，应当选入队中进行专业训练。

【案例6-3】在某区举行的运动会田径100m比赛中，某教练员发现某一小学六年级组12岁男生，其反应快，动作频率快，跑步动作自然、放松、协调，并且其身材修长，四肢发育匀称，身高高于同龄同性别学生；上、下肢有力，尤其是足部弹性好，100m比赛成绩为12.7s。经赛后与该学生面谈，发现他各科学习成绩良好，只是为了参加小学升初中的体育考试，在半年前开始请专门教练员进行了每周3次相关身体素质的训练。

经教练员和有关人员对该生进行家庭走访调查，他的父母都是大学毕业，现为某大公司中层管理人员和职员，家庭收入良好，家庭和谐。父亲身高186cm，母亲身高170cm，父母身材均匀称协调，动作敏捷，协调性好。父亲在中学和大学期间，爱好篮球和足球，在中学期间曾入选校代表队，参加过各类比赛；母亲在中学期间亦曾为学校代表队成员，代表学校参加过400m比赛。此外，孩子的叔叔曾是某市男子青年组400m纪录创造者。该学生是这个家庭的独生子，顺产，出生时身长50cm，体重3.8kg。

经与家长、该生和就读学校沟通，孩子进入到该体校进行业余训练。在试训前的体格检查和选材测试中发现：该生试训时年龄12.7岁，身高165cm，体重48kg，胸平静围76cm，均处于同年龄同性别少年中的上等或中上等水平。骨龄检测结果为G-P骨龄为13.0岁，中华05骨龄为12.6岁，皆属于正常发育类型。预测未来成年身高为188cm，体型为短躯长腿型。体检结果各项指标正常，无心肺功能异常，各项运动系统检查均为正常。经选材组按运动员选材标准测试，各项总成绩综合总分为96分。

在入队试训1年后，100m成绩已达11.5s，达到了相当于14岁孩子的优秀水平。

上述两个案例都告诉我们，全面地了解和掌握备选者家庭与遗传信息，准确地评价其自身的生长发育及运动能力发展状况，并由此进行综合评价，是对少年运动员进行选材的前提和首要任务。

六、青少年运动员选材中需要关注的问题

此前的内容中重点介绍的青少年运动能力的发展特点，可为教练员在进行青少年运动员选材时提供理论与方法支撑。然而，由于运动训练的复杂性，广大教练员在实际进行青少年运动员选材时仍会遇到如下问题，需要教练员关注。

（一）现代青少年运动员专项运动能力发展规律的捕捉

目前我国各类运动员科学选材的研究成果以及专著或教材所能提供的青少年运动员专项运动能力发展规律的素材非常少，更多的是我国各级别运动员的横断面数据或者是普通人群的数据。若想得到可以直接指导青少年运动员科学选材的具体数据和方法，除了本章此前所介绍的内容外，还有一项特别重要的内容需要每一位教练员参与才能获得，即对各自手中所有青少年运动员，无论是训练成功的运动员还是中途退出的运动员，进行纵向跟踪测试和观察。只有这样才能清楚地掌握我国各运动专项青少年运动员运动能力的发展规律。此类研究在国外非常多见，而且已有大量的纵向或者混合纵断面研究数据说明青少年运动员运动能力的发展特点。

在此需要指出的是，以往大量进行的横断面研究仍然非常重要。横断面研究是对一定人群的不同年龄的大量不同个体，在一段较短的时间内进行一次性测定。应用此方法可以了解普通人群、一般水平运动员以及高水平运动员的身体与竞技能力重要指标的状况，为构建各运动专项的选材指标体系提供支撑。对于青少年而言，横断面研究的结果可以得到在调查时样本儿童青少年的生长发育和成熟度状况，但不能精确评价生长速度和变化规律。

而纵向跟踪（纵断面）研究方法，是对一定人群的每一受试者，在一定连续的时间年龄上以特定的时间间隔进行重复测定，其结果不仅能提供横断面研究所能得到的

现状资料，而且还能得到评价生长发育和成熟度的变化速度及变化规律方面的资料。然而，此方法的研究难度大，对人力、物力和财力的要求极高，因此在世界范围内大样本、多指标的综合性纵断面研究成果仍比较少见。

鉴于此，本文推荐广大基层教练员和研究人员使用混合纵断面研究方法。此方法是横断面和纵断面研究设计相结合的方法。

以体校为例，假如同一专项运动员的年龄为8岁、10岁或12岁等，那就从运动员入队时开始测试，在少体校训练的几年中以规律性的间隔时间（通常1年，青春突增阶段可6个月测一次）跟踪测试每一名队员。此后凡每年新入队的运动员皆按此方式处理。3年后，当年8岁的儿童11岁，10岁开始的一组达到13岁，12岁的一组15岁等；再过3年，11岁组的达到14岁，13岁组的16岁，15岁组的18岁。这种设计的关键是在11、13、15岁时各部的交叉，这样可以使用特殊统计学方法得到连续10年的青少年生长发育资料，从而解决了长期纵向跟踪研究的难题。

在测试指标方面，可根据自身硬件条件选择本专项最重要的形态、机能和心理及素质等方面的指标，这些指标不要简单地追求数量，而要重点考虑指标的代表性。还有，就是借助于高校与科研院所的力量，联合完成对同一个青少年运动员连续短至3年、长至6年的测试。这些数据才是指导青少年运动员选材的重要的专项运动能力发展规律的第一手资料。

上面介绍的混合纵断面研究的结果，不仅能提供现状和速度的资料，而且可得到青少年运动员生长发育与成熟度的速度以及专项运动能力的变化规律的资料。

体育运动中科学选材的核心是长期预测，科学训练是对同一个体进行连续多年的训练，使其遗传潜力充分发挥达到可能的最高水平，创造优异成绩。而想要大幅度地提高成才率，更在于对不同成熟类型少年运动员的成年运动能力的预测。要做到这一点，显然需要对不同运动项目的决定因素及生长发育和运动训练的影响进行混合纵断面研究。因此，体育运动中的科学选材和科学训练，必须建立在儿童少年生长发育规律的基础上才会有较强的科学性。

（二）青少年运动员力量素质的可训练性

对于儿童青少年不同发育阶段力量的可训练性，大量早期的研究证实：对发育期前的儿童进行抗阻训练是没有明显效果的，只有在发育中期和后期，血液循环中睾酮达到一定的水平之后力量才有可能得到增长。但是 Ramsay 等（1990）的研究却表明：在青春期前力量训练确实能够引起明显的力量增长，而且与成人一样，儿童力量训练的效果也取决于训练的强度和训练量，而训练时间的影响较小。尽管如此，训练方法、方式、强度、量和时间的合理结合的问题，在发育期前的儿童的力量训练中尚未解决。

青少年的力量训练，无论是等长训练还是动力性等张训练、等动训练以及水压抗阻训练，皆可使力量显著增长。

此外，多项研究结果都一致地发现：发育期前的儿童相对力量的可训练性与青少年和成人相似，但其绝对力量的可训练性却较青少年和成年人低。与青少年相比，儿童因训练引起的力量增长不是主要由肌肉肥大所致，而可能是因神经肌肉激活数目的增加造成的。青少年力量增长的原因则更主要表现在神经肌肉系统激活程度的增加和运动协调能力的提高。与此同时，停训期力量的变化也与神经肌肉激活水平的降低和运动协调能力的丢失有关。表6-6概括了儿童青少年时期力量训练和停训引起的力量变化的可能的生理反应过程。

表6-6 发育期前儿童和青少年抗阻训练与停训造成力量变化的生理适应过程——相对的反应

	训练期	停训期
绝对力量	青少年的增长大于发育期前的儿童	由于生长而得到较大的补偿，发育期前的儿童力量丢失可能小于青少年
相对力量	发育期前的儿童增长等于或大于青少年	与绝对力量情况相同
肌肉肥大	发育期前的儿童肌肉体积增大的程度小于青少年	发育期前的儿童由于生长原因，肌肉体积可能继续增长，但是青少年要取决于生长减慢的程度，肌肉体积可能下降或维持不变
神经肌肉的激活程度	由于与不同类型的活动接触较少，发育期前的儿童神经肌肉激活的潜力可能大于青少年	发育期前的儿童与青少年神经肌肉激活的下降程度可能相等
运动技能	由于与技巧性活动接触较少，发育期前的儿童技巧进步的潜力可能大于青少年	由于对将相关动作转化为力量的技巧活动缺乏经验，发育期前儿童的运动技能可能比青少年下降更明显

引自《儿童青少年与体育运动》（ODED BAR-OR 主编，2008年）

在青少年运动员的实际训练中，教练员应注意观察这些运动员力量素质的可训练性，对训练敏感的青少年，其未来运动能力的发展潜力会更大。

（三）青少年运动员运动能力的稳定性

青少年运动员选材中还有一个值得关注的问题是：10~12岁儿童的良好运动能力在多大程度上能够维持到成人阶段。一个运动员随着时间的推移，其技术水平在一个群体中能保持在相同地位或者保持在同一个百分位数内的能力称为运动能力的稳定性。当一个指标的稳定性程度高时，影响该指标变化的可能性就低，其预测能力就高。为了确定稳定性的程度，必须进行纵向的研究，对检测测试的相关系数进行分析。

国外有很多研究得到由儿童时期预测成人运动能力的结果，如 3 岁时测量的身高的稳定性系数为 0.65～0.80。由于发育的时间、强度和时限的变化，发育早期指标的稳定性系数下降，但是在发育后则系数明显增高。肥胖的稳定性相关系数在 12～18 岁高达 0.65（Lefevre, et al. 1989），10～17 岁的游泳运动员高达 0.56。对于有氧功率指标，追踪 11～14 岁孩子发现，男孩的相关系数为 0.70，女孩为 0.60。另外，对 30 名 10～12 岁男孩每年测一次有氧功率，连续测 8 年，该指标一直保持不变。还有研究报道，握力、伸膝力、屈肘力以及纵跳等素质指标的相关系数为 0.58～0.94。上述的研究结果都是统计学处理的结果，因而可能对个体进行评价时不一定很精确，此时可以使用百分位数法对个体进行评价。有天赋的运动员常常在这些基本的和重要的指标方面与一般人群的平均值偏离较远，因此稳定性较高，跟踪结果亦较好。

上述研究成果提示我们：当青少年运动员进入队里进行系统训练后，教练员和科研人员应该制定他们成长监测计划，坚持按照发育特点定期进行青少年身体形态、机能、素质以及心理特征等方面的测试，及时分析这些指标的变化特点，为预测其未来运动能力的发展提供依据。

青少年运动员选材的核心内容不仅包括生长发育规律和运动能力的遗传特征探讨，还必须挖掘各个专项的青少年运动员竞技能力的特征。因受篇幅的限制，本章未对后者进行论述。自 20 世纪 80 年代以来，我国相继对青少年运动员和成年高水平运动员的身体与运动能力众多指标进行了系统测试，建立了部分运动项目青少年运动员科学选材的指标与评价标准，如《运动选材学》（刘献武主编，1991）、《运动员科学选材》（曾凡辉、王路德和邢文华主编，1992）、国家科技攻关计划项目《奥运优秀运动员科学选材的研究》系列丛书（邢文华主编，2008），以及《运动选材学》（王金灿主编，2009）等。其中，《运动员科学选材》（曾凡辉、王路德和邢文华主编，1992）是目前我国体校中儿童青少年入队时的选材评价标准，该标准中的年龄分组是唯一按 G-P 骨龄作为分组标准的。教练员在实际开展选材时可以参考其具体测试指标和相应的评价标准。

运动员选材的目的不是仅仅把有运动天赋的青少年运动员挑选出来，而是要对他们进行适宜的培育与训练，经过长期雕琢，最终塑造出运动成绩优异、品格和能力突出的运动人才，这就对担负着青少年运动员"选材"与"育才"重任的教练员在知识与能力方面提出了更高的要求。

面对处于生长发育中的广大青少年运动员，教练员应该了解生长发育的基本规律，根据青少年身体、心理以及运动能力的发展特点设计训练方案，并在训练中预测其未来运动能力发展的可能程度。同时由于青少年个体之间的差异非常大，因而在选材与训练的过程中，必须充分考虑运动员的个性特点，区别对待不同发育程度的运动员，为每一个青少年运动员提供更大的发展空间，才能从根本上提高我国青少年运动员的成才率。

参考文献

[1] 邢文华. 奥运优秀运动员科学选材的研究 [M]. 北京：北京体育大学出版社，2008.

[2] 王金灿. 运动选材学 [M]. 北京：人民体育出版社，2009.

[3] 曾凡辉，王路德，邢文华. 运动员科学选材 [M]. 北京：人民体育出版社，1992.

[4] 田麦久. 运动训练学 [M]. 北京：人民体育出版社，2000.

[5] 杨桦，李宗浩，池建. 运动训练学导论 [M]. 北京：北京体育大学出版社，2007.

[6] 沈海琴，徐刚，罗冬梅. 儿童少年生长发育12年追踪研究 [M]. 北京：北京体育大学出版社，1998.

[7] 季成叶. 儿童少年卫生学 [M]. 北京:人民卫生出版社，2007.

[8] 中国国民体质监测系统课题组，国家体育总局科教司. 中国国民体质监测系统的研究 [M]. 北京：北京体育大学出版社，2000.

[9] 陈明达，于道中. 实用体质学 [M]. 北京:北京医科大学、中国协和医科大学联合出版社，1993.

[10] 叶义言. 中国儿童骨龄评分法 [M]. 北京：人民卫生出版社，2005.

[11] 席焕久. 人的骨骼年龄 [M]. 沈阳：辽宁民族出版社，1997.

[12] 焦俊，陈绪光. 骨发育与骨龄测评 [M]. 贵阳：贵州科技出版社，2004.

[13] 张绍岩，邵伟东，杨世增等. 中国人骨成熟度评价标准及应用 [M]. 北京：人民体育出版社，1995.

[14] 熊正英，王海瑞. ACE基因与运动关系的研究进展 [J]. 沈阳体育学院学报，2005，24（3）：78-79.

[15] 杨贤罡，李燕春，胡扬. ACTN3基因R577X多态性与运动能力的关联性研究:Meta分析 [J]. 体育科学，2011，31（3）：44-52.

[16] 夏小慧. AMPK及其下游基因与有氧运动能力相关分子标记筛选及功能研究 [D]. 北京体育大学博士学位论文，2011.

[17] 郑莉尧，师磊，熊正英. GST基因多态性与高原环境下运动能力的相关性研究 [J]. 吉林体育学院学报，2010，26（3）：76-77.

[18] 何子红，胡扬，金晶，李燕春. pGC-IQ基因多态性与优秀耐力运动员运动能力的关联性研究 [A]. 第九届全国体育科学大会论文摘要汇编（2）[C]，2011：483.

[19] 刘卫民，刘艳明，覃凤珍. 国外青少年儿童足球运动员选材过程研究综述 [J]. 体育学刊，2011，18（1）：109-115.

[20] 张传芳，王沥. 人类的体能与遗传 [J]. 遗传学报，2004，31（3）：317-324.

[21] 刘卫民，秦更生，张继辉. 相对年龄效应对运动员选材与发展影响的元分析 [J]. 上海体育学院学报，2012，36（6）：67-71.

第七章 运动训练的生理生化监控

冯连世（国家体育总局体育科学研究所）
张　漓（国家体育总局体育科学研究所）
路瑛丽（国家体育总局体育科学研究所）
邱俊强（北京体育大学）

> **内容提要：**
> 本章主要介绍运动训练监控的基本概念、运动生理生化监控的内容和理论基础，重点介绍训练监控常用的生理生化指标与方法，以及训练监控的实施步骤和实施原则。通过以上介绍，使学员了解运动训练的内涵，掌握运动时人体能量供应的特点，以及不同运动负荷人体能量动员的顺序。通过大量的实践案例，使学员了解训练负荷监控的指标和方法、训练方法监控的指标和方法、身体机能监控的指标和方法、专项运动能力监控的指标和方法，了解监控这些指标的意义和应用方法，并根据训练监控实施的步骤和原则，能在运动实践中加以应用。

第一节　运动训练生理生化监控的原理

一、概　述

训练监控就是将运动医学、运动生物力学、心理学和生理学、生物化学等学科的理论和方法应用于训练过程中，应用综合方法和手段研究训练过程和训练效果，其最终目的是为了帮助教练员不断调整训练计划，使运动员达到体能、心理和技术等最佳状态，从而最大限度地提高训练效果和运动能力。

运动能力在运动员身上表现为竞技能力，运动能力的最终关键是能量产生和运动员要达到最佳状态，因为能量是运动训练中所有活动的基础。一般讲，在某种程度上控制最佳运动能力的障碍有3种基本类型，即生理学、心理学和生物力学障碍。生理学障碍限制了能量的产生，心理学障碍限制了对能量的控制，而生物力学障碍则限制了最有效地使用能量。这3个障碍是相互关联的。例如，对运动能力的心理学障碍可通过生理学过程干扰最佳的能量产生，也可以破坏最佳的生物力学的能量利用。因此，在运动训练中研究限制运动能力 3 大障碍的医务监督、生理生化检测与评定、心理测试与评定、生物力学的技术分析与诊断等，构成了训练监控的主要组成部分（图 7-1）。

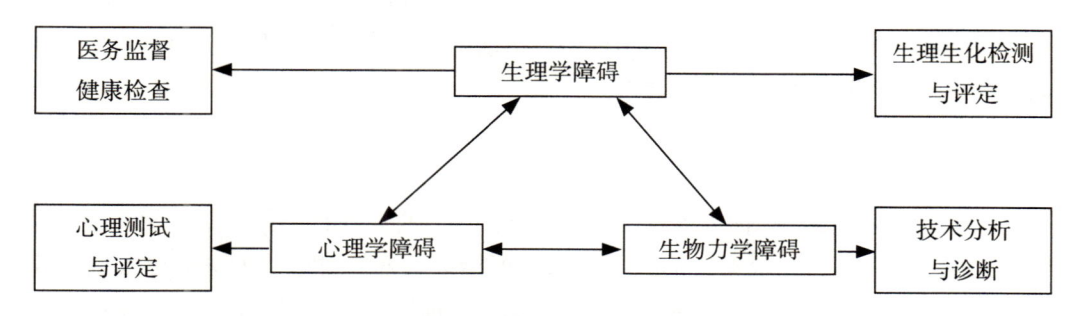

图 7-1　运动能力的主要限制因素及训练监控的主要组成部分（冯连世等，2006）

运动训练的生理生化监控是训练监控的一个主要组成部分，它通过利用生理生化的测试技术和方法，测定运动训练过程中运动员体内的一些生理生化指标，以评价运动员训练时的负荷强度和量、训练方法和手段的效果、合理性以及机体对运动训练产生的适应信息、恢复效果等，从而帮助教练员了解运动员机能状态训练效果，正确评价训练方法和专项运动能力，并进而调整训练方案。运动训练的生理生化监控涵盖了运动训练过程前、中、后以及动、静态的全方位的监控，包含的研究内容，如图 7-2 所示。

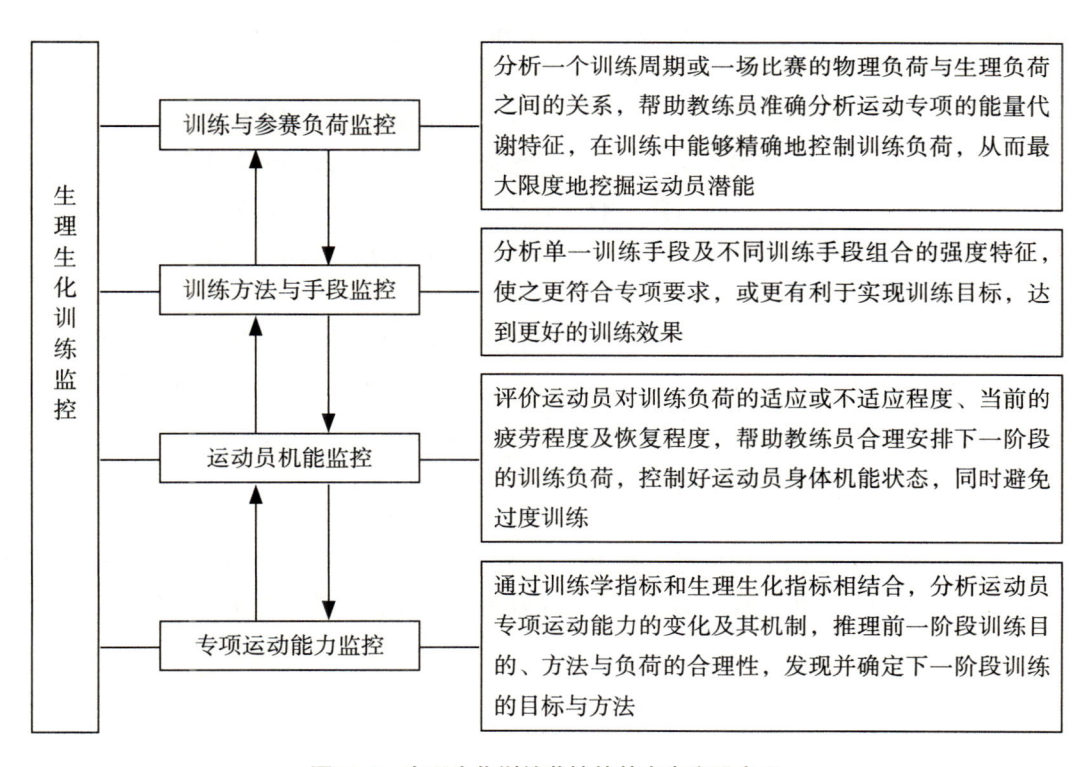

图 7-2　生理生化训练监控的基本内容及含义

运动训练的生理生化监控对运动训练的研究及作用，主要体现在以下几个方面：

1. 评价训练负荷的大小及合理性

通过一些针对性很强的生理生化指标来反映训练负荷强度、训练负荷量的大小，从训练后运动员的疲劳程度分析训练负荷对运动员身体带来的生理负荷大小，如长期连续监测则可分析训练负荷的合理性。

2. 评价训练方法和手段的合理性与有效性

通过训练负荷强度指标来评价专项训练方法是否符合项目特征，是否能够达到提高专项能力的目的，并根据指标数值提出强度标准，或针对训练方法提出改进建议等，不仅能够评价已有的专项训练方法，还能够为训练方法的创新和改进提供评价手段。同时，利用训练负荷强度指标、身体机能指标等，针对准备活动方法、训练间歇时间、恢复性训练方法、放松方法、减体重训练或增体重训练等非提高专项能力为目的的训练方法和手段的合理性进行评估。

3. 评定身体机能状态

主要是阶段性地利用多项生理生化指标对健康水平、运动员承受训练负荷的能力、训练后的疲劳程度、恢复程度与恢复速度进行评价，目的是帮助教练员了解运动员的身体状况，为教练员提供训练安排的依据和建议，以防止过度疲劳及运动损伤的发生。另外，合理运用基础理论、实验技术和测量方法检查与评定运动员的机能状态，对选材、医务监督、控制训练负荷、有效地挖掘人体的运动潜力、提高竞技能力等，均有十分重要的意义，因此，现在机能评定工作在我国开展比较普遍，已经成为科学训练的重要环节。一般来说，在训练监控初期，应尽可能地做一次全面的机能测试，这样，一方面可以有效地排除影响运动员体能的病理性因素，另一方面也可以为以后的训练监控提供参照数据。这是做训练监控工作必须重视的一个重要原则和工作内容。

另外，运动员受伤后体内的某些生理生化指标也会出现变化，例如肌肉拉伤可以引起血液肌酸激酶大幅度升高，通过该指标的变化情况可以反映肌肉损伤的恢复情况，起到监测伤病恢复过程的作用。

4. 评价运动员专项运动能力

通过训练学指标和生理生化指标相结合，分析运动员专项运动能力的变化情况及其机制，推理前一阶段训练目的、方法与负荷的合理性，发现并确定下一阶段训练的目标与方法。

二、生理生化监控的理论基础

人体在开始进行运动之后会发生一系列的生理生化变化，尽管人与人之间的个体差异很大，但人体的这些生理生化变化都遵循着一些共同的规律，这些共同的规律就是我们用以实施训练监控工作所依据的基本原理和理论。

运动对于人体来说是一种应激活动，人体需要调动神经、内分泌、循环等系统和运动器官来完成这种应激活动。其中被人们研究最多的就是能量代谢过程的调节和变化，这也是我们进行生理生化监控所依据的主要理论。因此，了解运动时人体能量代谢的基本生理生化变化规律，才能更好地理解如何根据生理生化指标的变化来分析运动员的身体机能、体能状况和竞技能力等。

（一）运动时人体的能量供应

运动训练生理生化监控的主要任务和目的就在于以运动时人体物质和能量代谢的规律为理论基础来分析项目特点与专项体能要求，并通过对训练过程及运动员身体机能的监控，帮助教练员合理选择训练手段，合理安排运动负荷，使训练能够达到专项要求，同时符合运动员身体机能特点，最终真正实现科学化训练。要用生理生化的方法与手段监控运动训练过程，首先必须了解训练过程中不同训练负荷时运动人体的生理生化代谢特点以及对应发展的身体运动素质。

运动人体能量产生的过程包括无氧代谢（磷酸原供能系统、糖酵解供能系统）与有氧代谢（有氧氧化供能系统）两种供能方式。实际上在任何运动中这两种供能方式均同时发生，只不过依据运动强度和运动持续时间的不同两种供能方式占的比重有所不同，只有主次之分而无绝对界限。无氧代谢供能的特点是功率输出较高，但供能时间很短；有氧代谢供能的特点是功率输出较低，但供能时间很长。因此，在需要大功率能量输出的快速运动和力量运动中，无氧代谢是主要的供能系统；而在输出功率不大但持续时间很长的耐力运动中，有氧代谢则是主要的供能系统。

人体运动时，不同训练负荷能量动员的顺序、生理生化代谢特点及对应发展的身体运动素质，可以用图 7-3 进行简单描述。但应当注意的是图中各系统供能的多或少指的是各供能系统参与供能的相对比例，而不是绝对值。例如在长时间耐力运动中 ATP-CP 系统供能的绝对量肯定大于短时间最高强度运动中 ATP-CP 供能的绝对值，只是在耐力运动中该绝对值所占比例极小。

在以训练时间和强度进行归类时，如果各供能系统以最大输出功率供能，则它们维持运动的强度和时间分别为：

(1) 磷酸原系统可供极限强度运动 6~8s，最多不超过 10s；
(2) 糖酵解系统可供最大摄氧量强度运动 30~90s；

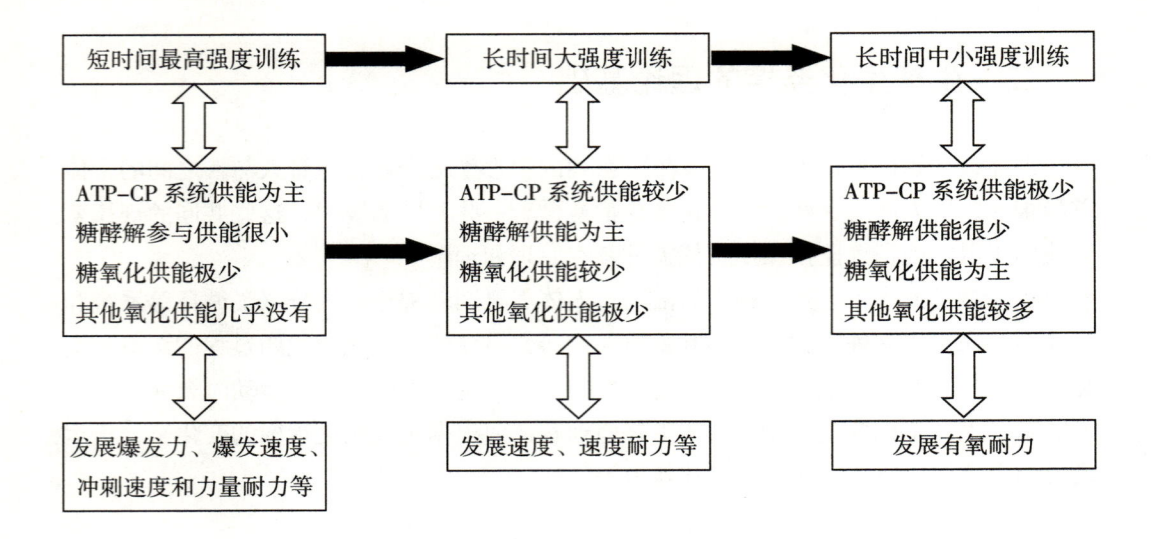

```
┌──────────────────┐      ┌──────────────────┐      ┌──────────────────┐
│ 短时间最高强度训练 │ ───▶ │  长时间大强度训练  │ ───▶ │ 长时间中小强度训练 │
└────────▲─────────┘      └────────▲─────────┘      └────────▲─────────┘
         ▼                         ▼                         ▼
┌──────────────────┐      ┌──────────────────┐      ┌──────────────────┐
│ ATP-CP 系统供能为主 │      │ ATP-CP 系统供能较少 │      │ ATP-CP 系统供能极少 │
│ 糖酵解参与供能很小 │ ───▶ │ 糖酵解供能为主    │ ───▶ │ 糖酵解供能很少    │
│ 糖氧化供能极少    │      │ 糖氧化供能较少    │      │ 糖氧化供能为主    │
│ 其他氧化供能几乎没有│      │ 其他氧化供能极少  │      │ 其他氧化供能较多  │
└────────▲─────────┘      └────────▲─────────┘      └────────▲─────────┘
         ▼                         ▼                         ▼
┌──────────────────┐      ┌──────────────────┐      ┌──────────────────┐
│ 发展爆发力、爆发速度、│      │ 发展速度、速度耐力等│      │  发展有氧耐力    │
│ 冲刺速度和力量耐力等│      │                  │      │                  │
└──────────────────┘      └──────────────────┘      └──────────────────┘
```

注：其他氧化供能包括脂肪分解供能和蛋白质分解供能。

图 7-3 不同训练负荷人体内能量动员的顺序、生理生化代谢特点及与对应发展的身体运动素质的关系
(引自冯连世，等. 运动训练的生理生化监控方法[M]. 北京：人民体育出版社，2006)

(3) 糖有氧氧化可供亚极限强度运动约 90min；
(4) 脂肪酸氧化供能的供能时间不受限制，适宜低强度运动；
(5) 蛋白质和氨基酸供能时间可从运动开始后 30~60min 起，直到运动结束。

从现代竞技体育运动的发展趋势来看，竞技能力越强的运动员，其无氧代谢（尤其是糖酵解）能力就越强，无氧代谢参与比赛供能的比例越高。但对每个运动员来说，无氧代谢供能能力都是关键时刻顽强拼搏战胜对手的物质基础，而有氧代谢供能能力则是增加运动负荷和恢复的物质基础。

在训练实践工作中，三大供能系统参与供能则是根据不同项目、不同运动方式和不同运动时间等来进行区分的。例如游泳运动根据项目不同大致可以分为短、中、长 3 种距离，短距离（50m、100m）项目以磷酸原供能系统为主，糖酵解系统供能为辅，有氧代谢系统供能比例很少或较少；中距离（200m、400m）项目以糖酵解系统供能为主，有氧代谢系统供能为辅，磷酸原供能比例较少；长距离（800m、1500m）项目主要以有氧代谢系统供能为主，糖酵解系统供能为辅，磷酸原供能比例很少。运动时物质能量代谢过程以及主要适用运动项目分类总结如图 7-4 所示。

图 7-4 表明所有的运动项目都需要以有氧代谢能力作为基础，在此基础上根据各自项目的特点重点发展适合本项目比赛要求的运动能力。

```
                    运动时物质和能量代谢过程
                   ┌──────────┴──────────┐
                无氧代谢过程           有氧代谢过程
```

磷酸原供能类型	磷酸原和糖酵解供能类型	糖酵解供能类型	糖酵解和糖氧化供能类型	糖氧化和脂肪氧化供能类型	脂肪氧化和糖氧化供能类型
举重、体操、跳水、田赛跳跃和投掷项目、速滑等	短跑（100m、200m）、游泳（50m）、篮球、排球、足球、手球、拳击、羽毛球、摔跤、乒乓球、柔道、网球、击剑、场地自行车等	400m跑、100m游泳、公路自行车、皮划艇（500m、1000m）等	跑：800m、1500m、3000m、游泳：200m、400m、800m、1500m 赛艇：1000m 公路自行车等	跑：5000m、10000m、马拉松 赛艇：2000m 公路自行车：60km等	铁人三项、超马拉松、超长距离滑雪、各种极限耐力运动等

有 氧 代 谢 能 力

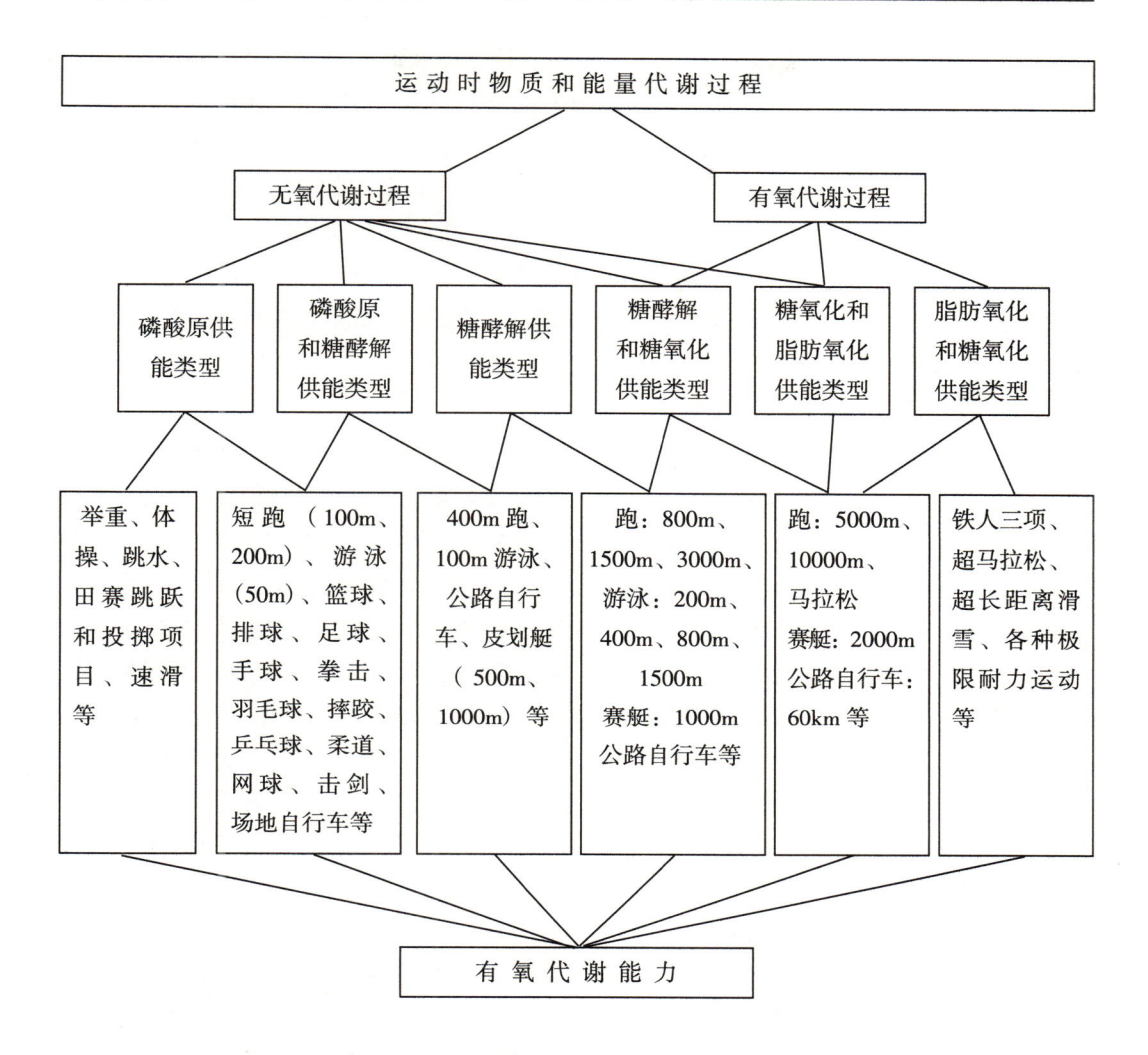

图 7-4 运动时物质和能量代谢过程在各运动项目的分布
(引自冯连世等主编《优秀运动员身体机能评定方法》，2003)

（二）无氧运动的供能特点

无氧训练中主要参与供能的是无氧代谢供能系统，它由两部分组成，即由 ATP-CP 分解供能（磷酸原供能）和糖无氧酵解供能。ATP-CP 是无氧功率的物质基础，冲刺、短跑、投掷、跳跃等短时间（6~8s）最大功率运动的运动能力均取决于 ATP-CP 系统的供能能力。30~90s 内的速度耐力则取决于糖酵解供能能力，甚至有文献提出在 30s~15min 内的运动都不同程度主要由糖酵解供能。

1. **磷酸原供能特点**

（1）ATP-CP 供能的物质基础

参与 ATP-CP 分解供能的物质主要包括磷酸腺苷（ATP、ADP 和 AMP）、磷酸肌酸（CP），参与能量释放反应的酶主要包括 ATP 酶、肌酸激酶等，其中，肌酸激酶活性与 CP 储存量是影响 ATP-CP 供能能力的关键因素。由于 ATP、CP 的储备有限，如果运动中单独依靠 ATP-CP 做功，一个 70kg 体重的成人可维持运动的时间为 6~8s（不超过 10s），可维持最大静力性肌肉收缩 20s。通过有系统的力量或速度训练，运动员的 ATP、CP 储备提高不大，但神经-肌肉系统的募集能力提高。另外，ATP 酶、肌酸激酶的活性明显提高，尤其是肌酸激酶活性升高，CP 转化为 ATP 的速度提高。因此，运动员的无氧功率，即单位时间内 ATP-CP 系统做功的能力随之提高，最大爆发力和最大速度也随之提高。

(2) 发展 ATP-CP 系统供能能力的训练特点

过去认为以发展 ATP-CP 系统供能能力为主的训练应该多采用 10s 以内的最大强度训练，该训练没有糖代谢供能参与，基本不产生乳酸。但现在的研究认为不一定如此。比如 100m 跑，它是典型的 10 秒左右的最大强度运动，在最初的 2~3s 内，CP 是 ATP 再合成的最主要能量来源，但糖酵解从一开始起跑就被激活，到 5s 后几乎提供了使 ATP 再合成的绝大部分能量，表现为不同训练水平的运动员大都在起跑后 5~6s 达到最大速度，且仅把这一最高跑速保持 20m 左右的距离，随后则不可避免地明显减速。究其原因，主要是运动 3~5s 内肌乳酸迅速堆积，三磷酸腺苷（ATP）再合成速率不能恢复到最高水平，致使肌肉活动能力下降。所以，为了发展三磷酸腺苷（ATP）快速分解和磷酸肌酸（CP）无氧再合成的能力，只有进行肌肉最高强度工作，持续运动时间不超过 6~8s，最适宜距离为 30~60m，最长不超过 80m，间歇 30~40s，训练效果比较好。

(3) 无氧项目运动员也应该有良好的有氧基础

如前所述，无氧与有氧能力不可兼得，那么无氧项目运动员是否只需要发展无氧能力就可以了呢？Tomlin 等认为，短距离运动员也应该有一定比例的耐力训练，因为 CP 再合成的速度以及乳酸的消除速度都与代表耐力水平的 $\dot{V}O_2max$ 有很高的相关性，尤其是有大肌群参与运动的项目。例如举重运动按供能系统划分主要为磷酸原系统，是典型的无氧供能项目，它的特点是要求运动员在较短的时间内，肌肉的最大紧张和用最快的收缩速度来完成最大的功。一般情况下，不管是抓举或是挺举，完成一次动作的时间不会超过 10s，因此从时间上分析是以 ATP-CP 供能的为主，是典型的高能磷酸化系统供能的运动项目。但是要达到举重的极限，机体需要一个渐进的、有机的调动过程，运动员在训练中或是比赛中，要想达到 100% 的运动强度需要安排很多组、很多运动负荷递增的过程或准备活动，在此过程中，单纯依靠 ATP-CP 系统的供能不能完全满足一堂大强度负荷训练或者参加比赛的需要，还要求运动员同时具备较强的其他供能能力——良好的糖酵解能力和有氧代谢能力。

2. 糖酵解供能特点

(1) 糖酵解供能的物质基础

参与糖酵解供能的物质主要包括糖原和葡萄糖，参与反应的酶很多，其中限制反应速度的是磷酸果糖激酶（PFK）、己糖激酶（HK）和丙酮酸激酶（PK），也就是说，这3种酶的活性高低决定了糖酵解速度，并进而决定了运动员的速度耐力。以最大速率糖酵解供能的持续运动时间只能在30~90s，糖酵解最后的产物是乳酸，乳酸解离产生的氢离子占全部酸性物质解离产生氢离子的85%以上，是降低细胞内pH值的主要因素。由于pH值降低后PFK、HK、PK等酶的活性会显著下降，使糖酵解速率不能够继续维持下去，因此乳酸的生成是限制速度耐力持续时间的主要原因。田径200~800m、游泳100~400m的运动员耐受乳酸能力越强，运动成绩就越好。

（2）发展糖酵解系统供能能力的训练特点

科学而有系统的耐乳酸训练，不仅能够提高肌肉缓冲H^+能力和糖酵解生成乳酸的能力，而且能够提高这些酶在高乳酸环境下做功的能力。同时，系统训练与科学补糖能够提高肌糖原的储备，从而提高速度耐力。研究证实，剧烈运动35s时，肌乳酸产生达到最高值，而要发展速度耐力，必须使磷酸肌酸（CP）耗竭和乳酸堆积到较高程度，所以35s左右是最基本的持续运动时间，如持续运动时间太短，磷酸肌酸（CP）还未消耗到一定程度，不能造成乳酸明显堆积，不利于提高肌肉对乳酸的耐受力。但要注意：运动持续时间也不宜太长，时间太长说明运动强度不够，不能使乳酸水平达到最高，训练效果达不到最佳。一般来讲，发展速度耐力训练的运动持续时间因个体差异不同和训练水平不同而异，在实际训练中，一般不应少于30s，训练水平高的运动员可以达到1min左右。例如田径100m和200m跑的运动员，应该不同程度地采用400m跑训练以使乳酸充分堆积，这有利于发展糖酵解酶在高乳酸环境下工作的能力，从而提高后半程的能力。

（3）糖酵解供能时产生的其他代谢产物

除了乳酸以外，在无氧运动中可能产生明显变化的是血氨水平。在短时间的激烈运动中，能量物质ATP迅速被消耗，AMP也迅速堆积，当肌乳酸和AMP堆积到一定程度时，将激活腺苷酸脱氨酶，后者将AMP脱氨生成次黄嘌呤核苷酸（IMP）和氨，通过这种途径产生的氨是无氧运动中氨的主要来源。最大速度持续的时间越长，氨的生成也越多。

无氧运动中，参与运动做功的能量主要来自肌肉自身储备的快速能量库，有氧代谢参与很少，因此与有氧代谢能力密切相关的心肺功能对无氧运动影响有限。虽然无氧运动中只需要很少的氧参与代谢，本来不需要充分动员心肺功能，但由于在短时间高强度的运动中神经系统的高度兴奋，肾上腺激素的大量分泌，心功能往往自动调节到最大，所以在无氧运动后即刻心率基本上均为最大心率。

综上所述，无氧运动中产生的主要代谢产物是乳酸和氨，我们一般以血乳酸浓度评定糖酵解供能能力和功率，以血氨的浓度评定ATP-CP系统供能能力和功率。对这两种物质的监测是监控无氧训练强度的主要生化手段。另外，心率反映运动强度虽然不如前两者客观和准确，但由于其测定简便，易实施，因此也是常用的判定无氧训练强度的辅助性生理指标。

(三) 有氧运动的供能特点

1. 有氧能力与运动耐力的关系

有氧代谢供能能力与运动耐力有很强的正相关关系。Edward F. Coyle 等人建立了一个耐力运动能力影响因素模型，该模型将各种遗传因素对耐力运动能力的影响系数进行了分析，结果表明：在长距离运动中，氧的利用是否经济和有效最主要取决于肌肉纤维的类型，I 型肌纤维利用氧的效率就远远大于 II 型肌纤维，因此骨骼肌中 I 型肌纤维比例高的人耐力运动能力较好。由于肌肉类型主要是由遗传决定的，由此可见，耐力素质与遗传的相关性很高，这与许多前人的研究是一致的。

2. 有氧代谢的物质基础

有氧训练中参与供能的主要是有氧代谢供能系统，最重要的能源物质是糖。在长距离及超长距离运动中，脂肪和蛋白质有氧氧化供能也占一定比例。在氧充足的情况下，糖、蛋白质和脂肪能够彻底氧化分解为二氧化碳和水，同时释放大量的能量。虽然人体内脂肪储备的能量远大于糖储备的能量，但由于糖氧化供能在利用氧的效率上明显大于脂肪酸和蛋白质氧化供能，在利用同样数量氧的情况下，糖氧化供能约比脂肪氧化供能多 10%，因此，在长距离及超长距离项目中，目前趋向于利用运动中补糖来提高糖氧化供能的比例，以提高同样摄氧量条件下运动员的速度。例如竞走项目是典型的以有氧供能为主的运动项目，在长时间竞走运动中，提供能量的主要物质是糖和脂肪，糖原储备低下是引起运动性疲劳和速度下降的重要因素。糖供能主要体现在运动前期以及运动后期的加速超越和冲刺阶段。运动中后期，脂肪供能的比例明显增加，成为整个运动阶段中重要的供能物质。在竞走比赛开始 3h 后，平均能量消耗从 55.4kJ/min 下降到 46.2kJ/min，呼吸商从 0.92 下降到 0.66。说明在运动后期，糖作为供能物质所占比例逐渐减小，脂肪供能比例逐渐增大。高水平竞走运动员与低水平运动员相比，在完成相同输出功率或者摄氧量强度运动时，更多利用脂肪供能而节省糖的使用。另一方面，高水平运动员往往具有更高的糖原储备，在训练或比赛中及时补糖，能够帮助运动员节省糖的储备和增加糖的利用，从而提高训练或比赛的成绩。

但是，由于人体糖储量非常有限，运动中补糖能被消化、吸收和利用的量也是有限的，因此在马拉松和铁人三项以及超长距离竞赛项目中，还是有相当大的一部分能量靠脂肪氧化供给。目前普遍认为，在运动时间为 90～120min 的传统长距离项目，运动训练中着重培养糖有氧代谢能力很重要，而在长距离（如 100km）的自行车赛和一些新兴的超长耐力项目如超马拉松跑、90km 滑雪、横渡海峡游泳或帆船等 6h 以上运动和挑战人体耐力极限的各种体力活动中，应该注重培养脂肪有氧代谢能力，在训练强度安排上应该注重如何最大限度地提高脂肪代谢能力，在膳食安排上应该保证适量高脂营养膳食。经过系统耐力训练后，可以增加肌肉利用脂肪供能的能力。另外，肝脏在运动中能够把脂肪酸分解为酮体，肌肉、大脑都可以利用酮体直接氧化供能。因此，肝脏产生酮体其意义就在于充分利用代谢器官帮助运动器官提供易利用的能源，这在长时间运动中是很有意义的，注意保护好肝脏的功能对耐力项目运动员也是非常重要的。

控体重的运动员利用有氧运动帮助消耗体内脂肪时必须注意避免两个误区：一是运动强度过大。强度过大时人体消耗最快的是糖而不是脂肪。有研究表明，一般人在以 70%～75% 最大摄氧量强度运动 30min 后，脂肪消耗的速度即可达到最高，因此在控体重时须防止"欲速则不达"。二是过分限制主食。这也是不正确的，因为脂肪氧化供能需要糖的参与，所以当体内糖储备很少时脂肪也很难被氧化掉，因此必须吃一些主食，然后利用低强度的有氧运动来消耗掉脂肪。

蛋白质是人体细胞结构的重要组成部分和功能单位，人体内的蛋白质本不应该用来参与能量供应的，但在力竭性的运动中，当肌糖原的浓度降低到一定水平以下时，蛋白质和氨基酸就会在有氧代谢过程中分解供能。长期耐力训练可以通过提高某些氨基酸代谢酶的活性使氨基酸代谢发生适应性变化，使氨基酸氧化供能速度加快。氨基酸分解以后主要的代谢产物是氨基，氨基对人体有较大的毒性，因此需要通过一些代谢转化过程来缓解其有害作用。一部分氨会与糖代谢产生丙酮酸反应生成丙氨酸进入丙氨酸-葡萄糖循环，以避免血氨过高；另一部分氨则在肝脏经过鸟氨酸循环被转变为尿素，经过肾脏随尿液排泄出体外。

综上所述，在有氧训练中，根据参与供能的物质来源不同，可以检测到的代谢产物也不同：

中等强度（65%～85% $\dot{V}O_2max$）、30～60min 以内的运动中，代谢底物主要是糖，糖通过完全氧化供能，最后产物为二氧化碳和水，因此可以说在血液中没有可检测的糖代谢产物。但通过肺功能仪可以检测呼出与吸入气体的成分，并计算呼出 CO_2 与吸入 O_2 的量，通过两者的比值（呼吸商）来反映运动的强度。

当人体主要动员脂肪供能时，呼吸商为 0.7 左右，随着运动负荷强度不断加大，脂肪供能已经不能满足运动需要，因此糖参与供能的量越来越大，呼吸商也越来越高。当呼吸商接近 1 时，表明人体最大程度利用糖与 O_2 氧化供能并生成 CO_2，此时有氧代谢效率最高，人体乳酸堆积较少，此时的负荷称作"无氧阈"。在"无氧阈"强度下血液的乳酸水平被称为"乳酸阈"，如果运动强度超过此阈值，人体内血乳酸就开始加速积累。如果用曲线描绘乳酸变化情况的话，则存在两个非线性的偏离点，第一个偏离点在 2mmol/L 左右，第二个偏离点在 4mmol/L 左右。目前，国内外广泛应用血乳酸 4mmol/L 时对应的摄氧量、功率或运动速度作为运动训练和实验室检测时的乳酸阈，但是实际上不同个体有不同的乳酸阈，有氧代谢能力越强的运动员乳酸阈时运动强度（乳酸阈强度）越高。作为优秀运动员，其科学化训练的水平主要体现在训练中的"个体化"，因此在训练开始时最好测试该运动员的"个体乳酸阈"，在训练中根据个体乳酸阈来安排训练负荷强度，这样才能真正最大限度地提高有氧训练的效率。

达到一定强度（>60% $\dot{V}O_2max$）的运动训练开始后，脂肪就开始动员。运动时间超过30min左右脂肪动员逐渐接近最高水平，此时血液中的酮体会开始升高。酮体是由于脂肪氧化不及时而产生的一种副产物，当脂肪动员速度超过脂肪氧化供能速度时就会开始堆积。酮体是酸性物质，积累过多会使机体发生酸中毒，是运动疲劳产生的因素之一。由于训练达到一定的强度后，训练时间越长血酮体堆积也会越多，因此可以测定尿中酮体浓度用来监控训练量的大小。

当运动时间超过30~60min且肌糖原消耗到一定程度时，肌肉就会开始以分解蛋白质供能。氨基酸供能的第一步就是先脱下氨，由于氨对人体来说具有相当大的毒性，是人体外周疲劳和中枢疲劳的重要原因之一。在正常人体，肝脏会迅速将氨转化为无毒性的尿素，因此检测血液中尿素的水平能够反映训练量。

根据上述研究成果，为便于在训练实践中应用，我们把运动中能量动员的过程总结为3个转折区，作为用生理生化手段进行训练监控的理论依据。

第一转折区是糖阈（Carbohydrate threshold）：当运动时能量需求大于游离脂肪酸氧化输出最大功率（30%~50% $\dot{V}O_2max$）时，机体开始主要依赖糖氧化来供能，这一转折点叫糖阈。当运动强度接近糖阈之下，部分脂肪和糖都氧化供能（如竞走、慢跑、超长距离跑或长时间极限运动等），此时能量物质消耗情况依赖于负荷强度和肝、肌糖原水平，以及血液中游离脂肪酸浓度。

第二转折区是无氧阈（Anaerobic threshold）或乳酸阈（Lactic threshold）：当运动负荷强度达55%~75% $\dot{V}O_2max$时，机体开始利用少量无氧代谢提供能量，由糖酵解生成提供递增强度运动时ATP的需要，同时开始产生乳酸，因此把这个转折点称为无氧阈或乳酸阈，中长跑和中长距离游泳运动员大都采用这一强度运动，因为这一强度是运动员可以维持较长时间运动的最大强度。无氧阈强度的运动中，一方面肌糖原消耗增加，贮量减少；另一方面肌肉乳酸浓度升高，从而影响肌肉本身收缩过程，使能力下降。科学系统的运动训练可以提高肌肉缓冲H^+的能力，增加肌糖原贮量，以及提高糖酵解供能的速度。

第三转折区是磷酸肌酸阈（Phosphcreatine threshold）：当乳酸生成速度大于其转运速度时（如运动强度在80%~95% $\dot{V}O_2max$），H^+持续增加会使肌肉中CP分解供应能量以维持肌肉收缩，同时H^+升高可以抑制磷酸果糖激酶活性（Phosp Hofructokinase，PFK），使糖酵解减弱，乳酸生成减少，以适应高强度运动时能量供应的量和功率的需求。中短跑和短距离游泳的运动项目都属于这种情况。

第二节 训练监控的生理生化指标与方法

一、运动训练监控的指标

机体通过不同的代谢途径会在体液中产生相应的代谢产物，而测定不同训练前、中、后的某些生理指标和血液、尿液等体液的某些生化指标，可以间接地揭示人体运动时对机体的刺激程度和运动时物质能量代谢的特点和规律，反映机体对训练的适应状况，为实现科学的训练监控提供一种可能。

目前常用训练监控的生理生化指标及简要评价方法如表 7-1 所示。

表 7-1　常用训练监控生理生化指标及简要评价方法

指标	监控目的	功能与评价	来源
心率（HR）	一次/组动作的运动强度	可作为最大摄氧量强度以下强度训练的强度定量指标，对最大摄氧量强度以上的训练只能定性分析	由心肌窦房结发出冲动，受交感神经、迷走神经调控，受呼吸等因素影响
	阶段性训练效果评估	系统耐力训练后安静心率下降，或同样负荷的亚极限以下强度运动后即刻心率下降，或心率恢复速度提高，均说明心功能提高，有氧能力提高	
	阶段性机能状况评估	短期内基础心率突然明显加快，提示运动员不能适应当前训练负荷，机能状态下降；如心率突然显著减慢，提示可能有疾病或过度训练的存在	
血红蛋白（Hb）	一堂训练课或一个训练日的训练负荷	既能够反映训练负荷强度，也可以反映负荷量，连续测定恢复期值可以监测一个小周期训练负荷的变化。一个小周期训练后如果下降明显，说明运动员不能适应训练负荷。下降超过 20% 为过度训练的表现之一	在骨髓、脾脏等造血器官生成，受蛋白与铁营养及 EPO 激素等影响
	血液携氧能力	男运动员 Hb 低于 120g/L、女运动员低于 110g/L 时，可诊断为贫血。男运动员 Hb 达到 160g/L、女运动员达到 140g/L 时，最适宜发挥人体最大有氧能力	
红细胞系（红细胞、Hct 等）	血液携氧能力	大负荷训练后数值下降程度与疲劳水平正相关。另外，辅助血红蛋白指标对贫血进行诊断与分析	单位血液中红细胞的数量、体积、血液中所占的容积比值等
血清睾酮（T）	一个训练周期的训练负荷	反映一个小/大训练周期训练负荷大小。如一个周期的训练后明显下降，则表明训练负荷过大，运动员不能适应；如不下降或下降幅度不大，则表明运动员能够适应	由下丘脑-垂体-性腺轴调控，由性腺和肾上腺分泌
	运动员恢复能力评估	运动后恢复期，血清睾酮高，表明机能状态好，恢复能力强；血清睾酮低，表明机能状态差或恢复能力差	

续表 7-1

指标	监控目的	功能与评价	来源
血清皮质醇（C）	一个训练周期的训练负荷	一个周期训练后，相同负荷运动时，血清皮质醇浓度上升的幅度下降，是适应运动量的表现，表明训练负荷合适；如上升幅度增加，表明训练负荷过大	由下丘脑-垂体-肾上腺轴调控，由肾上腺皮质分泌
	运动员恢复能力评估	运动后恢复期，血清皮质醇持续偏高，恢复到正常水平的时间长，表明机能状态差或对负荷不适应	
血清肌酸激酶（CK）	一堂训练课或一个训练日的训练负荷强度	随着运动强度增大肌酸激酶会升高，反映一堂课/一个训练日训练负荷强度；连续测定恢复期值可以监测一个小周期训练负荷强度的变化；测定次日恢复值可评定肌肉疲劳的消除情况	大强度运动或运动损伤造成骨骼肌细胞或心肌细胞受损、凋亡，CK 由肌细胞中渗透到血液
	肌肉的损伤及恢复情况	大幅度异常升高时表明有肌肉损伤，连续监测可反映肌肉损伤的早期恢复情况	
血乳酸（HL）	一次/组动作的运动强度	运动后测定最高血乳酸水平可精确定量分析运动强度	糖酵解代谢终产物
	阶段性训练效果评估	训练一个阶段后，同样负荷运动后血乳酸水平下降，说明训练水平与运动能力提高；同样负荷运动后血乳酸清除速率提高，说明有氧能力提高	
血氨（BNH$_3$）	一次/组动作的运动强度	评定极限或亚极限强度无氧运动中 ATP-CP 系统供能情况	大强度运动中 AMP 的降解；长时间耐力运动中氨基酸降解
	阶段性训练效果评估	相同负荷运动后，运动员血氨升高的幅度减少表明训练水平提高	
血尿素（BU）	一堂训练课或一个训练日的训练负荷量	课后测定反映耐力训练负荷量，值越高反映训练负荷量越大；次日测定恢复值可评定机体的恢复情况，超过 7mmol/L 表示疲劳未完全消除，提示训练负荷过大；连续测定恢复期值可以监测一个小周期训练负荷量的变化	蛋白质和氨基酸分解最终代谢产物
尿蛋白	一堂训练课或一个训练日的训练负荷	课后测定，既能够反映训练负荷强度，又可以反映负荷量度，须结合训练目的、方法，并结合训练成绩来评价；测定次日恢复值可评定机体的恢复情况，连续测定恢复期值可以监测一个小周期训练负荷的变化	肾小球滤过率升高、肾小管回吸收率下降及分泌增加
尿酮体	一堂训练课或一个训练日的训练负荷量	课后测定，反映耐力训练负荷量，大负荷量训练后升高，属于辅助性指标	脂肪酸分解代谢中间产物
尿潜血、尿胆红素、尿胆原	一堂训练课或一个训练日的训练负荷量	课后测定，反映耐力训练负荷量，大负荷量训练后升高，属于辅助性指标	红细胞及红细胞破坏后血红蛋白代谢产物由肾脏排至尿液

续表 7-1

指标	监控目的	功能与评价	来源
无氧功率	一个训练周期无氧训练效果	评价一个周期无氧训练方法和负荷安排的合理性、有效性	由 ATP-CP 及糖无氧酵解系统做功能力决定
最大摄氧量（$\dot{V}O_2max$）	一个训练周期有氧训练效果	评价一个周期有氧训练方法和负荷安排的合理性、有效性	由心肺氧转运、肌肉有氧代谢做功能力等决定
无氧阈	一个训练周期有氧训练效果	评价一个周期有氧训练方法与负荷安排是否合理和有效	由肌肉有氧做功能力决定

运动训练的生理生化监控，主要包括对训练负荷、训练方法以及机体对训练负荷和训练方法的适应程度（身体机能状态）的监控。在运动训练的实践中，教练员或运动员不仅要掌握好负荷强度和负荷量，还要了解运动训练后身体机能的变化情况。然而，影响训练负荷的因素是多方面的，单一生化指标评定训练负荷往往有一定的局限性，从而会存在某些误差或限制。例如，采用血乳酸能评定训练强度，但无法了解训练量。同样，采用血尿素评定训练量，却无法了解训练强度。有些生化指标既与训练强度有关，又与训练量有关。例如，训练量大时，尿蛋白排出量增加，但当训练强度加大时，其排出量更多，单独用尿蛋白作为评定指标，两者均很难确定。如果增加另外一些生化指标，如同时采用血乳酸、尿蛋白和血尿素 3 项指标进行综合评定，则既可全面评定训练负荷的大小，又可客观地了解运动员对负荷的反应，即血乳酸与训练强度有关，血尿素与训练量及身体机能有关，尿蛋白既与训练强度有关，又与训练量有关，还与身体机能状况有关。因此，在实施训练监控时，应根据监控的目的、项目特点、运动员的基本情况（性别、年龄、训练水平等）、测试条件等选择和确定多个指标，进行综合检测与评定。

二、训练负荷监控的指标与方法

训练负荷的监控分为对负荷强度的监控和对负荷量度的监控。训练负荷强度和训练负荷量对有机体刺激所引起的反应是不同的：一般来说，人体对训练负荷强度刺激反应比较强烈，能够较快地提高机体各器官系统的机能水平，所产生的适应性影响比较深刻，但相对来说这种适应不大稳定，容易消退；而人体对训练量刺激的反应不强烈，比较和缓，产生的适应程度也较低，但相对来说这种适应比较稳定，消退也较慢。可是由于训练负荷强度和训练负荷量是运动训练中相互关联、密不可分的两个方面，有一定的量就有一定的强度，反之有一定强度的练习就有一定的量，有机体能够承载较小强度的较大量，也能够承载较大强度的较小量；量的增加能为强度的提高打好基础，强度的提高又可为量的增加创造有利条件。因此，量和强度这两个因素是互相制约、互相影响，但又相辅相成、相互促进的关系。也正因如此，所有在训练监控中使用的生理生化指标都难免受到训练负荷量和训练负荷强度的同时影响，难以把这两者的影响完全割裂开来分别分析，我们之所以能够把这些指标分为反映训练负荷强度和反映训练负荷量的指标，也是根据两者对人体产生的刺激不同而引起人体出现的反应不同，科研人员经过多年的理论研究和实践应用，将能够最大限度体现这种不同的指标筛选出来，尽量真实而独立地量化训练负荷量与训练负荷强度对人体的刺激程度。而有些指标，如血红蛋白、尿蛋白等受到训练负荷强度和训练负荷量两个因素的影响都较大，因此，在训练监控实践中只能根据训练实际完成情况来区分究竟哪个因素影响更为主要一些。所以，在实际应用中，这样的指标不能单独作为评价训练负荷强度和训练负荷量的有效指标，而是要进行多项指标的综合测试与综合分析。

（一）训练负荷强度监控的指标与方法

训练负荷强度指单位时间内单个或单组动作中运动员身体承受的外部刺激源所引起的内部应答反应的程度。上世纪 50—60 年代比较流行提高训练量来提高运动成绩，而现代训练中大训练强度才是提高运动成绩的主要手段。对重点训练课负荷强度进行监控，其目的是了解机体所受训练刺激的程度，明确机体的生理负荷反应和恢复情况，从而评价重点训练课安排的合理性和运动员机体的适应性。科学地监控负荷强度不仅能防止运动损伤和过度疲劳的发生，而且能够有效地提高训练的科学性与训练的效果。

用于评价训练负荷强度的指标大多是在大强度训练中变化显著的指标，主要包括心率、血乳酸、血清肌酸激酶、血红蛋白、尿蛋白等（表 7-2）。

表 7-2　监控训练负荷强度的常用指标

监控目的	常用指标
评价一个动作或一组训练的训练负荷强度	心率、血乳酸、血氨
评价一堂课或一个训练日的训练负荷强度	血清肌酸激酶、血红蛋白、尿蛋白、尿潜血

不同的监控指标有不同的评价标准，确定监控标准时首先要明确一组训练内容的训练目的，明确是针对哪个能量代谢系统安排的训练，然后选择相应的监控指标及评价标准。

1. 一堂训练课或一个训练日整体负荷强度的监控

训练过程中单一指标都具有一定的局限性，因此，在进行对训练课负荷应激和恢复情况的监控时，尽可能根据实际条件做较为全面的测试。表 7-3 是归纳对一堂训练课或一个训练日整体负荷强度的监控指标及简单评价方法。

表 7-3 对训练负荷强度的监控指标及评价

指标名称（单位）	训练后 30min 内 指标表现	训练后 30min 内 评价意见	训练次日晨或次日训练前 指标表现	训练次日晨或次日训练前 评价意见
尿蛋白	阳性	强度对其刺激大	阳性	未恢复，负荷过大
尿蛋白	阴性	强度对其刺激小	阴性	已恢复，负荷小或适当
尿潜血	阳性	强度对其刺激大	阳性	未恢复，负荷过大
尿潜血	阴性	强度对其刺激小	阴性	已恢复，负荷小或适当
血清肌酸激酶（U/L）	300 以上	强度对其刺激大	300 以上	未恢复，运动员有酸痛感
血清肌酸激酶（U/L）	300 以下	强度对其刺激小	200 以下	已恢复，负荷小或适当

（冯连世，等. 运动训练的生理生化监控方法［M］. 北京：人民体育出版社，2006）

针对一次训练，最好采用两个以上指标同时监测训练负荷强度，以得到更全面和丰富的信息。表 7-4 为 6 名国家举重队运动员进行极限强度反复冲击，训练课前后采用多个生化指标对其训练负荷进行监控的情况。

表 7-4 举重运动员极限强度反复冲击法训练强度的监控

	血氨(NH_3)(mmol/L)	血乳酸(HL)(mmol/L)	血清肌酸激酶(CK)(U/L)	血尿素(BU)(mmol/L)
训练前	51.2±13.37	0.94±0.17	217.7±63.39	6.57±0.47
训练后	151.4±41.22	4.65±1.32	370.2±170.1	8.09±1.08
次日晨	42.8±17.66	0.74±0.256	537.2±343.7	6.10±1.07

（冯连世，等. 运动训练的生理生化监控方法［M］. 北京：人民体育出版社，2006）

极限强度反复冲击法的训练方法，最接近举重比赛实战。运动员在比赛过程中负荷强度逐渐递增，反复冲击极限强度，这对运动员机体反复极限强度刺激的承受能力要求很高。一般为采用 80%重量×2 次，90%重量×1 次，100%重量×1 次；90%重量×1 次，100%重量×1 次；100%重量×1 次，冲击 3 次即可。也可以用 100%重量冲击 3~4 组，主要用于发展绝对力量。从表 7-4 中血清 CK、血氨指标的明显升高来看，运动员承受的强度刺激基本达到，说明训练负荷强度安排合理。从血乳酸浓度来看，基本控制在 ATP-CP 系统供能的强度范围内，说明训练中的间歇时间安排合理。

3×8×100m 自由泳（2min 包干）是游泳长距离项目运动员常用的耐乳酸训练课内容之一，训练要求运动员每个 100m 自由泳游进个人最好成绩的 90%，游进时间及休息时间合计为 2min，目标训练强度为 HL 达到 8~12mmol／L，HR 达到 190~200b／min。训练监控采用的生理生化指标包括完成 8×100m 自由泳（2 分钟包干）即刻心率、运动后 3min 血乳酸和次日晨血清 CK，训练学指标是 8 个 100m 自由泳的平均成绩，结合上述 4 个指标综合评估训练负荷强度和训练效果，监控结果如表 7-5 所示。

表 7-5　游泳运动员耐乳酸能力训练课负荷强度监控

姓名	第一组			第三组			次日晨血清 CK (U/L)
	100m 平均成绩（s）	即刻 HR (b/min)	运动后 3min HL (mmolL)	100m 平均成绩（s）	即刻 HR (b/min)	运动后 3min HL (mmol/L)	
ZHENG	64.7±7.6	172	5.81	65.1±8.5	198	9.88	378
WANG	63.5±8.1	168	5.34	63.7±6.9	192	9.67	421
JIN	65.3±9.2	178	6.37	66.9±7.8	198	8.22	457
SUN	60.4±5.9	176	6.51	61.7±8.2	194	11.69	548

（周超彦，2012）

表 7-5 所列是 4 名男子游泳运动员耐乳酸重点训练课负荷强度的监控结果。可以发现，第一组 8×100m 自由泳训练结束后，4 名运动员运动后 3min 的 HL 值波动在 5.34～6.51mmol/L，即刻 HR 波动在 168～178b/min，未达到耐乳酸训练要求；第三组 8×100m 自由泳训练结束后，4 名运动员运动后 3min 的 HL 值波动在 8.22～11.69mmol/L，即刻 HR 波动在 192～198b/min，符合耐乳酸训练要求，但是运动员 JIN 的 100m 平均成绩不理想。4 名运动员次日晨血清 CK 值均超过 300U/L，尤其是 SUN 超过 500U/L，说明本堂耐乳酸重点训练课对运动员机体的刺激较深，经过休息，还不能恢复至安静水平，总体看来耐乳酸重点训练课的训练负荷强度较大。同时也可以发现，接受相同运动训练负荷刺激的运动员个体差异较大，最高值与最低值的波动幅度达到 170U/L。

从以上例子可以很清楚地看到，必须综合运用多个训练负荷强度监控指标，结合训练指标来监控训练负荷强度，才能够全方位地全面了解训练负荷的情况，从而准确地评估训练安排是否合理。

2. 赛前训练阶段的负荷强度监控

对赛前大强度训练阶段的训练负荷强度进行监控，目的是及时评估运动员机体对运动负荷的反应情况，合理安排训练间歇，避免疲劳累积。表 7-6 是游泳运动员 SUN 赛前一周训练强度的监控结果。训练强度监控的指标是即刻 HR、即刻 HL、运动后 6h 血清 CK 和次日晨血清 CK。在训练过程中进行单项训练后即刻 HR 和即刻 HL 的测试，频率为 6～16 次/训练日，运动后 6h 和次日晨血清 CK 均只测 1 次/训练日。结合训练总量和水上专项训练量综合评估训练负荷强度和训练效果。

从表 7-6 看，本周水上训练课共 7 次，陆上综合及力量训练共 3 次，周日下午休息。HL 测试点共 56 个，周二和周四训练课运动后即刻 HL 值较高，分别是 9.91mmol/L 和 11.49mmol/L，对应的即刻 HR 均值分别为 184b/min 和 198b/min，

表 7-6 游泳运动员赛前周训练课的负荷强度监控

日期	训练总量 (m)	水上专项训练量 (m)	即刻 HR 均值 (b/min)	即刻 HL 均值 (mmol/L)	运动后 6h 血清 CK (U/L)	次日晨血清 CK (U/L)
周一	陆上综合训练+水上训练 11960	8400	166±27 (n=8)	5.07±0.91 (n=8)	446	268
周二	水上训练 9260	5300	184±29 (n=12)	9.91±1.76 (n=12)	520	400
周三	陆上力量训练+水上训练 8360	4200	136±13 (n=6)	2.59±0.83 (n=6)	360	323
周四	水上训练 10660	6800	198±41 (n=16)	11.49±2.55 (n=16)	620	404
周五	水上训练 13020	9100	134±23 (n=6)	2.68±0.73 (n=6)	—	—
周六	陆上力量训练+水上训练 5960	1700	154±24 (n=8)	4.80±1.24 (n=8)	332	226
周日	休息+水上训练 2300	100	—	—	—	—

(周超彦，2012)

分析两堂重点训练课的强度安排及间隔时间较为合理，周三和周五基本以低强度有氧训练为主，有利于运动员的疲劳消除和体能恢复。周一至周六连续检测运动后 6h 血清 CK 的变化范围为 332～620 U/L，次日晨血清 CK 波动范围为 226～404 U/L，与该运动员血清 CK 安静值比较，处于较高水平，表明本周训练强度稍高。运动员主观感觉也较疲劳。因此，建议适当调整训练节奏，增加低强度有氧训练课的比例，促进疲劳消除，防止过度训练。

3. 比赛负荷强度的监控

训练必须"从实战出发"是科学训练的一个基本要求，为了使训练强度达到比赛强度的要求，首先应对比赛负荷进行监测，并用于指导训练。比赛负荷监控实际上就是"专项负荷监控"，体现项目特征。常用指标有比赛或训练心率、血乳酸、血清肌酸激酶、血红蛋白、血尿素、尿蛋白、尿酮体等。

表 7-7 为摔跤运动员比赛后血氨及血乳酸监测结果。数据表明，摔跤比赛后运动员血氨明显积累，反映了比赛过程中 ATP 的分解和合成的负平衡，表明了 ATP-CP 系统的高度动员；比赛后血乳酸的积累，反映了比赛过程中机体糖无氧酵解和有氧氧化的负平衡。可见，摔跤是以无氧代谢为主要供能途径的运动项目，反映了项目的能

量代谢特征，为专项训练提供了参考。

表7-7 摔跤运动员比赛的血氨和血乳酸

项目	n	血氨（μmol/L）	血乳酸（mmol/L）	研究者
古典跤（省队）	15	155±59（69~262）	14.4±2.4（10.1~16.5）	陶大浪（2003）
男子自由跤（省队）	9		15.0±3.4	庞晓洁（2001）
女子自由跤（省队）	11	86±22（49~110）	12.4±1.6（10.2~15.3）	陶大浪（2003）
女子自由跤（国家队）	4	183±71（76~254）	12.4±3.3（7.1~15.8）	何子红（2004）

（冯连世，等. 运动训练的生理生化监控方法［M］. 北京：人民体育出版社，2006）

图7-5、图7-6为女子手球运动员韦某和郭某在一场比赛中的全程心率图。两人赛后即刻血乳酸分别为韦某4.11mmol/L，郭某1.5mmol/L。从心率和乳酸可分析出以下信息：一是尽管运动员场上心率基本达到个人最大心率，但从赛后乳酸水平来看，手球比赛的平均强度没有超过无氧阈水平，表明比赛中运动员主要以ATP-CP系统和有氧代谢系统间歇供能，这是本场比赛的强度特征，提示手球训练应有相当比例的无氧阈强度训练，以打好有氧基础，在此基础上，重点突出最大速度、爆发力训练。结合项目技术特点来看，前者为体能基础，后者是制胜关键之一。二是对比两名运动员的心率图形可以看出，韦某的心率图形相对比较饱满、波动不大，大多数时间为每分钟170~180次，最高时达每分钟194次，达到了该运动员的80%~95%最大摄氧量强度；而郭某的心率图形相对波动较大，大多数时间为每分钟145~165次，最高心率为每分钟169次，仅为该运动员的60%~75%最大摄氧量强度。由于手球比赛战术基本是全攻全守，因此，不同位置的运动员跑动速度和距离基本一致。以上结果提示，该场比赛强度对运动员韦某来说相对较高，而对运动员郭某来说相对较低，因此韦某的体能可能是限制本队攻防速度的因素，应加强该运动员的体能训练，尤其是最大有氧能力训练。另外，教练员在场上分工时应让郭某多完成穿插跑动与接应等任务，充分发挥其体能好的优势，加快己方攻防节奏与比赛强度。

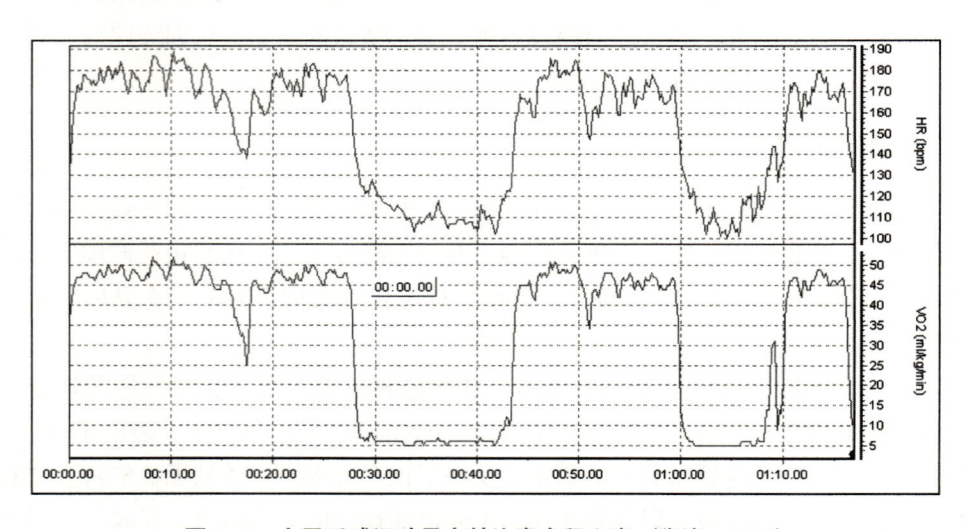

图7-5 女子手球运动员韦某比赛全程心率（张漓，2008）

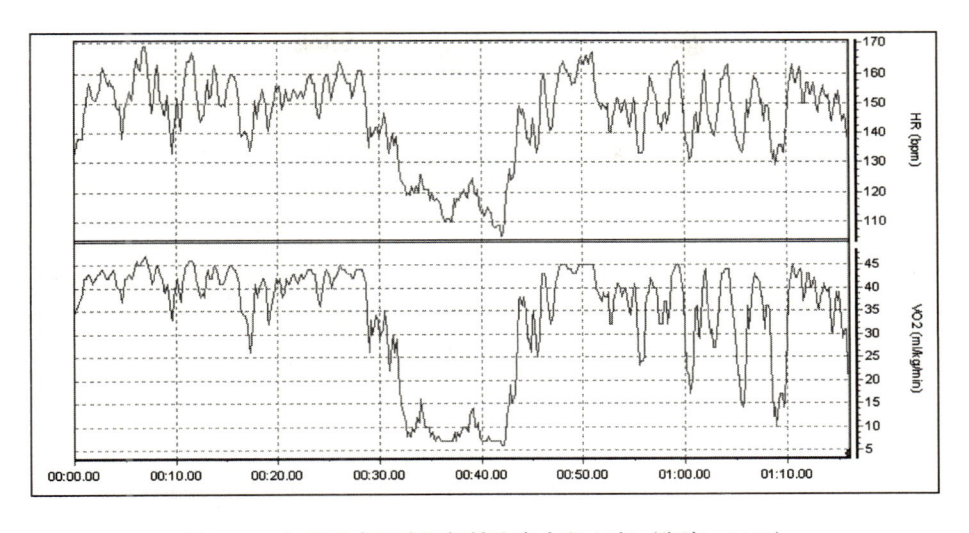

图 7-6　女子手球运动员郭某比赛全程心率（张漓，2008）

（二）训练负荷量监控的指标与方法

训练负荷量度简称"训练量"，是指在持续、连贯的身体活动时运动员机体承受的外部刺激的总和，引起的内部反应的程度。训练量的增加往往体现为训练时间的增加，在一堂训练课或一个训练日中，随着训练时间的延长，非糖物质参与氧化供能的比例也越来越多，其代谢产物（主要是氨基酸和蛋白质的分解代谢产物血尿素、脂肪酸分解代谢中间产物酮体等）也越来越多，而血红蛋白、尿蛋白、血皮质醇等反映机体疲劳的指标也会有相应的变化。而在一个阶段的训练之后，训练量对机体的刺激也会通过血睾酮的变化表现出来。这些指标的评价方法归纳如表 7-8 所示。

表 7-8　监控训练量的生理生化指标及其评定方法

指标	训练量评定	用恢复状况评定训练量
血尿素	在训练课结束后 20min 内采血测定，相比运动前增加值超过 3mmol/L 时说明运动量过大；增加值为 2mmol/L 左右说明运动量适中；增加值只有 1mmol/L 左右说明运动量很小	次日晨取血测定，一般降到 8.0mmol/L 以下表明恢复良好，训练量适宜。没有明显下降或仍高于 8.0mmol/L 表明训练量过大
血红蛋白	在训练课次日晨采血测定，下降越多表明训练量越大	调整 3 天后能够基本恢复训练前水平表明恢复良好，训练量适宜
尿酮体	在训练课结束后 15min 内取中段尿测定，浓度越高说明训练量越大	一般次日晨都会转为阴性，故恢复情况对评价训练量无有效指导意义
尿蛋白	在耐力训练课后 15min 内取中段尿测定，浓度越高说明训练量越大	运动后 4h 或次日晨恢复到正常参考范围（一般在 20mg% 以下），说明机能恢复。次日晨仍处于较高水平（一般在 30mg% 以上），说明机能未恢复

续表 7-8

指标	训练量评定	用恢复状况评定训练量
血皮质醇	在训练课次日晨采血测定，较基础值升高越多表明训练量越大	在训练课次日晨采血测定，如果升高不明显，并且在第二日晨能恢复到基础值说明训练量合理，运动员能够适应
血清睾酮	用于评定一周以上运动训练的总负荷量，一般两周左右取静脉血测定一次，较正常最低值下降超过 25% 说明训练量过大，应该适当下调强度或总量	1~2 周后复查，如果血清睾酮没有回升或继续下降，说明过度疲劳；如果回升到正常，说明运动量调整合理

表 7-9 是女子赛艇运动员夏训前期小周期训练负荷量的监控情况。该训练周期的目的是提高运动员有氧能力和专项力量耐力。训练节奏：7 天为 1 个小周期，1 天 3 练，5 堂课后休息半天，第 7 天全休。训练内容：6 月 9 日早上测功仪，15 分钟准备活动，20 分×2，SF14~16，2 分 08~2 分 12，2 分 04~2 分 07；上午力量测功仪 20 秒快 40 秒慢×5 个×3 组；SF①28，1 分 46~1 分 48，②32，1 分 42~1 分 44，③36，1 分 38~1 分 40；下午水上 8+，30 分技术+快桨练习 30 分×2，SF14~16~18，每 10 分变换桨频；快桨练习 20 秒快 40 秒慢，6 个为 1 组，共 4 组；10 分放松。6 月 12 日早上水上 2-，20 分技术，20 分有氧×2 组；上午水上 4-，30 分技术准备+快桨练习，10 分×8 个，SF22~24，间歇 5~6 分；20 分有氧放松。分别于 6 月 7、10 和 14 日晨安静测定 BU 和 Hb，6 月 9 和 12 日训练课后 1h 测定 BU。

表 7-9　女子赛艇运动员小周期训练过程中 BU 和 Hb 测试结果

测试时间	BU（mmol/L）					Hb（g/L）		
	6月7日	6月9日训练后	6月10日	6月12日训练后	6月14日	6月7日	6月10日	6月14日
LXN	6.66	8.82	7.62	9.23	6.61	145	130	144
LXJ	4.34	9.05	8.13	9.94	5.7	130	124	120
SZP	5.96	9.95	8.01	9.39	5.66	139	141	138
WYN	9.79	12.6	11.0	11.2	8.13	131	126	126
QXL	4.82	9.06	6.82	8.51	6.51	150	148	146
GXL	8.67	10.3	9.98	11.5	7.74	135	126	129
C N	7.7	8.98	7.63	10.8	5.54	137	131	137
ZYQ	7.3	10	8.61	7.63	6.66	136	122	126
ZSH	8.14	10.3	9.55	11.6	8.04	133	132	148
CWW	4.33	8.3	5.6	9.19	5.96	134	135	135
平均值	6.77	9.74	8.30	9.90	6.66	137	132	135

（高炳宏，等. 2010）

由表 7-9 可见，第一，6月9日（周中）和 6月12日（周末）训练课后运动员 BU 明显提高，均值分别达到 9.74mmol／L 和 9.90mmol／L，而且周中恢复也较慢（6月10日），提示训练负荷量大（特别是当天训练课），对运动员机体刺激程度很深。第二，经过 1 天半休息后，6月14日 BU 和 Hb 恢复都比较好，可以说明上周（6月7日至13日）的训练量虽然比较大，但多数运动员还能承受，而且恢复也较快。第三，对于个别运动员如 WYN、GXL、ZSH 由于晨 BU 很高，恢复很慢，机体分解代谢旺盛，运动员在训练过程中承受着相对来说更深的疲劳，建议加强积极性恢复措施和有关营养补充。而 ZYQ 在小周期下半周训练课后（6月12日）BU 没有明显提高，与该运动员自我保护有一定关系。

三、运动员身体机能状态监控的指标与方法

（一）身体机能的监控

机能监控关注的是运动员身体状况，为随后的训练和恢复提供参考，或为赛前运动员的状态调整提供参考。通常，运动员的机能状况比较稳定，只有当运动员不适应训练负荷时才会出现剧烈变化，长期不能适应训练负荷则会产生危害健康的破坏性变化，因此目前实践中机能监控测试多安排为每周或每两周进行一次，以确保能够及时发现运动员身体健康与机能存在的问题。机能监测是保障运动员科学训练，避免过度训练的基础性工作，但要充分发挥机能监测的作用就必须结合训练负荷，且长期连续监测。常用指标有晨脉、血清肌酸激酶、血红蛋白、血球压积、白细胞计数与分类、血尿素、血睾酮、血皮质醇等。

表 7-10、表 7-11 是经过长期系统测试，总结出的中长跑、马拉松、竞走运动员机能监控敏感指标及运动疲劳评价方法。

表 7-10 对中长跑、马拉松运动员机能状态监控的指标系统及其评价

指标名称	表现	评价参考意见
晨脉	突然上升并连日持续	预示交感型过度疲劳
	突然下降并连日持续	预示副交感型过度疲劳
红细胞及其参数	红细胞数上升且红细胞比值大于 50%	加重心脏负担，不利于运动能力
	血红蛋白明显下降，伴随有其他参数变化	溶血、营养不足、机能状态差
白细胞及其参数	突然上升	可能有感染
	突然下降	免疫力下降
血清免疫球蛋白	显著下降	提示免疫力下降或营养不足
血睾酮	突然下降	可能有过度疲劳或营养不足
血皮质醇	突然上升	可能有过度疲劳
血清铁蛋白	显著下降	提示铁储备降低，不利于血红蛋白合成
血清触珠蛋白	显著下降	提示红细胞破坏较严重

（冯连世，等. 运动训练的生理生化监控方法［M］. 北京：人民体育出版社，2006）

表 7-11　中国国家竞走队诊断运动性疲劳常用指标

指标	正常参考值	运动疲劳时变化
血红蛋白	男 130~170g/L、女 120~160g/L	下降 10%~15%
血尿素	2.9~7.9mmol/l	晨起时大于 7~8mmol/l
血糖	4.4~6.7mmol/l	运动后小于 3.5 mmol/l
血清肌酸激酶	男 50~300U/L 女 30~200U/L	大于 200~300U/L （激烈活动后可升高达 30 倍）
血总睾酮	男 300~1000ng/dl，女 15~60ng/dl	安静值下降 15%~20%
血皮质醇	8：00　　6~16ug/dl 16：00　　<9ug/dl 23：00　　<5ug/dl	晨起安静值升高 20%左右 可恢复至原基础值
尿蛋白	<150mg/dl	增加数倍，运动后4小时恢复
尿胆原	0~10 安氏单位	晨安静值升高 3~4 倍，恢复慢，连续出现 2~3 天

（邱俊强，等. 2011）

在运动队经常采用的运动员身体机能监控方案是按照训练阶段划分的。

1. 每周的常规机能测试和评定

每周在训练恢复期次日（一般为周一）晨安静时，测试心率、血常规、尿蛋白、尿胆原、尿酮体和血清 CK、血尿素等指标，用来反映上一周训练后运动员机体承受训练负荷的适应能力和恢复状况，同时作为本周身体机能状况的基础值。用血球计数仪测定血常规，主要使用指标是血红蛋白、红细胞、红细胞分布宽度、白细胞、红细胞压积等，用于评定运动员的机能状态，也可用来评定运动性贫血和运动性血红蛋白下降。一般来说，运动员血清 CK、血尿素和尿蛋白升高、血红蛋白降低都是机能状态不佳的表现；而红血球分布宽度增大，则预示早期缺铁性贫血，应及早采取措施。

2. 训练期的身体机能监控

对于较长时间的训练，如冬训、夏训、高原训练、赛前训练等，适合开展系统的个体机能检测，选用的检测指标覆盖面宽，强调综合性、全面性。除测试血常规指标、尿蛋白、尿胆原、尿酮体、血尿素外，可选取最大摄氧量（$\dot{V}O_2max$）、无氧阈、无氧功等生理指标评定训练效果。还可以选取一些血液生化指标，如睾酮、皮质醇、红细胞代谢指标及铁蛋白、免疫指标等，了解运动员激素水平、营养状态、免疫机能。通常情况下，训练周期前后测定上述指标，如有条件在训练周期中也可测定。

3. 重点课测试和综合评定

通过检测心率、尿蛋白、尿胆原、尿酮体、尿比重、尿液酸度及血 CK、血尿素、血乳酸、血糖等血液生化指标，对重点课及课后恢复情况进行监控。

(二) 机能状态的监控与过度训练的防治

过度训练会造成运动员竞技水平和状态的明显下降，增加劳损性伤病的发生，甚至引发运动员对训练的心理疲劳与排斥，且持续时间较长，恢复较困难，危害较大，因此，一直是科学训练的研究热点与防治重点。运动员机能监控是目前防治过度训练的最有效手段，通过长期监测运动员的机能状况，能够提前发现过度训练的早期异常，从而及早采取措施，防止过度训练的发生。对于已经发生的过度训练，机能监控也能够提供评估手段，帮助提高监控治疗效果。

由于运动项目及运动员个体差异大，很难为过度训练确定一个精确的诊断范围或标准，但当运动员出现连续3周以上（含3周）血清睾酮和血红蛋白持续下降、晨脉和血尿素持续升高，且变化幅度达到甚至超过以往大负荷训练时这几项指标的水平，同时伴有运动能力明显下降、食欲和体重下降、训练欲望降低、情绪低落、失眠、易患感冒、易受伤等症状时，则可以确定运动员已经出现过度训练。如能早期发现，经过1~2周的调整通常可以恢复；如果不能及时发现，则可能进一步形成长期过度训练，加大恢复难度。

表7-12是我国女子长跑运动员2009年备战柏林世锦赛期间一次训练课后晨起测试的血清肌酸激酶、血尿素值。从表中可以看出，无氧阈强度训练课强度中等偏下，运动员血清肌酸激酶大多在300U/L左右。但陈某某训练内容单一，血清肌酸激酶始终保持在1000U/L以上，表明该运动员肌肉受到损伤，后来更出现疲劳性骨折，表明运动组织有长期劳损。提示运动员如持续出现指标异常，应及时调整，以免造成过度训练。另外，从结果还可以看到，大部分运动员经过一日的恢复性调整，血尿素都能恢复到正常值8mmol/L以下，而王某某、朱某某血尿素却达到14.07mmol/L和11.45mmol/L，说明对这两名运动员来说，训练负荷量过大，超过其承受能力，并且血尿素值超过10mmol/L的情况不多见，表明这两名运动员很可能处于过度训练前期，应及时调整，以防止发生过度训练。教练员采纳了测试建议，让王某某、朱某某两名运动员进行调整，第三日血尿素分别下降为10.07mmol/L、8.02mmol/L，但下降缓慢，其下降值仍高于正常值范围，证明过度训练一旦发生，恢复很困难，因此应注意长期系统监控运动员机能状况，及早预防过度训练。

表7-12 长跑运动员重点课次日晨及第三日测得的血清肌酸激酶、血尿素值（2009.7.1）

姓名	训练内容	训练强度	CK（U/L）次日晨	CK（U/L）第三日	BUN（mmol/L）次日晨	BUN（mmol/L）第三日
白某	16km	95%~105%AT	256.69	232.23	5.13	5.57
张某某	16km	95%~105%AT	479.85	231.14	8.09	4.35
周某某	1000m×15	105%~110%AT	373.68	210.17	6.07	5.33
孙某某	3×(2000m+1000m)	95%~105%AT	363.51	229.14	6.49	4.01

续表 7-12

姓名	训练内容	训练强度	CK (U/L) 次日晨	CK (U/L) 第三日	BUN (mmol/L) 次日晨	BUN (mmol/L) 第三日
王某某	25km	80%~95%AT	235.11	205.14	14.07	10.07
朱某某	20km	80%~95%AT	276.34	220.14	11.45	8.02
陈某某	20km	80%~95%AT	1635.4	1577.2	9.78	5.49

(杨明，等. 2011)

（三）赛前身体机能的监控

赛前训练中生理生化监控的目的，主要是为帮助教练员掌握好训练负荷和运动员的机能状态，并将其机能状态调整到最佳，从而保障赛前训练的顺利实施。

在赛前机能状态监控方面，应使运动员肌肉保持稍有疲劳，但中枢神经应达到低疲劳水平。赛前运动员身体机能监测指标除了血清肌酸激酶、血尿素外，还可采用血清睾酮、血清皮质醇、血红蛋白、白细胞和中枢神经疲劳参数等。表 7-13 是目前常用的运动员赛前身体机能监控的指标和方法。

表 7-13 运动员赛前身体机能的监控

指标	最佳身体状态评定
血红蛋白	处于本人最高水平上
血尿素	晨安静值保持在正常范围的上限（5~7mmol/L）。
血清 T/C	血清睾酮值处于本人较高水平，血皮质醇应保持在个人变化范围的中等水平，血清睾酮/皮质醇比值保持在正常参考范围或自身的高水平上
血清 CK	晨安静时血清肌酸激酶降至 300U/L 以下
尿常规指标	晨安静时，各指标均在正常参考范围内
白细胞	保持在个人变化范围的中等水平
IgG、IgM、IgA	各指标均在正常参考范围内

(冯连世，2003)

对赛前生理生化监控指标的选择，应体现项目特点，选择对本项目训练负荷最敏感的指标，或与本项目比赛成绩关联最强的指标。例如，血红蛋白水平是有氧运动能力的重要影响因素，同时又是反映训练负荷的敏感指标，非常适合耐力性项目用于赛前机能监控和负荷监控。图 7-7 为中国女子马拉松队集训赛前 7 周全队血红蛋白变化情况。从测试结果来看，全队赛前 7 周的血红蛋白变化曲线呈现波浪式变化，但总体趋势是逐渐升高；赛前第 5 周全队血红蛋白的平均值最低；而到赛前 1 周，全队的血红蛋白值最高达到 14.3g/dl。对应训练负荷安排来看，赛前第 5 周教练员安排的训练量和强度都比较大，对运动员的身体刺激较大，红细胞破坏增多，导致血红蛋白下降；离比赛越近教练员安排的训练量和强度逐渐减少，运动员机能状态提高，血红蛋白（Hb）也迅速恢复到较高水平，最后达到良好的赛前状态，证明教练员赛前训练的负荷安排合理。当然，对高水平的优秀运动员，应该建立个人机能档案，进行个体分析。

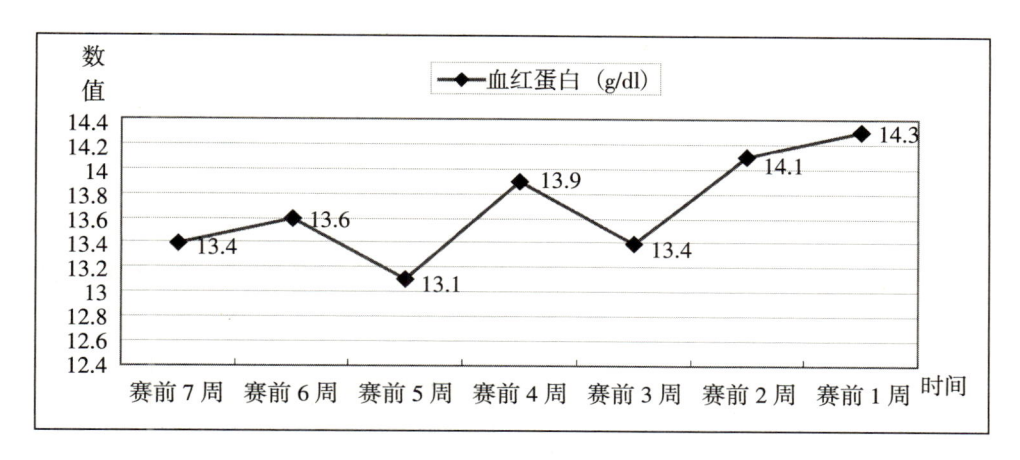

图 7-7　中国女子长跑队 2007 年世锦赛前 7 周全队平均血红蛋白变化（杨明，2011）

总之，赛前身体机能监控的作用，就是保证在训练中给予运动员足够刺激的基础上，及时发现运动员可能出现的身体或神经疲劳，进行有针对性的恢复，保证运动员以最好的身体状态参加比赛。因此，赛前的生理生化监测必须较平时密度更大，尤其是发现问题后更应重点加强相关测试，以保证赛前训练的顺利、成功。

四、训练方法监控的指标与方法

训练方法是影响训练效果最重要的因素之一。对于训练方法，教练员最关心的是训练手段及不同训练手段的组合是否符合项目要求，能否高效地提高运动员某方面的能量代谢能力，或是否符合运动员个体特点。如果不采用生理生化监控手段，通常需要根据一段时期后运动员的专项能力是否得到提高来判断前一阶段采用的训练方法是否有效，不仅周期长，而且准确性不高，也很难做定量分析。如果采用生理生化的手段进行训练方法的监控，则可以利用人体能量代谢三大系统的工作规律和代谢特征，通过其代谢产物的测定，评估该训练方法的生理强度，并进一步与比赛的生理强度进行比较分析，判断其是否符合专项要求；或结合运动员的专项体能特点，判断该训练方法是否符合运动员当前的个体特点。这种评估方法能够对单一训练手段进行精确评估，且最大的优点是能够定量分析，使得教练员可以根据评估结果不断修正训练方法，并反复测试，最终使之达到最佳训练效果。

训练方法生理生化监控的常用指标只有两个，即心率和血乳酸。心率和血乳酸的结合是目前训练中应用最普遍的强度监控手段，它们能够在一次动作完成后即刻测定机体对训练强度的反应，或对有目的地发展运动员某部分能量代谢系统供能能力的训练方法和手段进行监控（表 7-14）。

表 7-14　用心率和血乳酸监控优秀运动员不同训练方法

训练方法	发展目的	心率	血乳酸	负荷安排	代谢特点与作用
ATP-CP系统训练	最大速度、力量	>180b/min	<3~4mmol/L	95%以上最大速度（或力量），练习时间10s左右，间歇2~30s	由ATP、CP以最大代谢速率分解供能，尽可能多地消耗CP，很少乳酸产生
最大乳酸训练	最大速度、力量耐力	>180b/min	>15mmol/L	1min左右最大速度（或力量）重复运动，间隔3~5min	由最大速率的糖酵解供能，数次运动后乳酸积累达最高水平
耐乳酸训练	亚最大速度、力量耐力	>180b/min	10~12mmol/L	1min左右85%~90%最大速度（或力量）运动，4~5min间隔，重复使血乳酸升高到12mmol/L以上	以较高血乳酸水平，维持较长时间运动，使各器官组织受到深度酸化刺激，提高在高乳酸环境下工作的能力，提高速度耐力
乳酸阈训练	最大有氧代谢能力	160~170b/min	4mmol/L左右	乳酸阈水平时的训练强度，运动时间在60min以上	刺激运动肌乳酸生成和最大速率消除乳酸
最大稳态乳酸训练	有氧耐力	<160b/min	<4mmol/L	低于乳酸阈强度10%~15%，运动时间在60min以上	有氧代谢能力的最大负荷强度和量度的综合
乳酸消除训练	迅速消除乳酸	120~140b/min	下降越快越好，训练后<3mmol/L	一般在60%~70%最大摄氧量强度的匀速运动；运动疲劳后的恢复，以40%~60%最大摄氧量速度较为适宜	有氧代谢最大速率消除乳酸

表 7-15 是赛艇运动员水上 6×1500m 耐乳酸训练方法的监控结果。虽然赛艇运动是一项耐力性项目，但在比赛中运动员血乳酸浓度可达到很高水平。一般赛艇运动员在 2000m 比赛后的血乳酸水平可达 14.5mmol/L，因此，糖酵解供能也是赛艇比赛中一个非常重要的供能系统，通过无氧耐乳酸训练可以提高运动员的糖酵解供能能力。水上 6×1500m（桨频 36~38~40 以上，每 500 米变频，乳酸要求 8~12mmol/L；每组组间间歇 5~10min）训练是赛艇项目常用的耐乳酸训练手段。

表 7-15 赛艇运动员水上 6×1500m 耐乳酸训练方法的监控（缺间歇时间）

项目	姓名	第1组 血乳酸 (mmol/L)	第1组 HR (b/min)	第1组 成绩	第3组 血乳酸 (mmol/L)	第3组 HR (b/min)	第3组 成绩	第6组 血乳酸 (mmol/L)	第6组 HR (b/min)	第6组 成绩
男子四双	WZB	11.38	172	4：32.77	14.85	177	4：33.11	14.94	173	4：39.80
	HY	7.62	153		9.9	158		8.38	156	
	ZYN	10.32	168		11.13	173		10.08	169	
	ZYL	8.43	172		8.97	177		6.96	173	
男轻双双	DTF	8.73	165	5：03.51	9.45	175	5：04.20	7.5	180	5：08.73
	LH	7.29	174		8.16	180		5.19	181	

注：阴；微风；结束后 2 分钟左右采血。　　　　　　　　　　　　　　　　　（高炳宏，等. 2010）

从本次测试结果可见：第一，四双 4 名运动员 3 次测试的乳酸基本达到要求，WZB、ZYN 完成较好，刺激较为到位；HY 乳酸值稍低于以上 2 人，第 3、6 组基本达到要求；ZYL 第 6 个乳酸值与其他 3 人比较过低，未达要求。第二，男轻双双第 1 组完成效果一般，第 3 个 1500 完成稍好，基本达到要求，但第 6 个乳酸值偏低，未达到要求。

25m 顺牵是游泳教练员使用的一种训练游泳运动员磷酸原供能能力的方法。表 7-16 显示，4 名运动员在完成相同的 25m 顺牵训练之后，血乳酸水平表现出 3 种情况。YY 和 LL 两名运动员训练后血乳酸为 4~5mmol/L，可能采用此训练方法有助于机体磷酸原供能水平提高，但 XJF 和 TJZ 两名运动员训练后血乳酸为 10.53mmol/L 和 6.42mmol/L，表明此时顺牵训练应用乳酸供能比例较高。此种 25m 顺牵对于运动员 XJF 完全表现为耐乳酸训练手段，对于 TJZ 则表现为乳酸供能为主导的糖无氧酵解供能和磷酸原代谢供能的混合训练，对于发展这两名运动员磷酸原代谢供能能力的效果可能较差。

表 7-16 不同运动员磷酸原系统供能能力训练血乳酸的比较

姓名	训练手段	训练目的	血乳酸 (mmol/L)	采血时间 (min)
XJF	25m 顺牵	磷酸原能力	10.53	3
YY	25m 顺牵	磷酸原能力	4.41	3
LL	25m 顺牵	磷酸原能力	4.80	3
TJZ	25m 顺牵	磷酸原能力	6.42	3

（冯连世，等. 运动训练的生理生化监控方法 [M]. 北京：人民体育出版社，2006）

表 7-17 是赛艇运动员在专项强度训练后，以不同恢复训练方法的监控结果。从恢复 30min 后血乳酸水平可以看出，进行恢复性训练与不进行恢复性训练相比，血乳酸的消除明显要快，且以 50%强度恢复比以 30%对专项强度训练后血乳酸的消除要快。

表 7-17 运动员训练后不同的恢复手段效果的监控

放松方式	n	专项运动后即刻血乳酸(mmol/L)	恢复 30min 后血乳酸(mmol/L)
安静休息组	4	7.94±2.68	4.45±1.02
30%强度测功仪放松 30min	5	8.13±2.76	3.12±1.15
50%强度测功仪放松 30min	5	8.32±2.43	1.65±0.72

(冯连世，等. 运动训练的生理生化监控方法 [M]. 北京：人民体育出版社，2006)

五、专项运动能力的监控

在进行一个阶段训练后或完成周期训练计划之后，随着运动员对训练负荷的适应，运动员的身体机能会在一个新的水平上重新建立平衡，表现为专项运动能力的提高。因此在训练实践中，通过监测无氧功、无氧阈、乳酸阈、最大摄氧量等生理指标，结合训练学指标评价该周期中训练方法、负荷合理性及训练效果，进而对运动员专项训练能力的变化进行监控。

一般用无氧功率指标来监控运动员无氧代谢能力的变化，用个体无氧阈和最大摄氧量（$\dot{V}O_2max$）指标监控运动员有氧能力的变化（表 7-18、表 7-19）。

表 7-18 用无氧功评价一个周期无氧训练的效果

重点发展的供能系统	项目特点	训练有效	训练无效
磷酸原系统（ATP-CP）	强调爆发力、快速力量，如 100m 跑、50m 游泳、举重、跳跃、投掷项目等	最大功量↑	最大功量↓
糖无氧酵解系统	强调速度耐力、力量耐力，如 400m 跑、800m 跑、100m 游泳、摔跤等	平均功量↑ 和/或疲劳%↓	平均功量↓ 和/或疲劳%↑

表 7-19 用个体无氧阈和最大摄氧量评价一个周期有氧训练的效果

项目特点	训练有效	训练无效
体重对运动成绩影响较小的耐力项目（如皮划艇、赛艇、自行车、游泳等）	个体无氧阈↑和/或绝对最大摄氧量↑	个体无氧阈↓和/或绝对最大摄氧量↓
体重对运动成绩影响大的耐力项目（如中长跑、竞走、铁人三项等）	个体无氧阈↑和/或相对最大摄氧量↑	个体无氧阈↓和/或相对最大摄氧量↓

用无氧功、个体无氧阈和最大摄氧量来监控一个训练周期的训练计划，主要是在训练周期前后完成。这种测试安排不能够在训练周期中间为教练员随时改进训练方法和安排训练负荷提供帮助。尤其是训练方法的合理性，必须配合科学的训练负荷安排

来体现，这就需要结合对运动员机能变化反应灵敏的生化指标来进行训练负荷的监控，保证训练方法的效果最大化，也保证对训练方法合理性的评价更为全面和客观。

生化指标对一个训练周期完成后运动员运动能力的提高也会有所反映，可以作为无氧功和最大摄氧量之外的重要的训练监控辅助指标，这有助于分析专项能力提高的机制，但一定要结合训练成绩一起分析变化趋势。

第一，当运动员完成大强度训练后：如速度、爆发力有所提高，血氨水平也升高，则表明参与快速供能的高能磷酸物质比例提高，转换速度加快，ATP-CP系统供能能力增强，短时间内能量输出量增加，做功功率提高。如速度耐力有所提高，同时运动员的最大血乳酸水平也升高，则表明运动员无氧代谢酶系统活性提高，肌肉在高乳酸环境下工作的能力提高。如速度耐力有所提高，但同时运动后的血乳酸水平下降，则表明运动员有氧代谢酶系统活性提高，或乳酸消除能力提高，因此可能是最大有氧代谢能力提高的结果。

第二，当运动员完成相同负荷的训练课/训练日后出现以下变化，表明其承受训练负荷强度的能力提高：①血清肌酸激酶升高幅度减少；②血红蛋白下降幅度减少；③尿蛋白升高幅度减少；④尿胆红素和尿胆原水平升高幅度减少。运动员出现以下变化则表明其承受训练负荷量的能力提高：①心率恢复正常的时间缩短；②相同负荷运动后血乳酸下降或血乳酸恢复速率增加或运动强度-血乳酸曲线右移；③血尿素水平升高幅度减少；④血红蛋白水平下降减少；⑤尿酮体升高幅度减少；⑥尿蛋白水平升高幅度减少；⑦尿胆红素和尿胆原水平升高幅度减少。

表7-20是通过冬训前后60s最大无氧功测试结果，对男子赛艇运动员冬训前后无氧耐力的监控。冬训前期主要以低强度、持续时间较长的一般有氧耐力训练为主，血乳酸控制在2~4mmol/L之间；冬训后期强度逐渐增大，负荷总量也逐渐增加，力量训练的比例有所提高。分别于冬训前后进行两次60s测功仪全力划，对冬训前后运动员无氧耐力的进行检测和评价。

表7-20 冬训前后60s最大无氧功测试结果比较

姓名	Pmax（W）冬训后	Pmax（W）冬训前	变化率（%）	AP（W）冬训后	AP（W）冬训前	变化率（%）	HR即刻 冬训后	HR即刻 冬训前	HR3分钟 冬训后	HR3分钟 冬训前	心率恢复率（%）冬训后	心率恢复率（%）冬训前
TJ	518	509	1.77	449	425	5.65	168	172	93	114	44.64	33.72
ZSY	730	606	20.46	615	565	8.85	188	188	103	120	45.21	36.17
TWY	1013	841	20.45	830	746	11.26	186	172	112	113	39.78	34.30
JLQ	646	580	11.38	575	546	5.31	181	180	102	113	43.65	37.22
SSD	657	621	5.80	615	575	6.96	180	197	100	130	44.44	34.01
WC	614	543	13.08	556	501	10.98	191	181	112	117	41.36	35.36
平均值	696.3	617	12.16	607	559.67	8.17	182	181.7	103.67	117.8	43.18	35.13

（高炳宏，2010）

(续) 表 7-20 冬训前后 60s 最大无氧功测试结果比较

姓名	即刻血乳酸 (mmol/L) 冬训后	即刻血乳酸 (mmol/L) 冬训前	5分钟血乳酸 (mmol/L) 冬训后	5分钟血乳酸 (mmol/L) 冬训前	乳酸升高率 (%) 冬训后	乳酸升高率 (%) 冬训前	最高桨频 (次/分钟) 冬训后	最高桨频 (次/分钟) 冬训前	变化率 (%)	平均桨频 (次/分钟) 冬训后	平均桨频 (次/分钟) 冬训前	变化率 (%)
TJ	2.46	3.33	4.17	3.54	69.51	6.31	49	54	-9.26	44	50	-12.00
ZSY	4.8	4.77	8.73	8.76	81.88	83.65	51	52	-1.92	50	47	6.38
TWY	4.29	4.53	10.95	11.6	155.24	156.95	63	55	14.55	58	50	16.00
JLQ	4.56	5.43	8.34	11.8	82.89	116.57	65	48	35.42	58	48	20.83
SSD	4.23	4.86	6	7.32	41.84	50.62	49	46	6.52	46	44	4.55
WC	6.39	5.87	7.17	7.98	12.21	35.95	55	53	3.77	54	48	12.50
平均值	4.455	4.8	7.56	8.5	73.93	75.01	55.3	51.33	8.18	51.67	47.833	8.04

(高炳宏,2010)

如表 7-20 所示,冬训前后即刻心率接近,但 3 分钟后心率冬训后明显低于冬训前,心率恢复率也较高,表明冬训后运动员的心血管系统的功能有较大的提升,大强度运动后恢复速度加快。整体来看,冬训后 60s 最大功率(Pmax)、60s 平均功率(AP)较冬训前均升高,平均升高幅度分别为 12.16%、8.17%,但也有的运动员最大功率仅上升 1.77%,存在较大的个体差异。最高桨频和平均桨频大部分运动员均略有升高,表明经过 3 个月的冬训运动员神经系统的拉桨反应时缩短,动作频率加快。即刻血乳酸在冬训前后均不高,一般在 4~6mmol/L,原因可能是肌乳酸从肌肉扩散至血液需要一定的时间;恢复 5 分钟后血乳酸平均值上升,冬训前后升高幅度平均为 75.01%、73.93%,大多数运动员冬训后最大无氧功率均提高,但同时恢复 5 分钟后乳酸值下降,这两个数据表明无氧能力得到较大提高。

表 7-21 为采用 8×100m 自由泳(2 分钟包干)间歇游方法,对男子运动员 MAO 专项速度耐力变化的监控结果。监控指标包括 8 个 100m 自由泳的平均成绩、完成 8×100m 自由泳(2 分钟包干)运动后 3min 血乳酸和即刻 HR。

表 7-21 男子运动员毛某 8×100m 自由泳(2 分钟包干)间歇游参数变化

训练日期	100m 自由泳训练成绩 (s)	100m 自由泳平均成绩 (s)	运动后 3min 血乳酸(mmol/L)	运动后即刻 HR(b/min)
3月24日	59.4/59.6/59.1/59.6/59.7/59.9/59.8/58.8	59.5±0.37	11.61	188
5月1日	58.2/58.4/59.5/59.3/59.5/59.1/59.4/57.3	58.8±0.80	11.04	190
7月8日	60.1/59.4/60.1/58.2/59.1/59.1/60.4/59.0	59.4±0.73	10.48	184
9月15日	61.5/61.8/60.8/61.2/62.2/61.5/61.4/62.2	61.6±0.48	6.76	178

(周超彦,2012)

运动员在5月1日与7月8日运动成绩较3月24日分别提高0.7s和0.1s，运动后3min血乳酸分别下降0.57mmol/L和1.13mmol/L，运动后即刻HR差异不大，说明运动员速度耐力较前有所提高。9月15日测试结果显示，运动成绩较3月24日减慢2.1s，运动后3min血乳酸和即刻HR均未达到耐乳酸训练要求，训练后与运动员沟通，得知因感冒身体不适所致。

表7-22为通过分析运动员3000m跑成绩与心率、血乳酸的变化情况，对拳击运动员在1600m亚高原训练4周后的有氧运动能力进行监控。数据表明，该运动员经过4周的亚高原训练后，3000m运动成绩有所提高，而运动后HRmax有所下降，运动后1min恢复心率和运动后血乳酸明显降低，表明本次高原训练效果良好，运动员的有氧能力得到了明显提高。

表7-22 拳击运动员高原训练后3000m跑成绩及心率、血乳酸变化情况

日期	3000m跑成绩（min: sec）	HRmax（times/min）	跑后1min心率（times/min）	跑后血乳酸（mmol/L）
7月3日	15: 42	180	156	10.47
8月1日	15: 35	174	126	8.04

（冯连世，2008）

第三节　生理生化监控的实施

一、实施训练监控的基本原则

训练监控是一项计划性和目的性很强的科学研究工作，它既有一般科研工作所要求的严谨、认真、求实和严格按实验计划操作的特点，又有随时根据运动员状态和训练计划变化调整测试计划的灵活机动的特点，这是由其为训练服务的最终目的所决定的。在具体操作中，需要注意以下原则。

1. 个体化

由于人在先天素质和后天训练方面有巨大的差异性，决定了在对人的动态活动进行监测的过程中必须重视这些差异；而一个个体在自身条件限制范围内发生的相对稳定的变化，又为我们能够动态观察训练效果和评估训练手段提供了依据，这就是我们反复强调的训练监控必须个体化的理论依据。

2. 系统化

所谓系统化就是保持测试的一贯性，使我们能够动态地观察和评估训练效果。系统化原则包括以下两点：第一，测试条件、测试指标、测试仪器方法与测试人员等都

应该尽量保持一致，尽可能多地排除非训练因素的干扰，进行纵向比较和分析才有科学性；第二，训练周期内的测试安排目的性要强，计划性要强，针对性要强。只有根据明确的目的制定出有层次、有阶段的训练计划，才能根据相应的训练计划制定出相应的测试计划来对每个阶段和层次的训练效果进行评估，这样整个训练周期才能体现出系统性和科学性。

3. 指标选择合理化

测试指标的选择应该合理化，用两句话概括就是"最小化测试，最大化有效信息"。"最小化测试"是指尽量将测试的次数、规模和耗费都降低到最低水平，这不仅是出于经济方面的考虑而要避免测试指标在功能上的重叠，更主要的是为了尽可能地减少对运动员和训练过程的干扰。"最大化有效信息"即最大限度地获取信息，这一原则包括两层意思：一是指应根据"有效和准确"的原则选择指标，虽然血乳酸、血肌酸激酶、血尿素等都可以单独作为评价训练负荷强度和训练负荷量的有效指标，但毕竟它们都有各自的影响因素，有条件的话必须增加其他辅助指标来提高信息的可信度。二是指应合理选择和搭配指标，使与评估目的相关的各个方面情况都有尽可能多的指标进行体现。在具体操作过程中，"最小化测试"与"最大化有效信息"两个原则应该根据实际情况灵活应用，尽量同时充分满足这两个原则的要求。

4. 规范化

主要指测试过程中仪器设备使用与操作得规范与合理，只有保证了指标测试过程中的规范化操作，才能减少系统误差对测试结果带来的影响，才能使测试结果尽可能真实地反映训练效果。随着竞技体育水平的快速提高，竞争的日益激烈，运动员的水平越来越接近，哪怕细微的差别都会影响到训练效果的最大化，因此，规范化的测试是保证科学化训练的根本要求。

二、训练监控的实施步骤

为了使训练效果最大化，许多运动队（尤其是体能性项目，如游泳、径赛等）都非常重视每堂课，乃至每组训练的训练强度和训练量的监控。针对训练课开展的生理生化训练监控一般是遵循如下程序进行的。

（一）明确训练目的和监控目的

一般来说，一堂训练课往往只围绕一个训练目的、针对一个方面能力的提高来实施，要对其进行训练监控首先应明确该堂课的训练目的，即主要想提高运动员哪个方面的能力，该方面的能力是属于有氧还是属于无氧。明确了训练目的，也就明确了训练监控的目的，确定了指标选择的范围。

(二) 选择相应的监控方法和手段

了解教练员选择的训练方法和训练间歇等安排后，就可以选择相应的监控方法和手段。其基本原则是：①注重监控指标的有效性，所选择的监控方法对训练方法引起的身体状况改变应有灵敏的反映，能够准确地反映运动负荷，这是达到训练监控目的的首要要求；②如有条件，最好选择两个以上的指标评定运动负荷，各生理生化指标之间应具有相对的独立性与互补性，能够从不同角度反映训练负荷变化，同时兼顾简单、经济的原则，避免不必要的重复和浪费；③训练外的因素很少影响既定的检测指标，或者能够采取一定的措施以有效地排除训练以外因素的影响。

(三) 生理生化监控的具体实施

评价一堂课中一次／一组动作负荷强度的指标主要是血乳酸、心率，评价该堂训练课的累积强度的指标主要是课后的尿蛋白以及次日晨的血清肌酸激酶、血红蛋白、尿蛋白与尿胆原。评价一堂课训练量的常用指标主要是课后的尿蛋白、尿酮体，还有次日晨的血尿素、血红蛋白与尿蛋白、尿酮体。由于尿蛋白和血红蛋白对训练负荷强度和量都有反应，因此这两个指标往往作为辅助指标，配合血乳酸、心率、肌酸激酶、血尿素等指标共同使用，可以相互补充，科学地评定训练负荷。应当注意的是，无论哪种训练监控，都必须结合运动员训练完成的具体情况来进行评价。

在训练监控中，有些指标安排在次日晨测试，测定运动员恢复了一夜之后的指标水平，主要考虑到：①有些指标出现峰值的时间并不在运动后即刻，而是有数小时至数十小时的延迟（如血肌酸激酶），因此可选择次日晨一个固定时间点进行测试；②运动员的状态（尤其是训练前的初始状态及恢复能力）是不断变化的，因此同一运动员在不同时间对某一固定训练负荷的身体反应是不同的，测定次日晨指标水平综合考虑了运动员的恢复能力情况，能够更真实地反映运动员对负荷的生理反应大小，同时还提供了运动员当前的恢复能力情况，能够更好地帮助教练员制定下一步训练计划。

监控一堂课的指标种类、应用方法和原则如表 7-23 所示。

表 7-23 一堂训练课训练监控的生理生化指标应用方法及原则

指标	应用方法	应用原则
心率	测一次／一组动作完成后的即刻心率，反映训练的强度。须事先测试运动员的最大心率及心率储备作为评价强度的基础	要求检测到训练后心率的峰值。适合于中、低强度训练的强度定量监控及高强度训练的强度定性监控
血乳酸	长距离或耐力训练后的血乳酸峰值，一般为训练后即刻值。短距离或力量训练后，一般测一组训练完成后 1~5min 血乳酸。取血时间要根据运动时间和血乳酸升高的幅度而定，运动时间越长、血乳酸升高幅度越小，则训练完成到取血之间的时间越短；运动时间越短、血乳酸升高幅度越大，则训练完成到取血之间的时间越长，但一般不会超过 5 min	要求检测到血乳酸升高的峰值，以准确反映身体能量代谢情况。适用于监控除 ATP-CP 无氧训练以外的所有训练强度的定量分析，在安静状态下还可以监控运动员的紧张或调动状况

续表 7-23

指标	应用方法	应用原则
尿蛋白	训练课后 20min 内留中段尿测定，尿蛋白越高训练负荷强度或训练负荷量越大	一般不单独用于评价训练负荷，主要做辅助指标
尿胆原	训练课后 20min 内留中段尿测定，尿胆原越高训练负荷强度越大	一般不单独用于评价训练负荷，主要做辅助指标
尿酮体	训练课后 20min 内留中段尿测定，尿酮体越高训练量越大	主要做辅助指标，高脂饮食使其升高，运动中补糖使其下降，注意排除这些因素的干扰
血肌酸激酶	测一堂训练课/训练日后次日晨起的血肌酸激酶以反映前一日训练负荷累积强度，值越高训练负荷强度越大。因个体差异较大，应在运动员无疲劳时测一次安静值以了解其基础水平，用增长值反映实际强度	取血时间要固定，如着重了解训练效果也可以在训练课后 2~6h 取血测峰值，注意该指标个体差异较大；大幅度异常升高往往由肌肉损伤引起的
血尿素	一般测一堂训练课/训练日后次日晨起的血尿素以反映前一日的累积训练量，血尿素越高训练量越大。应在运动员无疲劳时测一次安静值以了解其基础水平，用增长值反映实际训练负荷	取血时间要固定，如着重了解训练效果也可以在训练课后即刻到 1h 取血测峰值，注意高蛋白膳食或减控体重能使该指标升高
血红蛋白	一般测一堂训练课/训练日后次日晨起的血红蛋白以反映前一日的累积训练负荷强度或训练负荷量，血红蛋白下降越多训练负荷强度或训练负荷量越大。应在运动员无疲劳时测一次安静值以了解其基础水平，用变化值反映实际训练负荷	取血时间要固定，如着重了解训练效果也可以在训练课后即刻到 1h 取血测最低值

在实际监控中，运动员之间存在较大的个体差异，每个人的指标正常范围或疲劳阈值也有所不同。由此，以上每个指标在具体应用时都要遵守"个体化"原则，包括两层含义：一是指不同运动员之间各个指标的基础值、阈值和最高值不同，有时甚至差别很大，因此在实施训练监控前应该测定每个运动员的基础值作为评价基础，以数值变化幅度作为评定根据，不同运动员之间不宜横向比较。但在同一个体各指标变化相对比较稳定时，在进行训练监控中可以进行个体分析、纵向比较；二是指在不同训练阶段，随着运动员训练水平和能力的不断变化，相同训练负荷所产生的指标变化幅度也会改变，因此有必要做阶段性的调整和修正指标的评价标准。

(四) 提出训练意见和建议

根据测试结果评价训练目标完成的情况，进而评价训练方法、负荷安排的合理性，为下一阶段训练提出意见和建议。

一个训练周期的训练安排往往是围绕提高运动员某一方面能力来进行的，如专门为了提高运动员的有氧代谢能力，或专门为了提高运动员的最大力量与最大速度，或专门为了提高运动员的速度耐力等。与安排一堂训练课的训练监控一样，首先应明确一个训练周期的训练目的，然后根据不同的训练目的选择训练监控指标和方法，随着训练周期的展开，通过对各种指标积累下来的数据进行纵向比较分析来了解训练目的的完成情况。在实际操作上，一个训练周期的训练监控与每堂课的训练监控并无不同，只是在数据分析上将单次的数据分析变为将多次测试数据积累起来进行趋势分析，通过测试指标的变化来综合评定训练目标的完成情况。

主要参考文献

[1] 冯连世，冯美云，冯炜权. 运动训练的生理生化监控方法 [M]. 北京：人民体育出版社，2006.

[2] 冯连世，冯美云，冯炜权. 优秀运动员身体机能评定方法 [M]. 北京：人民体育出版社，2003.

[3] 冯连世，张漓. 优秀运动员训练中的生理生化监控实用指南 [M]. 北京：人民体育出版社，2007.

[4] 周超彦. 游泳长距离项目专项训练生理生化监控方法的研究与建立 [D]. 上海体育学院博士学位论文. 2012.

[5] 冯连世，等. 潜优势项目专项训练监控系统的研究 [R]. 国家科技计划课题结题报告. 国家体育总局体育科学研究所，2010.

第八章 运动伤病防治

李方祥（国家体育总局运动医学研究所）
周敬滨（国家体育总局运动医学研究所）
解　强（国家体育总局运动医学研究所）
娄志堃（国家体育总局运动医学研究所）
贺　忱（国家体育总局运动医学研究所）
高　奉（国家体育总局运动医学研究所）

内容提要：

本章主要介绍了运动中常见运动损伤的诊断治疗及预防方法。针对教练员的实际需要，阐述了预防运动损伤的发生机制以及损伤后康复训练方法。损伤后重返赛场的时间，是运动员与教练员最关心的问题之一，为满足教练员进行恢复训练与参加比赛的实际需要也做了简要介绍。

本章还着重介绍了国内和国际上运动医学诊断、治疗、康复训练等重要新观点、新理论、新方法，力求能够帮助教练员了解运动损伤发生的原因和与体能训练的关系，并在此理论指导下，科学合理地安排训练，避免由于训练问题而发生运动损伤。教练员防止运动损伤的工作重在预防上下工夫。

第一节　运动员训练中的致伤因素与预防原则

一、运动损伤的概念

运动损伤指在体育运动中，没有完全遵循人体运动的生理规律，调控身体姿态和运动强度等，造成人体组织或器官解剖结构的破坏或生理功能的紊乱。运动损伤的发生与运动训练、运动技术、运动项目、运动环境和装备等因素密切相关，主要发生在人体运动系统，但也包括血管和神经系统的损伤。运动损伤不仅使高水平的运动员无法正常参加训练和比赛，还会给人以心理影响，妨碍运动训练的正常开展。作为教练员，了解运动损伤发生的原因、规律、治疗效果、康复时间等问题，不仅可以有效预防运动损伤的发生，而且也可为改善运动条件、改进教学与训练方法、提高运动成绩提供科学依据与实践指导。

二、运动损伤的分类

对运动损伤进行分类有利于加强教练员对损伤的认识，以便有针对性地采取防治损伤的有效措施。运动损伤的分类有以下几种：

1. 按运动损伤的轻重分类

不影响工作能力的为轻伤；影响工作能力 24 小时以上，而需要在门诊治疗的为中等伤，需要长期住院的为重伤。

2. 按损伤部位分类

按损伤部位可以分为上肢损伤、下肢损伤、头颈部损伤、腰部损伤、肩部损伤、肘部损伤、髋部损伤、膝部损伤、踝部损伤和足部损伤等。

3. 按受伤组织分类

按受伤组织分类，可分为骨与关节损伤、软组织损伤、脏器损伤和神经损伤等。

4. 按伤后皮肤、黏膜是否完整分类

开放性损伤：伤后皮肤、黏膜的完整性遭到破坏，受伤组织有裂口与体表相通。
闭合性损伤：伤后皮肤、黏膜保持完整，受伤组织无裂口与体表相通。

5. 按损伤的病程分类

急性损伤：直接或间接力量一次作用而致伤，伤后症状迅速出现，病程一般较短。
慢性损伤：因急性损伤处理不当或过早运动迁延而成，或局部长期负担过重，反复多次细微损伤累积所致，局部呈酸、麻、胀、疼等症状，病程一般较长。按照病因还可分为陈旧伤和过劳损伤。

6. 按损伤与训练的关系分类

受伤后能按训练计划进行训练的为轻度伤；受伤后不能按训练计划进行训练，需停止患部练习或减少患部活动的为中度伤；完全不能训练的为重度伤。

三、运动损伤的发病规律与致伤原因

1. 发病规律

教练员了解和掌握运动损伤的发病规律，并采取适当的预防措施，对防治运动损

伤有非常重大的意义。

不同部位组织的损伤性质和程度有其规律性，但总的来说是肌肉、肌腱、韧带、滑囊等组织的小损伤多、慢性伤多，骨折、脱位等严重损伤多，急性伤多。另外，不同运动项目各有其不同的易伤部位以及专项多发病。例如：体操运动员易伤及腰、肩、膝、腕；标枪运动员易伤及肩、肘及腰；篮球运动员易伤及膝；跨栏运动员易伤及大腿后部肌肉等。

2. 致伤的原因

运动员发病的主要原因有两个：①不同运动项目的特殊技术要求；②人体的某些解剖部位存在一些生理解剖弱点。

如果教练员在教学训练过程中，在训练安排不当或者训练负荷过大等因素的作用下，当出现局部解剖生理特点与专项要求不相适应时，运动员极易发生损伤。同时，对于不同专项的运动员，损伤在身体的各个部位如肩、肘、膝、腕、腰等的发病情况也不完全相同，一些解剖结构存在易伤弱点，发病率较高，如果再加技术动作特点的要求，自然就容易受伤。例如，篮球运动员最易伤膝，是因为篮球的基本技术要求运动员膝于半蹲位滑步、踏跳等动作时要求膝半屈曲位屈伸与扭转，而膝的这个角度又恰恰是它的生理弱点，容易发生内外旋或者内外翻，各关节面间压力增加，因而引起膝关节损伤。

因此，为了预防运动损伤，教练员了解运动损伤的发病规律、生理解剖及专项技术的特点是非常重要的。

四、运动损伤的主要致伤因素

运动员伤病的发生，常与教练员对预防损伤的意识不足、缺乏对致伤因素的认识、思想上的疏忽及缺乏预防知识有关。对于教练员来说，了解运动损伤的致伤因素对于预防运动伤病的发生具有重要意义。运动员的主要致伤因素如下：

1. 技术动作错误

动作要领掌握不好，动作不规范，存在缺点和错误等非常容易违反身体结构的特点和运动时的生物力学原理，从而引起损伤。此外，在训练过程中，不仅要做到动作规范，还应当注意全身肌肉力量和协调性的练习，防止因疲劳致动作错误而引起损伤。

2. 旧伤未愈的情况下参加训练和比赛

运动损伤发生后，运动员在生理和心理等方面产生一系列不良反应，如肌肉活动的协调性降低、关节活动范围受限、中枢神经系统对于损伤部位的支配调节的准确性降低、对训练缺乏兴趣、信心不足、情绪低落、注意力分散等症状，如果在受伤且未痊愈的情况下参加训练比赛，就会增加伤病发生的几率，甚至会加重损伤。

3. 身体某一素质存在缺陷

身体素质分为一般身体素质和专项身体素质，一般身体素质是专项身体素质的基础，是专项素质提高的前提。有的教练员仅仅将目光集中在某一方面，往往忘记了竞技体育项目的特点，忽视了对运动员全面综合素质的培养，片面地追求技、战术的提升，很少进行基本素质的训练，从而导致很多运动员虽有特点，但是综合能力较差，同时较差的身体素质使运动员在某些强对抗的比赛中处于下风，加大了运动员受伤的可能。

4. 对手恶意犯规或过大的动作

训练、比赛中一些年轻运动员水平相对较低，由于技术水平还不熟练，自动控制动作的能力较差，一方面容易动作粗野，给对手造成伤害；另一方面也缺乏自我保护能力和情绪控制能力。有些运动员对比赛结果看得比较重，在这样的状况下就会在场上做出一些违反规则的动作或故意伤害对方，造成伤害事故的发生。

5. 训练与比赛组织问题

属于这方面的致伤有以下几类：

（1）缺乏医务监督。在比赛或训练时，缺乏医务监督，或因教练员、运动员不重视医生的意见，允许伤病或过度疲劳的运动员参加比赛或训练，常常容易引起创伤或导致伤病加重，甚至引起更严重的后果。

（2）不遵守训练原则，包括自觉性或积极性原则、直观性原则、系统性或循序渐进性原则、个别对待和巩固性原则，在训练过程中也容易发生创伤。

（3）准备活动不足。准备活动的目的就是使神经系统、运动系统和内脏系统充分动员，调动与专项训练密切相关的各项机能，使机体进入运动状态。准备活动不足或过于单调，不能调动全身肌肉参与，将会因肌肉力量、弹性和伸展性不够而增加损伤发生的风险。

（4）竞赛组织安排不当。如竞赛日期或时间临时改动，常常破坏运动员的竞技状态，减弱准备活动的效果。比赛路线的选择或项目次序的安排不当，都可能导致外伤。

6. 运动员的生理、心理状态不良

当运动员处于疲劳或过度疲劳状态、患病或在病后恢复阶段时，其力量、精确度和本体感觉均显著下降。甚至运动技术纯熟的运动员，在疲劳时进行运动也可能发生运动技术上的错误，导致严重的创伤。

7. 不良的气候因素

气温过高易引起疲劳和中暑，气温过低易发生冻伤。光线不足、能见度差影响视

力，使兴奋性降低和反应迟钝而导致受伤。寒冷和潮湿的天气会使肌肉的活动能力、弹性和机械耐力降低，不仅容易产生肌肉韧带的损伤，而且会使运动损伤的发病率显著增加。

8. 设备与护具因素

运动场地质量不过关，器械维护不良或年久失修，器械安装不牢固，器械的大小、重量不符合锻炼者的年龄与性格特点，缺乏必要的防护用具，如田径场地不平、太硬，沙坑木沿太高，单杠固定不好等等也是伤病发生的重要因素。此外，教练员保护方法失当，或未予保护，如一次参加训练的运动员过多，照顾不过来，脱保过早等，都是发生创伤的重要原因。

9. 性别与年龄因素

一般来说，女运动员在解剖结构、肌肉力量、体能等方面与男运动员相比存在一些先天性损伤易发因素。青少年运动员骨骼发育不完全，各关节的肌肉韧带力量相对较差，在身体机能与素质方面存在很大的易伤隐患。

五、运动损伤的预防措施

减少运动伤病最根本的办法是预防，其具体措施如下：

1. 加强心理与思想道德品质的培养

教练员平时应注意加强防伤观念的教育，在训练和比赛中认真贯彻"预防为主"的方针，加强对运动员进行组织性、纪律性教育，培养他们良好的体育道德风尚，保持勇敢、果断、稳定的心理品质。

2. 合理安排有效的训练、比赛课

（1）建立医务监督机制。在比赛或训练中，及时处理训练、比赛中的突发事故。

（2）严格遵守训练原则。教练员应当耐心地向运动员说明教学目的、任务、要领与注意事项，使他们不仅接受这些知识，而且自觉地执行与运用。有了自觉性就容易学会新的动作要领；掌握了正确的动作要领，就不易受伤。在教练过程中，如果运动员和教练员合作不好，教练员不能耐心解释或不分析技术错误的原因，运动员勉强去完成，结果也常常致伤。

循序渐进与系统性原则对预防伤害有很大意义。一个技巧的掌握，需要经过一定的过程，因而在学习时，应当先学分解动作，再学连贯动作；先学简单动作，再学复杂动作；先学容易的动作，后学困难动作等。从机体内脏活动来看，经过一段时间的系统训练以后，心跳与呼吸次数就会适应性减慢，这时心脏跳动比较有力，每一次收缩射出的血量多，心跳次数虽然减少了，但仍能充分供应全身需要的血量。当然，这

不是一两次训练所能获得的效果。因而，训练须是有系统的。

对不同性别、年龄和不同项目的运动员，无论有无伤病，都需要个别对待。如果不加区别地给以同样大的运动量与强度、学习同样难度的动作，那么体能素质较差的运动员就容易受伤，已伤运动员的伤情势必加重。

所谓巩固性原则，即学完一个动作或获得某一种素质之后，还要反复地巩固，建立良好条件反射性联系，否则就会消退，许多国家都提倡全年训练的原因也在于此。全年训练的周期不等，每一周期都分准备期、基本期与过渡期。过渡期是一种积极性休息，可以维持内脏的良好机能状态，这也是根据巩固性原则提出的。相反，如不是经常锻炼与巩固已学会的动作，再做时过于自信就容易受伤。

除合理科学地安排运动量和运动强度外，还应采取各种技术穿插进行训练，训练时尤须注意的是不要长时间重复一个动作，避免"单打一"练习，造成局部过劳而引起损伤。

（3）合理安排竞赛。教练员要认真阅读比赛手册，制定详细的应急预案，一旦出现突发状况，及时调整比赛方案，减少外伤意外地发生。

（4）训练场地器材、保护服装应符合卫生要求。教练员在训练、比赛前，要严格认真地对运动场地、器械、设备以及个人服装、鞋袜、防护用具进行安全检查。

3. 重视准备活动和整理活动

训练和比赛前应进行充分的准备活动使身体发热、神经系统兴奋的活动，适当的关节牵拉活动，特别应当加强易受伤部位的准备活动。训练后应当进行全身，特别是易受损伤部位的肌肉放松与牵伸活动，缓解疲劳累积。

4. 合理调节运动员的生理状态，避免不良生理状态下的不当训练

为了防止意外事故，必须禁止在运动员剧烈运动后接着进行技术复杂和要求精准的动作，对长期停训的人，应禁止参加高度紧张的运动竞赛和各种体能测验。正确的制订训练计划与比赛日程，在预防运动损伤上有重要的作用。

5. 密切关注不良的气候因素的影响，避免意外的出现

平时，教练员应教育运动员有关高温和寒冷等异常天气安全预防的注意事项，同时应密切关注天气的冷热变化以及突发的天气状况，并及时地调整应对方案。例如在较热的天气里，适当地休息，多喝水及补充适量的电解质，防止中暑等状况的出现；而在寒冷和潮湿的天气里，强调做好充分的准备活动是最好的创伤预防方法。

6. 提高运动员的一般素质，加强易伤部位的训练

运动训练理论认为，力量素质是竞技体育的首要素质，好的肌肉力量能有力地保护各个关节与骨骼，有效地减少损伤的发生。另外，耐力等其他的素质在竞技的各个环节中也具有重要的不可替代的作用。总之，良好的综合能力是防止运动损伤发生的重要保障。加强易伤部位和相对薄弱部位的训练，提高其机能，是预防运动员损伤的

积极措施。例如，为预防膝关节损伤，就要加强膝关节周围肌肉力量的训练，以稳定膝关节；为了预防腰部损伤，除应加强腰部肌肉的练习外，还应加强腹肌的练习，因为腰部肌肉受伤，从某种意义上讲与其拮抗的腹肌有关，腹肌力量不足，易使脊柱过度后伸而致腰部受伤。

7. 加强运动员的医务监督工作

（1）定期并按需要进行体格检查。选拔新运动员集训时，必须进行详细的伤病检查。若存在不能从事大运动量训练的伤病或先天畸形、"专项多发病"、难治性伤病，选拔此类运动员需要慎重。除对新运动员进行初诊检查外，还应根据运动专项的发病特点及部位定期普查，以早期发现各种劳损性损伤，必要时应定期做 X 线检查。

（2）加强自我监督。运动员的自我监督主要包括主观感觉和基本指标监督检查：主观感觉包括运动心情、不良感觉、睡眠情况、食欲、排汗量等；基本指标除包括一般所熟知的内脏器官的机能检查方法，如脉搏、体重、运动成绩、肌力等外，还应根据不同项目的特点及外伤发病规律，采用一些特殊的监督指标。出现阳性反应之后，运动员应立即就医仔细检查，并根据伤情的轻重安排新的训练内容。

8. 建立健全运动员病历管理制度

运动员发生损伤应当及时汇报，并在运动员电子病历中进行记录，通过建立健全运动员损伤汇报制度，可以有效地杜绝重大损伤的发生。建立运动员损伤档案，有利于系统纵向地为运动员提供最佳医疗服务。教练员应当定期与队医沟通，随时调整运动员的疲劳消除手段和方法，保证训练计划如期完成。运动员电子病历的建立、档案的保存和损伤数据的收集等，均需要教练员的积极配合。

9. 建立医生和教练员相互学习的制度

运动队应经常举办有关体育理论和运动伤病知识的讲座和讨论，若能结合本队的外伤发病情况就事论事地分析讨论更好。这样统一了认识，整体的理论水平就会不断提高，训科医协作关系就会更融洽。

10. 采取防伤"三结合"的工作方法及其原则

采用防伤"三结合"的工作方法，亦即医生根据伤情，提出某一外伤的受伤机制及该部的解剖弱点，指出应避免或减少哪些动作的练习及加强哪些肌肉的练习；之后，教练员提出全面及伤部训练计划交运动员试用；运动员试用时，应在训练日记中详细记录运动时伤部的反应，如做某些动作时痛、做另一些动作时不痛、病情加重或减轻等。然后再经医生、教练员、运动员共同研究并修改训练计划，作为最后的训练方案。在执行计划的过程中，医生还应定期检查伤部变化，并亲临运动场观察运动员在训练中伤部的功能表现，必要时再进一步修改计划。只有这样才能真正达到正确安排训练的要求。

第二节　运动员体检

运动员的健康体检其初始目的往往并非治病，而是要通过医学检查，尽可能及时发现不易察觉的疾病或疾病隐患，以便做到有病早治，无病则防。除了要做一般性生理检查的常规项目检查，还可选心理、体质等项目测试，有的则需要做专项检查，最终全面或重点评价受检者的健康状态。

一、运动员体检的必要性

医学常识告诉我们，人的自我感觉并不完全可靠。有许多疾病早期病状并不明显，甚至毫无感觉，如隐性冠心病平时毫无症状，但可占到全部冠心病的25%，只有对心血管进行系统检查时才能确诊。

（1）了解运动员身体处于何种状态。通过定期健康体检，可以明确了解运动员身体处于何种状态：第一种状态是健康的；第二种状态是亚健康，身体中存在某些致病因素，需要管理健康，消除致病隐患，向健康转归；第三种状态为患病，发现了早期疾病或各种慢性病，需要就医。

（2）帮助运动员找出身体的隐患。随着训练年限的增长，运动员全身各系统、各器官的功能和结构都会发生改变，而许多特定疾病的危害性随着年龄的增长而上升，但有许多疾病初起时并无特殊症状，只有定期做全面的身体检查，早期发现，才能及时控制。

二、动态体检筛检运动员疾病的作用

（1）动态体检预测发生运动性高血压的风险。静态体检能及时发现血压增高，但不能预测血压正常的运动员将来是否会发生血压增高。而动态体检则能起到预测作用。能早期发现高血压病的危险人群，对这类人群及时进行干预能预防高血压合并症的发生。

（2）动态体检诊断心血管疾病。当心肌有明显缺血时，心电图可显示有缺血改变，但早期时，静态心电图可能没有异常。冠状动脉造影是诊断冠心病最有价值的方法，但它是一个有创检查。心肺运动试验的优势在于它是一个无创的检查，在以前负荷心电图的基础上，同时分析心功能在运动中的变化。在运动中同时分析心电图和心脏功能的变化，将会明显提高诊断冠心病的敏感性和特异性。在运动中测定摄氧量等参数的变化，可明显提高负荷心电图诊断冠心病的敏感性和特异性。

（3）动态体检诊断肺功能不全。肺脏在运动中担负着非常重要的角色，当肺部疾病引起肺功能受损时，动态体检比静态体检能更早期地发现异常，表现为呼吸储备减少、二氧化碳通气当量增大等。

三、运动风险评估

运动风险是指在运动过程中造成健康危害的可能性。无论是普通人还是优秀运动员，在日常活动或训练过程中都不可避免地存在着一定的风险。通过体检对运动员进行运动风险评估，目的在于检查和测试运动员的身体状况，评估风险事故出现的概率和后果，以此为依据采取相应的对策，将运动风险降到最低。

（一）运动风险因素

运动风险的形成是内因与外因相互影响、相互作用的结果，其中体质健康是内因中的主要因素。

身体机能和身体素质是被认为与运动风险产生的关联度最大的风险因素，体质量指数、体脂率、坐位体前屈、闭眼单脚站立、射血分数、心率变异性、最大摄氧量、脉压、C-反应蛋白等均可作为相关指标进行测量。风险因素及其所起的作用随运动项目的不同而变化，可采取相应的措施减少致伤风险因素的发生，降低造成的损失。

（二）运动员体检的作用

在上述风险因素中，身体形态和身体机能部分可通过体格检查进行评估。体格检查包括一般史、运动史、体表和肌肉骨骼系统的检查、人体测量、内脏和植物神经系统的检查、心肺功能试验、心电图等。

1. 运动员体检常规项目及其意义

耳鼻咽喉科、眼科：初步了解眼科、耳鼻喉科等病变。

B超（肝胆脾胰）：了解各内脏器官形态功能有无异常，如结石、炎症、肿瘤等。

乙肝5项：了解是否感染乙肝病毒、是否产生对肝炎病毒的抗体。

肝功能1项谷丙转氨酶：是肝细胞受损最敏感的指标之一。

血脂：用于监测血脂代谢，高血脂症等疾病的诊断。

肾功能4项：

血尿素氮可了解肾功能是否受损，呈现异常值的主要疾病有尿毒症、高血肌酐、肾衰竭等。

血尿酸呈现异常值的主要疾病有痛风、肾功能障碍等。

血常规

全身器官和组织健康状况：如贫血、感染、血液疾病等引起血液变化。

尿常规：提示泌尿系统有无炎症、结石、结核及胆红素代谢情况。

放射科项目——胸部正位片：了解心脏肥大与否、肺及呼吸道疾病。

内外科一般检查及要求重点询问和甄别参赛运动员有无以下病情：①心血管系统疾病（如高血压、瓣膜病、冠心病）；②中枢神经系统疾病（如癫痫）；③猝死等的既往史或/和个人及家族史；④运动性应激或急性疾病的既往史。

2. 血压检查及要求

（1）50岁以下的运动员：收缩压＜130mmHg（17.3KPa），舒张压＜85mmHg（11.3KPa）。

（2）50岁以上（包括50岁）的运动员：收缩压＜140mmHg（18.6KPa），舒张压＜90mmHg（12KPa）。

3. 心电图检查

要求心电图检查须附医师诊断意见，检查结果的判断标准如下：

（1）正常心电图（经医院确诊无明显异常）：①窦性心律；②成人心率40~100次/分（职业运动员心率可低于40次/分）。

（2）不符合参赛条件的心电图异常包括但不限于：①窦性心动过速，成人心率＞100次/分。②频发的窦性心律不齐。③窦性停搏，房性、交界性、室性期前收缩或逸搏心律。④病态窦房结综合症。⑤Ⅱ度及以上的窦房、房室传导阻滞、左束支传导阻滞。⑥预激症候群心电异常。⑦冠状动脉供血不足，ST段缺血型降低，T波改变，Q-T间期延长，心律失常等。⑧未列举的其他心电图异常。

4. "血生化全项"检查（可酌情加做）

判断肝肾功能、血糖、血脂、血清离子、心肌酶谱等的情况。

5. "彩色超声心动图"检查（可酌情加做）

判断左右心室、左右心房、各瓣膜、心肌及其运动、射血及心输出量等的情况。

（三）心肺运动试验

心血管系统易发生运动性意外，并对生命产生危害，因此应受到更多关注，严重者可造成运动性猝死。心肺运动试验能够很好地检测运动员的心肺功能，是唯一在运动中对受试者的心脏、肺脏、血管、肌肉等脏器进行客观综合评价的手段，目前在国外已公认为是早期发现心功能不全的"金标准"。

心肺运动试验，根据最大摄氧量（$\dot{V}O_2max$）可将心功能定量分为4级：A级＞20ml/min·kg，无或轻度心功能不全；B级=16~20ml/min·kg，轻度—中度心功能不全；C级=10~15ml/min·kg，中度—重度心功能不全；D级＜10~15ml/min·kg，重度心功能不全。

1. 心肺运动试验对预防运动风险的作用

（1）预测运动员在特殊环境下的风险。
（2）预测发生高血压的风险。
（3）诊断心血管疾病。运动的生理效应与运动强度成正比，但过高的运动强度又蕴藏着意外风险。不同的运动员运动风险不同，心肺运动试验可帮助确定个体化的运动处方，以达到最佳运动强度和最低的运动风险。

2. 运动风险评估的项目

心血管疾病：心脏、周边血管或脑血管疾病。
肺部疾病：慢性阻碍性肺病、哮喘、间质性肺病或囊肿性纤维化疾病。
代谢类疾病：糖尿病（I 或 II 型）、甲状腺紊乱、肾病。
高血压：在至少两次独立测试中确认有高血压。收缩压：高于 140 毫米汞柱。舒张压：高于 90 毫米汞柱。
高血胆固醇：低密度脂蛋白，>130 毫升/分升（3.4 毫摩/升）。如果无法使用低密度脂蛋白指标，则使用整体胆固醇指标代替。整体血液胆固醇：>200 毫升/分升（5.2 毫摩/升）。高密度脂蛋白：<40 毫升/分升（1.03 毫摩/升）。
高血液高密度脂蛋白（风险负因素）：>60 毫升/分升（1.6 毫摩/升）；高血液高密度脂蛋白可以降低冠心病风险。
空腹血糖障碍：空腹血糖，至少两次独立测试确诊高于 100 毫升/分升。
吸烟：目前正在吸烟；之前 6 个月内戒烟。
家族史：心肌梗塞，冠状动脉再造或猝死；父亲或直系男性亲属（例如兄弟或儿子）55 岁以下；母亲或直系女性亲属（例如姐妹或女儿）65 岁以下。
其他项目：
①暗示心血管和肺部疾病的主要症状和信号，胸、颈、下颚、手臂或其他区域由于心肌缺血（缺乏足够的循环）造成的疼痛或不适。
②静态，日常活动中或适度努气时气短、头晕或昏厥（晕眩）。
③端坐呼吸（非直立姿态下出现呼吸不适）或夜间突发呼吸不畅（夜间呼吸中断），踝关节水肿（肿胀），心悸（心跳反常加速）或心动过速（心跳过快）。
④间歇性跛行（在步行过程中由于肌肉缺乏血液支持导致腿部挤压性疼痛及无力，特别是小腿）。
⑤已知心脏杂音（非典型心音意味着结构或功能异常），非正常或莫名的疲劳。

四、运动员健康体检中应注意避免的问题

（1）忽视体检前的准备。对体检不重视，体检前不按要求去准备，使体检结果出现误差。

(2) 采血时间过晚。体检化验要求早上 9：00 以前空腹采血，太晚会由于生理性内分泌激素的影响，使检验结果失真，失去化验的意义。

(3) 忽略陈述重要病史。既往病史是体检医生判定运动员健康状态的重要参考依据，对疾病的转归有极其重要的影响，病史陈述要做到客观、准确，重要疾病不可遗漏。

(4) 轻视体检结论。体检结论是对受检者健康状况的概括和总结，是医生根据各科检查结果，经过综合分析对运动员开出的健康处方，对纠正不良生活习惯，预防和治疗疾病有着重要的意义，如果运动员忽视了体检结论，不仔细阅读和认真实施，将失去健康体检的真正意义。

对于不同项目的运动员来讲，可以根据专项特点对检测项目有所选择和侧重，评定标准也有所不同。通过体格检查和心肺功能试验，可全面掌握运动员的健康状况，发现运动员的机能缺陷和潜在的伤病因素，并以此为依据确定运动员是否符合专项训练的要求及为运动员制定相应的伤病防治措施。通过对运动风险的评估，采取合理的预防方式，可有效降低运动损伤的发生率。总之，对运动员的全面健康体检、对运动员进行科学的健康评估、有效地评估运动员运动风险的方案、尝试通过医学手段（如测试运动员心肺运动试验）可以及早发现某些运动员存在的运动风险潜在危险因素。以上这些医务监督内容，对于促进和保持运动员的健康、提高训练水平、取得比赛成绩等方面都有积极的意义。

第三节　急性运动损伤的救治

急救（Emergency Treatment）是对意外或突然发生的伤病事故进行紧急的临时性处理，其目的是保护伤病运动员的生命安全，避免再度伤害，并为伤病运动员的转运和进一步治疗创造条件。

一、急性运动损伤治疗的原则与基本措施

教练员是医疗组中的重要成员，其责任包括一般护理和监控等。在助理教练、队医不在急救现场时，教练员处理运动员损伤的作用就更加重要了。同时，教练员应指导运动员完成合理的运动技术，修正可能导致损伤的技术动作，避免严重损伤的发生。

目前最常见的急性运动损伤治疗基本措施是 RICE 技术。RICE 是英文 Rest, Ice, Compression, Elevation 4 个单词的首字母组合。中文意思为：休息、冰敷、加压、抬高患肢。

休息，并不仅仅是减少活动，单纯的身体休息，关键是把受伤的部位保护起来，限制活动而得到休息，因此更多地包含了"局部制动"的概念。

冰敷，即冷冻疗法，是应用最广泛的一种用于治疗急性运动损伤的方法之一。它

经济、易用而且便捷，能帮助控制受伤部位肿胀和炎症的发展。受伤后，尽早地使用冰敷有助于更早恢复。每次冰敷时间一般掌握在 10 分钟左右。根据受伤情况，可以重复进行多次。在受伤后 1~2 天内，应该尽可能地使用冰敷。

加压，一般在受伤后的 24~48 小时内使用，可以帮助限制受伤部位肿胀进展，也可以提供受伤部位额外的支持保护。对受伤部位加压使组织内压力升高，收缩血管，从而减缓炎症发展，防止进一步引起关节内肿胀。如果任这种肿胀出现，会严重影响肢体活动功能。

抬高，通常是抬高患肢的意思。它是一种利用重力帮助血液及组织液回流以减轻受伤部位肿胀，缓解疼痛的方法。受伤后，尽可能地使受伤部位放置在高于心脏水平的地方，利用重力帮助血液回流心脏。

正确地使用 RICE 技术可以减少血管出血，帮助缓解肿胀和疼痛，有助于早期愈合，缩短康复时间。

二、急性运动损伤的早期治疗方法

在急性运动损伤最初 24~48 小时内，肌肉、韧带、骨骼等组织发生的损伤可引起诸如肌肉韧带撕裂、血管破裂、骨折等，这些损伤处不仅在开始时出现肿胀以及疼痛，破损的血管出血增加，而且会进一步引发继发性低氧性损伤，导致细胞组织坏死。因此，早期治疗目的在于有效地减轻肿痛，控制局部过度出血。

(一) 出血和止血

外出血常用的临时止血法有以下几种：

1. 加压包扎止血法

用于毛细血管和小静脉出血。用生理盐水冲洗伤部后，用厚敷料覆盖伤口，外加绷带增加血管外压，促进自然止血过程，达到止血目的。

2. 抬高伤肢法

用于四肢小静脉和毛细血管出血。方法是将患肢抬高，使出血部位高于心脏，降低出血部位血压，达到止血效果。此法在动脉或较大静脉出血时，仅作为一种辅助方法。

3. 屈肢加压止血法

前臂、手或小腿、足部出血不能制止时，如未合并骨折和脱位，可在肘窝和腘窝处加垫，强力屈肘关节和膝关节，并以绷带"8"字形固定，可有效控制出血。

4. 指压止血法

这是现场动脉出血常用的最简捷的止血措施。用手指压迫身体表浅部位的动脉于相应的骨面上,可暂时止住该动脉供血部位的出血。根据全身动脉的走行分布,在体表有一些动脉搏动点,即为压迫止血点。指压法简单易行,但因手指容易疲劳不能持久,故只能作为临时止血,随后应改用其他止血方法。

(二) 肌肉拉伤

1. 原因与症状

通常在外力直接或间接作用下,使肌肉过度主动收缩或被动拉长时引起肌肉拉伤。特别是由于准备活动不充分、动作不协调以及肌肉弹性、伸展性、肌力差者更易拉伤,损伤后伤处肿胀、压痛、肌肉痉挛,触诊时可摸到硬块。严重的肌肉拉伤是肌肉撕裂。

2. 处理

轻者可即刻冷敷,局部加压包扎,抬高患肢。24 小时后可施行理疗。如果肌肉已大部分或完全断裂者,在加压包扎急救后,固定患肢,立即送医院进一步处理。

(三) 关节、韧带扭伤

扭伤是由于受到外力的冲击,使关节和韧带产生非正常的扭动而致伤。

1. 原因与症状

受外力的触击或撞击;运动时身体落地重心不稳向一侧倾斜或踩在他人足上或高低不平的地面上而致伤。伤后局部能力立即丧失,有明显肿胀、疼痛等。

2. 处理

(1) 伤后立即抬高患肢,伤情严重的要立即冷敷或用自来水冲淋,加压包扎,固定休息,使毛细血管收缩,防止肿胀。
(2) 制动,通过关节护具或者石膏对受伤的肢体进行固定。
(3) 严重扭伤时,如韧带断裂、关节脱位,应尽快到医院进一步检查和处理。

(四) 关节脱位的临时急救

脱位或脱臼是指关节面失去正常的联系。关节脱位可分为损伤性脱位、先天性脱位、习惯性脱位、病理性脱位、开放性脱位和闭合性脱位,以及完全脱位与不完全脱位等。关节脱位同时可伴有关节囊、骨膜、关节软骨、韧带、肌腱等组织的损伤或撕裂,严重时还会伤及神经或伴有骨折。

1. 原因

关节脱位在运动中大多是由于间接外力所致,如摔倒后用手撑地可引起肘关节或肩关节脱位,这在田径、球类、体操等项目中时有发生。也有少数为直接暴力引起。

2. 临床表现

(1) 受伤关节疼痛、肿胀和压痛。

(2) 关节功能丧失:脱位后关节面之间失去正常联系,关节周围肌肉又因疼痛发生痉挛,因而受伤关节完全不能活动。

(3) 畸形:脱位后关节处常出现明显畸形,可在异常位置摸到移动的骨端,正常关节隆起处变塌陷;凹陷处则隆起突出,肢体形成特殊姿势,伤肢可有缩短或变长现象。如肩关节前脱位时出现的"方肩"畸形,原来空虚的腋窝处可摸到脱出的肱骨头,原来丰满的三角肌处变塌陷。

(4) 弹性固定:被动活动脱位的关节,可感到一种弹性阻力,停止被动的活动后,脱位的骨端又弹回原来畸形的位置。

3. 急救

关节脱位后应尽早进行整复,这样不但容易成功而且有利于关节功能的恢复。若不能及时复位,则应立即用夹板和绷带在关节脱位所形成的姿势下进行临时固定,保持伤员安静,尽快送医院处理。

在运动损伤中,以肩、肘关节脱位最为常见,其临时固定方法为:

①肩关节脱位后,可用大悬臂带悬挂伤肢前臂于屈肘位。

②肘关节脱位后,最好用铁丝夹板弯成合适的角度,置于肘后,用绷带固定后再用大悬臂带挂起前臂。如无铁丝夹板,可直接用大悬臂带固定伤肢。若现场无三角巾、绷带、夹板等,可就地取材,用头巾、衣物、薄板、竹板、大开本杂志等作为替代物。

(五) 骨折

在外力的作用下,骨骼连续性或完整性遭到破坏叫骨折。在剧烈运动中,特别是在对抗性强的运动中,骨折并非罕见。

1. 原因

(1) 直接暴力:骨折发生在暴力直接作用的部位,如跌倒时引起髌骨骨折等。

(2) 间接暴力:骨折发生在远离暴力接触的部位,如摔倒时手掌撑地而发生前臂或锁骨骨折等。

(3) 积累性暴力:如在硬地上跑跳过多引起胫腓骨疲劳性骨折、体操运动员支撑过多引起尺桡骨疲劳性骨折等。

2. 临床表现

(1) 疼痛和压痛。

(2) 肿胀及皮下淤血。

(3) 功能障碍。

(4) 畸形：与健侧相比，可发生异态，如出现成角、旋转、侧突或短缩等畸形。

最后应通过 X 线检查确定是否有骨折及骨折的类型、性质、移位的方向等情况，以便为治疗提供依据。

3. 骨折的急救处理

急救原则：对骨折病人的急救原则是防治休克，保护伤口，固定骨折。即在发生骨折时，应密切观察，如有休克存在，则首先是抗休克；如有出血，应先止血，然后包扎好伤口，再固定骨折。

第四节 常见运动损伤的预防与治疗

一、脊柱常见运动损伤的预防与治疗

脊柱常见的运动损伤主要是一些慢性劳损性损伤，并以腰部损伤为多见，如运动员腰背肌筋膜炎、腰椎间盘突出、脊椎椎板骨折（峡部不连）。其他部位的损伤也有，如颈椎病等等。脊柱也会出现一些急性损伤，如急性腰扭伤、脊椎骨折或者脱臼等等。脊柱损伤常发生于体操、举重、网球、摔跤、乒乓球和羽毛球等运动项目中。

对脊柱运动损伤的预防主要应注意以下几方面：

第一，注重教练员、运动员防伤意识的培养，加强保护设施和器械。

第二，加强医务监督，记录每个队员的身体状况。

第三，加强肌肉力量练习，特别是参与专项技术动作的小肌群的训练。

出现运动损伤后，要针对损伤部位及特点进行治疗。局部敷贴活血、散瘀、止痛膏药；牵引、理疗；有针对性的局封等等。

（一）颈肩背筋膜炎

颈肩背筋膜炎是颈肩部疼痛最常见的原因之一，一般是指筋膜、肌肉、肌腱和韧带等软组织的无菌性炎症。

案例 8-1

15 岁，女性，体操运动员。3 个月前开始出现颈背部广泛疼痛酸胀沉重感，并间

断有麻木、僵硬。疼痛呈持续性，晨起较重。受凉、受潮后加重。

体检：颈部肌肉紧张，压痛点位于棘突及棘突旁斜方肌、菱形肌等，压痛局限。X线无明显异常。

治疗：热敷、理疗、按摩；外用膏药；痛点封闭；口服抗炎镇痛药。经过两周左右症状缓解。

(二) 颈椎病

颈椎病是指颈椎间盘退行性病变、颈椎韧带软组织肥厚增生以及颈部损伤等引起颈椎骨质增生，或椎间盘脱出、韧带增厚，刺激或压迫颈脊髓、颈部神经、血管而产生一系列症状的临床综合征。

案例 8-2

23岁，女性，排球运动员。半年前开始出现颈肩痛、头晕头痛、上肢麻木，转头时加重。

X线片：颈椎病X片常表现为颈椎正常生理曲度消失，椎间隙狭窄，椎管狭窄。

治疗：理疗、按摩、牵引；合适的卧位姿势，控制受伤动作，并加强颈部肌肉力量。1个月后症状明显好转。

(三) 腰椎间盘突出症

腰椎间盘突出症是指椎间盘纤维环破裂后，其髓核连同残存的纤维环和覆盖其上的后纵韧带向椎管内突出，压迫邻近的脊神经根或脊髓所产生的症状。

案例 8-3

24岁，男性，举重运动员。1个月前训练时伤及腰部后一直有不适、疼痛感。近1周加重并有左下肢串痛。

体检：腰4-5棘突间压痛，并向左下肢放射痛。直腿抬高试验阳性。左下肢肌力下降。CT示：腰4-5椎间盘突出。

治疗：牵引、理疗、按摩；外用药物；痛点局封。两个月后症状好转。

(四) 腰椎峡部裂与脊椎滑脱

腰椎峡部裂主要是指上、下关节突间的椎板不连。发生在腰4、腰5者常合并脊椎滑脱。

案例 8-4

15岁，女性，舞蹈演员。1个月前双人舞举人时伤及腰部，下腰部反复疼痛。

体检：腰痛明显，以腰5棘突及周围压痛最为明显。X线（双斜位）：可见腰椎峡部裂。

治疗：理疗、按摩；局封；腰背肌练习。3个月后症状缓解。

(五) 其他类型的下腰痛

还有一些疾病能引起下腰痛，主要有以下两种：
(1) 脊椎棘突痛。主要症状是脊柱背伸痛，局部微肿压痛、触痛表浅。
(2) 椎体缘离断症。特点是下部胸腰椎体缘破损及离断性改变。

(六) 小结

表8-1 脊柱常见运动损伤及其防治

疾病名称	治疗方法	预防方法	建议恢复训练时间
颈肩背筋膜炎	理疗；外用药物；适当选择局封	肌肉锻炼；保持正确训练姿势	症状轻者不必停训
颈椎病	理疗；牵引；药物	纠正卧位姿势；颈部肌肉的锻炼	2~3周
腰椎间盘突出症	理疗；牵引；局封；药物	腰背肌力量练习；纠正错误训练姿势；保护带	2~3周
腰椎峡部裂与脊椎滑脱	理疗；药物；局封	腰背肌力量练习；保护带	有神经症状者停训，3个月之后开始训练
脊椎棘突痛	理疗；药物；局封	腰背肌力量练习；保护带	症状轻者不必停训
椎体缘离断症	理疗；药物	腰背肌力量练习；改进训练方式	症状轻者不必停训；症状重者3个月之后开始训练

二、肩肘部常见运动损伤的预防与治疗

肩肘关节的运动损伤多为慢性累积性损伤，如常见的肩袖损伤、网球肘、高尔夫球肘。也有急性损伤，如肩关节脱位、肘关节脱位等等。肩肘关节损伤多发生于以上肢为主的运动项目中，如体操、投掷、排球、手球、乒乓球、游泳、皮划艇等项目。

对肩肘运动损伤的预防主要有以下几个方面：
(1) 训练方法要合理，掌握正确的训练方法和运动技术，科学地增加运动量。
(2) 准备活动要充分。
(3) 注意间隔放松。
(4) 加强易损伤部位肌肉力量的练习。
(5) 体能训练在先，专项训练在后。

出现运动损伤后，要针对损伤部位及特点进行治疗。局部敷贴活血、散瘀、止痛膏药；按摩、理疗；有针对性的局封等等。

(一) 肩关节脱位

最常见的是肩关节前脱位，致伤原因主要有跌倒压在外展并强力被迫过顶的手臂上、肩部的直接击打、手臂强力被迫外旋等等。

案例 8-5

28岁，男性，学生，入院前1年运动时与人相撞伤及右肩部，立即出现右肩关节疼痛、活动受限，当地医生诊断为右肩关节前脱位，给予手法复位。其后反复无明显诱因出现右肩关节疼痛，并脱位5次，需到医院进行手法复位。

体检：患者右肩关节方肩畸形触诊右肩关节外下方空虚，患者将身体倾向伤侧以保持上臂于下垂位，拒绝进一步的外展、外旋以及过伸位，仅能忍受轻微的内收、内旋以及屈曲。恐惧试验阳性。

治疗：由于患者反复脱位，诊断肩盂唇损伤，给予关节镜手术治疗，术后康复训练，半年后正常活动。

(二) 肩袖损伤与撞击综合征

肩袖损伤是造成肩部疼痛和功能障碍的常见原因。发生的主要原因是肩峰撞击。

案例 8-6

25岁，女性，排球运动员。入院半年前无明显诱因出现左肩关节疼痛，活动受限，并逐渐加重，出现肩关节功能障碍。

体检：肩峰外侧压痛。疼痛仅在肩关节活动时出现，尤其是做前屈、外展等动作时，休息时无疼痛。随着病情发展，逐渐出现静息痛和夜间痛。主动活动受限，被动活动范围正常。

治疗：关节镜手术治疗，术后康复训练，术后8个月活动自如。

(三) 肱二头肌长头肌腱炎

主要是指肱二头肌腱性组织的炎性反应。

案例 8-7

20岁，男性，羽毛球运动员。半年之前无明显诱因出现左肩关节疼痛，活动稍受限。

体检：肩关节前方二头肌腱沟上方疼痛，尤其在肩关节前屈、前臂旋前和肘关节屈曲运动时加重。休息后症状缓解。

治疗：保守治疗为主，包括休息、理疗、口服消炎镇痛药。

(四) 肘关节骨性关节炎与游离体

肘关节骨性关节炎主要是指肘关节反复微细损伤导致的关节退变；游离体主要是指某些压力骨骺的凸面可在外力反复作用下发生缺血性坏死、剥脱，在关节内游离；也有一部分是由某些外力导致关节内软骨脱落造成。

案例 8-8

23 岁，男性，在校学生，入院前 5 个月和同学在一场激烈的篮球比赛中，背向腾空倒地，手掌撑地，肘关节脱位，医院复位后 X 线与 CT 示关节内游离体。肘关节经常有"卡"样感觉，近两个月来症状加重。

体检：肘关节间隙稍有压痛，余无明显异常。

治疗：关节镜手术，取出游离体；术后康复训练，两个月后活动自如。

(五) 网球肘、高尔夫球肘

网球肘是指肱骨外上髁炎；高尔夫球肘是指肱骨内上髁炎。都是由于反复的微小损伤造成的。

案例 8-9

23 岁，女性，网球运动员。5 个月之前出现左肘关节疼痛，未给予任何治疗，近 3 个月来疼痛加剧。

体检：压痛明显，且较局限于肱骨外上髁、桡骨头及二者之间的地方，伸肘、握拳、屈腕，然后旋前，肘外侧疼痛明显（Mills 试验阳性），X 线检查无明显异常。

治疗：痛点局封，效果明显。

(六) 尺神经损伤

运动员中常见的尺神经损伤，只要是慢性劳损导致的尺神经卡压引起的一系列症状，急性损伤并不常见。

案例 8-10

25 岁，男性，排球运动员，5 年前有右肘关节外伤史（肱骨髁上骨折，行复位内固定术），近几个月感觉肘关节处疼痛明显，并向前臂及手放射。

体检：肘关节周围压痛，为酸痛，向远端放射。右手手背尺侧以及尺侧一个半手指掌、背侧出现麻木、不适，间歇性出现。尺侧腕屈肌及无名指、小指屈肌力弱，肌肉萎缩。屈肘试验阳性；肘下 3cm 尺神经 Tinel 征阳性。

治疗：尺神经松解术，术后康复训练。3 个月后症状缓解。

（七）小结

表 8-2　肩肘常见运动损伤及其防治

疾病名称	治疗方法	预防方法	建议恢复训练时间
肩关节脱位	手法复位；固定	肩周肌肉力量练习	首次脱位复位后无须停训；复发性脱位手术治疗后半年开始训练
肩袖损伤	理疗；药物；局封；手术	正确训练姿势；肌肉力量练习	症状轻者休息后可训练；症状严重者手术治疗半年后训练
肩峰撞击综合征	理疗；药物；局封；手术	正确的训练姿势	症状轻者休息后可训练；症状严重者手术治疗半年后训练
肱二头肌长头肌腱炎	休息；理疗；药物	肌肉力量练习	3~6周后症状缓解可以参加训练
肘关节骨性关节炎和游离体	休息；理疗；药物；手术	肌肉力量练习	游离体取出术后的患者两个月之后可参加训练
网球肘、高尔夫球肘	休息；理疗；药物；局封	肌肉力量练习；正确的训练姿势	无须停训
尺神经损伤	休息；理疗；药物；局封	避免肘关节损伤；正确姿势训练	症状轻者无须停训

三、腕部常见运动损伤的预防与治疗

腕关节的运动损伤多见于体操、篮球、排球和举重等项目，以慢性劳损为主，急性损伤多见于韧带、肌腱，骨折脱位次之。曲绵域等认为，在运动损伤中，手腕部的运动损伤约占 6.1%。而国外 Allieu 统计，手部损伤占全部运动损伤的 20%，不同项目的损伤发生率也不同，如在手球运动中，手腕部损伤高达 30%。常见腕部损伤机制与运动项目关系如表 8-3 所示。

表 8-3　腕部损伤机制与运动项目关系

损伤机制	项目名称
摔倒时，手部触地	滑雪、橄榄球、滑冰、体操
球或人体对手的撞击	手球、篮球、足球
运动时将手作为攻击或防御工具	拳击
重复运动，持久抓握，过度负荷	网球、帆板、体操、举重、自行车
需要手腕部强力和高度灵活准确	攀岩、攀石

降低腕部损伤后的关节功能障碍关键在于预防。腕关节创伤或手术后及早进行康复干预，能有效防止腕关节功能障碍的发生，且康复开始的时间与治疗效果明显相关。

康复训练应包括关节活动范围训练、肌力训练，以及疼痛和肿胀的处理。

对症处理，可采用按摩手法及物理疗法，如超短波、毫米波、脉冲磁疗、红外线疗法等。

（一）腕舟状骨骨折

1. 疾病概述

腕舟状骨骨折是腕骨中最常见的骨折，发病率较高，据 Leslieu Dikson 统计，发病率在腕骨骨折中占 90%。舟状骨骨折最易漏诊并且会导致陈旧性骨折或骨不连，造成治疗上的困难。

2. 临床表现

（1）疼痛：新鲜骨折较疼痛，陈旧性骨折疼痛不明显，压痛也较轻。

（2）鼻烟窝肿胀：与骨折部位或类型有关，血肿多则肿胀严重，压痛也严重。

（3）压痛与叩击痛：拇指及第一掌指关节纵向叩击痛，桡侧偏及掌背伸痛，尺侧偏及掌侧屈亦出现疼痛，但程度较轻，活动受限。

（4）X 线检查：舟状骨位（掌外展，手旋前 30°投照）。如果临床怀疑，可在一周后进行再次照片追踪复查，往往会因为骨折处脱钙发现骨折线。定期追踪复查是防止漏诊关键手段。

3. 治疗方法

新鲜骨折治疗：须牢固固定，一般采用贴腕石膏固定 3 个月，每月更换一次石膏，并进行照片复查，直至愈合。

陈旧性骨折的治疗：对于延迟愈合的骨折要彻底固定，耐心等待自然愈合，尽量避免不必要的手术治疗，对陈旧性腕舟状骨骨折不连用手术治疗。

4. 预后考察讨论

舟状骨骨折特别容易漏诊或误诊，主要原因在于舟状骨形态不规则，在常规摄片时骨折线不易显示。此外，骨折处血肿的充填再加上无错位等原因，也容易导致漏诊。当怀疑有舟状骨骨折时，应在石膏夹板固定 2~3 周后再拍 X 线片，也可以用 CT 扫描显示骨折线，以免漏诊。对新鲜骨折，有明显移位及腕部不稳定，在保守治疗 3~4 个月后无愈合迹象的，应考虑手术治疗。通过本例的观察，陈旧性骨折只要固定得当，就有恢复的可能，可作为临床借鉴。

陈旧性腕骨舟状骨骨折的预防，首先是对腕骨骨折足够地重视：由典型或不典型的跌倒受伤者，应予详细检查排除腕骨骨折的可能，及时拍摄 X 线舟状骨位。凡诊断为舟状骨骨折的病人，应予以足够时间的良好固定，建议每月更换石膏一次，直到X线光显示骨痂愈合为止。

（二）腕管综合征

腕管综合征是由于正中神经在腕管内受到压迫与刺激而产生的相应的临床症状。任何能使腕管内容物增多、增大或使腕管容积缩小的因素均可导致本病。

1. 临床表现

腕部、手掌面桡侧、拇指、食指、中指和无名指桡侧麻、痛，可放射到肘、肩部。夜间或清晨症状加重，活动及甩手后减轻。病程久者，可见鱼际肌萎缩、瘫痪。屈腕试验和神经干叩击试验均阳性。

2. 治疗原则

①外固定。症状明显者，用石膏托或夹板固定腕部于轻度背伸位1~2周。
②腕管封闭。用1%利多卡因2ml和复方倍他米松7.5mg做腕管内注射。
③服消炎止痛类药物。
④手术治疗。非手术治疗无效或症状加重或有大鱼际肌萎缩者，应及早行手术治疗。切断腕横韧带，解除对正中神经的压迫。有时需同时进行正中神经束间松解术。

（三）腕三角纤维软骨损伤

1. 临床表现

三角纤维软骨损伤在急性期可见下尺桡关节和腕尺关节部位肿胀、疼痛及压痛；前臂旋转动作受到明显限制；做旋前或旋后阻抗运动时疼痛加剧，有时可伴有"咔嚓"响声；握力减退，少数病人还可有明显的"绞锁"现象；X线检查单纯三角纤维软骨损伤或不完全破裂时，通常腕关节摄片无异常，诊断主要依靠临床表现。当三角纤维软骨完全破裂、下尺桡关节半脱位或脱位时，X线才能有异常发现。

2. 治疗

该病急性期若能正确处理，大多可获良好的结果。应早期常规采用前臂旋后位固定3~4周。如果三角纤维软骨完全破裂，尺骨小头脱位，则需同时用手法复位前臂旋后、肘关节屈曲90°、石膏固定3~6周。慢性损伤一般可用电疗、局部封闭、弹力绷带固定、中药熏洗或推拿等法治疗。如果保守治疗无效，症状严重者，则应考虑手术治疗。

(四) 小结

表 8-4 腕关节常见运动损伤及其防治

损伤名称	治疗方法	预防措施	恢复训练时间
腕舟状骨骨折	必须长时间牢固固定，一般采用贴腕石膏固定 3 个月，早期尽量避免手术治疗	尽量避免意外，腕关节外伤后切勿忽略骨折	4~6 个月
腕管综合征	症状明显者使用外固定；腕管封闭；非手术治疗无效或症状加重或有大鱼际肌萎缩者，应及早行手术治疗	避免过度使用的动作	1~3 个月
腕纤维三角软骨损伤	休息、封闭注射、理疗、手术治疗	尽量避免意外，避免过度使用，必要时使用护腕	6~8 周

四、髋关节常见运动损伤的预防与治疗

虽然髋关节不是损伤的多发部位，但在某些项目中仍会遇到这种损伤。髋关节常见的运动损伤有股骨头骨折、股骨颈疲劳性骨折、股骨头缺血性坏死、髋关节撞击综合征、弹响髋、转子下滑囊炎、股骨头骨骺滑脱症、髋关节脱位、髋关节扭伤与滑膜嵌入、股骨小粗隆骨折、肌腱拉伤、髂肌下血肿与股骨神经麻痹等。相对较易发生髋关节损伤的项目有自行车、中长跑、体操、摔跤、舞蹈、跨栏、汽车比赛等。很多髋关节损伤都与肌肉、韧带有关，因而在进行体育锻炼或专项训练前应进行牵拉训练，并应在整个训练过程中作为重要环节，每块肌肉（或每个动作）均应持续牵拉 10~15 秒，连续做 3 组；在进行髋关节周围肌肉牵拉之前还应充分热身，如慢跑、蹬车，使体温升高并微微出汗，气温低时可穿保暖衣预防损伤。

(一) 股骨头缺血性坏死

1. 病因

股骨头缺血性坏死，是由于各种不同病因造成股骨头血液循环障碍，最终形成头部萎缩变形及塌陷的结果。

2. 临床表现及诊断

早期出现髋关节或膝关节疼痛；关节活动受限；压痛及"4"字试验阳性。影像学检查：X 线检查显示股骨头外上方有斑点状致密影及囊性改变，CT 和 MRI 检查对于确诊和排除其他疾患有非常重要的意义。

3. 治疗

（1）非手术治疗：处于发育中的青少年患者，若能早期发现本症，通过非手术治

疗，继发股骨头自身修复能力，可获得满意结果。非手术治疗应严格避免负重，要卧床休息，进行下肢牵引、中药内服及物理治疗，但需要耐心，一般需观察治疗 6~24 个月，治疗期间定期进行影像学检查。

（2）手术治疗：早期病例可行股骨头钻孔植骨术或多条血管束加骨松质植骨术及经粗隆旋转截骨术，晚期病例可行髋关节融合术及人工关节置换术等。

（二）髋关节撞击综合征（FAI）

1. 病因

髋关节撞击综合征是因发育不良、股骨头坏死、股骨头滑脱、髋臼内陷、创伤、手术过度矫正及其他原因导致的一组髋关节症候群。这种疾患可导致髋关节相应部位盂唇损伤、软骨损伤，晚期可发展为骨关节炎。

2. 临床表现及诊断

髋关节疼痛：患者很难描述疼痛的具体位置，常感觉腹股沟处疼痛或臀部深处痛、大腿根部侧方的疼痛不适，但用手又触摸不到确切的疼痛点。疼痛有时伴弹响和交锁感，还可能有髋关节伸屈旋转等活动度的降低，也有大腿前方或膝关节疼痛为首发症状。疼痛性质为隐痛、酸胀感，长距离行走后疼痛明显；疾病发展患者多出现由于髋部疼痛而产生的抗痛步态，以及臀中肌萎缩而造成外展无力。

影像学检查：X线检查可见股骨头不同程度的手枪柄样畸形、股骨头颈交界处骨性隆起、髋臼后倾畸形，以及股骨颈的囊性变等。MRI对盂唇的不同程度损伤的诊断有重要意义。

3. 治疗

（1）非手术治疗：髋关节疼痛对日常生活和训练影响不显著者，避免大负荷蹲起、过量运动以及长距离行走；避免做引起疼痛的髋关节活动；NSAIDS类消炎止痛药；软骨保护类药物；无热超短波理疗。

（2）手术治疗：可采取关节镜手术。

（三）弹响髋

1. 病因

髂胫束肥厚紧张；药物注射引起臀大肌挛缩症；大转子区慢性滑囊炎症使臀肌与髂胫束张力增加，活动时大转子部有弹拨感。

2. 临床表现及诊断

有弹响声，患者可以有意识地做出弹响的动作；做立正姿势时两下肢难以并拢，跑步时两下肢有外旋倾向；髋关节内收内旋及屈曲活动受限；合并腱膜下滑囊炎时股骨大转子有压痛。

3. 治疗

一般无须特殊治疗，主要采取休息手段，有疼痛者可行封闭注射及理疗等对症治疗。如疼痛顽固、生活和运动训练受到一定程度的影响，可手术治疗。

(四) 大转子下滑囊炎

1. 病因

创伤、感染及类风湿病变等均可引起滑囊炎。

2. 临场表现及诊断

身体有碰撞损伤史；股骨大转子部位有肿胀、疼痛和压痛；疼痛和体位有关。X线有时可见大转子有钙化斑。

3. 治疗

局封、理疗、中药渗透、局部训练后冰敷和激光照射等，均可减轻疼痛和促进炎症消退，疼痛顽固者可行手术治疗。

(五) 小结

表 8-5 髋关节常见运动损伤及其防治

疾病名称	治疗方法	预防方法	恢复训练时间
股骨头缺血性坏死	避免负重、卧床休息、下肢牵引、中药内服、物理治疗、手术治疗	做好热身及场地防护、尽量避免意外、出现创伤后及时治疗	12~24个月
髋关节撞击综合征	避免重体力劳动、过量运动、长距离行走；避免做引起疼痛的髋关节活动；NSAIDS类药、软骨保护类药物、手术治疗	做好运动员选材、避免创伤、出现症状及时诊治	3~12个月
弹响髋	休息，封闭注射、理疗、手术治疗	充分热身、牵拉训练、训练后放松	1~8周
大转子下滑囊炎	封闭注射、理疗、中药外敷、手术治疗	充分热身、牵拉训练	3日~4周

五、膝关节常见运动损伤的预防与治疗

在膝关节的运动损伤中，主要以韧带、半月板、软骨、肌肉肌腱末端病等损伤为主。膝关节是运动中最易损伤的关节之一，易发生损伤的项目有篮球、足球、排球、体操、武术、举重、跑跳项目、掷铁饼、摔跤、冰雪项目等。

（一）前交叉韧带损伤

1. 病因

运动时前交叉韧带损伤最常见的发病机制为跳起落地膝关节外翻外旋。

2. 临床表现及诊断

临床：膝关节前交叉韧带损伤之后，往往出现关节肿胀、疼痛、错动、走路不稳、运动水平下降、许多单膝运动动作不敢做或易再次受伤，并且关节反复地错动使得半月板、关节软骨处于高危损伤状态。

影像学：核磁共振成像（MRI）是膝关节交叉韧带损伤诊断的最理想的检查方法（图8-1）。

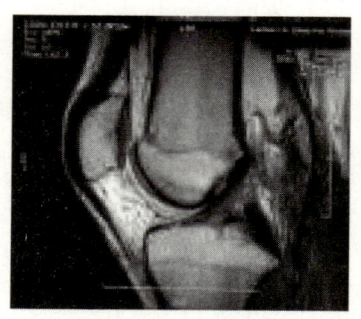

正常的前交叉韧带 MRI

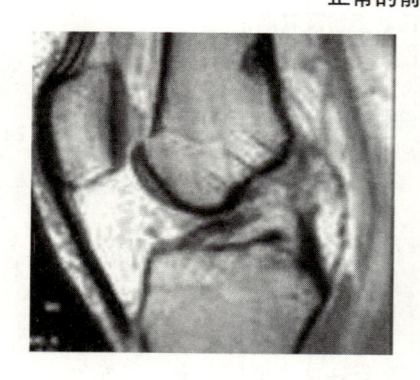

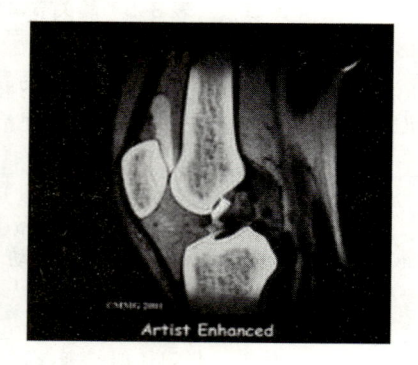

图8-1 前交叉韧带损伤 MRI

3. 治疗

如果出现膝关节不稳且需要从事运动，无特殊情况时一律需要手术治疗，目前主要是进行关节镜下膝关节前交叉韧带的重建手术。手术后 10~12 个月通过患肢肌力、膝关节屈伸角度及平衡功能等临床检查及测试后，根据测试结果决定患者是否能开始正常运动及比赛。

(二) 后交叉与多发韧带损伤

1. 病因

多为严重外伤导致，常常在运动中重击股骨前方，驾驶撞击伤或跌倒时的膝关节屈着地，导致后交叉韧带断裂。

2. 临床表现及诊断

病人通常主诉膝关节后方疼痛，腘窝内出血，导致肿胀和渗出。关节后向不稳，后抽屉试验可以做出明确诊断。

影像学检查中，核磁共振（MRI）是重要的无创检查手段（图 8-2）。

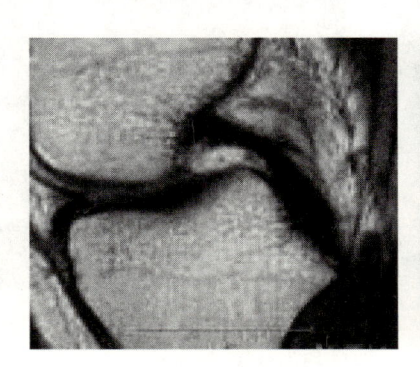

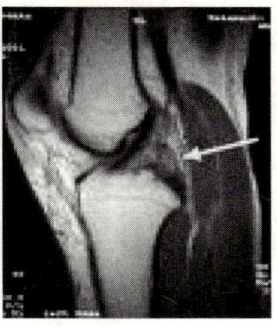

图 8-2 后交叉韧带损伤 MRI

3. 治疗

如果完全断裂或者合并其他损伤，则可进行关节镜下韧带重建手术治疗。后交叉韧带重建术后需要专业康复，手术后 10~12 个月通过患肢肌力、膝关节屈伸角度及平衡功能等临床检查及测试后，根据测试结果决定患者是否能开始正常运动及比赛。

(三) 半月板损伤

1. 病因

膝关节半月板损伤常见于膝关节伸屈伴随小腿内外旋或内外翻，使半月板产生矛盾运动所致。破裂的半月板不但失去了其协助稳定关节的作用，而且会干扰膝关节的正常运动，甚至造成交锁。

2. 临床表现及诊断

常有膝关节疼痛及关节交锁。运动时常有膝部肿痛加重，休息后可缓解，偶发弹响、交锁。

影像学检查：核磁共振（MRI）能对膝关节半月板损伤做出较为明确的诊断（图8-3）。

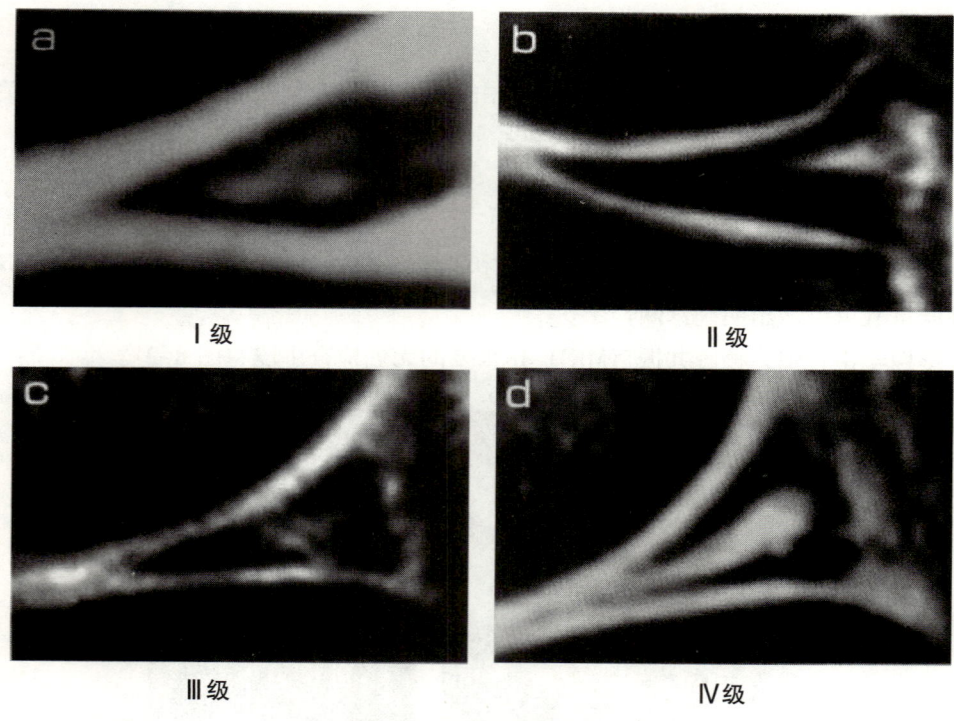

Ⅰ级　　　　　　　　　　Ⅱ级

Ⅲ级　　　　　　　　　　Ⅳ级

图8-3　半月板损伤分级

3. 治疗

对运动员以保守治疗为主，若出现半月板交锁或者磨损软骨的症状，可以采取关节镜下手术治疗，包括半月板切除与缝合。

[案例8-11]

孙×，男，19岁，篮球运动员，左膝外伤肿痛4年，偶发交锁。伤后曾行理疗，关节肿胀时穿刺抽取关节积液，症状反复出现。查体：外侧关节隙压痛（+），麦氏征（+），摇摆（+），浮髌（+），过屈痛（+），下蹲痛（+）。MRI：左膝外侧半月板信号不连续，失去"领结征"表现。诊断：左膝外侧半月板损伤。关节镜检见：外侧半月板后体部断裂，予以损伤部切除。患者术前lysholm评分72分，术后半年随访提高至100分。

（四）膝关节周围肌肉肌腱劳损

1. 病因

运动员在半蹲位发力容易形成细微损伤，长期累积导致伸膝装置慢性损伤。

2. 临床表现与诊断

髌骨上缘有肿胀、疼痛与压痛，上楼疼痛较下楼重，抗阻伸膝有疼痛，伸至 90° 左右疼痛最显著。

3. 治疗

非手术治疗大多能治愈，冲击波理疗和手法按摩有很好的治疗效果。疼痛发作时应减少半蹲位发力的训练活动量。症状消失后加强静力半蹲练习可使症状逐渐减轻和适应。

（五）小结

表 8-6　膝关节常见运动损伤及其防治

损伤名称	治疗方法	预防措施	重返赛场时间
前交叉韧带损伤	手术重建	肌力训练、本体感觉训练、护具	10~12 个月
后交叉韧带损伤	康复训练、手术重建	肌力训练、本体感觉训练、护具	10~12 个月
半月板损伤	康复训练、局部封闭、理疗、手术治疗	充分热身、本体感觉训练	3~6 个月
膝关节周围肌肉肌腱劳损	局部封闭、理疗、按摩、功能锻炼	充分热身、训练放松、理疗按摩	1 周~1 个月

六、踝关节常见运动损伤的预防与治疗

踝关节的损伤发生率仅次于膝关节，占到运动创伤总数的 21%。踝关节常见的运动创伤包括踝关节周围韧带损伤、软组织或骨性撞击综合征、距骨软骨和骨软骨损伤、肌腱损伤以及骨折等。易发生踝关节损伤的项目有足球、篮球、体操、舞蹈、跑跳项目、竞走及各种项目的意外伤等。

最大限度降低损伤率根本的方法就是预防。踝关节损伤是在运动中产生的，所以其预防措施必须始于运动中，如做好牵拉练习、加强肌力等。

（一）踝关节不稳与周围韧带损伤

1. 病因

踝关节外侧副韧带损伤较多，原因：运动员从高处落地，如投篮、跳起头顶球、滑雪从空中坠落等，身体失去重心平衡，足踝在高低不平处或被绊倒或落在别人脚上，或因在不平的路上行走、跑步、跳跃或下楼梯时，均可造成外侧副韧带损伤。

2. 临床表现及诊断

崴脚史或者踝关节跖屈内翻受伤史，有时有弹响。踝关节外侧肿胀与疼痛初期多在外踝侧，难以忍受，负重困难，所以有跛行。X 线帮助明确是否有撕脱骨折，观察不清可使用 CT 或者 MRI 检查。

3. 治疗

非手术治疗。足部稍外翻位石膏管形外固定 1~2 周后改为行走石膏，再固定 1~2 周后拆除。也可行支持带、支具或者胶布固定。

手术治疗多为距腓前韧带跟腓韧带断裂严重影响训练的。

（二）踝关节撞击征

1. 病因

踝关节内翻或旋后扭伤后，关节内滑膜增生、肥厚和瘢痕化而嵌入关节间隙反复受撞击，产生"半月板样"损伤，从而出现症状。

2. 临床症状及诊断

踝关节关节间隙肿痛，持续步行或剧烈活动后加重，常出现"打软腿"，并可伴有响声。运动后加重，休息可缓解。

影像学检查：可通过 X 线检查骨性结构是否异常、MRI 检查软骨。

3. 治疗

非手术治疗可采取物理治疗，关节制动、休息；口服非甾体类抗炎药物；局部注射糖皮质激素类药物行封闭治疗；关节康复训练。保守治疗 3~6 个月无效后，应行关节镜手术治疗，现已公认此治疗为最有效手段。

（三）踝关节骨折

1. 病因

多为直接或间接暴力造成踝关节骨折。

2. 临床表现及诊断

踝关节形状改变；踝部肿胀、疼痛及压痛；踝关节功能障碍。

X 线检查很重要，一些较为复杂和隐匿型损伤，需关节造影、CT 及 MRI 方能确诊。

3. 治疗

现场处理：初步诊断为骨折者，以厚棉花垫加压包扎小腿，超过踝关节夹板外固定，送医院全面检查及拍片后进一步处理。

非手术治疗：无移位骨折可用粘膏支持带外固定，弹力绷带将加厚棉花垫压在伤处压迫止血。避免引起骨折的动作训练，及时检查骨折愈合情况。有移位骨折应尽早尽快复位，争取在伤后几小时内复位。经整复后基本稳定，行石膏固定。有移位或者不稳定骨折应采取手术治疗。

（四）小结

表 8-7 踝关节常见运动损伤及其防治

损伤名称	治疗方法	预防措施	重返赛场时间
踝关节不稳与周围韧带损伤	现场处理、局封、理疗、按摩、功能训练、手术治疗	充分热身、护具、踝关节功能锻炼	8周~6个月
踝关节撞击征	物理治疗，关节制动、休息；口服非甾体类抗炎药物；局封；关节康复训练	充分热身、护具、踝关节功能锻炼	2周~3个月
踝关节骨折	加压包扎、制动固定、复位、手术治疗	佩戴护具、踝关节功能锻炼	3~6个月

第五节 运动性疾病的防治

一、肌肉痉挛预防与处理

肌肉痉挛也称抽筋，是肌肉发生不自主的强直收缩所表现的一种现象。痉挛可以发生在任何一块肌肉上，最常见的是小腿腓肠肌，其次是足底的屈拇肌和屈趾肌等部位。

（一）痉挛的定义

关于痉挛，目前国际上还没有一个统一的定义，普遍地认为：痉挛是属于运动神经元综合征的运动障碍表现之一，其特征为肌张力随肌肉牵张反射的速度增加而增高，伴随着由于牵张反射过度兴奋导致的腱反射亢进。

(二) 肌肉痉挛的原因及发病机制

机体处在不同的情况下，肌肉痉挛发生的机理就有差别。常见的肌肉痉挛发生的不同机制有电解质紊乱、低温的刺激、代谢废物堆积、疲劳、其他疾病的并发症。

(三) 肌肉痉挛的处理

在处理方法上，可分为两部分，一为急性期的处理，二为治本的处理。急性期的处理，也就是抽筋发生时的处理，患者须即刻休息，对抽筋的部位轻轻按摩，并将抽筋部位的肌肉轻轻拉长。肌肉被拉长时，会使肌腱的张力增加，当张力达到某一强度时，神经会将冲动传至大脑，大脑为了避免肌腱受伤，会释放讯息放松抽筋的肌肉。拉长肌肉时不可用力过猛，以免拉伤肌肉造成二次损伤。短时间的肌肉抽筋经过处理后即可回到比赛场，但再次发生的可能性很高。

若肌肉抽筋的时间很长，则可使用热敷或冷敷的办法来减轻疼痛，或局部喷洒或擦一些松筋止痛的药水或敷药膏。如果再次发生抽筋，则应考虑肌肉是否过度疲劳、或脱水，前者则必须停止活动进行休息，后者则需补充水分和电解质。

(四) 预防抽筋的方法

(1) 不在通风不良或密闭的空间做长时间或剧烈的运动。
(2) 长时间运动之前、中、后，皆须有足够的水分和电解质的补充。
(3) 在日常饮食中摄取足够的矿物质（如钙、镁）和电解质（如钾、钠）。矿物质的摄取可从牛奶、豆类、粗杂粮、绿色叶类蔬菜等食物中摄取，电解质可从香蕉、柳橙、芹菜、天然食物等或一些低糖的饮料中获得。
(4) 不穿太紧或太厚重的衣服从事运动或工作。
(5) 运动前检查保护性的贴扎、护套、鞋袜是否太紧。
(6) 运动前做充足的准备活动和牵拉活动。
(7) 冷天运动后须做适当的保温，如游泳后应立即将泳衣换下穿上保暖的衣服。
(8) 以放松的心情从事运动或工作。
(9) 晚上睡觉时易抽筋者，在睡觉前需做一些伸展操，尤其是易抽筋部位的伸展。
(10) 避免过度训练。
(11) 运动前对易抽筋的肌肉做适当的按摩。

发生抽筋者必须先了解自己的一些"历史"，例如了解饮食的习惯、平日运动（工作）量对自己产生的压力、抽筋的部位、发生抽筋时的天气状况等，找出抽筋的原因，针对原因预防改善方能解决抽筋的问题。若经常性地发生抽筋，又找不出原因，则应到医院做相关的检查，因抽筋可能是一些血管疾病、糖尿病或神经系统疾病的症状。

二、运动中猝死

(一) 病因及发病机制

运动性猝死不多但并不罕见。其原因主要有心源性猝死和脑源性猝死，其中心源性猝死在运动性猝死中所占比例达到 80%，主要是冠状动脉粥样硬化性心脏病、肥厚性心肌病、心肌炎、瓣膜性心脏病、心脏传导系统异常、冠状动脉先天性异常及马凡氏综合征等引起。

(二) 运动性猝死的机制

人体在进行剧烈运动时，机体需氧量急剧增加，代谢速率加快，血液中的儿茶酚胺水平增高，此时易出现心肌缺血缺氧，心肌超微结构发生改变，当冠状动脉存在病变或其他原因限制氧供时，就容易引起心肌缺氧、出血或坏死，表现为急性心肌梗塞。运动时体内电解质和激素内分泌的改变，以及代谢产物的堆积，则可引起血液理化特性的改变，导致心律失常。某些严重心律失常，都可以直接导致心脏骤停，从而使运动者发生猝死。

(三) 运动性猝死的预防

运动性猝死一旦发生将直接威胁运动员的生命，因此，必须加强建设和实施运动性猝死三级预防体系，根据心源性猝死不同阶段的特点，采取不同的相应措施，阻止心源性猝死的发生、发展及恶化。此外，在实际工作中必须做到以下几点：

1. 加强入队及赛前疾病筛查

(1) 详细询问病史，如家族心脑血管疾病、高血压以及猝死病史；本人既往心脏病史、胸痛、胸闷和晕厥等。

(2) 心血管系统监测，包括心电图、超声心动图、负荷试验、心血管造影和胸部 X 线片，以及必要的化验等，严格鉴别运动员长期训练引起的心脏适应性生理变化与病理性变化的区别，以排除心脏病的隐患。

2. 加强医务监督，重视猝死先兆症状

对运动中或运动后出现胸闷、心绞痛、胸部压迫感、头痛、眩晕、极度疲乏和晕厥等症状要高度重视，必须立即停止运动并进行详细的检查。

3. 遵循科学训练原则，避免过度训练和过度紧张

运动训练应遵循循序渐进、系统性、全面性、安全性以及区别对待等原则，保持良好的精神状态，防止过度紧张和过度兴奋，做好准备活动和整理活动，避免饱食后剧烈运动，掌握一定的卫生常识和运动的禁忌症。流感、急性扁桃体炎和荨麻疹等患者，在康复期不宜进行剧烈运动。避免心肌炎患者进行剧烈运动，先天性心血管异常者要加强医学监控或者停训治疗。

(四) 心脏猝死事件现场急救

心源性猝死的直接原因为室颤，室颤很快会转为心脏静止。因此，尽快对心源性猝死的运动员进行点击除颤是心肺复苏的关键。除颤是治疗心脏性猝死的唯一有效的疗法。但现实中却有95%的心脏性猝死病人最终死亡，是由于除颤时间延迟10分钟或更长。在心脏性猝死发生后，前几分钟除颤通常可成功转复，即电击越早疗效越好。每延迟除颤时间1分钟，复苏的成功率将下降7%~10%。在心脏骤停发生1分钟内行电除颤，患者存活率可达90%，而5分钟后则下降到50%左右，第7分钟约30%，9~11分钟后约10%，而超过12分钟则只有2%~5%。建议运动场馆都配备简易除颤仪。心肺复苏后，多数病人仍然会有不同程度的心律失常，部分病人会复发室颤，因此所有复苏后的病人都应尽快地转入重症监护病房，对心电活动及血流动力学进行持续监护，随时做好心肺复苏的准备，同时积极治疗原发病。

1. 心肺复苏操作原则

心肺复苏（CPR）是针对呼吸心跳停止的急症危重病人所采取的抢救关键措施，即以胸外按压形成暂时的人工循环并恢复其自主搏动，采用人工呼吸代替自主呼吸，快速电除颤转复心室颤动，以及尽早使用血管活性药物来重新恢复自主循环的急救技术。初步的CPR按ABC进行：A，是开放气道；B，是口对口人工呼吸；C，是人工循环。

2. 除颤仪使用原则

除颤仪，是实施电复律术的主体设备。使用前应检查除颤器各项功能是否完好，电源有无故障，充电是否充足，各种导线有无断裂和接触不良，同步性能是否正常。除颤器作为急救设备，应始终保持良好性能，蓄电池充电充足，方能在紧急状态下随时能实施紧急电击除颤。在选择性电复律术前要特别检查同步性能，即放电时电脉冲是否落在R波下降支，同时选择R波较高的导程来触发同步放电。

除颤仪均应配有电极板。体外电复律时电极板安放的位置有两种：一种称为前后位，即一块电极板放在背部肩胛下区，另一块放在胸骨左缘3—4肋间水平。有人认为这种方式通过心脏电流较多，使所需用电能较少，潜在的并发症也可减少。选择性电复律术宜采用这种方式。另一种是一块电极板放在胸骨右缘2—3肋间（心底部），另一块放在左腋前线内第5肋间（心尖部）。这种方式迅速便利，适用于紧急电击除颤。两块电极板之间的距离不应<10cm。电极板应该紧贴病人皮肤并稍为加压（5kg），不能留有空隙，边缘不能翘起。安放电极处的皮肤应涂导电糊，也可用盐水

纱布，紧急时甚至可用清水，但绝对禁用酒精，否则可引起皮肤灼伤。消瘦而肋间隙明显凹陷而致电极与皮肤接触不良者宜用盐水纱布，并可多用几层，以改善皮肤与电极的接触。两个电极板之间要保持干燥，避免因导电糊或盐水相连而造成短路。也应保持电极板把手的干燥，不能被导电糊或盐水污染，以免伤及操作者。

三、运动性腹痛的处理与预防

（一）运动性腹痛概述

由训练因素引起，其中仅与运动训练因素有关而无其他原因称为运动性腹痛。运动性腹痛是由于激烈运动引起的一时性的运动员机体机能紊乱，本身不是一种疾病，随着运动的停止，症状可以逐渐缓解。运动中出现腹痛，其特点为除腹痛外一般不伴随其他症状，多数安静时不痛，运动时才痛；疼痛程度与运动量大小和强度成正比。一般活动量小、强度低时疼痛不明显，随负荷量加大疼痛才逐渐加剧。调整运动量和强度，做深呼吸或按压腹部疼痛多可减轻。各项检查如肝功能、腹部B超、腹部平片等皆正常。

（二）运动性腹痛的发作原因

1. 运动引起胃肠痉挛

多因饮食不当、暴饮暴食、离比赛时间过近或吃得过饱、喝得过多（尤其是冷饮，大量的水或碳酸性饮料），或因吃的是产气食物、有刺激性和不易消化食物（如豆类、薯类、牛肉等），腹部受凉而发病。或者运动训练安排不当（如空腹训练、胃酸分泌过多或吸入冷空气等），致使胃肠受机械牵引而引起胃肠道痉挛产生腹部疼痛。

2. 运动引起肝脾区疼痛

（1）如果发生在运动早期，其原因多为准备活动不足、开始运动运动量过大、开始速度过快，内脏器官活动与运动器官不相适应，在内脏器官功能还没有提高到应有的活动水平时就加大运动强度。

（2）发生在运动早期的第二个原因，是呼吸节律紊乱。

（3）运动中后期肝、脾悬重韧带紧张牵扯，亦能引起疼痛。

（4）腹腔内脏器质性病变发作，如其中急性胆囊炎、胆囊结石、输尿管结石、卵巢囊肿扭转、急性阑尾炎发作等。

3. 腹直肌痉挛

多发生在夏季进行较为剧烈的运动时，由于大量排汗，盐分丧失，水盐代谢失调，加上疲劳，可引起腹直肌痉挛性疼痛。多在运动后发生，发生位置表浅，用手可触及腹直肌痉挛情况。

4. 腹部慢性疾病

运动员原有慢性阑尾炎、溃疡病、慢性盆腔炎或肠道寄生虫等，参加激烈活动时，由于受到振动和牵扯即可产生运动中疼痛，这种腹痛部位与原来病痛部位通常一致。

5. 原因不明的右上腹痛

此类运动中腹痛有如下特点：运动员主诉"肝区痛"已持续甚久，大多数安静时不痛，运动时痛，其疼痛程度与运动量大小及运动强度成正比，减慢速度，减小运动强度或做深呼吸或按压腹部后，疼痛可减轻；除腹痛外无其他特异性症状；检查肝功能、肝脾超声波或胆汁检查等未见异常，各种"保肝"药物治疗无效。

（三）运动性腹痛应急处理

运动现场诊断急性腹痛时，思路必须广阔，切忌主观片面。首先必须掌握全面情况，包括运动者的训练水平、比赛经验、饮食及生活制度、准备活动情况等。通过问诊和初步体检，应对疾患做出初步判断：是属于急腹症还是运动性疾病——运动中腹痛。特别应该指出，必须在排除急腹症之后，才能确立运动性疾病——运动中腹痛的诊断，否则将会铸成大错。

（四）运动性腹痛的处理

运动中发生腹部疼痛时，不单是运动性疾病的运动中腹痛，还有可能是内脏器质性病变及其他内科疾病发生，尤其是首先要考虑到急腹症发生的可能性，要迅速准确地做出鉴别，停止训练送医院急救。腹痛在没有明确诊断前，不能服用止痛药，因为那会掩盖病情造成误诊。一般运动过程中腹痛时，可适当减速，调整呼吸，并以手按压。如果用上述方法疼痛仍不减轻并有所加重时，即应停止运动，进行检查，找出原因，酌情处理。

（1）疼痛剧烈者，按上述方法不缓解，可以口服阿托品片 0.3mg，亦可用阿托品 0.5 毫克即刻注射，或口服 654-II 片 10mg，腹痛应当停止。

（2）如属胃肠痉挛而无药品或药品无效，可针灸和用手按揉内关、合谷、足三里、大肠俞、阳陵泉、承山等穴，每穴 5 分钟，或用热水袋热敷脐区 8~15 分钟即可止痛。

（3）如属腹直肌痉挛，热敷腹痛部位，或局部给以按摩，用揉、按压、做背伸动作，拉长腹肌。也可做局部按摩腹直肌 5 分钟左右进行止痛和背伸动作，拉伸腹部肌肉，并采用平卧休息，做腹式呼吸 20~30 次来恢复和缓解疼痛。

（4）如腹痛持续或者腹部摸上去呈"木板状"，考虑有腹膜炎体征，应紧急送医院检查诊治。

（5）如属肝脾区疼痛，出现左侧腹痛应停止运动，在背部脊柱左侧11—12椎体棘突旁的脾俞、胃俞按揉3~5分钟可止痛；出现左侧腹痛应停止运动，在背部右侧肝俞揉按5分钟可止痛。

当出现了运动性腹痛，说明运动量偏大或过于激烈，机体还不能适应，应减少运动量，然后循序渐进地进行锻炼。而对于女运动员，在月经来临的2~5天，运动量应减少，因为运动量过大，可产生月经前应激反应而引起腹痛。一旦发生运动性腹痛，停止运动后局部进行按摩便可缓解，严重者应到医院进行诊断及治疗。

（五）预防

针对不同病因进行预防：

（1）胃肠痉挛引起的腹痛。预防的措施是运动前别吃得太饱，也别吃容易产气的食物如豆类、薯类及冷饮。体育活动前1个半小时内不可以饮食过饱，不要喝太多的水、碳酸类饮料和吃刺激性、难消化的食物，体育活动过程中不要吃零食、冷饮。合理安排膳食，饭后1小时30分钟后才可参加剧烈运动，训练或比赛前要注意饮食的内容且不要吃得过饱，一般以七八成饱为宜。夏季运动时要适当补充盐分，以免水盐代谢失调。冬季注意腹部保暖。

（2）运动中注意循序渐进，动作不要太猛，不要突然加速或变速，使身体能够较好地进入运动状态，并且注意呼吸节奏，强调呼吸和动作的协调性。呼吸节奏与运动节奏相一致；不要突然加速或变速跑。

（3）预防准备活动不充分引起的运动性腹痛。做好准备活动和整理活动，准备活动要做得充分、合理，要由一般缓慢的身体练习开始，逐渐加大运动量和强度，直至把身体调节到与激烈运动相适应的程度，再进行专项练习或比赛。失水较多时应注意及时补充水和盐。遵守科学训练原则，循序渐进地增加运动负荷，加强身体综合训练，提高心肺功能，避免运动过快使胃肠道缺血缺氧发生胃肠痉挛或功能紊乱。

（4）对于有慢性腹部脏器官疾病的运动员应该及时治疗，及时治疗腹部脏器炎症，同时在医生的指导下进行体育活动。应及时了解运动员的身体状态，对于这类运动员应该区别对待，合理安排运动量。

（5）腹直肌痉挛引起的腹痛。预防的关键在于夏季运动出汗时要适当补充盐水，局部按摩腹直肌，做背伸运动拉长腹直肌可以缓解腹痛。

（6）女运动员在月经期间的运动量应该减少，并注意保暖，不吃有刺激性的食物，平时吃些香蕉，喝牛奶时加点蜂蜜，饮食以清淡为主。

四、运动性胃肠道综合征

运动性胃肠道综合征（Gastro – intestinal syndrome）是发生在运动中或运动后的胃肠道功能紊乱，表现为腹痛、恶心呕吐、腹泻等症状的一组综合征。

（一）发病原因

运动性胃肠道综合征发生的机理是激烈运动引起体力衰竭，使机体处于一过性的休克状态，并伴有胃血液循环的障碍，造成局部缺氧和胃黏膜的损伤而致出血。这种溃疡往往仅侵及黏膜层，由于损伤表浅，愈合较快，因而易被忽略。

（二）发病机制和原因

（1）胃肠痉挛：精神紧张、过饱、空腹可引起胃肠道激素异常分泌，胃肠运动不协调造成胃肠痉挛。

（2）胃肠道血供不足：运动时内脏血液重分配，脱水、高温等情况更加重胃肠道血供障碍，儿茶酚胺等血管活性物质分泌，氧自由基等释放加重胃肠道黏膜微循环缺血。

（3）韧带、脏器表面被膜（如肠系膜）紧张牵拉、腹直肌痉挛：呼吸运动不协调可造成肝脾淤血、机械性刺激使维持腹腔脏器的韧带过度牵拉激发迷走神经反射，脱水、电解质紊乱、肌肉兴奋增高引起腹直肌痉挛。

（三）主要症状

（1）腹痛。包括胃脘部痛，右上腹和（或）左上腹痛、全腹痛或下腹痛。主要在运动中和（或）运动后出现。

（2）腹泻。运动中和（或）运动后出现腹泻，轻者为水泻，重者为血性腹泻。上消化道出血为主时常常排出黑便，下消化道出血时可排出新鲜血性便。

（3）呕吐。吐出咖啡样食物或液体等。

（4）其他症状。如恶心、干呕、打呃、吐酸水等。

（四）诊断

运动中经常腹痛发作病史，腹部体征轻多与症状不相符，相关检查排除原有腹部慢性疾病及器质性疾病。

（1）病史：运动过程中出现反复的腹痛、恶心呕吐等症状。腹痛：多位于脐周、右上腹或中上腹，可为灼痛或绞痛，呈阵发性，无放射痛。恶心、呕吐：呕吐水样胃内容物或饭后食物。便意或排便不能控制；腹泻，多表现为水样腹泻。

（2）体检与实验室检查：腹部体征轻微，无固定压痛，少数患者腹部轻度压痛。相关检查：血常规、粪常规、肝功能、血、尿淀粉酶检查一般正常；腹部超声无异常；胃肠造影、胃镜、肠镜等检查均为阴性。

(五) 鉴别诊断

(1) 应激性溃疡：存在腹痛，恶心呕吐，但常表现为呕血黑便，急诊内镜检查发现胃肠黏膜糜烂出血。

(2) 慢性胆囊炎：右上腹痛，饱食或进食油腻食物后加重，腹部超声显示胆囊壁增厚、胆囊结石。

(六) 现场处理及预后

(1) 降低运动强度或停止运动、调整呼吸、按压疼痛部位。
(2) 针刺或手刺足三里、内关、大肠俞等穴位。
(3) 解除胃肠道痉挛：阿托品 0.5mg 肌注、口服小茛菪碱片 210mg。
(4) 补充水、电解质。

(七) 治疗

发生运动性胃肠道综合征后应立即采取必要的治疗措施：

(1) 对症治疗。当运动中出现腹痛时，可采用适当减慢速度、按压腹部、调整呼吸等措施，必要时可服用阿托品等解痉药物。

(2) 积极治疗出现中暑、水中毒。水中毒的治疗原则主要是纠正低钠、低氯，恢复血液中钠、氯的浓度，排出体内积蓄的过多水分等。

(3) 对一时找不到明显原因的上、下消化道出血者，可采取暂时停止或减少训练，尤其减少训练或比赛的强度，口服或注射止血药等措施。

(八) 预防

一般运动性胃肠道综合征是可以预防的，预防要点如下：

(1) 及时治疗各种原发性疾病。首先应经过详细的检查，包括一般物理检查、化验检查、X 线检查等，以消除能引起胃肠道症状的各种疾病。对患有十二指肠溃疡有出血倾向者，更应停止激烈的运动训练和比赛，集中进行治疗。临床经验说明，对这些运动员采用边治边练的方法往往是不适当的，其结果是拖延了治疗时间，又耽误了训练，得不偿失。

(2) 遵守训练和比赛的卫生原则。主要包括遵守训练的循序渐进原则、个别对待原则等，在炎热天气下进行训练或比赛时应注意补液和预防中暑，合理调配好饮料的成分，并制订好赛前和赛后的饮食制度。

(3) 预防在运动过程中因饮水量过多而出现血钠过低所导致的水中毒现象。

五、运动性晕厥的预防和处理

晕厥是由于一过性脑供血不足所致的短暂的意识丧失状态,发作时患者因肌张力消失不能维持正常姿势而倒地,一般能够很快地完全恢复正常。运动员在运动中和运动后发生晕厥,一般持续几分钟,无明显后遗症。但是在特殊环境或状态下运动,如高空、水下、高原以及运动时速度、方位、力量的迅速变化均会导致突发意识丧失,产生严重后果。

(一) 病因与分类

晕厥发生的基本机制是由于大脑的低灌注,因此任何引起心输出量下降或外周血管阻力增加的原因都可以引起晕厥。一般根据发病原因将晕厥分为心脏性晕厥、非心脏性晕厥及不明原因性晕厥3类。

(二) 急诊晕厥的诊断步骤

急诊环境的特殊性及急诊疾病的危重性决定了急诊医务人员在对晕厥诊治时,需要在一种快速、全面及有序的思路指导下对急诊晕厥患者尽早做出诊断,这事关患者预后的好坏。

这里所总结的急诊晕厥诊断程序基本流程可总结如下:
仔细询问病史、系统体格检查(包括立卧位血压)、实验室检查、心电图检查;
根据检查结果对部分患者可明确诊断或提示性诊断;
诊断未明者,首先应排除心脏器质性病变;
无心脏器质性病变者,若发作严重且频繁者考虑神经反射性晕厥,给予倾斜试验或颈动脉按摩试验确诊。对第一次发作或很少发作且原因不明者可给予观察随访。

(三) 晕厥预防

晕厥是一种短暂的、自限性的意识丧失症状,通常会引起晕倒。少数患者在晕厥前可能有头痛、恶心、呕吐、乏力等症状,称为晕厥前兆,但绝大多数晕厥的发生并没有任何先兆。一旦发现运动中出现晕厥的前期症状,应在他人的帮助下,慢跑或慢走一会儿,然后立即平卧,可以抬高腿部,去除诱发因素,一般即可恢复,无须药物治疗。血管迷走性晕厥患者一般在午间或者18时—19时两个时间段,血压水平明显低于正常人,尤以收缩压降低为显著,因此在这个时间段应该尽量避免强刺激,防止晕厥发生。有低血糖史者,嘱其空腹时不要剧烈运动。心源性晕厥的病人,队医要了解其病史、熟悉病情,备好急救药品,消除诱发因素,进行心电监护。

(四) 晕厥处理

1. 一般处理

立即平卧或仰卧，头低位，持续 30min 左右。同时松解衣领及裤带，可用热毛巾擦脸，且注意保暖，保持呼吸道通畅，必要时可吸氧，并指压或针刺人中、涌泉、合谷等穴位。一般均会苏醒。

2. 对症处理

对晕厥病人针对引发晕厥的不同病因要采取积极治疗措施。"重力性休克"引起的运动性晕厥，可自小腿向大腿方向重复做推摩和揉捏，以促进血液迅速回心。在潜水、水下游泳发生晕厥应尽快急救，保持呼吸道的通畅，必要时进行人工呼吸、心脏按压等急救措施。中暑性晕厥应将患者迅速移至阴凉通风处，物理降温，可静脉滴注5%的生理盐水 500~1000 毫升。若恢复较慢者，且基本排除心、脑源性晕厥，可皮下注射肾上腺素 0.2~0.3mg 或静脉注射 50%葡萄糖 40~60ml。晕厥后摔倒致头面部外伤可予吸氧、补液、清创、止血、缝合和应用抗生素等。若诊断为心、脑源性晕厥，出现症状者应立即平卧，同时解开衣领、吸氧、建立静脉通道，通知专科医生紧急会诊，并送往医院，积极治疗原发病。

第六节　特殊人群运动伤病的防治

一、女性运动员特殊伤病的防治

近年来随着女子参加体育运动日益增加和运动成绩的不断提高，月经失调的现象有增高的趋势，女性特有的生理代谢保证女子正常的生殖和遗传。因此，了解女性运动员的生理及其运动特点，在月经期科学训练和比赛对女性运动员保持良好的竞技状态和取得良好的运动成绩至关重要。

(一) 女性运动员身体发育及运动能力特点

1. **女性运动员身体发育特点**

一般 10 岁前男女发育基本相当，至 12 岁左右女略大于男，约 13 岁以后身体形态一般男大于女。女子在 16~17 岁生长速度逐渐减缓，约 25 岁骨化完成后停止生长。

2. **女性运动员各系统生理特点**

体形：女性骨盆较宽，躯干相对较长使身体重心较低，稳定角大，适宜进行艺术体操、高低杠、平衡木及自由体操等项目。女子皮下脂肪较厚，利于保温，有利于游泳、滑雪和滑冰等运动。女子下肢相对较短，步幅小，易出现疲劳，也影响跳的高度和远度，且肩部较窄，臂力较弱，所以女子需要加强肌肉力量的训练。

运动器官：女子的骨骼比男子短且细，骨密质较薄，坚固度低，重量也轻，抗压和抗弯的力量较差。女子的肌肉重量相当于男子的90%左右，而力量相当于男子的70%～80%。其中上肢比男子弱48%～63%，下肢弱27%。女子肌肉生理横断面积小，动力及静力性力量均低于男子，易疲劳，且消除疲劳的时间长。

心血管系统：女子心脏体积每分输出量及每搏输出量均小于男子，安静心率稍快于男子，血压稍低于男子。

血液：女子红细胞数量及血红蛋白含量均低于男子，故最大摄氧量低于男子，这也是限制女子耐力性能的原因之一。

3. 女性运动员的运动能力特点

理论上女性运动员不宜从事耐力性运动，因为女子有氧能力明显低于男子，但训练有素的运动员对耐力性运动的应激反应与相应的男性运动员相似，所以，男女少年均可采用与成年人大致相同形式的耐力训练获得相同的有氧适应能力。

尽管女子的肌力，特别是上肢肌力比男子差，但是通过系统的负荷训练，其肌力增长的情况与男子相似。女子适当地进行负重训练，不仅能提高运动成绩，而且有利于预防运动损伤。

（二）女性运动员月经周期的医学问题

1. 运动员月经初潮年龄

月经第一次来潮称为初潮，我国健康少女初潮年龄大多在13～15岁。目前初潮年龄有提前的趋势，而运动员的初潮年龄有推迟的现象，这与运动训练有一定关系。运动员初潮年龄迟于非运动员2～3年，训练水平越高，运动年限越长，初潮年龄越推迟。另外，体脂越少，初潮年龄越迟。

2. 运动员月经期的症状

一般经期无特殊症状，有时有些运动员有下腹、腰骶部下坠感，个别有尿频、尿急症状，轻度神经系统不稳定症状，胃肠功能紊乱现象，但一般不严重，不会影响运动员的学习、生活和训练。

3. 运动员的月经失调

若月经周期、月经持续时间或月经量超过正常范围即为月经失调。运动性月经失调是女运动员特殊和常见的现象，在运动员中发生率高达54.4%，主要表现为：月经初潮推迟，月经周期过长或者过短，月经量少，甚至闭经或功能性子宫出血及经前紧张综合征等，影响全身机能和运动能力。

(三) 女性运动员运动中的卫生问题

1. 月经期的体育卫生

月经是女子的正常生理现象，因此无须对女子经期运动提出不适当的限制，但也不能忽视月经期的特殊性。月经期生殖器官抗感染能力下降，全身神经体液方面变化较大，因此经期应避免过冷、过热的刺激。在经期的第一、二天应减小运动量及强度，运动时间也不宜过长，特别是月经初潮不久，周期尚不稳定的女少年运动员更应注意，否则会造成月经失调。有痛经、月经过多或月经失调者，经期应减少运动量、强度和训练时间，甚至停止体育活动。

2. 经期的运动能力

一般运动员经前期机能状态最差，运动能力低下。女运动员感觉在经前期竞技状态不良者为 65.5%，并发现在速度、耐力、敏捷性及体力方面均有下降，其中以耐力变化最为明显。

3. 月经期训练和比赛

正常状态下经期一般不应停止训练，但应注意运动年限、训练水平、个人特点和习惯。运动年限长、训练水平高和经期反应小者，可以参加训练和比赛；运动年限短、训练水平低、月经初潮者，经期不要参加大运动量训练和比赛。要注意定期观测女运动员运动前后的机能变化，经期能否参加训练和比赛，应根据运动员月经期的情况而定。

4. 人工月经周期

对于不习惯经期参加比赛的运动员，可用内分泌制剂提前或错后月经期，人为形成卵巢-子宫内膜的周期性变化，即为"人工月经周期"，可分为提前和推迟行经日期两种方法。

(1) 提前行经日期法：

①由月经来潮第 15 天开始，每日肌注黄体酮 10mg 及乙烯雌酚 1mg，连续注射 5 天。一般在停药后 2~5 天行经。

②由月经来潮第 5 天开始，每日服用复方甲地孕酮 1 片，连服 15 天，停药后 2~5 天行经。

③口服安宫黄体酮片，每日 3 次，每次 2 片，连服 5 天，停药后 2~5 天行经。

(2) 推迟行经日期法：

①从赛前末次月经第 15 天开始，每天口服 18 甲基炔诺酮 1 片，连服 18 天，停药后有时第二天即可行经。

②月经来潮前 6～7 天，应用黄体酮使卵巢黄体期延长，以推迟行经日期。

人工月经周期是人为地打乱正常月经规律，不宜经常采用，更不能盲目滥用，对青春期运动员更要特别慎重，要加强医务监督，并观察其远期影响。

二、青少年运动员特殊伤病的防治

青少年处于生长发育的变化过程中，身体各组织器官系统尚未发育完善，生理机能尚未成熟，如何根据儿童少年的身体发育特点，合理进行训练和比赛对青少年运动员的健康成长具有深远的意义。

（一）青少年运动员生长发育特点和体育卫生

青少年下肢较上肢发育晚，脊柱发育更晚，各部位发育结束时期是：足长约在 16 岁，下肢长约在 20 岁，手长约在 15 岁，上肢长约在 20 岁，躯干长约在 21 岁。骨骼、肌肉的发育特点是：骨骼含有机物多，无机盐少，骨的弹性和可塑性大，而硬度小，不易骨折，但易弯曲呈畸形。肌肉质量轻，肌纤维弱，肌含水分多，含蛋白质和无机盐少。因此，运动训练时持续时间不能过长，运动量不应超过身体负担的能力，尤其勿进行静力用力活动，注意加强脊柱的锻炼，防止脊柱和胸廓的畸形。另外，由于肌肉发育不均衡，要注意发展伸肌和小块肌肉，并注意肌肉协调性和灵敏性，不要使肌肉负担过重。

在速度素质的发育方面，男孩在 19 岁前、女孩在 13 岁前速度随年龄的增长有所提高，10～13 岁增长最快，以后缓慢并趋于稳定。在力量素质方面，男孩在 16 岁以前力量素质随年龄增长而增加，16 岁以后增长速度减缓，22～23 岁达到高峰，以后趋于稳定；女孩在 13 岁后力量素质有所下降，至 16 岁以后又有回升，18～22 岁达到高峰，以后趋于稳定。因此青少年不宜在青春期进行过大的力量训练，16～18 岁以后可以进行力量训练。柔韧素质随年龄增加而逐渐下降，因此柔韧性训练以从幼年开始为宜。耐力素质总体随年龄增加而提高，20 岁达最高峰，以后逐渐下降，因此 16 岁以后进行耐力训练能提高耐力水平。灵敏素质随年龄增加而增长，10 岁以后开始提高，青春期尤为明显，15～16 岁后逐渐缓慢并趋于稳定，因此从儿童起就应着手培养灵敏素质。

（二）青少年运动员早期专项训练的医学问题

早期专项训练就是把专项训练的开始年龄合理提前，使其较好地取得优秀成绩。当今随着青少年发育成熟期提前，运动训练手段日趋科学化。实践证明，如果能按照青少年的身体发育和解剖生理特点进行科学训练，不仅有利于提高运动能力，而且有利于生长发育。

从医学角度，青少年早期专项训练的目的不在于要求青少年时期出现优良成绩，而在于身体全面训练和专项素质训练，一般需要2~3年可以提高各系统的机能，为专项训练打下扎实基础，期望到一定年龄时创造优良成绩。如果过早进行专项训练，过早要求出好成绩，过多地参加比赛会严重影响青少年的生长发育和健康成长。从创造高水平运动成绩方面分析，过早地专项训练难以显示出实际的优越性，而且往往出现"早衰"现象，主要原因是机体疲劳、心理疲劳，健康状况难以承受大运动量。

（三）青少年运动员运动训练的医务监督

为了不影响青少年运动员身体正常发育和防止发生伤害事故，对青少年运动员进行医务监督工作是非常必要的。要对青少年运动员进行定期全面身体检查，掌握身体变化和因训练不当造成的不良影响；加强训练及比赛中的观察和检查，注意对疲劳的评价和负荷后身体各系统的机能检查。

参考文献

[1] 曲绵域，于长隆. 实用运动医学 [M]. 4版. 北京：北京大学医学出版社，2003.

[2] 王安利. 运动医学 [M]. 北京：人民体育出版社，2007：307-324.

[3] 刘晓军. 建身运动风险理论体系的构建 [J]. 渭南师范学院学报，2012，27（10）：94-98.

[4] 肖建，崔国庆，王健全. 关节镜肩峰下间隙减压术治疗肩峰下撞击综合征 [J]. 中华创伤杂志，2006，22（3）：171-174.

[5] 龚熹，崔国庆，王健全. 复发性肩关节前脱位的临床病理表现 [J]. 中华骨科杂志，2006，26（6）：399-403.

第九章　运动损伤康复与预防的功能锻炼

王安利（北京体育大学）
汪黎明（北京体育大学）
魏宏文（北京体育大学）

内容提要：

本章从运动损伤的机制分析入手，重点讨论肌肉平衡、姿势与动作模式异常等问题与损伤之间的循环关系，并分析指出姿势、动作模式的关键因素，以及康复功能锻炼对于人体运动系统的作用与损伤康复的基本原理。继而在第二节提出了从姿势、动作和肌肉平衡评估入手的损伤康复功能锻炼流程，包括评估流程和细节要求，针对性的肌肉紧张和肌肉无力处理方法与流程、本体感觉训练和整合训练要点等。第三节对常见运动损伤的机制、损伤特点和康复功能锻炼方法做了逐一的介绍。第四节对于恢复运动场训练的基本要求和特殊训练方法做了简要介绍。第五节介绍了运动疲劳产生的原因，以及疲劳消除的有效方法。

第一节　运动损伤的机制

高水平运动员运动损伤的特点主要有两个：一个是慢性损伤多见，也就是常说的过度使用伤或疲劳伤，也有人把它叫作劳损；另一个则是损伤往往反复发作，休息治疗后好转，一旦训练比赛则容易复发。因此，有些人一方面认为运动损伤不可避免，搞运动就会有损伤；另一方面则认为损伤一旦发生就不可能痊愈，因此反复发作是正常情况，带伤训练也是高水平运动员的唯一的选择。这种观念一方面是面对目前我国运动损伤防治现状无可奈何的表现，另一方面也是对于运动损伤机制缺乏足够深入的认识导致。本节将从运动损伤的机制入手，以功能锻炼为主要手段，介绍运动损伤康复和预防的原则与方法。

运动损伤的基本原因除了急性意外创伤以外，主要是身体组织结构对于运动负荷不能承受后出现的病理损害。而实际上机体对于负荷的承受能力是会发生变化的，在合适的身体姿势和高效率的动作模式下，身体结构承受的应力相对较小（Magee）。而不合理的关节排列（身体姿势）和动作模式会增加关节应力，损伤风险将会增加（Janda）。这些关节排列和动作模式的异常往往和肌肉平衡问题（肌肉紧张或无力）

紧密相关，它们相互影响形成一个恶性循环（图 9-1）。

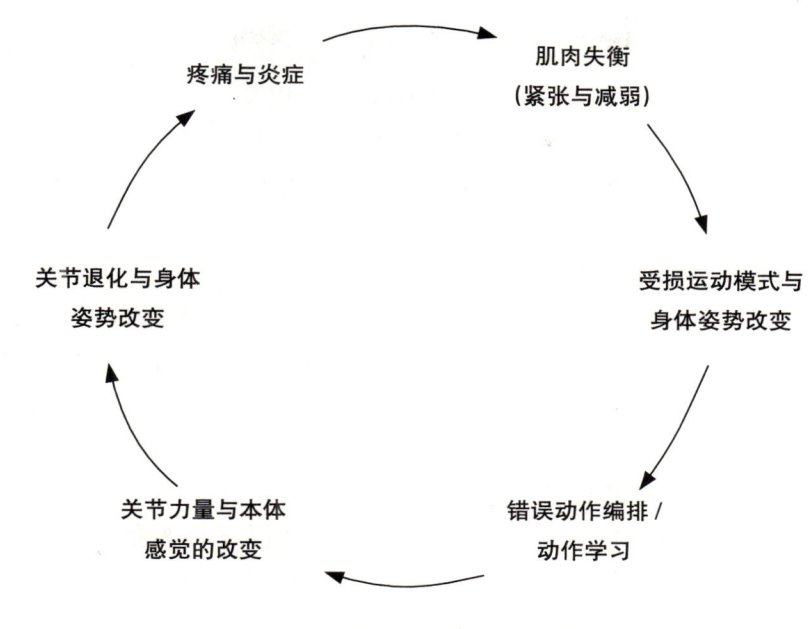

图 9-1　慢性肌肉关节损伤疼痛环路

（循环图：疼痛与炎症 → 肌肉失衡（紧张与减弱）→ 受损运动模式与身体姿势改变 → 错误动作编排/动作学习 → 关节力量与本体感觉的改变 → 关节退化与身体姿势改变 → 疼痛与炎症）

一、运动损伤机制

Janda 指出，绝大多数的肌肉关节疼痛与肌肉痉挛有关，但并非完全由肌肉痉挛所引起；事实上，疼痛是由长时间肌肉收缩所致的缺血引起。长时间的肌肉收缩会导致疲劳，最终使得能够用于维持姿势和进行运动的肌肉力量下降。

产生肌肉疼痛的间接因素包括关节应力的改变，这通常由肌力失衡所致的运动模式改变而引起。关节功能障碍未伴有痉挛时通常是无痛的。例如 Janda（1986）发现骶髂关节畸形（异常排列）但无疼痛的受试者与无异常排列的受试者相比，在伸髋和髋外展动作中，臀大肌和臀中肌表现出明显的受限。

急性和慢性疼痛均可导致肌肉失衡。急性疼痛会产生较明显的肌肉反应，使得运动模式发生改变以保护或代偿受损区域（Lund 等，1991）。久而久之，这种改变了的运动模式在 CNS（中枢神经系统）中强化固定。尽管关于疼痛和痉挛的恶性循环理论目前仍未完善（Lund 等，1991），但慢性疼痛恶性循环理论包含 CNS 和 PNS（外周神经系统）的影响已是确信无疑。这些肌肉失衡通常发生图 9-1 所示的循环，该循环的组成包括以下部分：

肌肉失衡

慢性疼痛与肌肉保护性适应性反应有关，这导致主动肌张力下降而拮抗肌张力增加（Graven-Nielsen，Svensson 和 Arendt-Nielsen 1997，Lund1991）。这一神经系统引发的反应，在特定肌群中可见肌肉紧张和衰弱的现象，表现为主动肌紧张会抑制拮抗肌，导致拮抗肌衰弱无力，从而导致肌肉失衡，增加损伤风险（Baratta 等，1988）。

受损运动模式与姿势改变

疼痛引起的姿势反应很常见，人体通过增强屈肌反射以保护受损区域。通过代偿性运动产生的对疼痛的保护性适应导致 ROM 的下降以及运动模式的改变（Lund 等，1991）。根据交互抑制的谢灵顿定律，拮抗肌的紧张将使主动肌受到抑制（Sherrington 1906）。这种失衡导致正常运动模式发生更大改变。由于原始运动模式和反射重新出现，受损运动模式可能会加重。

错误动作编排与动作学习

原始运动模式和反射的重新出现，明显会影响正常的运动模式。由于动作学习的影响，不断重复错误的运动模式将最终取代正常的动作编排。错误的动作编排将被认为是特定运动模式的新的正常编排，在运动皮质中逐渐根深蒂固，由此强化了错误的运动模式。

关节应力与本体感觉的改变

运动模式的改变会影响关节应力的正常模式。肌肉失衡将改变关节位置，影响关节囊及关节表面应力的分布。输入信号对肌肉激活修正十分重要，它使动作更加协调和高效（Holm，Inhahl 和 Solomonow 2002）。

关节退化

本体感觉的下降最终可导致关节退化（Barrett，Cobb 和 Bentley 1991；O'Connor 等，1992）。最近发现的位于脊髓的中枢模式，通过平衡行走过程中主动肌和拮抗肌的收缩对关节起到一定的保护作用（O'Connor Vilensky 2003）。Janda 认为，肌肉失衡比单纯的肌肉衰弱带给关节的危险更大（Janda 1993）。因此，功能性病理实际上可能导致结构性病理。

慢性疼痛

众所周知，诸如组胺和血管舒缓激肽等炎症介质能致痛。关节疼痛和炎症使骨骼肌传入感受器致敏（Guilbaud 1991；Schaible 和 Schmidt 1985；Sessle 和 Hu 1991）。正如之前所说，疼痛能引起肌肉失衡，改变身体姿势和运动模式，由此加重恶性循环。

从以上损伤循环通路可以看出，常规的损伤处理关注在炎症的解除和疼痛的处理上，其效果只能是暂时的。只有从以上循环通路的各个环节介入康复和处理才能打破循环，最终彻底康复运动损伤。因此，康复功能锻炼可以介入的主要环节包括肌肉失衡的恢复（包括肌肉紧张的放松和肌肉无力的加强）、姿势矫正与动作模式的重新学习与纠正恢复、关节压力与本体感觉的训练（本体感觉训练）和关节退化的恢复（必要时药物和物理因子治疗）。其中的大部分，我们都可以通过功能锻炼来实现，虽然其中关节退化和病理改变无法直接通过功能锻炼来恢复，但是功能锻炼可以为损伤关节肌肉提供良好的恢复环境，打破损伤循环通路，避免损伤复发。

二、人体动作系统的科学基础与康复功能锻炼原理

人体动作系统由3个子系统构成，即肌肉系统（功能解剖）、骨骼系统（功能生物力学）和神经系统（动作行为）。人体运动遵循生物力学规律，并按照一定的动力链模式进行。这些规律和模型包括关节联动原理（姿势链）、肌肉最佳初长度原理、力偶原理、杠杆原理。3个系统的良好功能状态可以提高运动效率，减少运动损伤或加快损伤的康复。

（一）姿势异常导致工作效率下降和损伤的原理

1. 关节联动原理

在动作过程中，人体必须连续保持其重心在一个变化的支撑面上，所以当其中一个关节排列发生变化，其相邻的上下关节排列也将发生相应变化。例如，如果一个人出现膝内扣，则会发现其足部关节（距下关节）和髋关节发生排列变化。也就是说，动作过程中姿势排列异常，将会发展出肌肉不平衡、关节功能障碍和损伤。

2. 肌肉的长度张力关系曲线

肌肉存在最适宜的初长度。也就是说，动作开始前和动作中，一个良好的姿势下，原动肌肉具有较好的初长度，工作效率较好；如果一个关节位置排列发生变化，临近关节排列也会变化，其肌肉工作长度也会变化，以致不能产生足够的力量来完成一个高效的动作。例如，抓举时弓背情况下背部肌肉被过度拉长，无法产生足够的伸展和稳定力量，将使得工作效率下降，并增加脊柱损伤风险。

3. 力偶原理

连接在同一块（组）骨上的一组肌肉，为了产生一个关节运动的协同工作，称为力偶。我们知道，人体肌肉是借助于骨杠杆以力偶形式协同工作的。每块肌肉都有不同的起止点和不同的力臂，它们在不同角度上对于关节产生不同的力量，这些力量所产生的运动与关节位置结构、肌纤维特性和参与工作肌肉的合力有关。

4. 杠杆原理

人体运动时产生的力量，不仅取决于肌单位的动员和肌肉围度，而且取决于肌肉的杠杆系统。关节不同角度时肌肉收缩产生的力矩是不一样的，关节内压力也不一样。也就是说，当关节位置发生变化时，肌肉工作的力矩也会发生变化，关节活动也将会因而改变。因此，肌肉工作效率取决于关节结构和功能位置。由于关节联动原理，一个关节结构域位置发生改变，整体动力链将会发生变化。

在实际中，每一个动作过程都包含着各种不同的肌肉工作方式，包括离心、静力和向心动作，以及多个肌肉的协同工作（主动肌、协同肌、稳定肌、拮抗肌）。人体动作的模式取决于所有肌肉协同工作的力偶，最佳力偶关系才能保证人体按照理想的方式活动。也就是说，最佳肌肉长度-张力关系、力偶关系和关节排列才能形成运动感知整合，产生最佳的合理高效的运动模式，有效降低运动损伤风险或者为损伤康复提供最佳环境，如图9-2所示。

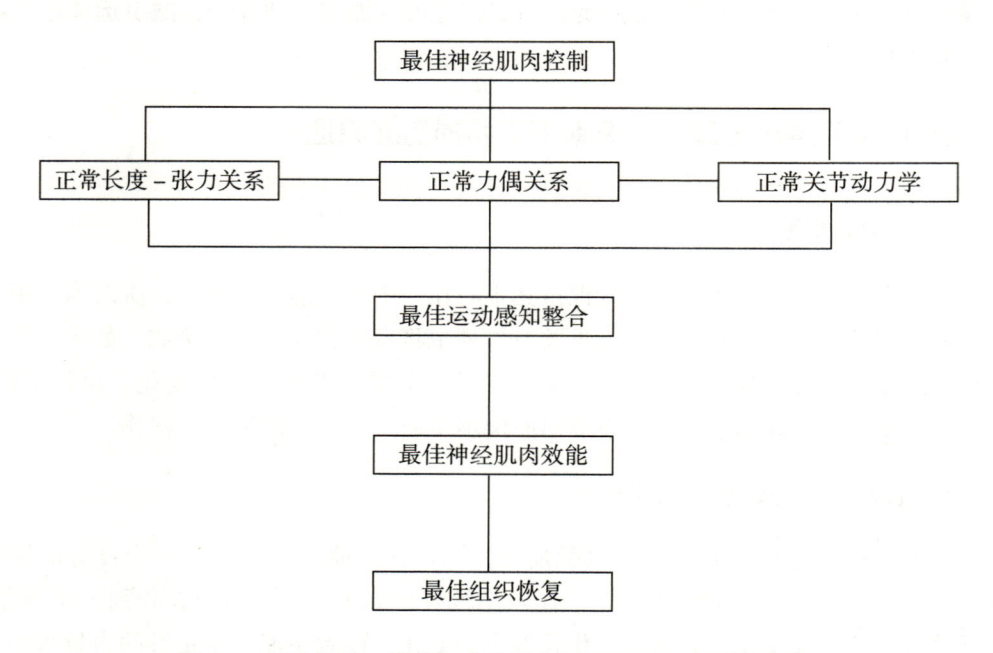

图9-2 肌肉平衡、姿势与动作模式恢复的康复功能锻炼原理

（二）姿势、动作障碍、肌肉平衡与损伤风险

最佳动作模式取决于最佳肌肉长度-张力关系（肌肉平衡）、力偶关系（神经系统协调）、关节排列和神经肌肉控制。而这些都决定于关节结构与功能位置，以及以上各部分的最佳功能整合，也就是我们所说的合理姿势。姿势，包括静态姿势和动作过程中以上各部分的功能整合（动态姿势）。人体动作系统的效率和长久性需要以上人体动作系统各部分的良好整合，此效率包括结构效率和功能效率。结构效率（structure efficiency）就是人体各部分结构的良好排列关系，保证人体能够在保持重心的情况下获得平衡。功能效率（functional efficiency）指肌肉间的协调工作保证肌肉群在适当时候被激活工作，产生适当的力量，以最小的消耗和对人体的压力刺激来完成功能动作。良好的结构效率和功能效率可以避免过度训练和动作障碍。

人体动作系统障碍和损伤往往不单纯是一个结构的问题，因为人体动作系统是一个整合的系统，一个系统的问题往往会导致其他系统的代偿和适应。例如，如果肌肉长度或张力或关节位置排列之一发生变化，将会导致部分人体组织结构压力增加和功能障碍，进一步导致神经肌肉控制问题和微细损伤，以致进入损伤的恶性循环。

姿势、动作障碍、肌肉平衡与损伤风险的关系，如图 9-3 所示。

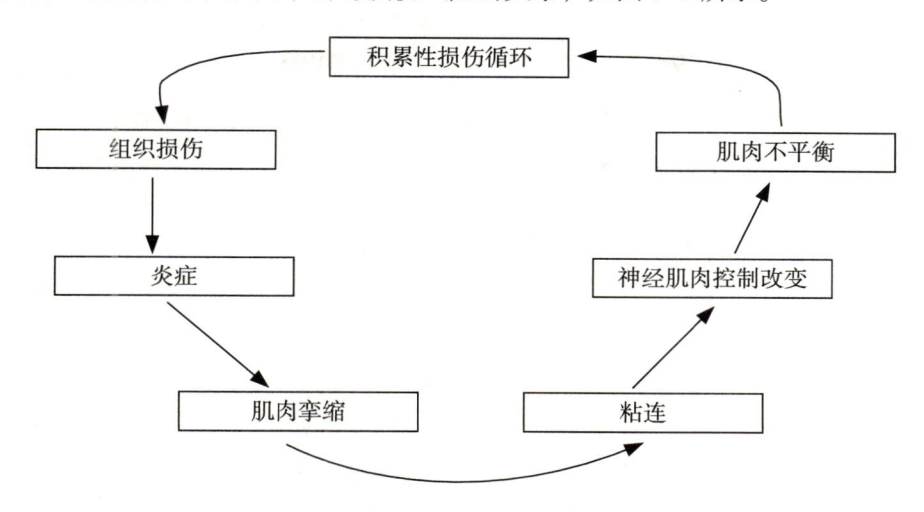

图 9-3 姿势、动作障碍、肌肉平衡与损伤风险的关系

1. 静态姿势问题

静态姿势异常可能引发肌肉长度张力关系改变，进而力偶变化，出现动作模式改变，最终可能出现动作效率下降。常见静态排列异常主要包括关节活动度不足和肌筋膜粘连，从而导致或源自于静态姿势不良（排列异常可以是姿势不良的结果，也可以是原因）。关节功能障碍是个体疼痛不适最常见原因之一，一旦关节活动度下降，周围肌肉将会紧张和挛缩以减小对于该部位的刺激，肌肉的这种变化将会引发微细损伤积累的恶性训练反应。

静态姿势问题伴随一个值得关注的现象，就是肌肉动员的交互抑制。当静态姿势出现异常时，关节周围一块肌肉的紧张可能会导致其功能拮抗肌的神经冲动发放和肌单位的动员减少，从而出现拮抗肌肌力下降的现象。

另外，交互抑制原理还可能导致协同肌主导，有时候拮抗肌紧张导致原动肌抑制后，其协同肌替代部分原动肌功能而出现过度负荷。例如，髂腰肌紧张时，臀大肌激活受抑制出现肌肉力量不足，导致其协同肌另一伸髋肌群腘绳肌和稳定肌群竖脊肌过度负荷，而出现腘绳肌拉伤和下背痛（腘绳肌拉伤和腰背痛的根源可能是髂腰肌紧张或臀大肌无力）。另一个例子，当臀中肌无力时，其协同肌群阔筋膜张肌和腰方肌的过度激活，引发髂胫束综合征（髂胫束综合征发生的主要原因可能来自于臀中肌无力）。这种异常的肌肉动员模式，可能进一步改变静态姿势（关节排列和肌肉长度张力关系曲线变化）和引发运动损伤。

2. 动态排列异常问题

动态姿势异常或动作模式异常，被认为是静态姿势异常和肌肉激活模式改变的结果。最为常见的动作模式异常包括下肢动作模式异常和上肢动作模式异常。

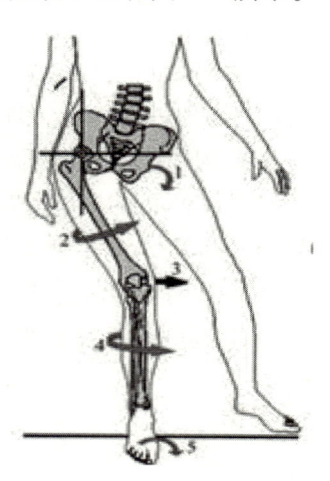

(1) 下肢动作模式异常综合征

典型的下肢动作模式异常表现为动作过程中出现足外翻（足弓内陷 pronation/flat feet）、膝内扣（valgus，胫骨内旋，股骨内旋、内收或膝关节锁住），以及腰椎-骨盆-髋带联合体不稳。其中存在潜在性部分肌肉紧张或过度激活、部分肌肉无力或抑制，以及部分关节功能障碍和部分损伤风险。下肢动作模式异常综合征如表 9-1 与图 9-4 所示。

表 9-1 下肢动作模式异常综合征

紧张或过度激活肌肉	无力或被抑制肌肉	常见关节功能障碍	潜在损伤风险
腓骨肌群	胫后肌群	第一跖趾关节	足底筋膜炎
腓肠肌外侧部	趾长屈肌	距下关节	胫后肌腱炎
比目鱼肌	拇趾长屈肌	距小腿关节	膝前痛
髂胫束	胫前肌群	胫腓近端关节	下腰痛
腘绳肌外侧部	股内侧肌	骶髂关节	
内收肌	股薄肌、半腱肌	腰椎横突小关节	
髂腰肌	缝匠肌		
	髋外旋肌群		
	臀大肌、臀中肌		
	腰-骨盆-髋带肌群		

(2) 上肢动作模式异常综合征

典型的上交叉综合征表现为圆肩、头前突和驼背，运动过程中出现肩胛胸壁位置异常和肱盂关节位置异常等。这种姿势异常常见于久坐人群或者一切特殊运动项目导致不平衡的过度负荷（如长期投掷、卧推和游泳运动等）。同样，其中存在潜在性部分肌肉紧张或过度激活、部分肌肉无力或抑制，以及部分关节功能障碍和部分损伤风险。上肢动作模式异常综合征如表 9-2 和图 9-5 所示。

图 9-4 下肢动作模式异常综合征

表 9-2　上肢动作模式异常综合征

紧张或过度激活肌肉	无力或被抑制肌肉	常见关节功能障碍	潜在损伤风险
胸大肌	菱形肌	胸锁关节	肩关节损伤
胸小肌	斜方肌下部	肩锁关节	颈椎问题
三角肌前部	三角肌后部	颈椎胸椎小关节	胸椎问题
肩胛下肌	小圆肌		
背阔肌	冈上肌		
肩胛提肌	前锯肌		
斜方肌上部 大圆肌 胸锁乳突肌 斜角肌 头直肌	头长肌与颈长肌		

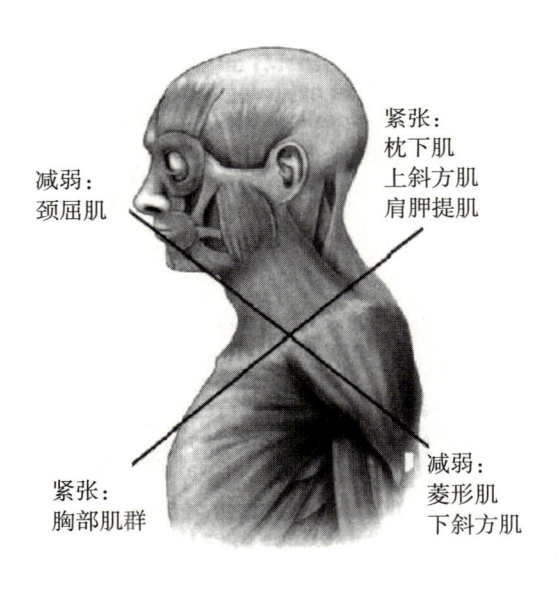

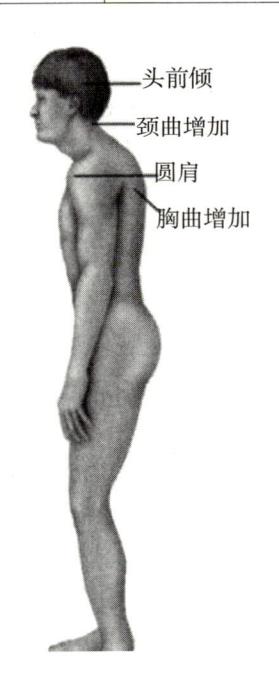

图 9-5　上交叉综合征

由此可见，不管是静态姿势或者动作模式问题，还是肌肉平衡问题，原因都是多方面的。可能是不合理的技术动作或者错误训练方法（单一训练模式）导致的肌肉过度使用，肌肉疲劳导致姿势与动作模式问题，继而引发肌肉的进一步疲劳和损伤，进而开始以上损伤的恶性循环过程；也可能只是生活习惯或先天遗传的姿势与动作模式引发的肌肉平衡问题，进而开始损伤性的恶性循环。我们打破损伤恶性循环，介入康复功能锻炼的关键是肌肉失衡的处理，随后开始本体感觉训练和整合训练，以纠正姿势与动作模式问题。在我们处理肌肉平衡问题之前，了解肌肉平衡问题的来源至关重要,也就是说,必须知道肌肉紧张和无力产生的原因,才可能有针对性的高效的处理方法。

第二节 损伤康复和预防的功能锻炼流程

在运动损伤康复的早期,肿胀、疼痛等验证处理依然是关键,然后才能开始康复功能锻炼。遵循一定的处理流程和损伤康复原理可以有效减少损伤加重和复发的风险,加快损伤的恢复。

根据以上对于运动损伤原因、康复功能锻炼原理,以及人体动作系统的科学基础与肌肉失衡的文献研究与分析,我们可以看出运动损伤康复和预防的关键是找到损伤的原因进行干预,并最终打破肌肉失衡、姿势与动作模式改变、关节受力与本体感觉异常、损伤炎症等问题间的恶性循环,恢复良好肌肉平衡、姿势与动作模式、良好神经肌肉控制和良好运动表现的良性循环。而这其中的关键,首先是找到循环的突破口,通过平衡找到姿势、动作模式和肌肉平衡问题。最后进行针对性的功能锻炼才是损伤康复和预防的最有效方法之一。因此,损伤康复和预防的功能锻炼分两步进行,首先是姿势、动作与肌肉评估,然后是针对性的肌肉处理和功能锻炼。

一、姿势、动作与肌肉评估

评估是功能锻炼的必要前提,根据评估结果才能给出真正有效的个性化功能锻炼方案。一般的评估流程是从静态评估开始,然后是动作评估,最后必要时进行肌肉平衡的评估。

所有评估都可以使用表格记录,帮助我们获得身体的详细信息,同时也可用于功能锻炼前后比较,对锻炼效果进行评价。

(一)静态姿势评估

运动员保持站立位,在其自然放松的体位下分别观察他的正面观、侧面观、背面观。必要时可以用照相机拍照,在电脑上运用相关程序分析运动员的姿势位置。

1. 正面观的观察内容和观察目的

主要观察内容包括双足内侧弓是否对称;髌骨应位于正前面,双侧腓骨头、髂前上棘应在同一高度;肩峰、肩锁关节、锁骨、胸锁关节是否等高或者对称;上臂是否内旋;人体重心的垂线是否位于双足之间。

通过正面观的观察,主要了解是否存在骨盆侧倾、身体两侧不对称、高低肩、重心偏向一侧等情况。

2. 侧面观的观察内容和观察目的

主要观察内容包括膝关节是否有 0°~5° 的屈曲，髋关节位于中立位，股骨大转子、尖峰和耳垂是否在同一直线上。观察身体重心的垂线是否与经过脚踝垂直向下。

通过侧面观察，主要了解是否存在膝过伸现象，是否存在骨盆前倾、头前倾的情况，身体是否存在前倾或者后倾的情况。

3. 背面观的观察内容和观察目的

主要观察内容包括跟腱力线、骨盆是否水平，双肩是否等高，肩胛骨位置、身体重心是否偏移等。

通过背面观察，主要了解运动员身体的对称性，是否存在双肩、骨盆不对称问题，是否重心偏移，跟腱力线是否垂直等。具体评估内容见表 9-3 — 表 9-5。

表 9-3 静态姿势背面观

位置	错误姿势	是否存在
骨盆	侧倾	
	侧偏	
	旋转	
	前倾	
	后倾	
臀部	臀沟下陷	
腘绳肌	肌腹下三分之二肥大	
内收肌群	近端腹股沟区呈 S 形	
小腿三头	跟腱变短变宽	
	比目鱼肌肌腹明显	
足跟形状	圆跟——正常	
	方跟——重心移至后方	
	尖跟——重心移至前方	
脊柱伸展肌群	非对称的	
	胸腰部脊柱旁肌	
	水平凹槽	
肩胛骨区域	内侧至外侧翼状展开	
	哥特式肩（肩颈连线变直）	

表 9-4　静态姿势正面观

位置	错误姿势	是否存在
腹壁	呼吸形式，上呼吸强于下呼吸	
	上四分之一比下四分之一张力增加	
	腹直肌凹陷增加	
	假疝	
大腿	内外侧体积，股内侧肌可见或占主导	
	膝盖偏移	
小腿	胫骨前肌变小	
	L5 变平	
上肢	三角肌轮廓	
	手臂内旋	
	手臂在矢状面的位置	
	肱骨头位置	
胸部肌群	体积增加	
	乳头朝上或侧方	
头部	头前倾	
	胸锁乳突肌前侧出现凹陷	
	下颌与颈部夹角 > 90°	

表 9-5　静态姿势侧面观

位置	错误姿势	是否存在
头部	抬下颌	
颈部	前倾	
胸部	后凸（驼背）	
腰椎部排列	前凸（塌腰）	
骨盆	前倾、后倾	
膝关节	超伸	
肩关节（肩峰）	前凸（肩前移）	
踝	前移	

（二）动作评估

运动员保持站立位，按照要求的动作进行运动，在此过程中，操作者可运用摄像机拍摄，在电脑上运用视频分析软件分析运动员的动态动作。若出现异常动作，找到发生异常动作的最显著的一刻并分析造成异常姿势的原因，筛选出有肩关节异常的运动员。操作如下：

1. 举臂深蹲评估

起始姿势：双脚与肩同宽站立，脚尖向前。足和踝应该保持中立位，脱鞋更有利于观察足和踝；举双臂过头，肘完全伸展。上臂应相对于躯干对称。

运动过程：在指导下蹲到大约椅子水平并回到开始的姿势；重复 5 次运动，观察每个姿势（前方、侧方、后方）。

评价：从前方观察足、踝和膝，足应该保持垂直地面，膝关节和足（第二、三脚趾）在一条直线上；从侧面观察腰-骨盆-髋复合关节、肩和颈，胫骨与躯干平行，上肢与躯干在一条直线上；从后面观察足和踝、腰-骨盆-髋复合关节，足和踝有稍微内旋，但可以看到足弓。当足跟接触地面时，足也应该保持垂直地面。腰-骨盆-髋复合关节不应该左右转移（表9-6）。

表 9-6　举臂深蹲检查表

观察	检查点	运动观察	右侧-Y	左侧-Y
前面观	足	外旋		
		内旋		
	膝	外旋		
		内旋		
侧面观	腰-骨盆-髋	过度向前斜		
		塌腰		
		腰背弓形		
	肩关节	上肢向下向前		
后面观	足	足弓塌陷		
		足跟抬起		
	腰-骨盆-髋	身体重心转移		
	肩	双侧高度		

2. 单腿下蹲评估

起始姿势：双手放于髋关节站立，双眼平视。足和踝应该保持中立位；足尖朝向正前方，并且足、踝、膝和腰-骨盆-髋复合关节保持中立位。

运动过程：慢慢下蹲到一个舒适的水平后回到开始的姿势；重复 5 次下蹲后换以一条腿完成相同动作。

评价：从前方观察膝、腰-骨盆-髋复合关节和肩关节。足应该保持紧贴于地面，膝关节和足（第二、三脚趾）在一条直线上。腰-骨盆-髋复合关节和肩关节应该保持水平并朝前（表9-7）。

表 9-7　单腿下蹲检查表

观察	检查点	运动观察	右侧 – Y	左侧 – Y
前面观	膝	向内移动（内扣）		
	腰–骨盆–髋	髋上提		
		髋下降		
		向内旋转		
		向外旋转		

3. 俯卧撑

起始姿势：取俯卧位，双手略与肩宽并且膝完全伸直。根据个人的能力，也可采用双膝支撑完成此动作。

运动过程：指导测试者用力推地，胸部向前直到肩胛骨与胸背贴近；以 2 – 0 – 2 的节奏（2 秒起，0 秒坚持，2 秒落）缓慢完成此动作 10 次。

评价：从一侧观察膝、腰–骨盆–髋复合关节、肩关节和颈椎（表 9-8）。

表 9-8　俯卧撑检查表

检查点	运动观察	是
腰–骨盆–髋	下腰下沉	
	下腰拱起	
肩	肩提升	
	肩胛翼	
头/颈椎	过伸	

4. 站立后拉

起始姿势：双脚前后弓步站立，并脚尖向前，双臂伸直抓住弹力带。

运动过程：运动员双臂稍外展约 45°抗阻后拉，双手贴近身体后慢慢放松回到起始位置。要求腰和颈椎应该保持中立位，同时双肩保持水平。以 2 – 0 – 2 的节奏（2 秒起，0 秒坚持，2 秒落）缓慢完成此动作 10 次。

评价：从侧面观察躯干、双肩和头部位（表 9-9）。

表 9-9　站位后拉检查表

检查点	运动观察	是
腰–骨盆–髋	下腰前弓	
肩	肩上提	
头	头前伸	

5. 哑铃推举

起始姿势：双脚与肩同宽站立，保持双足尖向前。选择能轻松重复 10 次动作的哑铃重量。

运动过程：双臂举哑铃过头顶后回到起始位置。腰和颈椎应该保持中立位，同时双肩保持水平而且上肢在双耳侧通过。

评价：从侧面观察躯干、双肩和头部（表 9-10）。

表 9-10 哑铃推举检查表

检查点	运动观察	是
腰-骨盆-髋	下腰前凸	
肩	肩上提	
	上肢前伸	
	肘弯曲	
头	头前伸	

6. 跑台行走

起始姿势：自然放松站立位。

运动过程：以舒适的速度在 0°倾斜的跑台上行走。

评价：从前面观察足和膝，足应该和膝与脚趾在一条直线上。从侧面，观察腰背、肩和头，腰应该保持中立位的前凸曲线，肩和头也应该在中立位。从后面观察足和 LPHC，足应该保持向前并且 LPHC 应该保持水平（表 9-11）。

表 9-11 跑台走检查表

检查点	运动观察	是
足	外旋	
	内旋	
膝	外旋	
LPHC	腰前凸	
	过度旋转	
	提髋	
肩	耸肩	
头	向前	

（三）肌肉评估

肌肉评估主要是对姿势和动作评估中发现问题的地方进行必要的肌肉长度和肌力的评估，主要是肌肉长度，也就是紧张度的评估。肌肉紧张度的评估主要是通过相应关节的活动范围来评价，参考肌肉柔韧性评估的方法，此处不再详细介绍此部分内容。必要时进行肌力的评估，主要是对保持关节稳定的主要肌肉的力量进行手动评估，参照肌肉力量手动评估方法相关书籍，本文不详细介绍此部分内容。手动肌力的评估一般由专业的康复师和医生来进行，当然，体能师可以通过动作过程中双侧肢体的对称性来进行大略的评价。

二、康复功能锻炼流程

体育运动的动作主要是靠肌肉骨骼系统来完成，并且是在神经系统的协调控制和指挥下完成。肌肉系统是主要的动力系统，人体姿势的维持、良好动作模式的建立都靠肌肉的协调工作来达到。肌肉问题的出现和存在是我们首先要解决的问题，其中肌肉的紧张问题又是肌肉问题处理的关键所在。因此，康复功能锻炼要按照肌肉紧张的处理、肌肉力量的恢复、本体感觉与整合训练的流程来进行。

（一）肌肉紧张的处理

Janda 认为，肌肉紧张是肌肉失衡的关键因素。总的来说，易于紧张的肌肉比易于受抑制的肌肉肌力强三分之一。肌肉紧张能产生导致损伤的一系列事件。肌肉紧张能反射性地抑制它的拮抗肌，导致肌肉失衡。关节功能异常导致运动形式质量变差和代偿的出现并最终产生过早疲劳。最终，兴奋肌肉的过度紧张和稳定维持的下降将导致损伤。

Janda 还认为，肌肉紧张有 3 个重要的影响因素（Janda 1993），即肌肉长度、兴奋阈以及募集的改变。紧张的肌肉通常比正常的肌肉短，并出现长度-张力关系的改变。肌肉紧张导致兴奋阈的下降，即肌肉在运动中更容易被激活（Janda 1993）。运动通常都是沿着阻力最小的路径进行。紧张的肌肉通常会维持它们的力量，但是在极端的情况下，它们也能变弱（表 9-12）。

表 9-12 肌肉紧张和减弱原因分类

	肌肉紧张	肌肉减弱
收缩性和神经敏感性	肌肉紧张 边缘系统激活 扳机点 肌肉痉挛	交互抑制 关节减弱 去传入作用 假性麻痹性痴呆 扳机点减弱 疲劳
黏弹性和适应性成分	适应性变短	伸展减弱 紧张性减弱

因此，要处理肌肉紧张找到原因做针对性处理很重要。一般来说，使用较多的有筋膜放松和牵拉技术两种方法。

1. 肌筋膜放松技术

肌筋膜放松技术一方面帮助松解筋膜直接放松肌肉，另一方面可以有效地松解肌肉内扳机点，抑制肌肉的紧张反应从而起到放松肌肉作用。而且此部分作用是一般性牵拉无法达到的，因为牵拉本身并不能缓解扳机点等引起的肌肉反射性紧张问题。筋膜放松技术主要针对评估过程发现的紧张肌肉，使用按摩棒和泡沫轴进行自我放松。

泡沫轴肌筋膜放松术操作的原则：

①用泡沫轴滚压每个部位 1~2 分钟，重点刺激放松肌肉起止点和肌腹部位，必要时分段进行；

②滚压过程中如发现有扳机点（疼痛区域），则当场持续按压 30~45 秒；

③频率，1~2 次/天；

④滚压时缓慢呼吸，以减轻由不适引起的紧张反射。

身体各部位的肌筋膜放松术参见图 9-6。

更多的图片见 http://www.smyrnahighsoccer.com/exercises/selfmyofacial.html。

图 9-6　身体各部位的肌筋膜放松术

2. 牵拉技术

肌肉牵拉放松技术是一种非常有用的增加关节活动范围、增加肌肉柔韧性的方法，可以有效地放松肌肉，减轻运动后肌肉酸痛，促进肌肉疲劳的消除，减少运动损伤。使用最多的有静态牵拉和PNF牵拉技术两种。一般在筋膜放松后进行，因为筋膜的紧张和扳机点的存在会对牵拉效果有很大限制。肌肉单位本身是串联和并联结构，在紧张的串联成分（包括扳机点）没有放松的情况下，静力牵拉主要牵拉了串联的松弛部分肌肉单位，对于整体的肌肉放松效果并不理想。

当然，此部分牵拉也是主要针对评估部分找到的紧张肌肉进行，而且在牵拉过程中，同步进行肌肉紧张度的评估和身体双侧的对比，观察确保身体两侧和前后肌肉紧张度的对称性非常重要。

静力性牵拉的注意事项：

①强调缓慢而顺滑地运动，以及配合进行深呼吸，当牵拉到极点感觉有点儿微痛时深呼气，此时肌肉就会放松下来。

②在静力性牵拉的位置保持15~20秒，保持节奏性的呼吸，重复进行2~3次。

③牵拉时不应该有疼痛的感觉。如果有疼痛感，说明牵拉程度太大。

④在机体关节生理范围内牵拉。

⑤如果身体有些部位十分紧张，要询问物理治疗师或者体能师，让他们去检查关节活动范围并评价牵拉效果，指导你进行牵拉练习。

（二）肌肉力量的恢复

肌肉力量的丢失将导致肌肉松弛或肌力减弱。减弱的肌肉通常被称为低张力的或受抑制的肌肉。从功能上看，肌肉会由于神经敏感性或适应性改变而变弱，并可能表现出运动模式的激活延迟。导致肌肉减弱的原因很多，包括神经性和适应性两类，参见表9-12肌肉紧张和减弱原因分类。

这些力量减弱的肌肉，多数和关节稳定身体姿势控制有关，它们主要是局部关节活动相关肌肉。因此，此部分的肌肉力量练习不是常规的肌肉爆发力和最大力量练习，而主要是通过局部练习激活该肌肉，并适当增加其肌耐力。因此，锻炼方法以静力性和慢节奏控制性、多重复次数的练习方式为主。练习方案一般采取每周3~5次或更多次数，每次1~2组，每组10~15次，动作增加静力保持和离心阶段（如动作到位后静力维持2秒，离心回位控制在4秒等）。具体练习动作需要依据评估结果选取针对性动作进行练习，以下介绍的是部分示范动作（图9-7、图9-8）。

图 9-7　肩部稳定肌群的激活

图 9-8　臀部稳定肌群的激活

（三）本体感觉与整合训练

紧张肌肉的放松和无力肌肉的激活为整合训练提供了基础，单块肌肉的工作能力是前提，随后肌肉间的协调工作，根据实际需要和外界自身信息反馈，按照中枢神经系统的统一指挥，达到全身肌肉的协同工作来高效准确地完成任务动作，这是功能锻炼的最后目标。这一过程需要靠本体感觉系统与神经肌肉控制系统整合练习来实现。这些练习包括基础的不稳定界面平衡控制练习和整体动力链动作练习，具体练习动作需根据评估结果选用。基本练习要点概括如下：

①每周 3~5 次或更多（视恢复和动作完成情况而定）；
②每次 1~3 组；
③每组 10~15 次；
④动作节奏缓慢有控制。

以下列举部分实例供参考（图 9-9）。

图 9-9　本体感觉与整合动作练习

第三节　常见损伤的康复与预防性功能锻炼

下面从损伤发生原因、常见病理变化和康复预防方法方面入手，提供了最为常见的肩部损伤的康复和康复训练指南，以及身体其他部位常见损伤的原因分析和康复预防原则。

一、肩部损伤的康复与预防性功能锻炼

肩关节是运动员最常发生损伤的部位之一，损伤后不仅严重影响正常训练，也会影响上肢技术的稳定性与质量。在上肢运动的过顶动作和肩部旋转动作中，肩袖肌群和关节承受着巨大的压力刺激，如此反复极其容易出现过用性损伤。

发病过程开始主要是肩袖肌群疲劳和力量不平衡、肩胛骨稳定性下降、后关节囊紧张等，随后出现关节受力改变，进一步加重以上情况，最终将会出现肩袖及其肌腱的损伤、关节盂唇的磨损以及肩关节撞击综合征等常见损伤。以上损伤一旦出现，恢复过程漫长，且容易反复出现，需要制定长期系统化的康复与预防复发的康复锻炼计划。

常见症状包括：
- 疼痛可能定位在肩关节前部、后部和/或上臂外侧；
- 肩关节的疼痛随着上肢过顶动作而加重；
- 有时侧卧出现肩部疼痛；
- 直接压迫受损肩袖部和肩周肌腱出现敏感反应。

肩关节损伤的预防主要是依靠日常的关节周围肌肉力量平衡的调整维护、关节活动范围的保持，以及肩胛骨稳定性的加强与保持。而损伤一旦发生，其康复过程则需分阶段完成疼痛控制、柔韧性与肌力平衡的恢复、关节本体感受的恢复，以及关节高速旋转功能的恢复等。

下面介绍部分常用的肩部损伤康复与预防的练习方法。轻微肩部损伤以及损伤康复的后期重返运动场前后，完全可以依照这些方法进行康复锻炼，减轻症状，避免损伤加重，增加运动功能。当然，没有损伤的运动员也需要定期进行这些练习，以预防损伤的出现。

(一) 牵拉练习

肩关节损伤常见肩后肌群、后旋肌群和肩后关节囊紧张缩短，这是导致损伤的常见原因。针对这些原因，以下两个牵拉动作最为重要，应该成为每次训练后进行的常规练习。注意保证每个动作完成2~3次，每次持续时间在20~30秒。

1. 靠墙肩后侧牵拉

目标：提高肩后肌群的柔韧性，放松后关节囊。

动作要领：上抬前屈持拍侧上臂平肩水平（图 9-10），侧靠墙边固定好肩胛骨，防止牵拉时肩胛骨滑动；另一只手在体前抓住持拍侧肘关节，朝向胸部用力拉伸，感觉到肩后部牵拉感，完成一次牵拉保持 20～30 秒。如感觉肩前部不适，可改用侧卧肩后牵拉。

图 9-10　靠墙肩后侧牵拉

2. 侧卧肩后牵拉

目标：提高肩后肌群的柔韧性，放松后关节囊。

动作要领：朝向持拍侧侧卧，前伸上抬上臂（图 9-11），肩部压住固定肩胛骨防止滑动，达到肩部和肘部均呈 90°；随后，用另一只手向内下压持拍侧手腕部，感觉肩后部牵拉感，完成一次牵拉保持 20～30 秒。

当然，还可以进行常规放松肩部紧张的肌群的牵拉，如三角肌、胸大肌与背阔肌等对于肩部放松也会有一定帮助。

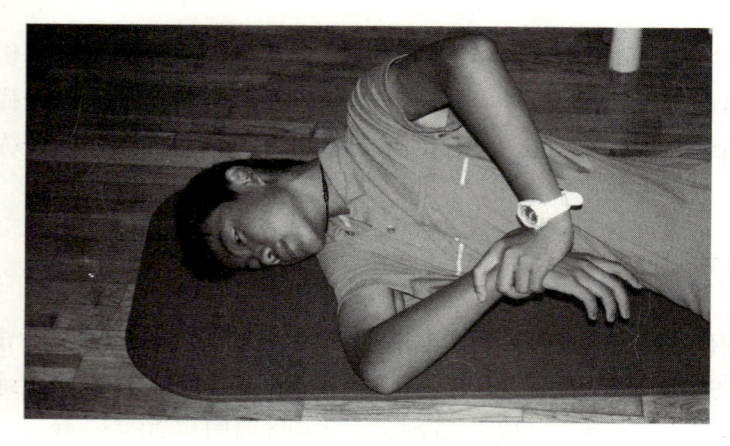

图 9-11　侧卧肩后牵拉

(二) 力量练习

肩关节后旋肌群疲劳损伤和力量下降，以及肩胛骨稳定肌群力量下降而引发的肌肉不平衡，是肩关节损伤的重要原因。因此，针对增强力量的肌肉进行练习应予重视，如增强肩后外旋肌群和肩胛骨稳定肌群的力量，对预防损伤大有帮助。注意保证每个动作完成 3~5 组，每组 8~15 次，隔天一次。

1. 坐姿肩外旋肌群练习

目标：增加肩外旋肌群的力量。

动作要领：取屈膝坐位，持拍侧手臂以肘部支撑于同侧膝关节（图 9-12），用橡皮带（或 4~8 磅小哑铃）做肩部外旋动作。

图 9-12 坐姿肩外旋肌群练习

2. 站姿肩外旋扩胸练习

目标：增加肩外旋肌群和肩胛内收稳定肌群的力量。

动作要领：取站姿，双臂紧贴体侧同时屈肘，用弹力带做双臂外旋及挺胸动作（图 9-13）。要求双侧上臂贴于体侧，无外展动作，以外旋动作发力同时内收肩胛骨。

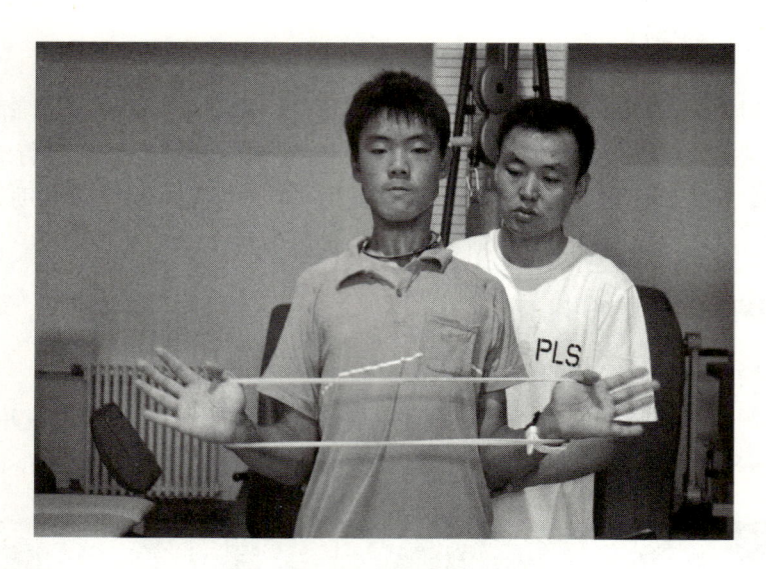

图 9-13　站姿肩外旋扩胸练习

3. 跪姿肩前屈练习

目标：增加肩胛上回旋稳定肌群（前锯肌）的力量。

动作要领：取跪姿或站姿，以持拍侧手握橡皮带抗阻做肩前屈动作（图 9-14）。注意保持挺胸收腹稳定躯干，肘关节伸直，动作范围保持在 90°～160°之间，慢速进行。

图 9-14　跪姿肩前屈练习

4. 俯卧撑爬行练习

目标：增加肩胛前伸稳定肌群（前锯肌）的力量。

动作要领：取俯卧撑姿势，以双手做前进后退爬行练习。双手腕可绑缚弹力带（图9-15），加双手上下台阶或软榻以增加难度和练习效果。注意保持躯干挺直，慢速进行，单手离地后有一定的滞空时间。

图 9-15 俯卧撑爬行练习

5. 俯卧 Y-T-W-I 肩胛稳定练习

目标：增加肩胛内收回旋稳定肌群的力量。

动作要领：俯卧挺胸，上半身稍离开床面（或地面），以双臂向头上呈 Y 字形（图9-16），两侧呈 T 字形和 W 字形，在体侧呈 I 字形，完成由下向上动作。要求躯干保持稳定，仅以双肩活动完成练习。3~5 个循环为 1 组，每次 3~5 组。

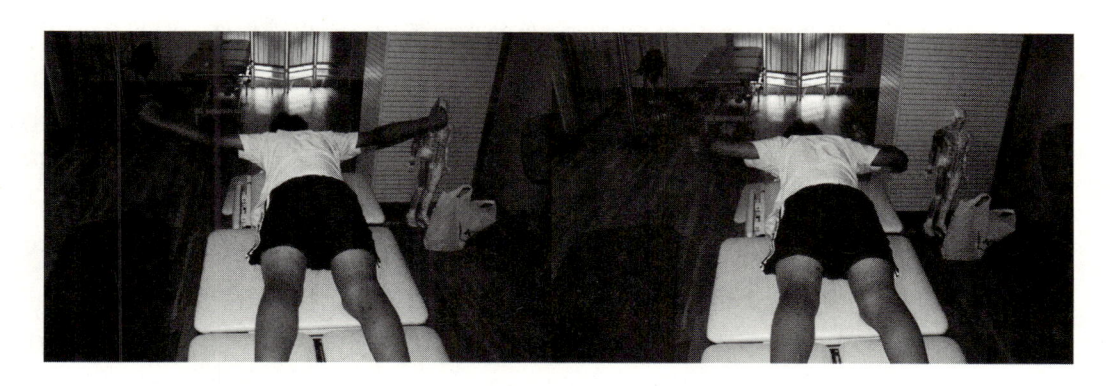

图 9-16 俯卧 Y-T-W-I 肩胛稳定练习

还可以进行其他增强三角肌、旋肩肌群和肩胛骨稳定肌群的力量，以及增加肩部肌群的本体感受功能，如瑞士球上俯卧撑等练习，提高肩胛稳定性和肩袖力量与肌力平衡，可以很好地预防肩部损伤。

二、膝关节损伤的康复与预防性功能锻炼

股四头肌群力量不足，不能很好地缓冲和分担髌骨的负荷是髌骨相关损伤的重要原因之一；错误的身体姿势，或者膝关节屈伸肌群、髋内外旋肌群的力量不平衡会导致膝关节局部不合理地受力，最终导致局部组织的过度负荷引起慢性损伤的堆积而发病；训练的过度负荷，肌肉的过度紧张也可能引起局部组织的长期过度负荷而发病。

膝关节是球类运动员的易伤部位，常见的膝关节前方疼痛可能由以下部位的损伤引起：髌骨、髌骨下极、髌韧带胫骨附着点等；膝关节内部韧带与半月板、侧副韧带损伤等也时有发生。

症状：膝关节前方疼痛，髌骨上下沿与内侧面、髌韧带胫骨附着点等部位疼痛与压痛；膝关节内部十字韧带与半月板损伤则有膝关节内部疼痛（较少）。

康复与预防：运动员应该避免参加会引起疼痛的活动，首先以静力性为主的方式训练提高股四头肌群及股二头肌力量（对膝关节起保护作用），并且做好运动后的肌肉牵拉放松。疼痛控制后，需加强髋部稳定和单腿下蹲控制能力的练习；加强臀部力量，在下蹲过程中多使用髋关节，避免过度屈膝减少膝关节刺激；纠正错误不合理的跑动姿势，矫正下肢的肌肉不平衡，加强核心稳定与平衡稳定控制能力都有很好的康复和预防作用。

三、腰部损伤的康复与预防性功能锻炼

反复激烈的下背部伸展是运动员出现下背部疼痛的主要原因；其次包括部分项目单边运动特点导致腰部与髋部左右肌群力量与柔韧不对称，例如一侧髂腰肌紧张与对侧臀大肌、股二头肌紧张，最后引起腰椎、骨盆受力不均衡而出现损伤。常见病理损伤包括下腰背部脊柱前突、小关节错位、背部的应力性骨折（椎骨峡部裂）和椎间盘突出等。

康复与预防：康复的首先目标，是控制疼痛和肌肉痉挛，随后开始慢慢学习控制背部和腹部深层维持姿势的肌肉，进行系统的柔韧练习，恢复腰骶部正常的对称性活动范围，矫正局部姿势异常。在这些练习完成以后，开始腹肌和背部肌肉等核心力量练习，增加下腰部稳定性。然后，运动员开始逐渐进行专项动作练习。

预防方面主要是进行系统的柔韧性练习，矫正腰骶部肌肉张力不平衡情况，增加髋部活动范围，避免下腰背的代偿性活动，避免长时间集中手过头顶发力的动作。交叉训练也很重要，避免过快地增加运动强度，以避免过用性损伤；矫正腰背两侧肌肉平衡，加强背部肌肉力量与稳定性。

四、足与踝损伤的康复与预防性功能锻炼

在要求大范围跑动和急速变向调整步法的运动中，对运动员的足与踝关节有极高的负荷要求。过度使用与肌肉疲劳、局部肌肉不平衡（足外翻、背屈力量薄弱）、生物力学异常等情况是出现损伤的主要原因。当然，意外的踝关节扭伤也时有发生，如训练时踩到东西甚至是别人的足等。最常出现的损伤是踝关节扭伤，其他的跟腱炎与足底筋膜炎也多有发生。

症状：踝关节扭伤多为极度内翻引起外踝的损伤，表现为外踝为主的肿胀、疼痛与活动受限等。

跟腱炎则表现为跟腱下部的疼痛，急速跑动或跳跃发球时明显。

足底筋膜炎表现为疲劳后足底疼痛，急速跑动或跳跃发球时明显加重。

康复与预防：小腿肌肉的牵拉放松、恢复踝关节的灵活性、加强足外翻与背屈力量、加强小腿三头肌的离心力量，以及足底肌群的力量训练等，都可以有很好的康复和预防足与踝部损伤的作用。适当地进行协调灵敏性训练和平衡稳定性练习对于预防踝部损伤也有一定的作用。

五、肌肉拉伤

在没有充分热身的情况下急速跑动、侧滑步时身体不稳等导致腿部肌肉的过度负荷，以及运动后肌肉牵拉放松不充分、肌肉疲劳紧张等，都可能引起急性或慢性的肌肉拉伤。急性肌肉拉伤或慢性拉伤在大腿与小腿都有发生，多以大腿内收后侧肌群、小腿腓肠肌的拉伤为主。可能出现的病理变化包括肌肉痉挛、撕裂、肌纤维扭曲以及局部损伤性炎症水肿等。

症状：肌肉局部疼痛，相应功能受限，跑动时损伤肌肉疼痛明显。局部肌肉紧张有压痛，甚至有硬结，相应的髋关节外展（内收肌群）、屈曲（腘绳肌）或伸踝关节（腓肠肌）活动受限，并因牵拉损伤肌肉而出现疼痛加重表现。

康复与预防：包括运动前的充分热身与动力性牵拉活动、运动后肌肉的充分静力性牵拉与按摩放松等。肌肉力量练习，特别是离心力量练习，关节屈伸等拮抗肌肉群的力量平衡，以及核心稳定与姿势平衡能力的训练与保持等，对于康复和预防腿部肌肉损伤也有很好的作用。

第四节　重返运动场前的恢复训练

运动员经过前期的康复，受损部位应该恢复其全关节活动度和肌力，结缔组织的抗拉力量明显改善。此阶段的力量训练的强度应该加大，可采用冲击性较大的练习，

如跳深、击掌俯卧撑等来进一步发展爆发力。此阶段的康复重点是：（1）根据专项能力的分析，纠正技术动作的生物力学缺陷/错误；（2）进一步改善肌肉力量、耐力和功率；（3）进一步改善心血管耐力。

运动员经过治疗和康复，症状消失后往往急着重返运动场，开始体能和技术训练，希望尽快参加比赛。但是，很多运动员却在恢复训练和比赛后不久再次受伤，不得不重新回到康复中心，甚至是医院。过早地重返运动场参加比赛，缺乏必要的评估和重返运动场的特殊训练，很容易导致损伤复发。所以，在恢复专项运动、重返运动场之前还需要更加专项地评估和恢复训练。

一、重返运动场的条件与评估

运动员经临床评估存在功能不足，那么就有必要进行专门的功能训练来帮助其重返运动场。在重返运动场之前，全关节活动范围、正常的步态和动作模式、对称的柔韧性、肌力、本体感觉和平衡都应该接近他们受伤前的水平。想要帮助运动员通过功能性训练来重返运动场，治疗师应该了解受伤运动员的基本损伤机制和生物力学特点，以制定科学高效的康复功能锻炼方案。运动员不应该在尝试训练动作时感到任何疼痛或改变步态结构。

重返运动场的功能训练应该延续功能性练习的渐进性，回归专项的功能训练也需要渐进。本节中的训练方案提供了运动中关键功能性动作练习渐进过程每一步的关键点。生物力学评价或者技术分析对降低负荷以及保证功能性回归练习的正确性同样也是非常重要的。为保证每个动作是正确的，治疗师或教练员的监督很有必要。功能性训练进阶中，如果需要，可以进行必要的贴扎以帮助支撑。要确保运动员能够真正地重返运动场，须满足以下6个条件：

（1）损伤部位活动范围正常，包括被动活动和主动活动范围；

（2）损伤部位肌肉力量恢复正常，患肢的肌肉力量、耐力和功率（爆发力）与健侧相同或至少达到健康侧90%以上；

（3）身体协调性和平衡能力达到正常程度，损伤肢体动力链活动正常，相关动力链上各部位的活动范围与肌肉力量正常；

（4）受伤肢体恢复到能够完成结合专项的功能性动作，一定从低速低负荷开始，熟练后加速加负荷；

（5）运动中没有疼痛；

（6）心血管耐力超过受伤前水平或与之持平。

二、重返运动场的训练方法

不同部位的损伤，在重返运动场之前需要进行不同的强化练习。在完成针对性的损伤部位以及整体的康复功能锻炼之后，重返运动场之前，一般需要进一步恢复运动员的整体运动能力，包括心肺耐力、肌肉的离心力和爆发力，以及专项技术动作练习等。

此阶段的训练重点是发展受伤肢体的肌肉力量、耐力和功率（爆发力）。可采用等张收缩、等动收缩，以及快速伸缩复合训练方法。此阶段的康复目标是：（1）恢复受伤部位全幅度活动度的本体感觉；（2）使用渐进性抗阻训练，恢复肌肉的力量、耐力和功率（爆发力）；（3）保持心血管耐力；（4）进行结合专项的小负荷—中等负荷的功能性动作练习。

进行力量训练时，核心问题是对强度的控制。如果康复训练强度过大、再次引起炎症，则受损部位的病理学变化会返回到急性期。虽然如此，对受损组织施加一定的压力也是必要的，因为如果没有足够的刺激，其活动度就会下降，这不仅会延缓关节活动度的恢复，而且会引起其他令人棘手的问题，如组织粘连。要在 ROM 恢复的基础上，循序渐进地进行力量训练。其方法包括低强度-多重复次数法（Low-Resistance, High-Repetition Method）、强度递增法、强度递减法和逐日变化的渐进性抗阻练习（Daily Adjustable Progressive Resistive Exercise，DAPRE 它们的具体负荷结构方案分别如表 9-13 — 表 9-17 所示。待力量素质得到提高之后，可以采用快速伸缩复合练习来发展爆发力。

表 9-13　低强度-多重复次数法方案

	星期一	星期二	星期三	星期四	星期五	星期六	星期日
第一周			手术/损伤	30 次无负重	40 次无负重	50 次无负重	30 次 1 磅
第二周	40 次 1 磅	50 次 1 磅	30 次 2 磅	40 次 2 磅	50 次 2 磅	30 次 3 磅	40 次 3 磅
第三周	50 次 3 磅	30 次 4 磅	40 次 4 磅	50 次 4 磅	30 次 5 磅	40 次 5 磅	50 次 5 磅
第四周	……						

注：方案中"30 次无负重"，指在无负重情况下完成 30 次动作练习。

表 9-14　强度递增法方案

组数	次数	强度
1	10	50% / 10RM
2	10	75% / 10RM
3	10	100% / 10RM

注：50% / 10RM，指在 50% 的负荷下完成 10 次练习。

表 9-15　强度递减法方案

组数	次数	强度
1	10	100% / 10RM
2	10	75% / 10RM
3	10	50% / 10RM

表 9-16　逐日变化的渐进性抗阻练习方案

重复组数	重量	重复次数
1	50% 1RM	10
2	75% 1RM	6
3	100% 1RM	最多▲
4	可调整	最多★

▲第三组的重复次数用于确定第四组的负荷重量。

★第四组的重复次数用于确定训练日第二天练习的负荷重量。

表 9-17　逐日变化的渐进性抗阻练习调整方案

| 第三组练习的重复次数 | 负荷重量的调整 ||
	第四组	次日
0~2	减少5~10磅完成训练	
3~4	减少0~5磅	不变
5~7	不变	增加5~10磅
8~12	增加5~10磅	增加5~15磅
>13	增加5~15磅	增加10~20磅

练习过程中可以重复进行评估，能否重返运动场和赛场主要依据以上提供的基本要求的达成情况而定。在尝试恢复训练后，一旦出现疼痛不适，必须尽早停止训练，继续康复功能锻炼。下面对常见的肩部、下肢和腰部损伤的锻炼方法做些介绍。

（一）肩部损伤重返运动场的训练

接下来的部分将以网球为例，根据网球的专项特点提供特殊的专项功能性训练方案。每一部分都是为了运动中的完美表现的要求和需要而特殊设计的。这里列出的方案是为那些损伤的运动员设计的，同时为功能性回归的活动渐进提供了概观。

间歇性训练的关键因素：

- 频率：隔天训练。
- 监督：强调正确的击球机制。
- 渐进性技术训练，在确保无痛的情况下逐渐增加肩部的刺激强度和持续时间。
- 顺序：适当地热身，间歇网球训练，休息和冰敷。
- 时间：在网球间歇性训练后休息的一天或者是当天进行肩袖和肩胛骨的练习，将过度训练或者过度负荷的影响减到最小。

间歇性训练指南：

- 训练开始的阶段要听从治疗师或者医生。
- 如果关节疼痛仍然存在，则不要继续或者前进到下一阶段。
- 训练前后一定要牵拉肩关节、肘关节以及腕关节，同时开始网球间歇性训练之前要进行全身性的动力热身。
- 隔天练习，两堂训练课之间要给训练者身体以恢复的时间。
- 每个间歇训练阶段后冰敷受伤的手臂。
- 强烈推荐职业教练员评价你的肩部动作技术。
- 如果你对训练计划有疑问或者有困难请联系你的治疗师或者医生。
- 如果你感到局部关节疼痛，请不要继续训练。

尝试比赛之前，要在无痛或者无上肢过度疲劳的情况下逐步恢复，完成正常的技术训练。继续增加肩部技术练习的强度和时间，直到你能够顺利完成比赛强度和时间的技术训练。

（二）下肢损伤重返运动场的训练

这时，全关节活动范围、正常的步态模式、对称的柔韧性、肌力、本体感觉和平衡应该接近他们的术前水平。同时，下肢运动中基本动作模式应该逐一进行评估和训练，确保基本动作模式正常合理后，开始融合这些动作模式进行专项的跑动训练。

1. 基本动作模式包括：

①双腿起跳，5次。
②患腿起跳，5次。
③慢跑几圈，双向。
④"8"字跑（半速、3/4的速度、全速），10米。
⑤交叉步跑，双向。
⑥绕圈跑，双向。
⑦蹲位站立连贯动作（深蹲），5次。
⑧旋转训练，搭档蹲下（摔跤者用双手保持平衡，胸在对手的背上），双向，5次。
⑨站位前扑，对手逐渐提高速度。
⑩绕圈，对手防守。
⑪奔扑且四肢伸开：对手动作难以预料，摔跤者用患腿保持平衡与其对抗。
⑫连贯动作下蹲：对手提供阻力，受伤的摔跤者试图站起。
⑬真正的摔跤。

2. 专项跑动，我们以球类运动为例，可以进行以下评估和训练：

①患腿抬脚跟，10次。
②快走，50米。
③双腿起跳，10次。
④患腿起跳，10次。
⑤直线慢跑，全场。
⑥直线、曲线跑，两圈。

⑦短距离快跑（半速、3/4的速度、全速），全场。
⑧"8"字跑（半速、3/4的速度、全速），1/4场的底线。
⑨三角形训练，从底线快跑至半场，向后跑回底线，沿底线防守性滑行；相反方向重复。
⑩交叉步跑：半速、3/4的速度、全速。
⑪切球：半速、3/4的速度、全速。
⑫姿势训练。

(三) 腰部损伤重返运动场的训练

腰部损伤后在完成常规的康复功能训练和核心稳定后，各项症状和基本功能活动恢复正常后，主要开始恢复上下肢的功能活动，然后开始专项技术动作练习。因为躯干是人体所有功能动作的底座，底座功能的最后恢复需要四肢活动来验证。也就是说，腰部损伤的康复功能训练后，需要进行四肢的常规功能活动，包括上肢的原地推拉、抛接，配合躯干旋转和屈伸的抛接、推拉活动，以及下肢的屈伸、跑跳，配合躯干旋转和屈伸的下肢的屈伸、跑跳动作。此后就可以进行小负荷的专项练习，一切正常没有疼痛之后逐渐加大运动负荷，指导恢复正常的专项训练。

第五节　运动疲劳的恢复

运动训练必然产生疲劳，疲劳是训练的必然结果，疲劳不是训练的目，但疲劳是超量恢复的前提。因此，在某种意义上讲，有疲劳才有训练，有疲劳才有恢复。疲劳与恢复是运动训练中不可避免的一对矛盾，相辅相成，对立统一，当训练安排合理、恢复措施得当时，矛盾即向有利于运动员运动技能提高的方向转化，反之，则向相反的方向转化，使运动员的身体机能下降。随着体育商业化的加速，运动竞赛将更加激烈，疲劳与恢复的矛盾的对立也必将更尖锐，疲劳与恢复问题也必将受到教练员、运动员更多的关注。要做到运动疲劳的及时恢复，首先要能够及时地发现判断疲劳状态，然后是学习使用科学合理的疲劳恢复方法。

一、疲劳程度的判断

人体是个完整的有机联系的统一整体。运动后产生的疲劳也是综合的。不仅反映在能量物质消耗、生理机能下降方面，而且也表现在心理方面。为此，判断机体的疲劳程度及恢复状况也应是全面的、综合的。

在判断机体的疲劳程度时常用以下方法：

（一）观察法

有经验的教练员可通过观察运动员的外在表现进行判断，如情绪上的变化；语言多少，注意力集中的程度；皮肤的颜色；出汗的情况；眼神及反应能力等。

（二）动作技能分析法

当人体疲劳时，动作的协调性受到严重干扰，动作乏力，身体的控制能力下降，错误动作增多，动作的准确性、平衡能力、稳定性都会减弱，特别是在完成精细动作时的失误增加。

（三）生理机能检查法

人体的机能状态可从多项生理指标中反映出来。检查时可采用脉搏、血压、肌力、呼吸肌耐力、心电图、视觉闪光临界频率阈值等指标的变化对运动员的疲劳程度进行判断。此外，通过心血管系统的运动负荷实验也可判断运动员的恢复程度。

二、消除疲劳的方法手段

（一）加强运动员与教练员之间的交流

训练有素、事业心强的优秀运动员，常常处于训练最佳状态与训练过量的边缘。为了察觉过度训练的早期信号，并及时采取措施，有效预防过度训练，有洞察力的教练员与运动员之间密切的交流是必要的。保持良好的人际关系对预防运动员的精神疲劳也至关重要。

（二）贯彻最佳训练负荷的原则

运动员最佳负荷取决于多种因素，如遗传特性、生活方式、健康状况等。
对于怎样或何时调整训练的量没有绝对的规则，但应注意以下几点：
①注意调整训练的节奏，遵守循序渐进、系统训练、全面训练、区别对待的原则。
②合理安排生活制度。
③伤后、病后应进行积极治疗，不宜过早恢复训练和比赛。
④长年坚持适当的有氧训练。目前有的运动员不重视体能训练的倾向应引起广大教练员和运动员的警惕。众所周知，有氧训练是其他一切训练的基础。这是因为有氧训练可以改善神经系统的调节能力，可以提高运动员的心肺机能，可以改善全身的血

液循环和物质代谢，可以提高运动员对训练的承受力，提高运动员的抗疲劳能力和对外界环境的适应能力，还能加快性疲劳消除的速度。

⑤不要采用过多的指标评价运动强度、运动量，这会使训练负荷量化困难。因而，在训练过程中，运动员必须详细地记录对训练的主观反应和感觉，还应记录其他有关因素，如睡眠的时间和质量、营养及其他应激因素。这将有助于发现导致精神疲劳的原因。

(三) 整理活动

整理活动是消除疲劳，促进体力恢复的一种良好的方法。教练员、运动员应给予足够的重视。剧烈运动后进行整理活动，可使心血管系统、呼吸系统仍保持在较高水平，有利于乳酸的排除。整理活动可以使肌肉及时得到放松，可避免由于局部循环障碍而影响代谢过程，因此造成恢复过程的延长。

一般整理活动应包括慢跑、呼吸、体操、肌肉放松练习、PNF练习及静力牵张练习。

局部负担过重会导致肌肉僵硬或肌肉酸痛，而静力牵张伸展练习可以缓解运动后延迟性肌肉酸痛（DOMS）和肌肉僵硬，使肌肉放松，并可加强骨骼肌蛋白质的合成过程，促进骨骼肌疲劳的消除，对预防运动损伤发生还有良好作用，因而是某些项目运动员，如艺术体操运动员整理活动中的必要内容。

(四) 水疗

热水疗法能扩张血管，促进血运与新陈代谢，加速代谢废物的排泄，使汗腺分泌增加，消除皮肤污垢、汗液及脱落的表皮，放松肌肉，安抚神经，使机体柔软、欲睡、促进食欲，所以每当运动员训练之后，依据不同情况选择不同方式的热水疗法，是加快恢复的基本手段。

1. 淋浴

最简单的手段是淋浴，它不仅有水温的作用，还有水的机械作用。

2. 盆浴

盆浴或浸浴普遍受运动员欢迎。方法简单，全身放松效果也好。一般先在热水中浸浴10分钟，然后淋浴。热冷水交替浸浴，促进代谢的作用比热水淋浴更好。

3. 涡流浴

涡流浴如洗衣机一样搅动，强度可以调节，造成明显的水温与水流冲动刺激，又可称为水按摩。

4. 脉冲式水力按摩浴

脉冲式水力按摩浴，是在特殊澡盆内进行的，与肢体躯干部位相对应设置多个喷头，水的压力可达3个大气压，能选择强度及部位，对需放松的肌肉自动喷射。

5. 桑拿浴

又称热空气浴或芬兰式蒸汽浴。桑拿浴是在特别的小屋内用电炉加热空气，造成一个高温干燥的环境。除有镇静、使肌肉关节组织充血的作用外，还可促使大量排汗。因而也有利于体重控制。

6. 蒸汽浴

是将蒸汽通入特别小屋或关闭的房间内，造成一个高温、高湿的环境。其作用与桑拿浴类似，但较桑拿浴易造成身体疲劳。

(五) 按摩

训练或赛后按摩又称恢复按摩或放松按摩，这是大强度训练或赛后必不可少的内容。大致可以分为自我按摩、互相按摩、医生按摩或器械按摩等。

1. 自我按摩

除了背部以外几乎全身均可自我按摩、自我放松。按摩手法同其他按摩，主要有按、摩、揉、捏、推、压、拍、打等几种。还有穴位自我按摩、脚底按摩等。

2. 互相按摩

在没有医生按摩的情况下，运动员相互按摩是个好办法。在洗澡时也可用皂液做自我或相互按摩。这使皮肤润滑，阻力减小，手法也不难，边洗边活动边按摩，不仅达到放松身心的目的，还可强壮肌肉。

3. 医生按摩

医生按摩有气功按摩、经穴按摩及放松按摩。

4. 器械按摩

器械按摩尽管比医生按摩有许多不足之处，如机械动作单纯模仿人的按摩手法，只限于揉、捶、滚动、抖、压，单调死板，缺乏生气，但也有其优点，如机械有力、动作的力量一致，无论在训练场地、训练中和训练后都可使用，费用也较低。如带式按摩机、滚动按摩器、按摩床等。

(六) 理疗

1. 红外线

分近红外线与远红外线两种，近红外线穿入人体组织较深，穿透可达1厘米，能直接作用到皮肤的血管、淋巴管、神经末梢及皮下组织，远红外线多被表层皮肤吸收。局部光浴可改善神经与肌肉的血液供应和营养。

2. 蜡疗

蜡疗热容量大，导热性小，几乎无对流现象，有很大的蓄热性能，而在冷却过程中可放出大量热能。石蜡用于治疗有两种作用：一是温热作用，皮肤能耐受60~70℃的石蜡而不被烫伤；二是机械压迫作用，对肌腱挛缩有软化、松解作用。总之，蜡疗可以防止淋巴液渗出，减少水肿，促进渗出液吸收，扩张毛细血管，增加血管弹性。

3. 热、电、磁治疗

均可促进血液循环，加速疲劳的消除，同时对运动损伤有治疗作用。

(七) 负氧离子吸入疗法

吸入负氧离子，通过神经反射、体液调节机制对机体产生影响，能改善肺的换气功能、增加氧吸收量和二氧化碳排出量；调节神经、改善大脑皮质功能、振奋精神、改善睡眠、降低血压，刺激造血机能，使红血球、血红蛋白、网织细胞、嗜酸细胞、血小板增加，血流速加快，心搏出量加大，扩张毛细血管，消除疲劳。在城市空气中负离子很少，故需用人工负离子发生器进行治疗。

(八) 吸氧

空气中含氧20.94%、二氧化碳0.03%、氮78.09%，在高强度训练时因为缺氧而大量产生乳酸，使机体很快产生疲劳，所以吸氧是有效的恢复方法之一。

(九) 针灸

对疲劳的肌肉可针刺阿是穴，全身疲劳可针刺强壮穴足三里。间动电电针有消除局部肌肉疲劳的作用。耳针疗法，简便易行，对消除疲劳、改善睡眠和提高食欲都有一定疗效。

(十) 音乐疗法

从生理角度看，音乐作为一种声音刺激，可通过机体的反射作用迅速产生一系列生理和心理反应。不同性质的音乐对人体的作用是不同的，节奏快而有力的音乐能增强心脏功能，改善血液循环；节奏鲜明的音乐还可使人的精神振奋，心跳加快，心肌张力增加；节奏缓慢、单调重复的音乐则使人松弛，并有催眠镇静的作用；旋律优美的音乐能使人们的心情愉快、平静，有助于消除某些项目运动员，如体操运动员的情绪紧张及焦虑。此外，音乐还有改善注意力、增强记忆力和提高人们对环境适应力的作用。

（十一）气功

气功是一种自我调节、自我控制的功法。气功练习能增强抵抗能力；能帮助"放松"，消除紧张状态，使交感神经系统的活动减弱，血管紧张素分泌系统发生变化，调节血压，使血运加快、皮温升高、红细胞和血红蛋白有所增加，白细胞吞噬能力提高，血皮质醇减少；通过脑电图检查证实，对大脑皮质起保护性抑制作用；可使骨骼肌放松，心跳减慢，耗氧量减少。

（十二）倒挂疗法

因为有的项目运动员，如射击运动员在训练中大多数处于立姿、卧姿或跪姿，长时间使脊柱受压、椎间盘受压，久而久之不易恢复常态。倒挂床的功能是使椎间盘复位，恢复椎间盘正常弹性，治疗椎间盘突出症；调整脊柱形态（如在倒挂情况下加以按摩则效果更好），纠正不良姿势，促进血运，帮助呼吸，还能放松关节、放松肌肉、消除肌肉张力、消除背痛、消除疲劳、改善脑部供血、促进全身状况的改善。

参考文献

[1] Phil Page, Assessment and Treatment of Muscle Imbalance The Janda Approach, Human Kinetics, 2010.

[2] 王安利.运动医学 [M]. 北京：人民体育出版社，2012.

[3] Evan Osar, Corrective exercise solutions to common hip and shoulder Dysfunction, Lotus Publishing, 2012.

[4] Micheal A. Clark, Scott C. Lucett.NASM essentials of corrective exercise training— 1st ed.Copyright © 2011 Lippincott Williams & Wilkins.

[5] Page, P. 2004. Janda′s sensorimotor training program.Abstract presented at the annual meeting of the American Physical Therapy Association, Chicago.

[6] Page, P. 2006. Sensorimotor training: A "global" approach for balance training. *J Bodyw Mov Ther* 10：77-84.

[7] Page, P., and C. Frank. 2003. Function over structure. *Advance for Directors in Rehabilitation* January：27-30.

[8] Page, P., and G. Stewart. 1999. Shoulder taping in the management of impingement of the athlete. *Med Sci Sports Exerc* 31 (5): S208.

[9] Page, P., and G. Stewart. 2000. Hamstring strength imbalances in athletes with chronic sacroiliac dysfunction. Abstract. *J Orthop Sports Phys Ther* 30 (1): A–48.

[10] Janda, V. 1992. Treatment of chronic back pain. *Journal of Manual Medicine* 6 (5): 166-8.

[11] Janda, V. 1989a. Differential diagnosis of muscle tone in respect to inhibitory techniques. *Journal of Manual Medicine* 4 (3): 96.

[12] Johnson, M.E., M.L. Mille, K.M. Martinez, and M.W Rogers. 2002. Age–related changes in hip abductor and adductor muscle strength in women. Abstract. *J Geriatr Phys Ther* 25 (3): 24.

[13] Johnston, T.B. 1937. The movements of the shoulder joint. *Br J Surg* 25: 252–60.

第十章 运动膳食与营养调控

冯美云（原北京市体育局）
邱俊强（北京体育大学）
安江红（北京市体育科学研究所）
裴怡然（北京市体育科学研究所）

内容提要：

本章介绍运动员合理营养的基础知识、营养调控的基本方法，提供运动员吃好（膳食）、补好（营养品）的正确途径，为教练员构建实用的营养恢复知识结构。内容包括：一是运动员合理营养的基础知识。学习合理膳食基础知识、科学用膳的基本技能、运动营养品的选择方法、实现营养在食物中强化的目标，以及建立正确的营养补充理念。二是运动员体能的营养调控。学习专项运动能力的营养基础，明确良好体能的膳食结构与营养调控方法，为体能训练提供实用的营养对策。三是抗疲劳、促恢复的营养调控。针对运动员可能出现的不同身体机能问题，学习抗运动性疲劳、促进恢复的营养手段与方法。四是控体重的营养调控。介绍运动员控体重过程的营养措施，以便保障训练质量。

第一节 运动员合理营养的基础知识

一、运动员合理营养

（一）合理营养的意义

运动员的运动能力不仅取决于科学的训练、良好的身体素质和心理素质，而且取决于合理营养。运动员合理营养的重要性体现在：必须保证生长发育、维持健康，提供体能消耗及恢复的特殊需求，调节生理、心理机能及满足机体适应、伤病康复，帮助运动员提高训练质量和发挥竞技能力。因此，合理营养是科学训练的基本保障，是训练系统中不可或缺的重要环节。

运动员的合理营养通常包括吃好和补好两部分，吃好是指合理膳食，这是运动员实现合理营养的基础平台；补好是指营养强力补充，是精英运动员实现合理营养的特殊内容。

(二) 合理营养的目标

运动员合理营养的目标可以归纳为以下 6 方面：

第一，提供运动和生命活动所需的能量及各种调节能量代谢的营养素。如充足的食物碳水化合物满足肌糖原、肝糖原储存，由各种维生素 B 和钾、钠、钙、镁等营养素发挥代谢供能的调节作用，实现体能最佳化。

第二，增强运动器官的机能储备，提高身体机能状态的调节水平。在训练过程中引入合理营养手段，从提高骨骼肌收缩功能、改善心肺血管机能、维持内分泌及免疫水平等方面发挥营养促力作用，实现训练效果最佳化。

第三，提供抵抗疲劳、促进恢复的营养储备，加速运动后身体机能恢复。如强调食用抗酸化、抗氧化类营养素和蔬果，补充水和电解质预防脱水和改善内环境等。

第四，满足控体重运动员的特殊生理需求。如限制能量摄入，激活脂肪氧化，强化摄取低能量高营养密度食物及营养品，为训练质量提供保障。

第五，加强特殊训练环境的机能调节能力。如高温或低温环境训练的营养措施，高原训练环境的营养强力辅助手段。

第六，采用个性化营养强化措施，促进伤病康复。如有针对性地采取促进肌肉、肌腱韧带、关节康复的营养措施，并保障康复训练期间的体能储备等。

二、运动员合理膳食

(一) 合理膳食的特点

运动员合理膳食的营养素包括糖类、脂肪、蛋白质、维生素、矿物质和水。运动员通过摄取食物，不仅能够补充运动机体消耗的能量和营养素，还应有助于提高机能水平、改善运动能力。

运动员合理膳食应满足如下特点：①各种食物的能量比例要合理；②合理安排一日三餐的能量分配；③食物应当是营养密度高、体积重量小；④合理的每日食物摄入量；⑤合理的进食时间。

(二) 合理膳食指南

学习和掌握科学用膳的技能，实现营养在食物中强化的目标（表 10-1）。

表 10-1 运动员合理膳食指南及营养目标

序号	膳食要求	营养目标
1	食物多样化，谷类为主	满足营养平衡
2	依据运动训练或比赛任务所需，安排一日三餐和加餐的能量分配	满足体能恢复的需求，保持适宜体重和体脂

续表 10-1

序号	膳食要求	营养目标
3	多吃蔬菜、水果、薯类、奶类及其制品、豆类及其制品	满足维生素、矿物质、抗氧化营养需求
4	肉类食物要适量，多吃水产品	满足蛋白质需求，减少油脂摄入
5	不吃或少吃油炸食物，少吃肥肉和荤油，适量的植物油炒菜	限制油脂摄入，满足体重和体成分控制
6	重视补液	恢复体液平衡
7	重视早餐质量和必要的加餐	体能恢复
8	吃清洁卫生、不变质和未被污染的食物	满足食品卫生及安全

(三) 膳食不合理及其所致的营养问题

对我国优秀运动员的膳食调查发现，存在以下共性问题，应当引以为戒：①早餐不足、晚餐过高的人较多，三餐热量摄入分配不合理的现象较普遍；②主食不足，粗杂粮不够，碳水化合物摄入量普遍偏低（25%～53%）；③含蛋白质、脂肪高的肉类食品摄入过多，脂肪供能比高达 30%～55%；④蔬菜、豆制品摄入少，水果品种比较单一，尤其是绿叶菜偏少，使部分运动员缺乏维生素 A、C、B，钙、镁、铁、锌等，部分矿物质摄入量不足；⑤饮水不足及补液不科学，面对训练和环境变化，不知道如何选择含电解质、维生素和糖的饮料；⑥对科学用餐的规律缺乏清晰的认识，延误用餐时间时有发生，对适时加餐缺乏认识和运用；⑦营养品补充与膳食脱节，存在不重视正常膳食和过分依赖营养品的倾向。

(四) 科学用餐的建议

存在以上的问题，究其原因与认识不足、营养知识欠缺有关。对科学用餐提出如下建议：①开展运动员营养知识教育，帮助他们掌握科学配餐的方法，提升科学用餐的原动力；②餐厅实行科学化管理，改进传统的菜肴制作工艺，对餐厅配餐和餐饮供给实行动态监测，对有特殊要求的运动员实行个性化饮食方案等；③强化教练员科学用餐的理念，按时用餐和加餐相结合，训练负荷与营养恢复相结合。④专业营养师和科技人员直接介入运动员用膳的指导与实施安排。

三、运动员营养补充

(一) 运动营养品的概念

运动营养品是指对运动人体或体力活动者的特定身体机能具有调节功能的运动食品和营养素补剂（包含但不限于保健食品）。它不以治疗疾病为目的，对运动人体不产生任何急性、亚急性和慢性危害。目前，营养品已经被各等级运动员广泛使用。在高水平运动队中，有专门的科研人员制定营养补充方案，并指导运动员正确执行。

（二）运动营养品的特点

运动营养品通常具有如下特点：①以方便实用的方法提供已知的营养素，使日常训练或比赛效果最大化（如：液状膳食补剂、运动饮料、碳水化合物胶冻、能量棒）。②包含多种的营养素成分以弥补已知的营养不足（如：铁补剂、复合维生素片）。③包含营养素或其他成分，以提高运动成绩或维持/恢复健康和免疫功能为服用目的，如：人参、草药制剂等。其中不乏存在不确定性和争议。

（三）运动营养品的分类

运动营养品通常按功能分类，方便使用者对"号"选择。大致包括以下 10 大类（表 10-2）。

表 10-2　运动营养品的分类

序号	类别	使用目的	常用营养品
1	能量补充	增加体内能量储备和运动能力	含糖固体饮料、能量棒
2	能量补充与恢复	消除疲劳、刺激恢复	含糖和蛋白固体饮料、蛋白粉（或肽、氨基酸）、电解质、磷酸果糖（活性糖）等
3	改善内分泌功能	提升促恢复的代谢调节能力	藏山药复合营养片、植物甾醇（PA）、磷脂酰丝氨酸（PS）、蒺藜皂甙等
4	预防关节及软骨损伤	刺激组织细胞修复和更新	以胶原蛋白、氨基葡萄糖为主要营养素成分
5	预防运动性贫血	刺激红细胞合成	各种复合型营养铁剂
6	抗氧化功能	消除由过氧化物引起的致疲劳因素	复合抗氧化剂、番茄红素、维生素 C、维生素 E 等
7	增强免疫力	改善和增强免疫机能	谷氨酰胺、乳清蛋白、西洋参等
8	减控体重	促进脂肪氧化及提供胃肠饱腹感	左旋肉碱、以食物纤维为组方的营养食品
9	改善肌肉质量	提高肌力及改善收缩功能	肌酸、丙酮酸肌酸、含有锌、镁、蛋白粉等成分的各种营养品
10	神经调节类	调节中枢疲劳及促进睡眠、消除疲劳	中枢宝、中枢双胞胎抑制剂、PS、支链氨基酸、复方氨基酸等

（四）营养补充的时效性

使用方法正确才能充分发挥营养品的促力效果，在制定营养计划时，营养补充的时效性是必须考虑的环节。

(1) 糖、电解质、水溶性维生素和水，服用或停用的效果大多很迅速，可以跟随训练负荷的节奏行动。

(2) 有关提升红细胞水平、纠正低血睾酮、提高免疫力的营养品补充，需要有较长时间的服用过程才能表现出促进恢复的效果；强化力量支撑系统（骨骼、肌腱与韧带、关节）的营养品需要连续服用更长的时间，并结合力量训练才能达到促进力量增长的目的。

(3) 重视运动后营养补充的代谢窗口期。每次运动后 45min 以内补充营养，有利于发挥胰岛素的促合成作用；延迟 2h 以上才开始补充营养，将显著降低蛋白质和糖原的合成速率。

四、膳食与营养补充的关系

（一）树立正确的营养观念

在优秀运动员群体中，不乏"轻膳食、重补剂"的错误观念，出现过度依赖运动营养品的现象。成功的竞技能力表现是由多种因素共同作用的结果，这些因素包括先天的优质基因、长期有效的训练、营养均衡的饮食、充足的睡眠和恢复、先进的训练设施和顽强拼搏的精神等，经优化整合产生的训练效果是营养品无法代替的。大多数运动营养师都清醒地意识到，部分运动员太过依赖营养补剂，却没能解决好提高运动成绩的基本元素，如良好的训练和生活习惯。因此，树立正确的营养观念，处理好膳食与营养补充的关系，对运动员来说是至关重要的。

（二）建立合理的营养补充理念

运动营养专家的共识是合理膳食对运动员最重要：按照运动员膳食指南的要求，从膳食中摄入足够的能量和营养素，则运动中丢失的营养素绝大部分能得到补充。事实上，营养品的使用效果还依赖于训练、机能状态、心理及精神状态、技术和战术等，随着训练水平提高，补充运动营养品的迫切性才会进一步提升。一般训练情况下，则应避免盲目地、频繁地大剂量服用运动营养品，因为这反而会对身体造成很大的代谢负担。

以下 3 个方面可以帮助我们建立合理的营养补充理念：①以训练背景、指标测试结果为依据，针对运动员机能状况给予个性化营养补充。②三餐饮食是机体摄取营养的最重要环节，在任何情况下都不能偏废膳食营养的基础地位。③在合理膳食的基础上，制定科学化的营养恢复强化计划，借助于强力营养补充促进恢复，实现营养恢复的目标。

第二节 运动员体能的营养调控

一、体能的营养基础

运动员保持良好的体能是训练和比赛的需求。很多因素可以影响运动能力，营养是其中重要的因素之一。如力量训练时，如何充分利用力量训练的效应，通过营养补充使训练效果最大化；对速度耐力性选手来说，加强运动时肌肉保持高功率收缩的能力、加速运动后乳酸的消除是至关重要的；对耐力性选手而言，如何提高体内糖储备，增强恢复能力是日常考虑的主要问题。

(一) 爆发力与高能磷酸化合物供能

力量性运动的能量来源：高阻抗力量运动需要快速、高输出功率，由 ATP、磷酸肌酸（CP）分解反应组成的磷酸原供能系统正是完成这一目标的能量代谢基础。运动中供能原料是 CP，CP 分解释放能量用于合成 ATP，CP 随即转变成肌酸。运动后借助于肌糖原分解释放的能量使肌酸重新转变成 CP。这个供能系统在短时间 (6~8s) 最大用力的运动中起主导供能作用，是速度、爆发力项目运动的能量基础，运动强度越大，骨骼肌对磷酸原供能的依赖性就越大。短跑、投掷、跳跃、举重及柔道等项目的运动员，要注意加强磷酸原供能能力的训练，营养调控也能从中发挥调理作用。

(二) 速度耐力与糖无氧代谢供能

速度耐力运动的能量来源：肌糖原（葡萄糖）分解生成乳酸并释放出能量的过程不消耗氧，与酵母使糖转变成乙醇的发酵过程相似，故称糖酵解供能系统或糖无氧分解供能系统。在速度耐力运动时，运动肌内局部缺血，糖酵解过程能迅速释放能量合成 ATP，输出功率虽然是磷酸原供能系统的一半，但是运动时间可以维持 2~3min。在 200~1500m 跑、100~200m 游泳、短距离速滑等项目中，糖酵解供能能力对运动成绩有决定性作用。在一些非周期性、体能要求高的项目中，如摔跤、柔道、拳击、武术等，糖酵解供能是发挥良好竞技能力的体能基础。

(三) 耐力运动与有氧代谢供能

在长时间持续运动中，骨骼肌在利用氧气的过程中，把糖、脂肪、蛋白质内储存的能量转变成 ATP，即有氧代谢合成 ATP。依靠有氧代谢供能的耐力运动，又称为有氧运动。通常存在以下 3 种情况：

(1) 在大强度耐力运动中，糖有氧代谢负责高功率有氧耐力，即决定耐力比赛的竞争力，运动过程中糖储量大量消耗。随着运动中糖储存量下降，蛋白质分解量逐渐增多，表现为血尿素水平升高，血尿素值大小间接地反映出能量失衡的动态变化。

(2) 在长时间耐力运动时，脂肪有氧代谢能力决定持久耐力，高水平耐力运动员具有良好的脂肪供能能力及最佳糖、脂有氧供能的协调能力，一旦糖储备低下，则造成脂肪不完全氧化显著增多，使尿酮体指标由阴性转变为阳性。

(3) 在超长时间耐力运动过程中，由于糖供能具有更大的功率输出以及糖对脂肪供能的助燃作用，因此保持有效的糖原储备，对完成整场比赛至关重要。

二、糖营养与体能储备

半个多世纪以来的科学研究反复证明，在 60%~80% 最大摄氧量运动时，糖储备不足将导致运动机体疲劳。通过营养手段提高运动员的糖储备，对运动或比赛过程是极其有利的。

(一) 糖营养是体能的基础

1. 糖在运动中的重要供能作用

糖是人体最重要的供能物质，能在任何运动场合参与 ATP 合成。肌糖原能以 1500 千卡/小时的高速率无氧代谢供能，维持 1min 左右的高强度运动。肌糖原也能以提供 700~800kcal/h 的有氧代谢供能，是长时间、持续达 2~3h 中等强度训练中肌肉的优质燃料，肌糖原水平高者，快速跑动的距离长，出现体能衰竭点的时间延后。血糖的氧化速率相对较低，为 50~250kcal/h，但它是中枢神经系统、红细胞的基本供能物质，运动中保持稳定的血糖水平，可保护红细胞生存，抵制免疫功能下降，防止发生中枢性疲劳。

2. 运动员的糖需要量

糖类的食物来源主要是含淀粉的谷类、薯类、根茎类食物，如谷类的淀粉含量为 42.5%~76.6%，薯类为 16.6%~29.5%；各种单糖和双糖主要含有蔗糖、麦芽糖、蜜糖和果糖等；蔬菜（含糖 5%~14%）和水果（含糖 2%~3%）等含有各种糖，还含有粗纤维和果胶。

普通成年人一天糖的需要量为 4~6g/kg 体重。运动员体能消耗大，平均糖需要量为 5~10g/kg 体重·d，力量项目运动员 5~8g/kg 体重·d，耐力项目运动员 9~11g/kg 体重·d。运动员每天、每餐碳水化合物摄入量是维持良好体能储备及恢复的关键性要素，不同项目运动员糖摄入量的参考值如表 10-3 所示。

表 10-3　不同项目运动员糖摄入推荐量

研究参考	体育项目	中等摄入量（g/kg体重）	高摄入量（g/kg体重）
Costill 等人，1988 年	游泳	5.3	8.2
Lamb 等人，1990 年	游泳	6.5	12.1
Kirwan 等人，1988 年	长跑	3.9	8.0
Sherman 等人，1993 年	长跑	5.0	10.0
Simonsen 等人，1991 年	划船	5.0	10.0
Shrman 等人，1993 年	自行车	5.0	10.0

（高级运动营养学，安江红等译，2011）

很多运动员纠结多吃主食会不会发胖，实际上，多吃菜肴带来更多的油脂。菜肴中不但有含脂肪多的食物，如动物油、烹调油及动物外皮如鸡皮、鸭皮等，还包括"看不见"的油脂，如肉类、蛋类、奶制品、动物内脏、豆制品、坚果类食物。看不见的油脂恰恰是人们容易过量食入的，肥胖也会由此而来。同时，运动员训练后糖原储备低下，不吃主食不但影响糖原恢复，还降低了脂肪的有效利用；相反，淀粉类食物容易消化吸收和代谢利用，多吃粗杂粮更有利于减肥。当然，在过多摄入糖类营养的时候，糖是会转化为脂肪的。

（二）糖营养与一日三餐及加餐

1. 运动员三餐的能量分配

运动员应吃好一日三餐，且把热量较为平均地分配到一日三餐中，3∶4∶3 的比例为宜，早餐尤其重要。

2. 运动员早餐与糖营养

应重视运动员的早餐，但对优秀运动员的膳食调查与分析发现，运动员的早餐通常存在较大的问题。经过一夜禁食（7~9h）的机体，为维持血糖水平，肝糖储备几乎耗尽，使晨起血糖处于一日中的最低水平。空腹运动训练的危害如下：①运动性疲劳的程度加重；②红细胞因缺乏血糖而降低寿命；③运动时糖原消耗量增多，更容易引起血尿素、酮体升高，导致疲劳；④运动对免疫系统的抑制加重，使免疫力下降。

运动员早餐应该包括蛋白质和糖，并辅之以蔬菜和水果。足量碳水化合物的早餐，可以在 30~90min 内消化和吸收，不会对胃肠道产生不良影响，其效果是最大程度地提升糖储量和维持血糖水平，这对上午参加比赛的运动员也是适宜的选择。对完成较大训练量的晨练耐力运动员，训练前摄入糖饮料或碳水化合物点心，运动中补充运动饮料，是保证血糖水平的有效措施。在现实中，除考虑理论上可行的运动营养摄取原则，还要结合运动员的习惯制定出最为可行的方案。

3. 运动员加餐

除了一日三餐外，加餐对高水平运动员很重要，加餐所占的比例虽然很小，但对于某些项目的运动员或运动场合保证竞技状态至关重要。加餐措施与原则如下：①可以在早操前、上午和下午训练中、晚餐后加餐；②占总量5%~10%，并从早、中、晚餐中扣除；③选择的加餐食物有针对性，从水果、蔬果汁、面食类、低脂奶及酸奶、果中选择。

(三) 运动前提高糖储备的营养调控

研究表明，运动前3~4h进餐，碳水化合物最佳摄入量为200~300g。合理的食物营养结构表现为含能量高（高碳水化合物）、易消化（低脂）、营养丰富（适量的蛋白质、丰富的维生素、无机盐）、充足水分、体积不大（营养密度高）。其效果是显著地增加糖原储存量，促进肠胃排空和最小化肠胃不适。其好处是：可以提高机体抗疲劳的能量储备，确保在运动中维持良好的血糖水平，对保持大脑敏捷的应变能力和技、战术正常发挥也起积极作用。

上午参加比赛的运动员在用餐时间、早餐质量、个人饮食习惯等方面需要制定赛前营养预案，要求达到最大程度地提升糖储量和稳定血糖水平，同时不会对胃肠道产生不良影响。

在赛前紧张不安，甚至引起肠胃不适的运动员，则可选择液态的运动营养补剂。在赛前或运动前30min内，摄入含糖运动饮料有助于维持血糖水平。

(四) 运动中维持良好血糖水平的营养调控

运动中摄入糖对代谢活动、运动能力发挥都有益处。血糖浓度通常维持在一个很窄的范围，当在长时间持续运动时，血糖浓度会降低，低血糖会引起很多症状，包括眩晕、恶心和不辨方位。低血糖也是马拉松运动员受疲劳折磨并在比赛结束时晕倒的最早医学问题之一，而比赛中摄入糖可有效防止低血糖症状的发生。运动中补糖期望达到的目的是：①及时补充消耗掉的能量；②维持良好的血糖水平。营养措施主要是摄入含糖运动饮料，方法可采用在大负荷训练中或超过1h的剧烈运动中，多次补充糖饮料。适宜的补糖量一般推荐20~60g/h，多者可达40~102g/h，或推荐1~2g/kg体重。

(五) 运动后促进糖原恢复的营养调控

训练后尽早补充糖类营养，其目的是最大化地实现肌糖原恢复。2003年IOC就运动员营养达成的共识声明中，对训练和比赛后摄入碳水化合物促进恢复给出了最新的指南，详见表10-4。

表10-4 针对运动员日常或训练期膳食中关于碳水化合物（CHO）摄入的最新指南

建议：
1. 运动员应该摄入足够的CHO以满足其训练计划对能量的需求，以及在训练课间恢复肌糖原储备达到最佳化为目的。除了提供总的推荐标准外，还应该针对个体，根据总能量的需求、特殊训练的需求以及来自训练表现的反馈进行精细的微调。
2. 运动后的即刻恢复（0~4h）：摄入1~1.2g/(kg体重·h)，重复多次。
3. 日常的恢复：中等负荷/低强度训练日，5~7g/kg体重·d。
4. 日常的恢复：中等至大强度耐力训练日，7~12g/kg体重·d。
5. 日常的恢复：极限训练计划日（每天4~6h以上），10~12g/kg体重·d。
6. 选择营养素含量丰富的CHO食物，在恢复期膳食和加餐中可适当增加蛋白质及其他营养素，将有助于肌肉恢复过程。尤其在CHO的摄入没有达到最佳数量或因条件限制不可能进行多次加餐的情况下，摄入蛋白质会加速糖原恢复。
7. 当训练课之间的间隔不到8h，运动员应该在第一堂课结束后尽早开始补充CHO，使训练课之间的恢复速率达到最佳程度。在恢复早期进行系统加餐，对达到CHO摄取目标有促进作用。
8. 在更长的恢复期（24h），运动员应该根据个人情况，结合实用性和方便性，有计划地及时食用高CHO含量的食物和点心。对糖原合成效果来说，摄入液态或固体CHO无差别。
9. 中等至高血糖指数的食物很容易为肌糖原合成提供可用的CHO来源，可以作为恢复期膳食CHO的主要选择。
10. 充足的能量摄入对糖原恢复达到最佳水平同样重要，对于实行节食的运动员，尤其是女运动员，训练后CHO摄取不足会影响糖原储备恢复到最佳效果。

不建议：
1. 不建议提供关于CHO（或其他常量营养素）在总能量摄入中所占的百分比指南。原因是肌肉对不同能源的绝对需要量没有准确的界限，且不利于实施。
2. 不建议运动员在恢复期过量饮酒。因为这有可能会影响运动员在运动后通过膳食营养进行补充的过程。运动员应该远离酒精，特别是赛后这一阶段。

（资料来源：Burke等，2004）

为了达到快速恢复的目的，建议运动员在训练后立即摄入1g/kg体重的糖类营养，并在每1h后重复直至正常用餐为止；同时补充蛋白质（约20g），有助于发挥糖与蛋白质之间的协同作用，产生促合成代谢，加速恢复的效果。在条件许可的情况下，最好在运动后2h内获得含有充足碳水化合物的正餐。

【案例10-1】 如何通过合理的营养手段，使马拉松选手在日常训练中体能充沛？

分析：维持马拉松运动员体能的关键是，①充足的主食及含糖运动饮料，及时恢复糖原储备，保障脂肪供能的糖环境；②适量蛋白类食物及运动后蛋白类营养品，给运动肌的修复提供补充，并刺激合成代谢，推进恢复；③需要碱性营养来抵消运动带来的体液酸化压力；④多种果蔬与维生素制剂、盐片，维持神经传导、肌肉收缩功能，补偿过氧化带来的压力；⑤强化食补理念，落实膳食及强力营养措施，以改善红细胞和睾酮的合成环境，维护好免疫力；⑥强化补水意识，训练后自觉地多次喝水。

三、蛋白质营养与肌肉力量

(一) 运动员的蛋白质营养

1. 蛋白质的营养功能

蛋白质是人体必需的主要营养物质，对运动员的营养功能主要包括：①维持组织、细胞的生长、更新和修复；②参与多种重要的生理功能，如内分泌调节、体液平衡、酸碱平衡、营养素转送等；③促进肌肉蛋白质合成，增强力量；④参与供能，有助于提高运动持久力；⑤提高饱腹感，帮助减重；⑥促进抗体、补体和白细胞的形成，提高免疫机能。

2. 运动员蛋白质的需要量

食物蛋白质的来源包括肉类、奶类、蛋类、干豆类、硬果类、谷类等。评价优质蛋白质食物有两条准则：①与人体蛋白质的氨基酸组成接近；②与蛋白质共存的油脂含量少。一般来说，动物蛋白质的氨基酸构成优于植物，如蛋、奶、肉、鱼等，但肉类含油脂多，所以，运动员应当优先选择含油脂少、易消化、含氨基酸全面的蛋白质食物，如禽蛋、豆制品、奶制品、去皮鸡胸肉、清蒸鱼、白灼虾、瘦牛肉（清炖）等。

研究表明，骨骼肌生长的必需条件之一是机体维持正氮平衡状态，这意味着摄取的蛋白质量应该大于消耗量。由此引发的问题是维持正氮平衡状态究竟需要摄取多少蛋白质？纵观蛋白质的研究历史，这是一个颇有争议的问题，至今仍未完全解决。运动员蛋白质的需要量高于普通人，通常为每日 1.2~1.7g/kg 体重，占每日总能量的 12%~15%；力量训练或高强度剧烈运动训练时，适当增加达到 2.0g/kg 体重左右。

(二) 促进肌肉力量的营养调控

力量训练中营养补充，经常涉及到 3 个目的。①提高骨骼肌 CP 的储量：因为肌内 CP 含量的多少影响快速供能的维持时间。②提高骨骼肌收缩蛋白的数量：通过力量训练强壮肌肉，达到力量增强的目的。③防治运动肌损伤：阻力性力量训练期间，因肌肉牵拉或能量失衡、自由基攻击，不可避免地会产生肌肉损伤，这将直接导致肌肉酸痛，妨碍肌糖原和蛋白质的合成过程，以致延迟运动后恢复。针对以上目的，营养补充措施是：

第一，口服肌酸类营养品。在力量训练期间，口服肌酸类营养品。需要强调的是，训练期间使用含糖运动饮料，为运动间歇 CP 恢复提供能量保障，同时发挥促肌酸吸收的功效；要多次喝水，及时恢复体液平衡将有助于防止肌肉胀痛。

第二，吃蛋白类食物或补充适量蛋白粉，并配合维生素 E、维生素 C 营造协同作用，用于肌蛋白合成及修复肌肉损伤。训练后尽早补充含糖、蛋白粉的混合饮料，可以提高合成代谢的效率，更有利于训练后恢复窗口期加速糖原、蛋白质合成。

第三，当运动员缺锌时（血清锌 < 11.48μmol / L），适量地补充锌可以提高肌肉力量。

(三) 蛋白质营养补充常见问题及其纠正

1. 蛋白质摄入不足的潜在副作用

膳食蛋白质摄入不足主要发生在习惯于低能量、低糖膳食，或赛前快速控体重的运动员。蛋白质、能量缺乏给运动员造成伤害，表现为机能下降以致影响比赛成绩、体蛋白丢失或肌肉萎缩、发育延迟等。

2. 高蛋白质摄入量的潜在副作用

膳食营养分析数据显示，在力量型运动员中普遍存在的问题是摄入蛋白质太多，长时间高蛋白质摄入量存在潜在的副作用：①未被消耗的蛋白质转换成体脂，并附带过多的脂肪摄入（如100g瘦猪肉大约含蛋白质23g、脂肪29g，100g瘦牛排含蛋白质28g、脂肪31g）；②加重肝、肾的功能负担，因附带含有大量饱和脂肪、胆固醇、核苷酸等，长期大量食用会增加多种疾病的风险，如心血管疾病、肥胖、肾结石、痛风等；③增加体液排出量，加重机体脱水和体液酸化，延迟运动后体液恢复；④增加尿钙排出量，过量摄入10g蛋白质相当于丢失16mg钙；⑤单一氨基酸补充过多，能引出蛋白质代谢失调、血氨升高等。此外，训练后或用餐前过量食用蛋白粉会影响正餐，睡前吃蛋白粉还会影响次日血尿素指标的测定数值，造成虚假增高值。

因此，有必要对运动员摄入过多蛋白质营养的问题加以纠正。研究指出，平衡饮食可以确保运动员获得足够的蛋白质。限制运动员蛋白质正氮平衡的主要因素是能量摄入不足而非蛋白质摄入不足。想要增长肌肉的运动员，应当首先通过摄入足够的碳水化合物来保证能量储备，其次才是检查蛋白质摄入量是否合理。

第三节　抗疲劳、促恢复的营养调控

运动训练必然伴随疲劳的产生，合理膳食及营养补充是运动员抗疲劳、加速机能恢复的有效方法与措施。本节针对训练过程中常见的疲劳因素，介绍消除疲劳、促进恢复的营养手段和措施。

一、体液酸化的营养调控

(一) 运动员体液酸化问题

在正常生理活动中，人体借助于各酸碱缓冲系统的平衡调节作用，维持体液在恒定的弱碱性范围（7.35~7.45）之内。运动时，通常会伴随有乳酸、酮体及尿酸等酸性代谢产物的增多，导致体液酸化。特别是在强度训练或比赛时，当快速跑动的距离长或者体能下降时，血乳酸大量积累即体液酸化，是引起运动性疲劳产生的原因之一。采取有效措施加速乳酸消除，有助于促进机能恢复。

（二）消除乳酸的运动措施

乳酸在快肌纤维中产生，在慢肌、心肌、肝脏等其他组织中通过代谢过程进行消除。乳酸消除的快慢主要取决于运动员有氧代谢能力的高低，并会受到运动后活动方式的影响。因此，消除乳酸可以首先从运动方面采取措施，例如：

（1）准备活动充分，有助于调高有氧代谢速率，以减少运动初期运动肌内的乳酸产生量。

（2）加强适当强度的耐力训练，以提高机体有氧运动能力，其效果是：①使运动中乳酸积累减少（提高抗酸能力）；②使运动间歇机体消除乳酸的速度加快（提高恢复能力）。

（3）在整理活动前，保证一定时间量的适中强度耐力运动，用以快速消除乳酸。

（三）消除乳酸的营养调控

人体碱性物质的食物来源主要是蔬菜、水果，它们含有较多的有机酸及其盐，如柠檬酸及其钾盐和钠盐，这些有机酸在体内氧化，剩下的钾、钠离子进入体液，导致碳酸氢根离子增多，因此，这类食物被称为成碱性食物。有针对地摄取成碱性食物，增加体内碱性物质储存量，有助于运动中、运动后消除乳酸，达到抗疲劳、促恢复的营养调控目的。

1. 从日常膳食中增加人体的碱储备

平时多吃蔬菜、水果、豆和奶的制品、菌类、坚果等成碱性食物，提高身体的碱储备，将有助于消除酸，促进恢复。另外，通过补充一些高碱性的营养品，可以提高体液酸碱平衡的调节效果。

2. 训练后膳食与营养补充

运动后从三方面入手消除体液酸化，一是喝水增加体液更新，加速排酸；二是吃水果、蔬菜等成碱性食物，加速消酸、排酸；三是使用电解质、碱性饮料等营养品，增加碱储备，协助消酸、排酸。有研究证实，运动前摄取含碱盐的饮料，人为地造成体液碱化和提高体内碱储备，能够提高以糖酵解为主要供能系统的速度耐力。

二、大量出汗的营养调控

运动都会产生热，出汗是散热、排毒的重要途径，但是，当大量出汗得不到及时补充时，必然会引起脱水。在舒适的温湿度环境中 24h 人体可以有汗液量 400～600ml 的不显性出汗，而在热天或者运动中，以及热环境运动的出汗量可以显著增加。在气温 30℃的环境中参加马拉松比赛的运动员出汗量达 5L 左右。在长时间的运动过程中，当运动员大量出汗又补液不足时，脱水会加速。

（一）不同程度脱水对运动能力的影响

1. 脱水的危害

"水是生命之源"，对运动员尤其重要，因为脱水是引起运动性疲劳的重要环节。大量出汗脱水会引起血容量下降、心输出量减少、单位时间供氧减少，使最大有氧做功能力明显下降；当由较少的体液量负责体热的重新分配时，导致体温调节能力严重下降，体温上升幅度加大；细胞内脱水会通过降低能量代谢效率，直接影响肌纤维收缩速度和持续收缩的能力。

不同程度脱水对运动能力的影响简述如下：①脱水量超过 2%体重，心率和体温便会上升，体力下降 10%～15%，开始影响有氧运动能力；②脱水量超过 4%体重，体力下降 10%～30%，开始影响高强度无氧运动能力；③脱水量超过 6%～10%，直接（热衰竭、运动性肌肉痉挛）或间接（例如中暑）导致热病，严重威胁健康。

2. 大量出汗带来的营养问题

对运动出汗的研究分析表明，大量出汗除了引起体液丢失之外，还会引起以下营养问题：①可溶性维生素的丢失增多；②电解质及某些矿物质丢失加大。科学的膳食措施和补充营养品可以及时纠正出汗多带来的负面影响，涉及的营养素主要是水、电解质（钠、钾、钙、镁）、水溶性维生素 B 和 C。

（二）运动员脱水程度的评价

1. 汗液丢失量

运动中大量出汗引起体液丢失量可以粗略地从运动前后体重之差获得，也可以通过如下公式较为精确地得出：

$$汗液丢失量（ml）= 体重（g）+ 液体摄入（ml）- 尿液丢失（g）$$

注意：此公式如果应用于长时间耐力性选手，如马拉松或铁人三项运动员，应考虑除了脱水之外其他因素引起的身体变化，如糖储备的减少等因素（占体重的 1%～2%），因此，应用时应予以相应的校正。

2. 脱水程度的评价方法

观察脱水严重程度及体液恢复的简易方法有晨起体重、晨脉、尿量、尿色、排尿次数、尿液比重及血球压积（Hct）等。尿量减少、尿色偏重、排尿次数减少，以及尿比重偏高（>1.030）、血球压积高出正常范围（>0.50）等，都可能意味着脱水情况已经发生。每日晨起体重监测对于观察脱水程度及体液恢复情况是非常必要的措施，运动员应学会在日常生活和训练中进行自我监控。

应该指出的是：尽管水的丢失可以通过校正后的体重变化计算公式进行评估，但电解质的丢失量却很难被定量，且丢失量的范围存在很大争议。

（三）补液的营养调控

训练前和训练中适当地补液可以延缓脱水，并减缓身体核心温度升高的速率。应该根据环境变化和运动训练、比赛情况为运动员设计补液计划，保证体重波动少于2%（比赛或训练前的初始体重）的液体补充。

1. 水营养的调控

运动员通过接受热环境下适应性训练、运动中多次喝水，可以提高对运动性脱水的耐受能力，并减轻脱水带来的负面影响。喝水的好处，一是促进体液更新，增加排尿量，有效清除体内的垃圾；二是身处脱水环境时（运动、高温、干燥、桑拿沐浴、空调、喝咖啡等）更要及时补水，体液充足可以有效促进新陈代谢，使组织、器官、血液处于健康状态。

运动员补液要点：①晨起一杯水，维持身体水平衡；②运动中重视补水，少量多次，一般每小时的补液总量不超过800ml；③根据运动训练、个体特点的需要，选择含糖和/或电解质饮料；④运动后宜及时喝水，主动多饮水、多喝汤、多吃含水多的水果；⑤运动后不喝咖啡类饮料（因为它会诱导排尿量增多），少喝茶（因为它具有利尿功能）。

2. 维生素、矿物质的膳食调控

膳食是补充维生素、矿物质的主要来源，运动员应加强食补意识，强调多吃蔬菜和水果、豆制品和奶制品、新鲜的水果榨汁（如西瓜汁、橘子汁等），从中能获得丰富的维生素、矿物质，有助于纠正体液酸化和电解质平衡，还能及时补充维生素A、E、C，发挥抗氧化促恢复的营养作用。需要强调的是不能片面地用吃水果替代蔬菜，因为蔬菜的营养密度更高，尤其要吃好绿叶蔬菜。

3. 运动营养品补充措施

需要强力补充维生素、电解质类营养的情况包括那些出汗多、需要减肥或者无法

做到膳食平衡的人，他们可以通过服用运动营养品来强化补充。运动后供选择的营养补充措施包括：运动中含电解质的运动饮料；运动后电解质胶囊、钙镁 D、维生素 B 族、维生素 C、复合维生素片剂等。

【案例 10-2】 如何解决运动员赛后的恢复问题？

以下是我国优秀竞走运动员在 50km 比赛后的血乳酸和尿液指标监测结果，试分析应从哪些方面解决运动员的恢复问题？

表 10-5　某竞走运动员赛后指标监测结果

体重变化(kg)	血乳酸（mmole/L）	尿蛋白	pH	尿比重	尿酮体
−1.9	3.1	++	5.5	>1.030	+/−

分析：由表 10−5（邱俊强，2008）测试数据可见，运动员在赛后丢失近 1.9kg 的体重，且尿比重偏高，说明运动员有明显的脱水现象。另外，尿液 pH 偏酸，说明存在体液酸化的情况；尿酮体半个加号，说明脂肪代谢紊乱，糖储备低下。因此，运动员存在的主要问题包括脱水、体液酸化以及糖储备的耗竭。营养调控建议如下：①补充运动后饮料，饮料中需含电解质和糖分，补液总量 1~2L 为宜；②重视赛后一餐及赛后次日充足的主食摄入量，补充糖原填充剂等营养品，增加体内糖储备；③增加赛后成碱性食物的摄入量，如蔬菜、水果等，改善体内酸化状态。

【案例 10-3】 高温环境下训练的运动员可采取哪些营养措施保障体能水平？

分析：高温环境下运动，运动员面临的问题包括处于热应激状态，以及体能消耗更大、消化功能下降、食欲下降、口渴或严重脱水等。

营养建议如下：①增加进餐次数，食物多样化、口味多样化，干稀搭配；②增加主食量，注意粗细粮搭配，减低油脂摄入；③平时多吃蔬菜、水果，重视 B 族维生素和维生素 C 的强化补充，热天吃凉性蔬菜（番茄、茄子、生菜、芦笋等）、苦味菜（苦瓜、苦菜、苦丁茶等），注意重视吃蔬菜，不能用水果替代蔬菜；④训练过程合理补水或饮用含糖和电解质的运动饮料，并养成训练后主动饮水的良好习惯；⑤重视饮食补钙和铁，必要时强化补铁或补钙；⑥加强食品卫生、个人卫生、环境卫生等。

三、抗氧化的营养调控

（一）自由基对身体机能的影响

自由基是新陈代谢中无法避免的副产物，由于它们的化学性质十分活泼，会从所触及的一切物质（包括蛋白质、脂肪和 DNA）身上剥夺电子，使组成人体的各种生物大分子受到不可逆转的氧化损伤，进而使身体机能受到影响。大气污染、辐射、煎炸食品、酗酒、吸烟、阳光照射以及剧烈运动等会使体内的自由基增多。当剧烈运动时，新陈代谢大大增加，酸性代谢产物堆积，自由基产生增多，会攻击组织细胞，引起核酸、蛋白质、脂质等生物分子降解或失活，导致细胞结构和功能的广泛性损伤，表现为血清酶和肌红蛋白升高、红细胞破坏增多和溶血增加、肌肉疲劳产生和延迟性肌肉酸痛等症状。

（二）抗氧化类营养的分类及主要功能

为了对抗自由基的破坏作用，机体内存在着内源性抗氧化防御系统，有两种类型：非酶促系统和酶促系统。非酶促系统主要由维生素 C、E 和巯基化合物等抗氧化物质组成；酶促系统主要由超氧化物歧化酶（SOD）、过氧化氢酶（CAT）、谷胱甘肽过氧化物酶（GSH-Px）等抗氧化酶组成。在它们的协同作用下，使体内过多的自由基变为无害的分子。因此抗氧化营养品主要有以下两类：

1. 非酶类抗氧化剂

非酶类抗氧化剂以其淬灭自由基、阻止或中断脂质过氧化、稳定生物膜而发挥抗氧化作用。根据溶解性，非酶类抗氧化剂可分为两大类，即水溶性抗氧化剂和脂溶性抗氧化剂。水溶性抗氧化剂主要有维生素 C 和谷胱甘肽等，通常存在于细胞内基质和血浆中；脂溶性抗氧化剂有维生素 E、β-胡萝卜素、辅酶 Q 和黄酮类化合物等，能够保护细胞膜的脂质免受过氧化。

2. 抗氧化酶的关键活性因子

微量元素（铜、锌、锰、硒等）参与酶类抗氧化剂的生物合成，如 SOD 需要铜、锌、锰，GSH-Px 需要硒，并以其自身电子传递的性质而起抗氧化的作用，所以，微量元素在抗氧化防御体系中占重要地位。

（三）抗氧化的营养措施

抗氧化剂能够显著减少自由基，消除自由基对肌肉组织的损伤，促进健康，因而从营养上补充和增加机体的抗氧化能力显得十分必要。

1. 高营养密度的平衡膳食

高营养密度是指食物中某营养素满足人体需要的程度与其能量满足人体需要程度之比值，通俗地讲，高营养密度的食物指的是在相同热量下，所含各种营养素的种类更多，含量更高。高营养素密度的平衡膳食是提高运动机体抗氧化能力的重要基础和保障。

（1）水果和蔬菜是对抗自由基的有力武器：建议每天食用 250~300g 水果，400~600g 蔬菜，最好是新鲜和应季的，蔬菜最好有半数生吃。有胃部疾患的运动员可以通过蔬菜汤、蔬菜汁、番茄酱/汁/汤、果汁等形式增加蔬果摄入量。

(2) 不要忽视蛋白质的摄入：鱼类和肉类是抗氧化性微量元素硒和锌的可靠来源；蛋类和肉类含有含硫的氨基酸，可用于合成人体的高效抗氧化剂——谷胱甘肽。此外，大蒜、洋葱、大葱、生菜等也是很好的含硫氨基酸来源。

(3) 适量摄入富含维生素 E 的有益油脂：冷榨橄榄油、菜籽油（特别是胚芽油）。

(4) 美味的日间小食也能帮助提升抗氧化能力：坚果（如葵花子、南瓜子、芝麻）、水果干（葡萄干、李子干等）。

(5) 多吃大蒜、洋葱、蘑菇、卷心菜、甘蓝、西兰花、全谷物、鱼等富含硒和锌等营养素的食物，有助提高机体的抗氧化防御能力。

2. 合理使用营养补剂

适量补充抗氧化营养品有助于应对大负荷训练造成的自由基生成增多，常用的营养补剂有维生素 C、维生素 E、β-胡萝卜素、番茄红素、葡萄籽提取物（OPC）、强效抗氧化剂、辅酶 Q10 等。抗氧化剂之间存在协同作用，合理组合能够提升抗氧化效果，如维生素 C、维生素 E 与辅酶 Q10 联合使用可以获得更好的抗氧化保护作用。

四、运动性低血红蛋白的营养调控

贫血会影响运动能力，而大负荷训练有可能引起运动性低血红蛋白，甚至运动性贫血，这是由训练引起的营养问题，而不是简单的铁储备下降。科学合理的营养措施能够有效改善运动员血红蛋白低下的问题。

（一）运动性低血红蛋白的产生原因

运动有可能加剧红细胞破损、减弱红细胞合成，导致低血红蛋白现象的产生。

1. 溶血性低血红蛋白

溶血与红细胞膜损伤程度成正比关系。当溶血发生时，破裂的红细胞释放出血红蛋白，使红细胞压积下降。当溶血严重时，有可能发生血红蛋白尿，血红蛋白尿的出现是机体严重溶血的标志。很多因素可导致运动性溶血的发生，如红细胞膜过氧化作用加剧、血糖水平下降导致的红细胞供能不足、血液酸化、血浆渗透压改变和运动引起激素水平变化等。

2. 缺铁性低血红蛋白

运动员缺铁时红细胞合成代谢减少，可导致缺铁性贫血，表现出感觉疲倦、缺乏耐力、体质下降，严重者会有眩晕、头痛、免疫功能下降与心理抑郁等现象。影响运动员体内铁代谢平衡的因素主要是：①训练中汗铁丢失多，存在胃肠道渗血，使运动员丢失铁较常人多；②铁摄入量不足、吸收率低，如长跑运动员小肠对铁的吸收水平仅为常人的 1/2；③运动员肌红蛋白多、循环血量多、溶血量大，决定了运动员营养铁的需要量比常人更多，而实际中往往得不到满足。

3. 蛋白质摄入量影响血红蛋白合成

连续大负荷训练的运动员，体内蛋白质分解总量随之增多。如果食物蛋白摄入量不足，血红蛋白的合成就会受到影响，一段时间后便可出现血红蛋白下降，严重者发展成运动性贫血。有研究表明，运动员每日供给蛋白质低于 1.5g/kg 体重，就会出现运动性贫血；如在 2g/kg 体重以上，并满足动物性蛋白质占 25% 以上，则可预防因蛋白质摄入量不足引起的贫血。

4. 巨幼细胞性低血红蛋白

运动员中巨幼细胞性低血红蛋白的发生率低，多见于降控体重的运动员，因进食受到限制，造成叶酸和/或维生素 B_{12} 摄入不足，导致红细胞 DNA 合成障碍。

（二）运动性低血红蛋白的评价方法

1. 血红蛋白（Hb）指标

Hb 指标是评价运动性贫血的常规指标。运动员理想值范围，男运动员为 160g/L 左右，女运动员为 140g/L 左右。日常监测运动员 Hb 指标，主要用于评定运动员对训练负荷的适应情况、身体的营养状况，以便针对指标变化采取营养干预。

2. 运动性低血红蛋白的诊断和评价

根据低血红蛋白的发生原因，有 3 组检测指标给予分类诊断和评价，如表 10-6 所示。此外，个性化检测指标有触珠蛋白、转铁蛋白饱和度、网织红细胞%、网织红细胞数等，可以给予个体特征的诊断结果和评价意见。

表 10-6 运动性低血红蛋白的评价

分类名称	常规指标及变化
溶血性低血红蛋白	血常规指标：Hb（血红蛋白）↓，MCV（平均红细胞体积）↑，MCHC（红细胞平均血红蛋白浓度）↑ 尿液指标：BLD（尿潜血）阳性
缺铁性低血红蛋白	血常规指标：男性 Hb<120g/L，女性 Hb<110g/L，MCV<80fl，MCH<26pg，MCHC<310g/L 铁代谢指标：FER（血清铁蛋白）<20μg/L，TRF（血清转铁蛋白）↑
巨幼细胞性低血红蛋白	血常规指标：男性 Hb<120g/L，女性 Hb<110g/L，MCV>100fL，RDW>15%

（三）改善运动性低血红蛋白的营养调控

提升运动员血红蛋白水平的营养补充，可以从红细胞生成、成熟、转运及血液环境等环节寻找问题，实施针对性营养调控措施。基本方法是从减少红细胞破损（抗溶血）与促进红细胞合成两个层面同步进行。食补是日常的营养强化手段，由指标测试提供是否需要强力营养补充的信号。

1. 抗溶血的营养措施

减少红细胞破损是从抗氧化、稳定血糖水平、增加碱储备等方面展开的，如表10-7所示。

表10-7 抗溶血的营养措施

抗溶血的切入点	食补	营养品补充
增强抗氧化元素，保护红细胞膜	天然抗氧化食品，如猕猴桃、生大蒜、水果、西洋参、洋葱等	补充抗氧化剂，如维生素C、E、卵磷脂、二磷酸果糖（FDP）等
稳定血糖水平，保障红细胞供能	吃好每餐主食，保证良好的糖原储备	运动中使用含糖运动饮料，合理补液
增加碱储备，提高运动中抗酸效果	多吃新鲜蔬菜、水果等食物	训练中、训练后使用电解质

2. 促红细胞合成的营养措施

（1）补铁以适应铁代谢的需要：铁是人体最容易缺乏的元素，但是长期过量摄入铁对身体不利。每天补充50mg一般被认为属于安全水平，国内推荐运动员每日铁供给量为20~25mg。补铁应以食补为主，平时多吃含铁丰富的天然食物，安全又有效，如动物肝脏、蛋黄、瘦肉、豆类、芝麻、黑木耳和绿叶蔬菜、水果、干果等。当指标监测结果显示铁储备低下时，最好选择复合型含铁营养品。

（2）提高小肠的铁吸收率：维生素C、蛋白质可促进小肠吸收铁的功能。高水平运动员应该习惯性地选择富含维生素C的天然食物，如蔬菜、水果，尤其是绿叶蔬菜。预防性生血营养素是由维生素C片加小剂量铁剂组成。

（3）补充蛋白质促进红细胞合成：补铁与优质蛋白粉一起服用，通过提高小肠吸收铁来促进红细胞合成。提供优质蛋白的食物，如鱼、蛋、瘦肉、大豆磷脂、花生、核桃、杏仁等。

（4）合理营养搭配，提高红细胞合成效果：营养素之间存在协同或拮抗作用，这是制定营养补充计划要考虑的搭配问题。

合理搭配维生素B_{12}和叶酸。叶酸是红细胞生成和成熟必需的营养物质。巨幼细胞性低血红蛋白的人，补充铁质不会有任何帮助，而给予叶酸则效果显著。叶酸可由动物肝、肾、鸡内脏和煮过的绿叶蔬菜中获得，充足的维生素 C 有助于叶酸表现出活性状态。但是，补充叶酸时会使维生素 B_{12} 缺乏，所以要求叶酸与维生素 B_{12} 一起食用。维生素 B_{12} 几乎只存在动物的蛋白中，如动物肝、肾、肉和鱼、奶、蛋、奶酪等。素食中只有酵母、麦芽和大豆含有维生素 B_{12}，所以素食者需要食用牛奶、蛋、大豆及豆制品或补充营养片剂才能避免出现营养问题。充足的维生素 B_6、维生素 C 有助于维生素 B_{12} 吸收，而充足的蛋白质则可预防 B_{12} 随尿流失。

为了提高补铁效果，补充铁营养素时注意不能同步补充钙、镁、锌，不能多摄取油脂，以便保障小肠吸收铁的效率；同步强化蛋白质和维生素 C、B 等营养素，也可以提高铁吸收率。

【案例 10-4】 如何解决女运动员的低血红蛋白问题？

某女子柔道运动员在减控体重期出现头晕、气短等不适症状，血常规测试显示血红蛋白偏低（表 10-8），请分析应采取哪些措施解决该运动员的低血红蛋白问题？

表 10-8 某女子柔道运动员血细胞三分类测试结果

指标 参考范围	Hb (g/L) 120~160	Hct (%) 37~48	MCV (fL) 82~97	MCH (pg) 27~34	MCHC (g/L) 320~360	RDW (%) 11.0~14.5
初始值	86	28.5	76.08	22.99	302	15.09
1 个月后	120	39.4	84.9	25.9	305	26.3
3 个月后	116	36.5	88.8	28.1	317	20.4
6 个月后	141	42.5	93.1	30.8	330	14.5

分析：该运动员曾自行在某三甲级医院进行过几个月的检查和治疗，效果不太理想，几次测试结果显示，Hct 最低达 25.8%，Hb 84g/L。表 10-8 初始值表明，该运动员为缺铁性低血红蛋白。科研人员采取以下营养措施：

第一，加强膳食营养，避免盲目节食，合理摄入高营养密度、低热量的食物，多吃富含铁质的食物，如红色瘦肉、肝、黑木耳、蘑菇、红枣、菠菜等；

第二，强化补充铁剂（福乃得），为血红蛋白合成提供充足原料，并定期检查血细胞和铁蛋白，以及时调整铁剂用量；

第三，补充抗氧化剂（维生素 C、番茄红素）、运动饮料、电解质泡腾片，改善内环境，减少血细胞的破坏。

效果：1 个月后，Hb 升至 120g/L，相关指标不同程度回升，同时 RDW（26.3%）偏高，继续适量补铁并定期监测；6 个月后各项指标达到良好水平，Hb 141g/L，RDW 恢复正常，头晕气短等症状消失，体力状况显著改善，并在同期重要比赛中取得个人最好成绩。

五、促进肌肉恢复的营养调控

（一）降低血清 CK 的营养调控

1. 血清肌酸激酶（CK）指标及其应用概述

CK 是催化磷酸肌酸分解的代谢酶，存在于骨骼肌、心肌等组织中。正常情况下血清中 CK 的含量较低，不超过 100U／L，运动员血清中 CK 的正常水平受日常训练影响，经常保持在 100～200U／L。

血清 CK 活性的变化是评定肌肉承受运动刺激、了解骨骼肌微细损伤及其恢复的重要敏感指标。训练强度大且身体不适应，力量训练、技术动作不够合理或高难度动作练习、运动创伤如肌肉拉伤、疾病如心肌炎等因素，都能引起血清 CK 异常升高。当伴随有延迟性肌肉酸痛反应时，通常认为是肌细胞出现微细损伤的标志。运动训练引起血清 CK 升高的原因，可能与剧烈运动引起运动肌能量平衡失调、自由基生成增加、细胞膜损伤加剧有关，通过针对性的营养措施可以降低血清 CK，促进肌肉恢复。

2. 降低血清 CK 的营养措施

（1）膳食措施：①保证充足的碳水化合物摄入量，食用富含维生素与矿物质的蔬菜和水果，满足运动中体能储备及能量释放调节所必需的营养条件。②食用抗氧化营养类的天然食品，如猕猴桃、生大蒜、洋葱、蘑菇、卷心菜、谷物、鱼等。③选择优质蛋白类食物，如鱼肉、海产品等。

（2）降低血清 CK 的营养品补充：①经常使用抗氧化类营养品消除极具破坏力的自由基，对肌细胞膜修复起着保护和促进作用，常用的抗氧化剂有维生素 C、A、E、卵磷脂、番茄红素、葡萄子提取物（OPC）、复合强效抗氧化剂等。②营养品 1,6-二磷酸果糖（FDP）具有抗缺氧与刺激能量释放的功效，已广泛用于降低血清 CK、促进运动肌恢复、保护心肌能量供应。③运动后补充各种促合成和恢复的运动营养品，如恢复饮料、乳清蛋白粉、肽类物质、门冬氨酸锌镁等，通过激活合成代谢或者参与细胞修复过程，达到降低血清 CK 的目的。

【案例 10-5】 如何解决运动员血清 CK 偏高的问题？

某职业男子篮球运动员在赛季准备期的一次机能测试中，血清 CK 为 782U／L，并伴有肌肉酸痛，试分析应如何解决此问题？

分析：以上情况表明运动员骨骼肌疲劳反应大，存在肌细胞微细损伤。建议在此阶段训练期间，采取如下营养恢复措施：

第一，膳食补充适量优质蛋白，运动后饮用含蛋白粉的运动饮料，利于肌细胞修复。

第二，加强抗氧化：多吃新鲜蔬菜、水果，并在训练后服用抗氧化类营养品。

第三，服用 FDP，改善能量代谢，保护肌细胞：吃好三餐主食，训练课饮用运动饮料，主课训练后服用 4～6 粒 FDP。

第四，充分做好训练前热身和训练后拉伸放松，并可进行水疗。

（二）降低血尿素的营养调控

1. 血尿素指标及其应用概述

尿素是体内蛋白质和氨基酸代谢的终产物。在正常生理状态下，尿素的生成和排泄处于平衡状态，血尿素水平保持相对稳定。普通人安静时血尿素参考范围为 1.7～7.0mmol/L；运动员安静血尿素值相对较高，安静参考值为 4.0～8.0mmol/L。

在长时间大强度运动时，运动肌原有能量代谢平衡被打破，蛋白质和氨基酸分解代谢加强，尿素生成增多，致使血尿素水平升高。一般来说，超过 40 分钟的运动，血尿素才显著上升。血尿素指标常用于评价运动员的训练负荷、训练效果及身体机能状况。处于过度疲劳的运动员，高血尿素状态会延续数周甚至长达数月，对身体和训练造成极大损害，应当及时诊断和采取营养调控。

非训练因素会干扰血尿素检测结果，当不吃或少吃主食时，碳水化合物缺乏或蛋白质摄入过多，均会引起血尿素水平增高。例如，不吃早餐去训练、训练前肉食过多，都会引起课后血尿素值升高；又如，大负荷训练课后只吃肉，不吃或少吃主食，或者晚上就寝前服用大剂量蛋白粉，都能使次日晨血尿素值异常升高；再如，不正确的桑拿、泡温泉、节食减重行为，也会导致血尿素值升高等。合理膳食和科学的营养补充有助于消除和避免非训练因素带来的不良后果。在应用血尿素指标时，要仔细分析训练和非训练因素，尽可能做出客观的评价意见。

2. 降低血尿素的营养措施

（1）膳食措施：在均衡营养的基础上，重点落实三餐营养和加餐措施，保证以碳水化合物为主的能量摄入量；保障每日蛋白类食物的摄入量；补充有助于促恢复的食物，如羊肉、猪肚、骨髓、虾、鲍鱼、章鱼、生蚝、海藻、大葱、韭菜、大蒜、虾、核桃、胡桃仁、松仁、栗子、葵花子、花生、蜂蜜、莲子、莲须、荷叶、黑芝麻、黑豆、荔枝等。

（2）降低血尿素的营养品补充：①在对抗性强的训练或比赛后，体能消耗大，心理压力大，血尿素水平上升，在运动后及时补充含糖、蛋白的恢复饮料（糖：蛋白=4∶1）或全能恢复冲剂、FDP 胶囊等，可以促进恢复；②血尿素下降缓慢者，或进入连续数天的比赛期间，为了把体能保持到决赛，在早餐时增加一次蛋白粉补充；③同时补充改善内分泌的营养品，如长白景仙灵、Leci-PA（二十八烷醇）、Leci-PS（磷脂酰丝氨酸）、激力皂甙等。

【案例 10-6】 运动员血尿素偏高时，如何解决其恢复问题？

某优秀女子拳击运动员在赛前外训后机能测试结果如表 10-9 所示，试分析应从哪些方面解决她的恢复问题？

表 10-9　某女子拳击运动员机能测试结果

	血尿素（mmol/L）	血睾酮（ng/ml）	睾酮/皮质醇
初始值	8.41	7.4	0.76
1 周后	6.93	28.4	2.10

分析：由测试数据可见，运动员血尿素偏高，伴有血睾酮和睾酮/皮质醇值偏低，提示机体分解代谢>合成代谢，影响运动员恢复。

措施：①适当调整赛前训练计划，适度控制训练量，提高训练有效性；②运动前和运动中服用运动饮料+少量蛋白粉+电解质泡腾片，运动后半小时内服用运动饮料、蛋白粉、谷氨酰胺，以增加能源物质和蛋白质供给；③服用调理内分泌的营养品，帮助提高血睾酮水平，促进合成代谢。

效果：通过赛前调整训练结合营养措施，1 周后，该运动员血尿素恢复至正常水平，睾酮由 7.4ng/ml 升至 28.4ng/ml，睾酮/皮质醇值也有所升高，有利于运动员以良好的体能状态参加接下来的比赛。

六、改善免疫力的营养调控

运动员进行大负荷训练、比赛或高原训练时，有可能会出现运动性免疫机能下降、对病原微生物易感性增高、感染后疾病的症状加重等现象。

（一）运动性免疫机能下降的原因

运动引起的免疫系统变化与运动形式、运动强度和运动持续时间存在关联，一般而言，急性短时间中等强度运动激活免疫系统并提高免疫功能；高强度长时间运动引起免疫系统功能的暂时性抑制；长时间耐力运动或长期的强化性训练则抑制免疫功能；过度训练可使机体对各种细菌和病毒感染性疾病的易感性增加。此外，高原训练、减控体重训练有可能对运动员的免疫机能造成不利影响。

（二）运动性免疫机能下降的监测指标

评定运动员免疫机能状态的指标应趋于简单适用，并具有一定的预测效果。

（1）白细胞及其亚群是运动实践中最常用的免疫机能指标，白细胞数低于 4×10^9/L 时，提示免疫机能可能偏低。

（2）血清免疫球蛋白 IgG、IgA、IgM 和唾液 IgA 也是应用较广的测试指标，能够从体液免疫的角度反映免疫状况，偏低时提示免疫机能不佳。

(3) 其他指标：有研究者认为淋巴细胞亚群 CD4 / CD8 是反映运动性免疫机能低下的早期灵敏指标；白细胞介素 2 (IL-2)、自然杀伤 T 细胞 (NKT) 等也可考虑作为免疫机能的监测指标。

（三）改善免疫机能的营养调控

运动免疫学研究表明，营养缺乏会降低机体的免疫力，增加感染的风险。运动员免疫功能降低通常与运动引起的血糖浓度降低、蛋白质摄入不足、谷氨酰胺浓度降低、氧自由基升高等有关，针对运动性免疫力低下制定营养调控方案时应综合考虑多方面因素。

1. 膳食措施

合理膳食是保障机体免疫能力的基础。在日常膳食中提高碳水化合物的摄入量，保证蛋白质的摄入量，多吃抗氧化类食物，如富含维生素 C、E 及 β-胡萝卜素的食物，增加菌菇类、大蒜、洋葱、玉米、萝卜等食物的摄入量。日本东京大学教授山崎正利利用动物试验，比较了香蕉、葡萄、苹果、西瓜、菠萝、梨子、柿子等多种水果的免疫活性，结果证实其中以香蕉的效果最好，能够增加白血球，改善免疫系统的功能。香蕉愈成熟即表皮上黑斑愈多，它的免疫活性也就愈高。

2. 提高免疫力的营养补充

采取"多个营养环节一起抓"有助于提高营养品补充的效果（表 10-10）。

表 10-10 提高免疫力的营养补充

序号	营养补充的目的	参与调控的营养品
1	补充免疫系统的能源物质	谷氨酰胺、维生素 C
2	补充机体能源物质，减少免疫系统能源物质参与供能	含糖运动饮料
3	清除自由基，降低对免疫系统细胞的损伤	强效抗氧化剂，番茄红素，维生素 A、E、C，卵磷脂
4	补充优质蛋白粉，间接促进免疫力提高	乳清蛋白
5	调节胃肠道功能，促进营养物质的吸收	双歧杆菌、辅尔康、酵素
6	整体免疫调节能力	破壁灵芝孢子粉、虫草

3. 使用中医药制剂提升免疫力

传统中医药通过健脾补气、益肾补精、疏肝理气等功效，可以改善运动员的免疫机能，增强抗病能力。中药方剂和单味中药及其有效成分均可对运动员免疫功能产生积极的调节作用，目前应用较多、效果较好的有黄芪 / 黄芪多糖、人参 / 人参皂甙、玉屏风散（防风、黄芪、白术）、红景天复方（红景天、黄芪、白术、麦冬）等。

【案例 10-7】 如何解决运动员免疫机能下降？

某优秀游泳运动员高原训练后期免疫机能测试如表 10-11 所示，试分析应如何解决免疫机能方面存在的问题？

表 10-11 某游泳运动员免疫机能测试结果

指标	白细胞数	免疫球蛋白 A	免疫球蛋白 G	免疫球蛋白 M
单位	10^9/L	mg/dl	mg/dl	mg/dl
参考范围	4.0~10.0	82~453	751~1560	40~345
初始值	3.9	98	732	216
6 周后（平原）	4.2	173	980	207

分析：测试数据表明该运动员免疫机能下降。

措施：①补充免疫系统能源物质，每天主课后服用 5g 谷氨酰胺。②保障机体能量供应。运动前、中服用运动饮料，运动后服用运动饮料＋蛋白粉；多吃主食，保证充足能量摄入。③提高机体抗病能力，尽可能避免运动员生病，玉屏风散 1 袋×3 次/日，维生素 C3 片×3 次/日，破壁灵芝孢子粉 4~6g/日。

效果：经过 6 周营养干预，该运动员白细胞数恢复正常，免疫球蛋白 A 和 G 也有所升高，期间未出现因疾病影响训练的情况，为系统训练的正常进行提供了良好保障。

七、改善中枢神经疲劳的营养调控

（一）运动性中枢神经疲劳的产生原因

中枢神经系统功能的紊乱是运动疲劳产生的重要原因之一。中枢神经疲劳的机制十分复杂，神经递质、神经调质、代谢产物等的变化均可能对其产生影响。运动性中枢神经疲劳的产生往往与长期大负荷训练、比赛和非训练应激因素与机体恢复不平衡有关，在某种程度上是中枢神经系统的一种保护性抑制。在运动时，血液色氨酸和支链氨基酸浓度比值改变，使某些神经递质的前体（苯丙氨酸，酪氨酸和色氨酸）进入脑组织，其中色氨酸可以转变为 5-羟色胺（5-HT），使脑部 5-HT 浓度升高，引发倦怠、食欲不振、睡眠紊乱等疲劳症状。此外，脑内氨基酸、自由基等物质变化也可能与中枢疲劳的发生有关。

（二）运动性中枢神经疲劳的监测

从以下 4 方面加强监测：

（1）运动性中枢疲劳的表现：赛前或训练前注意力不集中，无法兴奋，没有训练和比赛的欲望，在大强度的比赛和训练后无法进行有效休息和睡眠。

（2）基础心率（晨脉）监测：持续高于个人正常水平 10% 左右就要引起注意。

(3) 睡眠状况监测：睡眠问卷调查，如匹茨堡睡眠质量指数量表（PSQI）、睡眠状况自评量表（SRSS）等；应用 SenseWear® 能量代谢仪进行睡眠情况监测。

(4) 应用心理量表评估运动疲劳：如心境状态量表（POMS）、运动员恢复–应激问卷（RESTQ – Sport）、运动员心理疲劳问卷（ABQ）等。

（三）改善中枢神经机能的营养调控

睡眠是中枢神经疲劳的最佳消除时机，中枢神经机能的营养调控有：

1. 膳食措施

(1) 提高日常膳食中糖类物质的摄入比例；

(2) 训练间隙适当补充香蕉、高糖食物等；

(3) 增加富含胆碱的食物如蛋（尤其是富含胆碱的蛋黄）、鱼、肉、大豆等的摄入量；

(4) 适当补充有助睡眠的食物，如香蕉、菊花茶、蜂蜜、温牛奶、土豆、杏仁、燕麦片、小米、亚麻籽、全麦面包等。

2. 改善中枢神经机能的营养补充

(1) 补充含糖运动饮料：如自由动力、安培潜能激进剂等，以保证供给大脑所需能源物质，并且有助于减少血浆游离脂肪酸的分解，降低游离色氨酸的水平，抑制脑中 5 – HT 的升高。

(2) 补充支链氨基酸：补充支链氨基酸有助于减少通过血脑屏障进入大脑的色氨酸，从而降低 5 – HT 浓度。可分两次餐前 20min 空腹服用，或运动前与运动饮料共同服用（不要与蛋白粉或其他氨基酸一起服用，以免降低营养补充的效果）。

(3) 补充胆碱：运动前补充胆碱饮料、Leci – PC 等，通过增加胆碱的摄入量提高乙酰胆碱水平，缓解长时间运动时的中枢疲劳。

(4) 改善睡眠：如褪黑素、Leci – PS、飓风五号、神风二号、刺五加、激活颗粒与修养胶囊等，改善睡眠质量，促进中枢疲劳的消除。

(5) 补充 B 族维生素：如维生素 B_6 和复合维生素 B。

第四节　运动员体重管理的营养调控

一、运动员合理减控体重

运动员要实现合理减控体重，首先应该了解体成分，根据项目特点和运动员个体情况设定理想体重的目标；其次，选择适宜指标以便实施监控；第三，制定营养恢复方案，防止体能过度下降或大幅度波动，以便实现良性训练循环。

（一）体成分与减控体重的目标

1. 体成分

体成分指在人体总重量中，不同身体成分的构成比例。较为简便实用的体成分划分方法是以脂肪组织为核心将人体体重分为脂肪重量和去脂体重（即瘦体重）两部分：

$$体重 = 瘦体重（LBM）+ 脂肪重量（BF）$$

2. 瘦体重

瘦体重主要包括全身的肌肉、骨骼、内脏器官、神经、血管等。其中肌肉对于运动员来说是非常重要的组成部分，直接决定力量和体能，因此合理减控体重的目标应该是多减脂肪，少减瘦体重。

3. 体脂%

脂肪水平常用体脂%（脂肪重量/体重×100%）来衡量。通过体成分分析仪的测试，可以准确测出人体脂肪和瘦体重的含量及其在人体总体重中所占的百分比。普通人群体脂%的正常范围为：男子15%~20%，女子20%~30%。运动员体脂%通常低于普通人群，不同运动项目对运动员的身体成分有不同要求。需要注意的是：一定数量的体脂是身体发挥正常功能所必需的，一般建议男运动员体脂含量不低于5%（16岁以下运动员不低于7%），女运动员不低于10%~12%。

4. 运动员减控体重的目标

运动员减控体重的目标是减脂降体重，关键是掌控负能量平衡。运动员减控体重是否成功，受运动员的身体状态、训练水平、意志品质、减控体重的经验及科研、医务保障等多种因素的影响。

（1）降体重运动员：强调限制能量摄入量，但必需营养素的摄入量不能因为限食而减少，需要制定营养增补计划，保证必需营养素的合理摄入量。

（2）青少年运动员：正处于生长发育阶段，在体重有一定增加而体脂无明显增加、体重和体脂均在正常范围、运动员能够正常训练的情况下，不必减控体重。

（3）停训和减量训练期：停训和减量训练期，身体活动量减少，应适度减少能量摄入量，防止体脂快速升高。

(二) 运动员降体重常用手段的营养分析

1. 运动员降体脂的常用手段

(1) 膳食控制法：限制部分饮食或半饥饿，或全饥饿。
(2) 运动降体脂：增加运动量以加大能量消耗。
(3) 运动与膳食控制相结合。
(4) 脱水：部分或全部限制摄水量，或穿不透气的服装运动或桑那浴以大量出汗。

2. 不同方法降体脂的优缺点

(1) 单纯控制膳食降体重的后果：体脂和瘦体重同时丢失。同时，酸性代谢产物（主要是酮体）增多、肌肉痉挛发生几率增高。

(2) 单纯运动降体重的后果：体脂下降，瘦体重基本不变，总体重下降。有氧运动可以促进体脂消耗；适度力量训练，有助于增加肌肉，提高基础代谢率。由于运动降体脂的幅度受训练安排、训练量的影响大，所以事先要有缜密的训练计划。

(3) 运动与节食相结合降体重的后果：可以避免瘦体重丢失，同时促进体脂分解。

因此，正确的减体脂方法是运动与节食相结合，一方面通过运动增加能量消耗，另一方面适当减少食物能量摄入，达到能量负平衡，实现减脂。一般来说，1kg 脂肪组织 ≈ 7000kcal 热量（脂肪组织中约含不到 25% 的水分），如果减少 300kcal / 天，即减少 9000kcal / 月，那么可以减肥 1.28kg / 月。

(三) 运动员减控体重过程的营养调控

1. 减控体重的运动训练

运动员减控体重的营养调控必须建立在减重训练的基础上，减重训练的目标是增加体脂消耗、增加能量消耗、维持瘦体重。采用适中强度有氧运动，可以刺激骨骼肌消耗脂肪酸，运动时间超过 20min 才开始进入有效的"燃烧"脂肪阶段，时间越长燃脂效果越好，累了间歇休息数分钟不会影响训练效果。训练内容还包括力量训练，通过力量训练刺激肌肉强壮、提高基础代谢率，达到增加能量消耗、改善瘦体重的效果。

2. 减体重的膳食营养调控原则

怎样吃出健康的减肥效果？总原则是建立合理的饮食结构，总食量尽量少降，高能量食物少吃，高营养密度的食物多吃，满足热量消耗大于热量摄入，实现能量负平衡和营养均衡。

原则 1：控制能量摄入量，但至少要提供基础代谢需要的能量。

原则2：减肥期间保证蛋白质的摄入。蛋白质的摄取过程会使机体代谢率提高30%，即便是优质蛋白质，在体内也只有70%左右的吸收利用率，而碳水化合物和脂肪都有95%以上的吸收利用率。此外，足量的蛋白质摄入还能防止节食减肥带来的体力下降、皮肤松弛等问题。

原则3：减肥期间保证饮水。脱水不等于真实意义减体重，减体脂才是减体重的理想结果。保持体内正常的水环境是代谢运行与调节的保障，还能最大限度地避免节食给训练带来的负面作用。

原则4：多吃蔬菜、适量水果、奶制品、豆制品，防止减肥期间由于节食造成维生素与矿物质摄入不足。减重食品的选择应遵循"高营养密度低热量"的原则。

原则5：多吃高膳食纤维类食物。膳食纤维的生理作用是：①产生饱腹感，还能减少能量摄入；②抑制脂肪吸收，使能量摄入减少；③增加肠道蠕动，加快粪便排出。膳食纤维的推荐摄入量为>25g/日。

原则6：建立良好的饮食习惯。如减少脂肪和碳水化合物的摄入量；有规律地进食，不暴饮暴食；变狼吞虎咽为细嚼慢咽；限吃零食，并免去高脂高热量的零食。

原则7：逐步降低进食量。每周减体重平稳，不应超过约1.5kg，如超过这一数值，则随体重的减少，肌肉体积和体内水分也将减少，饮食恢复后，还容易反弹。

3. 减控体重过程中营养品的使用

在减控体重阶段，使用营养品的主要目的：加速脂肪燃烧，弥补膳食营养素摄入不足，减轻饥饿感以及避免运动员出现机能下降。常用营养品有以下几类。

（1）促进脂肪燃烧：以左旋肉碱为主要成分的各种品名营养补剂，训练前服用，在训练中激活脂肪酸进入代谢反应的部位，提高脂肪氧化数量。

（2）维持体液平衡：在限食开始后，服用电解质胶囊或补液盐及维生素合剂，防止水盐代谢紊乱造成肌肉痉挛和运动能力下降。

（3）维持瘦体重，训练后适量摄入优质蛋白粉，需要时早餐再加服半勺或1平勺。

（4）增加饱腹感：可服用多纤维素、去脂魔酥、魔芋食品等食物纤维类营养品，减轻饥饿感，根据个人情况掌握补充量。

（5）促进恢复避免机能下降：根据运动员的机能监测情况，针对睡眠、血清CK、血尿素、Hb、恢复状态、免疫力等问题，增补营养品。

特别强调的营养手段是饮水：每天摄入水不低于500ml，以便使体内代谢废物能够通过尿液排出。为缓解口渴，可采用少量多次的方式饮水，选用口感好、解渴的电解质饮料。此外，含服西洋参片也有助于缓解口渴不适感。

【案例10-8】 如何科学地减控体重？

某优秀男子柔道运动员需要在两个月中减重4.5kg，并且希望能够避免对力量和爆发力产生不利影响，该运动员相关情况如表10-12所示。试分析应如何科学地减控体重。

表 10-12 某男子柔道运动员的身体成分测试结果

身高 (cm)	体重 (kg)	体脂百分数 (%)	脂肪量 (kg)	瘦体重 (kg)	基础代谢率 (kcal)
170	65.5	11	7.2	58.3	1440

分析：减重的目标是降低体脂含量，同时尽量避免瘦体重降低，每个月减重目标约为 2.3kg。

措施：①每日能量摄入控制在 1800kcal 左右，约摄入 90g 蛋白质、48g 脂肪、252g 碳水化合物，多吃低热量、高营养密度的食物；用蔬菜、水果取代零食；②每天增加 45~50min 有氧训练（65%最大摄氧量强度），每周 2~3 次力量训练；③运动前半小时服用 3~5 粒左旋肉碱；④每天服用 1 粒善存、2 粒电解质活力胶囊。

二、运动员合理增加体重

(一) 运动员增加体重的基本原则

良好的运动能力与肌肉的质量、力量关系密切，肌肉是瘦体重中最重要的组成部分。因此，运动员增加体重应是以增加瘦体重为目标，同时尽可能避免体脂出现大幅波动。

原则上，运动员是通过能量正平衡实现体重增加，并且确保充足的优质蛋白摄入，配合适当的增肌训练（力量训练和有氧练习），达到预定的增肌增重效果。增重目标可参照本项目高水平运动员的体脂百分数和瘦体重水平进行设定。此外，瘦体重的增加存在性别差异，女运动员在一个训练年度中可以达到的瘦体重增长幅度约为男运动员的 50%~75%。

(二) 运动员增加体重常用手段的营养分析

1. 运动员增加体重的常用手段

运动员增体重有 3 种常用方法：①增加进食量，实现能量正平衡；②增肌训练，提高瘦体重比例；③增肌训练配合增加进食量，实现增肌增重。

2. 不同方法增加体重的优缺点

（1）增加进食量的优缺点：增加食物摄入总量，能够满足身体对能量正平衡的要求，确保摄入足够的优质蛋白质、维生素和矿物质，为肌肉合成提供原料，能够实现增加体重的基本目的。但是，缺乏激活肌肉蛋白合成的调节动力，或者激活力度不够强大，因而增肌效果较差。同时容易致使体脂%出现较大幅度增长，有可能造成专项力量下降，灵敏性降低，从而影响到技、战术水平的正常发挥。此外，还会带来赛后减脂的麻烦。

（2）增肌训练的优缺点：运动训练消耗体能有助于打开并扩大合成代谢窗口，因此训练后休息状态时是实现肌肉组织修复和生长的最佳时机。但是，如果没有合理的营养增补手段相助，促合成的动力即增肌效果放大不到最佳化程度。

（3）增肌训练与增加进食量相结合的优点：通过运动训练激活合成代谢，又有合理的营养组合支持合成代谢高效运行，可以提速肌肉修复和生长过程。另外，通过有氧运动还可以激活脂肪氧化，增加体脂消耗量，有助于避免体脂大幅增长。

因此，正确的增肌增体重方法是增肌训练与增加进食量相结合。在实际力量训练中，要增加1kg瘦体重需要4000～5000kcal的热量；如果每日额外摄入700～1000kcal的能量，可使瘦体重每周增长0.5～1.0kg，同时满足力量训练的能量需求。

（三）运动员增加体重过程的营养调控

实现理想的增肌增体重目标，有两个关键问题必须处理好，一是设计增肌训练计划，二是制定营养增补计划及饮食安排。在此，对营养调控做进一步分析。

1. 增加进食量，实现能量正平衡，并把握良机促进合成

（1）合理选择食物类型：蛋白质摄入以优质蛋白质为主，多选择瘦牛肉、瘦羊肉、鱼、虾、兔肉和火鸡肉（去皮）等。碳水化合物的选择以高血糖指数（GI值）的食物为主，比如蜂蜜、玉米片、全麦面包、西瓜等；其次可选择中等GI值的食物，比如意大利面、燕麦片、苹果汁和白米饭等。

（2）执行一日多餐兼正能量平衡的用餐计划：各餐有明确的能量分配；特别强调早餐的质量和能量充足，最好达到全天能量摄入的25%～30%；注意晚上加餐时间，最好在睡前1h完成，以免涨肚影响睡眠质量。切记，睡眠是最佳的恢复时机。

（3）合理安排训练和用餐时间：当训练与进餐时间接近时，要求运动员执行高能量、高营养密度、适宜量蛋白、体积不大、容易消化吸收的用餐模式。训练后用餐尽量在最佳恢复时机内完成，及时吃足、喝够、补好，利用运动后快速合成的有利条件营造最佳恢复效果。

2. 补充增肌营养，满足肌肉合成，改善肌肉质量

在运动营养品名录中，专门设定一组具有增肌功效的营养品，如乳清蛋白、肌酸、赛力昂（丙酮酸肌酸）、肌盾、肌泵、酯化肌酸等。

（1）补充蛋白类营养品：强化补充蛋白类营养的目的是修复肌肉和刺激合成。运动员每日蛋白质摄入量要求2～2.5g/kg体重，训练课前和训练课后的蛋白质补充采用混合糖饮料的形式，允许同时食用碳水化合物点心，训练课中仅以糖饮料为主。

（2）补充肌酸类营养品：肌酸使用量需结合训练目的、项目特点、个体身体特点。商家指定的参考用量为冲击量每天20g，服用5～7天，维持量每天2～5g。但有

研究指出，每天 2~3g 使用量，配合四周力量训练，能够获得预定的效果。提高肌酸补充效果的方法：①用含糖饮料冲服，或与 VE 或 VC 共服，可提高肌肉细胞吸收和利用效率；②补充肌酸期间多喝水，保证肌肉的水合状态，有助于防止肌肉胀痛和拉伤的发生。注意使用冷水或糖饮料冲调肌酸，不要与果汁、咖啡同饮。

(3) 加强合成代谢，促进肌肉生长：在肌肉生长过程中，激素发挥重要的调控作用。在人体合成代谢中扮演重要角色的激素有睾酮、生长激素、胰岛素、甲状腺素等，它们是肌肉生长的助推剂。在运动营养品名录中，选择使用具有改善内分泌、消除疲劳及促进恢复的营养品，借助于强力营养组合产生的效果，改善或激活自身的合成代谢，帮助运动员更有效地实现增肌增重。此外，保证高质量的充足睡眠对合成代谢至关重要。

【案例 10-9】 运动员成功增体重

我国跆拳道男子+80kg 级优秀运动员刘某在备战 2008 北京奥运会前，技、战术水平已可与欧洲顶尖选手对抗，但其体重与对手相差近 20kg，需要增加体重以提高其身体的对抗能力。

科学监控：通过访谈了解运动员的运动营养知识水平和营养品使用情况；采用 SenseWear 能量监测仪进行全天能量消耗监测，并测量其 48 小时膳食能量摄入状况，发现如下问题：①测试日能量摄入 3890kcal，能量消耗 4202kcal，每日能量欠缺 518kcal；②深度睡眠时间偏低，占整个睡觉时间的 57.5%；③训练课中能量补充不足，日常膳食三餐供能比例不佳；④运动员对如何选择食物，如何在训练中补水、补糖及三餐的热能分配知识了解不多。

营养措施：①按照每天 2.5g/kg 体重的标准摄入蛋白质，并以一定比例补充碳水化合物。具体如下：力量训练课及课后补充 200ml 水 + 全能恢复冲剂 1/2 勺 + 乳清蛋白 10g，专项技术训练课补充 500ml 水 + 全能恢复冲剂 2~2.5 勺 + 乳清蛋白粉 15g；训练后 30min 内补充 5~6 块饼干或 1 个香蕉/苹果。②加强运动营养知识的宣传教育，合理选择食物和进食时间。

效果：经过 5 周的营养干预，体重从 95.9kg 增至 105.3kg，增加的体重中 90.4% 为瘦体重，完全达到教练员的要求，运动员自信心大幅提高，在随后的亚洲锦标赛和北京奥运会上均取得优异成绩。

参考文献

[1] 冯美云. 运动生物化学 [M]. 北京：人民体育出版社，1999.

[2] 谢敏豪，等. 运动生物化学 [M]. 北京：人民体育出版社，2008.

[3] 杨则宜. 优秀运动员营养实用指南 [M]. 北京：人民体育出版社，2007.

[4] 安江红，等，译. 高级运动营养学 [M]. 北京：人民体育出版社，2011.

[5] 曹建民，等，译. 运动营养与健康和运动能力 [M]. 北京：北京体育大学出

版社，2011.

[6] 王启荣，等.译. 临床运动营养学 [M]. 4版. 北京：中国出版集团世界图书出版公司，2012.

[7] 胡扬，等. 高原训练研究与应用 [M]. 北京：北京体育大学出版社，2006.

[8] 翁庆章，高原训练的理论与实践 [M]. 北京：人民体育出版社，2002：351-362.

[9] 王健. 健康体适能 [M]. 北京：人民体育出版社，2008：302-308.

[10] Randall L. Wilber. Altitude Training and Athletic performance [M]. Human Kinetics，2004.

[11] William D. McArdle，等. 运动与营养 [M]. 荫士安，等，译. 3版. 北京：人民卫生出版社，2011：261-402.

[12] Mike Greenwood, Douglas S. Kalman, Jose Antonio. Nutritional Supplements in Sports and Exercise [M]. New York：Humana Press，2008：162-203.

[13] Michele Macedonio, Marie Dunford. The Athlete's Guide to Making Weight [M]. Champaign：Human Kinetics，2009：93-106.

[14] 陈吉棣，等. 运动营养学 [M]. 北京：北京医科大学出版社，2002：170-183.

[15] 曲绵域，等. 实用运动医学 [M]. 北京：北京大学医学出版社，2003：271-272.

[16] 冯连世，冯美云，冯炜权. 运动训练的生理生化监控方法 [M]. 北京：人民体育出版社，2006.

[17] 杨则宜，等. 运动员合理营养知识手册 [M]. 北京：人民体育出版社，1999：8-30.

[18] H.W.米勒·沃尔法特. 德国足球队队医的完全健康手册 [M]. 潘蕾，译. 合肥：安徽教育出版社，2010.

[19] 王静，刘洪涛. 中枢疲劳研究进展 [J]. 解放军预防医学杂志，2005，23(01)：72-74.

第十一章 兴奋剂风险与防范

何珍文（国家体育总局反兴奋剂中心）
王新宅（国家体育总局反兴奋剂中心）
朱 晗（北京体育大学）
程 遥（国家体育总局反兴奋剂中心）
李珂珂（国家体育总局反兴奋剂中心）

> **内容提要：**
> 在现代运动训练系统中，反兴奋剂工作已经成为一个重要的组成部分，一个不容回避的现实问题。本章从反兴奋剂理论与实践结合的角度，紧密联系我国体育运动中反对使用兴奋剂的实际，介绍了兴奋剂的概念，兴奋剂问题的产生、由来，使用兴奋剂的危害，运动训练中存在的兴奋剂风险，以及当前国际、国内反兴奋剂工作的发展变化，着重阐述了教练员如何确立反对使用兴奋剂的正确观点和态度，学习运用在运动训练中防范兴奋剂问题的基本方法和手段。

第一节 兴奋剂问题概述

体育与药物的结合由来已久。早在公元前3世纪举行的古代奥运会上，就有运动员为了战胜对手，争得桂冠，服用从蘑菇、仙人掌中提取的物质（含有致幻物质），或饮用白兰地或葡萄酒，其中还有人将士的宁等一类生物碱与酒精混合在一起服用，以求最大限度地提高体能。然而，药物真正给体育带来危机是在近代。

在近代体育竞技史中，有明确文字记载的第一次应用于人体的兴奋剂事件，发生在1865年。当时发现一名荷兰运动员在横渡海峡的游泳比赛中服用了某种能够提高运动能力的药物。1886年，一名英国选手参加在法国举行的自行车越野赛时因身体不适中途退场，两个月后突然死亡。经医学检验，证明他服用了过量的兴奋剂。这是世界体育史上首例因兴奋剂使用过量而致运动员死亡的报告。

在日益激烈的竞技体育中，有目的使用兴奋剂的现象迅速蔓延，到20世纪60年代，已经生产出针对性较强的人工合成药物，用于提高运动能力。1960年罗马奥运会上，一位丹麦自行车运动员因服用了过量的兴奋剂而在途中猝死，给现代国际体坛敲响了警钟。也正是在这一年，国际奥委会成立了医学委员会，从而拉开了国际反兴奋剂斗争的帷幕。

本节主要围绕什么是兴奋剂、兴奋剂的危害、反兴奋剂斗争的基本情况等问题进行介绍和阐述。

一、兴奋剂的基本概念

（一）对兴奋剂的界定

英文里的兴奋剂一般写作"Doping"，其词源"Dope"来自荷兰语中的"Dop"，是南非黑人的方言，指当地出产的一种有强壮功能的杜松子酒，后来就用它泛指含有刺激性的饮料。该词1889年首次出现在英语词典中，意指赛马骑手用的麻醉镇静剂，并延伸出兴奋、镇静、止痛、麻醉、利尿等含义。

1964年10月，在日本东京召开的国际体育科学大会上，围绕何谓"使用兴奋剂"这一问题进行了讨论并形成了一致意见。1967年，国际奥委会医学委员会参照这一意见，第一次对"使用兴奋剂"做出正式界定："运动员使用任何形式的药物或以非正常量、或通过不正常途径摄入生理物质，企图以人为的或不正常的方式提高他们的竞赛能力，即为使用兴奋剂。"

2002年，世界反兴奋剂机构（以下简称WADA）将使用兴奋剂界定为：凡在运动员体内采集的样本中出现，或者运动员使用（或有证据表明使用）任何一种物质，该物质可能在增强运动员表现的同时，具有伤害运动员身体的危险或违反体育精神，就是使用兴奋剂。

2003年，世界反兴奋剂大会通过的《世界反兴奋剂条例》对"使用兴奋剂"做了十分严格的操作定义，明确规定，以下情况和行为构成违反反兴奋剂规则：在从运动员体内采集的样品中，发现禁用物质或它的代谢物或标记物；使用或企图使用某种禁用物质或禁用方法；接到依照反兴奋剂规则授权的检查通知后，拒绝样品采集、无正当理由未能完成样品采集或者其他逃避样品采集的行为；违反运动员接受赛外检查的义务，包括未按规定提供行踪信息，并错过根据合理规则通知的检查；篡改或企图篡改兴奋剂控制过程中的任何环节；持有禁用物质和禁用方法；从事任何禁用物质或禁用方法的交易；对任何运动员施用或企图对其施用某种禁用物质或禁用方法，或者协助、鼓励、资助、教唆、掩盖使用禁用物质与方法的行为，或其他类型的违反反兴奋剂规则的行为或任何企图违规的行为。

目前，通常把兴奋剂理解为"国际体育组织禁用物质和禁用方法的统称"，其定义域由WADA定期公布的《禁用清单》确定。

从兴奋剂定义的形成过程可以看出，兴奋剂是体育行业的专有名词，与临床医学、药物学中的中枢神经兴奋剂是不同的概念；兴奋剂不单指具有兴奋功能的药物，不单是"剂"，即不单指物质，还包括禁用方法；兴奋剂或使用兴奋剂是一个动态的概念，在不断发展和变化。

(二) 禁用物质与方法

禁用清单是确认禁用物质和禁用方法的名单。根据《世界反兴奋剂条例》，由 WADA 公布的《禁用清单》是进行兴奋剂控制的国际标准，它划定了"兴奋剂"概念的定义范围。

1. 禁用清单的来历

开展反兴奋剂斗争，一个重要的前提就是确定哪些药物是体育运动中被禁止使用的。1967 年国际奥委会运动医学委员会公布了第一份禁药名单，将 5 类 8 种药物列为兴奋剂，这些药物都是中枢神经系统刺激剂和麻醉剂。以后随着查禁范围的扩大，禁药名单不断加长，一些作弊手段也名列其中。1991 年版的《奥林匹克宪章》增加了反兴奋剂条款，并在第 48 条"医务条例"下列出《禁用物质和禁用方法》名单，这是反兴奋剂的奥林匹克标准，逐渐为国际体育界认同。2000 年国际奥委会通过的《奥林匹克运动反兴奋剂条例》(OMADC) 开始实施，《禁用物质和禁用方法》名单成为该条例的附件，由国际奥委会按年度发布。2003 年 WADA 成立，《禁用物质和禁用方法》改称《禁用清单》(Prohibited List)，成为《世界反兴奋剂条例》组成部分，并作为独立文件由 WADA 每年发布一次。该条例明确指出：《禁用清单》是反兴奋剂的"国际标准"。从 2004 年开始，WADA 每年发布一份《禁用清单》。

从上世纪 90 年代起，中国奥委会反兴奋剂委员会每年都及时向国内体育部门和组织下发禁用清单的中文版本。根据我国《反兴奋剂条例》的规定，国家有关部门每年都会联合公布《兴奋剂目录》。就其实质而言，与 WADA《禁用清单》中规定的内容完全一致。

2. 《禁用清单》的内容

《禁用清单》是一份在体育运动中禁止使用的物质和方法的目录，分为 3 个部分：

第一部分 所有场合禁用的物质和方法（赛内和赛外）

禁用物质：

(1) 蛋白同化制剂，包括蛋白同化雄性类固醇和其他蛋白同化制剂；

(2) 肽类激素、生长因子和相关物质，包括促红细胞生成素 (EPO)、生长激素 (hGH) 等；

(3) β_2-激动剂，如特布他林、福莫特罗等；

(4) 激素与代谢调节剂，如胰岛素、福美坦、他莫昔芬、环芬尼等；

(5) 利尿剂及其他掩蔽剂，如丙磺舒、呋塞米、氢氯噻嗪等；

(6) 其他所有未获批准的物质，即在《禁用清单》所有章节中尚未涉及的、且未经任何政府健康管理部门批准用于人体治疗的药物（例如尚未在临床前或正在临床实验阶段或已经终止临床实验的药物、策划药物、兽药），在所有情况下禁用。

禁用方法：

(1) 提高输氧能力，如使用血红细胞制品等；

(2) 化学和物理篡改，如篡改和置换尿样等；

(3) 基因兴奋剂，包括改变核酸或核酸序列，使用常规或经基因修饰的细胞。

第二部分　赛内禁用物质

(1) 刺激剂，如苯丙胺、可卡因、麻黄碱等；

(2) 麻醉剂，如吗啡、美沙酮、哌替啶等；

(3) 大麻（酚）类，如哈希什、玛利华纳等；

(4) 糖皮质类固醇。所有糖皮质类固醇禁止口服、静脉注射、肌注或直肠给药。

第三部分　特殊项目禁用物质（赛内）

(1) 酒精；

(2) β–阻断剂，如普萘洛尔、倍他洛尔等。

3.列入《禁用清单》的评定标准

根据《世界反兴奋剂条例》，将某种物质或方法列入《禁用清单》的评定标准是：

(1) 有可能提高或者能够提高运动能力；

(2) 可对健康造成潜在的危害或实际危害；

(3) 违背体育精神。

如果某种物质和方法符合上述3个标准中的两个，将被列入禁用清单。此外，某种物质属于掩蔽剂，则将直接列入禁用清单。

二、兴奋剂的危害

使用兴奋剂，最直接的受害者是运动员。前国际奥委会主席萨马兰奇曾在一次奥委会全体会议上警告说："兴奋剂就是死亡。"他说："使用兴奋剂不仅仅是欺骗行为，也是走向死亡。首先是生理上的死亡，即通过不正当的操作手法，严重（有时是不可逆地）改变人体正常的生理作用。其次是肉体上的死亡，正如近年来一些悲剧性事件所表明的那样。此外，还有精神和理智上的死亡，即同意进行欺骗和隐瞒自身能力，承认在正视自我和超越自身极限方面的无能和不思进取。最后是道德的死亡，也就是拒绝接受整个人类社会公认的行为准则。"

（一）兴奋剂对运动员身心的危害

运动员为提高运动成绩取得竞争优势而使用兴奋剂存在着巨大的健康风险。一般来说，使用兴奋剂对运动员身心健康的主要危害包括：出现严重的性格改变、产生药物依赖症、导致细胞和器官功能异常、产生过敏反应、损害免疫力、引起各种感染，甚至危及生命等。

1. 引发恶性病变

不正当地大剂量地滥服兴奋剂，增大了药物副作用的强度，促使人体的恶性病变。比如合成类固醇的长期大量使用，引发肝、肾损害和脑、肝、前列腺癌。大剂量使用刺激剂引起心力衰竭。过量使用麻醉剂等同吸毒，对人产生致幻作用，终生依赖，难以解脱。长时间用药会使药物的毒性蓄积，成为癌症和其他不可逆疾病的根源。长期使用雄性激素的女运动员会不孕或在多年后产下畸形婴儿。

【案例 11-1】

德国女子游泳选手克里斯蒂娜·克纳克·佐默在退出泳坛后生下一个女孩。小孩半岁的时候，一次从儿童篷车上摔下来，头上摔了个大包，总是号啕大哭，四肢痉挛，怎么治也不行，一年半当中一直挣扎在死亡线上。费了好大劲，最后才算治好了，但医生告诉她，孩子的病不是摔的，而是荷尔蒙失衡，是她过去服用大量兴奋剂给女儿带来的恶果。克纳克说："我当年的两个队友也怀了孕，其中一个怀孕 5 个月就流产了；另一个队友生下一个畸形的孩子，3 年后她再次怀孕，生下的又是一个畸形儿。"人们不难想象，克纳克们当母亲后的悔恨心情，她们若再去看当年赢的奖牌，那就恐怕不再是荣誉而是耻辱了。

2. 导致运动损伤

科学系统的训练会对训练负荷有正确的评估，而兴奋剂在暂时改善人体运动机能和精神状态的同时，往往会掩盖人体机能和训练负荷的真实状态。久而久之，会导致人体的超负荷运转和生理结构的改变，大大增加运动损伤的风险。

【案例 11-2】

1974 年瑞典某田径运动员因服用兴奋剂而力量迅速膨胀，致使其韧带难以承受，造成损伤，最后双膝动了手术。1975 年的一天，芬兰举重运动员、墨西哥城奥运会金牌得主冈卡斯尼米试图举起 160 公斤杠铃，结果因服用过量合成类固醇而膨胀起来的左肩胛骨肌肉断裂，杠铃砸在他的颈骨上，使他终生残废。

3. 导致生理变异

兴奋剂可能会导致使用者出现严重的性症改变。长期使用兴奋剂，特别是类固醇会使男运动员生殖器萎缩、精液过少、乳房女性化以及阳痿等。前苏联曾对 15 名服用类固醇的男性进行检测，结果精子成活率为零。由于女运动员生理、体质方面的特点，使用兴奋剂对生理方面造成的危害更大。比如使用类固醇后，表现出来的症状主要有面部汗毛和体毛增生、痤疮、嗓音低沉、脱发、乳房扁平、阴蒂肥大和月经不调等，有的女运动员甚至为此做了变性手术。

【案例 11-3】

据 1997 年 12 月 30 日英国《每日电讯报》报道，前民主德国女子铅球运动员海蒂·克雷蒂服用类固醇造成身体异化，不得不做了变性手术。她从 16 岁开始服药，参加大赛时竟服到每天 25 毫克，1 个半月用了 1000 毫克。1983 年她获得欧洲田径锦标赛青少年组冠军，1986 年又获欧洲田径锦标赛冠军。在这以后，她喉结凸出，脸上长出浓密的汗毛，生理的变异使海蒂恐慌不已，心理上大受影响，痛不欲生，她曾想到自杀，以结束自己这种难堪与压抑的境地。1997 年她于无奈中摘除了乳房，做了变性手术，改了一个非常男性化的名字叫安德鲁。从此一个叫作海蒂·克雷蒂的女子消失了。

4. 导致心理变态

长期使用兴奋剂会导致心理变态。神经刺激剂使人亢奋、疯狂。麻醉剂有致幻作用，当药物引起的欣快感消失后会带来焦虑、沮丧。运动员使用麻醉剂会成瘾，引起严重的性格改变。其他副作用包括使人变得冷漠、神思恍惚，出现恶心和低血压等。

大剂量服用蛋白同化制剂，如类固醇和 EPO、生长激素等会使人产生敌意和侵犯，而药物作用消失后，又使人产生自卑和抑郁，常会出现发怒、暴力倾向等躁狂症行为，以及神经系统障碍和失眠。少数人会出现幻觉，许多人患妄想狂和精神病。滥用药物者停止用药几天或几星期后，即可出现停药综合征。心理方面的症状包括各种精神和心理障碍，如神经质、焦虑不安、注意力不集中、性欲减退、沮丧、自杀意念，甚至出现自杀行为。在此阶段，运动员很容易成为其他成瘾药物的依赖者。如在瑞典，因兴奋剂丧生的 34 人中有一半是自杀身亡的，这是因为服用类固醇的人在停止服用后头 3 个月里，情绪特别低沉，容易产生轻生的念头。国外还有调查显示，服用兴奋剂的大学预科生与不服药的相比，有心理疾病的比值明显偏高。

【案例 11-4】

加拿大冰球运动员约翰·柯蒂克是职业赛手，他虽然技术平庸，但极富攻击性，在赛场上双眼冒"凶光"，疯狂得几乎神经不正常，造成这种状况的原因，是他大量使用可卡因、类固醇和酒精。而少年的柯蒂克，曾是强壮的、爱交际的、时常带着恶作剧微笑的快乐男孩。为了保住在职业球队里攻击性后卫的位置，他开始服用毒品和兴奋剂，这样就使他成了球场上疯狂的打手。女友让他戒掉毒瘾并停止使用兴奋剂，他却说，我可以做到，但不可能去做。因为在我有机会的时候，我必须保证把比我年轻力壮的对手打倒在地。长期滥用药品，使他精神常常处于半疯狂状态。他常莫名其妙地狂喜或狂热，如果在酒吧发脾气，他就找人打架，在家中就会对女友大喊，并把她推到墙上。他死前的一幕是极其悲惨的：这天下午，他来到一个汽车旅馆，脸上青紫，手指关节上都是血迹，呼吸急促，他付了 100 美元住进 205 房间。几个小时后，他便开始在房间里折腾。大约晚上 10 点，旅馆警卫打电话报警。警察敲开柯蒂克的房门，努力使他平静了下来，他在房间里不停地走来走去，手明显地颤抖着，一边咒骂一边打着自己的胸部。一会儿他又歇斯底里起来，打坏了壁柜的门，砸碎了镜子并毁了墙上挂的所有图片，被单上到处是他的血迹。这时又有 7 名警察赶到才把他制服，拷上两副手铐，用皮带捆在担架上，送上门外的救护车。在车上，他大吵大闹，7 分钟后停止呼吸。警察在他房间里发现了 40 支注射器，一盒注射用类固醇，已用去一半。在他左臂上发现了许多注射可卡因后留下的针眼，身上酒气冲天。一切都表明，他同时使用了可卡因、类固醇和酒精。尸检报告说，他因心脏功能障碍引起肺衰竭而死。

5. 导致死亡

大量用人工合成的激素补充人体自然生成的激素，会使人体自身的激素生成功能减退，一旦停药，机体不能正常分泌激素，将标志这部分机能"死亡"。同时还会出现相关机能紊乱，人体抵抗力下降，引发恶性病变。另外，滥用药物使人体承压阈值提高，能力超常释放，自身保护能力下降，造成心脏等器官出现过载，出现早衰和疾病，日后稍有较大负荷极易发生猝死，导致生命的毁灭。实际上，当滥用兴奋剂造成人体生理机能部分损害时，生命的毁灭就已经开始了。

【案例 11-5】

意大利都灵市检察官报告，足球运动员患肝癌和白血病的危险比其他职业多，这是由于使用类固醇引起的。30 年里，意大利甲乙丙三级俱乐部 165 名球员死亡原因，因肝癌、白血病死的人高于其他职业平均数。据统计，165 名死者中，患白血病者 7%，还有 0.84% 是死于肝癌和其他肿瘤。根据瑞典卡罗林斯卡医学院公布的一项调查，自 1985 年以来，瑞典全国已有 34 名运动员被查实是因为滥用类固醇而死亡。据奥地利运动医学院院长路德维希·普罗科普估计，仅第二次世界大战以来至 1988 年，就有大约 70 名西方著名运动员死于非法药物。前东欧国家亦有 50 多名优秀运动员因服用兴奋剂丧生。1994 年，美国也明确证实，因长期滥用合成类固醇而患肝癌的运动员有 38 人。前联邦德国女子七项全能运动员比尔杰特·德莱赛，1985 年在世界排名第 33 位，但服用兴奋剂一年后，排名升至第 6。就在她雄心勃勃备战汉城奥运会的时候，忽然背部剧痛，被送入医院，24 个医生试图使她安静下来却没有成功，当天她即在剧痛中死去，时年 26 岁。医生均大惑不解。后经调查，在两年多的时间里，她共注射和服用了 101 种兴奋剂，共计 400 多次。

（二）兴奋剂对体育的危害

英国人戴维德·米尔勒写的《奥林匹克革命》一书指出：兴奋剂"对奥林匹克运动和整个体育的严重威胁，远远大于职业主义和商业主义。使用兴奋剂欺骗是从根基上打击体育的可信赖性,它比本世纪以来任何一种危害体育的弊病,都更加摧毁公众的信任"。因此,兴奋剂对体育的危害是根本性的,是"从根基上打击体育"(萨马兰奇语),是"体育的第一杀手"(罗格语)。

1. 背离体育的根本目的

增强体质、振奋精神、提高素质,促进人的全面健康发展,是体育的根本目的。然而,使用兴奋剂却背离了体育的这些根本目的。它把体育的目的"异化"为"不惜一切代价获取胜利"。我们看到的现实是:在体育运动中滥用兴奋剂,使人沦为药物的奴隶和牺牲品,药物的毒副作用吞噬着运动员和青少年健康的身体,毒害着人们的心灵,体现公平、公正的竞技场成了药品的"试验场"。

顾拜旦在创办现代奥运会时,曾设想通过高水平竞技把人们从烈性酒精中解脱出来,他说:"体育运动是酒精中毒最有效的解毒剂","酒精和体育训练之间有一种天然的对立"。顾拜旦绝没有想到数十年后的体坛不但没有远离酒精,甚至比酒精危害更剧烈的兴奋剂却死死地缠在体育身上。

WADA主席法耶指出:"体育的核心价值是公平竞争,这就意味着不可以使用禁药。青少年们应该知道,使用禁药是欺骗,同时对健康有害,那是一种危险的生活方式。"

2. 违反体育道德的基本原则

体育道德的基本原则是公平竞争,它所要求的是比赛的公正性,这是体育竞技能够进行的根本前提。从某种意义上说,离开"公正",就无所谓体育竞技了,正是有了公正、公平的竞争,体育竞技才有了意义。

维系体育竞赛秩序的是规则。体育规则体现的原则是公平竞争,其价值取向是追求程序正义。它以承认人的差异性为前提,通过各权益方共同约定的游戏规则进行比赛,决出胜负高低。因此,公平竞争是竞技体育的道德基础,是构建现行体育竞赛体系的基石。

使用兴奋剂通过不正当手段谋取在体育竞争中的优势和主动,瓦解了公平竞争的基础,在道义上违反了公平公正的准则。

3. 打击体育的公信力

体育是人类精神文明的示范窗口。奥林匹克运动的创始人希望以优秀运动员的榜样力量来教育青年,纯洁社会,创造健康和谐的新世界。在现代中外体育史册上,曾涌现出一大批优秀的运动员。在他们身上体现出的优秀品质,引起了许多青年的崇敬与学习,体现了体育运动的崇高价值,把身体的对抗,力量、速度和灵敏的角逐,提升到精神层面,使体育成为最受人们喜爱和崇敬的事业。

当我们看到许多曾经令人羡慕的运动员被禁赛,当我们得知有些辉煌的成绩并不十分可靠时,体育的公信力已被严重损害。使用兴奋剂使大众逐渐失去对体育的信心。在巴尔科实验室事件涉及数名大牌运动员后，美国媒体一项调查显示，有50%的民众认为，体育就是这样，不必做更多的道德诉求。连续的"丑闻"使媒体转移对竞赛的关注，一些赞助商解除对赛事和运动员的赞助。

(三) 兴奋剂对社会的危害

随着体育对社会各方面影响的扩大，兴奋剂的危害也超出了体育范围，而成为破坏力极大的社会公害。

1. 败坏社会风气

兴奋剂的泛滥，使人道德失范，是非颠倒，纵容公开的欺骗，毒化社会环境。在一些著名运动员不良的示范下，许多兴奋剂的服用者不以为耻，反以为荣。美国的一位青年竟说："健美如果不用兴奋剂，就如同女友化妆不抹口红、不涂眼圈一样失去光彩。"翻开当代竞技史，我们可以看到一串足以成为青少年偶像的优秀运动员倒在兴奋剂上，给青少年留下不良示范。

【案例 11-6】

论技术，马拉多纳可以说是20世纪最伟大的足球天才，可是他吸毒、携毒、滥用可卡因等兴奋剂，丑闻不断，伤害了无数崇拜者。一位记者曾经到阿根廷采访，见到大街小巷、商店橱窗有许多马拉多纳的照片、模型，不禁赞叹说："阿根廷人对自己的英雄还是那么珍爱啊！"不料开车的司机却说："不，这些展品是告诉青少年不要向他学习！"

2. 浪费社会资源

兴奋剂已经是当代体育无法摆脱的问题，无论使用兴奋剂还是反兴奋剂，都需要大量人力、物力和财力的投入。据WADA估计，每年世界上兴奋剂销售额达到数十亿美元，在一些赛事集中的地方，还出现了兴奋剂交易的"地下市场"。而反兴奋剂的投入也相当巨大，近年来，对新药检测手段的研究、检测实验室的建立、推行"飞行药检"，都带来了巨大的财力支出。全世界用于反兴奋剂方面的开支也要超过数亿美元。有人说，如果说反兴奋剂也是竞技体育运动的一项"规则"的话，那么它很可能是成本最高、最复杂、代价最昂贵的"规则"。

3. 引发各种社会问题

(1) 社会暴力。许多兴奋剂和毒品一样，使用后会引起情绪异常激动，行为失控，出现暴力倾向。上世纪80年代末，前苏联的电视和报纸不断报道，一伙身强力壮的小伙子经常从郊区闯入闹市打、砸、抢，肆意闹事，有人认为他们是因吸毒而带来神经失常。经调查，在逮捕的108人中并未发现吸毒者，但却发现其中20%的人使用了类固醇等兴奋剂。

(2) 走私犯罪。兴奋剂是大多数国家和地区明文禁止的违禁物品，走私成了重要的来源渠道。美国反兴奋剂专家霍布曼透露，美国有 200 万~300 万人使用类固醇，每年在黑市购此类药物的金额多达 5 亿美元。巨额的利润，使走私兴奋剂十分猖獗，1993—1995 年，仅美国就有 295 人因走私类固醇等兴奋剂药品而被捕。

(3) 与毒相伴。使用兴奋剂与吸食毒品同属药物滥用，在国际奥委会公布的禁药名单目录中就有海洛因、可卡因等毒品。美国 1990 年的一项调查表明，美国约有 25 万青少年服用类固醇。1995 年进行的又一次全国性调查证实，在美国有 100 万人服用合成代谢类固醇，18 岁青年中 6.5% 都与类固醇有瓜葛。而兴奋剂问题专家霍布曼估计的数字远远不止如此，他估计美国有 200 至 300 万人使用类固醇。美国《洛杉矶时报》报道，美国中学生使用兴奋剂的现象已相当普遍，有 5% 的中学校队队员使用类固醇，还有 5% 的中学生使用大麻和可卡因。

使用兴奋剂使人产生虚幻的成就感，"得来全不费工夫"，助长了享乐主义和对药物的迷信，使运动员寻求更大的刺激。在其他一些因素的共同作用下，体坛成了毒品的重灾区。这种国外较普遍的丑恶现象在我国有逐渐上升的趋势，某技巧世界冠军就是在朋友的鼓动下吸食毒品，最后进了戒毒所。

三、国际反兴奋剂斗争

体育领域反兴奋剂斗争，是随着滥用药物的不断升级而发展起来的，也是随着国际体育界对兴奋剂问题的认识不断深化，在不断积累共识的基础上展开的。1928 年，鉴于滥用药物的问题日趋严重，国际业余运动员联盟开始了抵制兴奋剂的努力，但由于没有相应的制约手段，因此无法制止兴奋剂的使用。1955 年环法自行车比赛首次正式进行兴奋剂检测，开创了在国际性大赛进行兴奋剂检测的先河。然而它毕竟是一个单项协会的个别行为，还没有能力抵挡住兴奋剂浪潮的冲击。直到上世纪 60 年代，国际奥委会基于兴奋剂日益泛滥的严重现实，开始在奥林匹克运动中采取措施抵制和反对使用兴奋剂，国际范围的反兴奋剂斗争才全面展开。纵观近半个世纪反兴奋剂斗争的历程，反兴奋剂工作的成绩有目共睹，有力地打击了在体育运动中使用兴奋剂的行为，但反兴奋剂斗争仍然是一项长期、艰巨、复杂的任务，还需要我们付出不懈的努力。

（一）兴奋剂问题依然严峻

兴奋剂问题困扰体坛仍然是一个不争的事实。前不久刚刚卸任的国际奥委会主席罗格先生在告别讲话中提到了国际奥委会当前面临的两个问题，一个是经济危机带来的困难，另一个就是屡禁不绝的兴奋剂问题。他认为目前反兴奋剂斗争仍面临着各种挑战，如公众对于兴奋剂损害健康的意识有待提高、黑社会犯罪组织参与兴奋剂的买卖、运动员越来越多地受到金钱利益的驱使等等。据美联社报道，WADA 2012 年完成的一项新研究结果表明，参加国际比赛的运动员，每 10 人中就有 1 人使用兴奋剂。

根据全球反兴奋剂实验室报告的 2011 年检测情况，全年共检测样本 243193 例，其中，结果异常的样本占总量的 2%。

奥运会等国际大型综合性赛事中，虽然兴奋剂检测力度不断加大，但仍有运动员铤而走险。据 ESPN 等网站报道，伦敦奥运会共曝出 12 例兴奋剂丑闻，涉及到的有阿尔巴尼亚、乌兹别克斯坦、圣基茨和尼维斯、俄罗斯、哥伦比亚、摩洛哥、巴西、美国、叙利亚、意大利、摩尔多瓦、白俄罗斯 12 个国家，共涉及举重、体操、田径、自行车、赛艇、柔道 6 个运动项目。

【案例 11-7】

在近年来的诸多兴奋剂事件中，最令人震惊的当数阿姆斯特朗事件。阿姆斯特朗在战胜癌症后屡夺环法赛冠军，曾是励志的佳话。他首次在环法赛夺冠回国时，上百万市民夹道迎接这位民族英雄。然而，他最终倒在了兴奋剂面前。七冠王阿姆斯特朗在取得辉煌成绩的背后，从未摆脱人们对于他服药的质疑。在长时间受到来自美国反兴奋剂机构（USADA）的指控后，他在一份声明中写道："每一个人都会在自己的一生中的一个时刻说'够了！'，而我现在正在这样的时候。自从 1999 年以来，我一直都在和流言蜚语做着斗争，说我的环法七连冠是作弊得来的，是用了不公平的手段。这些都让我的家庭、工作饱受困扰，也拽着我进入到今天这样的一个毫无意义的局面。"其前队友兰迪斯 2010 年向联邦法院举报阿姆斯特朗及其他队友使用禁药，违反美国邮政总局赞助该车队的合约，令丑闻曝光。最终的调查结果表明，阿姆斯特朗从 1996 年就开始使用违禁药物。美国反兴奋剂机构对他做出了"取消自 1998 年 8 月 1 日以来取得的所有比赛成绩，并终身禁止参加自行车比赛"的处罚。在美国反兴奋剂机构宣布对阿姆斯特朗做出处罚后，WADA 也表达了对此事的态度。主席法耶在接受采访时说："他本有权利为自己辩护，但他选择退出。他拒绝对相关证据进行检验，这意味着对他的指控是有依据的，据此可以做出相关的处罚。"他表示"美国反兴奋剂机构的这一处罚将得到所有 WADA 成员的认可"。

法耶还指出："阿姆斯特朗案只是反兴奋剂斗争的冰山一角。尽管美国反兴奋剂机构的调查揭露了阿姆斯特朗的兴奋剂丑闻，并剥夺其 7 个环法自行车赛总冠军头衔，但仍然需要时刻保持警惕。有人问我是否认为已经赢得了这场反兴奋剂斗争，我的答案是远远没有获胜，使用禁药问题依然随时有可能出现。"

（二）反兴奋剂规则不断完善

兴奋剂早已不仅仅是个行业管理的问题，反兴奋剂单靠体育界的力量是不够的。要从源头上遏制兴奋剂，必须要求国际合作，特别是各国政府的参与，还需要统一的反兴奋剂政策和法规。经过长期的努力，国际反兴奋剂的法规建设取得明显成效，规则逐步得以完善。最具代表性的是《反对在体育运动中使用兴奋剂国际公约》和《世界反兴奋剂条例》的颁布和实施。

2005年10月联合国教科文组织第33次会议通过了《反对在体育运动中使用兴奋剂国际公约》（以下简称《公约》），并于2007年2月1日正式生效。《公约》是联合国教科文组织通过的第一个有普遍国际约束力的反兴奋剂法律文件。《公约》第四条明确规定，缔约国承诺遵守《世界反兴奋剂条例》确定的原则。这就要求签约国必须确保国内立法的方式确认遵守《世界反兴奋剂条例》。《公约》的通过和签署，意味着国际组织的行规和国家的法律、法规在本质上实现了更紧密的结合，有利于吸引各国政府加入反兴奋剂斗争的行列，与体育界合作，加大了斗争的力度。截至2013年底，已有170多个国家签署《公约》。

《世界反兴奋剂条例》（以下简称《条例》）在2003年3月丹麦哥本哈根的第二届世界反兴奋剂大会上获得通过，并于2004年1月1日正式生效。《条例》旨在保护运动员参加无兴奋剂的体育运动的基本权利，从而增进世界范围内运动员的健康、公平与平等。《条例》是制定体育运动中世界反兴奋剂规划的全球性基础文件，是各签约方（包括政府和体育组织）在开展反兴奋剂工作中需要遵循的基本依据。《条例》以及作为其下级文件的国际标准、最佳实施模式和指南等形成了统一、协调、多层次的国际反兴奋剂规则体系。WADA总干事豪曼指出，《条例》的实施不仅有效地保护了运动员公平竞赛的基本权利，还促使各国政府和各反兴奋剂机构提高认识、联合各方力量，规范、高效开展工作，促进了全球反兴奋剂事业协调一致的发展。

《条例》作为全球范围内统一的反兴奋剂规则，也还在不断修改完善。2009年，第二版《世界反兴奋剂条例》颁布实施。2011年开始，WADA启动了第三版《条例》的修订工作，在征求意见过程中，累计收到315条反馈意见，对2009版《条例》提出了3987处具体修改建议。在各方的共同努力下，WADA先后发布了四版《条例》草案，最终进行了2269处改动，其主要变化包括：1. 加大了对故意兴奋剂违规的处罚力度，增加了其他特殊情况下处罚的灵活性；2. 考虑到比例原则和人权保护；3. 强调反兴奋剂斗争中调查和情报的重要性；4. 加大对运动员辅助人员兴奋剂违规的处罚；5. 注重检查计划和样本检测目录的科学性和有效性；6. 力图更加清楚和公平地平衡国际单项体育联合会和国家反兴奋剂组织之间的利益；7. 更加清楚和简洁。

新版《条例》及相关国际标准已在2013年11月南非约翰内斯堡的第四届世界反兴奋剂大会上得到一致通过，并将于2015年正式实施。

（三）反兴奋剂手段逐步拓展

随着科学技术的进步，反兴奋剂手段逐步拓展，为深入开展反兴奋剂工作提供了有力的保障。

一是检查技术不断进步。提高检测技术，通过开展促红细胞生成素、血检等特殊类型的检查，提高反兴奋剂的检查效率。兴奋剂检测人员在伦敦奥运会运用新的检测方法，查出两名俄罗斯举重运动员生长激素阳性，实现了生长激素检测的重大突破。

随着科学技术的不断进步，检测水平将不断发展，必将为反兴奋剂工作的深入开展提供有力的技术支持。

二是正式实施生物护照。生物护照是一种间接兴奋剂检查方法，即对一些因使用禁用物质或方法而波动的人体生物指标进行长期不定期的监测，通过指标的变化判断运动员是否使用了禁用物质或方法。生物护照的基本原理是为每个运动员建立生物档案，将每次检查出的血液学指标都纳入档案，根据对运动员长期的血液指标进行跟踪，通过对某些指标的变化来判断运动员是否受到兴奋剂的影响。因此，区别于传统的直接检测服用兴奋剂方式，生物护照则是以间接方式判断运动员是否使用了兴奋剂。生物护照既能发现运动员使用兴奋剂的行为，又能帮助反兴奋剂组织更有效地锁定嫌疑运动员，并对其进行针对性的检查。贯穿运动员整个运动生涯的生物护照监测能使其使用兴奋剂的企图更加难以实现。

三是调查手段的推广。调查是与宣传教育、检查、检测并列的重要工作手段。根据 WADA 的统计，大约三分之一的兴奋剂违规是通过调查发现的。反兴奋剂组织在实施反兴奋剂调查方面积累了许多成功经验，例如加强情报搜集和信息共享、采取必要的技术手段、争取被调查方的协助、与警方和其他执法部门合作打击兴奋剂犯罪等。成功的案例如对巴尔科实验室的调查、都灵冬奥会前对奥地利代表团的突击检查、马里昂·琼斯案件以及最近发生的兰斯·阿姆斯特朗案件等。加强情报收集和调查取证，在反兴奋剂工作中的重要性不断显现。

四是深入开展反兴奋剂教育活动。利用 WADA 开发的多种宣教材料和项目，面向不同层面的受众，继续深入开展反兴奋剂教育活动。

五是加强国际间的合作。包括加强与执法机构（如国际刑警组织）的合作，联合各方力量，共同致力体育事业中的反兴奋剂斗争；提高地区反兴奋剂机构的能力，最大化减小区域和国家间的差异；加强全球协调及各反兴奋剂机构之间的合作。

四、我国的反兴奋剂工作

从 20 世纪 80 年代开始，兴奋剂逐渐影响到我国。当时我国正处于改革开放初期，体育界也开始借鉴西方训练方法，甚至聘请欧美教练员来华执教。兴奋剂就在这一背景下悄然进入国门，最初出现在田径、游泳、举重等体能类项目的高水平专业队，之后蔓延到其他项目和青少年运动队。此后，随着体育商业化的兴起，社会上各类健身机构、俱乐部使用的和非医药公司销售的进口"营养品"中也发现含有兴奋剂。

从那时起，中国政府和体育部门就认识到兴奋剂问题的巨大危害，并对中国的反兴奋剂工作进行了持久、巨大的投入，与兴奋剂展开了坚决的斗争。早在 1985 年和 1987 年，国家体委就连续印发有关文件，要求各级体育部门严格执行国际奥委会关于禁用兴奋剂的规定。但是当时还不具备相应的技术条件，同时，也由于对兴奋剂问题的严重性缺乏充分的认识和警惕，因此未能在国内正式开展全面的兴奋剂检查。1989年5月，国家体委主任办公会专题研究了国内外日益严重的兴奋剂问题，正式提出对使用兴奋剂"严令禁止、严格检查、严肃处理"的方针，随后国家体委颁发了《全国性体育竞赛检查禁用药物的暂行规定》。同年12月，中国兴奋剂检测中心通过国际奥委会组织的资格考试，正式投入使用。以此为标志，我国反兴奋剂斗争全面展开。

我国反兴奋剂工作经过20多年的发展，取得了令人信服的成绩，主要表现为：兴奋剂问题的法治环境初步形成，逐步建立起统一的反兴奋剂管理体制，兴奋剂检查的力度不断加强，反兴奋剂宣传教育深入开展，为构建国际统一的反兴奋剂斗争的格局做出了贡献。WADA前主席庞德在多种场合说："中国反兴奋剂工作是世界的榜样。"

随着反兴奋剂工作形势的发展变化，当前的兴奋剂问题显得更加错综复杂：一是对兴奋剂的错误认识的根源没有完全消除，运动员故意使用的行为屡禁不止；二是教育依然是薄弱环节，误服误用导致的阳性时有发生；三是兴奋剂综合治理协调机制作用有所减弱，食品污染等威胁日益突出；四是传统的中低危项目发生阳性，暴露出教育、监管漏洞和空白；五是基层的反兴奋剂工作还比较薄弱，非奥项目、青少年体育、学校体育、社会体育和残疾人体育中的兴奋剂问题需要重视。此外，国际上少数人从未放弃借兴奋剂问题攻击我国体制和制度的企图，反兴奋剂工作在相当长的一段时期内将始终面临着国际和国内两条战线的斗争。这些问题和挑战也提示我们，我国反兴奋剂工作形势依然严峻，还面临着艰巨的任务。为此，我们将不断拓展工作思路，创新工作手段，构建标本兼治、综合治理、惩防并举、注重预防的工作体系，全方位地开展反兴奋剂工作：

一是从体育强国建设的角度开展反兴奋剂工作。从体育大国向体育强国迈进要求群众体育、竞技体育、体育产业、法制、科研、教育全面、协调、可持续发展。就反兴奋剂工作而言，要遏制兴奋剂向非奥项目、学校、社会蔓延的势头，保护广大体育活动参加者的身心健康，必须立足当前，着眼长远，在全力保障高水平专业运动员的同时，逐步加强对下级运动队、青少年业余运动员和社会体育活动参加者的教育和引导，着力建立健全基层反兴奋剂工作的体制机制，探索在职业体育、学校体育、社会体育中开展反兴奋剂工作。

二是从系统建设的角度开展反兴奋剂工作。兴奋剂管控是一项系统工程，包括法制系统、组织管理系统、预防系统、环境系统等。要继续加强制度建设，完善反兴奋剂法律、法规、规章和规则；加强组织机构建设，健全省（区、市）反兴奋剂管理体制和运行机制；提高兴奋剂检查、检测水平，加强监控威慑，系统预警运动员存在的兴奋剂风险；坚持"预防为主、教育为本"的原则，加大宣传教育的力度，推动反兴奋剂工作"从偏重检测监控向检测监控与管理教育并重的方向转化"；进一步发挥兴奋剂综合治理协调机制的作用，加强兴奋剂源头控制，保障运动员的食品、药品和营养品安全。

三是从国际合作角度开展反兴奋剂工作。反兴奋剂工作是西方国家发起并主导的，有统一的国际规则和标准，国际化程度很高。要继续密切与 WADA、其他反兴奋剂机构和国际体育组织的合作，积极参与 WADA 推动的反兴奋剂合作项目，援助亚洲周边和非洲较为落后的国家开展反兴奋剂工作，争取在国际事务中发挥更大作用，增强国际影响力。还要妥善应对国际和国内两条战线的斗争，营造良好的国际舆论环境。

四是从创新发展角度开展反兴奋剂工作。要发展创新思维，从法律、教育、经济、社会、心理、生理、生化等多学科、多领域研究和思考反兴奋剂工作。要探索体制创新，研究省级反兴奋剂管理体制的现状、问题和改革的必要性，探索成立专门的省级反兴奋剂工作机构，培养省市反兴奋剂专业人才队伍，推动省（区、市）反兴奋剂工作体制的健全完善。要坚持方法创新，继续探索和丰富反兴奋剂教育形式，完善反兴奋剂教育资格准入制度，培训专门的反兴奋剂讲师队伍，开发适用于不同群体的反兴奋剂教材体系，探索利用手机等移动终端设备和互联网开展反兴奋剂教育。提高检查计划制定的科学性，推广 ADAMS 系统的应用，扩大生物护照检查的实施范围，完善中国兴奋剂控制质量体系管理手册，加强检查官队伍的思想、业务素质和作风建设。加强科研攻关，及时掌握应用检测新技术、新方法，组织科研人员在检测领域研发自己的技术。

回顾国际、国内的反兴奋剂斗争历程，我们可以看到，工作水平和质量明显提高，成效有目共睹。但正如社会不能完全消灭犯罪一样，兴奋剂的滥用现象也不能完全避免。前国际奥委会主席罗格曾经对《南德意志报》说：“我们永远都不能让体育完全干净，但我们可以让它比今天更干净。我们必须在思想上遏制兴奋剂，但药物欺骗总是存在的，因为体育是社会的缩影，社会总是存在着欺骗。在反兴奋剂斗争中，需要更多的科学知识、更多的管理、更多的信息。”反兴奋剂斗争将是长期的、复杂的、艰巨的工作。我们有决心、有信心、有能力继续与使用兴奋剂的行为进行坚决斗争，为保护运动员和广大青少年的身心健康，维护公平竞争的体育道德，为弘扬奥林匹克精神，促进体育运动的健康发展做出更大的贡献。

第二节　运动训练与兴奋剂风险

兴奋剂和伤病一样，都会对运动员的职业生涯造成严重影响。不同的是，伤病可以治愈，而发生兴奋剂问题对运动员名誉和职业造成的损失，往往难以弥补。运动员发生兴奋剂违规，多数是明知故犯，这是非常可耻的，一旦被查出就会身败名裂；但误服、误用兴奋剂的情况也时有发生，究其原因，主要是一些运动员、教练员对兴奋剂的相关知识了解甚少，这是非常可惜的。培养一名优秀运动员需要巨大的人力、物力和时间投入。误服误用导致的兴奋剂违规，会让运动员蒙受极大的损失甚至不白之冤，很多时候会让人抱憾终身，还可能对运动队甚至这个项目的发展造成难以估量的损失。

不论是训练、比赛还是日常生活，运动员都会面临兴奋剂的威胁。如果不能有效防范这些威胁，即使不主动使用兴奋剂，一不留心，也有可能发生兴奋剂问题。例如，错过兴奋剂检查，错误使用含有兴奋剂的药品、营养品，误食了含有兴奋剂的食品和饮料等等，都可能导致兴奋剂违规。这些风险必须引起运动员、教练员的高度重视，也警醒教练员对运动员的教育和管理不能掉以轻心。

本节主要围绕兴奋剂风险及法律责任，教练员需要树立的反兴奋剂理念及在反兴奋剂工作中的责任与义务等方面进行阐述。

一、运动训练中的兴奋剂风险

（一）故意使用兴奋剂的风险

目前，故意使用依然是最主要的兴奋剂问题。竞技体育的职业化、商业化、政治化造成人们为了取得成绩而不择手段，利益驱动是兴奋剂问题形成的根本原因。有竞技体育，就有利益驱动。有利益相关方的压力，也就会让个别人明知使用兴奋剂不仅犯法而且有害，却依然铤而走险。根据WADA公布的数据，每年全球兴奋剂检查的平均阳性率大约是1%~2%，但WADA总干事豪曼曾公开警告，国际赛场大约有10%的运动员使用兴奋剂。在国内，尽管采取了极为严格的反兴奋剂措施，但每年仍有一定数量的阳性发生，说明个别人为了追求名利故意使用兴奋剂的行为依然存在。故意使用兴奋剂，有运动员个人因素，更多的是运动员辅助人员欺骗、教唆、"帮助"等因素造成的。某些体能类项目，教练员队伍中"不用不行"的圈子文化还很有市场，教练员组织、欺骗、教唆运动员使用兴奋剂或者故意对运动员施用兴奋剂，依然是这些项目面临的最为严重的风险。

（二）错误使用药品、营养品的风险

不论是西药还是中药制剂都可能含有禁用成分，例如止咳化痰类、抗感冒类制剂可能含有麻黄碱类禁用物质；活血止痛类、抗风湿、抗骨刺类制剂可能含有士的宁、麻黄碱类禁用物质；泌尿系统药、降压药等，可能含有利尿剂成分；如果运动员在未获得治疗用药豁免批准或未按要求做出声明的情况下，擅自使用这类药物，有可能导致阳性。

【案例11-8】

2000年悉尼奥运会上，罗马尼亚16岁的体操运动员拉杜坎在比赛前感冒，队医让她吃了一片感冒药。尽管拉杜坎在奥运会女子全能体操比赛中获得了金牌，但赛后的兴奋剂检查结果显示，其尿样中含有禁用物质，国际奥委会做出了取消拉杜坎参赛资格并且收回其所获得的金牌的裁决。尽管国际奥委会相信，拉杜坎是误服了含有麻黄碱的感冒药而造成尿样阳性，但国际奥委会仍然没收了她女子全能的金牌，因为运

动员必须对进入自己体内的一切物质负责，并承担所有后果。金光闪闪的荣耀就这样无情地被一颗药片夺走。

运动营养补剂是指那些为运动员使用，具有消除运动型疲劳、改善运动能力、防止运动引起的机体功能紊乱和疾病等功能的物质。运动营养补剂是运动员经常服用的物质。许多人认为，运动营养补剂是绝对安全的，这是一种错误的观点。目前市场上营养补剂的质量良莠不齐，由于市场管理不完善，购买渠道不正规等原因，许多营养补剂含有兴奋剂。国家体育总局反兴奋剂中心每年从送检的营养补剂中查出含有禁用物质的都在10%左右。为营养品安全敲响了警钟。

【案例11-9】

2008年7月，美国游泳运动员哈迪在美国奥运会游泳选拔赛上获得100米蛙泳第一名和50米自由泳第二名。但是，她在赛后的兴奋剂检查中所提供的尿样检测结果呈克仑特罗阳性。经调查，哈迪服用了某营养补剂制造商提供的营养品。这家制造商在为哈迪提供产品时向她保证说，他们的产品绝对不含禁用物质。因此，她在备战奥运选拔赛时每天服用该公司生产的两种营养品。在她尿检呈阳性后，她请一家检测机构去检测这家公司的产品，结果发现确实含有禁用物质克仑特罗。由于误服含有禁用物质的营养品，哈迪付出了惨痛代价，不仅被禁赛18个月，还丧失了代表美国参加2008年北京奥运会的机会。

（三）食用受污染食品的风险

"瘦肉精"是能够增加动物肌肉量的一类药物的统称，包括盐酸克仑特罗、莱克多巴胺、沙丁胺醇等。它们用于家畜饲养时，能显著提高家畜的瘦肉率、增重和提高饲料转化率，因此曾被用作牛、羊、禽、猪等畜禽的促生长剂、饲料添加剂。但是，这类药物对人体存在显著的副作用，会导致肌肉振颤、心慌、战栗、头疼、恶心、呕吐等症状，特别是对高血压、心脏病、甲亢和前列腺肥大等疾病患者危害更大，严重的可导致死亡。在我国，通常所说的"瘦肉精"主要指盐酸克仑特罗（Clenbuterol）和莱克多巴胺。其中盐酸克仑特罗曾经作为药物用于治疗支气管哮喘，后由于其副作用太大而遭禁用。克仑特罗因为能减少脂肪合成，促进蛋白质合成，在《禁用清单》内被列为其他蛋白同化制剂类的禁用物质。因为在猪、牛、羊的饲养环节存在添加"瘦肉精"的违法行为，运动员误食了含有克仑特罗的肉食品导致的阳性屡见不鲜。近年来，我国开展了"瘦肉精"的专项整治工作，严厉打击在饲料中添加"瘦肉精"的违法行为，并取得了显著成效。但是，运动员对肉食品存在的风险还不能掉以轻心。2013年1月1日起，WADA开始实施新的兴奋剂检测技术文件，克仑特罗的检测能力最低要求（MRPL）将从2ng/ml下调至0.2ng/ml，也就是说检测灵敏度将提高10倍以上。这意味着即使尿样中有极微量的克仑特罗也会报阳性，运动员克仑特罗阳性的风险明显增大了。

【案例 11-10】

2010年8月23日，刚刚参加完国际比赛回国的德国乒乓球运动员奥恰洛夫在家中接受了赛外兴奋剂检查，结果其尿检结果呈克仑特罗阳性。奥恰洛夫声称自己没有故意使用兴奋剂的行为，怀疑自己是食用了受污染的肉类而导致了兴奋剂检测阳性，要求德国乒乓球协会对此进行调查。出于慎重，德国乒协在奥恰洛夫尿检阳性之后还对跟他同时参加比赛的另外4名球员做了尿检，虽然结果没有呈阳性，但是尿样中同样含有微量克仑特罗成分。此外，对奥恰洛夫头发的检测显示，其中没有克仑特罗成分。如果是大剂量或者长期服用克仑特罗，头发里就会检测出来。最终，德国乒协认定，奥恰洛夫是误食了含有瘦肉精的肉食品，对他免予禁赛处罚。

(四) 其他风险

如果被列入注册检查库的运动员，未按规定向反兴奋剂组织准确申报行踪信息，或者未按时接受兴奋剂检查，被反兴奋剂组织判定为错过兴奋剂检查或行踪信息填报失败，可能要受到警告或禁赛处罚。运动员不注意自己食品、饮料、药品、营养品等方面的管理，存在被他人陷害风险的。在国内曾发生过某省举重队队员因为队伍矛盾，故意在食物中投放甲睾酮，导致其他运动员阳性的案件。这一案件虽然是该队员思想、行为不端，恶意报复陷害队友的后果，但也充分暴露出该运动队在人员、物资等管理方面存在很大漏洞。还有就是吸食毒品的风险。很多毒麻类物质都被列入《禁用清单》，属于兴奋剂的范畴。近年来，国内的个别运动员被查出甲基苯丙胺或大麻阳性，明显与毒品有关。如果运动员不能洁身自好，沾染上吸食毒品的恶习，那么就不仅仅是兴奋剂的问题，长此以往还会产生药物依赖症，导致身体损害、人格分裂和道德沦丧。

【案例 11-11】

2009年1月31日英国《世界新闻报》报道，奥运八金王菲尔普斯在加利福尼亚大学的朋友聚会上吸食大麻，并在其官方网站上公布清晰照片作为证据。消息一出，立刻掀起了轩然大波，菲尔普斯在公众心中的形象一落千丈，还一度险些面临警方的指控。尽管大麻属于赛内禁用物质，菲尔普斯吸食大麻不在比赛期间，也没有兴奋剂检测呈阳性，但是美国游泳协会还是对菲尔普斯进行了禁赛3个月的处罚，并在这3个月内停止对其提供经济支持。美国游泳协会认为，菲尔普斯作为公众人物和成千上万孩子们心目中的偶像和英雄，却做出了如此不当的行为，太让公众失望。

二、兴奋剂违规法律责任

我国对兴奋剂违规一向坚持"零容忍"的态度，对兴奋剂问题实行"严格责任"的制度。我国开展反兴奋剂工作以来，体育界发生的所有兴奋剂违规行为，所有涉案运动员及相关责任人和单位都得到了相应的处罚。根据国务院《反兴奋剂条例》和国

家体育总局1号令,对兴奋剂检查阳性的主要处罚措施有:

(一) 对运动员的处罚

在比赛期间发生阳性的取消比赛成绩和参赛资格;第一次发生阳性的视情节和禁用物质的类型给予警告、3个月至2年的停赛处罚,以及适当的罚款;第二次发生一类阳性将被终身禁赛。在全运会或城运会年发生的,还将禁止参加下一届全运会或城运会。蛋白同化制剂、肽类激素(如促红细胞生成素EPO)和非特定刺激剂(如苯丙胺)的阳性都属于一类阳性,拒绝、逃避、干扰兴奋剂检查,以及在兴奋剂检查中的其他不正当行为,都是按照一类阳性处罚的。

(二) 对运动员辅助人员的处罚

阳性有直接责任人的,给予直接责任人和运动员相同的处罚,并处以罚款;未发现直接责任人的,视情节和禁用物质的类型给予主管教练员警告、不少于一年的停赛处罚以及适当的罚款;所带运动员第二次发生一类阳性的,教练员将被终身取消教练员资格。违规运动员的年龄不满18周岁,对直接责任人或教练员从重处罚。《反兴奋剂条例》还明确规定,体育管理人员和运动员辅助人员组织、强迫、欺骗、教唆运动员在体育运动中使用兴奋剂的,4年内不得从事体育管理工作和运动员辅助工作,情节严重的终身不得从事运动员辅助工作和体育管理工作;造成运动员人身损害的,依法承担民事赔偿责任;构成犯罪的,依法追究刑事责任。

(三) 对运动员注册单位或代表单位的处罚

所属运动员发生阳性的,给予单位警告和10000~20000元罚款;同一单位同一项目在12个月内再次发生一类阳性的,给予该单位该项目不少于1年的停赛处罚。同一单位同一项目在1个全运会或城运会周期发生4例以上(含4例)一类兴奋剂阳性(包括拒绝、逃避兴奋剂检查,或在兴奋剂检查中有不正当行为等),取消该单位该项目下一届全国运动会或全国城市运动会的参赛资格。每2例二类兴奋剂阳性按1例一类兴奋剂阳性累计。

从以上有关规定可以看出,如果运动员出现兴奋剂违规,直接责任人或教练员一般也要承担相应的法律责任。教练员对运动员施用兴奋剂,情节严重的,可能构成犯罪。教练员应在明确自身责任的同时,帮助运动员正确履行反兴奋剂义务。

三、教练员反兴奋剂责任与义务

(一) 树立正确的反兴奋剂理念

使用兴奋剂违反体育道德,严重损害运动员身心健康,危害体育竞赛公平竞争的基本原则，影响国家形象和荣誉。一些教练员、科研人员和队医热衷于兴奋剂，对训练提高成绩失去信心，影响了对训练规律的研究和把握，从而干扰了科学训练、刻苦训练，助长投机取巧、弄虚作假的歪风邪气，污染了体育环境和风气。教练员应当全面认识兴奋剂的危害，树立正确的反兴奋剂理念，提高抵制兴奋剂的意识和能力。

认清兴奋剂的危害，有必要澄清一些认识误区：

1. 兴奋剂是提高成绩的捷径

有人相信兴奋剂有用、兴奋剂必用，是提高成绩的捷径。实际上要全面正确认识药物的作用，充其量说药物也只是辅助手段，使用兴奋剂决不可能代替科学训练。况且兴奋剂的作用只是暂时的，而且生理危害极大，有些药物来源途径不正常，效用非常不可靠，甚至适得其反，因此迷信兴奋剂是没有道理的。

2. 不用兴奋剂吃亏

有人认为，许多人都在使用兴奋剂，自己不用兴奋剂吃亏。这完全是错误的，这种推论根本站不住脚。放眼世界，即使在最严重的的时候，使用兴奋剂的毕竟是少数，这种"有害推论"不过是为自己企图使用兴奋剂寻找借口而已。归根到底，优秀运动成绩的取得要靠科学训练。国际奥委会医学委员会主席梅罗德亲王说过："科学训练、生物医学、生理学和营养学都是可以使运动员在不损害身体健康的情况下达到良好竞技状态的方法，完全可以起到兴奋剂的作用。"而且，即使使用兴奋剂可以取得暂时的利益，也不值得以牺牲终身的幸福和健康甚至生命的代价去冒险，这样做得不偿失。一旦丑闻曝光，必然是身败名裂，真正吃了大亏。

3. 检测不出来就是高科技

有人对兴奋剂检查心存侥幸，希望打时间差或擦边球，使用还没有检测技术的新型药物。要知道，昨天查不出来不等于今天查不出来，更不等于将来查不出来，随着检查力度的加大和检测技术的提高，一旦陷入兴奋剂的泥潭，总有一天会撞到枪口上。汉城奥运会加拿大短跑运动员本·约翰逊就是这样，他使用的康力龙，学名司坦唑醇，属于类固醇，1988年之前没有可靠的检测技术，但汉城奥运会前攻克了检测难关，结果约翰逊赛后72小时就被查出阳性，身败名裂。伦敦奥运会期间公布的兴奋剂阳性就有雅典奥运会上参赛并取得名次的运动员，他们当时的样品时隔8年之后被检出阳性，令人警醒。

4. 非检测阳性就不会受罚

有人觉得只要没有从体内查出禁用物质，不是阳性，就不会被处罚。实际上，反兴奋剂的手段是多种多样的，通过调查取证的方法判罚运动员阳性正在被越来越多的运用。通过各种方式收集证据，打击使用兴奋剂的欺骗行为，非检测阳性而被判定为兴奋剂违规的案例屡见不鲜。

【案例 11-12】
美国短跑运动员蒙哥马利没有被检测出阳性，但根据对巴尔科实验室的详细调查和有关人员的证词，依然受到了禁赛两年，取消过去 5 年比赛成绩，包括取消世界纪录的处罚。尽管 7 届环法自行车赛冠军阿姆斯特朗从未被查出过兴奋剂问题，但是美国反兴奋剂机构（USADA）通过历时多年的调查，出具了长达 1000 页的证据材料，包括 26 名证人的证言，其中 15 名运动员了解美国邮政车队使用兴奋剂的行为，还有财政收支、电子邮件、科学数据和实验结果等材料，来说明阿姆斯特朗存在使用、持有、交易兴奋剂，组织、帮助、教唆他人使用兴奋剂，串通掩饰使用兴奋剂等严重违规行为。"不同类别的目击者、文件、第一手资料以及科学的、直接和间接的证据都证明，这一系统化、持续化、高度专业化的禁药阴谋是确实的、不可否认的事实，并且第一次让其大白于天下。"USADA 对阿姆斯特朗做出的取消 7 个环法自行车赛冠军头衔和终身禁赛的处罚，得到了 WADA、国际自行车联盟、媒体和公众的普遍认可。在大量的关键性的无可辩驳的证据面前，阿姆斯特朗最终不得不放弃了抵抗，并公开承认自己使用兴奋剂，从万人敬仰的体育偶像、抗癌英雄堕落为阴谋家和骗子。

5. 使用兴奋剂是个人行为

有人把使用兴奋剂完全当作个人行为，觉得后果最多是"一人做事一人当"。使用兴奋剂的确是个别人行为，但它的危害与影响并不局限于个人。当今优秀运动队基本上都是团队，既有运动员梯队，也有教练员团队、保障团队等，从某种意义上说都是利益共同体，一旦发生兴奋剂问题，整个团队都将受到牵连。而且运动员是公众人物，尤其是优秀运动员，既是国家和民族精神风貌的体现者，也往往是青少年的崇拜偶像。兴奋剂丑闻，严重玷污体育的纯洁健康形象，损害国家形象和荣誉，伤害民族感情，甚至会引发政治问题。出国参赛的中国运动员如果发生兴奋剂问题，造成的损失有时难以估量。

教练员一定要牢固树立正确的反兴奋剂理念，将反兴奋剂作为管理队伍和科学训练的必然选项和重要组成部分。要从道德上认清使用兴奋剂的危害，在训练实践中自觉抵制使用兴奋剂的行为。要坚决贯彻我国体育界一贯倡导的四不用原则：拿不到金牌也不用、别人用了也不用、查不出来也不用、别人让你用你也不用，绝不能有丝毫的侥幸心理。

（二）教练员在反兴奋剂工作中的角色定位

教练员在反兴奋剂工作中扮演着重要角色，既是反兴奋剂工作的管理者，反兴奋剂教育的实施者，同时也是发生兴奋剂问题的责任承担者。

1. 教练员是运动队反兴奋剂工作管理者和教育者

教练员在运动队中处于核心定位，与运动员在日常训练和生活中接触最多。教练员既是训练的组织者，比赛的指挥者，也是运动员日常生活的管理者，思想教育者和行为示范者。在运动队反兴奋剂工作中教练员同样承担着管理和教育的责任,教练员对兴奋剂问题的基本认识和态度,会对运动员思想产生重要影响,教练员反兴奋剂的工作措施是否到位从很大程度上决定了队伍出不出兴奋剂问题。

2. 教练员与运动员是利益共同体

教练员和运动员在运动训练和参加竞赛中对优异运动成绩的追求是一致的,经济利益共享,违规风险共担。教练员对运动员负有最主要的管理责任,发现运动员使用兴奋剂的,主管教练员至少要承担管理不严的责任。在我国,运动员兴奋剂违规,教练员也要受到相应的处理。特别是在未发现直接责任人的情况下,教练员往往会受到与运动员相同的处罚。

(三) 反兴奋剂对教练员职业素质的要求

教练员要做好反兴奋剂工作,需要具备必要的职业素质,有良好的职业修养能力:

1. 良好的思想道德修养

反兴奋剂工作要求教练员首先加强自身思想道德建设,树立正确的体育观、价值观,肃清兴奋剂"必用论""不用吃亏论""侥幸论"和"个人行为论"等错误认识,筑牢反兴奋剂的思想防线。这是自觉抵制兴奋剂的前提。

2. 掌握反兴奋剂知识

教练员要自觉学习掌握有关反兴奋剂的一些基本常识,包括兴奋剂的概念、种类、危害、反兴奋剂的基本理论,防范和控制兴奋剂的基本方法等。这些知识的掌握是防止出现兴奋剂问题的基础。

3. 较高的政策法规水平和危机处置能力

教练员要熟悉和正确理解反兴奋剂法律、法规和规则的基本精神和内容,包括兴奋剂检查的基本程序、运动员的权利和义务、对兴奋剂违规行为的处罚措施和程序等,积极配合兴奋剂检查,正确应对兴奋剂风险,维护自己和运动员的合法权益。这是防范兴奋剂违规和处理相关问题的关键。

(四) 教练员的反兴奋剂义务

根据国务院《反兴奋剂条例》的规定,运动员辅助人员应当了解并遵守适用于自己及所支持运动员的反兴奋剂政策和规则,配合运动员接受兴奋剂检查和反兴奋剂宣传教育,培养运动员的反兴奋剂观念,向运动员提供有关反兴奋剂规则的咨询。运动员辅助人员不得向运动员提供兴奋剂,不得组织、欺骗、教唆、协助运动员在体育运动中使用兴奋剂，不得阻挠兴奋剂检查，不得实施影响采样结果的行为。具体而言，教练员在反兴奋剂工作中承担以下主要责任和义务。

1. **教育责任**

"预防为主，教育为本"是反兴奋剂工作的根本方针，惩处与教育并举才能从根本上解决兴奋剂问题。教练员作为教育者，要在筑牢自身思想防线的同时，利用对运动员的影响力，采取各种切实可行的措施，提高运动员对兴奋剂危害的认识和自我保护的意识：一方面要加强对运动员思想道德教育，特别是诚信教育，引导运动员认清使用兴奋剂的欺骗本质，提高他们辨别是非和抵御兴奋剂的能力；另一方面加强对运动员的反兴奋剂知识教育，澄清运动员关于兴奋剂的错误认识，消除运动员使用兴奋剂的欲望，帮助运动员配合兴奋剂检查，防止误服误用，做到自觉守法。

2. **管理责任**

加强对运动员及其辅助人员的管理是反兴奋剂工作的重要环节。在我国现行运动队管理体制下，教练员通常是管理运动员的主体。作为管理者，教练员要通过对运动员训练、比赛、日常生活的管理，尤其是对运动员行踪的管理，使运动员的活动处于可控范围内，防止个别人组织、欺骗、教唆运动员使用兴奋剂；督促和帮助运动员严格遵守行踪信息申报制度，准确、及时报告个人行踪信息；同时加强对运动员食品、药品、营养品等方面的管理，防止误用或者被陷害。

3. **配合兴奋剂检查**

教练员应当积极配合和督促所带运动员无条件接受赛内、外的兴奋剂检查，积极配合兴奋剂检查官的工作，不得阻挠、拖延或变相拖延兴奋剂检查，不得实施影响采样结果的行为，例如冒名顶替、弄虚作假、替换尿样等。对于干扰、阻挠兴奋剂检查的，一经发现都会受到严肃处理。

4. **帮助运动员维护合法权益**

运动员在反兴奋剂工作中的权利包括：在接受兴奋剂检查时有权核对检查官证件，在接到兴奋剂检查通知1小时内可以参加新闻发布会和颁奖仪式、接受必要的治疗等，有权确认收样操作是否符合程序，认为不合乎程序的有权要求重新留样，有权核对检查记录单并写明对兴奋剂检查的意见等；收到A瓶阳性通知后，运动员有权对阳性情况做出说明，并提出是否开B瓶检测；运动员有权要求召开听证会，对涉嫌违规的行为进行解释和说明；对处罚决定不服的，还有权申诉或者申请仲裁等。教练员应当帮助和指导运动员正确行使在兴奋剂检查中的权利，申请B瓶检测的权利，申请听证和进行陈述、申辩的权利，以及进行申诉的权利等。

5. 妥善应对兴奋剂问题

一旦所带运动员出现兴奋剂问题，教练员要以诚实、严肃、坦诚的态度，本着实事求是的原则，积极协助有关单位开展调查。要稳定运动员的情绪，对其加强思想教育和开导。如果确实是误服误用，要仔细了解原因并搜集、提供证据。如果对检查程序和检测结果的科学性、可靠性、合法性有疑问，可以通过运动员和所在单位要求开B瓶检测或者召开听证会。同时一定要正确应对媒体，避免发表易被曲解或者断章取义的言论。

第三节　防范兴奋剂风险基本方法

防范兴奋剂问题是一项非常细致的工作，需要运动员、教练员、体育管理人员及相关方面的共同努力。作为竞技体育比赛的主体，运动员和教练员首先要树立正确的价值观，不要有投机取巧的想法，从思想上真正拒绝兴奋剂。同时，教练员应当向运动员传达反兴奋剂有关规定和要求，督促和帮助运动员学习、掌握反兴奋剂知识，充分认识到自己的特殊身份，按规定申报行踪信息，自觉配合兴奋剂检查，在训练、比赛、伤病治疗、日常生活等方面防范兴奋剂问题，从根本上堵住接触兴奋剂的途径。

本节主要从思想教育、配合检查、申报行踪、安全用药、生活管理等方面阐述避免兴奋剂问题的基本方法。

一、加强对运动员的教育

使用兴奋剂严重损害了运动员的身心健康，与公平竞争的体育精神背道而驰，反兴奋剂教育可以帮助运动员和其他有关人员正确认识兴奋剂的危害，建立起自觉抵制兴奋剂的坚强防线，防止运动员有意或无意使用兴奋剂，进而使其免受兴奋剂的损害，共同营造纯洁、干净的体育环境。这是反兴奋剂的最有效的手段和根本途径。

（一）教育内容

反兴奋剂教育的基本内容包括思想道德教育、常识教育、法制教育等等。思想道德教育包括世界观、人生观、价值观、体育观等教育，使运动员和相关人员打好思想道德基础，形成高尚的思想境界，筑牢抵御兴奋剂的道德防线；常识教育是指从反兴奋剂专业的角度，熟悉和掌握反兴奋剂的程序和方法，协助有关方面顺利实施对兴奋剂的控制。这方面教育内容包括禁用清单中的物质和方法、兴奋剂违规行为、兴奋剂检查程序、运动员治疗用药豁免、兴奋剂违规处罚、兴奋剂的危害、运动员及其辅助人员的权利和义务、营养补充品的风险等等；法制教育包括国际反兴奋剂法规和我国具有中国特色的反兴奋剂法制体系的教育。目的是为了提高运动员反兴奋剂的法制意识，明确兴奋剂问题发生所带来的严重法律后果，提高学法守法的良好意识。

（二）可使用的教育材料

我国非常重视反兴奋剂教育工作，开发和建设了形式多样的反兴奋剂学习教育材料和教育阵地，主要包括：

1. 反兴奋剂学习材料

反兴奋剂中心开发、印制了反兴奋剂知识手册、知识问答、针对教练员的知识读本等。教练员可以学习这些材料，掌握有关知识后向运动员进行宣讲，也可以将有关材料发放给运动员，便于其学习和了解有关反兴奋剂知识。

2. 反兴奋剂动漫片

反兴奋剂中心开发了反兴奋剂教育系列动漫片，专门针对运动员，尤其是青少年运动员的年龄特点，通过生动活泼的多媒体形式向运动员介绍兴奋剂的生理危害、兴奋剂检查程序、防止误服、慎用营养品等常识，帮助运动员提高反兴奋剂意识，在伤病治疗和日常生活中防范兴奋剂问题，是运动员乐于接受的宣教形式。

3. 反兴奋剂中心网站（www.chinada.cn）

反兴奋剂中心网站上有丰富的反兴奋剂教育材料。教练员可以指导运动员浏览，通过在线学习的方式获取反兴奋剂知识，还可以进行在线答题，考核自己对反兴奋剂知识的掌握。

（三）宣传教育活动

1. 反兴奋剂教育资格准入制度

2009 年以来，我国实施了重大赛事运动员反兴奋剂教育资格准入制度，要求所有参加重大赛事的运动员必须接受系统的反兴奋剂教育，完成《运动员反兴奋剂教育资格准入手册》上规定的内容，通过反兴奋剂考试，签署反兴奋剂承诺书，进行反兴奋剂宣誓，经审批合格才有资格参加比赛。反兴奋剂教育资格准入制度是我国独创的反兴奋剂教育模式，经过实践证明是行之有效的教育方式。教练员应要求并指导运动员完成反兴奋剂教育资格准入制度的各项要求，坚定运动员的反兴奋剂意识，提高其自觉抵制兴奋剂的能力。按照国家体育总局科教司和反兴奋剂中心的计划，教育资格准入制度还将要进一步拓展完善，将来运动员在国家单项体育协会注册，进入国家队、地方队和俱乐部队，参加国内外各项赛事，教练员执教和带队参赛等都将按制度要求接受比较系统的反兴奋剂教育，满足反兴奋剂实际工作的需要。

2. 反兴奋剂拓展教育

在重大赛事开展反兴奋剂教育拓展活动是 WADA 创立并推广的一种行之有效的教育手段。反兴奋剂拓展教育以鲜活的形式吸引运动员及其辅助人员参加反兴奋剂知识问答，通过与运动员面对面的沟通与交流，寓教于乐地传播反兴奋剂知识。我国在2009 年第 11 届全国运动会、2011 年第 7 届全国城市运动会、第 26 届大学生运动会和 2011 年铁人三项世界锦标赛中，先后成功地开展了运动员反兴奋剂教育拓展活动。在奥运会、亚运会等重大国际赛事上，WADA 也都组织开展运动员反兴奋剂拓展教育活动，形式和内容与国内的类似。教练员要带头并积极鼓励运动员踊跃参加反兴奋剂拓展教育活动，以不断增强兴奋剂意识，提升反兴奋剂知识水平。

3. 反兴奋剂知识培训

反兴奋剂知识培训是向运动员及相关人员传播反兴奋剂知识的重要途径。反兴奋剂中心、单项协会、地方体育局和运动员管理单位经常开展反兴奋剂知识讲座和其他形式的培训活动。教练员应要求运动员积极参加各种反兴奋剂知识培训，也可以自行组织开展形式灵活的培训。

4. 反兴奋剂展览

为了扩大教育范围，向社会宣传反兴奋剂理念，我国还定期不定期举办各种各样的反兴奋剂展览。2007 年在北京、上海、武汉、青岛、香港等城市举办了"历史与未来——奥林匹克反兴奋剂四十年"主题展览，吸引了上万名观众通过参观展览接受反兴奋剂知识教育，取得了热烈的社会反响。在反兴奋剂中心设立了永久反兴奋剂宣教基地，面对运动员、运动员辅助人员及其他相关人员和社会公众开放。在省运会年，一些省运会组委会也会举办反兴奋剂展览。教练员应鼓励运动员积极参观反兴奋剂展览。

二、积极配合兴奋剂检查

兴奋剂检查是指兴奋剂检查工作人员，按照法定的程序，通过收集运动员的尿样和血样并进行检测，以确定其是否使用了禁用物质和方法的整个过程。教练员本人并应要求运动员无条件积极配合兴奋剂检查工作。

（一）兴奋剂检查的分类

兴奋剂检查分为赛内检查和赛外检查。赛内检查是指在比赛中挑选运动员进行的兴奋剂检查，检查可以在该次比赛开赛前，或比赛期间及比赛刚结束后进行。赛外检查是指任何非赛内检查的兴奋剂检查。所有运动员都有责任有义务、随时随地接受兴奋剂检查。赛内和赛外检查都为事先无通知的兴奋剂检查。

（二）兴奋剂检查的基本程序

整个兴奋剂检查（以尿检为例）主要可以分为 11 个步骤：

1. 挑选运动员

通过一个独立的、不可预测的挑选程序，公平、科学、有效地确定受检运动员名单。挑选运动员接受兴奋剂检查一般通过随机抽取、事先确定标准、目标检查 3 种途径。被挑选运动员可能在任何时间、任何地点接受兴奋剂检查。

2. 通知运动员

运动员接到兴奋剂检查通知后，应要求检查人员出示有效证件和兴奋剂检查授权书，确认无误后，运动员应在兴奋剂检查通知单上签名。

3. 到兴奋剂检查站报到

运动员收到兴奋剂检查通知后，应按要求尽快到达兴奋剂检查站报到并接受检查。18 岁以下运动员必须有一名成人陪同人员一起进入检查站。运动员可以参加颁奖仪式、新闻发布会或进行放松运动。运动员需提供带照片的身份证明，并对自己服用的饮料负责，运动员可以饮用自带的饮料。

4. 挑选尿杯

运动员有权利挑选一套独立密封的尿杯，并确认其完好无损，运动员在挑选尿杯前应先洗手。在整个收样过程中，尿杯应由运动员本人负责保管。

5. 样本采集

只有运动员本人和同性别的监督排尿检查人员能够进入卫生间。留样时运动员必须将衣物脱至胸以上，膝盖以下，同时手腕至肘部也必须裸露，以便检查人员确认收集到的是运动员本人的尿样。

6. 样本量

运动员在接受兴奋剂尿样检查时，需提供不少于 90 毫升（EPO 检查不少于 130 毫升）的尿样。如果不够，需启动部分尿样程序。密封好部分尿样，兴奋剂检查人员在记录单上注明部分样本编号和密封时间，并将密封好的部分样本保存在带锁的冰箱内。如果是赛外检查，收样地点不具备条件时，则由检查人员和运动员共同看管。再次留样时，要开启一套新的尿杯，并与第一次的尿样混合，直到尿量足够。

7. 挑选样本瓶

运动员可以挑选一套独立密封的样本瓶，确认样本瓶的完整、干净，并核对确认瓶盖、瓶身和包装盒上的编码相同。

8. 尿样分装

运动员本人根据兴奋剂检查人员指令，将尿样倒入样本瓶。应先将尿样倒入"B"瓶直至规定量，再将剩余的倒入"A"瓶。

9. 样本封存

运动员本人封存"A"瓶和"B"瓶。陪同人员和检查人员协助确认样本瓶封存完好。

10. 填写兴奋剂检查记录单

运动员应提供近期使用营养品和药物的信息，包括处方药和非处方药，填写在兴奋剂检查记录单中。如果运动员已获得治疗用药豁免的批准，应在接受兴奋剂检查时，向兴奋剂检查人员出示《治疗用药豁免批准书》，并在兴奋剂检查记录单上填写获准使用的禁用物质或方法及《批准书》编号。

运动员可以对整个检查过程发表意见并填写在表格记录单"备注"栏中。运动员应确认表格上的所有信息，尤其是姓名、证件号码以及瓶号，正确无误后，应在表格上签名，并保留表格副本。

11. 实验室检测

所有样本应被送交经 WADA 认证的兴奋剂检测实验室，实验室按照国际标准进行检测。"A"瓶样本被用以分析是否存在违禁药物，"B"瓶保存在实验室，以备需要时确认阳性结果。实验室需向相关反兴奋剂组织和 WADA 报告所有检测结果。

（三）实施兴奋剂检查的机构

可以对运动员实施兴奋剂检查的反兴奋剂组织有：

（1）国际奥委会（IOC）和国际残疾人奥委会（IPC），分别负责组织、实施夏季和冬季奥运会、残奥会的赛内兴奋剂检查。

（2）WADA，负责在全球范围内组织、实施赛外兴奋剂检查。

（3）国际体育单项联合会（IF），负责组织、实施本项目国际级运动员的赛外兴奋剂检查和结果管理工作，以及本项目国际级比赛（如世界杯和锦标赛等）的赛内兴奋剂检查。

（4）国家反兴奋剂机构（NADO），负责组织、实施以本国运动员为目标的赛内和赛外兴奋剂检查，针对参加在本国开展的各种国际赛事的各国运动员实施兴奋剂检查，针对在本国训练的外国运动员实施赛外兴奋剂检查等。反兴奋剂中心（CHINADA）是我国专门负责并全面组织和实施反兴奋剂工作的机构。

三、按规定申报运动员行踪信息

被列入反兴奋剂中心注册检查库的运动员必须按照有关规定及时、准确地申报行踪信息。具体要求如下。

(一) 申报范围

反兴奋剂中心根据项目特点、重大赛事成绩、运动员国际国内年度排名、国际单项联合会注册检查库及禁赛期运动员等因素，专门建立了兴奋剂注册检查库。被列入兴奋剂注册检查库的运动员都需要按照规定的相关要求申报行踪信息。关于兴奋剂注册检查库说明如下：

第一，兴奋剂注册检查库在反兴奋剂中心官方网站 www.chinada.cn 公布，每年至少公布一次，并由反兴奋剂中心通过公函的方式通知各运动员管理单位。

第二，反兴奋剂中心依据运动员退役、禁赛、复出及运动成绩变化等因素，适时调整兴奋剂注册检查库。

第三，新的兴奋剂注册检查库名单下发前，原兴奋剂注册检查库一直有效，无论是否跨年，库内运动员均须按照相关要求申报行踪信息。

第四，运动员若决定退役（2009年起，凡被列入兴奋剂注册检查库内的运动员，无论其是否在当前兴奋剂注册检查库中），应向所属全国性单项体育协会和反兴奋剂中心提交运动员本人签名并加盖单位公章的《运动员退役报告》。该运动员将被从兴奋剂注册检查库中撤出，不再需要申报行踪信息，并且不再列入反兴奋剂中心的兴奋剂检查计划中。

第五，已退役的运动员（2009年起，凡被列入兴奋剂注册检查库内的运动员）复出参赛，需提前6个月（自运动员重新上报行踪信息之日起计算）向反兴奋剂中心和所属全国性单项体育协会提交《退役运动员复出申请报告》，申报行踪信息并接受赛外检查。运动员未经批准违规参赛的，按规定做出相应处罚。

第六，运动员变更注册单位，原注册单位和现注册单位均应书面通知反兴奋剂中心。该运动员变更期间（即暂无注册单位）及新单位完成注册后，应继续申报行踪信息。如运动员中断行踪信息申报，作为其恢复参赛资格的条件，他至少应在重新注册（参赛）前3个月（中断时间超出3个月的按照实际天数计算）申报行踪信息，并接受赛外检查。

第七，处于禁赛期的运动员，必须在禁赛期间随时接受反兴奋剂中心组织实施的赛外检查，并且根据要求提供准确的行踪信息。

(二) 申报要求

运动员本人对及时、准确填报行踪信息，并确保其能在申报的行踪信息所指明的地点接受兴奋剂检查负责。运动员管理单位需告知运动员相关责任和义务，并协助其按要求完成行踪信息申报。

运动员应当按照规定及时、准确填报个人《运动员行踪信息申报表》，每季度最后一个月的 20 日前上报下一季度行踪信息，即第一、二、三、四季度行踪信息应于上年 12 月 20 日、当年 3 月 20 日、6 月 20 日、9 月 20 日前上报。

新增兴奋剂注册检查库运动员应当于名单下发后 10 个工作日内申报当前季度行踪信息，之后按照常规时间申报季度行踪信息。

运动员行踪信息申报需包括以下信息：
（1）运动员完整的通信地址；
（2）运动员每天的住址，包括家、宿舍及宾馆等，需具体到门牌号、房间号；
（3）运动员每天从事规律性活动的具体地址及时间安排，包括训练、培训等；
（4）运动员的比赛日程，包括比赛名称、比赛地点、比赛时间等；
（5）运动员在每天 6 点至 23 点之间任意 60 分钟的建议检查时间及特定检查地点；
（6）休假、旅途的详细信息。

当行踪信息将发生变更时，运动员应当在变更前 48 小时填报变更后的《运动员行踪信息申报表》。

（三）申报方法

运动员应当使用电子邮件的方式申报行踪信息。

申报邮箱：whereabouts@chinada.cn。

与行踪信息相关的所有表格，如《运动员行踪信息申报表》《运动员退役报告》和《退役运动员复出申请报告》等，均可在反兴奋剂中心官方网站 www.chinada.cn 运动员专区下载。如有任何问题或查询行踪信息是否申报成功，可拨打电话：010-64953956。

（四）申报错误及处罚

注册检查库内的运动员必须按照规定申报行踪信息，否则可能会导致兴奋剂违规：

（1）如运动员未填报任何行踪信息（含未在规定时间内填报）、上报的行踪信息里未包含必需的信息、或者填报的行踪信息不准确或不详细，以及依据运动员行踪信息在 1 小时建议检查时段外实施检查时未查到运动员的，运动员将被判定为填报失败。

（2）如运动员未能在指定的 1 小时建议检查时段内在指定的地点接受兴奋剂检查，运动员将被判定为错过检查。

（3）运动员行踪信息填报失败或错过检查将按照国家体育总局相关规定给予处罚。

（4）运动员在填报的行踪信息中提供欺骗性信息，或其他恶劣情况，将根据其具体情节,按照逃避兴奋剂检查、篡改或企图篡改兴奋剂检查结果等判定为兴奋剂违规,并按照《关于严格禁止在体育运动中使用兴奋剂行为的规定(暂行)》(国家体育总局1号令)给予处罚。

四、正确使用药品和营养品

(一) 慎用营养品

针对国际体坛盛行的服用运动营养补剂的现象,WADA 在 2002 年公开表明了以下立场:"我们认为,优秀运动员能够并且应该通过健康和营养配餐来补充高负荷训练所需要的营养。目前还没有确切的科学证据表明,服用营养补剂可以给优秀运动员带来非常明显的益处。"运动员和教练员要清醒认识运动员营养补剂存在的兴奋剂隐患。如果运动员服用营养补剂,教练员和相关辅助人员要根据运动员训练和比赛中的实际问题来谨慎选择,依据具体的项目特征、训练特征来确定不同的营养补剂、相应的剂量和服用方法。在日常的训练和比赛中,运动员和教练员要以小心谨慎的态度来甄别不同营养补剂的信息,确保所使用的补剂不含兴奋剂,特别要注意该营养补剂是否在国家队运动营养食品采购目录中,或者是否具备有资质的实验室出具的兴奋剂检测合格报告。运动员自己必须对服用补剂产生的后果负责。

(二) 安全用药

1. 了解药物成分

运动员因病因伤用药前一定要明确药物成分,看药品说明书或标签上是否有"运动员慎用"字样,有这个字样的药品就含有兴奋剂成分,不能随意服用。但有些药物可能含有兴奋剂但在标签上并没说明,所以千万不要自己轻易买药使用。有些中成药特别是用于治疗感冒的药也可能含有兴奋剂成分,服用时要多加注意。而中草药(中药汤剂)的成分和药理作用更加复杂,使用时更需谨慎。

【案例 11-13】

足球运动员张某在联赛赛后接受了兴奋剂检查,尿检结果呈阳性,禁用物质名为"庚胺醇"。该物质当年在禁用清单之列。据了解,张某患有痔疮,参加亚青赛期间,痔疮病情加重,已经影响到了正常的训练和比赛。在家休养期间,为了加快治疗,其父为张某购买了一种名为"静可福"的口服药,而这种药物里就含有"庚胺醇"的成分。该药说明书的注意事项中已有明确声明,但他用药时都没有注意,结果导致阳性的发生。在后来的听证会上,张某患有较为严重痔疮的病情得到了医学专家的认可。中国足协也对其"从轻发落",禁赛 6 个月,罚款 5000 元,但张某也基本无缘半个赛季的中超联赛。谈及此事时，张某表示："肠子都悔青了，如果生病后，我问一下队医再吃药，也许这一切就不会发生了！"

2. 表明运动员身份

运动员有伤病需要治疗时，要主动向医生说明自己是运动员，是要接受兴奋剂检查的，不能随便使用含有兴奋剂的药物。如果条件允许，最好由队医陪同去医院，同时要保存好处方、病历以及其他医学材料。如果发生兴奋剂问题，这些材料有可能证明自己的清白。

3. 申请治疗用药豁免

治疗用药豁免是为了保证运动员的伤病得到及时、安全的治疗，又避免发生兴奋剂违规的一项具体规定。如果运动员患病或受伤，必须使用某些禁用物质或方法来治疗，要及时申请治疗用药豁免，获得批准后方可使用。具体程序可以向反兴奋剂中心咨询。特别需要注意，运动员赛前打封闭或者局部使用糖皮质类固醇后接受兴奋剂检查，一定要在兴奋剂检查记录单上写清楚用药名称、使用时间和方式，否则将会导致阳性结果。

【案例 11-14】

某运动员在国家体育总局赛内兴奋剂检查中尿样检测结果呈泼尼松（糖皮质类固醇，S9 类禁用物质，赛内禁用）阳性。反兴奋剂中心在启动阳性结果管理程序中发现，该运动员的兴奋剂检查记录单上标明该运动获得过治疗用药豁免，豁免物质正是泼尼松。经了解，该运动员因患有系统性红斑狼疮疾病，需长期服用含有糖皮质类固醇（即我们常说的激素）的药物进行治疗，提前向反兴奋剂中心申请治疗用药豁免并获得批准。根据《世界反兴奋剂条例》的规定，反兴奋剂中心终结该案件，对其不按阳性处理。

五、在日常生活中防范兴奋剂

（一）防止发生食源性兴奋剂问题

面对动物饲养过程中添加克仑特罗等禁用物质带来的兴奋剂风险，教练员要加强对运动员的教育和管理，严格队规队纪，防患于未然。最基本的方法就是要求运动员随队集中食宿，不随便外出吃东西或从外面买零食，杜绝食用可能污染了禁用物质或来历不明的食物。私自外出就餐极易吃出问题，这方面的教训是非常沉痛和深刻的。另外要教育运动员平衡食用各种肉食品，以防止发生食源性兴奋剂问题。

（二）防止陷害

教练员要教育和监督运动员加强自己药品、营养品、食品饮料等方面的管理，警惕他人陷害。日常生活中，不要吃来历不明的食物，不要随便喝别人给的饮料。特别是在人比较多的复杂环境下，更不能使用来历不明的饮品。已开封的饮料，存在离开了自己视线的时间，就不要继续饮用。

（三）远离毒品

毒品与兴奋剂都是药物的滥用，有些毒品就是兴奋剂，比如海洛因、可卡因、大麻等。要教育队员珍爱生命，远离毒品，不要参加吸食毒品等违法乱纪活动。在一个房间中，有人抽吸大麻或烫吸海洛因等毒品，可能会使在场的其他人尿检显示含有禁用物质，要特别引起注意。

参考文献

[1] 国务院法制办教科文卫法制司. 反兴奋剂条例释义 [M]. 北京：新华出版社，2004.
[2] 何珍文.教练员反兴奋剂知识读本 [M]. 北京:北京体育大学出版社，2007.
[3] 国务院法制办教科文卫法制司. 反兴奋剂条例立法后评估报告 [M]. 北京：北京体育大学出版社，2012.
[4] 国家体育总局. 中国奥委会. 中国反兴奋剂十年（白皮书）[Z]. 北京：2000.
[5] 国家体育总局. 中国反兴奋剂（白皮书）[Z]. 北京：2008.
[6] 国家体育总局. 中国反兴奋剂（白皮书）[Z]. 北京：2012.

第十二章 程序化竞技参赛设计与实践

袁守龙（国家体育总局竞技体育司）
胡亦海（武汉体育学院）

> **内容提要：**
> 参赛工作是一项开放的、复杂的系统工程，具有复杂系统的诸多特征。本章主要介绍五项重点内容：一是赛前参赛目标定位与准备，主要包括竞技运动参赛目标概念、竞技参赛目标主要功能、确定参赛目标基本方法和确定参赛目标注意事项；二是赛前训练安排的最新特点，主要包括赛前训练理论发展趋势、赛前训练安排基本方式和赛前训练计划制定特点；三是程序化参赛的设计与实践，主要包括程序化参赛的基本内涵、程序化参赛的实践探索、程序化参赛的主要作用、程序化参赛设计的原则和程序化参赛方案的内容；四是竞技运动参赛环境与适应，主要包括现代竞技运动参赛环境、竞技参赛环境适应能力和竞技风险参赛基本理论；五是教练员的临场指挥与应变，主要包括教练员临场指挥的特点、教练员临场指挥的能力、影响临场指挥效果因素和传递指挥信息若干途径。

第一节 参赛目标定位与准备

一、竞技运动参赛目标概念

赛前准备是运动员和教练员成功参赛的重要时期、关键阶段。运动员经过长期的训练积累，经过一个赛季的调整、准备、诱导和强化训练具备参赛的基础能力和竞技水平，教练员通过周密的赛前安排和赛前系统准备可以最大可能地整合竞技要素，理清制胜关键环节，提升竞技水平，优化竞技状态，为参加比赛做好充分的准备。赛前准备涉及要素众多，关联复杂，需要在全面地、系统地、理性地、科学地分析参赛环境、参赛对手、参赛气候的基础上，形成赛前训练的主观判断和参赛策略的科学认知。对于集体项目的参赛，需要统一思想，明确参赛目标，强化参赛原则，参赛工作需要系统设计，分步实施，整体推进，做好参赛原则与具体方法的结合，重视运动员共性与个性的区别，做好能力提升和状态调适的统一，只有这样，教练员、运动员才能制定出合理的参赛目标。

参赛目标是指根据运动员竞技能力和竞技状态确定的成绩指标和参赛表现，参赛目标是一个运动员或一个运动队参赛的结果预期，不仅仅是一个成绩指标或者比赛名次。参赛目标与其说是一个点，不如说是一个系统，为了达到一次比赛或者年度的、周期的综合性大赛目标需要制定阶段的、年度的目标；一个运动队不同的运动员要有不同的目标，一个集体项目不同角色运动员由于承担任务不同，需要制定个性化技术目标、素质目标、战术目标以及体能指标，这是集体项目特殊性决定的。

制定合理的参赛目标是运动员赛前一项重要工作，也是教练员安排赛前训练和做好参赛组织指挥工作的基本能力，没有合理的参赛目标就没有合适的参赛动力；没有一系列具体的小目标就很难完成参加重要比赛的大目标。制定参赛目标需要教练员客观、准确地判断运动员的运动能力和竞技状态，要根据年度常规赛事和各类重要赛事的选择安排细化他们的参赛目标。因此，需要全面地、系统地认识参赛目标的功能，为运动员发挥水平，取得优异成绩奠定基础。

二、竞技参赛目标主要功能

参赛目标客观上可以起到统一参赛的思想、明确参赛意志、激发参赛活力等多种作用，概括起来有以下几方面：

（一）激励功能

合理的参赛目标是运动员参赛的重要动力，具有重要的激励作用；实现参赛目标、取得优异成绩是从事竞技体育的教练员、运动员的基本追求，是运动员职业生涯发展过程中证明自己的基本任务，是实现自我价值的人生预期，因此，运动员有了参赛目标就意味着赛前训练有了基本的训练动力，这是做好赛前准备的基础。

（二）导向功能

合理的参赛目标是一个赛季的训练工作的重要导向，是运动员参加训练的出发点和落脚点，能够促进运动员保持提高运动水平的心理预期，保持训练活力和动力，焕发出参加赛前训练的主动性，强化实现目标的奋斗精神，有利于将教练员、运动员的精神力量、意志力和心智能量与赛前实战训练、强度训练有机融合，对提高运动员的竞技状态起到动力作用和积极的促进作用。

(三) 聚合功能

现代竞赛已经不同于传统的比赛组织方式，从单一的教练员和个体性运动员参赛向团队参赛转变，运动员和运动队的参赛过程是一个保持竞技状态和提高参赛表现的持续完成过程，需要多学科人才的密切合作才能完成。所以，制定参赛目标不仅可以起到动员运动员的内在动力，更能够成为凝聚团队力量，统一行动步伐，聚合管理人员、教练员、运动员和科研保障人员智慧和力量，有助于将参赛目标细化到每一位参赛成员具体的工作步骤和流程中去，从而高质量地完成比赛任务。

三、制定参赛目标基本方法

参赛目标不是一个具体数值和一个简单的成绩指标，而是一个系统的研究、思考和决策过程，制定参赛目标有以下几种基本方法。

（一）历史分析法

历史分析法根据参赛运动员以往比赛取得的成绩来确定下一次参赛目标的决策过程，这种方法对经常参加比赛的运动员有重要的意义，具体做法就是根据运动员参赛年龄、训练年限、训练状态和历史成绩等进行综合比较，可以根据运动员近期3次或者3次以上的相似比赛规模和比赛类别的成绩变化趋势确定下一次比赛的成绩指标、关键素质指标和技、战术目标。

（二）能力评估法

能力评估法主要是根据运动员综合竞技能力和竞技状态来确定下一次比赛指标的决策过程，针对各个训练年龄和参加不同赛季的运动员。其基本思路就是深入全面地分析运动员上个赛季比赛以后训练状况、竞技能力和竞技状态，根据赛前实战训练、模拟训练和热身赛等能力表现提出的参赛指标。可以参考SWOT分析方法，明确运动员的参赛竞争优势（strength）、获胜劣势（weakness）、成功机会（opportunity）和参赛威胁（threats），通过这一分析可以为制定运动员参赛目标提供科学的支撑和合理定位。

（三）目标驱动法

参赛目标表面上是成绩指标，本质上是指未来一系列的目标组合，因此，目标驱动法就是要围绕运动员或者运动队参加奥运会周期和世界锦标赛、全运会等重大比赛承担的任务来确定参赛目标，是适用于一个代表团或者项目、一支队伍中、长期战略发展规划确定目标的方法，在制定此类目标时需按照系统管理原理和方法，遵循系统性、层次性、结构性和阶段性原则来设定各阶段的参赛目标。在设计运动员职业参赛生涯中，可以设计运动员 5~10 年、3~5 年和 1~3 年以及 1 个赛季到 1 年的参赛目标，这需要教练员从国内外发展趋势、运动员能力变化特点和年度各类重要赛事的选择来确定各个不同阶段的目标和对应的指标、任务。

（四）标杆超越法

运动员参赛目标就是一个具体的标杆，标杆超越法是 20 世纪 80 年代发展起来的一种新型管理方法，就是要明确战略性的目标对手以及对手的各项指标来设定运动员参赛的目标、任务和具体要求。一般情况下，是要明确国内外优秀运动员成绩指标或者纪录为标杆，不断查找存在的问题，优化训练负荷结构和节奏安排，提高训练质量和训练强度，提高赛前训练水平，以超越标杆为前提，最大限度地超额完成预定的指标任务。

四、制定参赛目标注意事项

制定参赛目标十分重要，适宜的参赛目标可以起到激励和正向作用，过高或者过低的参赛目标不仅不能发挥目标的应有功能，而且会影响到运动员的比赛发挥和职业生涯的发展质量，因此，教练员和运动员要认真对待参赛目标的制定，要注意以下几方面问题。

（一）制定目标要明确赛事性质

当今赛事种类繁多，层次多样，赛事的重要性决定运动员参赛的动员程度，不同的赛事需要针对性的目标来准备，年度锦标赛是最高水平的比赛，其价值较高；年度大奖赛、分站赛水平参差不齐，其经济价值更大；积分赛需要运动员能够获得更多的积分为更重要的比赛，因此，参赛积分比名次重要；奥运会等综合性运动会既需要取得优异的运动成绩，又要能展现运动员的风采风貌，取得运动成绩和精神文明双丰收。因此，对待赛事性质的分析和定位是决定运动员赛前训练、参赛准备和参赛动员的基本出发点。

（二）制定参赛目标要科学评判

现代竞赛正在实现从经验型向科学化、数字化和信息化方向转型发展，在这一观念影响下，教练员在制定参赛目标时需要对运动员的实力分析做横向对比对手情况、纵向分析历史成绩和训练现状、竞技状态、心智水平以及参赛环境、赛场条件、赛场气候等。只有在量化分析的基础上才能进行综合的、有效的判断，制定出符合运动员实际水平又兼具挑战性的参赛目标。

(三) 制定参赛目标要双向交流

参赛目标既是运动员赛场上的努力实现的目标，也是参赛团队分工负责、团结协同的目标，因此，在制定参赛目标时要客观地从参赛工作的实际出发，围绕核心目标进一步落实到各个不同角色的行动目标。在制定具体的目标时要按照从运动员到教练员、科研人员、管理人员和领队的双向顺序过程进行，这样更有助于统一思想、统一意志，形成"一人参赛、团队攻关"的氛围。

(四) 制定目标要重视区别对待

对于参赛团队来说，个人目标的实现直接影响团队目标的实现，因此，制定参赛目标时要将个人目标有机地融入到团队参赛目标，重点运动员更要勇于承担完成任务的重任，用精神力量感染参赛团队，创造成功参赛的量化氛围。同时，整体目标的实现可以影响和带动个人参赛行为的动机，将实现个人目标转化成参赛动力。因此，制定参赛目标要在整体目标基础上完成运动员个人参赛目标和赛前训练指标。

第二节 赛前训练安排

赛前训练是指为了参加比赛而进行的专门训练，其目的是通过不断提高训练强度，将运动员的竞技能力向最佳竞技状态转变。随着竞赛制度的改革，赛前训练理念和理论发生了深刻变化，一些新的赛前训练方法应运而生。本节重点阐述赛前训练的新趋势、新理论和新方法。

一、赛前训练促进运动员最佳竞技状态形成

赛前训练就是要使运动员努力达到最佳竞技状态，使运动员的机体能够适应比赛的要求，适应比赛的条件，把长期训练所获得的竞技能力集中地通过专项能力体现出来。

所谓最佳竞技状态是运动员经过长期训练形成的参赛的最佳的状态，它至少包括三个方面，即最佳身体机能状态、最佳技术状态和最佳心理状态。最佳竞技表现为运动员生理生化等机能指标理想，能适应参加比赛的需要，身体没有伤病，运动员对自己训练水平和实战能力感到满意；有强烈的参赛欲望和良好的持续赛前训练能力；运动员应激动员较强，技、战术进入到流畅状态，训练和比赛能够达到自主性、随意性和熟巧性；运动员拥有良好的专项直觉，对自身的控制和器材的控制得心应手，挥洒自如；自信心强，注意力集中，能做到以我为主，注重过程，有克服比赛当中出现各种困难的思想准备。

我国女子跆拳道运动员陈中在 2004 年雅典奥运会上蝉联冠军的原因就是国家跆拳道队从 2003 年制定了系列的参赛目标，安排了足够数量的赛前实战内容，明确了从 2003 年冬训开始到 2004 年奥运会要打满 100 场实战比赛，平均每 3 天就有 1 场比赛，这在过去是无法想象的。为了避免伤病，减少伤病对实战训练的影响，教练员通过细致工作，科学地安排了每一场的赛前训练计划，最大限度地有效地做好伤病防护。一系列比赛锤炼使她参加雅典奥运会时，能够信心百倍，精神愉快，并以最佳的技术状态出现在赛场。她在比赛中一个突出的特点就是面带微笑，给人一种缺乏疯劲和狠劲的感觉。实际上她已达到最佳竞技适应状态，藏而不露，信心百倍地成功卫冕，打了一场智慧赛，赢得了各国运动员和教练员的赞许。

由此可见，最佳竞技状态不是自然出现的，是靠系统安排和科学训练实现的，教练员能否实现运动员的训练水平向最佳竞技水平转化，关键是要能够把握住赛前训练。很多运动员平时训练水平很高，比赛时表现不出来，究其原因就是不能很好地把握住赛前训练阶段安排。不同的安排，有时候运动员的竞技状态出现得太早，有的时候没有诱发出来，还有的就是训练强度太高，导致过度训练。因此，教练员只有不断地提高掌控赛前训练水平的能力，科学地驾驭赛前训练规律，才可能使运动员将平时的训练水平在比赛中充分地表现出来。

二、赛前训练内容主要特点和系统安排

（一）内容要有针对性

要提高运动员的参赛状态，赛前训练内容和方法必须有针对性。训练不是简单地增加训练量，增加训练内容，而是紧密结合专项能力和参赛的需要，精心设计每一节训练课，不断增加技、战术训练内容，同时注重高强度训练后的恢复性训练内容。伦敦奥运会赛前训练会议上，肖天认为，教练员在实战训练中一定要重视运动员的内分泌和荷尔蒙问题。从医学和生物学角度看，内分泌与荷尔蒙不仅仅是人类生命活动的特征和基础，而且是人类一切创新和创造力的来源。弗洛伊德说过，荷尔蒙是人类一切创造性的源泉。人的疾病、衰老和运动能力的减退都与内分泌与荷尔蒙有直接关系。因此，赛前训练的核心要求就是如何激发与保持运动员的内分泌和荷尔蒙水平。成功的教练员很重要的经验就是能够在赛前高强度训练中，充分动员运动员训练的主动性、能动性，倡导激情训练。只有这样才能不断提高训练的有效强度，提高训练的实战性、有效性。

（二）赛前训练突出重点运动员

赛前训练时间一般为 4~6 周，教练员要在深入研究参赛规则和参赛特点的基础上，以创新的思维设计好重点队、重点运动员的赛前训练计划。这对于参赛队伍来说

十分重要，教练员要分析重点项目和重点运动员的参赛实力、主要对手，围绕参赛目标和任务，逐一设计重点运动员的训练方法、实战内容、战术风格、赛间训练内容等，坚持个性化训练；坚持做到"三高两快一小"，即高标准、高强度、高质量、快节奏、快恢复、小周期板块式训练；发挥复合型训练团队参赛的整合优势，发挥科技人员的保障护航和科学监控、动态反馈、及时调控的参赛过程机制，提高赛前运动员竞技水平和赛场参赛发挥成功率。

（三）赛前训练要突出有效训练强度

国家拳击队提出的"从严从难从实战高强度训练、从严从难从技术高质量训练、从严从难从战术高智商训练、从严从难从创新超常规训练、从严从难从实战个性化训练"诠释了从实战出发的内涵和要求。在伦敦奥运会前，中国体育代表团提出，各项目要针对伦敦七八月份时差、温度、湿度、风力、风向、场地、赛程等情况，赛前每一节实战课都要模拟奥运会赛场氛围，坚持难度训练、强度训练，锤炼运动员克敌制胜的"绝招"和"法宝"。不能简单地将运动员当成机械的、物理的人去练，要将神经系统训练与肌肉骨骼训练同步进行，以有效地解决赛前"训练与实战脱节"问题。同时，要注意控制训练的极限强度和连续大负荷训练，避免过度疲劳和过度训练造成伤病，否则将前功尽弃。

（四）赛前训练要重视运动员心智动员

比赛是一项复杂的系统工程，运动员的竞技能力是由规则、规程、斗志、心理、技术、战术、体能、赛前安排、临场应变等多种要素构成的综合实力。各要素之间是相互作用、相互依存的。在比赛中获得优异成绩，既需要硬实力，更需要软实力。赛前训练不仅要从实战出发，针对性安排训练内容，还要注重调动运动员的神经系统参与，将运动员心理训练融入到每场实战课中；面对大赛出现的焦虑和技、战术困难以及对手压力时，教练员要做到"内紧外松"，要敢于担当，主动承担压力，不能把压力简单地转移到运动员身上；训练团队要积极调解个人心态，避免出现一些浮躁行为，不断稳定情绪，以从容淡定的心态指挥比赛。教练员要积极地控制内外干扰，主动与运动员进行语言沟通和感情交流，及时发现问题和异常现象，主动疏导，调控心态，为运动员减压；要引导运动员根据参赛目标，建立专注比赛过程，淡化比赛结果，树立顽强拼搏、超越自我的开放心态，提高抗干扰能力，只有这样才能真正做到硬实力和软实力同步提高。

案例1：柔道运动员冼东妹参加北京奥运会心理动员策略

1. 当每个人都觉得你拿冠军没问题时

◇ 别人怎么想、怎么说你控制不了，你能控制的是自己的想法，走自己的路让别人去说吧；我的经历已经证明了我是成功的运动员，不需要再去证明什么。

◇ 竞技体育之美——偶然性是其美感之一；胜败乃兵家常事，做好自己该做的事，结果听天由命。

◇ 想想国内残酷的竞争，我作为妈妈级的队员能在复出半年就获得冠军，能参加奥运会应该知足了，其他队员奋斗了一生也没有如此机会，我太幸运了。

◇ 比起其他队员，从事柔道运动，我获得很多，我已经通过运动成绩筑起了我未来人生的大厦，并不迫切需要再筑起另外一座大厦，此次参加奥运会只是为我已经筑起的大厦添砖加瓦，成绩好坏并动摇不了我的生活根基。

◇ 想想生活困难、社会底层为生活而奔波的人群，我能健康而滋润地活着，还能参加奥运会已经很知足了。

◇ 奥运精神与文化——金牌不是奥运会的终极目标。

◇ 奥运会需要检验和证明的是——我能否用我的智慧、能力、经验有效发挥我的技、战术水平，在奥运舞台上，在竞技过程中展示我的风采和智慧，而不是过分追求其结果。

◇ 淡化奥运概念。赛前多集中注意力于自己的技、战术设计和针对性训练；业余时间转移注意力，如家庭、孩子等让你感到幸福温馨的事情；睡觉前看看闲书。

◇ 从现在开始多进行一些表象训练。表象内容包括：针对不同类型选手的技、战术设计与比赛中的应用；进攻受阻后的技、战术变化方案；先失分时如何调控情绪、变换战术；领先后的局面控制战术；以往成功的场景；自己信心十足、准备充分、头脑清醒地开始上场比赛情境；情绪急躁、慌乱时自己如何利用规则和比赛间歇整理思路，冷静应对困难等。每天利用休息时间，表象2次，每次10分钟。

建立首场比赛、其他场次比赛前的准备活动模式。准备活动要把趣味与强度结合起来进行，可以缓解压力。

2. 别人说你很疲劳时

身体疲劳是训练的正常反应，是获得能力的前提；没有疲劳的训练是无效的训练；但我通过训练节奏的把握和合理的恢复措施可以有效缓解疲劳；我已经从柔道运动中获得很大成功，且硕果累累；目前的训练我只是在享受柔道，我从事的是快乐柔道；尽管柔道训练很艰苦，但我的感觉是"苦并快乐着"。

3. 别人说你压力很大时

有压力是正常的，适度的压力是激发比赛动机的有效手段，而我能有效控制压力在合理范围；我有化解过度压力、转移注意的方法；我在享受柔道训练和比赛过程，你别嫉妒我。

4. 想到比赛有一种无形的压力时

有压力是正常的，适度的压力是激发比赛动机的有效手段，而我能有效控制压力在合理范围；我有化解过度压力、转移注意的方法；我在享受柔道训练和比赛过程。赛前多采取各种措施转移注意力，控制自己的思想不要总去考虑奥运会，如聊天、玩笑、看家庭照片、户外散步、看书、上网、看电视等，多安排一些轻松快乐的事情占领业余时间；计划好比赛前一天的活动日程，逐项落实，并自我检查落实情况，给自己以肯定的答复，如：我又很好地完成了一项任务。

晚上先表象一下明天比赛的技、战术应用和困难应对方案，然后提示自己我已经做好了充分的准备；然后看电视、聊天、玩电脑游戏、奥运村散步、睡前做点简易的身体活动。最后一项任务上床休息、身心放松。

三、赛前训练理论和减量安排

现代奥林匹克竞赛体系和职业体育赛事体系日益频繁，赛事越来越多，赛程越来越长，强度越来越大，比赛强度对运动员的体能要求越来越高，周期训练理论、超量恢复理论、肌肉运动原理等都在适应新赛制过程中发生了重大变化，博弈论、板块训练、能量再生等新型训练理念和方法正在实践中发展和完善。掌握好参赛与训练新理论、新趋势、新方法有助于提高运动员的竞技水平，调控运动员竞技状态。

（一）赛前训练基本理论

1. 周期训练理论

周期理论是马特维耶夫等前苏联专家提出的以年度参赛为参照划分若干个训练周期的方法，每个训练周期内按照训练时间顺序将训练分为准备期、比赛期和过渡期。不同训练周期里安排一般身体训练和专项训练，不同训练阶段训练负荷的量和强度呈现波浪式发展，其中，准备期以训练量和强度低的一般身体训练内容为主；比赛期负荷强度以高为主，突出专项训练；过渡期则以一般性训练为主，注重恢复性训练和基础的技术和一般体能恢复性训练。周期训练全年比赛安排呈现单高峰或双高峰特征，周期训练理论成为影响上世纪竞技运动训练的重要指导理论。受前苏联训练理论的影响，周期训练理论已被我国教练员广泛用于年度训练和赛前训练的重要理论，至今仍然是我国教练员制定赛前训练计划的重要理论原则。

2. 板块训练理论

传统大周期训练方法已经不能满足现代竞赛制度的需要，职业体育催生的"板块小周期"训练模式已被当今世界普遍采用。前苏联专家伊苏林在2012年备战伦敦奥运会赛前训练专题会议上介绍了"板块训练"的发展历史、现状以及训练新理念、新方法。与传统周期训练不同，板块训练是根据多赛制需要，按照比赛划分训练小周期，时间跨度缩短，一般在二到四周时间；小周期训练内容安排更加灵活，根据高水平运动员训练特点提出了"集中负荷效应"的训练方法。

板块训练不是对周期训练理论的否定，而是在结构上补充和改进了周期训练理论的不足，使传统周期训练更加重视同步发展人体的各种运动能力和技能，训练负荷总体上存在中低水平。板块训练以人体生物科学研究最新成果为基础，以提高关键竞技能力和竞技表现为目标，充分考虑运动员不同竞技能力之间相互作用与机体对不同能力的适应特点安排不同的重点负荷的训练内容。板块训练内容分为积累板块、转化板块和实现板块，从而使不同竞技能力有序发展。这种训练往往体现出教练员重视运动员每一天、每一节课和每一个动作的质量和效益，重视对运动员机能状态的检测评价，准确把控训练状态。板块训练将体能训练和恢复训练作为赛前训练的重要内容，这是保持运动员竞技状态的保证，确保运动后加速疲劳消除，提高预防伤病能力和降低伤病概率。

3. 余波效益原理

余波效应是指训练停止后，运动员获得的各项运动能力会保持一段时间，正如水面在外物的刺激下产生的波浪传导一样。当力量训练停止后，刚开始力量素质下降比较慢，停止训练4周后，运动员仍能保持原有力量水平的60%~68%；耐力项目停止训练4周后，有氧耐力在余波效应下将衰减原来水平的6%左右；无氧耐力和力量耐力的余波效应相对来说要短很多，一般为15~18天；最大速度余波效应最短约为15天。余波效益原理是赛前训练坚持强度训练提高竞技状态的基本依据，要求在赛前训练过程中，通过合理的安排各种能力素质训练使其余波效应叠加，促进运动员最佳竞技状态的形成。

（二）赛前减量训练

1. 赛前减量训练概念

赛前减量训练是教练员开展赛前训练的基本理念，是板块周期中的实现板块训练阶段，赛前只有通过减少训练量才能减低运动员心理上的和生理上的压力，有效地促进最佳竞技状态的形成和保持。

国际上，对赛前减量训练研究十分广泛，英文术语是TAPERING，还有专家称为赛前减量训练，亦称为再生循环训练（Regeneration cycle）。

国内外关于赛前减量训练有人认为：4周赛前减量训练有助于骨骼细胞结构、神经组织的修复改善（李晓红2011）；1~4周赛前减量训练会明显增进运动员机能（周越2011，王瑞元2011）；赛前高强度（85%~90%）低训练量的训练安排模式要优于低强度（85%~55%）中等训练量的赛前训练安排模式（卢聚贤，2011）；赛前减量训练对心率有积极影响，但有项目差异（Houmard，1994；Rietjens，2001）；赛前训练血乳酸浓度峰值和运动成绩提高具有对应关系（Sheple，1992；Houmard，1994）；减量训练可以促进运动能力提高和运动成绩提高（Mujika，1995；Banister，Neary 1992，2005；Pyke 1988，Gibala 1994）等等。

赛前减量训练对提高素质能力、形成较高的竞技状态、提高比赛成绩呈正相关效益。

2. 减量训练基本原理

运动员经过系统的准备期训练之后，人体对上述的训练已经产生生理适应和机能适应，但也积累了相应的疲劳。赛前训练作为实现板块阶段需要进行专门的、针对性的高强度训练，能进一步提升运动水平，但同样疲劳程度必然会加快加深，从人体运动系统物理性疲劳发展到生理性疲劳甚至是心理性疲劳。减量训练的主要目的就是通过调整运动负荷来有效地消除运动员生理上和心理上的疲劳，从而使运动员保持良好的竞技能力和竞技状态。

根据图 12-1 疲劳、健康水平、竞技状态与减量训练时间的关系图可以看出，竞技状态随着时间和训练量的增减均会产生相应的变化。在减量过程中，训练强度越高运动员竞技状态会上升越快；赛前减量持续时间太长，竞技状态可能出现下降趋势。反之，减量时间太短也不能产生训练适应性反应，机体会处于疲劳状态。因此，减量训练需要一个最佳时间。

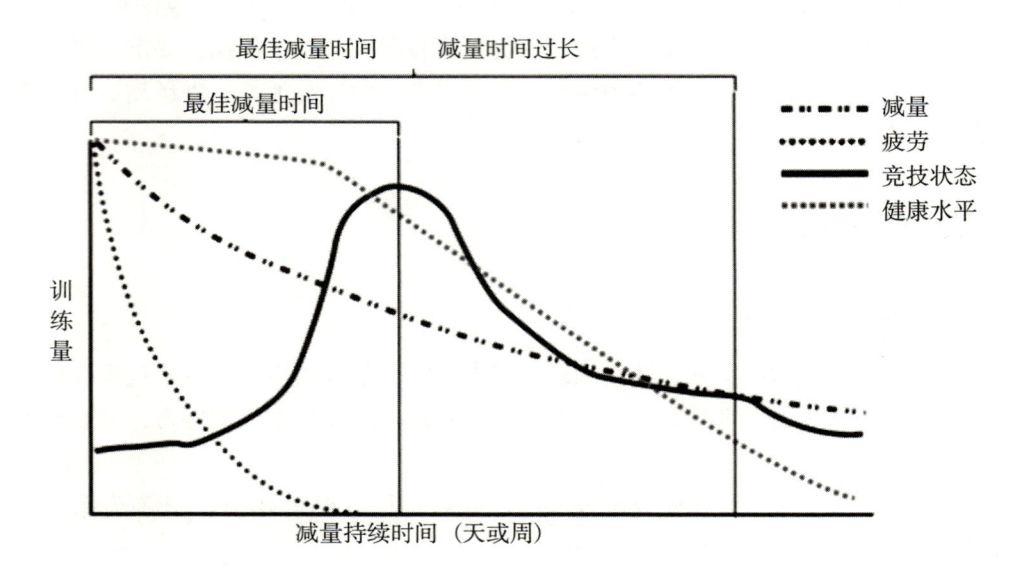

图 12-1 疲劳、健康水平、竞技状态与减量训练时间的关系

（三）最佳减量训练时间和分类

研究表明，减量训练最佳时间一般为 8~14 天。图 12-2 中所示为第 1 天至第 14 天不同减量模式下训练量的变化。不同的减量训练方式对运动员的竞技水平和竞技状态将产生不同的影响，并且运动员的训练水平、前一阶段训练负荷、心理状况等都将影响赛前减量训练方式。概括起来，赛前减量训练共有三种方式：

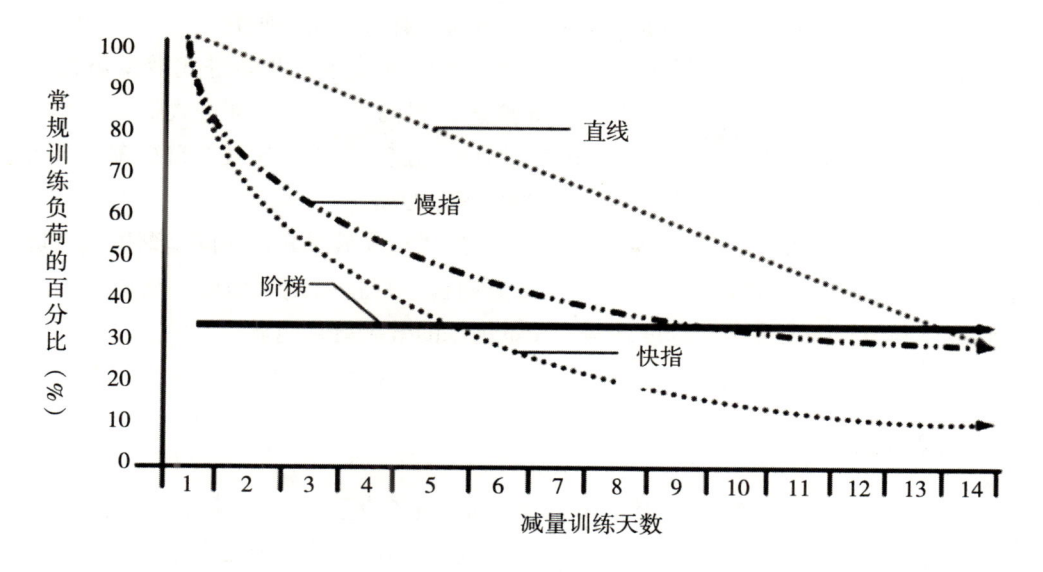

图 12-2　三种不同的减量模式示意图

1. 直线式：按照一条直线匀速地减低训练量。
2. 指数式：以指数曲线方式减少训练量的过程，包括快指数和慢指数。
3. 阶梯式：训练负荷以一个恒定的量阶段性减少，或指在训练中按固定的标准减量。

直线式和指数式称为渐进型，阶梯式称为非渐进型。

（四）减量训练方式及效果

减量并非只是减少训练量，其内容包括训练量、强度和频度，不同的减量训练方法效果不同。表 12-1 是对不同减量模式的效果研究。

表 12-1　关于减量训练对运动成绩的影响效果量的统计

减量类型	整体效果量均值（95%置信区间）	n	P
非渐进型	0.42（−0.11，0.95）	98	0.1200
渐进型	0.30（0.16，0.45）	380	0.0001

注：根据（Mujika，2009）编制

结果表明渐进式减量表现出显著性差异（p<.01），对提高成绩的平均效果量为 0.30。该项研究适应于自行车、游泳、田径等项目。另外，此类减量方法在射箭、体操、高尔夫、曲棍球、橄榄球和水球上也得到有效验证。篮球、足球等集体球类项目

由于比赛频繁，在减量训练上国际上还缺乏长时间的有效的实证研究。

邦尼斯特等通过减量训练研究认为，5000米跑成绩通过非渐进式减量可提高1.2%，而渐进式可提高4%；自行车成绩非渐进式提高1.5%，而渐进式提高5.4%。渐进式减量中的快指数渐进和慢指数渐进减量对运动成绩影响的比较：自行车慢指数渐进的方式可提高3.8%，快指数渐进的方式可提高7.9%。

另有研究认为，非渐进式的减量模式不及渐进式模式效果好，而同是渐进式减量快指数减量比慢指数模式效果好。减量的重要前提须保证前期高强度、高质量的训练，对机体刺激越强或者疲劳程度越深，减量训练的效果就越明显。

赛前减量训练有以下几种方式：

1. 改变训练强度

从表12-2可见，减量训练阶段，减低运动强度不会提高成绩，其效果量为-0.02，$p>0.05$；而在减量训练阶段不减低运动强度，其效果远远好于减低运动强度对成绩的提高。

表12-2　不同减量类型变量对运动成绩影响的整体效果量

	减量方式	平均值（95%置信区间）	N	P
减训练量	≤20%	-0.02（-0.32，0.27）	152	0.88
	21%~40%	0.27（0.04，0.49）	90	0.02
	41%~60%	0.72（0.36，1.09）	118	0.0001
	≥60%	0.27（-0.03，0.57）	118	0.07
减训练强度	是	-0.02（-0.37，0.33）	63	0.91
	否	0.33（0.19，0.47）	415	0.0001
减训练频率	是	0.24（-0.03，0.52）	176	0.08
	否	0.35（0.18，0.51）	302	0.0001
减持续时间	≤7天	0.17（-0.05，0.38）	64	0.14
	8~14天	0.59（0.26，0.92）	176	0.0005
	15~21天	0.28（-0.02，0.59）	84	0.07
	≥22天	0.31（-0.14，0.75）	54	0.18

舍装雷等对1500米田径运动员减量训练进行了研究发现：

第一，不做减量训练，运动员疲劳发生时间和最大伸膝张力不会有改善，甚至有所下降；

第二，降低部分训练强度，运动员机体疲劳和伸膝张力都有不同程度增长；

第三，大强度训练并降低训练量，运动员疲劳时间会延迟22%，最大伸膝张力显著增长。

2000年穆吉卡开展的另一研究表明，减量训练要坚持高强度训练。在减量阶段，高强度训练课越多，成绩提高越快，竞技状态越好。

2. 改变训练量

从表12-2可以看出，在减量的4个不同水平中，41%~60%的减量其平均效果量为0.72，$p<0.01$，表明减少训练量对运动成绩影响显著。其他研究也认为合理地减少整体训练量将获得自行车成绩的提高，对于长跑运动员来说这个训练的时间就代表它的训练量或者是训练的长度。如果减少每堂课的时间，长跑运动员大幅度改善了长跑运动能力，即如果减少训练量，运动成绩将会显著提高。

3. 改变训练频率

表12-2中显示表明保持高的训练频率比降低训练频率效果好。以800米为研究对象，高的训练频率（训练频率的80%或以上）比降低训练频率可获得运动成绩更大提高。低水平的运动员赛前较适合降低频率训练，可以降低30%~50%；不同减量方式对不同年龄段、不同水平的运动员有明显差异。

4. 改变训练持续时间

不同减量训练持续时间与最大力量的相关研究发现，在减量第6天到第10天达到运动能力的最高峰。文献表明，对自行车和铁人三项的研究证明4天、6天、10天、13天或者是14天减量训练都能对这两个项目产生很好的效果。长跑运动员采取7天减量训练能产生很好效果，力量型项目可以采用10天减量训练。游泳项目研究表明，赛前的10天、14天、24天和28天的减量训练都可以产生良性效果。

综合而言，8~14天的减量训练时间对于大多数运动项目都是有效的时间长度。减少训练量对运动成绩提高更为有效，最佳减量为减少41%~60%，降低训练频率没有显著提高。

第三节　程序化参赛方案设计与实践

一、程序化参赛的基本内涵

程序化是系统理论中的重要研究内容，系统工程理论指出，对于一个系统来说，只有程序化才能使能量节省化。对于复杂的系统工程来说，程序化是高效输出能量的优化路径，是程序化决策的重要步骤。我国对宇航员在太空飞行过程中实施的就是程序化原则和程序化路径。从神州五号杨利伟首次到太空到神州六号费俊龙、聂海胜首次合作完成航天飞行的壮举，到神州七号太空行走等壮举都是按照程序化模式和零失误管理完成的。

运动员竞技能力的获得和竞技能力的表现是由两个环节密切构成的，包括系统的训练过程和比赛表现过程，前者是运动员的生物学改造过程，后者是参赛团队的社会学表现过程。比赛中，外部环境对运动员的刺激以及由这些刺激产生的心理变化和技术、战术、体能波动决定了运动员状态，从而影响比赛结果。

程序化参赛的主要作用是利用时间、空间、生理、心理等多种因素的有序安排和实施，为运动员提供脉络清晰的操作路径，为运动员尽可能表现出自己储备的竞技能力提供程序保证。运动员训练和比赛是一个如环无端的过程，训练过程是运动员生理学功能适应到结构改造以及能量资源储备机制不断优化的过程，包括肌肉功能、肌肉维度和心力储备、心律、心脏结构、血管系统、代谢系统、内分泌等整体不断升级型改造。参赛过程是机体能量资源释放、技术和战术水平再现、竞技心态调整、决策和实现过程，比赛结果只是上述过程的表现。比赛中，运动员要克服对手的障碍，适应外部环境所带来的刺激以及调适刺激带来的心理落差，需要最大限度地动员生理系统的能量。

运动员在参赛过程中，人体很多生理系统都要全力以赴参与动员和支持协同中，且每个系统的动员机制、动员程度和动员时间、程序都不同。骨骼系统作为参赛支撑系统，它在比赛中起到支撑稳定的作用；肌肉系统作为运动员参赛动力系统，根据不同的项目比赛需要进行不同的肌肉系统动员；神经系统作为运动员参赛的中枢动员系统，不仅需要动员身体各个系统，而且需要发挥控制能力，控制好比赛的节奏、技术的稳定、心态的平衡等；内分泌系统作为运动员参赛的内在激活系统，在它的功能作用下可以持续地运动提高比赛需要的能量；心血管系统作为能量输送系统，随着比赛负荷的强度和持续时间不断进行适应变化，甚至到了运动的极限状态；免疫系统是运动员参赛的防护系统，既能清理体能运动产生的垃圾，又要抗御外界入侵的细菌、病毒和污染；呼吸系统是运动员比赛的气体交换系统，起到供氧和排出废气的功能，但是肺脏的动员速度较慢；消化系统作为运动员营养吸纳系统，比赛中存在与肌肉竞争血液的矛盾，因此，需要特别地重视。

总之，程序化参赛方法是科学参赛、高效参赛的一种探索，由于它能够更好地动员机体的能量资源，满足比赛高强度、快节奏、高消耗、大平衡的需要，受到教练员和运动员的欢迎。

二、程序化参赛的历史探索

程序化参赛经过近十年的研究和探索已经成为我国参加奥运会等大赛的有效组织管理模式，并取得显著成效。国家皮划艇队在准备2004年雅典奥运会过程中运用了程序化参赛取得金牌突破。随后，很多项目的运动队都开始使用程序化参赛，并在提高科学参赛和高效参赛方面积累了经验。

为了准备第八届全运会，安徽举重队袁守龙提出参赛方案：运动员在比赛中做到"视而不见、充耳不闻、注重过程、唯我独尊"的参赛要诀，提出"穴位兴奋-心理诱导-程序准备"的赛前准备模式,在全运会预赛中全体队员 6 次试举成功率达到 76.76%,创造了预赛成功率第一的历史。1998—2001 年,为了准备第九届全运会射击比赛,他在大量研究成功经验和失败教训的基础上,提出"递进式"准备全运会决赛的模式:在平时的测试中要求运动员制定参赛的方案和操作清单,共列出 144 项目参赛准备工作,优化参赛的准备工作。

国家皮划艇队在备战 2004 年雅典奥运会周期,从 2001 年 12 月开始,系统地研究参赛问题,大胆进行理念创新,改变过去"重结果、轻过程"的做法,代之而起的是树立"以我为主,注重过程",树立"心理为技术服务"的理念,重视参赛过程的标准化、流程化设计,坚持和完善程序化参赛方法,十分重视准备活动的作用,最大限度地动员了运动员机体潜能。2002 年 6 月在陕西的全国锦标赛赛前首先提出"程序化参赛"的概念,在 8 月的世界锦标赛上进行尝试,取得初步的成功;在 10 月份的第十四届亚运会上进一步确定程序化参赛的原则、方法手段、程序性安排,最后获得 8 枚金牌;2003 年通过全国冠军赛和锦标赛、世界杯、世界锦标赛的检验和完善,确定程序化参赛为国家皮划艇队备战雅典奥运会最基本的参赛模式。结果,中国皮划艇队不仅在 2004 年雅典奥运会上取得我国首枚水上项目奥运会金牌,实现了历史性突破,而且参加国际大赛过程中运动员超水平发挥概率达到 83%。2004 年国家体育总局将程序化参赛模式运用到参加第二十届冬奥会的女子冬季两项和自由式滑雪空中技巧队,获得了一枚金牌。

为了备战 2008 年北京奥运会,2007 年 5 月国家体育总局备战奥运会办公室下发的体备战字〔2007〕8 号文件《关于制定程序化参赛方案的通知》,成为广泛推进程序化参赛的重要动力。《通知》指出,程序化参赛是对赛前准备工作的系统安排,是对参加比赛的科学管理,是集约化参赛的具体体现,是细节决定成败的核心表现,可以达到参赛准备工作充分、忙而不乱、稳定心理、避免失误和表现最佳竞技状态的目的。程序化参赛是提高参赛工作的针对性和系统性,从实战出发,做好大赛前准备工作的重要环节,将为各个项目在北京奥运会上表现出最高竞技能力提供支持。程序化参赛为我国在北京奥运会比赛中获得 51 枚金牌,位列金牌榜第一提供了重要的技术支撑,做出了重要贡献。

三、程序化参赛的主要作用

程序化参赛是做到参赛"零失误"管理的重要方法,总结可以发现,此方法对集中参赛团队指挥,凝聚共识,减少赛前焦虑和压力,提高工作的预见性、系统性和有效性具有直接和间接的促进作用。概括起来有:

(一)形成团队参赛心理优势

通过程序化参赛方案的制定和实施,可以使参赛的群体包括教练员、运动员和管理人员、工作人员形成共识，从而形成强大的团队心理氛围，降低运动员焦虑，更清楚自己的角色定位和工作重点。特别是在参赛团队营造良好的参赛环境、重视以积极的心态面对比赛、预设困难、提高心理应激预期和应激水平方面，有助于冷静面对和处理不良的参赛局面。

(二) 使复杂参赛过程程序化

程序化参赛方案是一个参赛的系统实施路线图，可以成为教练员和运动员参赛行动地图，让立体复杂的参赛工程直观化、程序化、简捷化、可操作化，因此，可以避免运动员因大赛造成过度紧张而忘却某些重要参赛环节。

(三) 参赛准备过程井然有序

程序化参赛经验表明，一个队、一个运动员如果能和教练员、管理人员、科研保障人员认真执行方案的内容、流程、要求，就可以较好地避免赛场忙乱的现象，减少赛场多层次、多种类管理工作出现盲区，可以使不同的角色各归其位，使比赛的现场忙而不乱，进展流畅，提高参赛质量。

(四) 确保比赛能力正常发挥

程序化参赛中充分的准备活动可以很好地动员运动员多个生理系统的能量资源，从而使运动员在训练中储备的专项体能、技术和战术水平有可能最大限度地发挥出来，甚至出现超水平发挥的现象，这已经在很多的项目中得到验证。

四、程序化参赛设计的原则

制定程序化参赛方案需要遵循以下基本原则：
第一，赛前训练时间连续性和参赛时间阶段性的统一；第二，参赛组织管理空间的层次性和参赛团队有机化整体性的统一；第三，参赛团队成员心理准备的充分性和运动员参赛战术安排灵活性的统一；第四，做到运动员参赛体能调适最佳化和心理情绪调适合适性的统一；第五，做到团队参赛方法操作的整体性与每一位运动员或角色个性化的统一。

五、程序化参赛方案的内容

程序化参赛的关键环节是制定程序化参赛方案，因此，涉及参赛的环境因素、物质因素、心理因素和赛前训练等多种类、多层次的结构系统。概括起来有以下几方面：

（一）比赛时间、地点

方案要明确赛事的具体时间和地点，要细化每一个运动员参赛的具体时间、场馆、不同的比赛持续时间、不同的场次时间顺序等。

（二）目标与任务

参赛目标定位是指根据参赛任务、对手水平和运动员赛前现实状态，合理预设比赛成绩的工作。通常，竞技参赛的结果一般包括比赛名次、比赛成绩和成绩相关指标等三类指标，其中成绩相关指标是重点考虑的内容。对于教练员而言，正确分析彼此竞技情况、合理定位参赛目标和任务是科学制定参赛方案的前提。

（三）指导思想

方案在阐述参赛指导思想时要明确以下几方面内容：第一，参加比赛动机目的；第二，将要在比赛中采取的战略战术；第三，全队的参赛精神、口号和动员方式；第四，需要完成和实现的具体指标等。

（四）参赛原则

1. 赛前组织管理工作要求。
2. 赛前训练负荷结构节奏。
3. 参赛指挥以及组织协调。

（五）赛前实力分析

1. 参赛人员。
2. 参赛项目。
3. 重点运动员分析。
4. 主要对手分析。
5. 存在问题：
(1) 队伍意志作风。
(2) 专项体能方面。
(3) 专项技、战术能力。
(4) 参赛特征和规律认知把握。

（六）参赛工作主要措施

1. 思想动员，强化参赛认知。

2. 赛前赛间训练重点内容。
3. 参赛管理具体工作流程。
4. 营造积极的参赛环境氛围。
5. 制定参赛的具体流程。
6. 医学科研保驾工作。
7. 其他方面措施。

(七) 参赛组织指挥

1. 成立参赛指挥团队，明确责任分工

（1）指挥团队分为参赛指挥、医学科研保障、信息调研、后勤服务 4 个工作板块。

（2）参赛指挥工作板块：
①制定全队的参赛指导思想、战术原则和比赛战术节奏。
②统筹全队各个方面的工作。
③组织召开每日赛区工作例会。
④解决参赛过程中的难点问题。

（3）信息调研工作板块：
①收集赛前相关的信息并进行加工整理。
②收集组委会关于比赛成绩和比赛秩序的最新信息。
③向大会或仲裁及时传递队内需要变更、抗议、申诉等信息。
④各种需要的翻译工作。
⑤做好参赛录像。

（4）医学科研保障工作板块：
①赛前训练的恢复保驾计划。
②反兴奋剂的主要措施。
③重点队员的健康促进。
④运动员的膳食与营养方案。
⑤比赛期间的健康与恢复。
⑥赛前阶段和比赛的科研措施。

（5）后勤服务组工作板块：
①赛前训练的后勤保证措施。
②世锦赛出发的系统准备。
③比赛期间的器材保证。
④食宿与安全问题。
⑤返程的工作安排。

2. 参赛团队工作要求

（1）明晰职责，各个方面的主要承担者根据自身工作需要进入角色，自觉主动地投入到各项工作中去。

（2）以各类职责的分工为单位，主要承担者以独立工作为第一原则，扎实努力，务实创新。

（3）比赛工作是整体的、全方位的，各个方面的主要承担者在各自领域除独立地工作之外，相互协作和相互支持作为参赛工作的基本要求。

（4）各个方面的工作主要承担者对待工作的态度和作风要服从大局、听从指挥、开动脑筋、深入细致、有条不紊。

3. 领队与教练员工作重点

（1）领队工作：
①制定全队的参赛指导思想。
②统筹全队各个方面的工作。
③组织召开每日赛区工作例会。
④收集赛前相关的信息并进行加工整理。
⑤收集组委会关于比赛成绩和比赛秩序的最新信息。
⑥向裁判或仲裁及时传递队内需要变更、抗议、申诉等信息。

（2）主教练工作：
①制定全队具体战术原则和参赛计划。
②解决参赛过程中的难点问题。
③安排具体参赛方案与工作分工。

工作清单如表 12-3 所示。

表 12-3　国家皮划艇队参加第十四届釜山亚运会工作清单

序号	时间	工作内容	负责人
1	9月1日-30日	1. 赛前训练 2. 器材运输 3. 出发准备	领队
2	10月1日	先期人员提前到韩国办理、落实器材、队伍食宿、了解参赛信息	外事联络员
3	10月3日 7:00	队伍从千岛湖训练基地出发至杭州	教练A
4	11:00	乘CA1510航班到北京并在龙潭湖宾馆住宿	教练A
5	15:00	队伍到水上中心领取亚运会代表团服装	领队助理
6	17:00-21:00	以组为单位集体活动	领队助理
7	21:30	休息	教练员B
8	10月4日 8:00-11:00	组织全队出发到北京国际机场赶乘飞往韩国航班	领队

续表 12-3

序号	时间	工作内容	负责人
9	13：00-14：00	办理亚运会注册并进驻亚运村	副领队
10	14：00-18：00	全队到亚运村后，争取当日去赛场整理器材、熟悉环境并进行适应性训练	教练组
11	19：00-21：00	运动员整理内务；恢复放松	全队
12	21：30	运动员休息。工作人员召开碰头会，研究训练比赛情况，去团部汇报	领队
13	10月4日 6:00	运动员起床、早餐	教练员
14	8：00-11：00	运动员到赛地，各组分别安排训练	教练员
15	11：00-13：45	返回亚运村，中餐，休息	教练员
16	14：00-18：00	运动员到赛地，各组分别安排训练	教练员
17	18：00-21：30	返回亚运村，晚餐后运动员、教练员交流训练。放松	各个组
18	21：30-23：00	工作人员碰头会，整理信息、分析训练、制定10月6-7日测验方案	领队
19	10月5日 6:00	运动员起床，早餐	教练员
20	8：00-11：00	适应器材、场地风浪等，赛前训练	全队
21	11：00-14：00	返回驻地或就地中餐，休息	教练员
22	14：00-18：00	适应器材、场地风浪等，赛前训练	全队
23	16：00-20：00	返回亚运村，晚餐	教练员
24	20：00-21：30	各组开会，运动员恢复放松，休息	全队
25	21：30-23：00	全队干部开会，总结训练情况，汇总一天信息，研究6-7日测试的编排安排等	领队
26	10月6日 6:00	运动员起床，早餐	教练员
27	8：00-11：00	邀请领导到赛场观摩全队测验	全队
28	11：00-14：00	返回驻地或就地中餐，休息	教练员
29	14：00-18：00	邀请领导到赛场观摩全队测验	全队
30	16：00-20：00	返回亚运村，晚餐	教练员
31	20：00-21：30	各组开会，运动员恢复放松、休息	全队
32	21：30-23：00	全队干部开会，总结训练，考核经验，研究测试	领队
33	晚	团部汇报	领队
34	10月7日 7:00	赛前训练，重点演练战术和起航、加速训练。其他程序化工作	各组
35	21：30-23：00	工作人员例会，分析运动员训练状况，研究各国参赛选手情况，最终优选出最佳阵容报代表团	领队
36	10月8日 6:00	各个组进行最后的赛前训练，整理器材	教练员
37	14：00-18：00	参加第一次组委会	刘爱杰
38	18：00-20：00	提出并提交组委会全队参加亚运会最后运动员名单	全队
39	20：00-9：30	中心领导召开领队、教练员和工作人员座谈会，确定参赛指导思想和第一天参赛工作流程	领队

续表 12-3

序号	时间	工作内容	负责人
40	10月8日-10月12日	各组按照参赛流程，制定各个组具体操作性清单并予以落实，一步一步完成战略目标和任务	领队
41	10月12日 12：00-14：00	召开总结会议，贯彻代表团关于亚运会有关会议精神，布置全队的总结工作，安排13日返程细节和总体要求	领队
42	10月13日	返回北京，听从亚运会代表团安排并准备10月15日全国冠军赛	全队

4. 比赛工作流程——以男子双人划艇为案例

——我国男子双人划艇在2004、2008年均获得奥运会500米冠军的实践基础上形成了流程化的参赛工作模式。

——规范了教练员、运动员按照程序组织和安排每一场比赛，使比赛工作的各个环节紧密地联系在一起，使每一个项目的比赛成为一个有机的整体。

——保证运动员完成预先制定的战术思想和比赛节奏，促进运动员在每一场比赛中正常或超常发挥，减少了比赛的失误率，提高了比赛的成功率。

5. 比赛准备活动程序（1.5小时）

如表12-4所示。

表12-4 赛前准备活动程序

步骤	内容	要求	时间（分钟）
1	拉伸	一般性拉伸	5
2	水上4~5km，最后250m@zone3	第一次下水，找到水上平衡感觉和良好的技术感觉，最后250米要有一定的拉桨力量，充分体会水感	25
3	拉伸	具有一定力量	10
4	跑步2~3km，最后800米（400米）@zone3-4	最后几百米一定要达到强度要求，充分刺激呼吸系统和心血管系统，为极限强度的比赛准备好心肺功能	20
5	拉伸	动力性强度拉伸，充分将各肌群和关节拉伸开，为比赛做好准备	10
6	水上	提前20分钟下水，在划向起点的途中做多个起航出发练习，做到最大力量，最高桨频，但不要超过10秒，防止乳酸积累	20

程序化参赛方案如表 12-5 所示。

表 12-5　中国自由式滑雪空中技巧队参加第二十届冬奥会程序化参赛方案

比赛项目：自由式滑雪空中技巧男子决赛
比赛时间：2006 年 2 月 23 日 18：30
比赛地点：意大利 Sauze d'Oulx 自由式滑雪空中技巧场地
制定方案的意义：程序化参赛方案不是制定一个时间表就是程序化了，而是要使每一个人都清楚在赛前、赛中、赛后该做何种准备，并且在收到指令后知道自己立即该做什么。考虑到我们是室外比赛项目，场地处于高原地带，定会受到自然环境的制约，比赛时间可能会由于天气的原因如下雪、刮风、大雾而推迟，甚至是改变日期。但无论是推迟还是改期，比赛的组织程序是不变的，整个比赛过程用时 4 小时左右。我们将本着灵活、机动的原则去掌握时间，但参赛的基本程序不变，每一程序的用时也不变

赛前：14 点的活动内容，检查器材及备品是该单元的重要工作			
项目	时间	内容	备注
起床及早餐		时间自我安排，但要保证足够的睡眠	
身体训练	10：30	男队常规身体训练	40 分钟
午饭	11：30	按个人习惯用餐，要摄入足够的热量	
看录像准备会	12：00	1. 观看前一天晚上训练的录像，观看时教练员给运动员技术反馈 2. 赛前准备会，确定参赛动作，告知出场顺序	
器材准备	13：30	运动员在房间里准备好两副雪板，教练员到每个房间去取，然后带到场地打蜡（教练员带好对讲机、备用电池、耳机、备用耳机、工具包、雨伞）	
出发前准备工作	14：00	先去厕所，然后着装。按物品清单备好自己需要的服装和器材。准备服装时要考虑到天气的变化，准备必要的保暖和防水的衣物 物品清单：号码布、胸卡、旗标、头盔、眼镜、备用镜片、眼镜布、雪板、备板、雪鞋、护膝、腰带、手套、水壶、毛巾、MP3（队医带好对讲机、备用电池、耳机、备用耳机、绷带、支持带、急救医药包、大浴巾两条）	1 小时
搭乘班车	15：00	15：00 在 A 地点集合，乘 15：10 的班车去场地。途中听音乐，闭目养神，表象训练 2~3 次（按个人习惯）	15~20 分钟
到达场地后准备工作	15：30	在运动员休息区内集中放好雪板、备板、物品，然后打支持带。更换雪鞋、护具，检查雪板、脱落器、头盔、眼镜。然后去厕所	55 分钟

续表 12-5

赛中：比赛出发前的 1 分 30 秒准备工作是该单元的重要工作			
项目	时间	要求	时间（分钟）
准备活动	16：25	16：25 准时到达场地同外教辛蒂做陆地准备活动，利用重球、橡皮筋等小器材使身体四肢活动开，为雪上训练做好准备	20 分钟
测速	16：45 16：55	可准备 3 次左右。每人要在同一起点准确测速两次，用时 10 分钟 测好速后，把标志旗插得结实点，并且要有一个固定的参照物，防止风大将标志旗刮倒或被其他的运动员碰倒	10 分钟
赛前训练	17：00 18：25	训练时间为 1 小时 25 分钟。如天气好没风，每人可做 5 跳左右；如天气不好有风或雾，每人可做 4 跳左右。跳的内容可按个人习惯适当调整 韩晓鹏：LFF，FFF，FDFF，FDFF，LDFF 邱　森：LFF，FFF，FDFF，FDFF，LDFF	
介绍 出场运动员 (Showcase)	18：30	宣告员按预赛成绩逆序介绍每位运动员，当念到你的名字时，你从平台滑向停止区，待所有运动员介绍完毕后，排成一列向观众致意。致意结束后立即乘索道回到出发区待命	5~7 分钟
试滑员	18：37 18：39	试滑员出发	2 分钟
男预决赛 第一跳	18：45	出发顺序是按预赛成绩的逆序 邱森第 7，韩晓鹏第 12 等待阶段： 最晚在你出发前还有 5 名队员的时候到达起点。表象训练 1~2 次（比赛动作）。按心理训练时的要求做。表象之前，对自己大声地说一句鼓励的话，然后默念动作要领，体会身体感觉，表象你最完美的一次动作，动作要一遍过 如果此时出现情绪波动、呼吸急促、心跳加快，就采用心理训练的自我鼓励替换法。教练员就在你的身边，他随时可以向你提供任何方面的帮助和鼓励。相信自己的实力，我行，我们中国队个个行，我已经整装待发，我的准备工作是最充分的、最棒的 出发阶段： 时间为 1 分~1 分 30 秒 该阶段是非常关键的一项准备程序。我们要充分使用这个最后的时间让自己准备好。下面是出发阶段的基本程序： 1. 你的上一名运动员出发后，发令员会叫你的名字	

续表 12-5

项目	时间	要求	时间（分钟）
	赛中：比赛出发前的 1 分 30 秒准备工作是该单元的重要工作		
		2. 上边的教练会帮助你，你要尽快地到达起点（在 5 秒钟之内） 3. 在起点位置做模仿和自己的习惯动作（20~30 秒钟） 4. 在着路坡没有整理完的情况下，你可以观察周围情况或与教练员进行简短的沟通（10 秒钟） 5. 竞赛长确认各方面准备完毕，主教练会从着陆坡跑向指挥地点，你要做的就是等待教练员的示意 6. 竞赛长吹哨，倒计时表启动，教练举手示意，一切都已 OK，你就可以出发 7. 如果没有风，你可以掌握倒计时表的这 15 秒时间。但如果有风，你要服从教练员的指挥，顶风时教练员会让你向上，顺风时教练员会让你向下，调整完毕后立即出发。此时运动员不要迟疑 要相信教练员的指挥，相信自己的能力和技术，一定能完成好动作（3~5 秒内） 8. 上述的各项准备程序要在 1 分钟之内完成。特殊情况除外 注意：重要的是要信任上下教练员给你的指示和建议，要相信速度是没有问题的，人体在 60 公里/小时时速滑行中，即使天气没有风，迎面的风速也会达到 17 米/秒，所以一些小的变化是不会影响你的动作的，现场直播的比赛在时间安排上是很严格的，只要我们做好我们该做的，任何事情都不会影响到我们的技术，要相信自己 "我能赢！！！" "I can do it"	
两跳之间的安排	19：10 19：20	第一跳完成之后，到休息区休息，无论第一跳跳得如何，都已成为过去时。现在要准备跳好第二跳。第二跳的出发顺序按第一跳的成绩逆序进行	
男子决赛第二跳	19：20 19：45	准备程序与第一跳相同	
改变比赛动作		至少在你出发前的 3 名运动员之前通知发令员	

续表 12-5

赛后：兴奋剂检测是该单元的重要工作			
项目	时间	要求	时间（分钟）
颁花仪式	20：00	获得比赛前三名的运动员参加颁花仪式	
新闻采访	20：40	前三名运动员在新闻中心接受新闻采访	
兴奋剂检测	21：30	获得比赛前五名的运动员及由抽签决定的一名运动员将进行兴奋剂检测。请队医做好相应的准备工作	
比赛结束后	21：00	未获奖和不做兴奋剂检测的运动员拿好备板等物品，集体下山在 B 地点集合，然后乘班车返回驻地	

教练员、工作人员几项主要工作
1. 了解当天的天气情况，决定打什么蜡，穿多少衣服
2. 打蜡时间在比赛当天下午，两副板一样蜡，检查脱落器和螺丝钉、雪鞋、头盔
3. 备用手套，头盔，工具：螺丝刀（一字、十字）、小锉、砂纸、502 胶、钳子、别针、刀
4. 对讲机充满电，带块备用电池
5. 随时准备赛场出现状况时，要让队员冷静、保暖、原地活动，或酌情安排，不受外界干扰，自己努力做到心如止水
6. 工作人员分工：兴奋剂检测——周大夫、外教辛蒂、闫领队负责
　　　　　　　　　新闻采访——闫领队、陈冲负责
　　　　　　　　　颁花仪式——外教达斯汀、纪老师负责
　　　　　　　　　返回驻地——杨老师负责
注：A 集合点在运动员村主楼一楼的总服务台对过
　　B 集合点在雪场小广场的班车站

第四节　竞技运动参赛环境与适应

竞赛环境，是指竞赛活动赖以直接在其中进行的环境。竞赛环境将给竞赛参加者（包括教练员、运动员）的心理和行为带来很大的影响。在一定条件下，竞赛环境甚至左右着竞赛结果。在通常情况下，竞赛参加者不大可能改变竞赛环境（例如不能改变竞赛规则、规程所规定的器材设备及地理气候条件和观众的倾向性等）。因此，竞赛参加者对竞赛环境一般只能是适应它，在一些情况下，对有利于自己的竞赛环境，则可以利用它。

一、现代竞技运动参赛环境

竞赛的成功在一定程度上取决于对竞赛环境的适应程度,而要获得这种适应,首先应对竞赛环境的构成因素进行科学、合理的分析。竞赛环境由自然和人为两大方面因素构成。

第一,自然因素包括竞赛场地、器材设备、气候条件、地理条件、饮食等等。

第二,人为因素主要指观众情绪及行为对竞赛参加者心理和行为的影响。竞赛实践证明,观众因素对于竞赛成绩的作用是不可忽视的。例如,1982年在秘鲁举行的世界女子排球锦标赛的半决赛中,正处于巅峰状态的美国女排由于不适应秘鲁观众发出的震耳欲聋的嘘叫声而大失水准,败给了秘鲁队,失去了问鼎世界冠军的机会。

构成竞赛环境的人为因素中,还包括裁判员的作用。裁判员在竞赛活动中既是竞赛过程的控制者,又是竞赛环境的构成者。

对裁判员的适应,正在越来越被广大教练员、运动员所重视。在一些项目中,裁判员的"主观尺度"对竞赛过程及结果具有很大的影响,如球类、体操等。在这类项目中,如何适应裁判员的"主观尺度",就成为需要解决的一个十分重要的问题。中国女排的成功经验之一,就是很注意培养运动员这方面的能力。

分析竞赛环境构成因素的意义在于指明对竞赛环境的适应应有明确的适应对象,这种适应既包括对其中自然因素的适应,又包括对人为因素的适应。实际上,上述两方面的适应在很多情况下是同时产生的。另外,尽管我们在下面将要详细阐述运动员对竞赛环境的适应情况,但因适应竞赛环境的含义是广泛的,提高这方面的能力,并不只是运动员,而且也是教练员需要解决的一个重要问题。

二、竞技参赛环境适应能力

运动员对竞赛环境具有较高的适应能力,除了能使自己在比赛中正常发挥竞技能力水平外,还可挖掘出更大的潜能,从而达到"超常发挥"。

运动员适应竞赛环境依据项目的不同而有所差异。在体操、武术(技击除外)、跳水、花样滑冰、艺术体操等项目中,适应竞赛环境的目的是保证动作完成的稳定性。而在田径、游泳等项目中,适应竞赛环境的目的,除了高质量地完成动作外,还要求尽量发挥运动员的体能。至于球类、击剑等项目,除上述两个目的外,还要达到使自己的战术行动更有效的目的。运动员适应竞赛环境必须具备以下几种基本能力。

(一) 自我控制能力

这是运动员所需具备的最基本的能力。竞赛环境对运动员来说是一种特殊的、平时训练所不能给予的刺激。这种刺激同来自竞赛对手各方面的刺激组合成综合刺激。在这种刺激面前，运动员必然出现一种心理应激状态。如果不能自觉地对这种状态进行有效的调控，势必影响运动员的竞赛行为，从而影响竞赛结果。

自我控制能力的关键在于自我情绪控制，而影响情绪的因素大致可分为环境、生理、认知三大方面。因此，情绪的控制细分起来又可分为环境因素的影响及控制、生理因素的影响及控制和认知过程的影响及调控，其中最后一点尤为重要。但从竞赛环境看，三大因素往往互相作用，对其中任一因素的适应能力的培养，都不可忽视。

（二）抗干扰能力

竞赛环境往往从两方面给运动员造成影响：一是积极的促进，二是消极的干扰。如何不受或少受干扰的影响，已逐渐成为保证运动员在现代竞赛中获得成功的不可缺少的条件。国内外竞赛实践已多次提供了例证，不具备较高的抗干扰能力，很可能导致比赛失败。1983年在世界田径锦标赛上，朱建华就是因为没能排除场上出现的意外扰乱而未能登上世界冠军的宝座。

由于竞赛环境"人为"与"自然"两大方面的因素构成的复杂性和随机性，因此"干扰"在很多比赛场合中出现是不可避免的。为对付这种情况，有经验的运动员、教练员总是通过各种努力来自觉培养抗干扰能力。例如有的运动员善于变"负刺激"为"正刺激"。1979年在平壤举行的第三十五届世界乒乓球锦标赛上，中国选手童玲在争夺前四名时与两次世界冠军获得者朝鲜的朴英顺相遇。在朝鲜观众为本国运动员震耳的助威声中，童玲想的却是"这是在为我喝彩呢！"因而没受干扰，苦战一场淘汰了朴英顺。乍一看，这种做法似较为幼稚，但从心理学角度分析，这实际上是运动员自觉或不自觉地完成了一个"信息性质置换"过程，把"负刺激"置换成了"正刺激"。

（三）应变能力

如果说自我控制能力和抗干扰能力多从"稳定"这个角度考虑问题，即"以不变应万变"，那么，应变能力则主要从"动态"角度适应竞赛环境。竞赛环境虽有相对稳定的一面，但也有动态变化的一面。对于变化了的竞赛环境，如不能迅速地采取有效的应变措施，就可能造成不适应，从而导致比赛失败。在以前的研究中论及应变能力时，往往多从对竞赛对手的应变过程考虑，而对竞赛环境有所忽视。实际上，在田径、游泳等没有直接身体、技术对抗的项目中，运动员应变能力的培养应主要放在对竞赛环境的应变能力这一环节。即便在球类等项目中，竞赛环境有时也会发生很多变化（如足球比赛中，突然下大雨），在类似情况下，如何改变技、战术并把比赛导向有利于本方，实际上就是指对竞赛环境的应变能力问题。

(四) 有效利用竞赛环境的能力

国家体育总局体育科学研究所一位科研人员曾对足球项目中比赛环境对比赛成绩的影响进行了研究，他指出：尽管技术、战术、身体和心理素质这四项因素的水平高低决定着比赛成绩的好坏，但比赛环境（主要指主场或客场）对比赛成绩的影响同样是十分明显的、不容忽视的。这位科研人员在对1964—1987年德意志联邦共和国足球联赛材料进行了分析后发现，在总共7212场比赛中，主队胜4032场，平1760场，负1420场，进球15078个，失球8794个。与客队相比，主队的取胜场数相当于客队的2.84倍，进球数相当于客队的1.71倍，而失球数仅是客队失球数的58.3%。究其原因，主要是主队占尽了天时、地利、人和，以及以逸待劳等优势。尤其是众多如痴若狂般主队球迷的鼓动，更是对运动员最好的心理动员，有利于运动员体能和技术的充分发挥。

纵观其他项目的比赛，如篮球、排球、田径、游泳等，运动员如果在本国或本地区参加比赛，亦往往可能获得更优异的成绩，其原因与上述分析相同。类似情况可以启发我们作两方面的思考：

第一，教练员、运动员应尽可能利用有利于自己的比赛环境，为创造优异运动成绩获取环境方面的优势。当然，"有利的"比赛环境不仅限于主场，而且也包括气候、地理位置等。如足球比赛时适逢天降大雨，我队习惯于打"水"球而对方不太习惯，我们就应利用这种环境来争取胜利。

第二，管理人员（包括竞赛管理人员乃至各级行政管理人员）在各方面条件允许的情况下，应努力为本国或本地区运动员创造有利的竞赛环境，如主动承担各种运动会，以赢得主场之利。

三、竞技风险参赛基本理论

(一) 风险概念内涵

风险参赛是风险管理理论在参赛工作中的具体应用，风险内涵包含着不确定性和结果概率性，风险是否对过程造成危险取决于前期认知、预判和措施。风险管理目的是把系统运行不可控的风险导致的各种不利后果减少到最低程度。为了应对冬奥会这样复杂的、开放的参赛系统，需要对参赛的各种环境、空间、气候、人员等因素进行研判。不同的人由于持有不同的立场、观点以及所处的环境不同，会有不同甚至相反的判断。

(二) 风险管理原则

风险管理由风险的识别、量化、评价、控制、监督等过程组成，通过计划、组织、指挥、控制等职能，综合运用各种科学方法来保证生产活动顺利完成。

风险管理技术的选择要符合经济性原则、效益性原则、周期性原则。管理要体现风险成本效益关系，不是技术越高越好，而是合理优化达到最佳，制定风险管理策略，科学规避风险。风险管理的周期性原则要求在实施过程的每一阶段均应进行风险管理，根据风险变化及时调整应对策略实现系统性的、全程的风险管理。

（三）参赛风险分类

夏季奥运会项目对奥运会参赛风险做过系统的梳理，概括起来，包括规律与经验（13种）、环境与气候（10种）、场地与器材（16种）、规则与裁判（16种）、动机与心态（15种）、膳食与文化（11种）、组织与管理（6种）、赛程与控制（7种）、媒体与观众（15种）、交通与信息（10种），共计119种风险因素。

根据冬季项目参赛经验和索契冬季奥运会实际情况，课题组在研究中对实际参赛风险因素进行了分类，参见图12-3。

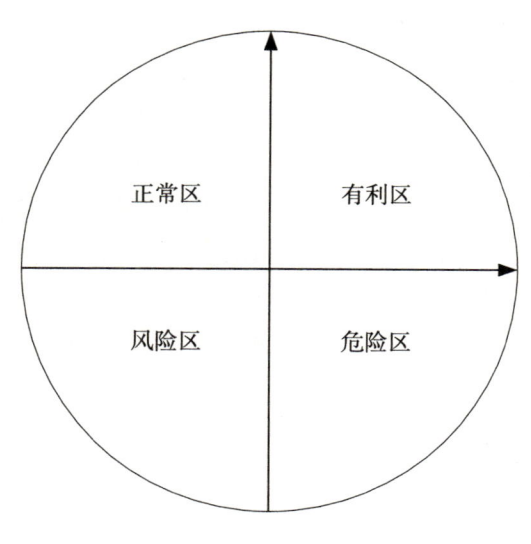

图12-3 参赛风险示意图

风险有以下几种：

(1) 环境类风险：风大、风向不利、雨大、雪大、温度太低或过高、湿度大、雪地质量松软、赛道不规整、灯光不匀或者突然爆裂、对器材不熟悉、冰场质量差等。

(2) 心态类风险：目标过大、心态失衡、自信心过强、心理问题导致失眠、自我调节方法手段少、色彩炫目、音乐怪异等。

(3) 器材类风险：品牌质量、冰刀强度、磨损情况、重量、结构、流线、安全等。

(4) 指挥类风险：规则不清晰、对对手信息不了解、计划不周密、语言不默契、参赛成员之间的信任、对待比赛的态度、指挥技巧、信息排查等。

(5) 组织类风险：分工与职责、工作流程、信息沟通反馈、参赛工作安排等。

(6) 保障类风险：交通工具、差旅服务、时差调整、服装大小、饮料食品、营养保障、赛后按摩等。

(四) 规避风险的标准化流程

关于规避风险的管理技术，在实践中可以引进标准操作流程（SOP）管理的理念和技术。

1. 标准操作流程（SOP）定义

所谓 SOP，是 Standard Operation Procedure 三个单词中首字母的大写，即标准作业程序。标准化参赛流程是对程序化参赛的具体落实，是以标准的、规范性的、可操作的步骤统一制定出参赛实施的路径方案。

2. 标准操作流程（SOP）作用

SOP 是一个标准业务管理/操作流程，也是一种管理模式。需要说明的是 SOP 属于过程管理而不是结果管理，可以将参赛过程和参赛工作总体进行设计，细化工作程序和技术动作，减少和预防差错发生概率。SOP 在很多领域都得到广泛认同和使用，但是 SOP 技术不是万能的，不是解决和预防所有参赛问题的唯一手段，而是使参赛过程不断优化和完善过程；SOP 可以进入到我们参赛管理工作的各个环节，帮助运动员、教练员不断地科学地总结参赛工作经验，提高参赛的系统性、可预见性和可控性，总结提炼各个项目和运动队的参赛智慧，不断提高运动员的参赛质量和参赛效益。

3. 制定参赛标准化流程

判定参赛标准化流程（SOP）要明确六要素（5W1H），即：
第一，是什么（WHAT）？
必须明确回答比赛的任务是锻炼队伍抑或是积累经验、博弈夺金。
第二，如何完成（HOW）？
必须写出完成比赛的详细步骤和内容。
第三，什么时候（WHEN）？
必须采取倒计时比赛步骤和顺序，说明具体时间、具体步骤、具体环节。
第四，参赛选手和比赛对手是谁（WHO）？
必须预先指出每一场比赛的对手、潜在对手、执行人的姓名及其特点。
第五，哪里比赛（WHERE）？
必须说明比赛场地、比赛场所、比赛路线、比赛设备的特点等。

第六，为什么采取这样的比赛方略（WHY）？

必须指明战役性或战术性比赛的谋略和风险，同时提出相应的应变方案。

第五节　教练员的临场指挥与应变

临场指挥是教练员在竞赛中的主要活动之一，临场指挥能力是构成制胜系统整体战斗能力的重要因素。在一定条件下，临场指挥是否得当，将直接左右比赛的胜负。因此，临场指挥能力是衡量教练员水平高低的重要标志。

一、教练员临场指挥的特点

（一）快速性与瞬时性

现代运动竞赛是在激烈的对抗中进行的，这种对抗的一个很明显的特点就是对时间的严格要求。"时间就是机会，时间就是胜利"这句话在竞赛中往往得到最为充分的体现。教练员面对的竞赛活动是一种千变万化、难以捉摸的运动活动，这种活动要求教练员在极短的时间内对一些关系胜负的问题做出决断，否则，稍有迟疑，就可能错过机会，造成失误乃至影响全局。因而，我们将临场指挥这种决策活动称之为瞬时决策，这种瞬时决策的核心是"及时"，前提是"快速"。

（二）概率性

在运动竞赛中，竞赛双方的行为不但不受对方目标的支配，反而还会采取有目的的行为去阻止对方达到目标。在很多情况下，竞赛活动中出现的随机事件导致了教练员临场指挥的效果只能用"概率大小"来预测。即这种决策既可能有效，又可能收效甚微甚至根本无效。因此，临场指挥活动既是对过去局势的总结和对现在局势的分析，更主要的是建立在对局势发展的预测上。既然是预测，就必然带有明显的概率性质。而这种性质又必然使教练员的临场指挥带有"风险"，因而亦可称这种决策为"风险决策"。

（三）定性与模糊性

如果说在比赛前教练员对"敌"情的分析与对策的制定还可以采用一些定量的方法，那么，在竞赛中的临场指挥，则基本上是一种定性的决策活动。这种情况是由比赛发展的急迫性使决策活动来不及量化所造成的。例如，在篮球比赛中，教练员指示运动员"加快进攻速度"或"快速回防"等，此类决策就属于定性决策。此外，教练员的临场指挥活动在很多情况下是凭借其丰富的经验进行的，有时甚至是凭直觉完成的。这些也是使临场指挥带有定性和模糊性的重要原因。

二、教练员临场指挥的能力

要有效地进行临场指挥，就需具备相应的能力。教练员的临场指挥能力是一个系统，这个系统的外在功能在比赛进程中得以体现，而其内在结构又是由各种不同的元素相连而成的。只有在这些元素达到足够的数量和质量水平且相互间的联系又较为合理时，教练员的临场指挥能力系统才能显示出较大的整体效应。教练员临场指挥能力涉及以下几个要素：

（一）抗负荷能力

随着现代竞赛激烈程度的加剧及对社会、教练员、运动员自身影响的加深，竞赛过程及结果不仅对运动员，而且也对教练员产生了极大的负荷。这种负荷的强度和量度直接影响到教练员的临场指挥。在这些负荷（或称刺激、压力）面前，教练员如何保持清醒的头脑，将在很大程度上决定临场决策活动的有效性。

（二）对全局的综合评判能力

对全局的综合评判，是指对比赛全过程的全面评判。从比赛发展的纵向过程看，综合评判包括对过去局势的总结、对现时局势的分析和对未来局势的预测，在比赛过程中，教练员所做的决策是对上述三个阶段进行综合评判的结果。从比赛发展的横向过程看，综合评判因素包括比赛双方、场地、器材、裁判、观众等。

（三）语言表达能力

语言是教练员将自己的决策告知运动员的重要途径。良好的语言表达能力，是教练员临场指挥能力的重要组成部分。在短暂的时间内，教练员如何将自己对当前情况的分析和发展情况的判断及相应对策告知运动员，将间接乃至直接影响运动员的心理、情绪、行为，进而影响比赛进程。

三、影响临场指挥效果因素

我们说教练员的临场指挥实质上是一种瞬时决策，那么，这种决策赖以实现的条件则是我们要探讨的另一个问题。实际上，决策与实现决策是两个互相联系又有所区别的方面。如果说前者主要是教练员内在的思维活动，是在比赛过程中影响教练员，那么后者则是教练员与运动员的关系，是教练员在各种条件下通过运动员影响比赛过程。

(一) 威信与知人善任

教练员在运动员中享有较高的威信，是临场指挥能得心应手的重要保证。如果运动员认为教练员的决策能帮助自己或整个队走向胜利，不是"令不行、禁不止"，而是"按教练员的话去做没错"，那么，教练员的决策便会立即转化为运动员的行动。另外，教练员对运动员充分的了解和信任，也是影响临场指挥效果的重要条件。一位成熟的教练员应熟知在什么情况下用哪位运动员可以解决什么问题。

(二) 充分的赛前准备

教练员的临场指挥看起来是"灵机一动"地做出瞬时决策，但仔细分析，这种瞬时决策往往是在有准备的头脑中形成的。可以认为，充分的准备是临场指挥的基础条件。

一个有经验的教练员，往往会在赛前制定力求详尽的临场指挥计划。这个计划建立在对一切与比赛有关的情报的全面和准确分析的基础之上。临场指挥计划一般包括如下几项内容：

第一，对局势发展的若干种可能性做出预测及相应措施。即当某种可能性变为现实时，本方应有几套对策。如比分相持、领先或落后时，对方突然改变战术或使用新手时等。现代决策学中，把上述问题称之为"潜在问题分析"。其基本程序为：预测潜在的问题，评价问题的威胁性，制定预防措施，准备应变措施。

第二，换人方案。有的研究中列出这样几种换人方案：对方顺利，我方被动，需改变打法时；某一队员发挥失常时；队员受伤或体力不佳且发挥不了正常作用时；胜局已定，保存主力队员体力，锻炼新手时；某一队员作风不好，影响较坏时；需要具有绝招的队员上场时。

第三，暂停的使用。在以下情况下可以使用暂停：调整战术、队员发挥失常或体力不佳、队员意志松懈或作风欠佳等。

(三) 遵循和善于运用规则

竞赛规则是临场指挥的重要依据或约束条件。竞赛规则就是竞技场上的"法律"。竞赛规则规范着参赛者的行为，规定了参赛者的权利，指出了违反竞赛规则的后果。从法则的角度来看，一份完整科学合理的竞技运动竞赛规则的基本特征应该具有普适性、针对性、公平性、人文性、规范性和操作性特征。通常，一个成熟完善的竞赛规则具有五个方面的作用：一是规范作用，主要引导参赛者的参赛和比赛行为，告知规则倡导内容和约束条款，同时规则对于竞赛场地、竞赛用具、参赛人数、技术动作、成绩评判、裁判职权、比赛时间等要素进行了选择性的规定；二是评价作用，主要评价参赛者的竞技水平或遴选最高水平的参赛者；三是预测作用，任何一项成熟的竞赛规则，由于已经具有规范性和确定性特点，因此，可以根据规则预估参赛者的比赛行为及其结果；四是教育作用，竞技运动实际就是现代社会的微缩体现，竞赛规则的出现就是引导和教育参赛各方合法竞争；五是强制作用，成熟完善的竞赛规则对于参赛者各方面的违纪行为，都有详细的条款予以约束，这些条款可以用来制裁、强制、约束违纪行为。另外，竞赛规则蕴藏着一定的竞技制胜规律或制胜因素，例如：竞赛规则蕴藏着十分明显的竞技制胜综合规律、主导规律、突前规律和更迭规律。正因如此，教练员必须认真钻研竞赛规则的各项条款和细则。

四、传递指挥信息若干途径

（一）语言

语言是教练员临场指挥时使用的最常见的指挥方式，也是运动员明了教练员决策的最直接的途径。根据不同项目规则的规定，教练员可以利用暂停、在场下呼叫、半场之间（局与局之间）的间歇等机会，用语言表明自己的决策。

第一，简明扼要、一语中的、能正确理解。教练员应当力争用最简单的话语指出场上亟待解决的主要问题和要采取的对策。此时所用的语言应尽可能具体，应使运动员能立即理解和执行。切忌长篇大论地讲解或使用高深莫测的语言。

第二，指令与商量相结合。教练员在临场指挥中的语言一般应是指令性的。比赛时间的紧迫性与间歇时间的短暂性，要求教练员只能把决策结果指示运动员，至于为什么要这么做，则往往不能也不必解释。当然，如果条件允许，也可以同运动员协商。

第三，表扬与批评相结合。语言作为第二信号系统的刺激物，对运动员的情绪有着直接的关系。而运动员的情绪又往往对其稳定地发挥技、战术水平有着重要的影响。因而教练员在临场指挥时，要注意自己的语言对运动员产生了什么性质和什么程度的刺激。一般认为，表扬、鼓励比批评具有更大的动力性质。所以，在一些经验总结和理论研究中提出，教练员在临场指挥中应多表扬、多鼓励，少批评，更不宜指责运动员，可以把表扬与批评有机地结合起来，根据场上的情况和运动员的表现，灵活地使用这两种方式。

这里要特别指出的是，语言的简明性、指令性同语言的丰富性并不相悖，而且绝不可以将临场指挥的语言理解为只具有表扬或批评两种性质。实际上，为了活跃运动员的情绪，消除运动员的紧张，教练员适时地说些比较幽默的甚至看起来是与比赛毫不相关的话，亦可能产生很好的效果。

（二）表情与动作

教练员的表情是否自信，是否镇定自若，会在心理上给运动员以影响。教练员的表情还具有更广泛的作用，那就是教练员可以通过表情并配合动作（如点头或摇头）来对运动员的比赛行为予以支持或制止："就这么打"或"不能这么打"。这实际上就是教练员在传输自己的决策。

（三）暂停与换人

在有些项目的竞赛中，教练员可利用暂停把自己的决策告知运动员。在不允许暂停（如足球）或暂停已使用完的情况下，可利用换人把自己的决策意图带上场（表12-6）。人们往往可以通过对换人与暂停时机的掌握及所换人员看出教练员临场指挥水平的高低。

表 12-6　球类项目教练员临场指挥的应用机会

球类分类		指挥分类	赛前指挥	赛中指挥			
				战术调整	技术暂停	换人	肢体语言表情语言
单双人项目	大球	藤　球	有	有	无	有	有
	小球	乒乓球	有	有	有	无	有
		羽毛球	有	有	有	无	有
		网　球	有	有	无	无	有
		壁　球	有	有	无	无	无
集体人项目	大球	篮　球	有	有	有	有	有
		排　球	有	有	有	有	有
		足　球	有	有	无	有	有
		橄榄球	有	有	无	有	有
		手　球	有	有	无	有	有
		水　球	有	有	无	有	有
		藤　球	有	有	无	有	有
	小球	棒　球	有	有	无	有	有
		垒　球	有	有	无	有	有
		冰　球	有	有	无	有	有
		曲棍球	有	有	无	有	有

（引自胡亦海．竞技运动特征研究［M］．北京：人民体育出版社，2013）

上述三种途径在很多情况下是可以同时或交叉使用的。当然，不管如何使用这些途径，目的都只有一个，即尽快将教练员的正确决策变为运动员的有效行动。

案例2：中国女排夺取2014年世锦赛亚军实战案例

中国新一届女排在郎平的带领下，经过一年多的训练连续取得国际比赛胜利。为了更好地完成世锦赛目标任务，全队每周安排2~3次业务学习，观看技术录像，分组讨论研究，明确自身目标。世锦赛前集中到宁波北仑训练，重点做好全队整体技、战术配合训练；模拟世锦赛第一阶段主要对手打法的训练；做积极性伤病康复、体能储备训练；观看对手比赛录像，进行视频分析，总结对手特点和打法，查找自我问题，做到知己知彼。

中国女排于2014年9月19日到达意大利巴里赛区，积极适应场地和时差。为了准备23日第一场比赛，全队根据赛前制定目标，全队开会统一思想，达成共识，做好具体要求和工作部署。郎平和教练团队明确以下工作：

第一，摆正自身位置，要看到球队一年来的进步，相信自己，相信全队，团结协作，敢于发挥，遇强不弱，遇弱不松，兢兢业业完成每场比赛，从每局每个球开始。

第二，每个人努力克服自身的困难，如伤病、疲劳以及临场遇到的困难，要以积极的心态看待失误，放下个人得失，去争取下面的每个球每一分。

第三，大多数年轻球员第一次参加世锦赛，场上敢于发挥，勇于担当，依靠整体力量，要有克服、战胜困难的勇气和决心。

第四，提高临场比赛的应变能力，强调全队替补做好准备，上场后给队伍提高士气，大胆发挥。

第五，打一场想一场，全力积累每场比赛的胜分，力争在预赛、复赛后打进前六名。

第六，全队统一思想之后，教练员分工，根据个人特点分别找每个队员做更具体细致的思想工作。

全队按照预定目标和部署，无论对手是谁，每场比赛之前，全队都做好细致的准备工作，首先从看视频分析资料，反复研究对手，寻找突破口，然后队员开会讨论比赛中会遇到的困难，制定应对办法；然后全队开会，教练员统一思想，明确战术。小组赛第一阶段5场比赛分别以3：0战胜波多黎各、阿塞拜疆、比利时、古巴，以3：2战胜日本女排，预赛以小组第一积8分进入第二阶段复赛。在复赛4支队伍单循环比赛中，以3：0战胜德国、克罗地亚，又以3：2战胜多米尼加，1：3负于意大利，九站八胜一负提前一轮进入前六名比赛。比赛采取抽签形式决定对手，全队抓紧时间进行了认真总结，分析形势，明确冲击第四名的目标。结果第一名对手是巴西，由于实力不足结果以0：3失败；在对多米尼加比赛中，教练组根据对手前两局进攻、拦网的压力以及我队战术的呆板、被动、心理包袱的问题，及时换人调整状态，打乱对手节奏，全队12人轮番上阵最终逆转以3：2获胜闯进前四名，超额完成赛前目标。

在与意大利的半决赛中，我们准备充分，士气高涨，拼劲十足，敢于突破东道主主场障碍，真正做到放下包袱、轻装上阵。在意大利12600人助威团面前，队员表现出淡定、从容和敢打敢拼的精神面貌，发挥了较高的技、战术水平，出人意料地以3：1获胜，进入冠亚军决赛。比赛极大地鼓舞了士气，锻炼了年轻运动员。冠亚军决赛是与美国队，由于赛场安排的原因，决赛前只有非常短的准备时间，而且我们与美国队交手次数少，面对一场遭遇战我们准备不够充分。

我们在场上表现得不够坚定，体能消耗巨大，攻击力下降，防守串联等环节技、战术效益不高，场上反应迟钝，自身失误送分多，关键球犹豫不果断，最终错失了夺取冠军的机会。

参考文献：

[1] Jacob Wilson, Gabriel "Venom" Wilson.A Scientific Application of Tapering to Maximize Performance for the Elite Athlete Part I [J]. Journal of Hyperplasia Research.2010.

[2] Mujika I. Tapering and Peaking for Optimal Performance [M]. Champaign, IL: Human Kinetics Publishers, 2009.

[3] E.W Bnister, J.B Carter and P.C.Zarkadas.Training theory and taper: validation in triathlon athletes [J]. EUROPEAN JOURNAL OF APPLIED PHYSIOLOGY AND OCCUPATIONAL PHYSIOLOGY.1999.79（2）.

[4] HOPKINS, W. G., J. A. HAWLEY, and L. M. BURKE. Design and analysis of research on sport performance enhancement [M]. Med. Sci. Sports Exerc. 1999, 31:472–485.

[5] 李少丹."周期"训练理论与"板块"训练理论的冲突——训练理论变迁的哲学思考 [J]. 北京体育大学学报. 2008（5）.

[6] 许世岩. 板块结构下的集中负荷效应训练 [J]. 体育学刊，2008（9）.

[7] 倪俊嵘，杨威. 从运动训练周期的"板块结构"理论看刘翔的训练特点 [J]. 军事体育进修学辽学报，2006（4）.

[8] 崔东霞，李钊. 运动训练分期理论与板块理论对比之新赛制下运动训练何去何从 [J]. 山东体育学院学报，2012（4）.

[9] 吕季东，杨再淮，邵斌，宋全征，张春华，司虎克. 周期训练理论的基本原理及研究中的若干新问题 [J]. 上海体育学院学报，2001（2）.

[10] 胡亦海. 竞技运动训练理论与方法 [M]. 北京：人民体育出版社，2014.

[11] 胡亦海.竞技运动特征研究 [M]. 北京：人民体育出版社，2013.

图书在版编目(CIP)数据

现代教练员科学训练理论与实践/国家体育总局科教司编.
—北京：人民体育出版社，2015（2016.9.重印）
ISBN 978-7-5009-4688-5

Ⅰ.①现… Ⅱ.①国… Ⅲ.①竞技体育–运动训练–研究
Ⅳ.①G808.1

中国版本图书馆 CIP 数据核字（2014）第 179672 号

*

人民体育出版社出版发行
三河兴达印务有限公司印刷
新 华 书 店 经 销

*

787×1092 16 开本 31 印张 604 千字
2015 年 9 月第 1 版 2016 年 9 月第 2 次印刷
印数：2,001—4,000 册

*

ISBN 978-7-5009-4688-5
定价：80.00 元

社址：北京市东城区体育馆路 8 号 （天坛公园东门）
电话：67151482（发行部） 邮编：100061
传真：67151483 邮购：67118491
网址：www.sportspublish.com
（购买本社图书，如遇有缺损页可与邮购部联系）